Neuwirth / Pflitsch / Winckler · Arabische Literatur, postmodern

D1674750

Arabische Literatur, postmodern

Herausgegeben von
Angelika Neuwirth, Andreas Pflitsch, Barbara Winckler.

edition text + kritik

Umschlagentwurf: Thomas Scheer, unter Verwendung einer Fotografie von Gottfried Hagen.
Satz: epline, Kirchheim unter Teck
Druck und Buchbinder: Bosch Druck, Landshut
Papier: säurefrei, aus chlorfrei gebleichtem Zellstoff hergestellt; alterungsbeständig im Sinne von DIN-ISO 9706
ISBN 3-88377-766-8
© edition text + kritik in Richard Boorberg Verlag GmbH & Co KG, München, 2004

Ausführliche Informationen über alle Bücher des Verlags im Internet unter:
www.etk-muenchen.de

Inhalt

KAPITEL I EINLEITUNG

INES KAPPERT
Postmoderne.
Facetten einer Denkfigur *1*

ANDREAS PFLITSCH
Das Ende der Illusionen.
Zur arabischen Postmoderne *13*

KAPITEL II ERINNERUNG

ANGELIKA NEUWIRTH
Einleitung *27*

STEFAN WEIDNER
Kulturtechnik als Post-Décadence.
Der arabische Dichter Adūnīs *45*

ANDREAS PFLITSCH
Bernsteintage und Safranerde.
Edwār al-Kharrāṭ erinnert sich und schreibt eine Autobiographie, die keine sein will *53*

SONJA MEJCHER-ATASSI
Über die Notwendigkeit, die Gegenwart zu schreiben.
Elias Khūrī und die ›Geburt des Romans‹ im Libanon *65*

ANGELIKA NEUWIRTH
Auf der Suche nach dem Tor zur Hölle.
Rashīd al-Ḍaʿīf und die kulturellen Tabus seiner Gesellschaft *77*

SUSANNE ENDERWITZ
Erinnerung für die Zukunft: ʿAbd al-Raḥmān Munīf *94*

STEPHAN GUTH
Authentisierung contra sadatsche Öffnungspolitik.
Gamāl al-Ghīṭānī und *Das Buch der Schicksale* *108*

Andrea Haist
»Diese Realität ist fürchterlich«.
Ṣunʿallāh Ibrāhīms Ägypten zwischen medialer Selbstdarstellung und erlebter Alltagsrealität *122*

Angelika Neuwirth
Hebräische Bibel und Arabische Dichtung.
Maḥmūd Darwīsh und seine Rückgewinnung Palästinas als Heimat aus Worten *136*

Angelika Neuwirth
Traditionen und Gegentraditionen im Land der Bibel.
Emīl Ḥabībīs Versuch einer Entmythisierung von Geschichte *158*

Ulrike Stehli-Werbeck
Der Poet der arabischen Kurzgeschichte:
Zakariyyā Tāmir *179*

Kapitel III Ortspolygamie

Andreas Pflitsch
Einleitung *191*

Regina Keil-Sagawe
»Von Orient zu Okzident ein Lichtreflex«.
Die Spiegelwelten des Habib Tengour *202*

Christian Szyska
»Ich träume im Niemandsland«: Anton Shammas *218*

Christian Junge
Die Lesart der Ruinen.
Verdrängte Erinnerung und multiple Identität bei Sélim Nassib *231*

Andreas Pflitsch
Britisch-libanesische Identitätstäuschungen.
Tony Hanania und eine Krankheit namens Heimweh *245*

Sonja Mejcher-Atassi
Das verbotene Paradies.
Wie Etel Adnan lernte, auf Arabisch zu malen *254*

Hartmut Fähndrich
Die Wüste als Heimat und Metapher.
Gedanken zum Romanwerk des Tuareg-Schriftstellers
Ibrahim al-Koni *266*

Sibylla Krainick
Zu Hause im Exil.
Der irakische Autor ʿAbd al-Qādir al-Djanābī
Ein west-östlicher Bildungsroman *278*

Kapitel IV Geschlechtertransgressionen

Barbara Winckler
Einleitung *295*

Roland Spiller
Geschlechterwechsel
zwischen Utopie und Heterotopie.
Tahar Ben Jellouns *Sohn ihres Vaters* und *Die Nacht der Unschuld* *303*

Barbara Winckler
Androgynie als Metapher.
Hudā Barakāt und *Der Stein des Lachens* *317*

Doris Ruhe
Transgression als Programm.
Zu Rachid Boudjedras Romanen *333*

Barbara Winckler
Vom Schreiben in der ›Feindessprache‹.
Assia Djebar und die verschütteten Stimmen
der algerischen Geschichte *349*

Özkan Ezli
Transgressionen oder die Logik des Körpers.
Muḥammad Shukrīs literarisches Werk
als postmoderne Konstellation *364*

Monika Moster-Eichberger
Ein neuer Krieg um Troja?
Vénus Khoury-Ghata über Sexualität und Krieg *375*

Kapitel I Einleitung

Ines Kappert

Postmoderne

Facetten einer Denkfigur

Inzwischen ist es ruhiger geworden um die ehemals so leidenschaftlich diskutierte Postmoderne. Noch bis vor zehn Jahren war sie in der westlichen Welt heiß umstritten und in aller Munde. Postmodern war die Architektur, wenn sie bunt-verspielte Türmchen und Erkerchen mit verspiegelten Fassaden verband und sich einen Teufel um die Formenstrenge der klassischen Moderne, etwa eines Bauhauses, scherte. Postmodern waren Romane, wenn sie Textfetzen aus anderen Werken im Stil der Popmusik *sampelten*, Genregrenzen unbekümmert übersprangen und frech die Vormachtstellung des Autors als Ursprung oder Fluchtpunkt eines Textes zurückwiesen. Entsprechend fehlt bei keiner Abhandlung über postmoderne Literatur der Verweis auf Umberto Ecos Roman *Der Name der Rose* (1980) als geradezu herausragend postmodern. Die Lust am Pastiche verband sich mit der Freude an der ironischen Reproduktion und am Zusammenprall des Unpassenden. Der Hypertext ebenso wie der Hyperraum als Kleinstuniversen des Eklektizismus wurden zu Siglen einer als neu deklarierten Epoche, deren Anfang auf die 1960er Jahre datiert wurde. Der für die so genannte Moderne typische Anspruch, etwas ›Nochniedagewesenes‹ und alles Vorhandene Überschreitende zu schaffen, galt als elitär und daher nicht erstrebenswert. Statt einer kommenden und im Kunstwerk wie auch immer anvisierten besseren Zeit, statt von via Dialektik erreichbarem Fortschritt und Emanzipation, war nun die Rede von der »Gleichzeitigkeit des Unzeitgleichen«, vom »rasenden Stillstand« – und vom »Ende der großen Erzählungen«. Alles schien möglich, denn der Glaube an Wunder ging verloren. »Komm her, Sternschnuppe«, schreibt Rainald Goetz 1998 in seiner fünfbändigen *Geschichte der Gegenwart* und bringt den für das auslaufende zwanzigste Jahrhundert ebenfalls typischen, nämlich astronomischen Anspruch auf unendlichen Konsum im Hier und Jetzt auf den Punkt.

Der amerikanische Literaturwissenschaftler Frederic Jameson nimmt in seinem für die Definition der Postmoderne zentralen Aufsatz von 1984, »Postmoderne – Zur Logik der Kultur im Spätkapitalismus«, die postmoderne Architektur und ihre besondere Rauminszenierung zum Ausgangspunkt.

»Meine Hauptthese ist«, schreibt Jameson, »daß es mit dieser neuesten Verwandlung von Räumlichkeit, daß es dem postmodernen Hyperraum gelungen ist, die Fähigkeit des individuellen menschlichen Körpers zu überschreiten, sich selbst zu lokalisieren, seine unmittelbare Umgebung durch die Wahrnehmung zu strukturieren und kognitiv seine Position in einer vermeßbaren äußeren Welt durch Wahrnehmung und Erkenntnis zu bestimmen.«

Jameson erläutert seine Überlegung, dass der postmoderne Hyperraum sozusagen als Nucleus der Postmoderne, dem Einzelnen die Orientierung im fundamentalen Sinne raube, zunächst an einem gigantischen Hotelbau in Los Angeles. Dieser wurde 1977 von John Portman konzipiert. Das komplett verspiegelte Bonaventure Hotel setzt sich aus fünf vielstöckigen bauchigen und einander berührenden Türmen zusammen. Die Gebäude verbinden Shopping-Mall mit Hotel, Kino-Center und kleinen Parkanlagen, d. h. sie bilden einen riesigen und vielfach definierten Raum. Damit ergänzen sie weniger den Stadtraum als sie die Stadt als Ganzes imitieren. Die Eingänge, betont Jameson, sind sehr zurückhaltend gestaltet, ebenso die Ausgänge: Man sieht sie kaum und findet sie schlecht. Die Charakteristika von postmodernen Hyperräumen sind damit nicht allein ein Eklektizismus hinsichtlich Stil und Funktion, sondern auch die Abschottung von der Außenwelt. Hat man diese Mini-Cities einmal betreten, tritt die Außenwelt zurück und die Zeit scheint weniger linear voranzuschreiten, als sich im Kreis zu drehen. Zukunft und Vergangenheit erscheinen in der Folge gleichermaßen präsent, und es gilt auch hier, was wiederum Rainald Goetz als Gesetz des Popromans definiert: Es gilt die »Zeitgestalt des absoluten Präsens«. Genau diese Enthistorisierung wiederum bedinge, dass das Ich sich nur mehr schwer zu verorten vermag. Mehr noch: Die Öffnung auf die Vielfalt des Gewesenen und Präsenten, verbunden mit einem gepflegten Multikulturalismus bei gleichzeitigem markenförmigen Stil- und Epochenmix, gehen – glaubt man Jameson und anderen Theoretikern der Postmoderne – spielend Hand in Hand mit einer vielerorts empfundenen massiven Überforderung und manchmal gar mit einem Selbstverlust. Denn die Totalisierung des kapitalistischen Raums, die kein Ausbrechen vorsieht, verschlucke das Individuum geradezu, indem es ihm möglichst wenige Orientierungshinweise hinsichtlich Zeit, Ort und Kultur anbietet und stattdessen möglichst viele Orientierungsmarken für das interne Kaufen und Konsumieren streue. Einmal eingetreten oder vielleicht besser gesagt, einmal eingesaugt, könnte man überall sein auf der Welt, die damit sehr klein und sehr groß zugleich wird.

Der Verlust eines Außen oder der Zerfall der Wahrheit in tausend Splitter

Aus einer rückblickenden und daher gelasseneren Perspektive gesprochen ist festzuhalten, dass der Postmoderne eine Idee von einem Außen, letztlich der Utopie abhanden gekommen ist. Das nun hat Auswirkungen nicht nur auf das Kauf- und Laufverhalten des Einzelnen, sondern auch auf die Idee von Wahrheit, von menschlicher Handlungsfähigkeit und der Konzeption des Subjekts, also der zum Ich-Sagen autorisierten Instanz insgesamt. Die Postmoderne erfährt sich als eine Kritik am ernsthaft Metaphysischen, an einer Eschatologie oder auch nur an einer Geschichtstheologie: Es zählt allein das Hier und Jetzt. Das Heilige hat ausgedient und der göttliche Plan entpuppt sich als unbeschriebenes Blatt. Wer dennoch glauben möchte, glaubt an die kosmischen Kräfte von bunten Steinen, er oder sie glaubt im esoterischen Sinne. Die eine große, von Kunst, Philosophie und Religion gesuchte, transzendente Wahrheit hingegen gilt als schlichtweg nicht zu haben. In der Folge müsse anerkannt werden, dass die Grenze des Erkennbaren, die Kritik im kantschen Sinne, und die Erfahrung der Endlichkeit den Horizont des Denkbaren bilden. Denn, wie Michel Foucault in seinen *Schriften zur Literatur* (1962–69) schreibt, »der Tod Gottes, der unserer Existenz die Grenzen des Grenzenlosen nimmt, wirft sie zurück auf eine Erfahrung, in der nichts mehr die Äußerlichkeit des Seins ankündigen kann. Er führt sie folglich zurück, auf eine *innere* und *unumschränkte* Erfahrung. Aber eine solche Erfahrung, in der der Tod hervorbricht, entdeckt, als sei es ihr Geheimnis und ihr Licht, ihre eigene Endlichkeit – das grenzenlose Reich der *Grenze*, die Leere dieser Überschreitung, wo sie dahinschwindet und schließlich nicht mehr ist.«

Wahrheit wird nur mehr in Abhängigkeit der Kontexte für ein Richtigwerden einer Sache oder eines Gedankens definiert und damit relativiert. Aufgrund ihrer Begrenztheit pluralisiert sie sich; die Postmoderne spricht daher von Wahrheit*en*. Diese Erkenntnis ist zwar so neu nicht, wohl aber der wenigstens in weiten Teilen unbeschwerte Umgang damit. Weniger Trauer oder Schmerz über eine gefühlte transzendentale Obdachlosigkeit stellt sich ein, als Freude am ironischen Spiel, die Lust an der Regel- und Grenzübertretung, ohne in ein Zentrum vorrücken zu können. Diese neue Oberflächlichkeit wiederum verträgt sich aufs beste mit einer, etwa von Paul Virilio vertretenen und gleichfalls populären Endzeitstimmung. Statt sich im Dienste der Revolution zu wähnen, schickt man sich in die lustvolle Position des Beobachters einer nur begrenzt zukunftsfähigen Welt: Es geschieht. Die künstliche Sonne geht auf oder die Welt unter. Die Kriege flimmern über die Fernsehbildschirme; sie scheinen, wenigstens im Westen, virtuell. Die Sätze verketten sich. Die Sprache spricht sich. Dafür benötigt sie nicht notwendig ein geschichtsmächtiges menschliches Subjekt. Davon zumindest war der französische Philosoph Jean-François Lyotard überzeugt, der Ende der 1970er Jahre den Begriff »postmodern« in die zeitgenössische Philosophie einführte. Seine für die Universität Quebec als Gelegenheitsarbeit angefertigte Schrift *Das postmoderne Wissen* (1979) stellte über Jahre des Streits um die Postmoderne eine zentrale Referenz dar. Der Philosoph selbst hielt den Begriff »postmodern« für eher »unglücklich« und plädierte rund sieben Jahre nach der von ihm vorgenommen Einführung dafür, die Postmoderne nicht als stimmiges, philosophisches Konzept, sondern vor allem als »Gemüts- oder vielmehr Geisteszustand« zu begreifen.

Der Streit um ein neues Lebensgefühl

Dieses besagte Lebensgefühl ist, fassen wir zusammen, charakterisiert durch eine attestierte Desorientierung, eine weitgehende Profanisierung, eine Kritik am vermeintlichen Elitarismus der Moderne samt ihren totalistischen Tendenzen, die Aufwertung eines marktförmigen Vergnügens und durch den verlorenen Glauben an die befreiende Kraft der Utopie. Eingefleischte Verteidiger der Postmoderne haben sich mit der Entzauberung der Welt abgefunden; der Kapitalismus erscheint als ebenso allumfassend wie unbesiegbar, der Zusammenbruch der Sowjetunion als Gegenmodell kaum mehr als die nachgeschobene Realisierung eines lang zuvor zu Ende gegangenen (Alb)Traums. Symptomatisch ist entsprechend der weltweite Aufstieg einer kommerziellen Unterhaltungskultur, die alle Bevölkerungsschichten gewinnt, vom Musical über Hollywood-Kino-Produktionen bis zu den TV-Soap Operas.

Nun könnte man die Postmoderne als Billigprodukt einer Kulturindustrie abtun, man könnte sie dem Feld des Spektakels überschreiben und ihr Haltbarkeitsdatum heute, 2004, als abgelaufen konstatieren. Wahrscheinlich wäre dies legitim. Schließlich hat ›die Postmoderne‹ im Rennen um die Verschlagwortung eines Lebensgefühls der Gegenwart bereits vor einiger Zeit den Stab an ›die Globalisierung‹ abgegeben. Aber dann käme man dem Grund für die enorme, sich an der Postmoderne als Gefühl und ästhetischem Konzept entzündende und noch ins heutige Denken hineinreichende Debatte nicht näher. Tatsächlich, denken wir etwa an Lyotard, saß der Stachel der Enttäuschung über das Scheitern einer linken Utopie bei den so genannten 68ern tief. In Frankreich bildeten ›Sartres Irrtümer‹, sprich die Verkennung des Stalinismus oder die Ernüchterung über die autoritären postkolonialen Regierungen in den ehemaligen französischen Kolonien, den Hintergrund für eine Abwendung von einem auf die Revolution gerichteten politischen Engagement. Für Deutschland werden parallel zum Scheitern der

1968er-Bewegung häufig die Krise des Wohlfahrtsstaats und das Scheitern der Friedensbewegung in den 1980er Jahren angeführt. Nicht mehr Klassengegensätzen, nicht mehr der Ökonomiekritik, sondern dem Spektakel und den (Sprach-)Spielen gilt nun die analytische Aufmerksamkeit. Dieser Richtungswechsel im Denken allerdings ist alles andere als unumstritten. So schreibt die Normalisierung eines Utopie-Verlusts, das reklamierte Verschwinden des Autors oder überhaupt eines geschichtsmächtigen Subjekts, die radikale Profanisierung der Ideenwelt und die Freude an einer neuen Oberflächlichkeit über rund 30 Jahre im westlichen Feuilleton ebenso wie in der Akademia der so genannten Industriestaaten Skandalgeschichte. Man denke etwa an die Schlacht zwischen Lyotard, Derrida und Habermas und die Vermittlungsversuche eines Manfred Frank, die er in seinem Klassiker *Was ist Neostrukturalismus?* (1983) niederlegte.

Nicht weniger heftig ging es in den Debatten um die Ausrichtung eines feministischen Denkens zu. Die postmoderne Kritik an einer Wahrheit, der Multikulturalismus und der Einzug der Populärkultur in die Wissenschaften läuteten einen Paradigmenwechsel von der Frauenforschung zu den Gender Studies ein. Emblematisch für diesen Übergang steht der seit knapp 15 Jahren andauernde Streit um Judith Butlers Kritik am Universalismus der Frauenforschung, die sie erstmals in *Das Unbehagen der Geschlechter* (1990) niedergelegt hatte. Mehrheitlich lief (und läuft zum Teil immer noch) die so genannte Zweite Frauenbewegung, die ihren Kampf in den 1968ern aufgenommen hatte, Sturm gegen die US-amerikanische Philosophin. Diese hatte den Vorwurf erhoben, dass die feministische Theoriebildung bislang die Hierarchie zwischen weiß und nicht-weiß, arm und reich stillschweigend reproduziere, indem sie nur die Problematik von weißen Mittelschichtsfrauen in den Blick nehme, diese aber zur Frau an und für sich stilisiere. Noch schlimmer, unter Ausblendung ihrer Vormachtstellung, im globalen Maßstab betrachtet, als weiß und relativ vermögend, werde sie als Opfer universalisiert und damit schwarze oder farbige Frauen ein weiteres Mal aus der Repräsentationsmaschinerie gedrängt. Erst, so Butler, die Pluralisierung des feministischen Subjekts, die Rede von schwarzen und weißen Frau*en* als wesentlich unterschiedlich und der Abschied von der Zwangsheterosexualität, erst die Öffnung hin zu Fragen des Frau-, Schwarz- und Farbigseins ebenso wie zu Lesben, Schwulen und Transsexuellen, d. h. der Abschied von einer rundum positiv besetzten Weiblichkeit, wie sie der so genannte Differenz-Feminismus einer Hélène Cixous oder Julia Kristeva zelebriere, erlaube, die feministische Theoriebildung wieder als Gesellschaftskritik ernst zu nehmen. Damit aber wird die Idee, dass das Geschlecht den Ausschlag für die Ansiedelung des Einzelnen auf der gesellschaftlichen und patriarchalisch strukturierten Hierarchieleiter gebe, relativiert und seine Verrechnung mit den Kategorien Klasse und ›Rasse‹ eingefordert. Dies bedeutet auch, dass das feministische Subjekt männlich, schwul und schwarz sein kann. Männer als homogene Täterklasse und damit die Rede vom Patriarchat als solches wird als ideologisch und kurzsichtig angegriffen.

Grundsätzlich gehört zur Postmoderne eine zunehmende Akzeptanz von Homosexualität und Transsexualität, der Aufstieg des Hiphop und damit das selbstbewusste Eintreten von Schwarzen in die Populärkultur ebenso wie das Sprießen von ›Konsumtempeln‹. Das Primat von weißer Männlichkeit als Grundlage eines souveränen Subjekts ist in Frage gestellt – und damit werden die 68er zumindest in diesem Punkt links überholt. Eine Ökonomiekritik, der Arbeiter und die Arbeiterin als die Schattenseite und Grundlage des fröhlichen Konsums aber bleiben mehr oder weniger auf der Strecke. Ihnen wird kaum mehr analytische Aufmerksamkeit zuteil. Der Schulterschluss von weiten Teilen der Gesellschaft mit dem Spektakel, Pop und dem leichten Vergnügen einerseits ist daher nicht zu trennen von einer gleichzeitigen Erstarkung einer anti-elitären, postkolonialen, feministischen und *queeren* Perspektive, welche die großen Erzählungen vom möglichen Fortschritt und von der Emanzipation ›der‹ Menschen als idealistisch und paternalistisch brandmarken. Und er ist nicht zu trennen von der Verdrängung der Nicht-Zahlungsfähigen aus dem öffentlichen Diskurs. Dies alles aber erklärt noch nicht hinreichend den massiven Widerstand von großen Teilen der an der 68er-Bewegung Beteiligten und der hermeneutisch geschulten Denkerinnen und Denker gegen ein postmodernes Denken eines relativierten Wahrheitsanspruchs, einer Ersetzung der Liebe zur Wahrheit durch die Liebe zum Spiel und zur Differenz sowie der Akzeptanz einer im Kern arbiträren und unzuverlässigen, aber nicht unamüsanten Welt. Was also stand auf dem Spiel – und wie sieht der Spielstand heute aus?

Um sich ein wenig besser zurechtzufinden, sollte zunächst einmal etwas getan werden, was ich, da ich die Erinnerung an die häufig recht verworrenen Debatten von ›damals‹ wachrufen wollte, bislang vermieden habe: Es sollte zwischen der Postmoderne als Label für ein kritisch-hedonistisches Lebensgefühl im, marxistisch gesprochen, ›Spätkapitalismus‹ und dem für die Philosophie seit Ende der 1960er Jahre zentralen Theorieansatz des ›Poststrukturalismus‹ unterschieden werden.

Die Entfernung der Revolution

Das in Zeiten der Postmoderne so heiß debattierte paradoxe Zurückgeworfensein des Subjekts auf ein fragmentiertes Selbst und das Schwinden der Vorstellungskraft, dass alles auch ganz anders sein könnte, hat – das ist nahe liegend – Konsequenzen auch auf die vorrangig angewandten Erzählstrategien und philosophischen Überlegungen. Wenn ein utopisches Denken als anachronistisch erscheint, wenn die – aus westlicher Sicht – eigene Lebenswelt total wird, dann scheint ein Ausbrechen aus den gegebenen Verhältnissen nahezu aussichtslos und die Erfindung von etwas ganz Neuem idealistisch, um nicht zu sagen naiv. Was nach der Ansicht vieler Poststrukturalisten bleibt, ist, in der also unvermeidlichen Wiederholung von tradierten und eben notwendig sprachlich verfassten Epistemen die Kraft der Verschiebung und die Wucherungen von Differenzen und Abweichungen aufzuspüren. »Es ist sinnlos, auf die Begriffe der Metaphysik zu verzichten, wenn man die Metaphysik erschüttern will. Wir verfügen über keine Sprache – über keine Syntax und keine Lexik –, die nicht an dieser Geschichte beteiligt wäre. Wir können keinen einzigen destruktiven Satz bilden, der nicht schon der Form, der Logik nach den impliziten Erfordernissen dessen sich gefügt hätte, was er gerade in Frage stellen wollte«, schreibt Jacques Derrida 1966 in seinem Aufsatz »Die Struktur, das Zeichen und das Spiel im Diskurs der Wissenschaften vom Menschen«. Damit geht die Kritik immer mit der wenigstens teilweisen Wiederherstellung des Kritisierten einher. Diese Gleichzeitigkeit beschreibt Derrida mit seinem berühmten, nicht zuletzt für die Literaturwissenschaft zentralen Begriff der *Dekonstruktion*. Dieser Begriff zieht die beiden, in einer binären Logik sich ausschließenden Bewegungen von Destruktion und Konstruktion in ein Wort und benennt sie damit als unzertrennlichen Prozess. Kritik ist im Rahmen dieses Denkansatzes, es sei wiederholt, immer dem Kritisierten verbunden und daher kein Kritiker sakrosankt. Etwas Neues, ein neues Denken, kann nur über ein Hinzufügen von etwas evoziert werden, das die Gewichtungen im Rahmen des Gegebenen verschiebt. Daher löscht das *supplement* eine festgeschriebene Bedeutung eines Begriffs nicht, sondern schreibt sich vielmehr in das bereits bestehende Bedeutungsgeflecht hinein. Es überschreibt oder streicht durch, ohne das Negierte zu ersetzen. Damit verbleibt in jedem neu hinzugefügten Begriff oder Denkansatz immer eine Spur einer anderen Bedeutung, eines anderen Denkens. Ähnlich wie Fußabdrücke im feuchten Sand eine entschwundene Präsenz als gegenwärtig markieren, illustriert Derrida. Diese Ergänzungen, die eine bereits vorhandene Sinnrichtung unterlaufen, sind möglich, da die Sprache gerade aufgrund der Abwesenheit eines alles kontrollierenden Zentrums ein offenes System ist. Sie schreibt sich unablässig fort und qua unaufhörlicher Differenzbewegung entsteht allererst Bedeutung. Denn so lange ein Wort, ein Satz oder ›die Sprache‹ eine Bedeutung transportiert, ist Bewegung im Spiel. »Wenn sich die Totalisierung alsdann als sinnlos herausstellt, so nicht, weil sich die Unendlichkeit eines Feldes nicht mit einem Blick oder einem endlichen Diskurs erfassen lässt, sondern weil die Beschaffenheit dieses Feldes – einer Sprache, und zwar einer endlichen Sprache – die Totalisierung ausschließt: dieses Feld ist in der Tat das eines Spiels, das heißt unendlicher Substitutionen in der Abgeschlossenheit (*clotûre*) eines begrenzten Ganzen.«

Auch in diesem Zitat plädiert Derrida für das Unterlaufen einer auf starren Gegensätzen aufbauenden, also dichotomen Logik: Es gibt ein unendliches Spiel, so seine typisch poststrukturalistische Überzeugung, der Bedeutungen im Rahmen einer begrenzten Sprache. Das Feld ist nicht beliebig ausdehnbar, aber nichtsdestoweniger die Bewegung des Bedeutens unabschließbar. Denn sie speist sich aus der Bewegung der pluralen Differenzen, die sich einem starren Gegensatz von Subjekt und Objekt, das Eine *versus* das Andere entzieht. Das poststrukturalistische Denken ist damit zugleich antiautoritär und anti-revolutionär. Denn es gibt nicht mehr die eine große, allem enthobene Instanz, die in der Lage wäre, über gut und richtig zu entscheiden und etwa einen nahtlosen Bruch mit dem Tradierten zu besiegeln.

Diese Verengung der Denkräume auf das Gegebene und auf die Verschiebung des Vorgefundenen führt nun aber keineswegs notwendigerweise zur Ansicht, dass die postmoderne die beste aller möglichen Welten sei. Der Weg der kritischen Analyse führte und führt nun jedoch nicht mehr über die Referenz auf eine überirdische Instanz, einen Gott im Sinne eines Wahrheit und Erlösung verbürgenden, wenn auch ewig entzogenen Zentrums. Stattdessen geht es darum, den Blick nach unten zu richten, um die Welt in ihrer Mannigfaltigkeit und ihren tausendfältigen Differenzsplittern zu entdecken. Die Losung der Poststrukturalisten heißt: die wuchernde Vielfalt der kleinen Differenzen zulassen, nach dem Inkommensurablen suchen und ein dichotomisch grundiertes Schwarzweißdenken beenden. Abweichungen, Brüche, Differenzen in all ihren Auswüchsen, darin scheinen sie sich bei allen ebenfalls umstrittenen Unterschieden einig, dürfen nicht mehr im binären Code des Einen *versus* des Anderen kolonisiert werden. Die Differenz soll endlich aus der Einbahnstraße des binären Gegensatzes entlassen werden. Entsprechend kommt es zur Zurückweisung starrer, als unhintergehbar angenommener Entgegensetzungen, etwa von Wahrheit und Lüge, Vernunft und Wahnsinn, Mann und Frau. Die Kritik an einer absoluten Wahrheit ist fundamental für ein postmodernes ebenso wie für ein poststrukturalistisches Denken. Nicht umsonst wird Nietzsche zum Gewährsmann etwa für Lyotard, Derrida, Foucault sowie Deleuze und Guattari. »Wahrheit ist nichts anders als ein bewegliches Heer von Metaphern, Metonymien, Anthropomorphismen«, schreibt er in *Wahrheit und Lüge im außermoralischen Sinne* (1873), »die poetisch und rhetorisch gesteigert, übertragen und geschmückt wurden, und die nach langem Gebrauche einem Volke fest, canonisch und verbindlich dünken: die Wahrheiten sind Illusionen, von denen man vergessen hat, dass sie welche sind, Metaphern, die abgenutzt und sinnlich kraftlos geworden sind.«

In dieser Bewegung der Verschiebung, der Übertragung, der Nicht-Identität, der *différance*, um den von Derrida ins Spiel gebrachten Begriff einer unaufhörlichen Begriffsarbeit zu zitieren, besteht die neu zu entdeckende relative Freiheit. Denn Bedeutungen und Inhalte befinden sich in Bewegung und unterlaufen sich permanent selbst in ihrer Übertragungsarbeit. Kein Zentrum bündelt sie; und ein hermeneutischer Zirkel ist mit dem Wegfall eines gesicherten Fluchtpunkts ebenso wenig zu schließen. Bedeutung, so die Überzeugung des Poststrukturalismus, entsteht durch die Bedeutungs-Differenzen zwischen den Wörtern selbst: dass Baum nicht Haus meint, ist die Quelle der Semantik. Sprache, definiert als endlose Übertragungsarbeit von Bedeutung auf Begriffe und umgekehrt – siehe Saussure – lasse daher keinen Stillstand zu. Das aber bedeutet auch, dass die Interpretation beispielsweise eines Romans nicht abschließbar ist. Solange man im Medium der Sprache arbeitet, existiert kein Mittel gegen die eigene Widerlegbarkeit. Saussure und Nietzsche geben sich die Hand und bilden die Räuberleiter für eine Philosophierichtung, die mit Denkbildern arbeitet, wie dem gerissenen Faden der Ariadne, der Wucherung (Rhizom), der Fluchtlinien, der Implosion, der Falte und differenten Systemen auf gleicher Ebene, den tausend Plateaus.

Die Wucherung und die Karte als neue philosophische Kategorien

In ihrem wild-mäandernden Denken und Schreiben zwischen Philosophie und Literatur sind der Philosoph Gilles Deleuze und der Psychiater Félix Guattari nach wie vor uneingeholt. Ihr Anspruch ist es, ein neues rhizomartiges Denken zu entwerfen, das gleichzeitig ein neues Weltbild, nämlich im Sinne eines Schaltplans oder einer Karte produziert.

»Das Buch als Bild der Welt ist jedenfalls völlig langweilig«, schreiben sie in ihrem auskrakenden Werk *Tausend Plateaus. Kapitalismus und Schizophrenie* (1980). Dabei gehen sie davon aus, dass die Vielfalt nicht einfach zu finden und aufzuschreiben ist, sondern Mannigfaltigkeiten allererst produziert werden müssen und zwar durch ein Denken, das sich Hierarchisierungen verweigert und stattdessen anarchisch vernetzt, indem es in allen zur Verfügung stehenden Dimensionen gleichzeitig arbeite. »Man könnte ein solches System Rhizom nennen. [...] Zwiebeln und Knollengewächse sind Rhizome.« Dabei ginge es, so erklären sie, um das »Prinzip der Konnexion und der Heterogenität. Jeder Punkt des Rhizoms kann (und muss) mit jedem anderen verbunden werden. Das ist ganz anders als beim Baum oder bei der Wurzel, bei denen ein Punkt, eine Ordnung, festgelegt ist.« Hier wären wir beim oben erwähnten Bild der Karte oder des Plans angelangt, das auch schon Jameson als typisch für ein postmodernes Denken und seine Aufgabe exponierte, nämlich Karten anzulegen, also zu kartographieren. Dabei werden diese ›Karten‹ hier als in sich beweglich, als fließend gedacht. Deleuze und Guattari verschreiben sich ganz der experimentierenden Kraft des Werdens. Die Verwandlung, die Anverwandlung und Rückverwandlung, die Rück-Aneignung (»Reterritorialisierung«) und Enteignung (»Deterritorialisierung«) werden miteinander verbunden und diese Verkettung von gegenläufigen Werdens-Prozessen räumlich bzw. territorial definiert. Etwas, das im ›klassischen Denken‹ nichts miteinander zu tun hat, wie zum Beispiel eine Orchidee mit einer Wespe, beziehen sie aufeinander und lassen so vor den Augen der Leser ein neues zwischen Fauna und Flora oszillierendes Denk-Bild entstehen. »Wie sollten die Deterritorialisierungsbewegungen und die Reterritorialisierungsprozesse sich nicht aufeinander beziehen, sich nicht ständig verzweigen und einander durchdringen? Die Orchidee deterritorialisiert sich, indem sie ein Bild formt, das Abbild einer Wespe; aber die Wespe reterritorialisiert sich auf diesem Bild. Die Wespe dagegen deterritorialisiert sich, indem sie selbst zu einem Teil des Fortpflanzungsapparates der Orchidee wird, aber sie reterritorialisiert die Orchidee, weil sie deren Pollen transportiert. Wespe und Orchidee bilden ein Rhizom, insofern sie heterogen sind.«

Gesellschaftskritik, postmodern: die kritische Affirmation und die Kritik der kritischen Affirmation

Kehren wir nach diesem Ausflug in die zuweilen turbulente poststrukturalistische Theorieproduktion zum postmodernen Roman in seiner westlichen Machart zurück. Auch hier spielt die Beschäftigung mit Bildern und Imaginationsräumen in ihrer palimpsestartigen Überlappung eine zentrale Rolle. Die Auflösung von Geschichte im geschichtslosen Bildraum, das *Sampeln* von Oberflächen und Oberflächlichkeiten sowie Innenansichten vom zeitgemäßen Konsumenten, das sind einige der großen Themen, denen sich die Romane der westlichen Postmoderne annehmen. Vielfach reproduzieren sie, mal ironisch und mal ungebrochen, die bunte Warenwelt in ihren Zugriffen auf das eher durchschnittliche Individuum. Wie in der Philosophie findet auch hier auf der Textebene systematisch eine Grenzüberschreitung hinsichtlich des Genres und der Epoche statt. Während etwa Deleuze und Guattari nicht zuletzt durch die Art ihres Schreibens die Grenze zur Literatur überschreiten, verleibt sich der postmoderne Roman mit Vorliebe Textsorten wie den Werbetext, den Popsong oder das Protokoll ein. Die Liste bzw. die Auflistung und die scheinbar objektive Protokollierung avancieren zu Merkmalen eines postmodernen Erzählens. An sie knüpft sich nicht selten eine postmoderne Form, Gesellschaftskritik zu formulieren. Der zentrale Vorwurf gegen ein postmodernes ebenso wie gegen ein poststrukturalistisches Denken, es sei unpolitisch, ist daher zwar nicht per se falsch, übersieht aber mindestens zwei spezifisch postmoderne Figuren der Gesellschaftskritik. Diese attackieren sehr wohl gegenwärtige Machtkonstellationen und Unrechtsverhältnisse und formulieren eine Kapitalismuskritik, allerdings – und das ist das Spezifikum – ohne Bezugnahme auf die Möglichkeit einer anderen Weltordnung. Im Resultat führt dies zur in den 1980er Jahren vor allem in der Subkultur beliebten Figur der kritischen Affirmation. Ihrer bedient sich auch der amerikanische Autor Bret Easton Ellis, der Anfang der 1990er Jahre mit seinen Romanen Furore machte. In seinem Roman *American Psycho* zelebriert er 1991 die Gewalttätigkeit, die einem postmodernen Leben zugrunde liegt, das unausgesetzt nach dem perfekten Image strebt. Das Besondere bzw. das besonders Postmoderne an seinen Romanen besteht darin, dass Ellis eine radikale Kritik am Konsumkapitalismus formuliert, ohne eine einzige Alternative zu ihm aufzuzeigen. Es gibt keine Vision von einer anderen Welt, weder auf Seiten des Autors noch auf der seiner Figuren. »Kein Ausgang« aus dem terroristischen Empire des Konsums, mit dieser Behauptung endet sein 500 Seiten umfassendes Epos, in dessen Mittelpunkt das überaus eitle Managersöhnchen Patrick Bateman steht, der des Nachts seinem Hobby, dem Serienmord, nachgeht.

Wir begegnen in diesem Roman sukzessive den typischen Elementen eines um sich selbst zirkulierenden westlichen postmodernen Denkens: dem Verlust eines Außen und damit eines utopischen Denkens, der Integration der Popkultur, der obsessiven Beschäftigung mit der Welt des Konsums und der Lust an der sprachlichen Reproduktion der schrecklich schönen Warenwelt bei gleichzeitiger radikaler Kritik an ihr. Die abhanden gekommene Idee von Erlösung, d. h. die fehlende Vorstellung von der Überwindung des Gegebenen, eben von Transzendenz, artikuliert sich auf Autorenseite in der detaillierten und lustvollen Protokollierung des (Waren)Fetischismus und der Gewaltexzesse seiner Figuren. Ellis führt aus einer Position der Immanenz und in aller Akribie vor Augen, wie die kapitalistische Welt sich beständig selbst pervertiert. ›Und doch‹ – so ließe sich vielleicht die dahinter stehende Geisteshaltung umschreiben – ›wir haben nur sie und wir mögen sie auch.‹ Das in der Subkultur der ausgehenden achtziger Jahre verbreitete paradoxe Prinzip der affirmativen Kritik findet sich bei Ellis damit in voller Blüte und wird nicht zuletzt mit seinen Romanen massenfähig.

Rund 20 Jahre später wird diese paradoxe Kritikfigur wiederum einer Kritik unterzogen, die weiterhin mit postmodernen Erzählstrategien arbeitet. Die postmoderne ›Schraube‹ dreht sich sozusagen eine Windung weiter. Stellvertretend für viele andere steht der jüngst international bekannt gewordene Autor David Foster Wallace, der in kalt-verspieltem Sarkasmus jene an der Postmoderne geschulten Strategien der Kritik bei gleichzeitiger Selbstaffirmation ins Leere laufen lässt. Die u. a. von Ellis zelebrierte desillusionierte Selbstaufklärung, die dennoch in ihrer Saturiertheit keine Selbstkorrekturen in Erwägung ziehen muss, wird von ihm kunstvoll exponiert und damit attackiert. In *Kurze Interviews mit fiesen Männern* (1999), einem Bestseller-Erfolg in Deutschland, kompiliert er ›klassische‹ Kurzgeschichten mit imitierten Gesprächsprotokollen, die im Kontakt mit Therapeuten oder Sozialberatern entstanden sein könnten. Entsprechend liefern sie formalisierte Innenansichten von Personen, die in irgendeiner und nicht näher bezeichneten Weise auffällig geworden sind und genau dadurch Einblicke erlauben in den profanen Alltag einer globalisierten westlichen Welt. Im Grunde fertigt Wallace literarisch feingliedrige Diskursanalysen an von aktuell kursierenden und normgerechten Formen der Selbstbeschreibung und der Selbstlegitimierung. Und in diesem ›Vor-Augen-Halten‹ formuliert sich seine Gesellschaftskritik. Seine Geschichten erzählen vom Kippen der Angst in Aggression oder von der Selbstkritik in dumpfen Chauvinismus und sie erzählen von einer spezifischen selbstkritischen Rhetorik, deren Merkmal der Ausschluss von Selbstkorrekturen und dem Versuch ist, sich oder auch nur etwas zu ändern. Bei Wallace ebenso wie bei Ellis kümmern sich die Protagonisten nur um sich selbst und sie leben auch für nichts anderes. Es ist dieser aggressive Narzissmus und also der Verlust jeder Außenperspektive, den die ansonsten so unterschiedlichen Anti-Helden miteinander teilen. Und es ist der lustvolle Zynismus ihrer ebenfalls sehr unterschiedlichen Schöpfer, der dem Leser vor Augen führt, dass das Verbannen des Antlitz' des Anderen, um mit Levinas zu sprechen, und das Abwehren der Denk-Möglichkeit, dass alles anders werden könnte, nicht nur ein Gewaltverhältnis reproduziert, sondern in sich selbst ein gewalttätiger Akt ist. Dies spürbar zu machen, ist das Verdienst von Ellis ebenso wie von Wallace, und es ist insgesamt eine Erkenntnismöglichkeit, die ein Denken und Schreiben anbietet, das um Pluralität und Vielfalt bemüht ist und gleichzeitig sowohl mit als auch gegen die Postmoderne arbeitet. Bis heute.

ANDREAS PFLITSCH

Das Ende der Illusionen

Zur arabischen Postmoderne

Die Postmoderne, so lässt sich paradoxerweise formulieren, ist längst unmodern geworden. »Es ist nämlich eine Zeit gekommen«, stellt etwa der ukrainische Autor Juri Andruchowytsch fest, »da bei uns nur die Faulen und die Toten nicht die Postmoderne kritisieren.« Heute gehört es zum guten Ton, sich von ihr zu distanzieren, auf sie hinabzublicken. Besserwisser und Trendsetter haben den Lagerplatz längst verlassen; das Feuer ist aus. Und während die Postmoderne im Westen nur noch müdes Gähnen hervorruft, tobt in Bezug auf die arabische Welt die Debatte um die Moderne. Von *Post*moderne, so scheint es, kann *dort* nun wirklich keine Rede sein. Dass die Adjektive ›arabisch‹ und ›postmodern‹ so schwer zusammenpassen, hat vor allem zwei Gründe. Zum einen sind es die tatsächlich anderen gesellschaftlichen Verhältnisse, unter denen in der arabischen Welt Literatur entsteht, zum anderen ist es das im Westen vorherrschende Bild von einer rückständigen, traditionellen Gesellschaft, die sich müht, Anschluss an die Moderne zu finden.

Ein wenig erinnert die Situation an die Anekdote von dem Betrunkenen, der nachts unter einer Straßenlaterne seinen Schlüssel sucht. Ein Passant, der ihm dabei zur Hilfe kommt, fragt nach einer Weile gemeinsamen ergebnislosen Suchens, ob sich der Mann sicher sei, den Schlüssel an fraglicher Stelle verloren zu haben. Nein, antwortet dieser, er vermute sogar, des Schlüssels in einiger Entfernung verlustig gegangen zu sein. Dort jedoch sei es zum Suchen entschieden zu dunkel. Der entwaffnenden Logik des Manns entspricht die Beharrlichkeit, mit der man im Westen geneigt ist, die Probleme der zeitgenössischen arabischen Welt mit der alles bestimmenden Rolle des Islam und zugleich der pauschal behaupteten Unvereinbarkeit von Islam und Moderne zu erklären. Alles im Lichtkegel dieser Prämisse Liegende strahlt in Evidenz; alles was außerhalb liegt, wird hingegen geflissentlich übersehen. Dadurch konnte die Annahme, der Islam sei eine grundsätzlich rückständige, ja mittelalterliche Religion, die die von ihm geprägten Gesellschaften in einen geradezu idealtypischen Gegensatz zur Moderne setzt, in den Rang einer heute kaum mehr hinterfragten Gewissheit aufsteigen. Richtiggehend tragisch wird diese Fehleinschätzung durch die Tatsache, dass sowohl die weitverbreitete monopolisierende Vereinnahmung der Moderne durch den Westen als auch ihre strikte Ablehnung durch radikale Islamisten auf ihr beruhen. Die sich im Kontext des ›Kampfes der Kulturen‹ verfestigenden Denkblockaden des beginnenden 21. Jahrhunderts führen so nicht selten zu einem absurden unfreiwilligen Schulterschluss zwischen Islamisten und Eurozentristen. Wenn etwa westliche Warner behaupten, die Demokratie sei dem Islam nicht nur fremd, sondern müsse es auch bleiben, da es sich um sich widersprechende Wertesysteme handele, so machen sie sich eine Argumentation der Islamisten zu eigen und fallen damit den Reformkräften in den Rücken. Die sich scheinbar fundamental entgegenstehenden Parteien erweisen sich als in ihrer Grundannahme, die arabische Welt sei zur Aufklärung nicht fähig, verblüffend verwandt. Die Verfechter eines modernen Islam befinden sich zwischen Hammer und Amboss.

Das Verhältnis zwischen dem Westen und dem Rest der Welt erinnert zudem an die Geschichte vom Wettrennen zwischen dem Hasen und dem Igel: Da mag sich der außereuropäische Hase noch so sehr anstrengen, am vermeintlichen Ziel wird ihn der europäische Igel ausgeruht erwarten und ihm in der ihm eigenen Selbstgewissheit und Überlegenheit zurufen: »Ich bin schon da!«

Es gibt offensichtlich kein Entkommen: Europa produziert nicht nur den Eurozentrismus, sondern liefert die Kritik an ihm gleich mit. Entsprechend ist auch die Postmoderne als Gegen- oder Korrekturbewegung zur Moderne zugleich ein Produkt derselben. Der algerische Philosoph Mohammed Arkoun geht davon aus, dass die Moderne *nolens volens* überall gelte und dass sie heute nicht mehr verhandelbar sei. »Der Raum und die Zeit«, schreibt er, »innerhalb derer sich die kollektiven Wahrnehmungen ausgebildet haben, das eigene Selbstverständnis formuliert wurde, prägende Weltbilder entstanden, sie sind ganz wesentlich von der westlichen Vernunft geprägt und monopolisiert worden, festgeschrieben in einem wissenschaftlichen Diskurs, den der Westen seit dem 18. Jahrhundert geführt, gestaltet und nach außen begrenzt hat.« Diese hier aufscheinende, sonderbar paradoxe Mischung aus einer Moderne, die unhintergehbar und allgemeingültig ist, und einer Moderne, die spezifisch westlich ist, weist darauf hin, dass die Moderne ein falsches Spiel spielt. Wie den Igel aus der Erzählung gibt es sie zweimal: als universelles Prinzip und als spezifisches System. Zum einen steht der Begriff ›Moderne‹ als Synonym für Neuzeit oder Gegenwart, zum anderen steht er für die gesellschaftliche, kulturelle, politische und wirtschaftliche Entwicklung einer ganz speziellen Region, die wir als ›Westen‹ oder Europa bezeichnen. Einmal bezeichnet er die Epoche, dann wieder ist er Programm. Durch die ständige Verwechselung und Vermischung der beiden ›Modernen‹ entsteht eine Schieflage, die zu Missverständnissen führen muss. Die Definition der Moderne als das im Westen entwickelte Gesellschaftssystem und die Feststellung, dieses System existiere ausschließlich im Westen, ist daher schlicht tautologisch.

Je nachdem welchen Begriff von ›Moderne‹ man einsetzt, wird sich auch die Vorstellung davon, was Postmoderne sei, unterscheiden. Grundsätzlich gibt es zwei Sichtweisen. Die eine geht davon aus, dass die Moderne abgewirtschaftet hat, sodass sie von einer gänzlich neuen Epoche, der Postmoderne nämlich, abgelöst worden ist. Dem steht die Auffassung entgegen, wonach die Postmoderne Teil der Moderne ist, aus dieser geboren wurde und über diese hinausgeht, sich aber nicht wesentlich und fundamental gegen sie richtet. Es gilt, dass die Moderne, wie Peter Sloterdijk in seinem Essay *Kopernikanische Mobilmachung und ptolemäische Abrüstung* (1987) formulierte, »es sich gefallen lassen muss, dass man ihre eigenen Fragen noch einmal an sie richtet.« Nach der zuletzt genannten Ansicht steht die Postmoderne, bildlich gesprochen, auf den Schultern des Riesen, der Moderne, während die andere Auffassung davon ausgeht, dass die Postmoderne der Moderne von hinten in die Beine gegrätscht ist und also den Riesen gleichsam gefällt hat, um seinen Platz zu besetzen. Ob die Postmoderne die Moderne nun verdrängt hat oder ob sie auf ihr aufbaut – in beiden Fällen ist in der Postmoderne der Versuch zu sehen, aus den Selbstverständlichkeiten der Moderne herauszutreten, der Behaglichkeit in ihrem Inneren zu entfliehen, um einen Blick von außen zu wagen. In diesem Sinne einer Radikalisierung der Reflexivität, die die Moderne selbst auszeichnet, ist auf den Begriff Postmoderne auch heute noch nur um den Preis einer unangemessenen Verharmlosung dieses Paradigmenwechsels zu verzichten.

Bleiben wir bei dieser Definition der Postmoderne als Versuch eines Blicks auf die Moderne von außen, so zeigt sich die besondere Brisanz, nach einer nicht-westlichen Postmoderne zu fragen. Gemeinsamkeiten und Unterschiede genauer auszuloten, würde nicht zuletzt bedeuten, sich der Frage der Universalität von Moderne (und Postmoderne) neu zu nähern. Vielleicht ließen sich so die beiden ›Modernen‹ – also das universelle Wesen einerseits und die spezifische ›westliche‹ Ausformung andererseits – schärfer voneinander trennen.

Literatur & Politik

Dennoch klingt es, zugegeben, einigermaßen abenteuerlich, von einer arabischen Postmoderne zu sprechen. Zudem: Ist die Forderung nach Aufklärung, Demokratie und Menschenrechten nicht weitaus dringender und drängender als die im Lichte der gegenwärtigen Krisen, Kriege und Gewaltexzesse geradezu obszön wirkende Suche nach einer arabischen Postmoderne? Ist das Gerede von der Postmoderne am Ende nicht doch ein ebenso gefährlicher wie zynischer Tanz auf dem Vulkan? Sicherlich geht so manche sophistische Verstiegenheit elitärer Dichter und Denker ins Leere, wenn der

Kampf um die existentiellen Lebensgrundlagen den Sinn für poetologische Feinheiten einschränkt. Dass dies keine Spezialität einer barbarischen Dritten Welt ist, darauf hat Heinrich Böll in seinen Frankfurter Poetikvorlesungen von 1963/64 hingewiesen: »Jeglicher Avantgardismus, jeder Rückgriff auf revolutionäre Literaturformen«, so Böll in Hinblick auf die deutsche Nachkriegsliteratur, seien damals »lächerlich« gewesen, denn: »es ist sinnlos, Bürger erschrecken zu wollen, wenn keine mehr vorhanden sind«. Dieser Logik folgend mahnte Peter Handke 1983 die Leser seines Journals *Phantasien der Wiederholung*, sich den Entstehungsbedingungen des Textes stets bewusst zu sein: »Achtung: alles hier ist geschrieben in einer Friedenszeit, und unter dem Zeichen des Friedens«. Die gesellschaftlichen Bedingungen, unter denen Literatur entsteht, sind unbedingt zu berücksichtigen und die Bedingungen, unter denen in der arabischen Welt Literatur entsteht, unterscheiden sich fundamental von denen, die wir kennen.

Die heutigen arabischen Staaten decken ein breites Spektrum an politischen Systemen ab, stehen wirtschaftlich auf höchst unterschiedlichem Niveau und sind auch literaturhistorisch nicht über einen Kamm zu scheren. Aber es gibt auch Gemeinsamkeiten: Die gesellschaftlichen Missstände, die das Leben in ausnahmslos allen arabischen Ländern bestimmen, das weitgehende Fehlen von bürgerlichen Freiheiten, die wirtschaftliche Malaise weiter Teile der Bevölkerung auch in nominell reichen Staaten sowie der eklatante Mangel an demokratischer Kultur bleiben nicht ohne Wirkung auch auf die Literatur und das intellektuelle Klima. Ob Monarchien wie in Marokko, Jordanien und Saudi Arabien oder Einparteiensysteme wie in Algerien, Ägypten und Syrien: eine pluralistische Zivilgesellschaft konnte bis heute in keinem arabischen Staat entstehen. Angesichts selbstherrlicher Staatsführungen – deren jahrzehntelange Herrschaft im Übrigen in merkwürdigem Kontrast zur westlichen Wahrnehmung nahöstlicher Instabilität steht – hatten oppositionelle Strömungen einen schweren Stand. Die in den fünfziger, sechziger und siebziger Jahren vor allem marxistisch orientierten Oppositionsbewegungen wurden seit den achtziger Jahren zunehmend von islamistischen Kräften abgelöst. Literaten und Intellektuelle kamen in dieser Konstellation immer wieder unter die Räder: Kaum ein namhafter Autor, dessen Biographie nicht wenigstens einen Gefängnisaufenthalt aufweist. Repressionen und Zensur gehören für arabische Schriftsteller zum Alltag. Nicht selten stellt das Exil den einzigen Ausweg dar.

Weist also die postmoderne Flucht vor der Verantwortung, die die Moderne den Literaten und Intellektuellen zugleich versprach und aufbürdete, nicht in die ganz falsche Richtung? Die lange Geschichte des Engagements in der modernen arabischen Literatur scheint in der Tat ein Indiz für eine Politiklastigkeit des arabischen Schreibens zu sein, die jedem postmodernen *laisser-faire* widerspricht. Zugleich aber steckt in der Frage des literarischen Engagements ein Schlüssel für das Verständnis der arabischen Postmoderne und für ihren vielleicht wichtigsten Unterschied zur westlichen Postmoderne. Verallgemeinernd kann man wohl feststellen, dass auch nicht dezidiert politische Autoren das politische Moment ihres Schaffens nie ganz verleugnen. Auch Autoren wie ʿAbd al-Raḥmān Munīf, der sich nicht als politischer Autor verstand, betonte 1990 in einem Interview: »In Ländern, in denen es keine Meinungsfreiheit gibt, keine Parteien zugelassen sind, wo vielleicht nicht einmal eine Verfassung existiert, müssen die Intellektuellen, müssen alle, die sich ausdrücken können, Widerstand leisten.« Die Mehrheit der in diesem Band vorgestellten Autoren würde sicher in diesem Sinne am politischen Anspruch ihrer Literatur festhalten. Im Vergleich zum literarischen Engagement der klassischen Moderne funktioniert aber das politische Moment zeitgenössischer arabischer Literatur auf einer anderen Ebene.

Die bis heute andauernde Diskrepanz – oder Ungleichzeitigkeit – zwischen der westlichen und der arabischen Art des Umgangs mit dem Verhältnis von Politik und Literatur trat einmal mehr 1988 auf einem Literaturfestival in Bagdad in einer Diskussion zwischen Alain Robbe-Grillet, einem der wichtigsten Vertreter des französischen *nouveau roman*, und dem palästinensischen Autor Djabrā Ibrāhīm Djabrā offen zutage. Robbe-Grillet hatte sich über einen irakischen Professor für Literaturwissenschaft belustigt gezeigt, als dieser von der Literatur gesellschaftliches Engagement einforderte. Darüber sei man doch längst hinaus, diesen törichten Irrtum habe man endgültig überwunden. Djabrā verteidigte den irakischen Literaturwissenschaftler daraufhin und machte deutlich, dass man sich in unfreien Gesellschaften wie den arabischen den Luxus des Westens, nämlich in der Kunst und der Literatur einen solchen Grad an Distanz zu erreichen, dass sie sich gänzlich von der Gesellschaft und den gesellschaftlichen Bedingungen abkoppelten, nicht leisten könne. Ganz ähnlich argumentierten zwei Jahre später die ägyptischen Autoren Ṣunʿallāh Ibrāhīm und Ibrāhīm Aṣlān bei einem Zusammentreffen mit dem französischen Literaturnobelpreisträger Claude Simon, auch er ein Vertreter des *nouveau roman*. Simon hatte den persönlichen Charakter der Literatur streng von der Politik geschieden und damit den Widerspruch der ägyptischen Kollegen herausgefordert, die am politischen Anspruch der Literatur festhielten.

Das literarische Engagement war Mitte des 20. Jahrhunderts das alles bestimmende Konzept im literaturkritischen Diskurs (nicht nur) der arabischen Welt. Der ägyptische Literat und zeitweilige Bildungsminister Ṭāhā Ḥusain hatte den Begriff bereits 1947 von Jean Paul Sartre übernommen und in die arabische Debatte eingeführt. In den fünfziger Jahren, vor allem aber in den sechziger Jahren, weltweit eine Zeit extremer Politisierung, wurde um das richtige Maß des politischen Engagements in der Literatur heftig gestritten. Eine Nutzung der revolutionären Potentiale forderten vor allem die Autoren, die in der sowjetischen Doktrin des Sozialistischen Realismus die wahre Aufgabe der arabischen Literatur sahen. Demgegenüber verteidigten weniger strenge Vertreter des literarischen Engagements die Freiheit der Kunst. Entscheidend für das Verständnis dieser über Jahre vor allem in den einflussreichen Beiruter Literaturzeitschriften geführten Debatte ist die Tatsache, dass die Notwendigkeit, sich zu engagieren, kaum je in Frage gestellt wurde. Der Streit entzündete sich vornehmlich an den Mitteln; es ging also nicht darum *ob*, sondern *wie* Literatur sich zu engagieren habe. Das gilt, so lässt sich vorsichtig verallgemeinern, bis heute.

Dass sich ein zutiefst politischer Anspruch mit postmoderner Ästhetik verbinden lässt, zeigt sich am Werk der meisten hier vorgestellten Autoren. Dabei ist das postmoderne Moment nicht ein Dekor, das einer in ihrem Kern zurückgebliebenen engagierten Literatur bloß übergestülpt wird. Im Gegenteil ist die in diesen Werken zum Ausdruck kommende postmoderne Skepsis gegenüber jedwedem Absolutheitsanspruch und eindimensionalen Erklärungsmustern im Getöse nahöstlicher politischer Ideologien einerseits und religiöser Selbstgewissheit andererseits hoch politisch.

Zwei Jahreszahlen stehen für einen tief greifenden Wandel im Umgang arabischer Literaten mit dem politischen Engagement: 1967 und 1975. Die vernichtende Niederlage der arabischen Staaten gegen Israel im Juni-Krieg 1967 war weit mehr als eine militärische Katastrophe; sie markiert eine Grenze, die die arabische Kulturgeschichte des zwanzigsten Jahrhunderts in zwei Hälften teilt. Das wie ein Kartenhaus in sich zusammenbrechende Ideengebäude des Nasserismus, das abrupte Ende einer Ära des Aufbruchs und des Glaubens an Fortschritt und Entwicklung, versetzte nicht nur die ägyptische Gesellschaft in eine Art Schockstarre. Kaum ein arabischer Autor, der nicht in seinem Fortschrittsglauben zutiefst erschüttert und jeglicher ideeller Orientierung beraubt gewesen wäre, kurz: der nicht an der Moderne zu zweifeln begonnen hätte. Der ungebrochene Glaube an eine bessere Zukunft, wie er die Hochzeit des Nasserismus bestimmte, wich einer tiefen Skepsis, einem tief sitzenden Misstrauen. Die Aufbruchstimmung und Machbarkeitseuphorie – nicht selten mit Tendenz zu Größenwahn und Allmachtsphantasie – wichen Katerstimmung und Agonie. Der Nasserismus war mit einem Mal nichts als aufgeblasene Ideologie. Der Kaiser stand nackt da. Die Worte hatten ihre Unschuld verloren, Literatur würde nie mehr so sein wie bisher.

Der libanesische Bürgerkrieg, der im April 1975 ausbrach und sich bis 1990 hinziehen sollte, hatte literaturhistorisch einen ähnlichen Effekt wie die Niederlage von 1967. Auch hier zerplatzten Träume und verlor die Sprache ihre Unschuld. Realität, die man beschreiben könne, so drückte es der

Libanese Rashīd al-Ḍaʿīf aus, gab es nun nicht mehr. Entsprechend verzichtet auch Elias Khūrī in seinen Romanen konsequent auf Eindeutiges. Vieles bleibt offen, Erzählstränge laufen ins Leere und versanden. Nicht selten schaltet sich der Erzähler ein und stellt das gerade Gesagte wieder in Frage: »So hätte es gewesen sein können, vielleicht war es aber auch ganz anders, wer weiß das so genau.« Khūrī hob die zentrale Bedeutung des Bürgerkriegs für die libanesische Literatur hervor, indem er behauptete, sie sei vor dem Krieg schlicht nicht existent gewesen. Vor dem Krieg seien im Libanon nur »ägyptische Romane« geschrieben worden. Der literarische Realismus, wie ihn der ägyptische Literaturnobelpreisträger Nagīb Maḥfūẓ vertrat, hatte ausgedient. Postmoderne arabische Autoren sind darum »post-maḥfūẓische« Autoren, wie es der palästinensisch-amerikanische Literaturwissenschaftler Edward Said einmal ausdrückte.

Mit 1967 und 1975 änderte sich nicht unbedingt der politische Anspruch der arabischen Literaten, aber die Form der politischen Einmischung, die Art der politischen Literatur wandelte sich durchgreifend. Autoren wie Rashīd al-Ḍaʿīf oder der Palästinenser Emīl Ḥabībī machen die Sprache selbst zum Gegenstand der Skepsis. Statt es den offiziellen Ideologien mit gleicher Münze heimzuzahlen und selbst Parolen und Slogans in die Welt zu setzen, machen sie sich auf die Suche nach einer neuen, *idealiter* unschuldigen Sprache. Ḍaʿīf bemüht sich zaghaft, das aufrichtige Sprechen und Schreiben neu zu lernen, die arabische Sprache vom Ballast der politischen Slogans der sechziger und siebziger Jahre zu befreien, während Ḥabībī die Mythen im Heiligen Land zu entlarven versucht. »Es gibt palästinensische Dichter«, verspottet er die Verlogenheit eines großen Teils der sich kämpferisch gebenden Literatur, »die in ihren Versen den Säbel schwenken und tänzeln lassen und im täglichen Leben unfähig sind, ein Huhn zu schlachten.«

Der israelische Schriftsteller Amos Oz hat den Fanatiker, unabhängig von den sich wandelnden politischen, religiösen oder gesellschaftlichen Zielen, für die er stehen mag, als denjenigen definiert, der andere Menschen zwingen will, sich zu ändern. Der Zwang als das wesentliche Element des Fanatismus ist der Literatur fremd. Sie kann nicht, auch wenn sie wollte, fanatisch sein. Zwar ist sie zur Lüge fähig – und als Fiktion macht sie die Lüge gar salonfähig – sie kann giftig wirken, Kurzschlüsse befördern, überreden, einlullen oder agitieren. Sie kann unfair sein, kann zum Bösen aufrufen und Werte verraten, kurz: Literatur ist weder machtlos noch unschuldig – zwingen aber kann Literatur nicht.

Im Gegenteil wohnt der Literatur die Fähigkeit inne, als Gegenmittel zum Fanatismus zu wirken. Nicht, indem sie fertige Lösungen vorgibt oder richtig von falsch zu unterscheiden hilft, aber doch als ein Modus des Denkens und Erkennens, der alles Definitive und Exklusive hinterfragt. Von der

Literatur Patentrezepte in Form von Handlungsdirektiven zu erwarten, würde ganz eindeutig bedeuten, ihr zuviel zuzutrauen. Aber in ihrem ganz eigenen Charakter der Offenheit, des Unabgeschlossenen und Multiperspektivischen mag sie einen Weg weisen, der den kurzfristig gedachten, die Symptome statt die Ursachen bekämpfenden Maßnahmen überlegen ist. Literatur könnte, so noch einmal Amos Oz, eine »partielle und beschränkte Immunität gegen Fanatismus« bewirken. Es ist die postmoderne Literatur, die, so der amerikanische Autor und Kritiker Raymond Federman, »alle Formen der Dualität negiert.« Diese Dualität sei ein »doppelköpfiges Ungeheuer, das uns seit Jahrhunderten ein System von Werten, ethischen und ästhetischen Werten aufdrückt« und das, so kann man hinzufügen, unter den Vorzeichen der Moderne mit ihren Engführungen eher gestärkt denn geschwächt wurde. In einem Essay mit dem schönen Titel *Wie man mit Fundamentalisten diskutiert, ohne den Verstand zu verlieren. Anleitung zum subversiven Denken* hat der Philosoph Hubert Schleichert 1997 darauf hingewiesen, dass den geschlossenen Systemen von Ideologien und Glaubensgewissheiten nicht mit Argumenten beizukommen sei. »Das Ziel des Aufklärers«, meint er darum, »sollte nicht eine ›Widerlegung‹ des Fanatikers sein, sondern daß die glühenden Ergüsse des Fanatikers nicht mehr auf Interesse stoßen, weil das Publikum dagegen immun geworden ist.« Denn: »Ideologien werden nicht widerlegt oder besiegt, sondern sie werden obsolet, ignoriert, langweilig, vergessen.«

Kulturelles Erbe & Tradition

Das Verhältnis zwischen (eigener) Tradition und (westlicher) Moderne ist ein zentrales – wenn nicht *das* zentrale – Thema der modernen arabischen Literatur, seit diese im neunzehnten Jahrhundert entstand. Arabische Autoren haben sich von Anfang an am Westen abgearbeitet. Die nicht selten simplen, man könnte auch sagen ignoranten Einschätzungen im Westen stehen in einem krassen Gegensatz zu dieser bis ins vorvergangene Jahrhundert zurückreichenden Diskussion, die in der arabischen Welt über den Westen und die Moderne, über den Fortschritt und die Tradition, über die so genannten westlichen Werte und die Werte der eigenen religiösen Überlieferung geführt wurde. Das Spektrum der vertretenen Meinungen ist weit. Es reicht von der Überzeugung, dass sich der Islam zur Moderne verhalte wie das Wasser zum Feuer und die Lösung mithin einzig und allein in der Abschaffung, zumindest aber der Entmachtung der Religion in der arabischen Welt zu suchen sei. Ohne eindeutiges Bekenntnis zur Moderne, das ohne Abschied von hinderlichen Traditionen nicht zu haben sei, drohe, so drastisch drückt es der Syrer Ṣādiq al-ʿAẓm aus, einer der wichtigsten arabischen Philosophen der Gegenwart, die »Selbstüberantwortung an den Mülleimer der Geschichte«. Eine andere Position besagt, dass sich die Araber oder die Muslime im Gegenteil zu sehr von ihren Traditionen entfernt hätten, dass sie nur über ein Festhalten an der eigenen Identität, über ein selbstbewusstes Anknüpfen und Modifizieren – das durchaus im Sinne von ›Modernisieren‹ zu verstehen ist – der eigenen kulturellen wie gesellschaftlichen Traditionen Anschluss an Fortschritt und Entwicklung finden könnten.

Beide Ansichten lassen sich auch in der modernen Literatur beobachten. Apologetische Töne, kulturelle Selbstbehauptung und Identitätssuche bestimmen in weiten Teilen ihre Form und ihre Thematik. Das Denkmuster, dem zufolge die arabisch-islamische Kultur insgesamt in einer Krise stecke, die Region im wirtschaftlichen Niedergang begriffen sei, politisch am Boden liege und kulturell bestenfalls letzte Zuckungen dekadenter Epigonalität erlebe, hat sich – auch in dieser Zuspitzung – lange halten können. Dies gilt nicht nur für die westliche Sicht, sondern ebenso für die arabische Selbsteinschätzung. Die Notwendigkeit, sich am Westen mit seinen – zunächst vor allem militärischen und technischen – Errungenschaften zu orientieren, schien offensichtlich, wollte man den Niedergang aufhalten. Der Westen wurde zum Maßstab, dem man sich anzunähern hatte. Dieses Denkmuster wiederholt sich in der Literaturgeschichtsschreibung: Die einstmals blühende arabische Literatur, die (heute so genannte) klassische arabische Dichtung, verlor seit dem 13. Jahrhundert ihre Kraft und versank in Stagnation und Dekadenz. Mehr als ein halbes Jahrtausend geschah nach dieser Lesart nichts Nennenswertes, bis dann im 19. Jahrhundert die europäische Moderne kam, um der in einer Art Dornröschenschlaf daniederliegenden arabischen Literatur neues Leben einzuhauchen. Die moderne Prosa und das Theater etwa wurden von Beginn an als Übernahme aus dem Westen angesehen und der Roman als Gattung blieb lange mit dem Makel behaftet, ein der eigenen literarischen Tradition wesensfremder Import zu sein. Diese Ansicht vertrat nicht zuletzt die westliche Orientalistik.

Erst arabische Autoren der jüngeren Generation verstehen es, aus der so entstandenen strengen Dichotomie von Tradition und Moderne, von ›Eigenem‹ und ›Fremdem‹ auszubrechen und das kulturelle und literarische Erbe kreativ neu zu bewerten. Stephan Guth zeigt in diesem Band am Beispiel von Gamāl al-Ghīṭānī, wie Anleihen an Gattungen der klassischen arabischen Literatur gebrochen und ins Ironische gewendet werden, sodass aus stilistischen und inhaltlichen Anlehnungen an mittelalterliche Erbauungs- und Unterhaltungsliteratur im Ägypten des späten zwanzigsten Jahrhunderts eine engagierte, eine »durch innere Spannung provokative Literatur«, so Guth, werden kann. Auch der Rückgriff auf traditionelle Formen des literarischen Erbes ist also ein Weg, auf Abstand zu den Gewissheiten der Moderne zu gehen, eine besondere Form also ihrer Überwindung, und damit der Postmoderne. Neben Ghīṭānī sind Edwār al-Kharrāṭ und Elias Khūrī weitere in diesem Band vorgestellte Autoren, die sich der arabischen Literaturtradition auf kreative Weise bedienen, um sie subversiv zu nutzen. Atavismus ist ihnen ebenso fremd wie das unreflektierte Nachäffen westlicher Moden. Die Begriffsreihe Tradition – Moderne – Postmoderne bezeichnet im arabischen Kontext also weniger eine Abfolge von Epochen als ein Nebeneinander von Weltzugängen, die miteinander konkurrieren, sich aber durchaus auch gegenseitig ergänzen und befruchten können. Viele der hier vorgestellten Autoren erreichen den für die Postmoderne charakteristischen Abstand zur Moderne durch einen frischen Blick auf die Tradition. Genres der klassischen arabischen Literatur werden, beispielsweise von dem algerischen Autor Habib Tengour, aktualisiert, ohne dabei der Gefahr zu erliegen, in einer nostalgischen Rückschau ein ›Goldenes Zeitalter‹ zu idealisieren. Der unbefangene (Rück-)Blick lässt erstaunliche Parallelen sichtbar werden, etwa den Fragmentcharakter, den, so Regina Keil-Sagawe in diesem Band, »Vorsokratiker wie Romantiker goutieren, der der ›molekularen Struktur‹ altarabischer Dichtung genauso entspricht, wie der mündlich-maghrebinischen Erzähltradition«.

Die *Erzählungen aus Tausendundeiner Nacht* mit ihren ineinander verschachtelten Geschichten, den zyklischen narrativen Strukturen und den parallel gesetzten Varianten von einander selbstähnlichen Geschichten werden postmodernen arabischen Autoren wie Elias Khūrī oder Edwār al-Kharrāṭ zur Inspiration für ihre selbstreferentiellen Texte. Beide Autoren stellen sich bewusst in diese Tradition klassischen arabischen Erzählens. In Jorge Luis Borges, einem frühen Wegbereiter der literarischen Postmoderne, der bereits in den dreißiger Jahren auf die besonderen narrativen Strukturen der *Erzählungen aus Tausendundeiner Nacht* hingewiesen hat, haben sie einen Kronzeugen: »In Analogie zu der umfassenden Rahmengeschichte«, schrieb Borges, »pflegt eine Erzählung andere Erzählungen nicht geringeren Umfangs in sich zu bergen: Szenen innerhalb der Szene, wie in der Hamlet-Tragödie; traumhafte Erhöhungen. Die Vorsäle verschmelzen mit den Spiegeln, die Maske ist hinter dem Gesicht, längst weiß niemand, wer der wirkliche Mensch ist und wer seine Abbilder.« Diese sonderbare Struktur löse, so Borges, einen »seltsamen, beinahe unendlichen Effekt« aus, »dem eine Art Schwindel eigen ist.« Die sich immer wieder auf sich selbst beziehenden *Erzählungen aus Tausendundeiner Nacht* lassen sich aufgrund ihrer netzartigen Bezüge als rhizomartiger Text lesen, der, ganz postmodern, die Zentralperspektive auflöst und so der Heterogenität von Wirklichkeit entspricht. Das Rhizom, das wuchernde Wurzelnetz, steht für das Offene, das Nicht-lineare. Botho Strauß meint dasselbe, wenn er die (postmoderne) »Flechte« dem (modernen) »strammen Faden« entgegenhält: »Es ist unser Bestreben«, schrieb er 1992 in *Beginnlosig-*

keit. Reflexionen über Fleck und Linie, »die Welt zu begradigen, wo immer wir das geringste von ihr erkennen. Dem entspricht, daß wir in der Krise immer auf das Einfache zurückgreifen, als läge es der Menschennatur näher als das Komplexe, das letztlich für eine überflüssige Verwicklung gehalten wird, obgleich die Flechte mehr Halt verspricht als der stramme Faden.«

Eine schwierige Rezeption

In seinem 2004 erschienenen libanesischen Reisetagebuch *Das Tier, das weint* hat sich Michael Kleeberg mit Bildern auseinander gesetzt, die nicht selten so tief ins Bewusstsein eingelassen sind, dass man sie gar nicht mehr wahrnimmt. Die Libanesen, die Araber, die Orientalen – immer wieder muss er seine eigene Verwunderung darüber eingestehen, dass sie so anders nicht sind. Der Vater des Autors wird zum Medium tabuisierter, tief sitzender – und alteingesessener – Hirngespinste. Als es in Berlin zu einer kurzen Begegnung zwischen Kleebergs Gast im Rahmen des Austauschprojekts ›West-Östlicher Diwan‹ des Wissenschaftskollegs Berlin, dem libanesischen Dichter ʿAbbās Baiḍūn, und dem Vater kommt, (über-)interpretiert der Sohn die Reaktion des Vaters. »Ich lese in den kurzen stummen Blick meines Vaters hinein: die geistige Überlegenheit des zivilisierten Europäers über den analphabetischen Kameltreiber aus dem Orient, die moralische Überlegenheit des modernen westlichen Christenmenschen, Untertan der Demokratie und des Kapitalismus, über den fanatischen, islamistischen Kryptoterroristen und Schächter aus einer steinzeitlichen Haß- und Neidkultur, für dessen kriminelle Artgenossen wir hier aus Steuergeldern Moscheen errichten, damit ihnen das gelingt, was seinerzeit Prinz Eugen und demnächst George W. Bush seinesgleichen verwehrt haben, nämlich uns zu überrollen, schlimmer als es der Sozialismus je vermocht hätte.«

Nicht erst seit dem 11. September 2001 stehen Themen wie die multikulturelle Gesellschaft, das Zusammenleben der Kulturen oder die Universalität der Menschenrechte auf dem Prüfstein. Der islamistische Terror sowie der darauf antwortende so genannte ›Kampf gegen den internationalen Terrorismus‹ drohen, sich gegenseitig hochzuschaukeln und in eine weltweite Paranoia zu münden. Längst leben wir, wie Rüdiger Safranski konstatiert, »in einer hysterischen Erregungsgesellschaft, in der die existentielle Urteilskraft außer Kraft gesetzt ist. Niemand kann mehr zwischen dem wirklich Bedrohlichen und dem nicht Bedrohlichen unterscheiden.« Kann die Literatur einen Beitrag leisten, die Hysterie auf beiden Seiten zu kühlen und die Urteilskraft zu schärfen?

Wie fremd ist man sich eigentlich? Wo liegen Möglichkeiten der Begegnung? Wo liegen die Grenzen des Verstehens? Gibt es diese überhaupt? Wo ist die zeitgenössische arabische Literatur zu verorten, zwischen einer lokalen, traditionsverhafteten Dritte-Welt-Erscheinung und einer globalen, im angesprochenen Sinne postmodernen Weltliteratur? Welche Autoren sind kanonisch? Ziel dieses Buchs ist nicht die Präsentation der gesamten zeitgenössischen arabischen Literatur. Was an der vorliegenden Auswahl repräsentativ ist, ist unbeabsichtigt und rein zufällig. Anstatt eine nach welchen Kriterien auch immer repräsentative oder gar enzyklopädische Sammlung zu veranstalten, sollen Schlaglichter auf bemerkenswerte Protagonisten der arabischen Literaturszene zusammengestellt, Autoren und Werke beleuchtet werden, die von Interesse sind, die herausragen und bemerkenswert erscheinen. Dass eine nach solchen Prämissen zustande gekommene Auswahl höchst subjektiv sein muss, versteht sich von selbst. Dass dabei auch einige der interessantesten und besten Autoren der arabischen Welt vertreten sind, ist somit eher ein positiver Nebeneffekt und war keineswegs die Ausgangsbasis unserer Arbeit. Ebenso wenig gilt darum auch der umgekehrte Schluss. Wer auf den folgenden Seiten keine Erwähnung findet, ist nicht notwendigerweise unbedeutend.

Die Frage der Repräsentation lässt sich aber auch auf einer anderen Ebene stellen. Es ist nicht nur zu fragen, ob der eine Autor oder die andere Dichterin nicht fehlen und damit das Gesamtbild entstellt wird. Viel grundsätzlicher ist die Frage nach der Bedeutung und der Relevanz der hier vorgestellten Literatur für die arabische Gesellschaft. Welchen Sinn hat es, sich mit der Höhenkammliteratur von Gesellschaften wie der irakischen, der syrischen oder auch der ägyptischen zu beschäftigen, die doch allesamt durch ein gesellschaftliches Klima geprägt sind, in dem poetische Feinheiten und die Spitzfindigkeiten postmodernen Erzählens ganz und gar fehl am Platze zu sein scheinen. So berechtigt dieser Einwand auch ist, so bedenkenswert die Tatsache ist, dass Literatur nur schmalste Eliten erreicht, so sehr gilt diese Feststellung für jede Literatur und für alle Gesellschaften. Unterschiede gibt es graduell, nicht prinzipiell. Mit anderen Worten, auf dem Markt in Kairo wird man sich ebenso wenig über die Gender-Thematik bei Tahar Ben Jelloun unterhalten, wie man auf dem Markt von Stuttgart über den jüngsten Prosaband von Botho Strauß diskutiert. Umgekehrt gilt jedoch, dass es auf einer Taxifahrt im Nahen Osten passieren kann, dass der Fahrer Verse des palästinensischen Dichters Maḥmūd Darwīsh zitiert, während etwa in Deutschland selbst eingefleischte Literaturliebhaber und regelmäßige Leser des Feuilletons der *Frankfurter Allgemeinen Zeitung* kaum in der Lage sein werden, auch nur eine Zeile von, beispielsweise, Durs Grünbein oder auch Hans Magnus Enzensberger herzusagen.

Zweifel am repräsentativen Charakter seiner Gastgeber kommen auch Michael Kleeberg im Libanon. Bei einer Abendgesellschaft in Beirut wird ihm ganz plötzlich klar, dass die Harmonie mit ihnen etwas Trügerisches an sich hat. »Es scheint mir jetzt«, schreibt er, »eine entscheidende Erfahrungslücke meiner Reise zu sein, daß ich niemanden getroffen habe, mit dem die Verständigung eben doch an unüberbrückbare Grenzen gestoßen wäre, auch keinen Nichtintellektuellen, daß ich kein Armenviertel besucht habe oder ein Ghetto wie Chatila. Keine ›Authentizität‹ jenseits der schmalen Elite gebildeter Intellektueller.« Sind also diese Gespräche über Kultur und Literatur nicht eigentlich bloß verbale potemkinsche Dörfer, die eine Harmonie vorspiegeln, die in Wirklichkeit gar nicht existiert? Ist letztlich die ganze Reise nichts weiter als eine verlogene Veranstaltung, da sie die Probleme von vornherein ausklammert? Kleeberg fährt fort, indem er die Parallele zur gemeinsamen Zeit in Deutschland, im Herbst 2002, zieht: »Allerdings bin ich in Berlin mit Abbas auch nicht in Asylantenheime oder zu Treffen mit NPD-Schlägern oder nach Marzahn gefahren und habe ihn nicht in die Plattenbauten geschickt, Wendeopfer kennenzulernen und alte Stasioffiziere... Ich *kenne* diese Milieus nicht, automatisch gehe ich davon aus, meine hiesigen Freunde hätten Zugang zu *ihren* Gegnern und Antipoden...«

Die Erwartungshaltung des westlichen Publikums steht einer unbefangenen Rezeption der arabischen Literatur noch immer im Weg. Die europäisch-westliche Rezeption moderner arabischer Literatur orientiert sich weithin am Reiz der Exotik mit ihrem pittoresken Zierrat der Schleierfrauen- und Palmenhainästhetik. Armut, Rückständigkeit und patriarchalische Gesellschaftsordnung, unterdrückte Frauen und unter Krieg und Gewalt leidende Menschen appellieren an das Gewissen der Gutmenschen. Der schöne Schauer des Tyrannischen, eine gewisse Drittwelt-Romantik und uneingestandene Sehnsüchte nach der vorgeblichen Einfachheit und Langsamkeit des orientalischen Lebens – oder besser nach dem, was man im Westen dafür hält – bestimmen den Publikumsgeschmack, der von den Verlagen gerne bedient wird. Schon ein Blick auf die Titelgestaltung der auf dem deutschen Buchmarkt erhältlichen Übersetzungen arabischer Belletristik ist verräterisch: Selten widersteht man der Versuchung, eine Kamel- und/oder Palmenidylle auf den Buchdeckel zu bringen, selbst wenn die Handlung des fraglichen Romans im städtischen Kleinbürgertum angesiedelt ist.

Diese Art der Exotisierung der modernen arabischen Literatur wird nicht nur deren Vielfalt und Qualität nicht gerecht, sie verhindert zudem einen ernsthaften kulturellen Austausch. Ganz gleich, ob es sich um wohlwollende Verniedlichung oder um bösartige Vorurteile handelt, wenn die Stimmen aus der arabischen Welt nicht wahr- geschweige denn ernst genommen werden, dann ist das in Zeiten des drohenden oder vielmehr herbeigeredeten Kampfes der Kulturen fahrlässig und gefährlich. Es ist schlicht überheblich, wenn die veröffentlichte Meinung in Europa immer wieder lautstark die

Unvereinbarkeit von Islam und Moderne behauptet und man sich dabei ein genaues Hinsehen auf die durchaus differenzierte Auseinandersetzung mit diesem Thema erspart. Im Kontext der kulturellen Globalisierung immer nur von den anderen Anpassung und Integration zu fordern, während man selbst übermütig in Selbstgerechtigkeit verharrt, ist borniert. Der Reichtum der zeitgenössischen arabischen Literatur straft die gebetsmühlenartig wiederholte Ansicht Lügen, der Orient sei per se rückständig, habe folglich in jeder Hinsicht einen Nachholbedarf und müsse sich an uns messen und zu uns aufschließen. Auch der Westen hat eine Bringschuld in der Globalisierung, wenn diese mehr sein soll als ein Euphemismus für neo-koloniale Wirtschafts- oder neo-imperiale Machtpolitik. Diese ist in der Bereitschaft zum Zuhören zu sehen, in der Bereitschaft zu einem ernsthaften Dialog, der über Straßenfeste mit Volkstanz und Dönerspieß, also die üblichen multikulturellen Selbstberuhigungsrituale von ansonsten in ›Leitkultur‹ erstarrten Gesellschaften, hinausgeht. Die zeitgenössische arabische Literatur sollte ernst genommen, aus der Exotenecke ans Licht gezerrt und auf Augenhöhe mit der zeitgenössischen Weltliteratur betrachtet werden.

Kapitel II Erinnerung

Angelika Neuwirth

Einleitung

> Wir leben in einer Zeit, in der die Erinnerung wie noch niemals zuvor zu einem Faktor öffentlicher Diskussion geworden ist. An die Erinnerung wird appelliert, um zu heilen, zu beschuldigen, zu rechtfertigen. Sie ist zu einem wesentlichen Bestandteil individueller und kollektiver Identitätsstiftung geworden und bietet einen Schauplatz für Konflikt ebenso wie für Identifikation.

Was Paul Antze und Michael Lambek 1997 für das Europa der achtziger und neunziger Jahre konstatiert haben, die überwältigende Erfahrung des bis dahin nur latenten engen Zusammenhangs von Erinnerung und Identität, hat eine Entsprechung auch im arabischen Kulturraum, mag diese auch weniger augenfällig sein. Denn während es in Europa Entwicklungen von weltgeschichtlicher Dimension waren, die das Erwachen der Geschichte und die Wiederkehr der Erinnerungen erzwangen – zunächst die im kollektiven Bewusstsein aufgestörte Erinnerung des Holocaust und dann die Auflösung und Wiederaufrichtung politischer und kultureller Grenzen in der Folge des Zusammenbruchs der Ost-West-Teilung –, war es im Kerngebiet der arabischen Welt ein scheinbar lokal begrenztes Ereignis, das eine bis dahin ungekannte Erschütterung des Selbstbewusstseins auslöste. Der nur wenige Tage andauernde Juni-Krieg 1967 mit Israel, der trotz Beteiligung mehrerer arabischer Staaten mit einer verheerenden arabischen Niederlage geendet hatte, legte die schockierende Rückständigkeit der arabischen Welt mit schmerzlicher Deutlichkeit bloß. Mit dieser demütigenden Erkenntnis war mehr beschädigt worden als nur machtpolitisches Interesse: Mit dem Ausgang des Juni-Kriegs war der Traum gesamtarabischer nationaler Größe zerschlagen. Denn der primäre Verlierer des Kriegs, der ägyptische Staatspräsident Nasser, hatte den Nahen Osten revolutionär zu verändern unternommen, er hatte als einziger arabischer Politiker der jüngeren Geschichte die Möglichkeit der arabischen Einheit sichtbar gemacht.

Die Reaktionen auf die Niederlage in der arabischen Welt können als ein Musterbeispiel für die Wirkung des Traumas und des Schocks als Erinnerungsanker gelten. Wie kollektive Traumata anderswo führte die in der arabischen Welt durch den Juni-Krieg ausgelöste Erschütterung auch in der Literatur zu einer eigenen ›Krise der Repräsentation‹. Wie bedeutsam dieses

Ereignis für die Zukunft sein sollte, lässt sich erahnen, wenn man sich mit Jan Assmann vergegenwärtigt, dass das kollektive Gedächtnis zwar rekonstruktiv verfährt, aber in der Gegenwart verortet ist und die Zukunft formt:

> Die Vergangenheit vermag sich im kollektiven Gedächtnis nicht als solche zu bewahren. Sie wird fortwährend von den sich wandelnden Bezugsrahmen der fortschreitenden Gegenwart her organisiert. Auch das Neue kann immer nur in der Form rekonstruierter Vergangenheit auftreten. Traditionen sind nur gegen Traditionen, Vergangenheit nur gegen Vergangenheit austauschbar. (...) Das kollektive Gedächtnis operiert daher in beide Richtungen: zurück und nach vorne. Das Gedächtnis rekonstruiert nicht nur die Vergangenheit, es organisiert auch die Erfahrung der Gegenwart und Zukunft.

Die Schockwirkung des Ereignisses ist also kaum zu überschätzen. Für die Palästinenser, die mit der israelischen Besetzung der Westbank und des Gazastreifens nun gänzlich aus der arabischen Welt herausgerissen und israelischer Oberhoheit unterstellt wurden, ging das Ereignis als Parallelfall zur alles umstürzenden Katastrophe von 1948 in die Geschichte ein. Die Niederlage erhielt den Namen *al-naksa*, ›Rückschlag‹, ein Echowort zu *al-nakba*, der Bezeichnung für den Fall Palästinas.

Der syrische Philosoph Ṣādiq al-ʿAẓm hat diesen Ausdruck allerdings als einen Euphemismus verurteilt, der die vollständige Niederlage beschönige. In seinem im Jahr danach erschienenen Buch *al-Naqd al-dhātī baʿd al-hazīma* (*Selbstkritik nach der Niederlage*) weist er die Schuld den Arabern selbst zu, die angesichts ihrer Autoritätshörigkeit zu einer kritischen Einschätzung ihrer Situation unfähig gewesen seien. al-ʿAẓm legt verdrängte Probleme bloß und gibt die Schwächen eines rauschhaften Nationalismus bei fortdauernder Rückständigkeit der Massen strenger Kritik preis. Weniger direkt, eher verschlüsselt, wurde die Absage an das bis dahin vorherrschende selbstgewisszuversichtliche Denken – in den meisten arabischen Staaten wirkte die Euphorie der neu errungenen Unabhängigkeit noch fort – auch in der Literatur selbst geäußert.

Zum Beispiel: Ägypten

Vor allem Ägypten wurde nach der Juni-Niederlage von einer Welle intellektueller Selbstkritik erfasst. Die Fehleinschätzung der Machtverhältnisse war nur die Oberfläche einer nun offenbar werdenden generellen Befangenheit in trügerischen Sicherheiten. Ägypten war in der Nasser-Ära Drehscheibe der arabischen Welt gewesen, eine Hochburg revolutionärer Bewegungen; nun hatte ein militärisches Abenteuer wie der Juni-Krieg ausgereicht, die Errungenschaften zunichte zu machen und das Land in erneute Abhängigkeit vom Westen zu stürzen. Die Entwicklung kam allerdings nicht für alle überraschend: Ägyptische Literaten wie Ṣunʿallāh Ibrāhīm (geb. 1937) und Gamāl al-Ghīṭānī (geb. 1945) hatten die Unverbürgtheit der nationalistischen Rhetorik schon Jahre vor dem Denouement des Nasserismus in ihren Romanen kritisch artikuliert. Die Niederlage selbst löste heftige Reaktionen in der Literatur aus, Amal Dunqul (1940–1983) äußerte seine Verbitterung in der Dichtung, Aḥmad Fu'ād Nagm trat zusammen mit dem blinden Liedermacher al-Shaikh Imām mit ideologiekritischen Satiren hervor.

Doch die Ereignisse sollten sich nicht nur im Medium der Literatur spiegeln, sie sollten die Literatur und damit die Sprache selbst grundlegend verändern. Das Spannungsverhältnis zwischen Sprache, dichterischem Ich und Welt, das für die Phase der Emanzipation des Individuums im postkolonialen Kontext generell charakteristisch ist, hatte sich für die ägyptischen Intellektuellen durch den politischen Druck, der auf ihnen lastete, während der Nasser-Ära stark verschärft. Der Kritiker Nagi Naguib hat damals von einem Gefühl des »Zu-kurz-gekommen-Seins« gesprochen, einer mangelnden Partizipation, das der »schwebenden Intelligenz« in der so genannten Dritten Welt allgemein eigen sei. Dieser Zwiespalt im Verhältnis zur Realität kommt besonders deutlich im Werk von Ṣalāḥ ʿAbd al-Ṣabūr (1931–1981) zum Ausdruck. Der Dramatiker und Dichter hat aus der Einsicht dieser Problematik heraus als einer der ersten die von Ṣādiq al-ʿAẓm geforderte Entmythisierung des politischen Denkens literarisch umgesetzt, indem er rigoros mit einer auf alter kultureller Erinnerung fußenden Denktradition abrechnete. In seinem kurz nach dem Juni-Krieg entstandenen Drama *Lailā wa-l-Madjnūn* (*Laila und der Besessene*) dekonstruiert Ṣalāḥ ʿAbd al-Ṣabūr die in der islamisch-geprägten Welt wohl mächtigste Allegorie zum Verhältnis des Dichters/Intellektuellen zu seiner Gesellschaft, durch die der Dichter/Schriftsteller/Intellektuelle zu einer geradezu messianischen Figur, zu dem einzig legitimen Wortführer der Gesellschaft erhoben wird – bei gleichzeitiger Unmündig-Erklärung dieser Gesellschaft. Die bis dahin verbreitete Typisierung des Intellektuellen als Madjnūn (wörtlich: ›Besessener‹, ›Leidenschaftlicher‹), seine Verbindung mit dem – wegen seiner leidenschaftlichen, im Wahnsinn endenden Liebe zu Lailā als Madjnūn bekannten – frühislamischen Dichter hatte zu einer Vernachlässigung der Wirklichkeit zugunsten von politischen Träumen geführt. Madjnūns Größe wurde gerade in seiner Sublimierung des Verlusts gesehen, in seiner Bereitschaft, die ihm in der Realität verweigerte Geliebte durch ein Idealbild zu ersetzen und Schmerz und Wahnsinn in Kunst umzusetzen.

Der Rückgriff auf diesen – vor allem durch das über Jahrhunderte wirkmächtige Liebesgedicht, das *ghazal*, verbreiteten – Typus in der Literatur ist allerdings nicht Resultat einer ungebrochenen Rezeption des alten Liebesgedichts, sondern ein Kunstgriff einzelner von der Lektüre englischer Poesie angeregter Dichter der nachkolonialen Zeit. Die Paar-Konfiguration der Heimat und ihres einzig legitimen Partners, des ideal-besessenen Dichters/Intellektuellen, als politische Allegorie, die ʿAbd al-Ṣabūr 1970 als einer der ersten Autoren dekonstruieren wird, war erst wenig zuvor, in den vierziger Jahren, von dem pakistanischen Dichter Faiz Aḥmad Faiz (1911–1984) in die Dichtung eingeführt worden. Faiz hatte die Konfiguration des in der islamisch-geprägten Welt Sprachen übergreifend verbreiteten *ghazal* aus seinem Real-Kontext, wo ein dichterisch sensibler junger Mann eine junge Frau oder auch einen männlichen Partner besingt, gelöst, und sie in ein neues Szenario überführt, in dem ein vom Freiheitskampf beseelter Dichter eine ideelle Geliebte, die Heimat, preist. Dabei kam ihm eine bereits vollzogene allegorische Entwicklung des *ghazal* entgegen: In der mystischen Tradition der islamisch-geprägten Welt war bereits in vormoderner Zeit die Rolle des Liebenden im *ghazal* auf die Figur des Dichters und die Rolle des/der Geliebten auf eine abstrakte Größe, das göttliche Du, übergegangen. Die Weiterverlagerung der Liebessehnsucht auf das nationale Wir ist eine Innovation der Moderne. In der modernen arabischen Dichtung tritt die Figur des Dichters als des mythischen Liebenden eines kosmischen anderen, der Heimat, zum ersten Mal 1958 in dem wohl einflussreichsten Gedicht des Irakers Badr Shākir al-Sayyāb (1926–1964) auf, der in derselben *ghazal*-Tradition steht wie sein urdu-sprachiger Dichterkollege Faiz. In seiner *Unshūdat al-maṭar* (*Regenhymne*, 1958) ist die Geliebte die irakische Heimat, der Liebende der Dichter selbst. Von al-Sayyāb wird der Funken acht Jahre später auf den Palästinenser Maḥmūd Darwīsh (geb. 1942) überschlagen, der das berühmte Gedicht in einem gleichermaßen gefeierten Poem *ʿĀshiq min Filasṭīn* (*Ein Liebender aus Palästina*, 1966) nachdichtet und die Dichter-Heimat-Allegorie auf sein eigenes Verhältnis zu seiner kosmischen Geliebten überträgt.

Zum Verständnis dieser zunächst überraschenden Entwicklung genügt es, sich an die Grundlage des dem *ghazal*-Dichter eigenen Selbstverständnisses zu erinnern, nämlich die Erfahrung der realen Welt als Ödnis, beherrscht von dem Leiden an dem existentiell erfahrenen Verlust der Zugehörigkeit, an der Ferne der/des Geliebten und von einem unstillbaren Durst nach der Wiedervereinigung mit dem geliebten Du, ein Bewusstsein, durch das sich der von T. S. Eliot beeindruckte moderne Dichter mit Madjnūn eins fühlt. Vor allem aber fügen sich wie bei Madjnūn so auch bei ihm die drei Dispositionen Leidenschaft, Idealbesessenheit und Dichtertum zu einem Spannungsfeld zusammen. Seine Kreativität entspringt gerade seinem selbst gewählten seelischen Ungleichgewicht. Dennoch ist es ʿAbd al-Ṣabūr selbst – ein zu Recht lange Zeit zu den engagierten, sozialistisch orientierten Schriftstellern gerechneter Intellektueller –, der in der Literatur kurz nach dem Juni-Krieg als erster das Madjnūn-Paradigma zerschlägt.

Sein Drama *Laila und der Besessene* hebt das Madjnūn-Paradigma gerade an jener Stelle aus den Angeln, die als seine Stärke gegolten hatte: seine Verachtung der Realität und damit seine Absage an die Normalität, begründet in seiner Befangenheit in einem von langer Tradition sanktionierten mentalen Ausnahmezustand. Madjnūns unverbrüchliche Treue zu dem zeitlosen Idealbild der verlorenen Geliebten ist ja bezahlt mit der Verwerfung, zumindest der Geringschätzung, der realen Partnerfigur. Ähnlich rücksichtslos verfügt der als Madjnūn stilisierte moderne Intellektuelle – in ʿAbd al-Ṣabūrs Darstellung – über seine reale Beziehungspartnerin, sei sie kollektiv begriffen als die Heimat, so wie sie ist, oder individuell als die moderne Frau: In seiner Idealbefangenheit verachtet er die reale genussorientierte Gesellschaft als Hure und leidet bei seiner Liebe zu der realen lebenszugewandten Frau an dem ständigen Verdacht ihrer Untreue, ihres Verrats an seinem Vollkommenheitsideal.

ʿAbd al-Ṣabūr tritt mit seiner rigorosen Kritik nicht nur einer mythischen Verklärung des patriarchalischen Systems entgegen, er dekonstruiert auch ein wichtiges Element des arabischen nationalistischen Denkens, indem er eine archetypische Projektionsfigur der nationalistischen Intellektuellen als nicht mehr zeitgemäß bloßstellt. – Wie bedeutend gerade das Madjnūn-Laila-Paradigma noch in der modernen Wahrnehmung ist, zeigen eine Anzahl von Gedichten, Dramen und Romanen, die teilweise auch in diesem Band besprochen werden. Nicht unähnlich den Geschicken der klassisch-antiken Tragödie im zeitgenössischen Europa behaupten das *ghazal* und die von ihm transportierte, in der Madjnūn-Legende exemplarisch gestaltete Mentalität im heutigen Nahen Osten ihre Präsenz weiter, allerdings fern der Textlektüre: immer weniger als Gegenstand unmittelbaren literarischen Genusses, dafür aber immer mehr als Gegenstand einer – für die soziale Erneuerung unverzichtbaren – rigorosen und konstruktiven Mythenkritik.

Kritik der Repräsentation: Die ›Neue Sensibilität‹

Wie hoch die Bedeutung von ʿAbd al-Ṣabūrs Werk im Kontext der engagierten Dichtung und der sukzessiven Dekonstruktion dieser dichterischen Funktion auch einzuschätzen sein mag, sein Werk bleibt trotz der allegorischen Grenzüberschreitungen realistischen Vorbildern verpflichtet. Die eigentliche Erneuerung der ägyptisch-arabischen Literatur kam von anderer Seite. Es waren vor allem die Autoren der ›Neuen Sensibilität‹ (*al-ḥassāsiyya al-djadīda*), einer bereits in den frühen sechziger Jahren hervortretenden literarischen Tendenz zur Überwindung des herrschenden Realismus, die in Ägypten ein neues – von Zweifel an und Enttäuschung über die gegebenen gesellschaftlichen Zustände tief geprägtes – Wirklichkeitsverhältnis durchsetzten. Ihr sicher bedeutendster Vertreter ist der Erzähler und Kritiker Edwār al-Kharrāṭ (geb. 1926). War die Literatur bis dahin charakterisiert durch einen optimistischen Glauben an die mimetische Darstellbarkeit der Realität, so bezweifeln die Autoren der jüngeren Generation die Möglichkeit ihrer unmittelbaren, unverfälschten Abbildung. Sie sind sich der Textualitätsgesetze und ihrer Bedeutung bewusst und betonen die Referentialität ihrer Texte. Diese Intellektuellen ziehen damit eine diametral entgegengesetzte Konsequenz aus der Niederlage von 1967 zu derjenigen der Islamisten, von denen Edwār al-Kharrāṭ feststellt: »1967 verschwanden alle Spuren des vom Westen entlehnten liberalen, demokratischen Gedankengutes vollständig und wurden durch die Muslimbrüder mit ihrer islamischen Philosophie und der Ablehnung des Westens, durch eine Hinwendung zum traditionellen, nachahmenden Glauben ersetzt.« Kollektive Projektion einer mythischen Vergangenheit zur Durchsetzung eines politischen Ideals – der Muslimbruder Sayyid Qutb schreibt in Ägypten um diese Zeit – auf der einen Seite; individuelle Dekonstruktion der objektiven Realität zur Wiedereinholung der eigenen Erinnerung auf der anderen. Im Kontext einer ›postkolonialen Literatur‹ steht das Werk Edwār al-Kharrāṭs für den Versuch, durch Wiederbelebung des eigenen kulturellen Erbes und der eigenen literarischen Tradition eine arabische Literatur zu schreiben, die mehr ist als ›westliche Literatur‹ in arabischer Sprache.

Inzwischen prägt die ›Neue Sensibilität‹ die Schreibweise der jungen, oft erst nach dem Juni-Krieg geborenen ägyptischen Autoren, die mit der *Qiṣṣa-qaṣīda*, dem ›Erzähl-Gedicht‹, eine neue Kurzprosa-Gattung geschaffen haben, literarische Momentaufnahmen, in denen sich Emotionales und Rationales, Reales und Surreales vermischen. Begünstigt durch das Schwinden nationalistischer Dogmen hat neueste Literatur sich von ihren *great narratives* und damit ihrer Appellfunktion befreit. Der Widerstand gegen das Vergessen der lange erkämpften Ideale wie der sozialen Gerechtigkeit in der mit Sadat einsetzenden Politik der wirtschaftlichen Öffnung zur freien Marktwirtschaft des Westens wird von kämpferischen Autoren wie Gamāl al-Ghīṭānī und Ṣunʿallāh Ibrāhīm fortgesetzt, auch dieses Engagement hat sich aber aus der direkten Anklage nach innen, in die Sprache selbst verlagert.

Zwei konkurrierende Exilerinnerungen: Palästina / Israel

Dass Palästina/Israel Erinnerungsraum schlechthin ist, hat Maurice Halbwachs mit seiner Darstellung der symbolischen Besetzung Palästinas durch die christliche Erinnerung, der *topographie légendaire* der christlichen *terra sancta*, einprägsam demonstriert. Seit dem zwölften Jahrhundert existierten hier die sakrale Landschaft der jüdischen, christlichen und islamischen Glaubensgemeinschaft und damit auch konkurrierende Erinnerungen auf demselben Boden nebeneinander. Vorbereitet wurde der Konflikt zwischen diesen Erinnerungen durch die Missionsbewegungen im neunzehnten Jahrhundert, die eine neue Bewertung des Landes als eines kraft biblischen Zeugnisses einzig den Juden und Christen zugehörigen ›Heiligen Landes‹ vertraten. Er wurde politisch virulent mit der fortschreitenden Landnahme der europäischen Zionisten im frühen zwanzigsten Jahrhundert, die sich für ihre Ansiedlung im Land auf die biblische Geschichte berufen konnten, während die vorwiegend muslimische palästinensisch-arabische Bevölkerung als geschichtslos und zivilisationsfremd marginalisiert wurde. Das immer deutlicher werdende Ungleichgewicht führte mit der 1948 im Zuge der Kriegshandlungen und der Staatsgründung Israels erfolgten Vertreibung und Flucht der großen Mehrheit der palästinensischen Bevölkerung aus dem Land zur irreversiblen Dominanz der aus Europa stammenden Einwanderer und damit der jüdischen Erinnerung über die Erinnerung der verbliebenen arabischen Landesbewohner.

Erinnerung im palästinensischen Kontext ist daher Exilerinnerung. Denn paradoxerweise löst palästinensisches Exilschicksal jüdisches Exilschicksal ab. Beide Exilerinnerungen stehen einander in der zweiten Hälfte des zwanzigsten Jahrhunderts nicht nur als – durch Zeitverschiebung getrennte – Entsprechungen gegenüber, sie berühren einander im politischen Diskurs auch vielfach, so dass sich ihre Darstellungen, ihre literarischen Reflexe, in mancher Hinsicht spiegeln. Wenn das Exil der Juden aus zionistischer Sicht politisch auch mit der Errichtung des Staates Israel sein Ende gefunden hat, so ist mit dieser territorialen Wiedereinnahme des mythisch definierten Herkunftsortes doch keineswegs die einzige Option einer ›jüdischen Heimkehr‹ benannt. Sie kann vielmehr, wie die israelische Literaturwissenschaftlerin Sidra DeKoven Ezrahi festhält, auch andere Formen annehmen:

> In der modernen jüdischen Erfahrung ist Heimat durch die Ideologie und die Verwirklichung einer kollektiven Repatriierung in Israel überdeterminiert, während gleichzeitig für Juden – zumindest europäischer Herkunft – eine Heimkehr in ihre Herkunftsländer angesichts der Vernichtung nicht einmal in der Vorstellung infrage kommt. Die gleichzeitige Auslöschung der jüdischen Heimatländer in Europa und die Erschaffung eines zentralen Heimatlandes in Palästina

machen die wichtigste *master narrative* der jüdischen Gegenwartskultur aus, während zwei andere Strukturen des Heimkehrens weniger prominent miteinander um Legitimität konkurrieren: In der einen tritt Amerika als eine andere Form von Heimat auf. Die andere und am meisten unkonventionelle, die europäisch-jüdische Schriftsteller in der zweiten Hälfte des zwanzigsten Jahrhunderts erkundet haben, ist eine Bestätigung und Rekonfiguration des Exils als einer Art literarischen Privilegs.

Für die Palästinenser sind die Optionen enger: Ihnen ist seit 1948 die erste Option, die volle territoriale ›Heimkehr in ihr Land‹, selbst bei Verbleiben in Israel, verwehrt. Für sie übersetzt sich bereits die eigene physische Anwesenheit, angesichts der von den jüdischen Israelis exklusiv in Anspruch genommenen territorialen Verfügung über das Land, in eine Exilsituation, eine Situation, die nicht allein durch mangelnden rechtlichen Schutz und eine unsichere Zukunft gekennzeichnet ist, sondern vor allem durch das Fehlen jeglicher öffentlicher Anerkennung ihrer realen Beziehung zum Land. Denn nachdem die Rolle der im Zionismus als hoch bedeutend erachteten ›ursprünglichen Landesbewohner‹ exklusiv von der herrschenden Majorität übernommen worden ist, sind die Palästinenser nur als Fremde, als Eindringlinge wahrnehmbar – paradoxerweise nicht ganz unähnlich der Situation in einzelnen Gebieten des vom Zionismus tabuisierten jüdischen Exils, der *galut*.

Bleiben die beiden anderen Optionen: Unter diesen ist die Auswanderung in die freie, aber fremde Welt Amerikas oder Europas für die meisten unerreichbar, in der Regel auch gar nicht angestrebt. Exterritoriales Exil gibt es dagegen seit der Fluchtbewegung 1948 in der arabischen Welt, wo die Exilierten aber zumeist rechtlos in Flüchtlingslager eingeschlossen sind. So gewinnt schließlich, nachdem die lange gehegte Vision einer Rückgewinnung des Landes sich immer mehr verflüchtigt hat und die Hoffnungen auf eine absehbare Etablierung eines auch den Exilanten Sicherheit und rechtlichen Schutz garantierenden Staats immer wieder enttäuscht werden, die letzte Option immer mehr Bedeutung, der Ausweg, die Heimat im virtuellen Raum von Texten zu suchen. Es ist ein Rückzug in eine an Resignation grenzende Selbstbescheidung, die nur von Dichtern und Literaten vermittelt werden kann. Umso bemerkenswerter ist es, dass gerade das ›aufgeschriebene Vaterland‹, eine zunächst von europäisch-jüdischen Literaten artikulierte Wahrnehmung, in unserer Zeit – vor allem durch Maḥmūd Darwīshs neuere Gedichte vermittelt – vielen intellektuellen Palästinensern den einzig gangbaren Weg in ihre unbestimmte Zukunft zu weisen scheint.

Der Weg zu dieser Erkenntnis, die sich in Konfrontation mit der israelischen Kultur aufgetan hat, war weit. Es bedurfte einer langen Entwicklung, bis die Palästinenser in Israel ihre Orientierung gefunden hatten. Erst nachdem sie den Prozess der gleichzeitigen ›Palästinensisierung‹ und ›Israelisierung‹ durchlaufen hatten, nahmen die Araber in Israel die vitale Funktion in der Auseinandersetzung um die Kulturen und damit die Erinnerungen im Land wahr. Dabei hat die Dichtung eine zentrale Rolle gespielt.

In der arabischen Welt erhebt Dichtung in Fortführung einer langen arabischen Tradition immer noch den Anspruch, die Ausrichtung der öffentlichen Meinung nicht nur zu reflektieren oder zu hinterfragen, sondern sie auch entscheidend zu formen. Das Gedicht fungiert in Palästina als Beweisstück für die kulturelle Ebenbürtigkeit der marginalisierten Gruppe mit der dominierenden, als Dokument dafür, dass sie ihrerseits Anspruch erheben kann, als Kollektiv zeitlich und räumlich im umstrittenen Land verankert zu sein. Denn als geformtes sprachliches Kunstwerk transportiert es durch seinen ästhetischen Kode, der historischen künstlerischen Vorbildern verpflichtet ist, kulturelle Erinnerung, es ist durch seine poetologisch evokative Form bereits ›semiotisiert‹. In Israel und parallel unter den ebenfalls ohne staatliche Souveränität lebenden Palästinensern in der Westbank wurde moderne Dichtung zu einer Art zweitem, inoffiziellem, ja subversivem Bildungsschatz, einem Fundus gemeinsamen Wissens, auf den man bei Zusammenkünften im Familien- und Freundeskreis zurückgriff, dessen jeweils neue Produkte man ungeduldig erwartete, dessen Druckerzeugnisse man sammelte, zuweilen vor Razzien durch die Behörden an abenteuerlichen Orten versteckt hielt. Unter den zahlreichen palästinensischen Dichtern nahm Maḥmūd Darwīsh schon bald den ersten Rang ein. Erst in den letzten Jahren hat sich daneben die Gattung der Autobiographie als gleichrangiges Medium der Erinnerungsbewahrung etabliert.

Israel als Herausforderung

Man muss sich für den Stellenwert der Konstruktion einer kollektiven Erinnerung, die sich in der palästinensischen Dichtung vollzieht, vergegenwärtigen, dass der Prozess in einem Land stattfindet, in dem der beherrschende israelische Bevölkerungsteil besonders intensiv um die Pflege seiner eigenen kulturellen Erinnerung besorgt ist. Das hier einschlägige hebräische Wort *zikkaron* bezeichnet die Bewahrung der Erinnerung an eine heilsgeschichtlich rekonstruierte Vergangenheit, die von jeher eine wesentliche Rolle in der jüdischen Lebenswelt gespielt hat. Bereits in der Antike hatten sich die historischen Texte der Hebräischen Bibel zu einem großen Drama göttlichen Wirkens an Israel mit der Ereignisabfolge von Erwählung, Exodus, Landnahme, Exil und verheißene Erlösung kristallisiert, ein Drama, das in der Diaspora in der synagogalen Liturgie wie auch in der theologischen Reflexion immer von neuem aktualisiert zur zentralen Erinnerungsfigur des kollektiven Gedächtnisses geworden war. Das Fortwirken der Rezeption dieses ›Dramas‹ ist – wie der Historiker Daniel Krochmalnik 1989 aufgezeigt hat – auch im modernen, teilweise säkularisierten Staat Israel unbestritten:

> Obwohl heute im durchschnittlichen jüdischen Geschichtsbewusstsein die religiösen Bezüge weitgehend fehlen, ist das messianologische Schema nach wie vor, auch im religiös selbstvergessenen Judentum, wirksam. Mehr denn je sind gerade die säkularen Juden auf die Enthüllung des Sinns ihrer rätselhaften Geschichte angewiesen, und die messianologische Evidenz, die vom Holocaust und der Staatsgründung Israels wie von selbst ausgeht, scheint diese Sinnsuche restlos zu befriedigen (…). Für das gegenwärtige jüdische Endzeitbewusstsein ist die sakrosankte Überzeugung charakteristisch, dass der Staat Israel nicht nur ein Zufluchtsort für verfolgte Juden aus der ganzen Welt ist – hier spielt das messianologische Motiv der ›Sammlung der Verbannten‹ mit hinein – sondern dass auch die gesamte jüdische Geschichte im Staat Israel ihr Ziel erreicht hat.

Diese Prioritätensetzung, die der Zeit der jüdischen Geschichte vor dem – in seiner Geschichte gerade nicht jüdisch determinierten – Raum Palästina die weitaus höhere Bedeutung beimisst, führte dazu, dass man die arabische Bevölkerung nur widerwillig als ›Palästinenser‹, als angestammte Bewohner Palästinas, wahrnahm, dass man sie vielmehr bis in die jüngste Zeit immer wieder ethnisch als ›Araber‹ und damit als Außenstehende klassifizierte. Zugleich wurde das Land seiner nicht-jüdischen Geschichte entleert, die materiellen Spuren der noch erinnerbaren Vergangenheit zugunsten einer Rekonstruktion antiker Geschichte bzw. der Befriedigung eines modernen Landschaftskults getilgt. Archäologie wird so – nach dem Zeugnis der israelischen Archäologin Ariella Azoulay – zu einem Hauptschauplatz jenes Kampfs, in dem die Besitzurkunde des Landes Israel geschrieben und repräsentiert wird. Dies war eine kontinuierliche Praxis seit den Anfängen der zionistischen Bewegung, realisiert durch Erinnern/Vergessen, Siedlungsaktivitäten, Karten, archäologische Ausgrabungen, Planung und Gestaltung neuer Landschaften. In der israelischen Gesellschaft war und ist die Errichtung und Kontrolle von historischen Orten ein politisch heißes Eisen.

Durch ein gleichzeitig verfolgtes Vergessen und Erinnern, durch das Auslöschen der arabischen Dörfer und ihrer Namen und die Neuaufrichtung von ›authentischen‹ jüdischen Stätten an ihrer Stelle und nicht zuletzt durch die Ersetzung der arabischen Landschaftsnamen durch biblische oder moderne hebräische haben die zionistischen Staatsgründer die Vergangenheit des Landes neu zu konstruieren und eine kontinuierliche jüdische Präsenz im Land zu suggerieren versucht. Diese Tendenz verstärkte sich durch die Entwicklungen nach dem Juni-Krieg 1967 noch weiter, als mit der Westbank eben jene Gebiete unter israelische Herrschaft gerieten, die Schauplätze der jüdischen Vorgeschichte gewesen waren. Der Historiker Dan Diner hält 1991 fest:

> Jetzt tritt das partikulare religiöse Selbstverständnis viel stärker in den Vordergrund, eben durch die als heilig geltenden Stätten, vor allem des Ostteils der Stadt Jerusalem. Das heißt, das israelische Selbstverständnis entsäkularisiert sich zunehmend. Es dringt immer stärker ein in das, was wir als politische Theologie bezeichnen. Oder in verkürzter Weise: Der Mythos von Eretz-Israel, dem Land Israel und seiner biblisch-historischen Legitimation verdrängt in einem zunehmenden Maße die säkulare Selbstlegitimation, die sich im Begriff des Staates Israel oder – hebräisch gesprochen – von Medinat-Israel, niederschlagen. Dieser Gegensatz beginnt von 1967 an zu wirken und durchläuft die Gesellschaft, zerstört innere Selbstverständnisformationen oder bildet sie neu um.

Zum einen ist also das Land selbst bereits durch frühe staatliche Maßnahmen zu einem künstlich erschaffenen *lieu de mémoire* umgestaltet worden, zum anderen nahm der Akt des Erinnerns als solcher immer deutlicher den Rang einer unabdingbaren Kollektivpflicht an. Denn im Bewusstsein des modernen Israeli, wie er den Palästinensern begegnet, hat das bereits in der zionistischen Praxis von Anfang an zentrale Element der Erinnerung, *zikkaron*, seit den sechziger Jahren noch eine weitere Bedeutung hinzugewonnen: Es steht – wiederum auf die jüdische Zeit, nicht auf die Geschichte des Raums Bezug nehmend – vor allem für die Erinnerung an die Verfolgungen in der jüngsten Geschichte, an die Judenvernichtung durch die Nationalsozialisten, mag die öffentliche Wahrnehmung des Holocaust in Israel auch lange Zeit kontrovers gewesen sein.

Es erklärt sich gewiss nicht zuletzt aus der überwältigenden Präsenz dieser jüdischen Erinnerung, dass sich auch bei den Palästinensern innerhalb kurzer Zeit eine Gedächtniskultur herausgebildet hat, die sich in ihrer Form allerdings deutlich von derjenigen ihrer Kontrahenten unterscheidet. Der palästinensische Gedächtnisdiskurs nimmt mit der Bezeichnung *dhākira* deutlich auf den jüdischen *zikkaron*-Begriff Bezug.

Eine palästinensische Antwort

Etwa seit dem Juni-Krieg 1967 wurden die Stimmen der palästinensischen Minderheit im Land deutlicher vernehmbar und damit in ihrem Subversionspotential erkennbar. Ihre Äußerungen, die lange Zeit trotz der Vermittlungsbemühungen von links-liberalen israelischen Literaten vor allem negativ als eine potentielle Bedrohung des inneren Friedens und als Angriff auf das offizielle zionistische Selbstbild wahrgenommen wurden, werden seit dem allmählichen Durchdringen eines ›postzionistischen‹ israelischen Diskurses in den neunziger Jahren von einzelnen Intellektuellen inzwischen auch als konstruktiver Beitrag erkannt. Im Staat Israel – das gestehen auch israelische Theoretiker zu – könnte die Situation der Palästinenser als einer untergeordneten, ›kolonialisierten‹ Gruppe, geradezu einen Musterfall für die von dem amerikanischen Kulturphilosophen Homi K. Bhabha statuierten »marginalisierten Minoritäten« darstellen. Bhabha vertritt die These, dass eine solche Gruppe dazu beiträgt, den nationalen Raum als »einen umstrittenen Aktionsraum erkennbar zu machen, dessen verbindlich gemachte Repräsentationen von Normalität bei den in ihm lebenden Minoritätenangehörigen vielmehr Orientierungslosigkeit und Verwirrung stiften.« Minoritäre Autoren problematisieren die ihnen von der Majorität verordnete Wahrnehmung einer »monumentalen historischen Erinnerung und sozialen Totalität der Gesellschaft wie auch der Homogenität kultureller Erfahrung.« Indem sie von den Randzonen der Gesellschaft aus schreiben, decken diese Autoren die »nicht wegzudeutende Ambivalenz auf, die die nur vermeintlich gleichförmige Bewegung der historischen Zeit strukturiert.« Die Palästinenser in Israel sind, so wird im postzionistischen Diskurs zugestanden, zu ›Kolonialisierten‹ degradiert, bei denen jede Anstrengung, sich in die herrschende Gesellschaft einzuordnen, als ›Nachahmung‹ diskriminiert wird. Sie müssen, um ihrer Entmündigung ein Ende zu bereiten, ihren eigenen ›Gegentext‹ zu der öffentlichen Selbstdarstellung der herrschenden Majorität vorlegen, d. h. die verborgenen Formen ihrer Selbstbehauptung sichtbar machen. Rachel Feldhay Brenner spricht hier von einem »geheimen Text«, einem *hidden transcript*:

> Der Zionismus liefert ein gutes Beispiel für eine ideologisch auferlegte Einheit. Er erschafft den mächtigen Mythos eines Kollektivs von ›neuen Juden‹, die sich selbst als wiedergeboren in einem vermeintlich leeren Heimatland Israel imaginieren, und des zionistischen Pioniers als Gegenpart zugleich zum machtlosen Diasporajuden und zum rückständigen unwichtigen palästinensischen Araber. Mit der autoritativen Stimme von Revolution und Erlösung sprechend, konnte das zionistische Ethos die Gegenstimmen wirksam zur Ruhe bringen. (…) Um der Kolonisierung zu begegnen, muss ein Weg zur Veröffentlichung des *hidden transcript*, d. h. zur Verlautbarung jener Ablehnung gefunden werden, die die Unterprivilegierten im Geheimen der herrschenden Macht entgegenbringen.

In der Tat haben gerade palästinensische Zionismus-Kritiker viel zur Problematisierung der hegemonialen zionistischen Repräsentation der israelischen Kultur beigetragen. Zunächst einmal hat die Dichtung – namentlich die von Maḥmūd Darwīsh – der biblischen ›Einschreibung‹ des Landes mit Besitz legitimierenden Texten einen palästinensischen Mythos entgegengesetzt, der die Verbundenheit von Land und Leuten an dem Ideal des selbstaufopfernden Kämpfers festmacht, dem die messianische Rolle des Wegführers zur Freiheit zuerkannt wird. Sein Opfer stiftet Erinnerung, *dhākira*, ist ein Akt der Selbstbehauptung. Hier tritt ein die heroische arabische Tradition wieder aufnehmender Aktivismus als eine Erinnerung generierende Kraft dem durch biblische Geschichte gestützten *zikkaron*-Gedanken entgegen. Literatur geht aber dann noch einen substantiellen Schritt weiter, wenn sie den Antagonismus zwischen den beiden Gesellschaften nicht nur in ein Kräfte-Gleichgewicht überführen, sondern ihn – wie es in Darwīshs jüngerer Dichtung geschieht – als solchen dekonstruieren will. Dass dabei nicht nur Dichter, sondern auch Romanciers und Essayisten eine wichtige Rolle spielen, kann angesichts der engeren Verbindung ihrer Genres zur sozialen Wirklichkeit nicht erstaunen. Die palästinensische Dichtung mit ihren Visionen und Idealen liegt ihren Werken jedoch wie ein verborgener Text zugrunde; die Prosa, so scheint es, liefert eine reflektierende Antwort darauf. Die Dichtung wiederum hat durch das in der Prosa vollzogene Aufbrechen ideologischer Positionen frische Impulse erhalten, die sich namentlich seit den achtziger Jahren deutlich abzeichnen.

Bahnbrechend für eine Neureflexion des Verhältnisses der beiden nationalen Gruppen zu ihrem Land wirkte das Erzählwerk Emīl Ḥabībīs (1923–1996). Ḥabībī hat den beiden Gesellschaften im Land den Spiegel vorgehalten, ihre Obsessionen durch Projektion verwandter Bildverzerrungen bei dem jeweils ›anderen‹ in ihrem grotesken Charakter erkennbar gemacht. Biblisch begründete Ansprüche werden durch ironische Ersetzung der ›offiziellen‹ Referenztexte durch ihre biblischen Gegentraditionen *ad absurdum* geführt. Die realen Menschen im Land werden entgegen jedem kulturellen Reinheitsmythos in ihrer ethnischen Hybridität und bunt-gemischten Abstammung vorgestellt. Mit Rekursen auf klassische Dichtung, Koran und Erzählliteratur werden Verzerrungen der Wahrnehmung aufgedeckt und die alten Texte zugleich ihres musealen Ernstes entkleidet. Das literarisch avantgardistische und in seiner Ideologiekritik vorbehaltlos entmythisierende Werk, das zugleich zwei *master narratives*, zwei beherrschenden Mythen entgegentritt – dem in Israel in säkularisierter Form fortgeschriebenen biblischen Erlösungsdrama und dem palästinensischen Märtyrerideal –, wurde 1992 mit dem israelischen Staatspreis für Literatur ausgezeichnet. Ḥabībī gestaltet hier die Idee von einem ›Exil in der Heimat selbst‹, eine Selbstwahrnehmung, die bewusst den Zustand der Exiljuden aus den Zeiten vor dem Holocaust in das gegenwärtige Israel/Palästina projiziert. Er tritt damit schon 1972 der herkömmlich exklusiv negativen Deutung von ›Exil‹, *galut*, der Zionisten entgegen, verlangt vielmehr die ›Freiheit zu einer genuinen Sehnsucht nach dem Land‹ für die Palästinenser, die als Exilanten im Land leben – ein Gedanke, der erst über zehn Jahre später, vor allem von dem Zionismus-Kritiker Amnon Raz-Krakotzkin, mit der Dekonstruktion des zionistischen Negativ-Begriffs *galut* in seiner vollen Relevanz diskutiert worden ist. Ein im Zionismus verworfenes, in neuerer Zeit aber wieder entdecktes Konzept von Exildasein/*galut* als einer ›nur unvollkommenen Präsenz‹, das auch im Land selbst gelebt werden kann, würde – so die postzionistischen Denker – gestatten, sowohl die verleugnete jüdische Vergangenheit als auch die verleugnete palästinensische Vergangenheit in Erinnerung zu bringen. Nicht zuletzt Maḥmūd Darwīsh hat in seiner Dichtung seit den neunziger Jahren das Exil als existentielle Situiertheit neu reflektiert. Ḥabībīs jüngerer Schriftstellerkollege Anton Shammas (geb. 1950) hat mit seinem hebräisch geschriebenen Roman *Arabesqot* (*Arabesken*) den noch weiterreichenden Schritt in Richtung einer ›hebräischen Nationalliteratur‹ getan, einer hebräischen Literatur, die nicht notwendigerweise von Juden geschrieben sein muss und daher auch palästinensische Erinnerungen aufnehmen kann. Das letztliche Scheitern seines Projekts zeigt die Brisanz des Problems in aller Deutlichkeit auf.

Gedämpfte Reaktionen: Syrien

Obwohl der Palästina-Konflikt in Syrien schon vor dem Juni-Krieg im politischen Bewusstsein präsent gewesen war, rückte er erst mit der israelischen Eroberung syrischen und ägyptischen Territoriums 1967 als gesamt-arabisches Problem unübersehbar ins Gesichtsfeld. Es waren vor allem die in den syrischen Gesellschaftsverhältnissen selbst liegenden Gründe für die Niederlage und die daraus resultierende psychologische Krise, die sich in der Literatur niederschlugen. Der Dramatiker Saʿdallāh Wannūs (1941–1998), war der erste, der bereits 1968 mit seinem subversiven Drama *Ḥaflat samar min adjl khamsat ḥuzairān* (*Abendparty für den 5. Juni*) ein Signal zur kritischen Durchleuchtung der Lage gab. Nicht nur in der gesellschaftskritischen Aussage des Stücks, sondern auch in seiner Technik, der scheinbar improvisierten Aufführung und der Einbeziehung eines zensur-verängstigten Regisseurs unter die Protagonisten, überschreitet dieses Drama konventionelle Grenzen. Saʿdallāh Wannūs hat eine ganze Projektserie des *masraḥ al-tasyīs* (›Theater der Politisierung‹) begründet, das darauf zielte, die Menschen wachzurütteln, ihnen die Augen zu öffnen und einen Dialog mit ihnen anzuregen. Sie sollen durch ein Theaterstück oder einen dramatischen Dialog dahin gebracht werden, über ihr Schicksal als Kollektiv zu reflektieren. In dieselbe Richtung wirkten die satirischen Gedichte und Dramen von Muḥammad al-Māghūṭ (geb. 1934), in denen sich künstlerisches Experiment und Publikumswirksamkeit verbinden. Auch der bis dahin vor allem als Liebesdichter bekannte Nizār Qabbānī (1923–1998) sorgte nach dem Juni-Krieg für Überraschung: Er wechselte die Gedichtgattung und legte ein zorniges Gedicht vor, in dem er die für die Niederlage verantwortlichen politischen Verhältnisse schonungslos bloßstellte. Der gefeierte Dichter hatte das Publikum auf seiner Seite, das Gedicht schürte den Zorn auf die politische Führung der am Krieg beteiligten Länder. Qabbānī sollte eine vergleichbare Philippika noch einmal, nach der Verkündung des trügerischen Friedensabkommens von

Oslo 1993, vortragen – das eine wie das andere Mal aber eher ein Dokument seiner Wortgewalt, seiner Fähigkeit, der kollektiven Erbitterung über enttäuschte Hoffnungen Ausdruck zu verleihen, als ein selbstkritischer Einbruch in das konventionelle Denken, der auch Zweifel an der Angemessenheit der traditionellen dichterischen Formen hätte erwecken können. Eine mit den Entwicklungen in Ägypten und in Israel-Palästina vergleichbare literarische Erneuerung lässt sich – von Saʿdallāh Wannūs' Theaterreform und al-Māghūṭs Satiren abgesehen – für die innersyrische Szene nicht feststellen. Der oft neben Nagīb Maḥfūẓ genannte, wohl bedeutendste syrische Romancier Ḥannā Mīna (geb. 1924) hat nach eigener schwerer Exilerfahrung die direkte Auseinandersetzung mit dem Syrien seiner Zeit durch Lokalisierung seiner Romane in fernen Zeiten oder fernen Ländern umgangen und hält an realistischen Vorbildern fest.

Das politische und intellektuelle Klima im Syrien dieser Zeit erklärt, dass die experimentelle Literatur syrischer Autoren nicht im Land, sondern im Exil geschrieben wird. Yūsuf al-Khāl (1918–1987), ein aus den USA zurückgekehrter syrischer Dichter und Mitbegründer der um die avantgardistische Literaturzeitschrift *Shiʿr* (Dichtung) gebildeten Intellektuellen-Gruppe in Beirut, setzte bereits in den fünfziger Jahren das moderne, d. h. nicht mehr an traditionellen Regeln orientierte Gedicht im Libanon durch. Adūnīs (geb. 1930) profilierte sich früh als der revolutionäre arabische Dichter schlechthin, dessen vor 1967 entstandenes Werk bereits das Signal zu einer neuen experimentellen Dichtung gab und dessen dezidiert säkulare Rekonfigurationen des Religiösen in der arabischen Dichtung bis heute einzigartig dastehen. Adūnīs, 1956 aus Syrien in den Libanon übergesiedelt, war lange Zeit Mittelpunkt intellektueller Zirkel in Beirut. Seine deutlich philosophisch, oft auch mystisch geprägte Poesie bezeugt seine universale, die Zeitgeschichte transzendierende Orientierung ebenso wie sein literaturkritisches und kulturphilosophisches Werk. Auch einer der experimentierfreudigsten syrischen Prosa-Autoren, der Kurzgeschichtenschreiber Zakariyyā Tāmir (geb. 1931), hat Syrien 1981 verlassen. Seine Abkehr von der in seiner Heimat herrschenden Strömung des Realismus vollzog er allerdings bereits mit seinen noch in Damaskus verfassten Kurzgeschichten der sechziger Jahre. Tāmir hat eine neue, phantastisch-absurde Darstellungstechnik entwickelt, die in der arabischen Literatur einzigartig ist.

Von der Juni-Niederlage zum Bürgerkrieg: Der Libanon

Der mit dem Juni-Krieg erschütterte panarabische Traum war in Beirut, der Metropole arabischer Intellektualität, nur eine unter mehreren miteinander konkurrierenden politischen Visionen gewesen. Im Libanon zeigen die bis tief in den Bürgerkrieg (1975–1990) hinein kontrovers vertretenen politischen Idealvorstellungen, dass die libanesische Gesellschaft in mehr als einer Kultur verankert ist. Eine enge Zugehörigkeit zur westlichen Welt, insbesondere zur französischen Kultur auf der einen Seite und traditionelle Solidarität mit der arabischen Welt auf der anderen Seite stehen als latente Konfliktstoffe einander gegenüber. Bereits 1958 hatte es bürgerkriegsähnliche Unruhen über die Streitfrage Nasserismus oder Westanbindung gegeben; der sich dabei herausbildende Antagonismus sollte langfristig einen Keil zwischen Christen und Muslime treiben. Das Jahr 1967 leitete für den Libanon eine neue entscheidende Wende ein, indem sich bereits äußerlich das Kräfteverhältnis im Land drastisch zu verschieben begann: Der palästinensische Widerstand verlagerte sich nun, nach der Besetzung der Westbank, immer mehr in den Libanon. Die bewaffnete Befreiungsbewegung stellte sich vielen jungen Libanesen als revolutionäre, emanzipatorische Bewegung dar, die nicht zuletzt in den Kreisen der bereits in den fünfziger und sechziger Jahren politisierten Landbevölkerung, vor allem aber unter Studenten große Unterstützung fand. Über die Grenzen der Konfessionen hinweg bildete sich eine Bewegung der progressiven Linken heraus, die sich später auch zum aktiven Kampf bereit fand. Die mit der offiziellen libanesischen Politik der Neutralität unvereinbare wachsende Militanz der Palästinenser, die Tatsache, dass sich die Akteure eines gesamt-arabischen Projekts des militärisch wehrlosen Libanon als Basis zu bedienen begannen, erschien vielen problematisch. Sie musste insbesondere die Partei der maronitischen Christen provozieren, die sich ihrerseits mit der Rekrutierung einer Miliz auf den unausweichlichen Konflikt vorbereiteten.

Gleichzeitig war Beirut noch bis in den Bürgerkrieg hinein unbestritten *die* kulturelle Metropole des Nahen Ostens. Hier hatten sich bereits in den fünfziger Jahren um die Literaturzeitschriften *al-Ādāb* (Die Literaturen) und *Shi'r* Intellektuellen- und Dichterkreise aus der gesamten arabischen Welt zusammengefunden. Die Stadt war Umschlagplatz für die Kunst der Avantgarde, von dem aus neueste Tendenzen rasch in Umlauf gesetzt werden konnten. Zensurbeschränkungen waren minimal. Die palästinensischen Akteure im Beiruter Szenario waren oft zugleich militante Vorkämpfer revolutionärer Bewegungen. So wirkte der Romancier Ghassān Kanafānī (1936–1972), der mit seinem Erzählwerk bereits in den sechziger Jahren der palästinensischen Prosa zum Durchbruch verholfen hatte und der die ›Dichter des Widerstands‹, junge Talente in den arabischen Enklaven Israels, für die arabische Welt entdeckt und bekannt gemacht hatte, in Beirut als Publizist und gleichzeitig als Sprecher der marxistisch-orientierten PFLP. 1972 fiel er einem Anschlag zum Opfer. Auch Maḥmūd Darwīsh, in dessen Werk sich die bewegte Zeit der siebziger Jahre, darunter insbesondere auch die Ereignisse in den libanesischen

Palästinenserlagern reflektieren, wirkte seit Beginn seines Exils 1971 und bis zur Vertreibung der Palästinenser 1982 in Beirut.

Das Bild sollte sich im Bürgerkrieg, definitiv aber nach der israelischen Invasion 1982, drastisch verändern. Nachdem die arabisch-internationale Intelligenz die Stadt verlassen hatte, konnte Beirut nur noch als Zerrbild seiner selbst, als Symbol der gravierendsten Krise, der schwärzesten Enttäuschung arabischer kultureller Hoffnungen, wahrgenommen werden. Das reflektieren nicht nur bereits die späteren Gedichte Darwīshs, es wird unumstößliche Wahrheit vor allem durch das Verstummen der vielen arabischen Dichter und Schriftsteller, die sich nun in alle Winde verstreuten. Beirut stellte sich nur noch als ein Babylon, als ein verderbtes Gegenbild zu der einst gefeierten ›Herrin der Städte‹ dar. Die Rolle, die Beirut in den fünfziger, sechziger und siebziger Jahren als inspirierender Ort für Einheimische wie für arabische Exilanten insgesamt gespielt hat, erschien so in der Rückschau als eine Episode, als ein nur für kurze Zeit erprobtes Utopia arabisch-internationaler Intellektualität.

Romane aus dem Bürgerkrieg

Vor dem Bürgerkrieg hatte die Poesie die libanesische Literatur beherrscht. Anfänge des Romans wie das Werk von Mīkhā'īl Nuʿaima (1889–1988) und später Emily Naṣrallāh (geb. 1931) trugen noch stark ländlich-idyllische Züge. Dem entsprachen auch die Libretti der Musicals der gefeierten Raḥbānī-Gruppe, die lokale Geschichte und Mythen auf die Bühne brachten. Erste Stadtromane schrieben Lailā Baʿlabakkī (geb. 1936) mit *Anā aḥyā* (*Ich lebe*, 1959) und Taufiq Yūsuf ʿAwwād (1911–1981), dessen *Ṭawāḥīn Bairūt* (*Tamima*, 1972) die zum Bürgerkrieg führende gesellschaftliche Krise des Libanon offen legt. Aber erst der lange Bürgerkrieg führte zu jenen massiven Verwerfungen in den Denk- und Schreibtraditionen bei den Autoren, die dem libanesischen Roman zu seiner Vorrangstellung in der arabischen Welt verhelfen sollten. So verschieden die – christlichen und muslimischen – Parallelgesellschaften auch sind, die mit ihren Sprachen Arabisch, Französisch und Englisch eine anderswo nicht bekannte Vielfalt repräsentieren, ihre Erinnerung konzentriert sich doch auf die traumatische Erfahrung des Bürgerkriegs. Autoren derjenigen Generation, die die gesellschaftlichen Entwicklungen, die zum Ausbruch der Gewalt geführt haben, verfolgt haben, versuchen, sich schreibend über die eigene Geschichte klar zu werden und den Gründen für den Ausbruch der Katastrophe nachzuspüren. Angesichts des von der offiziellen Politik totgeschwiegenen Terrors des Kriegs ist zwar die Darstellung von Gewalt als solche bereits eine politische Stellungnahme, die von der Lernbereitschaft und dem Vertrauen der Autoren auf Lernfähigkeit der Leser zeugt. Doch geht Erinnerung dann noch einen Schritt weiter, wenn sie wie im Werk von Rashīd al-Ḍaʿīf (geb. 1945) und Sélim Nassib (geb. 1946) selbstreflexiv Rechenschaft abzulegen unternimmt und vor persönlichen Schuldeingeständnissen nicht zurückscheut. Vor allem aber ist, etwa im Romanwerk von Elias Khūrī (geb. 1944), das Nebeneinander rivalisierender und alternativer Erinnerungen auch ein Nebeneinander rivalisierender und alternativer Zukunftsperspektiven und -entwürfe. Was den libanesischen Roman innerhalb der zeitgenössischen arabischen Literatur so besonders auszeichnet, ist nicht nur seine Introspektion und seine rigorose Destruktion von politischen *great narratives,* sondern auch sein anderswo in dieser Kühnheit nicht nachweisbarer experimenteller Charakter.

Stefan Weidner

Kulturtechnik als Post-Décadence

Der arabische Dichter Adūnīs

Nichts ist dekadenter als die Dekadenz, außer der Technik. Adūnīs, als *décadent*, ist zugleich der Techniker einer alternativen arabisch-islamischen Kultur. Eines Technikers oder eines Arztes (was mittlerweile dasselbe ist) scheint dieser Orient zu bedürfen, nicht nur nach Meinung von Adūnīs. Linke und Rechte, religiöse Fundamentalisten und Atheisten, die Orientalen selbst und die Orientalisten haben in den letzten zwei Jahrhunderten den Niedergang dieser Kultur konstatiert und bieten ihr Dienste an, unter denen zwischen Schamanismus, Quacksalberei, amputativer Feldschermedizin und Schönheitschirurgie alle Varianten der Heilkunst vertreten sind. Wollte man Adūnīs' Vorschläge damit vergleichen, müsste man sie sogar eine kulturelle Gentechnik nennen.

Der wichtigste Pate für die revolutionäre Heilkunst ist Nietzsche. Der dichterische Durchbruch von Adūnīs 1961 mit *Die Gesänge Mihyārs des Damaszeners* – Adūnīs war damals 31 Jahre alt –, verdankt sich wesentlich der Begegnung mit Nietzsches Schriften. Schon in den zwanziger Jahren hatte der Libanese Kahlil Gibran (1883–1931) in seiner amerikanischen Wahlheimat Nietzsche für die Araber entdeckt. Doch um zu ermessen, welcher Evolutionssprung in der arabischen Nietzsche-Rezeption sich in den dreißig Jahren zwischen Gibrans Tod und dem Erscheinen von Adūnīs' frühem Hauptwerk vollzog, vergleiche man Adūnīs ›Zarathustra‹ – *Die Gesänge Mihyārs des Damaszeners* – mit Gibrans ›Zarathustra‹ – *Der Prophet*. Während letzterer (übrigens immer noch das weltweit meistgelesene Buch eines arabischen Autors) mittlerweile zum Sprüchelieferanten für spirituell angehauchte Wandkalender mutiert ist, erschließt sich der *Mihyār*, wie fast alle Werke von Adūnīs, nach wie vor nur einem kleinen Kreis von Intellektuellen.

Adūnīs' Entdeckung Nietzsches, von dem er zuvor nur Bruchstücke auf arabisch hatte lesen können, fand während seines einjährigen Aufenthalts 1960 in Paris statt und verlief parallel zur Abfassung der *Gesänge Mihyārs*. Neben Nietzsche bedeutete Paris für Adūnīs aber auch die *rélecture* von Baudelaire und Rimbaud – wir kommen später auf diese beiden zurück –, sowie von Lautréamont (man merkt es dem Titel der »Gesänge« an) und jüngeren, vor allem – sich in Adūnīs' Übersetzertätigkeit spiegelnd – Saint-John Perse, René Char und Yves Bonnefoy, dem er seither freundschaftlich verbunden ist.

Mit den noch jungen Mitteln der sich seit Ende der vierziger Jahre revolutionierenden arabischen Dichtung unternimmt Adūnīs im *Mihyār* eine ›Umwertung aller Werte‹. Das Herausragende an dem Gedichtband ist jedoch, dass sich die Umwertung gänzlich entsprechend den Umständen der islamischen Kultur, mit den dichterischen Möglichkeiten des Arabischen und mit einer im Kern autochthonen Bildlichkeit und Mythologie vollzieht. Dem kulturellen Reinheitsgebot entziehen sich die Gedichte allerdings schon durch den Verzicht auf die ererbten, unvergleichlich strengen Formen der klassischen arabischen Qaside, ferner durch die umstandslose Verwendung abendländischer mythischer Gestalten, besonders Odysseus', Sisyphos' und Orpheus'. *Die Gesänge Mihyārs* enthält sowohl Prosatexte als auch freie Verse, in denen verschiedene Rhythmen und wechselnde Reime kombiniert werden. Zudem sind die Gedichte für die oft ausschweifende und wortverliebte arabische Dichtung von einer unerhörten Kürze. All dieses, gemessen am klassischen Ideal, unarabische, sowie Adūnīs' Nähe zum Kreis der Literaturzeitschrift *Shiʿr* (Dichtung), welche eine apolitische und zugleich den lyrischen Erfahrungen des Westens sich öffnende Poetik vertrat, trug Adūnīs schon früh den Vorwurf des Verrats an der arabischen Kultur ein, des *décadent*. Eine nicht unwesentliche Rolle spielte dabei auch der Name, ein Pseudonym, das in Anspielung auf den vorderorientalischen Wiederauferstehungsmythos von Adūnīs, respektive Tammūz, die Hoffnung auf eine (kulturelle) Verjüngung und Wiederauferstehung symbolisierte und den schiitisch-arabischen Namen ʿAlī Aḥmad Saʿīd ersetzt. »Es gab starke Widerstände gegen diesen Namen«, gibt Adūnīs zu Protokoll, »Widerstände von Seiten einer Ideologie des Arabertums und von Seiten des arabischen Nationalismus, vorgetragen von Schriftstellern und Politikern, die in mir einen Abweichler zu erkennen glaubten, indem sie fragten: Warum ändert einer seinen Namen von dem schönen arabischen ʿAlī in Adūnīs.« Natürlich ließ es sich Adūnīs in Anbetracht einer solchen Reaktion auf sein fast noch als Kind, im Alter von 17 und aus einer publizistischen Not heraus – unter seinem Namen konnte er nicht veröffentlichen, während die mit »Adūnīs« gezeichneten Gedichte sofort Aufmerksamkeit erregten – gewählten Namen nicht nehmen, die Widerstände dagegen noch zu provozieren und die ihm zugeschriebene ›Sprengkraft‹ im Refrain eines seiner schwierigsten und sprachlich innovativsten Gedichte, »Dies ist mein Name« von 1970 selbst lauthals zu verkünden: »Fähig, zu verwandeln: eine Mine für die Zivilisation – dies ist mein Name«.

Doch der Fruchtbarkeitsmythos von Adūnīs und Tammūz, dem sich das Pseudonym verdankt und der in der Avantgardebewegung der arabischen Dichtung der fünfziger Jahre für das kulturelle und politische Aufblühen der arabischen Welt als ganzer stand, wird nun in *Die Gesänge Mihyārs* – und dies ist ein Element der speziellen nietzscheanischen Wende, die Adūnīs in Paris vollzog – auf das Individuum als dem Nukleus dieses Neuanfangs verlagert. Das ›Auf-sich-selbst-gestellt-sein‹, so die Botschaft, bewirkt ein schöpferisches Potential, das selbst einen Verlust wie den Tod Gottes in einen Vorteil umzukehren vermag. Ganz wie bei Nietzsche wird jedoch auch hier der Tod Gottes nicht gefeiert, sondern versucht, sich in der daraus resultierenden Entwurzelung einzurichten und sie als fruchtbaren Zustand zu begreifen:

Im Schrecken und im Untergang
In der Hoffnungslosigkeit, im wüsten Land
Entsteigt vielleicht meinen Tiefen ein Gott

Die destruktiven und die rekonstruktiven Tendenzen des Gedichtbands halten sich somit die Waage. Der Dichter, der »die Grenzen des Kalifats überschreitet / und das Banner des Untergangs hisst« begreift sich als »Zauberer des Staubs«, zeitgemäßer ausgedrückt als ein Techniker, der alles in seine atomaren Bestandteile zerlegt, um dann mit der Rekonstruktion zu beginnen. Bevor wir sehen, welche Art von Technik Adūnīs bei der Neuschöpfung genau zur Seite steht, sei ihm bei der Arbeit des umwertenden Zerlegens und Atomisierens ein wenig auf die Finger geschaut.

Adūnīs zeigt sich als ein *agent provocateur* orientalischer *décadence*, er lässt die zersetzenden Kräfte seiner Kultur frei wie der Fischer in den *Erzählungen aus Tausendundeiner Nacht* den Geist aus der Flasche. Das Gedicht »Shaddād« greift den Mythos der Stadt »Iram mit den Säulen« auf, der in den *Erzählungen aus Tausendundeiner Nacht* sowie im Koran (Sure 89, Verse 6–7) erwähnt wird. Vor allem aufgrund der Koranstelle gilt Iram als Inbild für die Städte, die die Warnungen der Propheten missachten. Der Legende zufolge, auf die der koranische Vers anspielt, ließ Shaddād, der Sohn von ʿĀd, nach Erlangung der Weltherrschaft in Südarabien eine Stadt bauen, die dem Paradies an Schönheit gleichkommen sollte. Diese Stadt war Iram. Als Shaddād sie trotz der Warnung des Propheten Hūd besichtigen wollte, kam er in einem Sturm um, und die Stadt wurde unter Sand begraben.

Er kam zurück, Shaddād ben ʿĀd
Also hisst die Flagge der Sehnsucht
Und lasst eure Verzweiflung als Zeichen
Auf dem Weg der Jahre
Auf diesen Steinen
Im Namen der Stadt mit den Säulen.

Sie ist die Heimat derer, die verzweifelt sind
Die Heimat der Verweigerer
Sie brachen das Siegel der Amphoren
Und verhöhnten die Drohung
Und die Brücken des Heils.

> Sie ist unser Land und unser einziges Erbe
> Wir sind ihre Söhne, denen Aufschub gewährt wird bis zum Jüngsten Tag.

Mit der Rückkehr Shaddāds bricht das Zeitalter der Verweigerung und Rebellion gegen Gott, wie sie von dem mythischen Shaddād symbolisiert wird, wieder an.

Iram ist somit die mythische Urheimat derer, die mit dem Dichter übereinstimmen. Ähnlich wie in dem Gedicht »Mihyārs Gesicht« mit den Zeilen »Seht wie er die Grenzen des Kalifats überschreitet / und das Banner des Untergangs hißt / Jegliches Haus zertrümmernd / Seht wie er das Imamat verwirft« die religiösen Ordnungsvorstellungen des Islams angegriffen werden, so wird hier die koranische Verdammung Irams und Shaddāds umgewertet: Anstelle des historischen Mihyār, des schiitischen Häretikers, dem der Name des Titelhelden entliehen ist, ist jetzt die Figur Shaddāds aus der altarabisch-koranischen Mythologie der Held und legendäre Vorfahre der Häretiker. Die »Verweigerer« nach dem Vorbild Shaddāds verhöhnen die Drohungen Gottes und verachten ebenso die Verheißungen, »die Brücken des Heils«.

Die Pointe der letzten Gedichtzeile wird indessen erst vor dem Hintergrund des Koranverses verständlich, auf den hier angespielt ist. Die betreffende Stelle (Sure 15, Vers 37–38) steht im Kontext der Geschichte vom Engel Iblīs, der als einziger unter den Engeln Gott den Gehorsam verweigert, als dieser den Engeln befiehlt, sich vor Adam niederzuwerfen. Iblīs lehnt es ab, Adam zu verehren, da nur Gott verehrt werden dürfe. Im Namen eines göttlichen Gebots verweigert er einen – dieses Gebot außer Kraft setzenden – Befehl Gottes und beruft sich somit (selbstherrlich!) auf sein Verstandesurteil. Diese Eigenmächtigkeit im Urteil begründet die Faszination, die von ihm ausgeht, übrigens nicht nur für Adūnīs, sondern auch für zahlreiche mystische Strömungen schon in klassischer Zeit. Die Koranverse 32 bis 38 der Sure 15 lauten in der Übersetzung:

> Gott sagte: ›Dann geh aus dem Paradies hinaus! Du bist von jetzt ab verflucht. Der Fluch wird auf dir liegen bis zum Tag des Gerichts‹. Iblīs sagte: ›Herr! Dann gewähre mir Aufschub bis zu dem Tag, da die Menschen vom Tod erweckt und zum Gericht versammelt werden!‹ Gott erwiderte: ›Gut! Dann sollst du zu denen gehören, denen Aufschub gewährt wird bis zum Tag des Jüngsten Gerichts.‹

An die Stelle von Iblīs und allen anderen im koranischen Vers, »denen Aufschub gewährt wird«, tritt im Gedicht »Wir sind ihre (d. h. Irams; S. W.) Söhne«. Wir, besagt das Gedicht, sind vor Gott wie der gefallene Engel Iblīs, nämlich unter denen, »denen Aufschub gewährt wird bis zum Jüngsten Tag«. Das Urteil Gottes über uns ist längst gesprochen, es ist nur aufgeschoben. Die Verdammung Satans wird auf die Menschen oder zumindest die Verweigerer und Verzweifelten unter ihnen ausgedehnt und erscheint so als eine identitätsstiftende *conditio humana*, eine Art des Auserwähltseins *ex negativo*, genauer, *ex diabolo*, eine Aufnahme in die Familie der Verweigerer, in das Geschlecht des Satans Iblīs, zu dem sich der Sprecher provokativ bekennt. Die Anspielung auf die Koranstelle ist gerade deshalb auffällig, weil Adūnīs mit ihrer Hilfe seine Haltung gänzlich innerhalb der islamischen Vorstellungs- und Textwelt entwickeln kann und nur das ausschöpft, was an häretischem Potential immer schon darin angelegt war.

Parallel zu dieser Dekonstruktion – vielleicht ist der zum Modewort verkommene Begriff hier noch am Platz – der arabisch-islamischen Kultur in den *Gesängen Mihyārs* beginnt in der zweiten Hälfte der sechziger Jahre eine kritische Auseinandersetzung mit der abendländischen Zivilisation, die vor allem in wirtschaftlich-technischer Hinsicht als überfremdende Macht empfunden wird. Die Ablehnung der eigenen, in ihrem Mainstream als defizitär erlebten Kultur kann daher keine Flucht in eine andere sein, in der statt des kulturellen Verfalls die *décadence* der Technik waltet. Zumal da die industrielle Technik, die an der Materie bastelt, der natürliche Feind des Kulturtechnikers ist, der die Welt ändern will mit nichts als dem Logos:

Das Minarett

Als der Fremde kam
weinte das Minarett
er kaufte es
und baute darauf einen Schlot.

Die materielle Technik ist für Adūnīs die Verfallsform der Kultur, deren primitive Rückentwicklung und Missverständnis. Das geistige und ethische Potential des Menschen, die kulturelle Machbarkeit, wird durch die technische, materielle verdrängt und überlagert wie im Gedicht das Minarett vom Schornstein und das vom Minarett aus dem Mund des Muezzins erschallende Wort durch den Rauch. Der Unterschied zwischen dem Fremden, wenn er sich der arabisch-islamischen Kultur bemächtigt, und dem Dichter, der ihr entstammt, wenn er sich seinerseits mit ihr auseinander setzt, liegt auf der Hand: Jener sieht im Minarett einen Schornstein, ohne den eigentlichen Zweck zu ahnen, dieser hingegen versteht die außergewöhnliche Funktion dieses Bauwerks, steigt hinauf, stürzt den Muezzin der im Verfall begriffenen Kultur hinunter und spricht nun an seiner statt. Er begreift die kulturelle Funktion des »vom Turm herab Sprechens« als nützlicher denn jede Fabrik und materielle Erfindung, wissend, dass dort, wo sie gewahrt ist, sich mehr oder doch Wichtigeres bewegen lässt als durch alle Zahnräder.

Was aber sagt er, was will er bewegen, wenn er das Minarett nicht retten will wie ein Konservativer? Um die Kulturtechnik, welche des Minaretts, der Kanzel, des Forums, all dieser alten Plätze des Sprechens bedarf, zu wahren, verwirft er die materielle Technik, welche die Sprech-Plätze durch Talk-Shows ersetzt, also das Hören durch das Sehen, wie ja auch der Fremde das Minarett bloß optisch wahrnimmt, während seine Funktion eine akustische ist.

Dieses Ansinnen lässt Adūnīs zum Visionär einer rein kulturellen Moderne werden, das heißt einer Moderne, die ohne wirtschaftlich-technische Kehrseite auskommt. Diese Idee mutet so phantastisch an, dass sie im Abendland kaum je gedacht wurde; allerdings ist auch die historische Konstellation, der sie entspringt, einmalig: Der Nahe Osten in den dreißiger, vierziger, ja noch fünfziger Jahren war vor allem in den ländlichen Gebieten so traditionell wie Jahrhunderte zuvor. Dort, in einem Dorf im Küstengebirge Nordsyriens, verbrachte Adūnīs Kindheit und Jugend. Die rudimentäre Schulausbildung fand noch unter dem Baum in der Dorfmitte statt, weder gab es Elektrizität noch motorisierten Verkehr, und der Vater war ein gebildeter, der Dichtung und dem unorthodoxen Sufismus aufgeschlossener, schiitischer Imam. So traditionell dieses Leben im Alltag war, neue Ideen und vor allem einen ersten Eindruck von der modernen Literatur bekam Adūnīs in seiner Gymnasialzeit an der *Mission laïque française* in der beschaulichen syrischen Hafenstadt Tartus vermittelt. Im Alter von 17 las er Baudelaire, aber nicht wie wir in den Haupt- oder Vorstädten Europas, sondern wie Vergil ihn auf seinem Landsitz gelesen hätte, fern dem Weltgeschehen und etwaiger ›civilisation‹. Adūnīs' Erfahrung nach kam die moderne Kultur, von ihren Gegnern *décadence* genannt, im konkretesten, nämlich lebenszeitlichen Sinne der Technik, von ihren Anhängern ›Fortschritt‹ genannt, zuerst. Die vom westlichen Epizentrum der Moderne aus betrachtet zur modernen Kultur gehörige wirtschaftlich-technische Lebenswelt schien angesichts dieser Erfahrung sekundär. Ihre schönste Frucht, nämlich die moderne Kultur, die Befreiung des Subjekts und des Begehrens, schien ja auch ohne den Preis des Tauschs von Minarett gegen Schlot möglich. Besonders gegen Ende der sechziger und Anfang der siebziger Jahre, in dem Gedichtband *Das Theater und die Spiegel* und in dem berühmten, nicht unumstrittenen Langgedicht »Ein Grab für New York« ist es ein wesentliches Anliegen des Autors, diese als zerstörerisch und kulturell wertlos erlebte Technik zu diskreditieren. Aus der Ablehnung der technischen Moderne soll freilich keine reduktionistische, potentiell reaktionäre Ethik gemacht werden (was sie von fundamentalistischeren Öko-Ideologien unterscheidet), sondern schlicht das Brauchbare, die ethische Flexibilisierung, von dem Zerstörerischen, der Funktionalisierung und technischen Entmündigung abgesondert werden, welche die Technik zum Selbstläufer ohne Kontrollinstanz werden lässt.

Um seine persönliche Erfahrung einer rein kulturellen Moderne zu objektivieren, begibt sich Adūnīs daher seit Mitte der sechziger Jahre vor allem in seinen theoretischen Schriften auf die Suche nach den Spuren einer arabisch-islamischen Moderne a priori, d. h. ohne Technik. Die Spur, die er aufnimmt, beginnt – alles andere als zufällig – bei Baudelaire. Der, zu dem sie führt, ist kein Unbekannter, doch so, wie Adūnīs ihn liest, ist er noch nie gelesen worden: der arabische Dichter Abū Nuwās (757–814). »Abū Nuwās ist der Baudelaire der Araber«, stellt Adūnīs emphatisch fest.

Wenn die klassische arabische Literatur einen echten *décadent* hervorgebracht hat, so ist dies zweifellos Abū Nuwās. Als Poet der Stadt und der Knabenliebe verspottet er die altarabischen Ideale des Beduinentums und die Religion. Seine Dichtung ist frivol, obszön und glänzt zugleich durch formale Perfektion. Im Bagdad des achten und neunten Jahrhunderts verwirklicht sich in seinem Werk, von Adūnīs gelesen, die Moderne ohne Technik, die geistige Moderne ohne ihren wissenschaftlich-technischen Unterbau. Da dieser fehlte, führte die frühe Dämmerung einer Moderne im Werk von Abū Nuwās und anderen nicht zu einer nachhaltigen Entwicklung, sondern manifestierte sich an Einzelgestalten, an immer neuen Orten und stets nur für wenige Jahrzehnte. Gleichwohl macht Adūnīs hinter den historischen Einzelmanifestationen einen unterirdischen Strom aus, dessen wesentliche Agenten – ohne dass sich Adūnīs restlos mit ihnen identifizieren würde – die islamische Gnosis, das bis zur Häresie extreme Schiitentum, dem Adūnīs als Alawit selber entstammt, und vor allem der Sufismus, die islamische Mystik, sind. Und ähnlich wie Adūnīs in Abū Nuwās Baudelaire sich spiegeln sah, entdeckt er im Sufismus Tendenzen, als deren Äquivalent in der Moderne der Surrealismus sich anzubieten scheint. Diese Unterströmungen – Dichtung, Gnosis, Sufismus – konstituieren die Moderne vor der Moderne insofern, als sie eine radikal andere Lesart des Islams und des Arabertums sowie ein Menschenbild einbringen, das sicher undogmatisch und womöglich dekadent genannt werden kann. Adūnīs betreibt also keine Kulturgeschichtsschreibung im eigentlichen Sinne. Vielmehr geht es ihm darum, das vom religiösen Establishment wie vom kulturellen Mainstream verdrängte Potential an Modernität zu heben, wieder zu Bewusstsein zu bringen, um schließlich als Seinsentwurf damit operieren zu können.

Die Geschichte mag lehren, dass Modernität und ›Dekadenz‹ im kulturellen Sinne nur durch einen technisch-wissenschaftlichen Unterbau, der die gesamte Gesellschaft unweigerlich ihrem Einfluss aussetzt, über längere Epochen Bestand haben kann. Die unnatürlich schnelle Rezeption der technischen Moderne in der islamischen Welt, die 250 Jahre europäischer Entwicklung in einem halben Jahrhundert absorbieren musste, hat dort jedoch zu einer rein technischen, äußerlichen Modernerezeption geführt – in weit radikalerem Ausmaß als es Musil in der ersten Jahrhunderthälfte für Europa konstatieren konnte.

Adūnīs' Absicht ist es nicht (wie *clash-of-civilizations*-Theoretiker und Konzernchefs nun vielleicht argwöhnen), die Technik abzuschaffen und die Schornsteine ihrerseits wieder aufzukaufen und in Minarette zurückzuverwandeln – dies wollen nicht einmal die Fundamentalisten, die, im Übrigen, überaus technik-, aber eben nicht kulturbegeistert sind. Vielmehr geht es um die Stärkung des Selbstbewusstseins dieser Kultur, die die Moderne nicht importieren muss, schon gar nicht in Form von Fabriken, sondern sie, hat sie sie einmal – und dies durchaus mit Hilfe des Westens – zu erkennen gelernt, in ihren eigenen Texten wieder findet und als ursprünglichen, immer schon anwesenden Teil ihrer selbst begreifen kann.

Die ›fremden‹, westlichen Leser jedoch sind dazu eingeladen, diese Erfahrung einer von der Technik unabhängigen Moderne in ihrem Potential zu machen, sie dem Kanon des möglichen Umgangs mit Technik, Moderne und Dekadenz einzuverleiben und diesen damit um eine Variante zu bereichern, die an Menschengemäßheit (man verzeihe das Wort) nicht leicht zu übertreffen ist.

Werke (Auswahl)

Aghānī Mihyār al-dimashqī (*Die Gesänge Mihyārs des Damaszeners*), Beirut: Dār Madjallat Shiʿr 1961.

al-Aʿmāl al-shiʿriyya al-kāmila (*Sämtliche dichterische Werke*), Beirut: Dār al-ʿAuda 1985.

Übersetzungen ins Deutsche

Adonis: *Der Baum des Orients*, übers. v. Suleman Taufiq, Berlin: Edition Orient 1989.

Adonis: *Die Gesänge Mihyārs des Damaszeners. Gedichte 1958–1965*, übers. u. hg. v. Stefan Weidner, Zürich: Ammann 1998.

Adonis: *Ein Grab für New York*, übers. u. hg. v. Stefan Weidner, Zürich: Ammann 2004.

Weiterführende Literatur

Stefan Weidner: »Adonis«, in: *Kritisches Lexikon zur fremdsprachigen Gegenwartsliteratur*, hg. v. Heinz Ludwig Arnold, München: edition text + kritik, 41. Nachlieferung 1996.

Stefan Weidner: »A Guardian of Change? The Poetry of Adūnīs between Hermeticsm and Commitment«, in: *Conscious Voices. Concepts of Writing in the Middle East*, hg. v. Stephan Guth, Priska Furrer u. Johann Christoph Bürgel, Beirut, Stuttgart: Steiner 1999, S. 277–292.

Adonis: Un poète dans le monde d'aujourd'hui. 1950–2000. Katalog zur Ausstellung am Institut du monde arabe, 11. 12. 2000 – 18. 3. 2001, Paris: Institut du monde arabe 2000.

Stefan Weidner: »The Divinity of the Profane«, in: *Representations of the Divine in Arabic Poetry*, hg. v. Ed de Moor u. Gert Borg, Amsterdam: Rodopi 2001, S. 211–225.

ANDREAS PFLITSCH

Bernsteintage und Safranerde

Edwār al-Kharrāṭ erinnert sich und schreibt eine Autobiographie, die keine sein will

In der Titelerzählung seines jüngsten Buchs *Bernsteintage* schildert Maxim Biller die Kindheitserinnerungen seines Protagonisten und lotet damit zugleich die beschränkten Möglichkeiten der literarischen Erinnerungsarbeit aus. »Seine tschechische Kindheit«, heißt es dort, »war von seinem Gedächtnis so fest umschlossen wie ein winziger Käfer von einem Bernsteinblock – er selbst war der Käfer, aber er war auch derjenige, der ihn von außen betrachtete, und das verzerrte vielleicht seinen Blick.« Diese hier beschriebene ganz besondere, geradezu schizophren anmutende Situation des sich erinnernden Menschen, die paradoxe Rolle desjenigen, der zugleich Subjekt und Objekt der eigenen Beobachtung ist, spitzt sich zu, wenn dieser Mensch schreibt. Erinnert sich ein Autor und macht diese Erinnerungsarbeit zum zentralen Thema eines Textes, dann spricht man bei dem Ergebnis dieser Bemühungen gemeinhin von einer Autobiographie.

Die klassische Autobiographie wird definiert als das von ihm selbst erzählte Leben eines Menschen. Als wenn das so einfach wäre: Aus sich selbst herauszutreten, um sich zu beobachten, zudem den Lauf der Zeit anzuhalten, nein umzukehren, um sich erinnernd in die Vergangenheit zu begeben, das ist, wenn nicht unmöglich, so doch zumindest eine ganz bemerkenswerte Sache. »Philosophisch gesehen«, so hat schon Jorge Luis Borges auf das Außergewöhnliche dieser zugleich so alltäglichen Erfahrung aufmerksam gemacht, »ist die Erinnerung nicht weniger wunderbar als die Vorausschau in die Zukunft.« Doch damit nicht genug. Der Autor einer Autobiographie muss schließlich nicht nur in die Vergangenheit eintauchen, in jenen »tiefen Brunnen«, von dem Thomas Mann im Prolog zu seiner *Joseph*-Tetralogie spricht und fragt: »Sollte man ihn nicht unergründlich nennen?« Der Autobiograph darf sich zudem in diesem Unergründlichen nicht verlieren, sondern muss immer wieder aus dem Brunnen auftauchen, aus ihm hinausklettern, an den eigenen Schreibtisch nämlich, zurück in die Gegenwart. Der Autobiograph wird so zum Pendler zwischen den Zeiten, und er mag durch das ewige Hin und Her zuweilen von Schwindelanfällen heimgesucht werden. Auch das, so ist anzunehmen, »verzerrt vielleicht seinen Blick« gelegentlich.

Die Annahme jedenfalls, der Autobiograph bringe die Vergangenheit genau so zu Papier, wie sie dereinst gewesen ist, kann getrost zu den Dingen gerechnet werden, auf die die Postmoderne nicht ohne Spott als typischen Ausdruck ›moderner‹ Naivität herabsieht. Vergangenheit und Erinnerung ist hier nicht dasselbe. Um beim Bild des Brunnens zu bleiben: Die Vergangenheit ist das manchmal recht trübe Wasser am Grund des Brunnens, die Erinnerung ist die oft mühevolle und nicht immer angenehme Tätigkeit, etwas von diesem Wasser nach oben zu befördern und ans Licht zu bringen. Dabei wird immer etwas verplempert und was oben ankommt, mag etwas mit dem dort unten zu tun haben, identisch aber ist es keineswegs und vollständig schon gar nicht.

Wirklichkeitskerne, Erinnerungswolken

Der ägyptische Autor Edwār al-Kharrāṭ hat mit *Turābuhā zaʿfarān* (*Safranerde*) 1985 einen Text vorgelegt, der autobiographisch ist und zugleich auch nicht, der das Thema Erinnerung in einer Vielschichtigkeit beleuchtet, die in der arabischen Literatur – und nicht nur dort – ihresgleichen sucht. *Safranerde* schwebt zwischen den Gattungen, ist weder Autobiographie noch Roman und doch beides. Eine Vorbemerkung des Autors scheint die Frage nach dem autobiographischen Charakter zunächst eindeutig zu beantworten: »Keine Autobiographie sind diese Texte, auch nichts dergleichen«, heißt es dort, bevor die Unterschiede konkreter benannt werden: »Phantasieflug und Kunstfertigkeit heben sie weit darüber hinaus. Imaginäre Ereignisse finden sich darin, Visionen und Personen, Wirklichkeitskerne, nichts als Träume, Erinnerungswolken, Dinge, die hätten geschehen müssen, die jedoch nie passiert sind.« Kurz, al-Kharrāṭ scheint hier den schlimmsten Vorwurf, der den klassischen Autobiographen treffen kann, prophylaktisch entschärfen zu wollen: dass das alles gar nicht wahr sei, was er da niedergeschrieben habe.

Aber was bedeutet in diesem Zusammenhang ›wahr‹? Im Wettstreit von Fiktion und Realität scheint sich al-Kharrāṭ hier deutlich für die Fiktion auszusprechen, für »Phantasieflug und Kunstfertigkeit«. Die Wirklichkeit ist seine Sache nicht, die Wahrheit allerdings sehr wohl. Ihr gibt er durchaus die Ehre. Schon Goethe benannte mit dem Titel seiner Autobiographie *Dichtung und Wahrheit* (1831) nicht nur ein sich gegenseitig ausschließendes Oppositionspaar, sondern sah in ihnen zugleich sich bedingende Begriffe, wie er 1830 in einem Brief formulierte, als er den Gebrauch »einer Art von Fiktion« innerhalb der Autobiographie für zulässig erklärte, um »das eigentlich Grundwahre« des Lebens zum Ausdruck zu bringen. Die Fiktion darf in diesem Zusammenhang nicht als etwas ›Ausgedachtes‹ missverstanden werden, sondern ist im Gegenteil das Mittel zu Aufrichtigkeit und Wahrhaftigkeit, der Weg, schreibend die sich wandelnden Wahrheiten des eigenen Lebens im Text zu ver*dichten*.

Der Schlüssel zum Verständnis der Vorbemerkung zu *Safranerde* liegt in al-Kharrāṭs fundamentalem Zweifel an der Abbildbarkeit von Realität, gekoppelt an das gleichzeitige Festhalten am Streben nach Wahrheit. Friedrich Schiller zufolge »wird nie die Wahrheit erobern«, »wer sich nicht über die Wirklichkeit hinauswagt«, eine Haltung, die den an die Autobiographie der klassischen Moderne gestellten Anforderungen im Wege stehen kann. Nun müssen Goethe und Schiller seit langem für Vieles herhalten, in den Verdacht jedoch, postmoderne Autoren zu sein, werden sie kaum geraten. Der hier von beiden vorgebrachte Standpunkt, nach dem die Wahrheit zuweilen näher an der Fiktion liegt als an der Wirklichkeit, ist für al-Kharrāṭ auch nur ein erster Schritt, dem er einen weiteren, entscheidenden, folgen lässt, nämlich die Relativierung des Wahrheitsbegriffs. Die autobiographische Erinnerungsarbeit ist ganz besonders dazu angetan, den pluralen Charakter von Wahrheit zu illustrieren: Was in der Vergangenheit war, ist nie dasselbe wie das, was der Autor in der Gegenwart erinnert. Für den Leser wird es wiederum eine andere Wahrheit sein, die er zu erkennen glaubt. Goethes Glauben an »das eigentlich Grundwahre« setzt al-Kharrāṭ das Wissen um die sich unterscheidenden, sich manchmal auch widersprechenden Wahrheiten entgegen.

Dadurch, dass er trotz seines Zweifelns an der *einen* Wahrheit, das ihn in die Nähe postmodernen Denkens rückt, am generellen Anspruch von ›Wahrheit‹ festhält, verweigert er sich der radikalen Ablehnung des Wahrheitsbegriffs wie er etwa von Derrida postuliert wurde. In diesem Spannungsverhältnis zwischen Zweifel und Glaube bewegt sich al-Kharrāṭs Werk, in einem Schwebezustand also zwischen literarischer Moderne und Postmoderne – und damit in einer Position des Zwischenraums, die ihm, der sich zwischen den Gattungen und zwischen den Kulturen zuhause fühlt, behagen muss. *Safranerde* ist so gesehen eine postmoderne Autobiographie, die auf die Wirklichkeit pfeift und ›Wahrheit‹ in ihrer ganzen Vielschichtigkeit ausleuchtet, um sie durch diesen Akt des Zweifelns wiederum in ihr Recht zu setzen.

Das Ende des Realismus

Edwār al-Kharrāṭ gehört zu den einflussreichsten arabischen Schriftstellern der Gegenwart. Als Autor von Romanen und Erzählungen, als Literaturkritiker, Übersetzer und Herausgeber von Anthologien prägte er eine ganze Epoche arabischer Literatur. In seiner Biographie spiegelt sich das ägyptische zwanzigste Jahrhundert. 1926 wurde er in Alexandria geboren. Nach dem Studium der Rechtswissenschaften arbeitete er bei der ägyptischen Nationalbank. Im Mai 1948 wurde er wegen seiner Beteiligung an den Aktivitäten der nationalistischen Bewegung zu zwei Jahren Lagerhaft verurteilt. Seit den vierziger Jahren erschienen erste Erzählungen al-Kharrāṭs in ägyptischen Literaturzeitschriften. Seinen ersten Erzählband, der seit 1943 entstandene Erzählungen versammelt, publizierte er 1959 auf eigene Kosten, nachdem er einschneidende Änderungen durch die Zensur erfahren hatte. Es dauerte 13 Jahre, bis sein zweiter Erzählband erscheinen konnte, wiederum acht Jahre später, 1980, erschien al-Kharrāṭs erster Roman *Rāma wa-l-tinnīn* (*Rama und der Drache*). Der Abstand seiner Veröffentlichungen verkürzte sich kontinuierlich; heute umfasst sein Werk über 40 Bände mit Romanen, Erzählungen, Gedichten und Essays.

Mit seinem literaturkritischen Konzept der ›Neuen Sensibilität‹ (*al-ḥassāsiyya al-djadīda*) fasst er verschiedene Strömungen der Abkehr vom realistischen Erzählen zusammen, die sich in erster Linie mit der epochalen Wende im Zug der Niederlage im Juni-Krieg 1967 vollzog. al-Kharrāṭ sieht bereits Anfang der sechziger Jahre erste Ansätze dieser Strömung, die sich nach al-Kharrāṭ nicht auf eine bestimmte Schule beschränke, sondern verschiedene Erscheinungen umfasse, die sich allerdings darin ähnelten, dass sie alle als Versuch angesehen werden müssten, den damals vorherrschenden realistischen Stil zu überwinden. Die ›traditionelle Sensibilität‹, so al-Kharrāṭ, beruhe auf einem naiven und optimistischen Erkenntnisbegriff und sei darauf aus gewesen, die Wirklichkeit zu transportieren und widerzuspiegeln. Damit übe die Literatur Verrat an ihren eigenen Möglichkeiten. »Da wäre es doch viel einfacher«, hatte auch Peter Handke in den sechziger Jahren gegen den mimetischen Realismus lapidar eingewendet, »zu fotografieren.« Die ›Neue Sensibilität‹ stellt al-Kharrāṭ zufolge den klassischen Plot in Frage, bricht den chronologischen Handlungsablauf auf, legt die Vielschichtigkeit von Sprache offen, und stellt sich der unausgesetzten Bewegung von Bedeutungsebenen.

Das dezentrierte Subjekt in *Safranerde* verhindert die auktoriale Erzählhaltung, Erzähler der Ersten und der Dritten Person lösen sich ab, ebenso wie sich Passagen in der Gegenwartsform mit solchen in der Vergangenheitsform ablösen. Wie in Wellenbewegungen wird Erinnertes angespült, um sich sogleich wieder zu entziehen:

> Ich sehe den Bub – klein, die dünnen Beine in weißen weiten kurzen Hosen, mit offenem Hemd. In seinen Augen liegt ein nachdenklicher Blick, zu nachdenklich für sein Alter. Er steht am frühen Morgen am Strand der offenen See, in Mandara.
>
> Vor ihm eine weite, ruhige Fläche, strahlend, nur leicht glitzernd, weißlich-schwere Helligkeit im Licht, das fast winterlich sein könnte; und die weite Fläche endet in durchsichtigem Schaum, der leise zischend im Sand versinkt, unablässig. Ich spüre, auch über die langen Jahre hinweg, das Weichfeuchte unter seinen bloßen Füßen, die nasse Luft auf seinem Gesicht.

> Und ich spüre, dass sich die Sehnsucht, gleich den ziehenden Wellen, mit ausgebreiteten Armen, unerfüllt, auf den Strand wirft, gleich dem anstürmenden Wasser – erschöpft nach langer Reise auf dem Rücken der Zeit –, für immer auf die weite, tiefe See zurückzieht und nie aufhört zu steigen und zu fallen. Der Traum kommt und geht, findet nie Ruhe, und es ist, als habe er für keinen einzigen Augenblick die gezackte Horizontlinie verlassen.
> Zu jener Stunde gab es am Strand nur ihn, niemanden sonst.

Die äußere Wirklichkeit ist nicht weiter der unangefochtene Bezugspunkt von Wahrhaftigkeit, so dass al-Kharrāṭ Träume, Mythen und Visionen in die Texte einfließen lässt. Auch für ein »Schreiben jenseits der Gattungen« – so der Titel eines Bandes mit literaturkritischen Essays von 1994 – plädiert al-Kharrāṭ und meint damit nicht zuletzt die Offenheit gegenüber klassischen arabischen Erzähltraditionen und der ägyptischen Volkskultur. Gegen die Literatur des Realismus und insbesondere die breite Strömung der kämpferisch-engagierten Literatur des sozialistischen Realismus mit ihrem Anspruch, in und mit der Literatur Lösungen für gesellschaftliche und politische Probleme anzubieten, setzt al-Kharrāṭ das Prinzip des Zweifels. Die Literatur der ›Neuen Sensibilität‹ ist ein unablässiges Fragen, das sich endgültigen Antworten entzieht.

Die Niederlage von 1967 und die durch sie ausgelöste Welle der Selbstkritik, der Bankrott des eben noch strahlenden Nasserismus und der radikale Umschwung der Politik der wirtschaftlichen Öffnung, die Nassers Nachfolger Sadat durchsetzte: All das zusammengenommen bedeutete eine fundamentale Erschütterung der ägyptischen Gesellschaft und einen tief greifenden Verlust an verbindlichen Prinzipien. »Mit dieser rapiden und stürmischen Entwicklung«, drückt al-Kharrāṭ es aus, »wurde die Wirklichkeit selbst von der arabischen Literatur in Frage gestellt.« Seine scharfe und stellenweise polemische Ablehnung des literarischen Realismus muss vor dem Hintergrund dieses Verlustgefühls gesehen werden. Kämpferisch-engagierte Literatur hatte für ihn nichts weiter zu bieten als »deklamatorische, bombastische Slogans«, die ganz dem gerade herrschenden ideologischen Jargon verhaftet seien. Realismuskritik ist bei al-Kharrāṭ immer auch Ideologiekritik. Literatur habe nicht Inhalte zu behaupten, sondern Möglichkeitsräume auszuloten. Seine Texte *be*schreiben; sie schreiben nicht *vor*. Die literarische Erinnerungsarbeit, wie sie uns in *Safranerde* begegnet, verknüpft die postmoderne Form der persönlich-individuellen Dimension des Erinnerns mit dem ›modernen‹ Anspruch, aufrichtig zu *sein* und den Leser aufmerksam zu *machen*. Hier wiederholt sich die Zwischenposition al-Kharrāṭs zwischen Moderne und Postmoderne, eine Zwischenposition, der er sich selbst bewusst ist, die er reflektiert und die er thematisiert. Damit allerdings ist er durch und durch postmodern.

Das ›Einholen von Leben‹

Die Erinnerung, das erinnernde Schreiben, ist eine Wiederholung im doppelten Wortsinne, sie ist Wieder*holung* und *Wieder*holung zugleich. Erinnerungen sind daher, so lässt es Haruki Murakami seine Protagonistin in *Kafka am Strand* (2002) sagen, »der einzige Beweis dafür, dass ich gelebt habe.« Die paradoxe Situation der Präsenz des Abwesenden verbindet das Phänomen Erinnerung mit Derridas für den postmodernen Diskurs zentralen Begriff der ›Spur‹. Erinnerung ist die Spur, die der Mensch in der Zeit hinterlässt.

Die Zeit, die Vergangenheit ist in *Safranerde* das Rohmaterial, die Erinnerung ist Arbeit. Der Schweizer Autor Paul Nizon, der sich selbst in einer paradoxen Formulierung als »vorbeistationierenden Autobiographie-Fiktionär« bezeichnet hat, gebraucht das Wort mit Bindestrich: »Er-innerung« ist für ihn »das Einholen von ›Leben‹ in ein gesteigertes Bewußtsein, ein Inne-Sein.«

Safranerde erweist sich als ein Text, der seine eigenen Entstehungsbedingungen reflektiert und diese Reflexion wiederum thematisiert. Es handelt sich also um eine Art Meta-Autobiographie, die das klassische Niederschreiben von Lebenserinnerungen weit hinter sich lässt und als Ausdruck postmodernen Zweifels an dem, was man leichtfertig ›Wirklichkeit‹ zu nennen sich angewöhnt hat, der Literatur viel zutraut und abverlangt. al-Kharrāṭ erzählt keine Geschichten, er *erschreibt* sich das Leben. Die Handlung löst sich hierbei in Fragmente subjektiver Wahrnehmung auf. Statt von einer objektiv gegebenen Wirklichkeit auszugehen, die man in der Literatur zu transportieren habe, *schafft* Literatur al-Kharrāṭ zufolge Wirklichkeit.

Eine Archäologie der Erinnerung

Safranerde ist nicht das einzige Buch al-Kharrāṭs, das sich mit der Erinnerung auseinander setzt. Er schreibe sein Leben lang an einem einzigen Buch, hat er einmal gesagt. Immer wieder werden Fäden aus anderen Büchern aufgenommen, begegnen dem Leser vertraute Protagonisten an bekannten Orten. In *Yā banāt al-Iskandariyya (Ihr Mädchen Alexandrias!)* etwa ist eine Fortschreibung von *Safranerde* zu erkennen. Dem etwas fortgeschrittenen Alter des Protagonisten entsprechend ist der Ton hier ein wenig nüchterner, erwachsener, desillusionierter. Nicht mehr die kindliche Wahrnehmung, sondern das skeptische Beobachten und Beäugen des Heranwachsenden, für den die Entzauberung der Welt längst begonnen hat, wird hier nachgezeichnet. Doch auch in diesem Text ist es weniger der Erzähler, der als Herr über die Vergangenheit auftritt, als umgekehrt die Vergangenheit, die den Erzähler überwältigt: »das Gestern flutete über.«

In dem zwei Jahre später veröffentlichten *Ḥidjārat Būbīllū* (*Die Steine des Bobello*) variiert al-Kharrāṭ das Thema erneut. Hier sind es besonders fragmentarische, kaum mehr rational fassbare, konkret an historischen Ereignissen und in einer bestimmten Zeit verankerte, sondern visionäre, traumhaft-irreale Splitter oder Fasern von Vergangenem. Radikaler als in seinen vorherigen Büchern betreibt al-Kharrāṭ hier eine »Archäologie der Erinnerung«, wie Stefan Weidner in seiner Besprechung in der *Neuen Zürcher Zeitung* schrieb, trägt schreibend Schicht um Schicht ab und müht sich dabei um eine sprachliche Genauigkeit, die jegliche Grenzen der Syntax sprengt, atemlos, wie von Sinnen und dabei ganz bei sich:

> Sag also nichts, ich flehe dich an. Nichts hören will ich von dir und auch nicht erfahren, wer du denn bist, und wozu all diese Schönheit, all diese Ferne. Die unbarmherzige Distanz überwältigender Zauber Faszination für die Seele des Verzauberten freudig Untergehenden im Gehorsam mit der Kugel des Seins ist dein todschwarzes Haar die Festigkeit deiner Augen göttlich deine Stimme unvergleichlich sagst du mit all deinem Kummer deiner Leidenschaft deinem Verlangen deinem Elend wie ich sagen kann du seist nicht allein warum ich allein bin warum nur meine Stummheit wächst mit meiner Liebe zu dir und verliere kaum zu singen anhebend all meine Kraft warum ich Gefangener bin nein nein nein ich will das nicht sagen warum nur sage ich Sehnsucht nach der Welt zu haben zu sehen zu hören zu wissen vom Druck der Angst zu erwachen habe ich versucht bin ich des Reisens müde und der Irrfahrt in anderem Tal erschöpft im Grunde aus Sand und Steinen.

Wortgewaltig, beschwörend und von einer fast barocken Sinnlichkeit wird hier die Absicht aller ambitionierten Literatur vorgeführt: Leben in einen Text zu übersetzen. Dass es sich bei dem Ergebnis dieser Bemühungen letztlich doch immer *nur* um Text handelt, bleibt dem Autor stets schmerzlich bewusst: »Die Netze der Wörter«, erkennt er, »sind löchrig, sie behalten nichts. Die Fische fallen zurück ins Meer, tot.« Auch in *Safranerde* endet die Suche nach der verlorenen Zeit immer wieder am Schreibtisch des Autors. Fassen lässt sich die Vergangenheit nicht, die Vergegenwärtigung gelingt nur als Annäherung, bleibt schattenhaft. Stellen, an denen der Autor sein Erinnern reflektiert, bekommen aus diesem Grund bisweilen einen resignativen, elegischen Ton, und Zweifel am Sinn dieses angestrengten und nicht selten bedrückenden Erinnerns brechen sich immer wieder Bahn. »Gibt es ein Verweilen ohne Schmerz und Tränen bei den verwischten Spuren vergangener Zeit? Was nützt es? Worauf gründet es?«, fragt sich der Autor/Erzähler, um sich sogleich – halb trotzig, halb resignierend – selbst zu antworten: »Gibt es denn etwas Verlässliches außer den verwischten Spuren vergangener Zeit?«

Es überrascht wenig, dass al-Kharrāṭs Werk von der arabischen Literaturkritik immer wieder mit Marcel Proust und seiner *Suche nach der verlorenen*

Zeit verglichen worden ist. Tatsächlich gilt auch für al-Kharrat, was Hans Robert Jauß über Prousts Poetik der wieder gefundenen Zeit schrieb, dass nämlich der Text »ein im Prozess des Erinnerns selber gebildetes Unvergängliches vollendet.« Beiden Autoren ist – bei allen Unterschieden – eine an Besessenheit grenzende Faszination für das Wunder des menschlichen Gedächtnisses gemeinsam: Der Mensch ist das Tier, das sich erinnert.

Wer möchte die angesprochenen und weitere Texte al-Kharrāṭs ernsthaft an im Vergleich zu diesem Anspruch naiven Autobiographie-Definitionen messen? Eine der anerkanntesten Definitionen der Autobiographie (in der Tat ein geradezu magisches Genre, das umso rätselhafter wird, je genauer man es betrachtet!) stammt von dem französischen Literaturwissenschaftler Philippe Lejeune und klingt lakonisch. Eine Autobiographie ist demzufolge eine »rückblickende Prosaerzählung einer tatsächlichen Person über ihre eigene Existenz«. Geradezu absurd wird der Glaube an den Realitätsgehalt von Autobiographien, wenn man diese Frage gerichtlich klären lässt. So legte das Landgericht München im August 2003 fest, dass Autobiographien als Sachbücher und nicht als Belletristik zu gelten haben, da sie »wie wissenschaftliche Bücher« für sich in Anspruch nehmen könnten, »tatsächlich Geschehenes wiederzugeben«. Das Gericht schloss daraus, dass man dem Autor einer Autobiographie, nicht jedoch dem Autor eines Romans, vorwerfen könne, gelogen zu haben. Es dürfte deutlich geworden sein, dass zwischen solcherart juristischer Engstirnigkeit und dem literarischen Projekt Edwār al-Kharrāṭs, diesen »Etüden über das Ich«, so sein deutscher Übersetzer Hartmut Fähndrich, ein so großer Unterschied besteht, dass die Vorbemerkung, die *Safranerde* vorangestellt ist, plausibel wird. Nein, »keine Autobiographie sind diese Texte«, nicht weil sie weniger wahr sind, sondern im Gegenteil wahrer als diese. Denn »Phantasieflug und Kunstfertigkeit heben sie weit darüber hinaus«.

Das, was al-Kharrāṭs Texte von einer Autobiographie im klassischen Sinne trennt, markiert vielleicht genau den Unterschied zwischen Moderne und Postmoderne. Das Individuum, der ›*selbst*-bewusste‹ Mensch stand im Zentrum der Moderne, war ihr Fundament und ihr Motor. Mit dem Verlust des Glaubens an dieses autonome, selbstbestimmte Individuum, mit dem aufkommenden Verdacht, dass sich in diesem Konzept eine Ideologie Bahn bricht und dass sich hinter dem einen Wort ›Ich‹ ungezählte und unfassbar viele Identitäten, Realitäten verstecken, ist es nicht länger möglich, unbefangen als »tatsächliche Person« über die »eigene Existenz« zu schreiben. Das von der Postmoderne verkündete ›Ende der großen Erzählungen‹ gilt sicherlich auch für die Erzählung des eigenen Lebens, sofern sie eine innere Logik vorgibt und eine Kontinuität behauptet, die allem widerspricht, was die Postmoderne behauptet, etwa die offene Unbestimmtheit und alle Arten von

Ambiguitäten, Brüchen, Verschiebungen. Auch geht es al-Kharrāṭ in seinen Texten keineswegs um Vollständigkeit einer Lebensbeschreibung, die mit der Geburt einsetzt, um dann alles der Reihe nach zu erzählen. Die tiefe Verachtung gegenüber jeglicher Synthese, die die Postmoderne auszeichnet, teilt er und die spezifische Synthese der traditionellen Autobiographie, die in der Absicht zum Ausdruck kommt, das eigene Leben vollständig und als Einheit aufzuschreiben, lehnt er ab und versucht stattdessen, den Lebenswahrheiten durch die beschriebene fragmentierte Art des Erinnerns, durch das Durchbrechen der chronologischen Ordnung und damit die Verweigerung von Synthese und vorgegaukelter Zwangsläufigkeit näher zu kommen. Die hier zum Ausdruck kommende Offenheit ist indessen nicht mit moralischem Relativismus zu verwechseln. Getrieben von dem »brennenden Bedürfnis nach dem, was ich Aufrichtigkeit nenne«, so formuliert er es in *Die Steine des Bobello*, ist er zur Entrüstung durchaus fähig:

> Mich widert die zerstörerische Lüge an, ich ersticke am Gestank der Verwüstung und der Zerstörung.
> Der Mord an Tausenden Zehntausenden von Kindern durch Hunger und durch Krankheit zwischen Trümmern geschaffen von den Raketen des geheimen Phantomjägers der Lüge der Tyrannei und der Rhetorik des Scheiterns die sich mit schändlichen Masken aus einem Haufen abgedroschener mittelalterlicher Offenbarungen rechtfertigt die schlappe Lüge versteckt hinter ausgezehrten Parolen die Lügen des Generals Gott behüte ihn die Lügen des Scheichprinzen Gott bewahre ihn die Lügen brandstiftend meer- und flussverschmutzend erd- und himmelschwärzend die Lügen der Herrschenden und der Federführung Zeitungs- Radio- Fernsehlügen Feind- und Freundlügen gleichermaßen Liebeslügen Gleichgültigkeitslügen Bettlügen Podiumslügen …

Nein, von einem Desinteresse, einer Missachtung, einer bodenlosen Infragestellung von Wahrheit kann wirklich keine Rede sein bei Edwār al-Kharrāṭ.

Die Hauptstadt der Erinnerung

> Sie alle machten die Welt reich und bunt,
> etwas beängstigend, ja, aber sehr aufregend.
> (*Safranerde*)

Das Ringen des sich Erinnernden mit der Vergangenheit, die Arbeit der Vergegenwärtigung, die der Autobiograph zu leisten hat, und die Beobachtung, dass Vergangenes, wenn es durch die Erinnerung der Schutzatmosphäre entrissen wird und mit der Gegenwart in Berührung kommt, unmittelbar mit dieser reagiert und damit seinen Aggregatzustand verändert – diese Aspekte des individuellen Erinnerns sind ein zentrales, nicht jedoch das einzige Thema in *Safranerde*. In vielen seiner Werke ist darüber hinaus al-Kharrāṭs

Versuch zu sehen, seine Heimatstadt Alexandria in der – und durch die – Literatur zu ›entkolonialisieren‹, vor allem ein Gegenbild zur Darstellung der Stadt in Lawrence Durrells berühmten, zwischen 1957 und 1960 erschienenen *Alexandria-Quartet* zu schaffen. Alexandria sei die »Hauptstadt der Erinnerung«, hatte Durrell geschrieben. Al-Kharrāṭ wirft Durrell vor, er habe sich durch orientalistische Projektionen leiten lassen. Ein perspektivisch verzerrtes Bild Alexandrias sei das Ergebnis, eine Art literarische Besatzung seiner Heimat, die die militärische überdauert habe: eine feindliche Übernahme der Erinnerung. »Diese Stadt«, schreibt al-Kharrāṭ über Durrells Alexandria, »hat nichts mit derjenigen zu tun, wo ich geboren wurde und, etwa zur gleichen Zeit, aufwuchs.« Ihm geht es darum, die Geschichte seiner Stadt dem europäischen Diskurs zu entwinden.

Durrell spreche von »Arabern« und »Kopten«, von »Türken« und von »Armeniern«, niemals jedoch von Ägyptern. Er versuche, die Gesellschaft durch diese Bezeichnungen zu spalten, in Gruppen einzuteilen, während es ihm, al-Kharrāṭ, darum gehe, die Gemeinsamkeiten herauszustellen, das kulturelle Klima, das sich über die Jahrhunderte entwickelt hat und von den verschiedensten ethnischen, kulturellen, religiösen und sprachlichen Traditionen bereichert wurde, dem Vergessen zu entreißen. Nicht die Einzelteile, die der Europäer sieht, benennt und klassifiziert, das Ganze steht für al-Kharrāṭ im Mittelpunkt. Dieses Ganze ist zugleich Einheit und Vielfalt, es ist *eine pluralistische* Kultur, die das Wesen Alexandrias ausmacht. Dieses Alexandria ist eine levantinisch-multikulturelle Stadt, kein pittoreskes Ambiente orientalistischer Schwärmereien, eine lebendige Stadt, keine bloße Projektionsfläche für europamüde Abenteurer. Das levantinische Alexandria, die Stadt des griechischen Dichters Konstantinos Kavafis, von E. M. Forster, von Griechen, Italienern, Maltesern, Arabern und Armeniern, von Muslimen, Kopten und Juden wird für al-Kharrāṭ zu einer Chiffre für ganz Ägypten, ein pluralistisches Ägypten, das sich der Vielschichtigkeit seiner Traditionen und Kulturen bewusst ist, aus ihr seine Energie bezieht und damit ein Gegenmodell zur Monokultur des klassischen Nationalstaats der Moderne schafft. »Als suche er Zuflucht an einem verwunschenen Ort«, erinnert sich al-Kharrāṭ in *Safranerde*,

> rannte der Bub zu Umm Tutu, »dieser Griechin da«, die an der Kreuzung der Ban und der Nargis-Straße wohnte. Er verstand nicht recht, was »diese Griechin da« bedeuten sollte.
> Unterschiede waren ihm damals einfach etwas Natürliches.

Auch in dieser Hinsicht löst sich al-Kharrāṭ von den Glaubensgewissheiten der klassisch gewordenen Moderne. Der Gefahr einer Verklärung Alexandrias zu einem Paradies, ja zu einem folkloristischen, bisweilen grell-bunten

Mythos multikultureller Eintracht, entkommt al-Kharrāṭ nicht immer. Aber vielleicht liegt das auch gar nicht in seiner Absicht, und er schreckt nicht davor zurück zu idealisieren. Die in seinen Texten zum Ausdruck gebrachten Ideale, die die Vormoderne postmodern interpretieren, lassen sich als Alternative zu den Engführungen moderner Nationalismen und kulturalistischer Erklärungsmuster lesen. Alexandria ist aber weit mehr als nur ein literarisches ›Thema‹, Alexandria ist, so al-Kharrāṭ, »kein fiktionales Dekor, es ist weder das Material noch der Ort von Fiktion, sondern der autobiographisch-fiktionale Akt selbst.«

Werke (Auswahl)

Ḥīṭān ʿāliyya (Hohe Mauern), Kairo: Selbstverlag 1959.
Sāʿāt al-kibriyāʾ (Stunden des Stolzes), Beirut: Dār al-Ādāb 1972.
Rāma wa-l-tinnīn (Rama und der Drache), Beirut: al-Muʾassasa al-ʿArabiyya li-l-Dirasāt wa-l-Nashr 1980.
Turābuhā zaʿfarān (Safranerde), Kairo: al-Mustaqbal al-ʿArabī 1985.
Yā banāt al-Iskandariyya (Ihr Mädchen Alexandrias!), Beirut: Dār al-Ādāb 1990.
Ḥidjārat Būbīllū (Die Steine des Bobello), Beirut: Dār al-Ādāb 1992.
al-Ḥassāsiyya al-djadīda (Die neue Sensibilität), Beirut: Dār al-Ādāb 1993.
Ṣukhūr al-samāʾ (Die Himmelsfelsen), Kairo: Markaz al-Ḥaḍāra al-ʿArabiyya 2001.

Übersetzungen ins Deutsche

Edwar al-Charrat: *Safranerde*, übers. v. Hartmut Fähndrich, Basel: Lenos 1990 (TB 1996).
Edwar al-Charrat: *Die Steine des Bobello*, übers. v. Hartmut Fähndrich u. Edward Badeen, Basel: Lenos 2000.

Übersetzungen ins Englische

Edwar al-Kharrat: *Girls of Alexandria*, übers. v. Frances Liardet, London: Quartet Books 1993.
Edwar al-Kharrat: *Rama and the Dragon*, übers. v. Ferial Ghazoul u. John Verlenden, Cairo, New York: American University of Cairo Press 2002.

Übersetzung ins Französische

Edouard al-Kharrat: *La Danse des passions, et autres nouvelles*, übers. v. Marie Francis-Saad, Arles: Actes Sud 1997.

Weiterführende Literatur

Magda al-Nowaihi: »Memory and Imagination in Edwar al-Kharrat's *Turabuha za'faran*«, in: *Journal of Arabic Literature* 25, 1994, S. 34–57.

Boutros Hallaq: »Autobiography and Polyphony«, in: *Writing the Self. Autobiographical Writing in Modern Arabic Literature*, hg. v. Robin Ostle, Ed de Moor u. Stefan Wild, London: Saqi 1998, S. 192–206.

Andreas Pflitsch: »Narration against Transitoriness and Temporality. Mythical Time Structure in Idwār al-Kharrāṭs Works«, in: *Myths, Historical Archetypes and Symbolic Figures in Arabic Literature*, hg. v. Angelika Neuwirth u. a., Beirut, Stuttgart: Steiner 1999, S. 363–378.

Marlé Hammond: »Subsuming the Feminine Other: Gender and Narration in Edwār al-Kharrāt's *Yā banāt Iskandariyya*«, in: *Journal of Arabic Literature* 31, 2000, S. 38–58.

Andreas Pflitsch: *Gegenwelten. Zur Literaturtheorie Idwār al-Ḫarrāṭs*. Wiesbaden: Reichert 2000.

Andreas Pflitsch: »Konstruierte Wirklichkeiten. Die zeitgenössische arabische Literatur, der Radikale Konstruktivismus und die Erzählungen aus 1001 Nacht«, in: *Understanding Near Eastern Literatures. A Spectrum of Interdisciplinary Approaches*, hg. v. Verena Klemm u. Beatrice Gruendler. Wiesbaden: Reichert 2000, S. 59–71.

Stefan Weidner: »Archäologie der Kindheit. Edwar al-Charrat erinnert sich«, in: *Neue Zürcher Zeitung*, 11. 1. 2001.

Andreas Pflitsch: »Edwār al-Kharrāṭ«, in: *Kritisches Lexikon zur fremdsprachigen Gegenwartsliteratur*, hg. v. Heinz Ludwig Arnold, München: edition text + kritik (im Druck).

Sonja Mejcher-Atassi

Über die Notwendigkeit, die Gegenwart zu schreiben

Elias Khūrī und die ›Geburt des Romans‹ im Libanon

»Die Geschichte, das sind nur Namen«, sagt der Erzähler in Elias Khūrīs Roman *Riḥlat Ghāndī al-saghīr* (*Die Reise des kleinen Gandhi*, 1989). Aber wie in Khūrīs anderen Romanen auch heften sich an die Namen Erinnerungen. Jeder neue Name wird zum Ausgangspunkt einer neuen Geschichte, die weitere Namen birgt und damit weitere Geschichten eröffnet. Der Roman wird zum Namenspiel, das sich scheinbar von selbst fortsetzt, ein Erzählfluss, der immer wieder von neuem in Gang kommt.

Der libanesische Schriftsteller Elias Khūrī ist heute einer der bedeutendsten Vertreter des kulturellen, intellektuellen und literarischen Lebens seines Landes. Als Romancier ist er weit über den Libanon hinaus bekannt. Seine Romane wurden in zahlreiche Sprachen übersetzt und zeichnen sich durch einen ausgeprägt experimentellen und damit innovativen Charakter aus, der von vielen Kritikern als postmodern bezeichnet wird. Die Grenzen ihrer eigenen literarischen Gattung durchbrechend, reflektieren sie Bedingungen und Möglichkeiten des Erzählens jenseits vorgegebener Muster. Zeitgenössische Literatur aus Europa oder Amerika ist ihnen ebenso Bezugspunkt wie zeitgenössische Literatur aus Lateinamerika, Afrika und Indien oder die klassische arabische Literatur. Edward Said hat Khūrīs Romane als ›post-maḥfūẓisch‹ beschrieben und damit eine Abkehr vom arabischen Roman bezeichnet, wie ihn der ägyptische Literaturnobelpreisträger Nagīb Maḥfūẓ (geb. 1911) über Jahrzehnte hinweg geprägt hatte. Diese Wende ist vor allem auf eine veränderte Wahrnehmung von Realität zurückzuführen, wie sie für Khūrī durch die arabische Niederlage im Juni-Krieg von 1967 und den libanesischen Bürgerkrieg von 1975 bis 1990 unumgänglich wurde.

Bereits Khūrīs Roman *al-Djabal al-ṣaghīr* (*Der kleine Berg*), der ihn 1977 als Romancier bekannt machte, zeichnet sich durch eine veränderte Wahrnehmung von Realität aus. Stefan G. Meyer hat den Roman als »patchwork novel« bezeichnet. Er besteht aus fragmentarischen Erzählungen, die sich auf räumlich wie zeitlich unterschiedliche Situationen beziehen und zum Teil autobiographischen Charakter haben. Sie reichen in eine Beiruter Kindheit im christlichen Stadtteil von Ashrafiyya – auch ›der kleine Berg‹ genannt – zurück, die von den Ereignissen des Bürgerkriegs zunehmend überschattet wird. Schließlich dominieren Straßensperren, später Straßenkämpfe zwischen palästinensischen und christlichen Milizen, an denen der Erzähler aktiv teilnimmt, den Alltag in Beirut.

> Schwarzes Metall verschlingt mich: Straßensperren, sagen sie. Ich sehe mein Gesicht zu Boden fallen. Schwarzes Metall verschlingt mich: Meine Stimme rollt allein hinunter und erstreckt sich bis dorthin, wo meine Freunde in Massengräbern begraben liegen. Schwarzes Metall verschlingt mich: Die erhobenen Hände schwingen keine Fahnen, sondern halten den Tod in den Händen. Metall auf der Straße, Angst, leere Gasflaschen, Leichen und geschmuggelte Zigarettenschachteln. Die Zeit des Sieges hat begonnen. Die Zeit des Todes hat begonnen. Der Krieg hat begonnen.

Der Erzähler verliert sich im Kriegsgeschehen. Er selbst wird zur Romanfigur, zu einem der zahlreichen jungen Kämpfer, die ihrerseits zu Erzählern werden. Ohne jegliche moralische Positionierung oder Parteinahme für die eine oder andere Miliz, hat Khūrī mit *Der kleine Berg* einen in seiner Direktheit schockierenden Einblick in die ersten Bürgerkriegsjahre eröffnet. Wie er erklärt, liegen dem Roman journalistische Skizzen im feuilletonistischen Stil zugrunde, die er zunächst separat veröffentlichen wollte. Sie fügten sich zu einem Roman, der kein kohärentes Bild der Wirklichkeit mehr zu geben vermochte, sondern fragmentarische, oft widersprüchliche Wahrnehmungen von Realität – wie sie durch den Bürgerkrieg explosionsartig zutage traten – in ihrer Vielfalt bestehen ließ.

Die Verbindung von Literatur, journalistischer Arbeit und intellektuellem Engagement, wie sie sich schon in *Der kleine Berg* abzeichnet, ist für Khūrīs Werk insgesamt kennzeichnend und zieht sich wie ein roter Faden durch sein Leben.

Literatur, Journalismus und intellektuelles Engagement

Elias Khūrī wurde 1948 in Beirut geboren und wuchs im überwiegend christlichen Stadtteil von Ashrafiyya in einer griechisch-orthodoxen Familie auf. Er war Mitglied der von dem libanesischen Bischof und Intellektuellen Georges Khodr gegründeten »Bewegung der orthodoxen Jugend«, die er im Alter von 16 Jahren unter dem Einfluss des Existentialismus wieder verließ. Khūrī besuchte eine Privatschule für die libanesische Mittelschicht, die wie die meisten libanesischen Schulen der Zeit nach französischem Vorbild organisiert war. Anschließend studierte er Geschichte und Soziologie an der Université Libanaise in Beirut und schloss das Studium mit einer Arbeit über die *nahda*, die so genannte arabische Renaissance des 19. und frühen 20. Jahrhunderts, und den muslimischen Reformer al-Afghānī (1838/39–1897) ab.

Elias Khūrī bewegte sich eine Zeitlang im Kreis der von dem palästinensischen Intellektuellen George Habash gegründeten »Bewegung der arabischen

Nationalisten«. Er sympathisierte mit den Ideen des Arabischen Nationalismus, war aber nicht politisch organisiert. Das änderte sich mit der arabischen Niederlage im Juni-Krieg 1967. Von den Ereignissen erschüttert, schloss Khūrī sich noch im selben Jahr den palästinensischen Widerstandskämpfern in Jordanien an. Während er sein Studium in Beirut fortführte, beteiligte er sich wiederholt an militärischen Aktionen in Jordanien und im Südlibanon.

Nach dem ›Schwarzen September‹ von 1970, der Vertreibung der PLO und ihrer *fidāʾiyyīn* aus Amman durch die jordanische Armee, ging Khūrī nach Paris. Er setzte sein Studium der Soziologie an der *Ecole Pratique des Hautes Etudes* fort und schloss es mit einer Diplomarbeit über den libanesischen Bürgerkrieg von 1860 ab. Gleichzeitig besuchte er philosophische und literaturwissenschaftliche Seminare, unter anderem bei Michel Foucault, Roland Barthes und Maurice Blanchot.

Als er 1973 nach Beirut zurückkam, hatte sich die politische Situation im Libanon drastisch verändert. Die PLO hatte ihre Zentrale in Beirut eingerichtet, der palästinensische Widerstand operierte nun ausschließlich von libanesischem Territorium aus. Die innenpolitische Krise führte im April 1975 zum Ausbruch des libanesischen Bürgerkriegs. Khūrī schloss sich abermals den *fidāʾiyyīn* an. Nach einer schweren Verletzung und aufgrund seiner wachsenden Kritik am Bürgerkrieg zog er sich im Verlauf des Jahrs 1976 von der aktiven Teilnahme zurück. Die Kämpfe hatten eine Eigendynamik entwickelt, die mit den anfangs postulierten ideologischen Zielen der Kriegsparteien nichts mehr zu tun hatte. Das Massaker an der christlichen Bevölkerung von Damour, wo *fidāʾiyyīn* im Januar 1976 Rache für die von christlichen Milizen verübten Massaker und die Belagerung des palästinensischen Flüchtlingslagers Tall al-Zaatar nahmen, löste bei Khūrī Kritik auch am eigenen politischen Lager aus, wie sie in seinem Roman *al-Wudjūh al-baiḍāʾ* (*Die weißen Gesichter*, 1981) im Dialog zwischen einer jungen Regisseurin und einem palästinensischen Widerstandskämpfer deutlich zum Ausdruck kommt:

> – Hör zu, du hörst nicht zu, wir müssen unsere gerechte Sache bekannt machen und die faschistischen Praktiken aufdecken, Mord, Vergewaltigung, Diebstahl, Vertreibung, Zerstörung von Häusern. Das ist die Rolle des engagierten Kinos. Wir müssen sie aufdecken.
> – Aber auch wir … ich sagte ihr, dass auch wir Verbrechen begehen, morden und …
> – Das ist nicht wahr, dieses Gerede ist nicht wahr.
> – Und ob es wahr ist, Damour … in Damour haben wir …
> – Sag nichts über Damour, hast du al-Maslakh, Karintina, Nabaa und Tall al-Zaatar … vergessen.
> – Red so nicht mit mir. Gott sei dir gnädig, ich sage die Wahrheit.

> – Nein, das ist nicht die Wahrheit. Die Wahrheit muss der Revolution dienen, dieses Gerede bringt unser Lager durcheinander.
> – Die Wahrheit muss der Wahrheit dienen, hör mir zu.
> – Hör du zu, Krieg ist Krieg.
> – Ich weiß, Gott ist allwissend, diese Verbrechen passieren in allen Kriegen, und das wichtigste ist die politische Sache, aber wir haben auch Verbrechen begangen.
> – Nein, du machst alles nur noch schlimmer. Wie kann ein Kämpfer wie du so etwas sagen.

Von 1973 bis 1979 arbeitete Khūrī am PLO-Forschungszentrum in Beirut, wo er gemeinsam mit dem palästinensischen Dichter Maḥmūd Darwīsh die Monatszeitschrift *Shu'ūn filasṭīniyya* herausgab. Das Forschungszentrum veröffentlichte 1974 Khūrīs erstes Buch: eine literaturkritische Abhandlung über den arabischen Roman nach der Niederlage von 1967. Aufgrund zunehmender politischer Einmischung der PLO in ihre wissenschaftliche Arbeit verließen beide Redakteure 1979 das Forschungszentrum. Khūrī übernahm die Leitung der Kulturredaktion in der libanesischen Tageszeitung *al-Safīr*, die er bis 1991 innehatte. Innerhalb seines Umfelds von politisch links orientierten Intellektuellen, Schriftstellern und Künstlern, zu denen auch im libanesischen Exil lebende Palästinenser, Syrer, Ägypter und Iraker zählten, war die Zeitschrift *al-Mawāqif* um den syro-libanesischen Dichter Adūnīs und die Literaturkritikerin Khālida Saʿīd Khūrīs wichtigster intellektueller Bezugspunkt. Die Zeit von Mitte bis Ende der 1970er Jahre betrachtet er im Nachhinein als formative Phase für sein intellektuelles Leben.

Khūrīs Romane sind eng mit dem Bürgerkrieg – oder der Erinnerung an den Bürgerkrieg – verflochten. Hatte er seine schriftstellerische Tätigkeit anfangs als eine Art Nebenbeschäftigung zu seiner journalistischen Arbeit betrachtet, begann er sie mit seinem bereits erwähnten zweiten Roman, *Der kleine Berg*, zur Priorität zu machen. Inmitten der Kriegsereignisse entwickelte Khūrī eine rege schriftstellerische Produktivität. Wird der Bezug zum Bürgerkrieg in Khūrīs Romanen in der Regel explizit hergestellt, so ist er in *Abwāb al-madīna* (*Die Tore der Stadt*, 1981) nur allegorisch ersichtlich. Der Roman, der zahlreiche intertextuelle Bezüge zu Kahlil Gibrans *The Madman* (*Der Narr*, 1918) und der als *Die Messingstadt* bekannten Erzählung aus *Tausendundeine Nacht* aufweist, verwandelt Beirut in eine mythische Stadt, deren Name unbenannt bleibt. In einer für Khūrīs Romane ungewöhnlich poetischen Sprache, die Stefan G. Meyer mit der experimentellen Prosa Gertrude Steins vergleicht, zeichnet der Roman das apokalyptische Ende einer Stadt nach, in der alle topographischen und inneren Orientierungspunkte der Amnesie anheimfallen – ein Ende, das Beirut mit der israelischen Invasion von 1982 unmittelbar bevorstand.

Seit dem Ende des Bürgerkriegs 1990 hat Khūrī vier weitere Romane veröffentlicht. Für *Bāb al-shams* (*Das Tor zur Sonne*, 1998), das die mündlich tradierten Erinnerungen und Geschichten der Palästinenser in den Flüchtlingslagern im Libanon zum Ausgangspunkt hat, erhielt Khūrī 1998 den Palästina-Preis. Dem umfangreichen Roman, der von dem ägyptischen Regisseur Yousry Nasrallah für ARTE verfilmt und 2004 erstmals in Cannes gezeigt wurde, liegen jahrelange Recherchearbeiten und zahlreiche Interviews mit palästinensischen Flüchtlingen im Libanon zugrunde.

Während des Golfkriegs von 1990/91 geriet er in Konflikt mit syrischen Interessen, die sich seit Ende der achtziger Jahre in der politischen Ausrichtung von *al-Safīr* widerspiegeln. Khūrī hatte die Teilnahme arabischer Staaten, insbesondere Syriens, in der von den USA geführten internationalen Koalition gegen den Irak kritisiert. 1991 kündigte er, *de facto* wurde er entlassen. Ein Jahr später übernahm er die Herausgabe der wöchentlichen Kulturbeilage, *al-Mulḥaq*, der größten libanesischen Tageszeitung *al-Nahār*, der heute wegen ihrer kritischen Haltung eine überregionale Bedeutung zukommt.

Neben seiner journalistischen und schriftstellerischen Tätigkeit hat Khūrī als Gastdozent an verschiedenen Universitäten im Libanon und in den USA moderne arabische Literatur gelehrt. Außerdem war er 1993 am Wiederaufbau des *Masraḥ Bairūt* (Theater von Beirut) beteiligt, dessen Direktor er bis zur vorläufigen Schließung des Theaters 1998 war. Das *Masraḥ Bairūt* wurde in den ersten Jahren nach dem Bürgerkrieg zu einem wichtigen kulturellen Treffpunkt, wo neben Theater- und Filmvorführungen, Konzerten und Ausstellungen auch zahlreiche Diskussionsrunden und Konferenzen stattfanden.

Khūrī schrieb 1993 sein erstes Theaterstück *Mudhakkirāt Ayyūb* (*Die Erinnerungen des Hiob*), das von dem libanesischem Regisseur Roger Assaf inszeniert und anlässlich des 50. Jahrestags der libanesischen Unabhängigkeit 1993 uraufgeführt wurde. Der libanesische Hiob erscheint in Gestalt des – eigentlich mit dem Erzählen von Heldensagen für Unterhaltung zuständigen – traditionellen arabischen Geschichtenerzählers (*ḥakawātī*); doch erzählt er keine erbauliche Geschichte. Vielmehr berichtet er von den Schicksalen dreier Frauen, deren Ehepartner oder Kinder im Bürgerkrieg entführt wurden und seitdem vermisst werden. Er spricht damit ein in der kollektiven Erinnerung der Nachbürgerkriegsgesellschaft totgeschwiegenes Thema an. Einen ähnlich subversiven Umgang mit der Erinnerung des Bürgerkriegs stellte Khūrī 2000 im Rahmen des von ihm in den Jahren 1996 bis 2001 jährlich organisierten *Ailūl-Festivals* gemeinsam mit dem Schauspieler Rabih Mroué in seiner Videoperformance *Drei Poster* vor. *Drei Poster* setzt sich kritisch mit dem Thema der Selbstmordattentate auseinander, die im libanesischen Bürgerkrieg zunächst von Kämpfern aus nicht-religiösen, kommunistischen Kreisen verübt wurden. Ausgehend von der ungeschnittenen Version eines Videodokuments, in dem der Attentäter sich im Vorfeld seiner Tat zum Märtyrer erklärt, wird ein Diskurs über den Tod entworfen, der, wie Khūrī es formuliert, die Grenzen von Realität und Fiktion, Wahrheit und Illusion, Dokumentation und Manipulation in Frage stellt.

Die ›Geburt des Romans‹ im Libanon: Zwischen Erinnerung und Amnesie

Das Thema ›Erinnerung‹ nimmt in Khūrīs Romanen – ebenso wie in seinen literaturkritischen und journalistischen Schriften und seinen Arbeiten im Bereich des Theaters, Films und der Videoperformance – eine zentrale Stellung ein. Wie Khūrī in seiner literaturkritischen Studie *al-Dhākira al-mafqūda* (*Das verlorene Gedächtnis*, 1982) darlegt, hat der Bürgerkrieg nicht nur in der Realität, sondern auch im Gedächtnis stattgefunden, indem das Gedächtnis zum Gegenstand der Auseinandersetzung wurde. Es wurde – wie die Häuser und andere Orientierungspunkte Beiruts – zerstört, bis nur punktuelle Erinnerungen hier und dort zurückblieben, und es schien, als hätten die Menschen kein Gedächtnis mehr.

Eine offizielle Aufarbeitung des Bürgerkriegs hat im Libanon bis heute nicht stattgefunden, eine alle Konfessionen übergreifende Geschichtsschreibung über den Bürgerkrieg existiert nicht. Selbst die Bezeichnung »Bürgerkrieg« ist umstritten, zuweilen wird vom »Krieg der anderen«, dem »Krieg im Libanon« oder einfach nur den »Ereignissen« gesprochen. Der Unerträglichkeit des Schweigens verdankte sich eine Konferenz, die im März 2001 unter dem Titel *Dhākira li-l-ghad* (Erinnerung für die Zukunft) in Beirut stattfand und die einen ersten Versuch der Zivilgesellschaft darstellt, sich mit der jüngsten Vergangenheit des Bürgerkriegs kritisch auseinander zu setzen. Angesichts der mangelnden Aufarbeitung des Bürgerkriegs von offizieller Seite kommt der Literatur im Libanon eine besondere Rolle zu. Der Roman hat mit dem Bürgerkrieg eine vorher nicht gekannte Verbreitung gefunden; die Autorinnen und Autoren stammen aus unterschiedlichen religiösen, sozialen und kulturellen Milieus des Landes. Khūrī setzt daher die ›Geburt des Romans‹ im Libanon im Bürgerkrieg an. Nicht dass es vor dem Bürgerkrieg keine Romane im Libanon gegeben hätte, aber erst mit dem Bürgerkrieg sei der Roman aus dem Schatten der Poesie getreten. Die ›Geburt des Romans‹ im Libanon sei nicht als Folge der Konsolidierung des Nationalstaats, sondern als Folge seiner Zerstörung zu verstehen. Erst sie habe die Gesellschaft befähigt, beim Namen zu nennen, was vorher als tabu galt: die sozialen, politischen, wirtschaftlichen und religiösen Diskrepanzen innerhalb des Libanon.

Wie viele Romane, die während und seit Ende des Bürgerkriegs geschrieben wurden, zeugen auch diejenigen Khūrīs von einer intensiven Auseinandersetzung mit dieser jüngsten Vergangenheit. Sie bewahren und transportieren, was offiziell noch immer unsagbar erscheint. Dabei macht Khūrī sich auf die Suche nach den Erinnerungen und Geschichten der kleinen Leute, der Ausgegrenzten und Verlierer, jenen Erinnerungen und Geschichten, in denen die uneingestandenen Widersprüche zur – bekanntlich stets von den Siegern geschriebenen – offiziellen Geschichte sichtbar werden. In diesem Aspekt steht Khūrī so genannten postkolonialen Autoren nahe, wie beispielsweise dem karibischen Schriftsteller Edouard Glissant, die die Notwendigkeit hervorheben, eine Geschichte einzufordern, die weitgehend ungeschrieben und westlichen Geschichtsschreibungen untergeordnet ist. Schließlich geht es darum, zu fragen, wer überhaupt die Geschichte schreibt und damit nicht nur die Vergangenheit bestimmt, sondern zugleich die Gegenwart und die Zukunft zu gestalten vermag.

Elias Khūrī beschränkt sich nicht darauf, die ›Lücke‹ in der Geschichtsschreibung zu füllen. Ihm geht es nicht um die Vergangenheit als solche; vielmehr steht der unmittelbare Bezug zur Gegenwart im Vordergrund. Das zeigt sich bereits in seinem Umgang mit der arabischen Sprache. Die Einführung des gesprochenen Arabisch, des lokalen Dialekts, in die arabische Hochsprache – ein in der arabischen Literatur bis heute umstrittenes Thema – stellt einen direkten Bezug zur mündlich tradierten, gelebten Zeitgeschichte her. Zugleich erneuert und bereichert sie die arabische Hochsprache. Die arabische Sprache, erklärt Khūrī, habe immer aus mehreren Sprachen bestanden. Sie in ein homogenes Gebilde zu verwandeln, wie es im Zuge nationaler Ideologien immer wieder versucht werde, würde sie zu einem Instrument der Ausgrenzung und letzten Endes zu einer toten Sprache machen.

Khūrī gelingt es in seinen Romanen, unterschiedliche Realitäten in ihrer Pluralität bestehen zu lassen und auch die Fiktionalität dieser Realitäten zu hinterfragen. Wie in den *Erzählungen aus Tausendundeiner Nacht* werden Khūrīs Romane zu wunderbaren Erzählmaschinen. Der allwissende Erzähler geht in unzähligen Geschichten zugunsten einer narrativen Rede-, Sprach- und Stimmenvielfalt auf, wie der russische Literaturwissenschaftler Michail M. Bachtin sie für den Roman beschrieben hat. Die Geschichten in Khūrīs Romanen setzen sich scheinbar von selbst fort. Das Romanende wird zu einem ›vorläufigen Ende‹, wie es in *Die weißen Gesichter* heißt. Wie in *Tausendundeiner Nacht* eröffnet jeder neue Name und mit ihm jede neue Person eine neue Geschichte.

Die Reise des kleinen Gandhi

»Die Geschichte, das sind nur Namen« und »Die Geschichte ist ein Namenspiel«, behauptet der Erzähler in *Die Reise des kleinen Gandhi*. Bereits die ersten Worte des Romans, »aber sie reden«, verweisen jedoch auf eine kompliziertere Sachlage. Die Personen des Romans erzählen ihre Geschichten in der ihnen eigenen Sprache selbst. Der Erzähler als Garant der *einen* Wahrheit verschwindet, während die Namen, Stimmen, Sprachen und Geschichten sich scheinbar von selbst vervielfältigen. Dem Roman geht ein Zitat des arabischen Philosophen und Mystikers Ibn ʿArabī (1165–1240) voraus, das gleichsam als sein Motto verstanden werden kann: »Das Gesicht ist nur eins, stellst Du aber viele Spiegel auf, werden viele Gesichter daraus.« Während Ibn ʿArabī mit der Metapher des Spiegels zum Ausdruck bringen wollte, dass die Propheten und Heiligen Gottes Transzendenz widerspiegeln, es letztlich aber nur einen Gott gibt, verleiht Khūrī der Metapher eine andere Konnotation. Er überträgt sie vom göttlichen auf den gesellschaftlichen Bereich, wo er die Idee einer Einheit als ideologisches Konstrukt entblößt, das die existierende Vielfalt zu negieren sucht.

Ausgangspunkt des Romans ist der Tod von ʿAbd al-Karīm Ḥuṣn, eines Beiruter Schuhputzers, der von einem Professor der Amerikanischen Universität den Spitznamen ›der kleine Gandhi‹ erhalten hat und nur noch unter diesem Namen bekannt ist. Jedes Kapitel – abgesehen vom kurzen ersten und letzten Kapitel – beginnt mit der Beschreibung der ehemaligen Prostituierten Alice, die erzählt, wie sie ihn beim Einmarsch der israelischen Armee in Westbeirut am 15. September 1982 tot auf der Straße findet. Die Wiederholung erweckt den Anschein, als ereigne sich der Tod immer wieder von neuem. Jegliche chronologische Zeitvorstellung wird damit gebrochen. Anfang und Ende des Romans sind ebenso wie Anfang und Ende des Bürgerkriegs nicht mehr auszumachen.

Alice, Mitte 60, eine ausgezehrte Gestalt in langem schwarzen Kleid, sitzt im Empfangsraum des heruntergekommenen Hotels im Stadtzentrum von Beirut, in dem sie vor dem Bürgerkrieg tätig war. Sie trinkt Arak mit zittrigen Händen, während sie dem Erzähler die Geschichte vom kleinen Gandhi erzählt. Diese führt von seiner Geburt im Jahr 1915 in einem nordlibanesischen Dorf über seine Flucht nach Tripoli und von dort weiter nach Beirut, wo er als Schuhputzer vor dem Eingang der *American University of Beirut* arbeitet, bis zu seinem Tod am 15. September 1982.

> Er hatte Angst. Er nahm den Schuhputzkasten, hängte ihn um den Hals, ließ ihn dort am alten Lederriemen hin und her baumeln und ging. Sie waren überall. Sie schrieen ihn an stehen zu bleiben, oder sie schrieen nicht. Niemand weiß, was passiert ist, aber sie haben geschossen.

Gandhi wusste, dass die Schüsse, die ihn töteten, nicht ihm allein galten:

> Aber er wusste, warum er starb, er wusste, dass die Schüsse nicht auf ihn gerichtet waren, sie waren auf das Herz einer Stadt gerichtet, die sich selbst zerstörte.

Anstelle von Gandhi wird die Stadt Beirut während des Bürgerkriegs und der israelischen Invasion mit ihren zahlreichen Namen, Stimmen, Sprachen und Geschichten zum eigentlichen Helden – oder besser: Antihelden – des Romans.

Die Geschichte des kleinen Gandhi eröffnet zahlreiche andere Geschichten, die Alice, zusätzlich zu ihren eigenen Geschichten aus dem Beiruter Nachtleben, erzählt – wie die des amerikanischen Professor Davis, dessen Schuhe Gandhi zu putzen pflegte, die Geschichte seines Sohns Ḥuṣn und dessen Geliebten oder die seiner unter Schizophrenie leidenden Tochter Su'ād.

»Städte sind unsichtbare Geschichten, und Geschichten sind unsichtbare Städte«, lautet ein Satz, den Khūrī in Anlehnung an Italo Calvino gerne zitiert. Die Stadt lebt nur durch die Geschichten ihrer Bewohner, die so zahlreich und vielfältig sind wie ihre Erinnerungen. Alice verkörpert geradezu die mündliche Erinnerung der Stadt Beirut, die wie das Stadtzentrum in Trümmern liegt und der Vergessenheit anheim zu fallen droht. Der Erzähler wiederum ähnelt dem *ḥakawātī*, dem klassischen arabischen Geschichtenerzähler, der als Tradent der kollektiven Erinnerung auftritt. Während die überbrachte Botschaft des *ḥakawātī* im Bereich des Mündlichen bleibt, will der Erzähler die mündliche Erinnerung Alices ins Schriftliche übertragen und wird damit zum fiktiven Autor des Romans. Als Alice in Folge der erneuten Kampfhandlungen im Februar 1984 verschwindet, macht der Erzähler und fiktive Autor sich auf die Suche nach ihr. Auf einem Friedhof im christlichen Stadtteil von Ashrafiyya meint er, auf einem verwitterten Grabstein ihr Bildnis zu erkennen, das sie als junges Mädchen zeigt.

> Ich ging zum Friedhof St. Mitr. Ich suchte zwischen den Gräbern, die unter den Zypressen verstreut lagen. Ich las alle Namen. Auf einem fast zerstörten Grab, dessen weißer Stein eine staubige Farbe angenommen hatte, sah ich Alices Bildnis. Ich trat näher und las einen anderen Namen, aber das im weißlichen Marmor eingravierte Bild glich Alice, wie sie als junges Mädchen ausgesehen haben muss. So hatte ich mir Alice vorgestellt: ein volles Gesicht, üppige Lippen, eine kleine erhöhte Nase und große Augen. Ich näherte mich Alice oder derjenigen, von der ich annahm, dass sie Alice war, und las meinen eigenen Namen.

Alices Bildnis verweist weniger auf ihre Jugendjahre als auf eine idealisierte nostalgische Vorstellung von Beirut, wie die Stadt vor dem Bürgerkrieg ausgesehen haben mag. Es ruft kontrastiv nochmals die Zerstörung Beiruts in Erinnerung. Der in den Grabstein eingravierte Name wird im Roman nicht genannt. Die Verwandtschaft der Namen von ›Alice‹ und ›Elias‹, die sich im Arabischen aus denselben Buchstaben zusammensetzen, legt jedoch die Vermutung nahe, dass es sich bei diesem Namen um den des realen Autors handelt. Der reale Autor identifiziert sich sowohl mit Alice als auch mit dem Erzähler und fiktiven Autor und schreibt sich so als – tote – Person in den Roman ein, ohne seinen Namen explizit zu erwähnen. Der selbstreferentielle Charakter des Romans, der die Grenzen zwischen Realität und Fiktion zu verwischen beabsichtigt, wird damit auf raffinierte Weise auf die Spitze getrieben.

In *Die Reise des kleinen Gandhi* wird Realität nicht als eine gegebene Größe dargestellt, die der Erzähler zu bestimmen oder der er sich auch nur anzunähern vermag. Nur die Erinnerungen der Personen, die sich von den erinnerten Ereignissen lösen und imaginativen Charakter annehmen, sind wahr. Letztendlich sind Wahrheit und Lüge wie Realität und Fiktion nicht voneinander zu trennen. Der Erzähler versucht nicht mehr, eine kohärente Geschichte zu erzählen. Er weiß, dass alle Geschichten Unstimmigkeiten aufweisen:

> Ich erinnere mich an Alices Worte und versuche mir vorzustellen, was passiert ist, aber ich entdecke Löcher in der Geschichte. Alle Geschichten sind voller Löcher. Wir wissen nicht mehr, wie man Geschichten erzählt.

Am Tag vor dem Einmarsch der israelischen Armee wird Beirut von einer weißen Farbe überdeckt, als tauche die Stadt, in welcher der Bürgerkrieg kein Ende zu nehmen scheint, in Vergessenheit unter und setze damit auch dem Geschichtenerzählen ein Ende. Alice weiß, dass das Vergessen ein Wesenszug des Menschen ist, und zitiert das arabische Sprichwort »Der Mensch wird Mensch genannt, weil er vergisst« – ein Wortspiel mit *insān* (Mensch) und *nisyān* (Vergessen). In *Die Reise des kleinen Gandhi* geht es nicht darum, *dass* vergessen wird. Vielmehr wird die Frage danach aufgeworfen, *was* vergessen und *was* erinnert wird, wessen Geschichten überhaupt erzählt, niedergeschrieben und damit vor dem Tod gerettet und in die Zukunft übertragen werden. Es sind die Geschichten von Menschen, die sich am Rande der Gesellschaft befinden, »die Geschichten der Menschen, die nicht fliehen können«, wie es im Roman heißt. Keine der Personen nimmt aktiv am Bürgerkrieg teil, und dennoch sind sie ihm ausgesetzt. Sie sind die wahren Verlierer und Opfer des Bürgerkriegs – kleine Leute, wie das Adjektiv »klein« im Namen der Titelfigur des ›kleinen Gandhi‹ nahe legt.

Werke (Auswahl)

al-Djabal al-ṣaghīr (Der kleine Berg), Beirut: Mu'assasat al-Abḥāth al-ʿArabiyya 1977.
Abwāb al-madīna (Die Tore der Stadt), Beirut: Dār Ibn Rushd 1981.
al-Wudjūh al-baiḍā' (Die weißen Gesichter), Beirut: Dār Ibn Rushd 1981.
al-Dhākira al-mafqūda (Das verlorene Gedächtnis), Beirut: Dār al-Ādāb 1982.
Riḥlat Ghāndī al-ṣaghīr (Die Reise des kleinen Gandhi), Beirut: Dār al-Ādāb 1989.
Mamlakat al-ghurabā' (Königreich der Fremdlinge), Beirut: Dār al-Ādāb 1993.
Mudhakkirāt Ayyūb (Die Erinnerungen des Hiob. Theaterstück. Uraufführung 1993).
Madjmāʿ al-asrār (Der geheimnisvolle Brief), Beirut: Dār al-Ādāb 1994.
Bāb al-shams (Das Tor zur Sonne), Beirut: Dār al-Ādāb 1998.
Yālū (Yalo), Beirut: Dār al-Ādāb 2001.

Übersetzungen ins Deutsche

Elias Khoury: *Königreich der Fremdlinge*, übers. v. Leila Chammaa, Berlin: Das Arabische Buch 1998.
Elias Khoury: *Der geheimnisvolle Brief*, übers. v. Leila Chammaa, München: C. H. Beck 2000.
Elias Khoury: *Das Tor zur Sonne*, übers. v. Leila Chammaa, Stuttgart: Klett Cotta 2004.

Übersetzungen ins Englische

Elias Khoury: *Little Mountain*, übers. v. Maia Tabet, Manchester: Carcanet Press 1989.
Elias Khoury: *Gates of the City*, übers. v. Paula Haydar, Minneapolis / London: University of Minnesota Press 1993.
Elias Khoury: *The Journey of Little Gandhi*, übers. v. Paula Haydar, Minneapolis / London: University of Minnesota Press 1994.

Weiterführende Literatur

Elias Khoury: »Politics and Culture in Lebanon«, in: *The Beirut Review* 3/5, 1993, S. 131–142.
Mona Takieddine Amyuni: »The Image of the City. Wounded Beirut«, in: *The View from Within: Writers and Critics on Contemporary Arabic Literature*, hg. v. Ferial J. Ghazoul u. Barbara Harlow, Kairo: The American University in Cairo Press 1994, S. 53–76.
Monika Borgmann: »Hiob, wo ist deine Stadt?«, in: *Die Zeit*, 21. 4. 1995, S. 84.
Elias Khoury: »Culture, War and Rebirth«, in: *Beiruter Blätter* 6–7, 1998–99, S. 47–51.
Stefan G. Meyer: *The Experimental Arabic Novel. Postcolonial Literary Modernism in the Levant*, New York: State University of New York Press 2000.
Andreas Pflitsch: »Konstruierte Wirklichkeiten. Die zeitgenössische arabische Literatur, der Radikale Konstruktivismus und die Erzählungen aus Tausendundeiner Nacht«, in: *Understanding Near Eastern Literatures. A Spectrum of Interdisciplinary Approaches*, hg. v. Verena Klemm u. Beatrice Gruendler, Wiesbaden: Reichert 2000, S. 59–71.

Sonja Mejcher: *Geschichten über Geschichten. Erinnerung im Romanwerk von Ilyās Ḫūrī*, Wiesbaden: Reichert 2001.
Sonja Mejcher: »Interview with Elias Khoury: The necessity to forget and to remember«, in: *Banipal. Magazine of Modern Arab Literature* 12, 2001, S. 8–14.
Friederike Pannewick: »Elias Khoury«, in: *Kritisches Lexikon zur fremdsprachigen Gegenwartsliteratur*, hg. v. Heinz Ludwig Arnold, München: edition text + kritik, 54. Nachlieferung 2001.

Angelika Neuwirth

Auf der Suche nach dem Tor zur Hölle

Rashīd al-Ḍaʿīf und die kulturellen Tabus seiner Gesellschaft

Es gibt gegenwärtig wohl kein anderes arabisches Land, in dem die Gedächtnisaufarbeitung als so dringlich wahrgenommen wird wie im Libanon. Dabei gilt es nicht zuletzt, Schuld aufzuarbeiten. Der Libanon steht nach dem 15 Jahre langen Bürgerkrieg (1975–1990) vor der Aufgabe, seine Geschichte neu zu schreiben. Der Bürgerkrieg hatte scheinbar unausweichlich als überfällige revolutionäre Bewegung in einem Land mit veralteten sozialen und politischen Strukturen begonnen. Anstelle militärischer Aktionen an klar erkennbaren Fronten traten mit der Zeit gewalttätige Plünderungen von Siedlungen, Massaker an den Bevölkerungen ganzer Landstriche und wahllose Ermordungen beliebiger Privatpersonen. Die einmal entfesselte Gewalt hatte am Ende epidemisch fast alle Bevölkerungsgruppen erfasst.

Nach dem Krieg wurde 1991 offiziell eine Amnestie verkündet, die alle Kriegsverbrechen aus dem juristischen Gedächtnis tilgte – ohne dass diese damit aus dem kollektiven Gedächtnis der Libanesen selbst verschwanden. Vielmehr wurde unter den Intellektuellen die Frage nach dem, was die libanesische Gesellschaft zu erinnern auf sich nehmen sollte, eine der brisantesten Fragen überhaupt. Was die Politiker versäumten, mussten die Betroffenen selbst leisten, wenn das Land nicht in eine totale Amnesie, in ein stumpfes Vergessen, versinken sollte.

Unter den vielen Stimmen, die sich während des Kriegs und im Nachkriegslibanon zu den traumatischen Ereignissen des Bürgerkriegs geäußert haben, ist Rashīd al-Ḍaʿīf einer der wenigen, der nicht aus der Opferposition heraus spricht, nicht bei der überwältigenden Entdeckung stehenbleibt, dass Schuld an den katastrophalen Ereignissen in fast allen Einzelgruppen des Libanon zu finden ist, sondern der über diese Entdeckung hinaus nach einer Schuld bei sich selbst forscht. Er stellt diese Suche in einer fiktionalen Autobiographie an, die äußerlich unmissverständlich die Form einer christlichen Beichte hat. Mit dieser Form und der darin implizierten tief greifenden Selbstreflexion ragt Ḍaʿīfs Werk aus der großen Zahl arabischer Autobiographien hervor, die in neuerer Zeit veröffentlicht wurden. Man hat für das oft registrierte Zurückbleiben arabischer Autobiographien hinter dem westlichen Standard von Selbstreflexion und Selbstkritik vor allem sozialen Konservativismus verantwortlich gemacht. In ihrer Monographie über zeitgenössische palästinensische Autobiographien *Unsere Situation schuf unsere Erinnerungen*

(2003) stellt Susanne Enderwitz eine immer noch bestehende Scheu der Autobiographen fest, »mit ihrer sozialen Rolle in Konflikt zu geraten«. Diese soziale Rolle, namentlich des Mannes, wird im islamischen Kontext strenger kontrolliert als in christlichen Gesellschaften, die überdies durch die Institution der Beichte bereits mit der Verbalisierung von Schuldeingeständnissen vertraut sind. Es ist daher zu erwarten, dass man auf der Suche nach einer Gedächtnisaufarbeitung mit dem Charakter einer Beichte am ehesten bei Autoren aus der christlichen Tradition fündig werden kann. Dennoch sind selbst individualistische Selbstreflexionen wie die der Palästinenser Djabrā Ibrāhīm Djabrā, Edward Said oder auch Raja Shehadeh, Autoren christlicher Herkunft, bei all ihrer Introspektion keine Beichten, sondern eher Geschichten eines wunderbaren Triumphs über schmerzliche Verlusterfahrungen – Geschichten eines Überlebens. Selbstbezichtigung, individuelle Aufsichnahme von kollektiver Schande kennzeichnet dagegen einen der prominentesten libanesischen Dichter, Khalīl Ḥāwī (1925–1982). Ḥāwī, der mehrmals durch politische Katastrophen seinen Traum vom Wiedererstehen einer arabischen Kultur schwinden sah, nahm sich am 15. September 1982, dem Tag des israelischen Einmarsches in Beirut, das Leben. Eines seiner bedeutendsten Gedichte gibt dem Lebensgefühl eines nur unvollkommenen Existierens, eines Verwesens bei lebendigem Leibe, Ausdruck; die *persona* des Dichters ist ein nur unvollkommenen wieder zum Leben erweckter arabischer Lazarus. Wie in diesem libanesischen Gedicht Selbstbeschuldigung auf die Spitze getrieben wird, geschieht es – mit anderer Stoßrichtung – auch in Rashīd al-Ḍaʿīfs Roman aus dem Jahr 1995, der formal und in seiner substantiellen Aussage eine Beichte ist. Greift der Autor damit auf ein kirchliches Vorbild zurück? Wenn er es tut, dann nicht ohne Ironie, denn sein Beichtvater ist ein ›toter Dichter‹, der japanische Romancier Yasunari Kawabata (1899–1972), der seinem Leben durch Selbstmord ein Ende gesetzt hatte. Ḍaʿīfs Buch trägt den anachronistisch anmutenden Titel *ʿAzīzī al-sayyid Kawābātā* (*Lieber Herr Kawabata*).

Rashīd al-Ḍaʿīf wurde 1945 in Ehden, unweit der nordlibanesischen Kleinstadt Zghorta geboren. Zghorta ist berühmt und berüchtigt weit über seine Umgebung hinaus als die Hochburg militanter maronitischer Christen, deren besonders rücksichtsloses Austragen von Blutfehden noch in neuerer Zeit weithin Aufsehen erregt hat. Morde an unschuldigen Familienmitgliedern verfemter Personen haben sich auch im Familien- und Freundeskreis von Rashīd al-Ḍaʿīf ereignet und einen dunklen Schatten über seine Jugend geworfen. Prägend für Ḍaʿīf, der in einem streng konservativen Elternhaus aufwuchs, war auch der restriktive Sittenkodex seiner Gesellschaft, der insbesondere eine strenge Trennung zwischen den Geschlechtern vorsieht. Doch diese patriarchalische Ordnung sollte noch in der Jugend Ḍaʿīfs selbst ins Wanken geraten. Die in der Mandatszeit eingeführte Schulpflicht brachte den heranwachsenden Ḍaʿīf in Kontakt mit französischen Lehrern – das libanesische Schulsystem ist generell französisch geprägt –, die die junge Generation mit modernem Denken vertraut machten. Die jungen Leute gewannen so ein ganz neues Selbstwertgefühl, ja sie empfanden eine Überlegenheit über die ältere Generation, deren normgebende Werte nun gewissermaßen ›über Nacht‹ als rückständig deklassiert wurden und außer Kurs gerieten. Ḍaʿīf wurde Zeuge eines für den Libanon schicksalhaften Prozesses, der sich in einigen seiner Romane spiegelt: Durch die neuen linken und kosmopolitischen Utopien bauten sich unüberwindliche Fronten zwischen den bereits vorher polarisierten Einzelgruppen der libanesischen Bevölkerung auf, eine Situation, deren Spannung sich dann im Bürgerkrieg entladen sollte.

Nach dem Schulabschluss begann Ḍaʿīf 1965 an der Université Libanaise in Beirut sein Studium der arabischen Literatur, das er später in Paris an der Sorbonne fortsetzte, wo er 1974 und wieder 1978 promovierte. Noch mehr als der Studienbetrieb hat ihn in Frankreich aber das intellektuelle Klima beeindruckt. Er verkehrte in Kreisen französischer Kommunisten, in denen er zum politischen Aktivisten wurde und in denen er seine französische Ehefrau kennen lernte. Sogleich nach seiner Rückkehr in den Libanon, 1974, also im Jahr vor dem Ausbruch des Bürgerkriegs, schloss er sich – nun junger Dozent an der Université Libanaise – der Fortschrittlichen Linken an, die sich vom Krieg eine Erneuerung des libanesischen politischen Systems und eine Lösung des Palästina-Konflikts erhoffte. Zwar kämpfte Ḍaʿīf nicht aktiv mit der Waffe, doch bezog er mit politischen Reden und der Abfassung von Manifesten engagiert Stellung für die Revolutionäre. Während des Kriegs, 1976, heiratete er und wurde Vater eines Sohns. 1979 und 1980 veröffentlichte er erste Gedichtbände.

Alles sollte sich ändern, als er auf dem Höhepunkt des Kriegs, 1983, ein Jahr nach der verheerenden israelischen Bombardierung Beiruts und der Invasion, auch mit privaten Schwierigkeiten zu kämpfen hatte: Seine Ehe zerbrach, Frau und Sohn gingen nach Frankreich zurück. Er selbst wurde wie zahllose andere Einwohner Beiruts aus seiner Wohnung vertrieben, da die Stadt nun praktisch von Milizen regiert wurde, die keine konfessionell gemischten Stadtteile duldeten. Die für ihren kosmopolitischen Charakter berühmte Stadt Beirut verwandelte sich zurück in eine vormoderne orientalische Stadt mit ghettohafter Abschottung der einzelnen Religionsgruppen voneinander – ein schwerer Rückschlag insbesondere für die Vorkämpfer eines säkularen Libanon. Im selben Jahr wurde Ḍaʿīf, mit beinahe tödlichem Ausgang, von einer Granate getroffen – die Erfahrung der Todesnähe, die Erfahrung, aus dem bereits eingetretenen Tod noch einmal zurückgeholt worden zu sein, die er dabei durchmachte, ist in mehreren seiner Romane reflektiert. Ḍaʿīf hat in diesem schicksalhaften Jahr 1983 begonnen, Prosa zu schreiben.

Zwischen 1983 und 1997 erschienen sieben Romane, die sämtlich Erfahrungen des Kriegs thematisieren, unter ihnen *Lieber Herr Kawabata* (1995), mit dem ihm international der Durchbruch gelang. Ḍaʿīf hat sich erst 1998, mit seinem achten Roman, *Learning English*, von der Kriegsthematik abgewandt. Mit den beiden neuesten, auf *gender*-Fragen fokussierten Romanen, *Tasṭafil Maryl Streep* (*Zum Teufel mit Maryl Streep*, 2000) und *Insai al-sayyāra* (*Vergiss das Auto!*, 2002), die unverhüllt Sexualität darstellen, hat Ḍaʿīf seine Kritiker in schwere Verlegenheit gebracht, die Diskussion um den angeblich pornographischen Charakter dieser Romane hält noch an. Rashīd al-Ḍaʿīf ist gegenwärtig Professor für arabische Literatur an der Université Libanaise, er lebt wieder in seiner alten Wohnung, nahe der Rue Hamra, im Zentrum West-Beiruts.

Reales und Surreales: Vergegenwärtigungen des Bürgerkrieges

1983 erschien Ḍaʿīfs erster Roman, *al-Mustabidd* (*Der Eigenmächtige*), das Psychogramm eines in der Zeit des Kriegs dozierenden Literaturprofessors mit Namen Rashīd, der inmitten der Trümmer und der Auflösung aller sozialen Normen, durch ein sexuelles Erlebnis angestoßen, aus der Lethargie des Kriegsalltags erwacht. Die ihm während des Bombardements im verdunkelten Bunker der Universität in die Arme gesunkene junge Frau wird er nicht wiedersehen. Der Roman erschließt sich über seine Intertextualität: Ein gleich zu Anfang als Übersetzungspensum des akademischen Unterrichts zitierter Camus-Text liefert das Muster für das Verhalten des Erzählers, der, wie die Figur des Dr. Rieux aus Albert Camus' *Die Pest* (1947), ungeachtet der kollektiven Katastrophe ganz auf seine private Krise konzentriert bleibt. Bei Ḍaʿīf wird das camussche Handlungsmuster jedoch zu einer Obsession gesteigert: Der Protagonist stellt selbst kriegerische Zerstörungshandlungen wie eine Autoexplosion in den Dienst seiner Suche nach der Geliebten. Der Roman ist zugleich eine Etüde zu dem unauflösbaren Verhältnis zwischen Liebe und Tod, Eros und Thanatos, exemplifiziert an der geradezu obsessiven Suche des Erzählers nach weiblicher Nähe gerade in Augenblicken des unmittelbar drohenden Tods. Mit diesem Roman reiht sich Ḍaʿīf in die zu dieser Zeit wachsende Zahl libanesischer Autoren ein, die das traumatische Erlebnis des Kriegs schreibend zu bewältigen versuchen. Im Erscheinungsjahr 1983 liegen schon drei Romane von Elias Khūrī und einer von Ḥasan Dāwūd vor, außerdem haben bereits libanesische Autorinnen wie Etel Adnan, Ḥanān al-Shaikh und Vénus Khoury-Ghata den Krieg aus weiblicher Perspektive in den Blick genommen. Ḍaʿīfs Roman sticht von ihnen durch seine deutlich autobiographische Prägung ab. Doch steht der Ich-Erzähler nicht nur dem Autor besonders nahe, sondern er steht auch im Zentrum der Erzählung selbst – im Gegensatz etwa zu den Romanen von Elias Khūrī, in denen die Handlung in der Regel von mehreren verschiedenen Erzählstimmen berichtet wird und bei dem deutlich andere Akteure als der Erzähler im Mittelpunkt stehen.

Ganz anders, in seiner lyrischen Sprache stark an die ersten poetischen Werke erinnernd, setzt sich *Ahl al-ẓill* (*Kreaturen des Schattens*, 1986) mit dem Krieg auseinander. In Gestalt einer Allegorie stellt Ḍaʿīf Reflexionen über das in der libanesischen Gesellschaft latent vorhandene Konfliktpotential an. Ein bekanntes Gedicht des libanesischen Dichters und Erzählers Mīkhāʾīl Nuʿaima (1889–1988), das den Libanon als ein sicheres Haus auf hohem Berg preist, wird zum Anlass genommen, um den Bau des Hauses als ein gefährliches und unheilvolles Vorhaben darzustellen: Ein liebendes Paar plant, sich ein paradiesisches Heim einzurichten. Der Bau scheint im Gange, zeitweise auch schon fertig, zeitlich und örtlich bleibt das Geschehen in der Schwebe. Die Liebe der beiden zerbricht, unter ihren lyrischen Worten der Zärtlichkeit lauern Abgründe des Hasses. Ein Kind – mal Tochter, mal Sohn – lebt in ständiger Angst und wird schließlich von einer der überall lauernden Schlangen, den ›Kreaturen des Schattens‹, tödlich gebissen. Die Frau verwandelt sich in eine zerstörerische Naturmacht. Unter dem Haus tun sich Gräber auf. Das ›Haus des Libanon‹, das ist 1986 überdeutlich, ist keine Behausung, sondern ein ausgehobenes Grab. Die Sprache hat nicht gehalten, was sie versprach.

Noch einen Schritt weiter in seinem Rückgriff auf surrealistische Elemente geht der Roman *Fusḥa mustahdafa bain al-nuʿās wa-l-naum* (*Ausgeliefert zwischen Müdigkeit und Schlaf*, 1987). Er beginnt mit dem Tod des Ich-Erzählers, einer Szene, die in verschiedenen Versionen erzählt wird. Der Erzähler findet nicht in den Schlaf. Es klopft unaufhörlich und bedrohlich an seine Tür. Als er sich schließlich dazu durchringt zu öffnen, wird er zum Voyeur seines eigenen Todes. In einem inneren Monolog versucht er zu begreifen, was geschehen ist, und ruft sich mühsam das Vorausgegangene in Erinnerung. Da ist die Bombenexplosion, bei der er seinen Arm verliert und benommen auf der Straße liegt. Sein Blut fließt in einen Kanaldeckel und lockt die Ratten an. Da ist das fremde Krankenhaus, in dem er fürchtet, das Bewusstsein zu verlieren und seine Identität preiszugeben, denn es ist eine Zeit, in der man allein aufgrund seiner Religionszugehörigkeit sein Leben verlieren kann. Schließlich begegnet ihm der Leser, als er – den abgerissenen Arm in der anderen Hand wie eine Aktentasche tragend – versucht, unerkannt in seine Wohnung in West-Beirut zu gelangen. Er nimmt sich ein Taxi, erreicht seine Wohnung und legt sich hin. Es klopft an die Tür. Er öffnet, wird von Milizkämpfern niedergeschossen, stirbt, und der Roman beginnt. Wieder verrät der Roman autobiographische Interessen: Aus Erzählfragmenten ohne feste zeitliche Ordnung komponiert, reflektiert bereits seine Form die Befindlichkeit des Erzählers, der physisch und psychisch schwer verletzt ist und dessen Zustand mikrokosmisch den der Stadt Beirut abbildet. Der noch mitten im Krieg geschriebene Roman persifliert in drastischer Weise das im Krieg vielfach mythifizierte Verhältnis zwischen den ihr Blut vergießenden Opfern und der Erde des Vaterlands.

In seinem letzten im Krieg geschriebenen Roman *Tiqniyyāt al-bu's* (*Elendstechniken*, 1989) beginnt Ḍaʿīf ein sprachliches Experiment, das er in seinen späteren Romanen ausbauen wird: die ›objektivierende Prosa‹ – ein zentrales Charakteristikum des *nouveau roman*. Der Roman lehnt sich in seiner gänzlich neutralen Abbildung von Realität deutlich an Ṣunʿallāh Ibrāhīms *al-Ladjna* (*Der Prüfungsausschuss*, 1981) an, der gleichfalls eine Belagerung – wenn auch eine individuell-persönlich erfahrene – beschreibt. Ḍaʿīfs Protagonist Hashīm ist angesichts der Kriegslage zu einem Leben im Kerker seines Appartments bei unregelmäßiger Strom- und Wasserversorgung verurteilt. Dieser Ort und das alltägliche Leben darin werden minutiös beobachtet und in unendlich langsamem Tempo dargestellt. Bei gelegentlichen Aufenthalten außerhalb der Wohnung ist Hashīm Grobheiten und Verunglimpfungen durch seine Nachbarn ausgesetzt. Er begegnet all den Demütigungen passiv, er wird zum Objekt, zum Automaten. Man hat den Roman mit William Kotzwinkles Hippie-Roman *The Fan Man* (1987) verglichen: Krieg und Drogenkonsum haben beide gleichermaßen die Entsinnlichung des Individuums zur Folge, sie lenken dessen Aufmerksamkeit auf Sachverhalte niedrigsten Niveaus und führen zur passiven Akzeptanz jeder – auch aggressiven – Erfahrung. Ḍaʿīf gelingt es, durch emotional gänzlich unbeteiligte Wiedergabe der Realität den Bewusstseinsstand, den er darstellen will, in seinem Schreiben zu spiegeln. Dabei wird, wie er es selbst formuliert hat, »Sprache zum eigentlichen Subjekt des Textes«.

Nach Kriegsende hat Ḍaʿīf seine Aufmerksamkeit weg von der verheerenden psychischen Wirkung der Gewalt auf die Menschen hin zur Frage nach der Schuld gelenkt. Nach seinem autobiographischen Roman, in dem Schuld im Mittelpunkt steht, entstand ein Roman, der ähnlich wie Elias Khūrīs *Mamlakat al-ghurabā'* (*Königreich der Fremdlinge*, 1993) die Schuld als Phantom, als in der Realität nicht mehr greifbares Phänomen, thematisiert. In *Nāḥiyat al-barā'a* (*Vom Standpunkt der Unschuld*, 1997) wird das Thema Schuld zugespitzt auf die Frage, wer das Poster eines politischen Führers zerrissen haben könnte. Ḍaʿīf spielt hier mit dem schon Topos gewordenen Vorwurf des von einer repressiven Staatsmacht unschuldig angeklagten Individuums, wie er in Orwells *1984* oder auch in Ibrāhīms *Der Prüfungsausschuss* begegnet. Es gibt einen vagen Plot: Der Erzähler wurde verhaftet, der Leser begegnet ihm nach dem Verhör. Der Erzähler – der sich dem Leser ein einziges Mal beiläufig als al-Rashīd vorstellt, was »der Vernünftige« bedeutet und zugleich der Name des Autors ist – fühlt sich schuldig, auch wenn er das Delikt nicht begangen hat, für das er verhaftet wurde. Hat er nicht tief im Inneren stets etwas ähnliches gewollt? Und machen ihn solche Wünsche nicht verdächtig? In der Tradition von Joyce und Kafka entfaltet sich der Plot durch den Bewusstseinsstrom einer Person, ohne dass klar unterschieden werden kann zwischen realen Vorgängen und den Einbildungen, die im gequälten Hirn des Erzählers entstehen. Ist seine Folter, die Vergewaltigung seiner Frau vor seinen Augen Wirklichkeit oder Angstphantasie? Indem der Roman die Frage nach Schuld und Unschuld aufwirft, liefert er – ähnlich wie die Romane von Elias Khūrī – ein kollektives Psychogramm. In dem namenlosen, vom Krieg zerrissenen Land herrscht so viel kollektive Aggressivität, dass niemand mehr als unschuldig gelten kann.

Ḍaʿīf hat den arabischen Roman über den Krieg durch einschneidende Innovationen bereichert: surrealistische Elemente, wie wir sie sonst nur in der frankophonen Literatur zum Bürgerkrieg – etwa bei Ghassan Fawaz, Sélim Nassib und Vénus Khoury-Ghata – finden, die ›objektivierende Prosa‹ und schließlich die besondere autobiographische Kodierung, die oft den Beiruter Schauplatz in ein größeres libanesisches Umfeld einbezieht.

Tabuisierte Sexualität in einer tribal geprägten Gesellschaft

Sind Ḍaʿīfs frühe Romane zumeist autobiographisch gefärbte Aufarbeitungen der traumatischen Bürgerkriegserfahrung, so setzen sich seine jüngeren Romane mit der tribal geprägten Lebensform des maronitischen Nordlibanon und damit der patriarchalischen Gesellschaft der arabischen Welt insgesamt auseinander. Sie weisen oft ans Groteske grenzende Handlungsstränge auf, die sich aus einem Konflikt des Erzählers / Protagonisten mit den Zwängen des tribalen Sittenkodex, insbesondere der strengen Geschlechtertrennung ergeben. Dabei wird gerade das diesem Kodex nach zu Verbergende, das ›Verbotene‹ enthüllt, das Nicht-Denkbare ausgesprochen und damit ein Schritt hin zu der von Ḍaʿīf angestrebten Entsakralisierung von Sexualität getan. Das Problem der tabuisierten Sexualität steht im Mittelpunkt von Ḍaʿīfs 1998 erschienenem Roman *Learning English*. Der Titel suggeriert einen Fremdsprachenerwerb als Romanplot; der Leser ist aber eher mit einer Detektivgeschichte konfrontiert. Der Ich-Erzähler, Universitätsdozent in Beirut, einmal mehr ein *alter ego* Ḍaʿīfs, erfährt durch zufällige Lektüre der Spalte ›Polizeiliche Nachrichten‹ in einer Tageszeitung vom gewaltsamen Tod seines Vaters, der durch einen Blutracheakt in seinem nordlibanesischen Heimatort umgekommen und bereits beigesetzt worden sein soll. Warum hat seine Mutter, warum haben die Brüder des Vaters ihn, den einzigen Sohn des Toten, nicht benachrichtigt? Alte Zweifel an der Vaterschaft des Verstorbenen steigen auf, Zweifel nicht nur an der genetischen Abstammung des Erzählers von dem Toten, sondern auch an der vorbehaltlosen Anerkennung dieser Abstammung in der weiteren Familie. Qualvoll genaue Versuche der Rekonstruktion der emotionalen und sexuellen Vergangenheit seiner Mutter werden angestellt, die als junge Frau ihren Plan der Auswanderung nach Amerika an der Seite ihres Geliebten Hals über Kopf aufgab, um der Werbung eines ungeliebten, physisch und psychisch grausamen Manns stattzugeben. Sie sollen das Geheimnis der schmerzlich engen und enttäuschend empfundenen Beziehung des Erzählers zu seinen engsten Angehörigen ergründen helfen. So entstehen Vergangenheitsbilder, die auch sein sexuelles Erwachen, sein Verhältnis zu einer jüngeren Freundin der Mutter, zugleich Teilhaberin an dem vermeintlichen Geheimnis der Mutter, einbeziehen. Es ist vor allem aber ein Spracherwerb besonderer Art, der hier betrieben wird. Der Erzähler reflektiert seine noch unvollkommene Modernität. Mit feiner Selbstironie präsentiert er sich als zwischen zwei Welten stehend: zwischen einem modernen individualistisch bestimmmten Leben und einer Befangenheit in atavistischem Denken in den Kategorien von Scham und Ehre. Er fühlt, er muss noch ›Englisch lernen‹, eine Sprache finden, die frei von dieser schmerzlich empfundenen Doppelbödigkeit ist, eine Sprache, die mit der modernen Realität nicht auch gleichzeitig deren Spiegelung in den Wertkategorien der traditionellen Gesellschaft transportiert. Aber vorher rückt er erst einmal der alten Sprache zu Leibe, indem er rücksichtslos tabuisierte Realität bloßlegt, Unaussprechliches ausspricht. Der Roman ist ein faszinierender Versuch, die Grammatik einer Mentalität, eines nahöstlichen Kommunikationscodes, zu schreiben, der noch beherrscht ist von vielen, fast immer mit Sexualität verbundenen, unterschwellig greifenden Zwängen.

Die Entsakralisierung von Sexualität geht einher mit einer Entsakralisierung von Sprache als solcher. Denn Ḍaʿīfs neue ›objektivierende Prosa‹, bei der Sprache selbst zum Subjekt des Textes wird, ist nicht zuletzt ein Akt des Aufbegehrens gegen den traditionellen Umgang mit Schriftsprache. Diese ist im arabischen Sprachraum bis heute ein religiös brisanter Bereich. Das Arabische ist im Bewusstsein vieler immer noch eine Art heilige Sprache, was ihren besonderen Schutz erforderlich macht. In den Augen Ḍaʿīfs machen eben die Kriterien, die sie zu diesem Rang erheben, nämlich ihre stark archaisierende Tendenz, ihre Evokation altehrwürdiger Vorbilder durch Rückgriff auf altertümliche Stilmuster sowie ihre Neigung zu euphemistischer Verkleidung der Wirklichkeit, die arabische Sprache problematisch. Angesichts ihrer außergewöhnlichen Konservativität transportiert sie in ihrer Lexik und ihrer Metaphorik eine Fülle überlebter sozialer und ethischer Wertungen – sexuelle und tribale Subtexte – die zu enttarnen ein hartnäckig verfolgtes Anliegen vor allem der späteren Romane Ḍaʿīfs *Zum Teufel mit Maryl Streep* und *Vergiss das Auto!* ist. Die befrachtete Sprache stellt für Ḍaʿīf das schwerste Hindernis auf dem Wege einer Befreiung und Öffnung der arabischen Gesellschaft dar.

Tradition dient bei Ḍaʿīf also nicht als geheiligtes Vorbild, auch nicht, wenn es sich um literarische Tradition handelt. Der Rekurs auf ältere Literatur hat eher die Funktion eines Vergrößerungsglases, unter dem das Ähnliche und doch Unähnliche an der gelebten Wirklichkeit in seinem grotesken Charakter erst erkennbar wird. Lektüren früherer Texte spiegeln sich in drastischer Vergrößerung der Konfliktstoffe oder in irritierenden Inversionen der Plots in fast allen Werken Ḍaʿīfs wider. Einzelne Personen werden so trotz ihrer gesellschaftlich als normal geltenden Verfassung als grotesk entlarvt, wie der Erzähler in *Zum Teufel mit Maryl Streep*, der das tatsächliche oder unterstellte sexuelle Vorleben seiner Frau zum Gegenstand obsessiver Nachforschungen macht und es mit allen Mitteln auszulöschen strebt. Er handelt darin nicht anders, aber noch vergeblicher, als König Schehriyar aus den *Erzählungen aus Tausendundeiner Nacht*, den die Entdeckung der außerehelichen Vergnügungen seiner Gattin in die Obsession der Frauenverfolgung treibt. Traditionelle patriarchalische Einstellungen zur Sexualität werden vor allem in den späteren Romanen durch Inversion klassisch-arabischer oder westlich-europäischer Subtexte in ihrer Fragwürdigkeit enttarnt.

Ein Gottesmord und seine Folgen: die Entsakralisierung des Weltbilds und ihr Preis

Ḍaʿīfs autobiographischer Roman *Lieber Herr Kawabata* stellt die Auseinandersetzung mit dem Krieg auf ein neues Niveau, indem er zum ersten und vielleicht einzigen Mal im libanesischen Roman explizit die Schuldfrage stellt. Zu einer Standard-Beichte gehört neben der beichtenden Person ein Beichtvater, dem ein Beichtgeheimnis, ein schuldhaftes Verhalten enthüllt werden soll. Im Roman ist der Beichtende der Erzähler, der den Namen des Autors, Rashīd, trägt und wie der Autor in Ehden aufgewachsen ist. Als Beichtvater figuriert Yasunari Kawabata. Warum Kawabata? – Der Erzähler gibt selbst einen Hinweis auf sein persönliches Motiv für diese Wahl:

> Ich hatte immer eine Vorliebe für die Unschuld des Fremden, habe sie vielleicht immer noch. Bei mir bedeutete die Unvoreingenommenheit des Fremden immer Neutralität. Darum mache ich Sie, Herr Kawabata, (…) zum Schiedsrichter, dessen Entscheidungen man sich fügt, weil sie unparteilich sind. Ich nehme Sie bei der Hand, um Sie kreuz und quer durch mein Land zu führen.

Es gibt in der tribalen Gesellschaft mit ihrer erdrückenden Enge niemanden, der unparteiisch ist. Die vom Erzähler vor seinem Schriftstellerkollegen

Kawabata abgelegte Beichte ist komplex und wird erst nach und nach entfaltet. Bekanntlich kommt die Initiative zur Beichte oft durch eine Grenzerfahrung zustande, die eine plötzliche Selbsterkenntnis auslöst. Bei dem Protagonisten ist der Auslöser ein tödlicher Schreck, den die Erscheinung eines vorübergehenden Manns in ihm hervorruft, eines Manns, den er zunächst für sein eigenes Spiegelbild hält. Das vermeintliche Spiegelbild lädt aber keineswegs zu narzisshafter Selbstverliebtheit ein, sondern führt ihn im Gegenteil zu der plötzlichen Realisierung eines in ihm verborgenen anderen Ich, das sich erst jetzt, mit dem Weggehen seines Doppelgängers, von ihm löst. Dieses andere Ich ist verkörpert in seinem ehemaligen Mentor, seinem Kampfgefährten aus der Kriegszeit, der jetzt den Krieg kurzerhand als erledigt abtut und ohne Skrupel, ohne Gewissensqualen über seine unheilvolle Rolle im Krieg, ein normales bürgerliches Leben beginnen will. Ein Opportunist und Verfechter des Vergessens also, der von dem katastrophalen Geschehen und seiner eigenen Schuld daran nichts mehr wissen will. Dieser Mann, dem der Protagonist unverhofft auf der Rue Hamra begegnet, wird nun für ihn zum Objekt der Reflexion und zum Auslöser der schmerzhaften Erinnerung an die zurückliegende Zeit des Kampfs in den Reihen der kommunistischen Revolutionäre. Mit dieser Selbst-Begegnung im Spiegel des Anderen beginnt der Roman.

In der Kriegserinnerung liegt die eigentlich zu beichtende Schuld verborgen. Sie besteht, wie der Leser am Ende des Romans erfährt, in einem unheilvollen Gebrauch von Sprache. Doch bevor diese Schuld beim Namen genannt wird, bringt der Protagonist eine in seine Jugend zurückführende Begebenheit, seinen ›ersten Sündenfall‹, zur Sprache. Denn um sich die sozialistische Ideologie, die er über Jahre im Krieg kämpferisch verteidigen wird, aneignen zu können, mussten er und seine Altersgenossen sich zuerst einmal jenes ›wissenschaftlich gesicherte‹ Denken erwerben, das ihnen Fortschritt versprach, das aber zum traditionellen Weltbild ihres Herkunftsmilieus in einem unversöhnlichen Gegensatz stand und daher zum Auslöser schmerzlicher Konflikte wurde. Diese Entwicklung der jungen Generation von einem vormodernen zu einem modernen Weltbild wird an einer Begebenheit festgemacht, die im Zentrum des Romans steht. Dieser ›erste Sündenfall‹ fällt in die Pubertätszeit des Protagonisten, der als Sohn analphabetischer Eltern in einer abgelegenen maronitischen Kleinstadt aufwächst. Der Vater erwartet nichts Gutes von der schulischen Erziehung seiner Kinder und will es bei ihrem Erwerb von Schreib- und Lesekenntnis bewenden lassen. Seine Befürchtungen sind nicht unbegründet. In der Tat fällt der Schulbesuch in bewegte Zeiten: Im Geographieunterricht wird die mit dem traditionellen maronitischen Weltbild unvereinbare Kugelform und Rotation der Erde diskutiert; sowjetische Kosmonauten, über deren Entdeckungen Bilddokumentationen und Radioberichte bis nach Ehden gelangen, machen den revolutionären Lehrstoff zu einem nachprüfbaren *fait accompli*. Die Jungen fühlen sich von der astronautischen Bewegung Juri Gagarins gleichsam mit erfasst und stürmen aus ihrer neuen Welt auf die alte abgelebte Weltordnung ein. Wie Religionskämpfer wollen sie die alte Generation zur Aufgabe ihres Weltbilds zwingen. Zielscheibe dieser Konversionsbemühungen ist insbesondere Sadiq, ein alter Mann, der die Herausforderung annimmt und sich mit eigenen Argumenten gegen die neue Sicht zur Wehr setzt:

> Unser Nachbar Sadiq leistete uns, meinen Kameraden und mir, am intensivsten von all denen Widerstand, die sich über die Neuigkeiten ärgerten, die wir aus der Schule mitbrachten. Er wartete immer auf uns, und einmal pro Woche, am Tag des Geografieunterrichts, suchten wir ihn auf. (…) Sadiq hob einen Fuss und stand dann nur auf einem Bein. Er tat so, als stünde er auf einem steilen Hang, einen Fuss oben, den anderen unten; dazu breitete er die Arme wie Flügel aus. – ›So also stehen wir auf der Erde‹, kommentierte er. ›Müssten wir etwa nicht so stehen, wenn die Erde, wie ihr behauptet, wie eine Kugel wäre? Warum also fallen wir nicht von der Erdoberfläche herab, wenn die Erde doch eine Kugel ist, die einfach so im Raum schwebt?‹

Die Auseinandersetzung erreicht ihren Höhepunkt, als die Jungen auf eine neue Waffe zurückgreifen können: das gedruckte schriftliche und bildliche Zeugnis. Bis dahin galt in der dörflichen Gesellschaft das gesprochene Worte als Autorität, zumal aus dem Munde der Älteren, deren normenkonformes Leben den Wahrheitswert des Gesagten garantierte. Nun führen die Jungen das gedruckte Wort ein, das für die analphabetischen Alten nicht kontrollierbar ist, dem sie angesichts seiner Massenakzeptanz aber auch nichts entgegensetzen können.

> Am Tag nach dem spektakulären Ereignis kaufte ich zum erstenmal in meinem Leben eine Zeitung. Auf der ersten Seite wurde selbstverständlich Gagarins historische Reise ins Weltall behandelt. Die Zeitung war voller Bilder und Informationen, besonders Bilder … Ich betrachtete die Bilder. Es waren die Bilder meines Bruders Gagarin, Gagarins, meines Freundes, meines Kameraden in Schule und Klasse. Lieber Herr Kawabata, wie soll ich Ihnen beschreiben, was Gagarin für mich in jenem Augenblick bedeutete? Er kam aus mir, war Teil von mir, gehörte zu mir. Ich war er, er war ich. (…) Sadiq konnte weder lesen noch schreiben. Er war nicht in der Lage, zwischen einem I und einem Elektromasten zu unterscheiden. Aber ich zeigte ihm die Bilder. Ich sagte ihm: Schau her! Er schaute sie an, aber schien nichts zu verstehen. Ich las ihm das Geschriebene vor. Dann zeigte ich ihm nochmals die Bilder, hielt sie ihm vors Gesicht, während er über einen Korb gebeugt war, den er aus Rohrfäden flocht. Er schob die Bilder beiseite.

Mit dem Beweisstück der Bilder ist die Auseinandersetzung entschieden, das überlieferte Weltengebäude stürzt für Sadiq und die ältere Generation in sich zusammen. Sadiq ist kein Verwandter, kein besonders Nahestehender, aber er ist ein enger gleichgesinnter Freund des Vaters, ja pointiert gesprochen, dessen kommunikationsfähiges *alter ego*. Denn der Vater des Protagonisten selbst ist unzugänglich, äußerst wortkarg, eine Person, die um alles weiß, aber nicht spricht. Sein Handeln manifestiert sich zumeist in Strafen, unter denen das Ordeal, die Strafe durch Feuer, eigentlich eine göttliche Prärogative, besonders gefürchtet ist. Der Vater ist in seiner ›Allwissenheit‹, seiner absoluten Macht und Härte ein unzugänglicher Gott, dessen Angesicht der Sohn vergeblich sucht. Die Unterminierung des Weltengebäudes mithilfe der neuen Autorität Wissenschaft und des sie begleitenden gedruckten Wortes, ist für Sadiq ein persönlicher Verlust, ein ›Raub seines Himmels‹. Für den Vater des Protagonisten, der als Familienoberhaupt und Garant des Ehrenkodex seiner Sippe selbst tragender Teil dieser Weltordnung ist, stellt sie einen Terrorakt dar. Als der Sohn eine Zeitung im Hause zurücklässt, die der Vater nicht lesen kann, die aber – wie man ihm mitteilt – sozialistische Politik enthält, schweigt er zwar. Den Verrat des Sohns an den die maronitische Gesellschaft tragenden Prinzipien, vor allem der politisch-privilegierten Stellung der Christen, kann er jedoch nicht hinnehmen. Die Verbrüderung des Protagonisten mit einer die fragile Ordnung gefährdenden Gruppe macht ein Zusammenleben der Familie unter einem Dach unmöglich. Der Vater wird nie wieder ein Wort mit ihm sprechen. Er hat sein Angesicht für immer vom Sohn abgewendet. Oder schlimmer: Er ist tot. Als er im ersten Universitätsjahr des Sohnes durch einen Blutracheakt tatsächlich umkommt, war er längst ein Toter, ein Gott, der mit seiner eigenen Weltordnung untergegangen war.

Der Protagonist fühlt sich durch die Opfer, die seine Aufklärung gefordert hat, belastet. Den Vatermord und den Gottesmord, der Sadiq um seine Hoffnungen gebracht hat, kann Rashīd nicht ungeschehen machen. Dennoch wirkt sich die Gewichtsverlagerung im Weltengebäude erschütternd auf ihn aus. Nicht nur hatte ihn die erste Nachricht von der Kugelform und Drehung der Erde in physische Ohnmacht versetzt, der Gedanke der Vertreibung Gottes aus seinem himmlischen Ort wird ihm zwar durch die Lektüre von Brechts Drama *Das Leben des Galilei* erträglicher gemacht, die Erinnerung an Sadiqs Verlust seiner Hoffnungen und das abgewandte Angesicht des Vaters lassen den Protagonisten aber nicht los – die Einblendung von Sadiqs Begräbnis und des in Trauer sein Gesicht bedeckenden Vaters beschließen den Roman.

Resakralisierung der Sprache: Kommunistische Agitation und Märtyrerkult

Eine säkulare Sprache durchzusetzen – in den Augen des Protagonisten die unumgängliche Voraussetzung für die Erkenntnis der Wahrheit – fordert also Opfer. Vielleicht ist es diese Erkenntnis, die ihm die spätere Erfahrung, dass auch die Durchsetzung der als politisch richtig empfundenen Einstellung, nämlich des Sozialismus, Opfer fordert, leichter erträglich macht. Jedenfalls ist die versuchte Zwangskonversion von Sadiq nur ein Vorspiel zu einem viel gravierenderen Delikt, zu der vom Protagonisten und seinen intellektuellen Freunden gespielten Rolle im Krieg. Auch hier wird wieder Wortgewalt ausgeübt, die zwar selbst unblutig ist, aber doch zum gewaltsamen Tod zahlreicher junger Männer führt. Sie lassen sich durch die magische Kraft des Worts dazu bewegen, sich todesmutig für ihre politische Sache zu opfern – oder, in der Sprache der Zeit ausgedrückt: Sie lassen sich bewegen, Märtyrer zu werden, das Bekenntnis für die Richtigkeit der eigenen Sache durch den Tod zu bezeugen. Das arabische Wort für Märtyrer lautet *shahīd*, eigentlich ›Zeuge‹.

Beirut ist in diesen Jahren – wie es der ebenfalls in Beirut wirkende Maḥmūd Darwīsh ausgedrückt hat – eine ›Stadt der Poster‹. Die an allen Mauern und Wänden klebenden Bilder der Toten beherrschen das Bild der Stadt. Ungezählte junge Leute sind zu ›Märtyrern‹ geworden, zu ›Opfern‹ im Sinne der Definition von Jean-Luc Nancy: »Ihr Körper hat jene Grenze erreicht, wo er zum Körper einer Gemeinschaft geworden ist, ja zu ihrem Geist, ihrer Wirkungsmacht, ihrem materiellen Symbol, das sinngebend ihren Blutstrom durchzieht und als vergossenes Blut sinnstiftend ist«. Die Bilder der Toten erheben sie zu einer Gemeinschaft von Helden mit einem Hauch von Göttlichkeit, ein zentrales Thema auch von Elias Khūrīs Roman *al-Wudjūh al-baiḍā'* (*Die weißen Gesichter*, 1981). Denn wie gründlich säkularisiert die Betrachter auch sein mögen – die volkstümlich-religiöse Vorstellung des Islam hat den Märtyrern einen herausragenden Rang verliehen, ihren in der Jugend erlittenen Tod in den ihrer Altersstufe eigentlich angemessenen *rite de passage* der Hochzeit mit der mythischen Heimat umgedeutet. Sie werden, vor allem im palästinensischen Kontext, daher als Bräutigame gefeiert.

Wenn der Protagonist von *Lieber Herr Kawabata* einer solchen archetypischen Deutung des unzeitigen heroischen Tods auch fern steht, so spricht doch auch er dem Märtyrertum mythische Kräfte zu: Auch in seinen Preisungen des Märtyrertums – wörtliche Zitate aus früheren Reden des Autors Rashīd al-Ḍaʿīf selbst – erleben die Märtyrer eine Art Apotheose, eine Vergöttlichung. Sie werden in biblischer Sprache gepriesen, wie es für Christus in der Osterliturgie proklamiert wird als das Alpha und Omega, das neue Alphabet, sie tragen – wie die Apostel in derselben Liturgie – die Botschaft der Freiheit »bis zu den Enden der Welt«. Es ist der aus dem Romananfang bekannte Mentor des Protagonisten, der, obwohl er selbst den Anblick von Blut nicht erträgt, ihn zu solchen Märtyrerpreisungen anhält, um die Kameraden, die »sich selbst opfern wollen«, zu ermutigen:

> Dein Magen revoltierte beim Anblick von Blut. Dennoch hast du meine Worte geschätzt und hoch gepriesen, mich dazu beglückwünscht und mir gesagt: das sei genau die Art von Literatur, die wir bräuchten – revolutionäre Literatur, die mit künstlerischen Mitteln die Realität darstelle, die Wahrheit aufdecke, erhelle und bekannt mache. So sähe Literatur aus, die sich für die Interessen der Volksmassen und den Verlauf der Geschichte engagierte. Sie sei etwas, was die Moral der Genossen hebe und ihnen helfe, unerschütterlich dem Tod ins Auge zu blicken. Unsere Pflicht als revolutionäre Intellektuelle sei es, die Moral der Genossen zu heben, die sich opfern wollen. (…) Was dir am meisten an meinem Artikel gefallen hat, war der Satz: ›Von nun an wird das Alphabet nicht mehr mit Z enden! Von nun an werden unsere Helden Grundlage eines neuen Alphabets und keine Rede wird ohne ihre Erwähnung vollständig sein‹. (…) Beim nächsten Zitat liefen ihm dann die Augen über: ›Unsere Helden haben die Grenze des Alphabets zerbrochen und sind zu einer endlosen Zahl geworden.‹

Das Eingeständnis dieser Agitation ist das eigentliche Beichtgeheimnis des Protagonisten. Das eigentliche Vergehen kristallisiert sich in seiner verbalen Verklärung des Märtyrertods der Kämpfer, der die eigentlich säkular orientierten Agitatoren in einen rauschhaften Zustand versetzt und sie zu einer an antike Vorbilder erinnernden Ritualgemeinschaft zusammenschweißt:

> Herr Kawabata, auf ein Glas waren wir bei ihm versammelt. Aus seinen Augen brachen die Tränen hervor und liefen ihm über die Wangen, als er diesen letzten Satz sagte: ›Unsere Knospen sind eifersüchtig auf unsere Blüten‹. Er wiederholte es und da traten uns allen, die wir da beisammen sassen, die Tränen in die Augen. Stürmische Gefühle durchfluteten uns, vermischt mit einem Schleier aus Kummer und einem brodelnden Wunsch, die Genossen zu rächen, die uns im Heldentod, den wir Märtyrertum nannten, vorangegangen waren.

Worte über den Tod rühren zu Tränen, aber nicht der Trauer, sondern des Triumphs. Die Gruppe, die sich so ergriffen zeigt, bedient sich des Todes anderer zur eigenen Selbsterhöhung; der durch Worte in Gang gesetzte Mord verschafft dem Mörder durch seine Preisung neue Vitalität. Es sind die Worte des Protagonisten selbst, faktisch sogar die des Autors Rashīd al-Ḍaʿīf, die solche Zauberkraft entfalten. Er kann sie nicht unausgesprochen machen. Dafür stellt er ihnen einen Gegentext, eine von jedem Pathos freie Litanei der demütigenden Leiden der Getöteten gegenüber und führt die Preisung damit selbst *ad absurdum*. Was es nämlich wirklich mit dem Selbstopfer der Märtyrer auf sich hat, zeigt die Aufzählung der bestialischen Prozeduren, durch die die Kampfgefährten zu Tode gekommen sind, »jene Genossen, die gefoltert, die entführt, die bis zur Unkenntlichkeit entstellt, die ermordet, die verschollen, die verstümmelt worden waren als Lektion für die anderen«.

Den zahl- und namenlosen Märtyrern gegenüber fühlt sich der Protagonist Rechenschaft schuldig. Er legt diese Rechenschaft vor Kawabata ab, einem Toten, der wie die Märtyrer aus eigener Entscheidung in den Tod gegangen ist, der aber nicht für eine politische Sache, sondern ›zweckfrei‹ gestorben ist. Ihm vertraut er sein Schuldgefühl an, das ihn bewogen hat, sein Beichtgeheimnis auszusprechen. Die Schuld – so fühlt er – wurzelt bereits in der ersten Ausübung von Wortgewalt, im Gottesmord. So wird zum Schluss des Romans noch einmal der alte Sadiq eingeblendet:

> Als ich hineinging, um einen letzten Blick auf Sadiq zu werfen, bevor man ihn hinaustrug, war ich verstört. Mir graute, ihm gegenüberzutreten. Lange Zeit hatte ich ihn nicht gesehen und so war das erste Mal mit dem Tod meines Vaters, dass ich ihn ganz klar anschaute. (...) Insgeheim, Herr Kawabata, wäre ich damit einverstanden gewesen, anstelle ihres teuren Verwandten zu sterben. Das ist unmöglich. Und schliesslich bin ich es nicht, der die Gesetze gemacht hat. Ich bin es nicht, der das Wasser in den Flussbetten fliessen oder über die Ufer treten lässt. Das, was wir Araber in unserer Sprache die Lebensnorm nennen, habe ich nicht eingeführt.

Die Schuld kulminiert jedoch im Akt des Einsatzes von sakraler Sprache, der Anstiftung zum ›Märtyrertum‹. Der Gedanke an seine Opfer lässt den Protagonisten nicht los: »Herr Kawabata, ich liege schlaflos mit diesem Albtraum: Was wäre, wenn die Toten zurückkämen – was sollte ich ihnen sagen?«

Diese Frage ist in der modernen arabischen Literatur, soweit ich sehe, so eindeutig von keinem am Krieg beteiligten Autor sonst gestellt worden.

Ein Bildungsroman?

Die libanesische Literaturwissenschaftlerin Samira Aghacy hat *Lieber Herr Kawabata* als einen invertierten Bildungsroman bezeichnet. Anders als bei den hier sonst üblichen Helden, die sich aus Innerlichkeit und Marginalität zu sozialer Aktivität und Engagement hin entwickeln, fällt der Protagonist des Romans nach einem viel versprechenden Bildungsgang und einem intensiven politischen Engagement in die Einsamkeit und Orientierungslosigkeit zurück, das Engagement für seine Sache wandelt sich zu einem Albtraum von Schuldgefühlen. Bei dieser Lektüre bleibt jedoch die Funktion des Adressaten Kawabata unklar, ein Problem, das Ken Seigneuerie auf überzeugende Weise löst: Nicht das Erzählte allein, sondern das Schreiben des Romans selbst stellt sich als Bildungsprozess dar, der Erzähler schult sich an der strengen Erzählerwartung Kawabatas und entwickelt sich aus einem von der arabischen Sprache mit ihren metaphorischen und beschönigenden Formulierungen verführten Sprecher nach und nach zu einem sprachbewussten und akribisch-aufrichtigen Sprecher. Das dreipolige Spannungsverhältnis zwischen Erzähler, Adressat und Leser ermöglicht über die Katharsis des

Erzählers hinaus auch eine Aufklärung des Lesers, der sich ebenfalls der Tücken seiner Sprache bewusst wird. Der Roman erreicht daher ein ethisches Ziel, das gerade bei einer Kriegserinnerung in seiner politischen Bedeutung gar nicht überschätzt werden kann. Zugleich gibt der Roman, der einerseits um Schuld, andererseits um die Problematik der sakralisierten Sprache kreist, gewissermaßen die Tonart an für die folgenden Romane, die die beiden Themen neu orchestrieren werden.

Rashīd al-Ḍaʿīf ist unter seinen Schriftstellerkollegen vielleicht am ausgeprägtesten ›libanesisch‹. Das hängt schon äußerlich mit der Lokalisierung der Handlungen an leicht erkennbaren libanesischen Schauplätzen zusammen; neben Beirut ist vor allem der maronitisch geprägte Norden ein dem Ḍaʿīf-Leser vertrautes Umfeld. Mit seinem Erzählen vom ländlichen Libanon steht Ḍaʿīf in der Nachfolge von Autoren wie Kahlil Gibran, Mīkhāʾīl Nuʿaima und Emily Naṣrallāh. Doch so präsent Gibran und Nuʿaima in seinen Werken auch sein mögen, Ḍaʿīf hat ihr Schreiben invertiert. Dort, wo diese das irdische Paradies des ländlichen Libanon schwinden sehen und es beklagen, stellt er die Nachforschung nach den ›Toren der Hölle‹, den Auslösern des vernichtenden Bürgerkriegs an. Er lokalisiert die Wurzeln des Übels in den unterschwelligen Vernunftswidrigkeiten, den Sakralisierungen von Sexualität und von Sprache, die dem Streben nach Glück immer noch hemmend im Weg stehen. Rashīd al-Ḍaʿīfs gesamtes Werk spürt jene Blockaden auf, die der Durchsetzung einer säkularisierten Moderne hindernd im Wege stehen, seien es obsolete ethische Grundsätze, sprachliche Verschleierungen oder rauschhafte Erfahrung von Illusionen. All dies war beteiligt an den Entwicklungen, die den Libanon für Jahre in einen infernalen Ausnahmezustand versetzten. Rashīd al-Ḍaʿīf ist ein Zeitzeuge.

Werke (Auswahl)

al-Mustabidd (*Der Eigenmächtige*), Beirut: Dār al-Abʿād 1983.
Fusḥa mustahdafa bain al-nuʿās wa-l-naum (*Ausgeliefert zwischen Müdigkeit und Schlaf*), Beirut: Dār Mukhtārāt 1986.
Ahl al-ẓill (*Kreaturen des Schattens*), Beirut: Dār Mukhtārāt 1987.
Tiqniyyāt al-buʾs (*Elendstechniken*), Beirut: Dār Mukhtārāt 1989.
ʿAzīzī al-sayyid Kawābātā (*Lieber Herr Kawabata*), Beirut: Dār Mukhtārāt 1995.
Nāḥiyat al-barāʾa (*Vom Standpunkt der Unschuld aus*), Beirut: Dār Masār 1997.
Learning English (*Englisch Lernen*), Beirut: Dār al-Nahār 1998.
Tasṭafil Maryl Streep (*Zum Teufel mit Maryl Streep*), London: Riad El-Rayyes 2000.
Insai al-sayyāra (*Vergiss das Auto!*), London: Riad El-Rayyes 2002.

Übersetzung ins Deutsche

Raschid al-Daïf: *Lieber Herr Kawabata*, übers. v. Hartmut Fähndrich, Basel: Lenos 1998.

Übersetzungen ins Englische

Rashid al-Daif: *This Side of Innocence*, übers. v. Paula Haydar, New York 2001.
Rashid al-Daif: *Passage to Dusk*, übers. v. Nirvana Tanoukhi, Austin 2001.

Übersetzungen ins Französische

Rachid El Daïf: *Ahl al-ẓill / L'insolence du serpent ou les créatures de l'ombre*, übers. v. Edgard Weber, Toulouse 1997.
Rachid al-Daif: *Learning English*, übers. v. Yves Gonzales-Quijano, Paris 2002.

Weiterführende Literatur

Samira Aghacy: »Rachid El-Daif's ›An exposed space between drowsiness and sleep‹: abortive representations«, in: *Journal of Arabic Literature* 27, 1996, S. 193–203.
Samira Aghacy: »The Use of Autobiography in Rashīd al-Ḍaʿīf's ›Dear Mr Kawabata‹«, in: *Writing the Self. Autobiographical Writing in Modern Arabic Literature*, hg. v. Robin Ostle, Ed de Moor u. Stefan Wild, London: Saqi 1999, S. 217–228.
Angelika Neuwirth u. Nadja Odeh: »Rashid al-Daif. *Ausgeliefert zwischen Schläfrigkeit und Schlaf. Learning English*«, in: *Agonie und Aufbruch. Neue libanesische Prosa*, hg. v. Angelika Neuwirth u. Andreas Pflitsch, Beirut: Dergham 2000, S. 69–73.
Paul Starkey: »Crisis and Memory in Rashid al-Daif's *Dear Mr Kawabata*: An Essay in Narrative Disorder«, in: *Crisis and Memory. The Representation of Space in Modern Levantine Narrative*, hg. v. Ken Seigneurie, Wiesbaden: Reichert 2003, S. 115–130.
Angelika Neuwirth: »Rashīd al-Ḍaʿīf« in: *Kritisches Lexikon zur fremdsprachigen Gegenwartsliteratur*, hg. v. Heinz Ludwig Arnold, München: edition text + kritik, 63. Nachlieferung 2004.
Ken Seigneurie: »The Importance of Being Kawabata: The Narratee in Today's Literature of Commitment«, in: *Poetry's Voice – Society's Norms. Forms of Interaction Between Middle Eastern Writers and Their Societies*, hg. v. Andreas Pflitsch u. Barbara Winckler, Wiesbaden: Reichert (in Vorbereitung).

SUSANNE ENDERWITZ

Erinnerung für die Zukunft: ʿAbd al-Raḥmān Munīf

Als im Jahr 1988 der Ägypter Nagīb Maḥfūẓ als erster und bisher einziger arabischer Schriftsteller den Nobelpreis für Literatur erhielt, hatte es im Vorfeld schon lange Gerüchte über mögliche Nominierungen und Chancen gegeben. Enttäuscht wurde die große Zahl derer, die auf ʿAbd al-Raḥmān Munīf gesetzt hatten. Mochte Munīf im Westen noch keinen bekannten Namen haben, für arabischsprachige Leser war er schon längst kein Geheimtipp mehr. Ohnehin galten Maḥfūẓ und Munīf als die beiden ›Patriarchen‹ der arabischen Literatur im 20. Jahrhundert, die den Roman in ihr Zentrum gerückt hatten. Manche waren sogar der Meinung, sein Œuvre und dessen Popularität im arabischen Raum hätten Munīf mehr als Maḥfūẓ für diesen Preis prädestiniert. Zumindest ein Argument hätte tatsächlich für Munīf gesprochen: Gegenüber dem vor allem ›ägyptischen‹ Maḥfūẓ wäre er zweifellos ein stärker ›gesamtarabischer‹ Preisträger gewesen.

Stationen eines Lebens

ʿAbd al-Raḥmān Munīf wurde 1933 als achtes Kind eines saudi-arabischen Vaters und einer irakischen Mutter in Amman, der Hauptstadt des heutigen Jordanien, geboren. Saudi-Arabien war ein bitterarmes Land; der Erdölboom, dessen Anfänge Munīf später in einem seiner Romane schildern sollte, nahm zu dieser Zeit erst seinen Ausgang. Im Geburtsjahr Munīfs wurde die Arabian-American Oil Company (ARAMCO) gegründet, der Ausgangspunkt einer gewaltigen Umstrukturierung von Politik, Wirtschaft und Gesellschaft auf der Arabischen Halbinsel. Traditionellerweise jedoch sahen sich junge Männer häufig gezwungen, für ihren Lebensunterhalt und die Gründung einer Familie zumindest für eine vorübergehende Zeit ihr Glück in der Fremde zu suchen. Und doch war diese Art Auszug von Zuhause nicht mit der Situation vergleichbar, die man heute mit einem typischen Migrantenschicksal zu verbinden gewohnt ist. Da die Nationalstaaten (Saudi-Arabien, der Irak, Syrien, Jordanien und der Libanon, ganz zu schweigen von Kuweit, Oman, den Emiraten sowie Palästina/Israel) erst im Entstehen begriffen waren und die Mandatsmächte Großbritannien und Frankreich die Region beherrschten, waren die Grenzen durchlässig. Noch beherrschten, wie in den Jahrhunderten zuvor, die Städte das Bild – Jerusalem, Kairo, Damaskus, Beirut und Bagdad. Sie stellten ein Netzwerk dar, innerhalb dessen sich Menschen und Waren relativ frei bewegen konnten. Erst allmählich sollten sich Grenzen, Staatsangehörigkeit und Pässe als Hindernisse für den freien Reiseverkehr erweisen. In einem autobiographischen Abriss, der zur Hälfte ein biographischer Abriss über seinen Vater ist, hat Munīf dessen unstetes Leben in einer Zeit tief greifender Umbrüche zwischen dem Untergang des Osmanischen Reichs und der Entstehung von Nationalstaaten eindrücklich skizziert.

Aus dem Nedschd stammend, dem Hochland im Innern der Arabischen Halbinsel, schloss sich ʿAbd al-Raḥmān Munīfs Vater als junger Mann einer Karawane an, die ihn zunächst in den Irak und nach Syrien führte. So groß das Heimweh nach dem Nedschd in der Fremde auch war, so sehr trieb ihn in späterer Zeit immer wieder das Fernweh um. Mittlerweile als Kaufmann etabliert, reiste er zwischen Bagdad, Basra und Damaskus hin und her. Schließlich ließ sich die mittlerweile umfangreiche Familie in Amman nieder, dem späteren Geburtsort ʿAbd al-Raḥmāns. Auch Amman sollte nur als Zwischenstation auf dem endgültigen Weg zurück in den Nedschd dienen, aber die Vorbereitungen für den großen Schritt erwiesen sich als langwierig und umständlich. Währenddessen erkrankte der Vater und starb, und infolgedessen blieb die Familie bis auf weiteres vor Ort.

So kam es, dass Munīf seine Kindheit und Jugend in Amman verbrachte, noch bevor diese Stadt 1948 zur Hauptstadt des neu gegründeten Königreichs Jordanien wurde. Nach dem Besuch von Koran-, Grund- und Oberschule in Amman entschloss er sich im Jahr 1952, in Bagdad Erdölwirtschaft zu studieren. Während Amman zu dieser Zeit kaum die Bezeichnung Großstadt verdiente, war Bagdad ein Zentrum der Kultur, dessen Rolle bei der Erweiterung seines Horizonts Munīf in Äußerungen über sein Leben immer wieder ausdrücklich hervorgehoben hat. Neben seinem Studium und seiner Teilnahme am kulturellen Leben engagierte er sich in der Politik, insbesondere beim Aufbau der sozialistisch-nationalistischen Baath-Partei, die sich nach ihrer Gründung im Syrien der vierziger Jahre auch im Irak als Opposition zur herrschenden Monarchie formierte. Seine Parteinahme für den arabischen Nationalismus bewog ihn unter anderem zur Teilnahme an einer Demonstration gegen den 1955 geschlossenen Bagdad-Pakt, der von den USA inauguriert worden war, um zusammen mit Großbritannien den Irak, die Türkei, Iran und Pakistan zu einem ›antibolschewistischen Bollwerk‹ zusammenzuschließen. Aufgrund seiner politischen Aktivitäten aus dem Irak ausgewiesen, ging Munīf zunächst zum weiteren Studium nach Kairo und 1958, ausgestattet mit einem Stipendium der syrischen Baath-Partei, zum Promovieren nach Belgrad. Im Lauf der Zeit sollte er sich der Baath-Partei insgesamt entfremden, aber wie viele arabische Intellektuelle seiner Generation blieb er einer anderen frühen Orientierung treu, seiner Sympathie für Osteuropa. Er war ein Kosmopolit, aber er hielt eine gewisse Distanz zum Westen und seinem Wirtschaftsliberalismus. Politisch blieb er ein arabischer Nationalist mit sozialistischer Orientierung, den seine humanistische Grundstruktur jedoch bewog, zunehmend nach ästhetischen Ausdrucksformen zu suchen.

Nach der Promotion im Jahr 1961 arbeitete Munīf zunächst als Wirtschaftsfachmann mit Schwerpunkt auf der Erdölwirtschaft in Syrien, dem Irak und am Golf, war als Berater für die Organisation Erdöl exportierender Länder (OPEC) tätig und fungierte als Herausgeber einer Fachzeitschrift für die Ölwirtschaft. Zehn Jahre später verbrachte er eine Zeit in Beirut, wo er sich immer mehr der Schriftstellerei – und zwar auf dem Weg über den Journalismus – zuwandte. Es folgten als weitere Stationen ein erneuter Aufenthalt in Bagdad von 1975 bis 1981 sowie ein längerer Aufenthalt in Paris von 1981 bis 1986, bevor er sich mit seiner Familie, nunmehr für immer, in Damaskus niederließ. Das Wandern, das Munīfs Leben wie ein roter Faden durchzieht, war teils den Umständen und teils seiner Neigung geschuldet. Als Kritiker oligarchischer, korrupter und unfähiger arabischer Regime geriet er häufig in Konflikt mit der Politik. Etliche Male wechselte er mit dem Aufenthaltsort auch den Pass, weil er zumindest vorübergehend zur *persona non grata* geworden war. In Saudi-Arabien, wo er in seiner Kindheit und Jugend die Sommer verbracht hatte, entzog man ihm bereits 1963 die Staatsbürgerschaft. Wenn er sich selbst zu seinem Leben äußerte, betonte er jedoch weniger die erzwungenen als die freiwilligen Reisen. Neben den meisten arabischen Ländern bereiste er auch Europa, die Sowjetunion und die USA, Kanada und Japan, zum Teil mit längeren Aufenthalten kombiniert.

Munīf starb Anfang 2004 in Damaskus an Herzversagen, über der Arbeit an seinem letzten Werk über den Irak, dessen jüngstes Schicksal unter amerikanischer Besatzung ihn peinigte. Sein Tod rief in arabischen Intellektuellen- und Künstlerkreisen starke Reaktionen hervor, die seine Bedeutung als zeitgenössischer Schriftsteller hervorheben. Das gilt nicht nur für das arabischsprachige Publikum, denn Munīfs Werk ist mittlerweile in zehn Sprachen übersetzt. Wirklich berühmt war er aber vor allem im arabischsprachigen Raum, wo er auch zahlreiche Literaturpreise erhielt.

Erzählen als Aufbruch

Als Schriftsteller war ʿAbd al-Raḥmān Munīf ein Spätberufener, denn erst 1981 machte er das Schreiben zu seinem Hauptberuf. Die ganzen achtziger Jahre hindurch schrieb er an seinem *opus magnum*, der Pentalogie *Mudun al-milḥ* (*Salzstädte*) über das Schicksal einer Wüstengemeinschaft im Erdölboom. Sein Debüt als Schriftsteller hatte er schon vorher (wenn auch erst im Alter von 40 Jahren) gegeben. Seit dem Juni-Krieg von 1967, der mit dem unerwarteten Sieg Israels und für die meisten Araber mit einem Schock geendet hatte, sowie später angesichts der Entwicklung, die die Regime in Syrien, dem Irak und andernorts nahmen, sah Munīf seine politischen Hoffnungen in jeder Hinsicht schwinden und zog sich sukzessiv aus dem aktiven politischen Leben zurück. Stattdessen wandte er sich dem Roman zu, überzeugt, in ihm seine wahre Bestimmung gefunden zu haben, die ihn zu immer neuen Ufern führen und ihm ermöglichen würde, seinen Beitrag zu einer menschlicheren, freieren und gerechteren Welt zu leisten. Munīfs Glaube an die Macht der Literatur war groß, und er hatte seine Gründe dafür. Tatsächlich spielt Literatur unter den Bedingungen von Zensur eine verantwortungsvollere Rolle als in Ländern, in denen sich die Pressefreiheit durchgesetzt hat. Fest davon überzeugt, dass das Ziel von Literatur in der Vorbereitung für Neues bestehe, betrachtete Munīf die Literatur als ein besonders wirksames Mittel auf dem Weg zum Wandel in der Gesellschaft: »Während Theater und Film Kapital und Ausstattung voraussetzen, die beide leicht vom Staat kontrolliert werden können, führt der Roman vom Zeitpunkt seiner Vervielfältigung an ein Eigenleben.« Wie Nagīb Maḥfūẓ bereits etliche Jahre vorher, so verglich auch er die Aufgabe der zeitgenössischen arabischen Literatur mit derjenigen der europäischen Literatur bei der Verbreitung neuer Ideen im späten 19. und frühen 20. Jahrhundert.

Mit dieser Orientierung am klassischen europäischen Roman vollzog Munīf eine vergleichsweise zeitige Abkehr von der *littérature engagée*, welche die arabische Literatur in den fünfziger und sechziger Jahren beherrscht und den Hang zu vorbildlichen Helden mit klaren Zielen sozialistischer Ausrichtung befördert hatte. In den siebziger Jahren vollzog sich ein Umschwung, an dessen anderem Ende die Strömung der ›Neuen Sensibilität‹ (*al-ḥassāsiyya al-djadīda*) entstand. An die Stelle des einstigen Realismus, Aktivismus und Pathos trat nunmehr ein Individuum, in dessen ›Bewusstseinsstrom‹ Realität, Halluzination und Traum ein Kontinuum bildeten. So weit, sich dem radikalen Subjektivismus dieser Strömung anzuschließen, ging Munīf nicht. Sie wird ihm als Eskapismus erschienen sein, und sein Interesse galt weniger dem Binnenleben des Individuums als dem Binnenleben von dessen Gesellschaft. Aber er verteidigte auch sein ästhetisches Credo, das ihn auf die Facetten des alltäglichen Lebens achten ließ, die bei dogmatischen ›Revolutionären‹ dem Verdikt wertloser Details anheimfielen.

Mochten Kritiker Munīf auch vorwerfen, mit seinem Schreiben seine ehemaligen politischen Überzeugungen zu verraten, so ließ er sich von seinem Weg nicht abbringen. Er habe, so sagte er, im Roman nur eine andere Möglichkeit als in der Politik gesucht und gefunden, den Menschen Möglichkeiten, Ideen und Träume zu kommunizieren. Ihm sei allerdings bewusst, dass jede Art Arbeit ihre eigenen Instrumente benötige, und so lege er seine Romane nicht als politische Manifeste an. Und dennoch ist Munīf zeit seines Lebens ein politischer Schriftsteller geblieben. Dies äußerte sich nicht nur in der Tatsache, dass er neben seinen Romanen auch Essays zu politischen Fragen, Arbeiten über zeitgenössische Künstler sowie Zeitungs- und Zeitschriftenartikel zu tagespolitischen Ereignissen veröffentlichte. Zur Solidarität mit den Palästinensern bekannte er sich immer wieder, und eine Uniformierung der Weltkultur lehnte er ab, ohne in den Tenor eines Kulturkampfs einzustimmen. Obwohl er alles andere als ein Parteigänger Saddam Husseins war, verurteilte er die Politik der USA, die er als einen Wiedergänger des Imperialismus betrachtete. Der politische Schriftsteller zeigte sich auch in Munīfs Definition der Rolle des Schriftstellers, die er einmal mit der Rolle des *fidāʾī*, des Freiheitskämpfers, verglich, so wie er auch das Buch als seine Waffe verstand. Als politischer Schriftsteller trat Munīf schließlich auch in der Wahl seiner Sujets hervor, zu denen die individuelle Freiheit *versus* staatlicher Repression, die politische Partizipation *versus* autokratischer Regime und die internationale Verteilungsgerechtigkeit *versus* imperialistischer Gelüste gehören.

Der Juni-Krieg von 1967 hatte der arabischen Welt vor Augen geführt, dass es dem arabischen Nationalismus nicht gelungen war, eine starke arabische Einheit zustande zu bringen, die sich gegenüber Israel und dem Westen durchsetzen konnte. Indessen zeigten die Jahre darauf, dass die Ursachen für diese Niederlage vielleicht weniger in Israel und dem Westen als im Inneren der arabischen Gesellschaften selbst zu suchen seien, wo Kräfte am Werk waren, die der Moderne und Aufklärung entgegenarbeiteten. Dies ist das Thema von Munīfs Frühwerk, das im Verlauf der siebziger Jahre entstand. Neben einigen anderen Büchern erschienen im Abstand von jeweils zwei Jahren die Romane *al-Ashdjār wa-ightiyāl Marzūq* (*Die Bäume und der Mord des Marzuq*, 1973), *Sharq al-mutawassiṭ* (*Östlich des Mittelmeers*, 1975) und *al-Nihāyāt* (*Am Rande der Wüste*, 1978). Unterhaltung im landläufigen Sinn bieten die frühen Romane Munīfs nicht, dafür sind ihre Szenerien zu albtraumhaft. Wie andere arabische Schriftsteller trug er schwer an der Last der Bedeutung, die unter den Bedingungen politischer Repression der Literatur *nolens volens* zukommt, aber zugleich hütete er sich vor dem der arabischen Literatur häufig nachgesagten Paternalismus. Die Leser sollten der Fiktion der Handlung immer eingedenk bleiben, um ein Gefühl für Alternativen zum Bestehenden zu entwickeln. Aber auch im Rahmen der Handlung verzichtete Munīf darauf, seine Leser an die Hand zu nehmen. Deshalb führen seine Helden in ihren beklemmenden Lebenssituationen ein komplexes Eigenleben vor, ohne sich am Ende als strahlende Sieger zu präsentieren.

Der Titel *Östlich des Mittelmeers* ist programmatisch. Östlich des Mittelmeers ist die Konfrontation mit der Realität bitter, wenn man ein Intellektueller ist, der nach Freiheit strebt und mit der Staatsmacht zu tun bekommt. Östlich des Mittelmeers ist ein Menschenleben billig, weniger wert als eine Zigarettenkippe. Östlich des Mittelmeeres gibt es keinen Unterschied zwischen dem Leben innerhalb und außerhalb der Gefängnisse. In dieser Situation sind die Gefängniswärter in einer nicht viel besseren Lage als die Gefangenen, denn alle – Machthaber, Intellektuelle, Volk – sind mit ihren Rollen innerhalb ein- und desselben mörderischen Systems gefangen. Gefängnis im Sinne von Unterdrückung, Zwang und Gewalt ist dabei nicht ein bestimmtes arabisches Land, sondern die ganze arabische Region stellt sich als ein System miteinander kommunizierender Gefängnisse dar.

Dank seiner guten Kenntnis so vieler arabischer Länder gelang es Munīf, in seinen Romanen ein konkretes Szenario zu entwerfen, genauer gesagt, ein konkretes Bedrohungsszenario, das seinen arabischen Lesern insgesamt, unabhängig von ihrer jeweiligen nationalstaatlichen Zugehörigkeit, das Gefühl vermittelte, er spreche gerade sie als individuelle Person in ihrem angestammten Milieu innerhalb ihres eigenen Landes an. Es gehört zur Kunst Munīfs, vermittels des Orts der Handlung, der Sprache der Akteure und der Schilderung des Milieus die Grenzen der jeweiligen Nationalliteratur (ägyptisch, syrisch, libanesisch etc.) zu transzendieren. Die fiktiven Handlungsorte erinnern in der Regel an tatsächliche Orte, die fiktiven Länder an tatsächliche Staaten, und doch könnte die Handlung in irgendeinem arabischen Land, irgendeiner arabischen Stadt spielen und könnten die geschilderten Schicksale irgendeiner arabischen Familie zustoßen. Noch mehr als seine Gestaltung der Handlungsorte aber trägt Munīfs Sprache dazu bei, den gesamtarabischen Leser anzusprechen. Die Frage der Diglossie, also der Verwendung von Hochsprache und/oder Dialekt, hat die moderne arabische Romanliteratur seit ihren Anfängen begleitet. Gerade die Pioniere der modernen Literatur, wie Ṭāhā Ḥusain, Taufīq al-Ḥakīm oder auch Nagīb Maḥfūẓ, trugen einen ausgesprochenen Purismus zur Schau, der sie jedoch nicht davon entband, zumindest in Dialogen in irgendeiner Form Rücksicht auf die (in allen genannten Fällen ägyptische) Alltagssprache zu nehmen. Munīf löste das Problem auf seine Weise: Auch er bediente sich in den narrativen Passagen seiner Werke des Hocharabischen, aber in einem arabischen Lesern unwillkürlich vertrauten Duktus, den er »mittlere Sprache« nannte, und er passte die Dialoge dem jeweiligen Dialekt bis hin zum entsprechenden Stammesdialekt an. Die Dichotomie von Hoch- und Alltagsarabisch nahm Munīf ganz besonders ernst. Er glaubte, dass sich hinter dieser Dichotomie ein schwerwiegendes Problem verberge, denn die Gebildeten und das ›Volk‹ sprächen verschiedene Sprachen, zwischen denen es keine Beziehungen und keine Übersetzungen gebe. Dieses Problem sei nur durch eine grundlegende Reform der arabischen Sprache zu lösen, die auf eine allmähliche Vereinfachung der Grammatik und Syntax des Hocharabischen hinauslaufe, indem sie eine stufenweise Annäherung des Schriftarabischen an die Dialekte durchsetze.

Das dritte der bereits genannten Werke, *Am Rande der Wüste*, stellte einen thematischen, perspektivischen und erzähltechnischen Umschwung dar, indem es die Ökologie ins Spiel brachte, die Gemeinschaft ins Zentrum rückte und sich auf Erzähltraditionen des Arabischen besann. Schauplatz der Erzählung ist eine kleine Ansiedlung in der Wüste, ihr Held ein Außenseiter namens ʿAssāf, der gegen seine Überzeugung zum Broterwerb Zerstreuung suchenden Städtern als Helfer bei der Jagd auf Vögel dient. Als er bei einer dieser Gelegenheiten ums Leben kommt, treffen sich Einheimische und Gäste zu einem gemeinsamen Trauerritual, bei dem der Reihe nach jeder Dichtung rezitiert, Erinnerungen aufbereitet oder (Tier-)Geschichten erzählt. Die Dichotomie zweier praktisch unverbundener Teile, wie sie die Erzählung und die Erzählungen darstellen, sollte Munīf erst in seinem folgenden und bedeutendsten Werk überwinden.

Und trotzdem verweisen Wüste, Gemeinschaft und Erzähltradition in *Am Rande der Wüste* bereits auf das fünfbändige Hauptwerk Munīfs, die *Salzstädte*. Die Geschichte beginnt in den dreißiger Jahren des 20. Jahrhunderts, als zum ersten Mal Amerikaner in die Wüstengemeinschaften Saudi-Arabiens eindrangen, um nach Erdöl zu suchen. Mit einem Zeitsprung finden wir uns in den fünfziger Jahren in einer neuen Erdölstadt wieder, wo sich Abenteurer aus aller Welt ein Stelldichein geben und die Unerfahrenheit eines jungen Stammesführers ausnutzen, das tribale Wertesystem nach kapitalistischen Wertmaßstäben umzumodeln. Es kommt zu Rivalitäten unter den Stämmen, und als Sieger geht der lokale Herrscher hervor, für den sich Munīf offensichtlich König ʿAbd al-ʿAzīz ibn Saʿūd, den Gründer der bis heute herrschenden Dynastie, zum Vorbild nahm.

Gefragt, warum er seinen Romanzyklus *Salzstädte* und nicht etwa »Ölstädte« genannt habe, wo er doch die Veränderungen und Umwälzungen in Saudi-Arabien beschreibe, die durch die Entdeckung und Ausbeutung des Erdöls in Gang gesetzt worden seien, antwortete Munīf:

> Salzstädte sind Städte, die keine dauerhafte Existenz garantieren. Wenn die Flut steigt, löst bereits die erste Welle das Salz auf, und die großen Glasstädte versinken im Nichts. Sie wissen, dass es in der Antike viele Städte gab, die einfach verschwanden. Der Untergang von Städten, die keine menschlichen Dimensionen besitzen, ist voraussehbar. Wenn die Mittel für den Lebensunterhalt erschöpft sind, können sie sich nicht halten. Sehen Sie uns doch an und wie der Westen uns betrachtet. Das 20. Jahrhundert ist fast vorüber, aber wenn der Westen auf

> uns blickt, dann sieht er bloß Öl und Petrodollars. Saudi-Arabien hat noch immer keine Verfassung, den Menschen werden elementare Rechte verwehrt, und die Frauen werden wie Bürger dritter Klasse behandelt. So eine Situation bringt Bürger hervor, die aufgrund der Ausweglosigkeit weder ein Gefühl für Würde noch für Zugehörigkeit entwickeln.

Es ist vor allem der erste Band der *Salzstädte*, der von den Wüstenbewohnern handelt und, als stärkster Gegensatz innerhalb des Buchs, von ihrer Konfrontation mit den Amerikanern, die aus dem Meer zu kommen, das Wasser als ihr Element zu betrachten und über das Meer wieder zu entschwinden pflegen. Der erste Schauplatz, Spielort einer Handlung, die als Prolog für den gesamten Romanzyklus gelten kann, ist das Wādī l-ʿUyūn, das »Tal der Wasserquellen« im Osten der Arabischen Halbinsel. So abgelegen es ist, hat es zugleich eine Bedeutung als Haltepunkt für Karawanen und eröffnet damit seinen Bewohnern Erwerbsmöglichkeiten: den Älteren durch Handel mit den Reisenden, den Jüngeren (wie einst Munīfs Vater) als Sprungbrett für die Migration. Eines Tages kommen Amerikaner ins Dorf, die sich auf eine Empfehlung des Stammesführers berufen, Flora und Fauna erkunden, die Menschen nach ihren Gebräuchen ausfragen und Aufzeichnungen in ihre Notizbücher machen. Sie karren Baumaschinen, Scheinwerfer und Planierraupen heran, die den Dorfbewohnern Anlass zu Phantasien und Spekulationen geben, aber nur einer sieht die tatsächliche Gefahr voraus: die Einebnung des Dorfes. Der zweite Schauplatz ist ein Ort am Meer, wo eine Hafenstadt aus dem Boden gestampft wird, in der später auch einige Bewohner des ehemaligen Dorfes Wādī l-ʿUyūn Arbeit finden. Die Topographie des Konglomerats wird plastisch geschildert und widerspricht jeder Vorstellung einer organisch gewachsenen Stadt: Am einen Hang siedeln die Amerikaner, am andern die Notabeln, dazwischen liegt das ursprüngliche arabische Dorf, und etwas außerhalb entsteht die (besonders unwohnliche) Arbeitersiedlung. Am Beispiel dieser neuen Stadt beschreibt der Autor die Entwicklung des Lebens in den neuen Ölstädten, den Kulturschock, den die Wüstenbewohner durch die moderne Technologie und lockeren Sitten erleiden und den sie verarbeiten, indem sie ihren Erlebnissen phantastische, mirakulöse oder gar mythische Züge verleihen. Zwischen den einfachen Arbeitern und den amerikanischen Herren etablieren sich Mittelsleute, die von der Situation profitieren, aber es entwickeln sich auch zahlreiche, bisweilen mörderische Konflikte zwischen den und innerhalb der einzelnen Gruppen, die zum einen Teil aus kulturellen Missverständnissen und zum anderen Teil aus manifesten Klasseninteressen resultieren. Der überforderte und zunehmend verwirrte Stammesführer ist nicht mehr in der Lage, die Konflikte zu schlichten. Statt seiner übt der Polizeichef die wirkliche Macht über die Einheimischen aus, und so lässt er im Interesse der Erdölfirma einen Aufstand innerhalb eines Arbeitskampfs niederschlagen. Nicht glücklich und doch nicht unversöhnlich endet die Erzählung mit der Wiedereinstellung von 30 Arbeitern, die von der Ölfirma entlassen worden waren, aber ohne eine Zusicherung der Firma, die Verantwortung für die Opfer zu übernehmen.

Dank der englischen Übersetzung der ersten drei Bände wurden die *Salzstädte* relativ bald in den USA rezipiert, mit allerdings gemischtem Erfolg. Francine Prose verglich den Roman euphorisch mit einer Übersetzung des viktorianischen Romans in die arabische Kalligraphie, ja mit einer Nacherzählung der *Erzählungen aus Tausendundeiner Nacht* durch Stendhal. Dieser etwas exaltierte Versuch, arabische Literatur in die westliche einzugemeinden, führte am anderen Ende des Spektrums zum genau gegenteiligen Ergebnis. John Updike merkte verdrossen an, dem Autor sei die Aneignung westlicher Romantechniken offensichtlich auf halbem Weg missglückt. Updike, der mit seinem Verdikt offenbar auf Munīfs Durchbrechung der chronologischen, auktorialen und realistischen Erzählweise abzielte, musste wissen, dass der postmoderne Roman auch im Westen und seinerseits in Adaption postkolonialer Erzählmuster ganz entsprechende Merkmale aufweist. So liegt der Verdacht nahe, dass ihm vielleicht eher die Beschreibungen der Amerikaner missbehagte, die Elemente eines umgedrehten Orientalismus annehmen, da die Amerikaner in den Augen von Munīfs Einheimischen als interessante, unverständliche und reichlich begriffsstutzige Exoten erscheinen. Und gleichzeitig fängt Munīf den Ernst der aufziehenden Umwälzungen ein, indem er seine Einheimischen wie im Kolonialroman zunehmend ›Abwesende‹ werden lässt. Die Bedeutungen hinter den sich mehrenden (An-)Zeichen (Vermessungsstäbe, Rohre, Maschinen) bleiben ihnen ebenso verborgen, wie ihre eigenen Handlungen immer häufiger ins Leere laufen und das Gesetz des Handelns auf die Ausländer übergeht.

Bei der arabischen Literaturkritik und vor allem beim arabischen Lesepublikum genießt Munīf einen ausgezeichneten Ruf. Er kennt die genauen Fakten, er weiß um die kulturellen Unterschiede, er trifft den richtigen Ton, er kritisiert die wirtschaftliche Globalisierung und er geißelt despotische Machthaber – Gründe genug, ihm über die Nationalliteraturen hinweg eine Art Kultstatus zu garantieren. Aber auf diese Weise speist sich Munīfs Ruhm in der Wahrnehmung seines Publikums hauptsächlich aus seiner Rolle als Dissident, als Kritiker von Imperialismus, Politik und Gesellschaft. Edward Said, ein großer Bewunderer von Munīf, lobte die *Salzstädte* als das »einzige Romanwerk, das versucht, die Auswirkungen des Öls, der Amerikaner und der einheimischen Oligarchie auf ein Land am Golf aufzuzeigen.« So sahen es auch die arabischen Regime, und deshalb fielen Munīfs Werke in Saudi-Arabien, den Golfstaaten und (partiell) sogar in Ägypten der Zensur anheim. Aber wie er in einem Interview sagte, war es spätestens mit den *Salzstädten* am wenigsten seine Absicht, einem einfachen Realismus nachzujagen: »Der Grund für die Abfassung des Romans bestand nicht darin, dass er Sozialkritik üben sollte. In den Gesellschaften am Golf gibt es weit mehr Korruption, als im Buch zum Ausdruck kommt. Wenn überhaupt, fasst es das Thema der sozialen und politischen Korruption mit Samthandschuhen an.«

Reflexion und Identität

Der Roman ist ursprünglich ein europäisches Genre, und Autoren aus Ländern des Südens schreiben häufig für den Buchmarkt des Westens, sichtbar an der zunehmenden Verbreitung von Englisch als Originalsprache. Nicht so Munīf, der von Anfang an das arabische Publikum im Auge hatte und sich neben der westlichen auch an der lateinamerikanischen und japanischen Literatur schulte, um Anregungen für seine Suche nach einer originär arabischen Ausdrucksform zu erhalten. Mit dieser Suche stand er nicht allein; auch andere arabische Schriftsteller griffen auf das arabische ›Erbe‹ in der Form literarischer Traditionen zurück und setzten sie ein, um ästhetisch, politisch oder historisch Authentizität zu kreieren, (politisch-ästhetischen) Widerstand zu leisten oder eine ›Gegenerzählung‹ zu begründen. Das Letztere ist bei Munīf der Fall – die Sicht der Dinge von außen (ausländische Beobachter) oder von oben (der offizielle Diskurs) kontrastierte er mit seiner Version von innen.

Die Binnenansicht, das ist bei Munīf zunächst einmal der Verzicht auf einen auktorialen Erzähler und damit zugleich auf einen zentralen Handlungsstrang. In seinem Werk springt die Handlung zwischen den Zeiten, Realität geht in Fiktion über (hier finden sich Elemente des ›Magischen Realismus‹ der lateinamerikanischen Literatur), und der ›Roman‹ weist Ähnlichkeiten mit einer Geschichten-, Anekdoten-, sogar Fabelsammlung (aus der arabischen Erzähltradition) auf. In ähnlicher Weise verzichtet Munīf auf einen durchgängigen Helden als Akteur, Leitfigur und Zeugen der Handlung. Seine Protagonisten kommen und gehen, manchmal geht ihre Funktion auf eine ähnliche Figur über, aber zu anderen Zeiten verschwinden die Personen auch sang- und klanglos und hinterlassen lose Handlungsstränge (wodurch der Eindruck einer Arabeske entsteht). Das Denken und Handeln der Gemeinschaft ist Munīf wichtiger als Individualismus, und deshalb spielen die Deutungsmuster der Geschichte aus der indigenen/oralen Tradition auch eine gleichberechtigte Rolle neben dem ›objektiven‹ Bericht, durch den der Erzähler – mit ironischem und zugleich volkstümlichem Duktus – den Gang der Handlung trotz der genannten Einschränkungen vorantreibt.

Paradoxerweise hat der Rekurs auf traditionelle Erzählmuster – die Unterbrechung des Handlungsfadens, die Vielzahl der Akteure und die Paradigmen der Interpretation – den Effekt postmoderner Literatur. Das ist keine neue Erkenntnis: Schon häufiger ist unter den Stichworten von Fragmentierung, Polyphonie und Fabelhaftigkeit auf die strukturelle Ähnlichkeit zwischen den narrativen Techniken von *Tausendundeiner Nacht* und anderen Zeugnissen aus der arabischen Tradition mit postmodernen Erzählformen hingewiesen worden. Munīf aber setzt als Kenner beider Traditionen diesen Effekt bewusst ein, was nirgends deutlicher zum Ausdruck kommt als bei seinem Umgang mit Geschichte. Geschichtsschreibung als ein ›Gegen‹ zur Geschichtsschreibung, als *tertium datur* neben dem Bild, das sich einerseits der Westen und andererseits die Machthaber von Arabien machen, ist wohl das stärkste Motiv hinter der Abfassung der *Salzstädte*. In diesem Verständnis und Einsatz des Romans als ›Gegengeschichtsschreibung‹ braucht dieser nicht mehr einem übergeordneten Zweck zu dienen, nicht Vehikel für Imperialismus-, Sozial- oder Ideologiekritik zu sein, sondern ist Engagement in dieser und keiner anderen Form. Munīf geht von der Überzeugung aus, dass Geschichtsschreibung immer kontingent (fiktional) und umso lügnerischer ist, je autoritativer sie auftritt. Die Erkenntnis, dass die Wahrheit vom Standpunkt des Betrachters abhängig ist, treibt Munīf nunmehr dadurch auf die Spitze, dass er das Fiktionale der historischen Aussage durch das Fiktive der schriftstellerischen Imagination ersetzt. Damit folgt er einem Axiom der europäischen Moderne, demzufolge die Fiktion in der Literatur der Wahrheit mitunter weit näher kommt als die Versuche einer Dokumentation der historischen Wirklichkeit.

In der Tradition der europäischen Moderne erzielt Munīf seine postmoderne Wirkung, indem er ein traditionelles Mittel einsetzt, das bis in die Frühzeit der arabisch-islamischen Geschichtsschreibung zurückgeht und ursprünglich aus der Kodifizierung der Überlieferung des Propheten stammte: die Gleichberechtigung verschiedener, zum Teil konkurrierender Versionen ein- und desselben Sachverhalts, für deren Ein- oder Ausschluss allein die Glaubwürdigkeit des Überlieferers zählt. In seinem Romanzyklus setzt er dieses Mittel ganz im Sinn seiner ursprünglichen Verwendung ein, etwa um den Beginn und Fortgang einer Schlacht in unterschiedlichen Versionen zu schildern bzw. schildern zu lassen. Im Unterschied zu den alten Kompilatoren versteht sich Munīf als Gestalter und greift mit Kommentaren, Fragen und Stellungnahmen zur Qualifikation der einzelnen Zeugen und Berichterstatter ein. Die Zeugenschaft als solche bleibt indessen gewahrt: Über Geschichte darf nicht hoheitlich verfügt werden, man kann sie nur wie einen Flickenteppich zusammensetzen. Zugleich muss Geschichte wie ein Flickenteppich zusammengesetzt werden, um ihre identitätsstiftende Aufgabe wahrzunehmen. Am Ende sehen die Flickenteppiche einander ähnlich, ohne dass es auch nur zwei von derselben Art gäbe.

Ein Vergangenheitsfanatiker war Munīf nicht; Beduinenromantik lag ihm ebenso fern wie die Reinhaltung des ›Erbes‹. Seine Klage über die unzureichende Auseinandersetzung der Araber mit ihrer Geschichte, insbesondere ihrer neuesten Geschichte, entstammte nicht der Nostalgie über den Untergang vermeintlich heiler Welten. Im Gegenteil monierte er die Mentalität der arabischen Gesellschaft, die sich immer noch vom Clandenken beherrschen lasse, ebenso wie die Kleptokratie der politischen Klasse, die die arabische Gesellschaft beherrsche. Seine Sorgen beruhten vielmehr auf dem Wissen um die Zusammenhänge zwischen historischem Wissen, kultureller Identität und persönlicher ebenso wie kollektiver Stabilität. Wenn Gegenwart und unsere Vorstellung von Zukunft die Vorstellungen von unserer Vergangenheit strukturiert, so konstituiert Vergangenheit umgekehrt die Gegenwart und Zukunft einer Gemeinschaft, eines Volks oder einer Nation.

Arabisch-islamische Geschichte ist von ihrem Beginn an im Wesentlichen eine Geschichte von Städten gewesen. Infolgedessen beklagte Munīf nicht nur das allgemeine Fehlen arabischen Geschichtsbewusstseins, sondern im besonderen das Fehlen moderner Stadt-Biographien. Eine solche (Auto-)Biographie legte er selbst 1994 mit *Sīrat madīna. ʿAmmān fī l-arbaʿīnāt* (*Geschichte einer Stadt. Eine Kindheit in Amman*) vor. Das Amman seiner Erinnerung ist das genaue Gegenteil einer »Salzstadt«, eine intime, lebendige, farbige Stadt, die im Austausch mit dem umgebenden Land steht und zugleich bereit ist, von außen kommende Menschen in ihrer Mitte aufzunehmen.

> Kam in den vierziger Jahren ein Tourist nach Amman – was häufig geschah – so war sein erster Eindruck der von einem ständigen Karneval, der Dialekte und der Bräuche. An einer der Abzweigungen der Mango-Strasse zum Beispiel pflegten alte Frauen aus Fuhais mindestens zweimal pro Tag, am Vormittag und vor Sonnenuntergang, ihre über einen Meter hohen Wasserpfeifen aufzustellen … An derselben Abzweigung gab es eine kleine englische Schule, geleitet von zwei Schwestern, Miss Alice und Miss Margot, die beide modernste europäische Kleider trugen. Nicht weit entfernt von der Schule und den Wasserpfeifen, in beide Richtungen, sah man die hohen tscherkessischen Fellmützen und vernahm eine Reihe von Dialekten … Doch eigentlich waren die Märkte, und besonders der Gemüsemarkt, ein Treffpunkt. Und da Amman klein war und nur wenige Einwohner hatte, kannten sich die meisten, oder fast alle, oder hatten sich zumindest schon verschiedentlich getroffen.

Das Fehlen demokratischer Partizipation und einer allen verständlichen Sprache zusammen mit der vorherrschenden Geschichtsvergessenheit, dies zusammengenommen betrachtete Munīf als wesentliche Gründe für die zunehmende Entfremdung der Araber – und paradigmatisch: der Saudi-Araber – von ihren Wurzeln, die ihre Zukunftsfähigkeit entscheidend schmälere. Oft äußerte er sich kritisch über die willen- weil identitäts- und damit richtungslose Pervertierung der arabischen Tugenden, die in der Beduinengesellschaft wurzelten: Vetternwirtschaft statt Familiensolidarität, Prasserei statt Großzügigkeit, Selbstsucht statt Stolz. Deshalb zeigte er sich auch nicht besonders überrascht, als sich herausstellte, dass die meisten der Attentäter des 11. September aus Saudi-Arabien stammten. Rückwirkend betrachtet, hatte er den Anfängen ihres nihilistischen Furors schon vor 20 Jahren nachgespürt, als er die Verarmung der saudi-arabischen Kultur im Schatten des Reichtums ihres herrschenden Königshauses und seiner Entourage beschrieb.

Werke (Auswahl)

al-Ashdjār wa-ightiyāl Marzūq (Die Bäume und der Mord des Marzuq), Beirut: Dār al-ʿAuda 1973.

Sharq al-mutawassiṭ (Östlich des Mittelmeers), Beirut: Dār al-Ṭalīʿa 1975.

al-Nihāyāt (Am Rande der Wüste), Beirut: Dār al-Ādāb 1978.

Mudun al-milḥ (Salzstädte), Beirut: al-Muʾassassa al-ʿArabiyya li-l-Dirāsāt wa-l-Nashr 1984–1989.

Sīrat madīna. ʿAmmān fī l-arbaʿīnāt (Geschichte einer Stadt. Eine Kindheit in Amman), Beirut: al-Muʾassassa al-ʿArabiyya li-l-Dirāsāt wa-l-Nashr 1994.

Übersetzungen ins Deutsche

Abdalrachman Munif: *Östlich des Mittelmeers*, übers. v. Larissa Bender, Basel: Lenos 1995.

Abdalrachman Munif: *Geschichte einer Stadt. Eine Kindheit in Amman*, übers. v. Larissa Bender u. Hartmut Fähndrich, Basel: Lenos 1996.

Abdalrachman Munif: *Am Rande der Wüste*, übers. v. Petra Becker, Basel: Lenos 2000.

Abdalrachman Munif: *Salzstädte*, übers. v. Magda Barakat u. Larissa Bender, Kreuzlingen / München: Hugendubel / Diederichs 2003.

Übersetzungen ins Englische

Abdelrahman Munif: *The Trench*, übers. v. Peter Theroux, New York: Vintage 1993.

Abdelrahman Munif: *Variations on Night and Day*, übers. v. Peter Theroux, New York: Vintage 1994.

Weiterführende Literatur

Rashid al-Enany: »Cities of Salt: A Literary View of the Theme of Oil and Change in the Gulf«, in: *Arabia and the Gulf: From Traditional Society to Modern States*, hg. v. R. Netton, London: Rowman & Littlefield 1986, S. 213–222.

Abdalrahman Munif: »Die Araber und die neue Weltordnung«, in: *Wir sind die Herren und ihr unsere Schuhputzer: Der Nahe Osten vor und nach dem Golfkrieg*, hg. v. Norbert Mattes, Frankfurt/M.: Dagyeli 1991, S. 160–181.

M. M. Badawi: »Two novelists from Iraq: Jabra and Munīf«, in: *Journal of Arabic Literature* 23, 1992, S. 140–154.

Richard van Leeuwen: »Cars in the Desert: Ibrāhīm al-Kawnī, ʿAbd al-Raḥmān Munīf and André Citroen«, in: *Oriente moderno* 16/17, 1997/98, S. 59–72.

Issa J. Boullata: »Social Change in Munīf's Cities of Salt«, in: *Edebiyat* 8, 1998, S. 191–216.

»Interview with Abdelrahman Munīf compiled by Samuel Shimon, with Comment, Review and Analysis from Peter Theroux, Peter Clark & Faisal Darraj«, in: *Banipal* 3, 1998, S. 8–15.

Heidi Toëlle: »Individu et pouvoirs dans Sharq al-mutawassit«, in: *Naqd* 11, 1998, S. 143–160.

Miriam Cooke: »Living in Truth«, in: *Tradition, Modernity, and Postmodernity*, hg. v. Kamal Abdel-Malek u. Wael Hallaq, Leiden u. a.: Brill 2000, S. 203–221.

STEPHAN GUTH

Authentisierung contra sadatsche Öffnungspolitik

Gamāl al-Ghīṭānī und *Das Buch der Schicksale*

Die Zeit und die Veränderungen, die sie mit sich bringt, die Brüchigkeit des Lebens, das Schicksal, die Vergänglichkeit – das sind zentrale Themen im erzählerischen Schaffen eines der bedeutendsten und produktivsten Prosaschriftsteller im zeitgenössischen Ägypten: Gamāl al-Ghīṭānī. Dass der Autor sich mit solchen Grundfragen menschlicher Existenz beschäftigt, legt schon seine Biographie nahe. Denn wie bei vielen anderen seiner Generation, die in der Hochzeit des Nasserismus heranwuchsen, hat es auch im Leben al-Ghīṭānīs mehrere gewaltige Umbrüche gegeben. Die prägenden Phasen des eigenen Lebens fielen mit den entscheidenden Momenten der ägyptischen Nachkriegsgeschichte zusammen.

Frühe Kindheit

Geboren ist der heute in der 15-Millionen-Stadt Kairo lebende Autor am 9. Mai 1945, gerade zum Ende des Zweiten Weltkriegs also, mitten in eine Zeit hinein, die für Ägypten tief greifende soziale Umwälzungen mit sich brachte. Die Schaffung neuer und das Wachstum älterer Industriezweige während des Krieges hatte die Landflucht massiv beschleunigt, und Kairos Bevölkerung war binnen weniger Jahre um beinahe zwei Drittel angewachsen. Zu den Binnenmigranten, die im Kampf ums tägliche Überleben von den Arbeitsmöglichkeiten in der Hauptstadt zu profitieren hofften, gehörte auch al-Ghīṭānīs Familie. War der Autor noch weit entfernt von der Hauptstadt auf die Welt gekommen und hatte die ersten Kindheitsjahre auf dem Land, in einem oberägyptischen Dorf, verbracht, so wurde er schon wenig später, Anfang der 1950er Jahre, in der riesigen Metropole eingeschult. Die Familie hatte sich dort im Altstadtviertel al-Gamāliyya niedergelassen.

Nasserzeit – Schulzeit

Zu eben dieser Zeit, 1952, kam es in Ägypten zum Staatsstreich der Freien Offiziere, die antraten, um die Verhältnisse im Lande grundlegend zu verändern. Sie schafften die Monarchie und das alte Feudalsystem ab, machten sich endgültig von der anhaltenden Einflussnahme des ehemaligen Kolonialherren England frei und versuchten auf vielerlei Weise, das Land wahrhaft in die Unabhängig- und Selbständigkeit zu führen und den Lebensstandard der breiten Massen zu heben. Der in ärmlichen Verhältnissen aufgewachsene al-Ghīṭānī kam auf diese Weise in den Genuss des vom ägyptischen Staatspräsidenten Nasser propagierten Wohlfahrtsstaats, seine Jugend war auch die Jugendzeit der ägyptischen Revolution, des neuen republikanischen Ägypten. Als ein ›Kind der Revolution‹ wuchs er mit all ihren hehren Idealen, ihrem Elan, ihrem Fortschrittsenthusiasmus und ihrem Glauben an eine bessere Zukunft heran. Dank auch der Unterstützung durch die Eltern konnte er nach Abschluss der Grundschule eine Ausbildung zum Teppichdesigner antreten und diese 1962 mit dem Diplom abschließen; für seinesgleichen wäre das in der vorrepublikanischen Zeit kaum möglich gewesen.

Krise des Systems – persönliche Neuorientierung

Die für die Herausbildung der Persönlichkeit so wichtige Zeit der Adoleszenz – in welcher dann auch die ersten literarischen Arbeiten entstanden – fiel bei ihm und seiner Generation jedoch mit dem Brüchigwerden der nasseristischen Ideologie und des ›arabischen Sozialismus‹ zusammen. Immer mehr Zweifel am System kamen auf, die Pubertät wurde zu einer Zeit des Aufbegehrens gegen die große Vaterfigur Nasser. Während al-Ghīṭānī 1963 im erlernten Beruf zu arbeiten begann – er war da gerade 18, die Revolution zehn Jahre alt –, erschienen erste Texte von ihm und ließen ihn der Staatsmacht schon bald verdächtig erscheinen. Es dauerte nicht lange, bis er, zusammen mit zahlreichen anderen Regimekritikern, aufgrund seiner oppositionellen Haltung verhaftet wurde. Man beschuldigte ihn, Mitglied einer verbotenen marxistischen Gruppierung zu sein, und hielt ihn von Oktober 1966 bis März 1967 ein halbes Jahr lang in einem Lager fest. Nach seiner Entlassung war er noch eine Zeitlang als Sekretär der Kunsthandwerker-Innung im Altstadtviertel Khān al-Khalīlī tätig. Doch die Erfahrungen im Gefangenenlager, die Niederlage der arabischen Armeen im Juni-Krieg 1967 gegen Israel und damit auch der endgültige Zusammenbruch des Nasserismus und all dessen, wofür er gestanden hatte, scheinen auch im Leben des jungen al-Ghīṭānī eine Entscheidung herbeigeführt zu haben. Jedenfalls wendet er sich in dieser Zeit vom handwerklichen Sektor ab und nun ganz der schreibenden Zunft zu, und es ist sicherlich kein Zufall, dass der erste Roman, den er publiziert (*al-Zainī Barakāt*, 1974), sich die Funktionsweise der Geheimdienste in einem repressiven Spitzelstaat zum Thema nimmt. 1969 beginnt al-Ghīṭānī, bei der großen ägyptischen Tageszeitung *al-Akhbār* (Die Nachrichten) zu arbeiten, und dort bzw. bei deren Ablegern bleibt er auch für die kommenden Jahrzehnte beschäftigt: seit 1985 als Leiter der Feuilleton-Redaktion, von wo aus er zudem den *Akhbār al-yaum*-(Nachrichten des Tages-)Verlag mitbetreut und dort u. a. Herausgeber der auflagenstarken Taschenbuchreihe *Kitāb al-yaum* (Buch des Tages) ist, in der immer wieder auch Untersuchungen und Stellungnahmen zu aktuellen politischen und gesellschaftlichen Themen erscheinen und die darüber hinaus häufig für junge Autorinnen und Autoren als Sprungbrett für eine spätere literarische Karriere dient. Seit 1993 gibt al-Ghīṭānī außerdem die viel beachteten *Akhbār al-adab* (Literaturnachrichten) heraus.

al-Ghīṭānī und der Krieg

Während der ersten vier Jahre bei *al-Akhbār* ist er zunächst als Kriegsberichterstatter im so genannten ›Abnutzungs-‹ oder auch ›Auszehrungskrieg‹ eingesetzt. Im Oktober-Krieg 1973, als es der ägyptischen Armee gelingt, einen Überraschungsschlag gegen die israelische zu führen, über den Suez-Kanal auf den von Israel sechs Jahre zuvor okkupierten Sinai überzusetzen und so den als Schmach empfundenen Kriegsausgang von 1967 wettzumachen, berichtet al-Ghīṭānī direkt von der Front. Die Erlebnisse dieser Zeit werden für ihn ähnlich prägend wie zuvor diejenigen der Ära Nasser. Er verarbeitet sie später in mehreren seiner Erzählungen und veröffentlicht schon 1974 ein Sachbuch mit dem Titel *al-Miṣriyyūn wa-l-ḥarb: min ṣadmat yūniyū ilā yaqẓat uktūbar* (*Die Ägypter und der Krieg: Vom Juni-Schock zum Oktober-Erwachen*). Auch danach hat ihn das Phänomen Krieg nicht mehr losgelassen: Noch zwei Jahrzehnte später, 1996, initiiert er bei *Akhbār al-yaum* einen Kurzgeschichten-Wettbewerb zum Thema Krieg.

Verwestlichung Ägyptens – Authentisierung des Schreibens

Wie schon al-Ghīṭānīs Einschulung fast zeitgleich mit der Revolution der Freien Offiziere erfolgte, fiel seine Hinwendung zum Journalismus und der Schriftstellerei abermals fast genau mit einem Datum zusammen, das für die ägyptische Geschichte eine entscheidende Zäsur bedeutete: 1970 hatte Anwar al-Sadat, zuvor Vizepräsident, die Nachfolge des verstorbenen Nasser im Amt des Staatspräsidenten angetreten. Hatte dieser schon nach der Niederlage 1967 erste Kurskorrekturen vorgenommen, die allerdings wegen der nur wenig veränderten Parolen in der Öffentlichkeit kaum wahrgenommen wurden, so riss Sadat, nachdem er sich durch den militärischen Erfolg im Oktober-Krieg 1973 der Unterstützung der Armee versichert hatte, das Ruder nun endgültig herum und begann, der Politik seines Amtsvorgängers den Rücken zu kehren. al-Ghīṭānīs großer literarischer Durchbruch mit *al-Zainī Barakāt* fällt in die Zeit, als bereits die ersten Konsequenzen der sadatschen Politik der ›Öffnung‹ (arab. *infitāḥ*) gegenüber dem Westen und ausländischen

Investoren sichtbar werden. Die verheerenden Folgen dieser Politik der vor allem wirtschaftlichen Liberalisierung – die nach Sadats Ermordung 1981 dann auch dessen Nachfolger Hosni Mubarak prinzipiell weiterverfolgt – werden den Autor al-Ghīṭānī (und nicht nur ihn) in den nächsten Jahren intensiv beschäftigen. Eine Art Bestandsaufnahme erfolgt in *Khiṭaṭ al-Ghīṭānī* (*al-Ghīṭānīs Stadtbeschreibung*, 1981), einem Werk, dessen Titel sich an die *Khiṭaṭ al-Maqrīzī* anlehnt, die historisch-topographische Beschreibung ägyptischer Städte durch den mittelalterlichen ägyptischen Gelehrten Taqiyyaddīn Aḥmad al-Maqrīzī (1364–1442). Die kreative Anverwandlung historischer Schreibstile ist typisch für al-Ghīṭānī. Er hatte sich ihrer schon in seinem ersten Erzählbändchen *Aurāq shābb ʿāsha mundhu alf ʿām* (*Aufzeichnungen eines jungen Mannes, der vor tausend Jahren lebte*, 1969) bedient und war besonders seit dem Erfolgsroman *al-Zainī Barakāt* zu seinem persönlichem ›Markenzeichen‹ geworden. Hatte er dort Anleihen bei dem Chronisten Ibn Iyās (1448–1524) gemacht, der den Untergang der Mamlukenherrschaft in Ägypten beschreibt, so trat er mit den drei Bänden des *Kitāb at-tadjalliyāt* (*Buch der Offenbarungen*, 1983–87), die die Erfahrungen der Sadat-Zeit weiter ausloten, in einen Dialog mit dem Philosophen und Mystiker Ibn ʿArabī (1165–1240). Eines ähnlichen Stils bedient sich al-Ghīṭānī auch im *Risālat al-baṣāʾir fī l-maṣāʾir* (*Sendschreiben über die Einblicke in die Geschicke*, 1989, in der deutschen Übersetzung kurz als *Buch der Schicksale* wiedergegeben), an dessen Beispiel sogleich die Funktionsweise und der Zweck dieser Schreibtechnik beleuchtet werden sollen.

al-Ghīṭānī und Kairo

Dass der Autor stilistisch den Anschluss an das literarische Erbe sucht, hat sicherlich seinen Grund auch darin, dass ihm die alten arabischen Kulturtraditionen seit seiner Kindheit vertrauter sind als wohl der großen Mehrheit seiner Landsleute. Denn er wuchs ja weder in der zu Kolonialzeiten nach westlichen Vorbildern entstandenen Kairener Neustadt auf noch in den anonymen Wohnblöcken des nasserschen sozialen Wohnungsbaus, sondern anfangs auf dem Lande und hernach in der Kairener Altstadt, dort, wo das vorkoloniale Erbe, die ägyptisch-arabische Tradition, schon rein optisch ständig präsent ist. Nirgends sonst in Kairo, ja, wohl in ganz Ägypten, stehen auf engem Raum so viele Moscheen, Medresen, Brunnen, Grabbauten aus alter Zeit beieinander, kaum woanders ist der Charakter der einstigen ›orientalischen‹ Stadt mit ihren engen Gassen und Sackgassen – bei allem Verfall – so gut bewahrt wie hier, und hier werden, auch heute noch, die alten Handwerke gepflegt, deren eines al-Ghīṭānī ja vor seiner Karriere als Schriftsteller erlernt und ausgeübt hatte. Seine tiefe Verwurzelung in der Altstadt, die auch über den Berufswechsel hinaus erhalten blieb, und seine Liebe zum

Erbe der vorkolonialen arabisch-islamischen Kultur dokumentieren sich aber nicht nur in seinen stilistischen Anleihen bei Autoren der klassischen Zeit. Ebenso zeugen davon die Sachbücher, die er neben den zahlreichen Kurzgeschichten und Romanen auch verfasste. Anlässlich des 1000-jährigen Jubiläums der heutigen Kairener Altstadt, gegründet durch die Dynastie der Fatimiden, widmete er der Geschichte Kairos einen ganzen Band von Aufsätzen (*Malāmiḥ al-Qāhira fī alf ʿām, Kairo-Bilder aus tausend Jahren*, 1983), und schon ein Jahr später folgte der erste Band der *Qāhiriyyāt* (*Kairenica*) über die Brunnen von Kairo (*Asbilat al-Qāhira*).

al-Ghīṭānī und Nagīb Maḥfūẓ

Die Liebe zur Altstadt und die Verwurzelung in ihr verbinden al-Ghīṭānī auch mit der überragenden Gestalt der ägyptischen Literatur der ersten Nachkriegsjahrzehnte – Nagīb Maḥfūẓ. Mit ihm pflegte al-Ghīṭānī eine jahrzehntelange Freundschaft, Gespräche, die er mit ihm führte, gab er 1980 unter dem Titel *Nagīb Maḥfūẓ yatadhakkar* (*Nagīb Maḥfūẓ erinnert sich*) heraus, und erst vor wenigen Jahren entstand in Zusammenarbeit mit Maḥfūẓ selbst und der Fotografin Britta Le Va der Band *The Cairo of Naguib Mahfouz*. Mit Maḥfūẓ teilt al-Ghīṭānī auch das Interesse für die Politik, ebenso wie für das genaue Beobachten und Beschreiben von Details, den Sinn für die kleinen und großen Veränderungen im Verhalten der Menschen in den sich wandelnden Zeiten. Nicht zu Unrecht sehen manche Literaturkritiker deshalb in al-Ghīṭānī den eigentlichen literarischen Erben des ägyptischen Literaturnobelpreisträgers.

Das Buch der Schicksale – Kontext

Der Geist von Maḥfūẓ ist auch im *Buch der Schicksale* noch spürbar, wenngleich sich dieses Werk formal deutlich von einem maḥfūẓschen Roman unterscheidet. Gamāl al-Ghīṭānī setzt sich hier mit einer Problematik auseinander, die seit der sadatschen Öffnungspolitik wieder zunehmende Bedeutung erhielt, nachdem sie unter Nasser vorübergehend gelöst zu sein schien. Dieses erstmals schon zu Zeiten des Kolonialismus erlebte und für die heutige Zeit nun wieder ganz zentrale Problem ist die zunehmende Dominanz des Westens und des Westlichen und die sich hieraus ergebenden Fragen: Wie kann sich die arabische Kultur dagegen behaupten? Wie ihre Identität bewahren? Und: Was hat sie einer Moderne entgegenzusetzen, die sie zerstört?

In Ägypten (aber nicht nur hier) haben diese Fragen nach der Niederlage im Juni-Krieg 1967 erneut Auftrieb erhalten und sind in den siebziger und achtziger Jahren nochmals brisanter geworden. Denn mit seiner Öffnungspolitik gegenüber dem Westen vollzog Anwar al-Sadat ab Mitte der 1970er Jahre eine Kehrtwendung, die mit den Grundprinzipien seines Vorgängers Nasser brach. Zwei Punkte sind es, die hauptsächlich für die Sadat-Zeit stehen: zum einen der Vertrag von Camp David, der Vertrag mit dem einstigen Erzfeind Israel; und zweitens der wirtschaftspolitische Liberalismus mit all seinen Auswirkungen vor allem auch auf das Gesellschaftsgefüge. Westliches Kapital (und das der Golfstaaten) konnte in Ägypten Fuß fassen und dadurch starken Einfluss gewinnen. Der Staat überließ die ökonomischen Prozesse weitgehend sich selbst, und dies hatte zur Folge, dass besonders die so genannten ›unproduktiven‹ Bereiche der Wirtschaft expandieren konnten, d. h. das Land wurde mit Konsumgütern und allen möglichen Dingen überschwemmt, die es wirtschaftlich nicht weiterbrachten. Der schnelle Profit stand im Vordergrund, während es am Grundsätzlichen noch mangelte. Die siebziger Jahre waren eine Zeit der rasanten Teuerung und vor allem auch des sozialen Wandels. Während die Armen immer ärmer wurden und auch die von Nasser einst privilegierte Mittelschicht zunehmend verelendete, wurden die Reichen immer reicher, und in den zahlreichen Grauzonen der Wirtschaft konnten viele halb- oder illegale Geschäftemacher zu einer Schicht neureicher Emporkömmlinge gedeihen, die das bisherige Sozialgefüge mit ins Wanken brachte.

Schicksale im Ägypten ›nach der Wende‹

All dies ist das Thema von al-Ghīṭānīs *Buch der Schicksale*. In dem Anfang 1989 in Buchform erschienenen Werk macht es sich der Autor zur Aufgabe, die »erschütternden Umwälzungen« dieser so »betrüblichen Zeit« zu dokumentieren. Er tut dies vermittels zahlreicher Einzelepisoden, in denen jeweils eine Figur und ihr ›Schicksal‹ im Vordergrund stehen. Diese Episoden sind nur so lose miteinander verzahnt, dass einige Rezensenten in dem Werk eher eine Kurzgeschichtensammlung als einen Roman gesehen haben. Was sie dennoch zu einem Ganzen eint, ist zweierlei: Jede ist ein weiteres Beispiel für das Leben unter den Bedingungen einer bestimmten Zeit und sie sind allesamt auch Variationen des einen großen Themas ›Wandel‹ und ›Veränderung‹ in dieser Zeit.

Alle Einzelerzählungen zeigen deshalb auch stets, wie es vorher war und wie sich die Lage der jeweiligen Figur dann während der siebziger Jahre veränderte. Da ist z. B. der alte Wächter der Grabmoschee des Mamluken-Sultans Qalāwūn. *Früher* war er selbstgenügsam und stets darauf bedacht, ›seine‹ Moschee vor jeglicher Entweihung zu bewahren. *In den siebziger Jahren* greift er dann aber plötzlich nicht mehr ein, wenn ein Touristenpärchen die Moschee als exotisches Ambiente für seine Liebesspiele wählt; und er selbst lässt sich zum Handlanger eines illegalen Devisenmaklers machen. Da ist ein junger Arzt, der *zunächst* in einem ärmlichen Stadtviertel auch den Minderbemittelten eine medizinische Versorgung zuteil werden lässt, ohne selbst auf Profit aus zu sein – der *dann aber* plötzlich anfängt, Grundstücke aufzukaufen, und zum Bauherrn profitabler Luxushochhäuser und nachher auch noch zum Schokoladenkeks-Fabrikanten wird. Und da sind schließlich noch zwei große Gruppen von Helden: zum einen die tapferen Soldaten, die *früher* in zahlreichen Kriegen ihr Leben fürs Vaterland aufs Spiel setzten – *in den siebziger Jahren* werden sie, die Musterpatrioten, jedoch alle aufs Altenteil abgeschoben und müssen sehen, wie sie in der von der Öffnungspolitik geschaffenen neuen Welt zurechtkommen; und zum anderen die große Gruppe derer, die die rasante Teuerung zwecks Arbeit ins Ausland, in die *ghurba*, die ›Fremde‹, treibt und die dort, fern der Heimat, Schreckliches erleben, nachdem sie in Ägypten zuvor noch geglaubt hatten, beruhigt in die Zukunft blicken zu können.

Wie man aus diesen kurzen Abrissen schon erahnen kann, geht es al-Ghīṭānī in seinem Werk inhaltlich vor allem um ethisch-moralische Aspekte der Wende der siebziger Jahre. Ein altes Wertesystem geht verloren, und ein neues etabliert sich machtvoll. Wie werden diese Vorgänge beschrieben?

Aus der Sicht der Leidenden

Der Erzähler sagt im einleitenden Kapitel, er wolle den ungeheuren Wandel, der sich in den siebziger Jahren vollzog, ganz »neutral« beschreiben. Doch wenn ihm dies in den ersten beiden Kapiteln auch noch gelingen mag, so ergreift er spätestens von der dritten Episode an eindeutig Partei. Man kann das ganz deutlich etwa am Wechsel der Erzählperspektive sehen: Von nun an, und bis zum Ende, kommen die vom Wandel betroffenen Figuren stets selber zu Wort, sei es in Form von Briefen, die uns der Erzähler im ›Original‹ vorlegt, oder sei es vermittels freier indirekter Rede, d. h. der Erzähler bleibt sprachlich zwar noch präsent, was er erzählt, sind aber die Gedanken und innersten Regungen der Personen selbst. Und was wir da dann so hautnah, aus der Innenperspektive miterleben, das ist ein einziges langes unsägliches Leiden. Die Romanhandlung geht einem nicht nur aufgrund der bloßen Fakten unter die Haut: Ein junger hoch begabter Ägypter, der das Zeug gehabt hätte, Botschafter Ägyptens im Ausland zu werden, wird von skrupellosen Hotelmanagern als hauseigener Gigolo missbraucht, und als er aussteigen will, finden die Geschäftemacher einen Weg, ihn ins Gefängnis werfen zu lassen. Ein Familienvater, der auswandern muss, um seine Familie weiter ernähren zu können, muss miterleben, wie seine Kinder in ihm, der sich nun ständig im Ausland aufhält, allmählich nicht mehr den eigenen Vater erkennen können; im Libanon wird er beinahe Opfer der Bürgerkriegswirren, in Libyen bekommt er es mit dem Geheimdienst zu tun, und irgendwo in Europa stirbt er dann schließlich – aus Verzweiflung. Ein anderer junger Ägypter kommt in der *ghurba*, der ›Fremde‹, beim Brand eines Kaffeehauses auf tragische Weise ums Leben und hinterlässt zwei arme Eltern, die sich zuvor für ihren Sohn aufgeopfert hatten und nun in ihrem Gram nur noch dahinvegetieren. Wieder ein anderer verschwindet aus unersichtlichen Gründen in den Folterkellern des Staats eines brutalen Diktators, des »über alles geliebten Führers« (hier mag der Irak Saddam Husseins gemeint sein, oder auch das Libyen Muammar al-Gadhafis). Und diejenigen, die in die Golfstaaten arbeiten gehen, bekommen es mit den einheimischen Bürgen zu tun, deren Willkür sie auf Gedeih und Verderb ausgeliefert sind.

All dies wäre schon schlimm genug. Die Wirkung auf den Leser wird aber noch verstärkt durch das sprachliche Pathos, mit dem es vermittelt wird, und durch die Gesamtanlage des Textes: Es ist eine einzige Eskalation, vom Schlimmen zum noch Schlimmeren, gipfelnd in der Episode vom Mann aus Aleppo, an dessen geliebtem Sohn sich ein homosexueller Golf-Araber vergreift; der in seiner Wut mit dem Messer auf den Lüstling losgeht, und der dafür dann öffentlich hingerichtet wird.

Die Urheber des Leids

Wofür und wogegen soll der Leser hier Partei ergreifen? Das Feindbild ist schnell skizziert: Es sind die einheimischen Profiteure der ›Öffnungs‹-Politik: Großunternehmer, Devisenmakler, Ärzte mit ihren ausbeuterischen Privatkliniken, Drogenschmuggler, die neureichen Emporkömmlinge und viele andere mehr. Ihnen geht es nur ums Geld, sie sind ungebildet, unmoralisch bis verbrecherisch und verraten das Vaterland. Es sind zweitens die ›Westler‹ und der Westen: sexbesessene Touristen, profitgeile amerikanische Unternehmer, kokette Frauen. Und Europa, eines der Gebiete der ›Fremde‹, erscheint als Region der Kälte, sowohl klimatisch als auch zwischenmenschlich, als Land der Alkoholtrinker und der Konsum-Mentalität ebenso wie als ein Hort der Araberfeindlichkeit. Der dritte Feind ist die politische Führung Ägyptens: Der Präsident (Sadat) reist nach Jerusalem, verrät dadurch die arabische Sache und entehrt die ägyptische Nation. Der Staat schickt die verdienten Kämpfer von einst aufs Abstellgleis, begünstigt oder duldet stillschweigend die Aktivitäten der Geschäftemacher und kümmert sich nicht mehr um die Belange der breiten Masse. Als viertes Feindbild wird schließlich das arabische Ausland aufgebaut: Da bekommen es die Protagonisten entweder mit brutalen, selbstherrlichen Diktatoren und ihren allgegenwärtigen Geheimdiensten zu tun, oder – in den reichen Golfstaaten – mit scheinheiligen Scheichs, die sich ihnen gegenüber aufführen wie der Herr gegenüber seinem Sklaven und die ihre Macht als Arbeitgeber und Bürgen der Gastarbeiter dazu missbrauchen, sich an ihren Frauen und Kindern zu vergehen.

Die Sachwalter der Guten Tradition

Auf der anderen Seite stehen die, die man wohl als die ›Hüter des Erbes‹ oder ›Sachwalter der Guten Tradition‹ bezeichnen darf. Die Helden – ja, fast kann man sagen: die Märtyrer – entstammen allesamt dem städtischen Kleinbürgertum oder kommen vom Land. Sie stehen für vier Problembereiche: Zum einen halten sie das arabisch-islamische Kulturerbe hoch, wie z. B. der Wächter der Grabmoschee des Qalāwūn oder ein Kalligraph, eine Figur, die es im Roman offenbar vor allem deshalb gibt, damit sich al-Ghīṭānī in Preisungen der arabischen Schönschrift ergehen und sie als das Vehikel einer ganzen organisch gewachsenen Hochkultur darstellen kann – einer Kultur, die nun infolge des *infitāḥ* zugrunde geht. Den Protagonisten liegt, zweitens, sehr viel an Bildung, an einem der zentralen Werte der Nasser-Zeit also, in der al-Ghīṭānī zur Schule ging. So wie die Bewahrer des Kulturerbes als Gegenpol zur Verflachung des Geschmacks und zum Verfall der kulturellen Identität im Zeitalter des Konsums und des *American way of life* gedacht sind, fungieren die, die die Bildung hochhalten, als rühmliche, wenngleich beinahe schon antiquierte Ausnahmen in einer Zeit, in der es immer mehr nur ums Materielle geht. Die Protagonisten, insbesondere die zwangspensionierten Ex-Kämpfer aus den Kriegen gegen Israel, stehen für einen Patriotismus und Stolz aufs eigene Land, wie er in Zeiten des Camp-David-Vertrags offiziell *ad acta* gelegt wurde. Und schließlich sind al-Ghīṭānīs Protagonisten auch Repräsentanten eines allgemein menschlichen Erbes, Menschen, die sich ihrer Pflichten und ihrer Verantwortung als Vater, als Mutter, Bruder, Schwester usw. bewusst sind und die dem Leser gewissermaßen vorleben, wie wunderbar es funktionieren könnte, wenn die alten Familien- und Sozialstrukturen nicht durch den *infitāḥ* langsam aber sicher zerstört würden.

Zuviel Pathos?

Zu Recht fragt man, ob das Pathos, mit dem der Verlust dieser Werte beklagt wird, wirklich ernst gemeint ist. Stefan Weidner, der das *Buch der Schicksale* 2001 für die *Neue Zürcher Zeitung* rezensierte, beantwortet die Frage positiv. Aufgrund einer »maßlosen Frustration« über die Verhältnisse in der *infitāḥ*-Gesellschaft sei der eigentlich sehr fortschrittlich gesinnte Autor hier nun ins »Fahrwasser der Wehleidigkeit« geraten, nachdem es ihm früher eigentlich immer gelungen war, selbst grausamsten und tragischsten Inhalten noch eine ironische Komponente abzugewinnen, die durch Lächerlichmachung des Schrecklichen die eigene Souveränität rettete (so etwa in *al-Zainī Barakāt* mit seinen grausamen Folterszenen oder in *Waqāʾiʿ ḥārat al-Zaʿfarānī (Der safranische Fluch oder Wie Impotenz die Welt verbessert)*), einem Roman, der sich in der Metapher des Impotenzfluchs, der auf den Männern einer ganzen Gasse lastet, des Problems einer eingebildeten Lähmung der Handlungsfähigkeit annahm. Trotz des fast schon triefenden Textes ist fraglich, ob man es hier wirklich mit einem Zuviel an Pathos oder gar Wehleidigkeit zu tun hat. Ich selbst bin versucht zu sagen: Hier wird so dick aufgetragen, dass gerade dies schon wieder lächerlich ist. Und auch, wenn dem Erzähler zu all dem schrecklichen Geschehen kaum jemals ein anderer Kommentar einfällt als *mā shāʾa llāhu kān* (Hier geschah Gottes Wille), und wenn er dieses Motto geradezu penetrant wiederholt, sollte man stutzig werden. Mir scheint tatsächlich eine Form von Ironie am Werk zu sein – eine Ironie aber, die die guten Traditionen keineswegs dem Spott preisgibt. Wie es al-Ghīṭānī damit wirklich hält, sieht man am besten, wenn man sich anschaut, wie er im Text des Romans mit dem literarischen Erbe umgeht.

Zeitgemäße Tradition

Das ganze *Buch der Schicksale* orientiert sich formal an der klassisch-arabischen Literaturtradition. Das zeigt sich nicht nur an der Sprache, sondern auch daran, dass dem Werk ein Koranzitat vorangestellt ist; dass der Erzähler die Haltung eines alten Chronisten einnimmt, der der Nachwelt über seine eigene Zeit berichten will; es zeigt sich auch schon im Titel, der die Form der gereimten Ziertitel des klassisch-arabischen Schrifttums imitiert; daran, dass das Werk sich Sendschreiben (*risāla*) – und eben nicht Roman (*riwāya*) – nennt; und schließlich wird man durch einige Kompositionstechniken wie das Einfügen von Einzelepisoden in eine (wenn auch stark verkümmerte) Rahmenerzählung oder die zahlreichen Querverweise immer wieder an einen Text wie *Die Erzählungen aus Tausendundeiner Nacht* erinnert.

Vieles in al-Ghīṭānīs *Buch der Schicksale* ist also Zitat bzw. imitierendes Nachempfinden einer älteren Schreib- und Erzähltradition. Dieser für al-Ghīṭānī typische ›Klassizismus‹, mit der er das Alte auf kontrastierende Weise präsent hält, leistet nun zweierlei. Zum einen wird dem Erzählinhalt (= Verfall des Erbes) etwas entgegengesetzt, das die Tradition wieder belebt und festhält und somit dem Verfall schon rein textuell Einhalt gebietet. Dabei wird das Erbe grundsätzlich re-*affirmiert*, gleichzeitig aber auch re-*formiert*. Denn als eine Summe von Denkformen, die eigentlich schon veraltet sind, taugt es zur Bewältigung der Gegenwart nur, wenn es nicht bloß blind kopiert, sondern auch der neuen Realität angepasst wird. Wie dies im *Buch der Schicksale* funktioniert, sei an zwei Beispielen erläutert.

Moderner Koran

Das Koranzitat »Und keine Seele weiß, was sie am nächsten Tag erwerben wird, und keine weiß, in welchem Land sie sterben wird« (Sure 31, Vers 34) ist dem Roman als ›Motto‹ vorangestellt. Es enthält drei Hauptinformationen. Erstens handelt es sich um ein Zitat aus dem heiligen Text des Islam, ist also einem religiösen Wirklichkeitsdiskurs entnommen. Zum Zweiten thematisiert es die existentielle Unsicherheit des Daseins aufgrund der Sorge um den Lebensunterhalt und der Ungewissheit über den Ort des Sterbens. Und in formaler Hinsicht besteht das Zitat, drittens, aus zwei parallel gebauten Teilen. – Die Voranstellung eines Koranverses erweckt den Eindruck, als werde ein religiöses Traktat oder Ähnliches folgen. Diese Erwartung wird durch den Text selbst enttäuscht. Andererseits bestätigt der Roman den Aussagegehalt des vor fast 14 Jahrhunderten geoffenbarten Verses dann aber als etwas, das noch immer hoch aktuell ist, nämlich die existentielle Unsicherheit alles Irdischen, und erweist das koranische Erbe in dieser Hinsicht also als tragfähiges Modell für den Diskurs über die *infitāḥ*-Zeit.

Und auch in formaler Hinsicht wird der religiöse Vorgänger- von seinem (post-)modernen Nachfolge-Text affirmiert, denn al-Ghīṭānīs *Buch der Schicksale* übernimmt nicht nur das sprachliche Pathos des Verses als etwas Kopierbares, sondern lässt auch seine formale Zweiteilung als Gliederungsprinzip für den ganzen Roman wirken: Im ersten Teil des Werks steht die Ungewissheit des Lebensunterhalts im Vordergrund, während der zweite Teil stets das Thema ›Tod in der »Fremde«‹ umkreist. Auch die Tatsache, dass auf diese Weise die äußere Form des koranischen Mottos übernommen wird, bestätigt dem Vorlagen-Text ungebrochene Gültigkeit und Adaptionsfähigkeit.

Moderner *adab*

Während man den Autoren des klassischen *adab*, der vergnüglich-erbaulichen Literatur der alten Zeit, noch glauben darf, wenn sie sagen, sie hätten bei der Kompilierung einzelner Anekdoten zu einem Buche mit Absicht keine besondere Ordnung walten lassen, um dem Leser möglichst abwechslungsreiche, leichtverdauliche Unterhaltung zu bieten, steht man dem Erzähler bei al-Ghīṭānī skeptischer gegenüber: Der Erzähler sagt eingangs, er halte sich an »keine bestimmte (Darstellungs- und Anordnungs-)Methode«, verfahre nach keinem »feststehenden Plan«, und er beendet seine ›Botschaft‹

(auch das kann das Wort *risāla* bedeuten) angeblich deshalb, weil er Angst hat, den Leser mit weiteren Geschichten zu langweilen. Beide Aussagen haben aber eine ganz andere Funktion als bei den *adab*-Autoren: Der assoziative Erzählmodus dient bei al-Ghīṭānī nicht der kurzweiligen Zerstreuung des Lesers, sondern will die durch das Leiden unter den Zeitumständen hervorgerufene Verwirrtheit und Planlosigkeit eines Hoffnungslosen vermitteln; und wenn im Anschluss an eine Schilderung der Folter und Exekution des Mannes aus Aleppo befürchtet wird, den Leser mit weiteren Geschichten zu langweilen, wirkt das wie blanker Zynismus. In beiden Fällen wird somit zwar das Erbe als eine zur Gestaltung der Rede über die Gegenwart taugliche Folie übernommen, gleichzeitig aber in seinen traditionellen Funktionen verworfen: Zeitgenössischer *adab* ist nicht Unterhaltungsliteratur, sondern engagierte, durch ihre innere Spannung provokative Literatur.

Authentisierung der Literatur

Die Wiederbelebung des literarischen Erbes als eine Quelle der künstlerischen Inspiration ist ein Grundgedanke nicht nur al-Ghīṭānīs, sondern einer breiteren Strömung innerhalb der zeitgenössischen arabischen Literatur. Das ästhetische Programm des *ta'ṣīl*, der »Authentisierung«, zielt auf die Schaffung einer genuin arabischen Literatur und verwirft die Genres der bisherigen modernen Literatur, trotz all der großartigen und anerkennenswerten Leistungen ihrer Pioniere, von Ṭāhā Ḥusain bis zum von al-Ghīṭānī so verehrten Nagīb Maḥfūẓ, letztlich doch als fremde Formen, die sich im Zuge des Kolonialismus und Imperialismus haben einnisten können. Man sieht leicht, dass die *ta'ṣīl*-Ästhetik Teil einer umfassenderen – politischen – Ideologie ist, die sich gegen Fremdbestimmung und kulturelle Überfremdung wehrt und ein Anknüpfen am Eigenen, die Wiederherstellung der mit Beginn der Fremdherrschaft abgebrochenen kulturellen Kontinuität, sowie politische Selbstbestimmung fordert.

Wenn al-Ghīṭānī also in seinem Werk mit der Schreibweise seiner modernen Vorgänger bricht, indem er sich an klassische Vorbilder anlehnt und eine Form schafft, die mit der bislang gängigen, ursprünglich europäischen Gattung Roman kaum mehr etwas gemeinsam hat, so ist dies nicht nur ein innerliterarischer Vorgang, sondern gleichzeitig eine politische Aussage: Wo im Zuge der Öffnung gegenüber dem Westen die eigene Identität immer mehr preisgegeben wird, gilt es, dem Verfall durch eine kritisch-reformierende Aktualisierung des Erbes gegenzusteuern.

Aber nicht nur diese Affirmation des Alten leistet die Orientierung an der klassisch-arabischen Literatur. In der Diskrepanz zwischen (reformiert-)alter Form und aktuellem Inhalt liegt tatsächlich eine ironische Brechung; doch ist es nicht die Form, die den Inhalt ironisiert, sondern umgekehrt. In einer Zeit wie derjenigen des *infitāḥ*, in der das ›gute Alte‹ vernichtet wird und wo es keine Überlebenschance mehr zu haben scheint, wirkt der, der standhaft daran festhält, auf traurige Weise lächerlich, denn er steht mehr oder weniger auf verlorenem Posten – ein moderner Don Quichote. Wir haben es hier also mit einer tragisch-ironischen Brechung zu tun; die Ironie verspottet die Bewahrer des ›Erbes‹, des *turāth*, nicht, sondern dient dem Aufzeigen ihrer Tragik – und dadurch der Anklage der für ihre Tragik verantwortlichen Umstände. al-Ghīṭānīs ›Klassizismus‹ gestaltet in seinem *Buch der Schicksale* das beinahe schon zynische Trotzdem eines Verzweifelten, der gegen den Strom der Zeit anzuschwimmen versucht. Er zeigt die Affirmation der eigenen Identität trotz fehlender Hoffnung darauf, sie bewahren zu können.

Werke (Auswahl)

Aurāq shābb ʿāsha mundhu alf ʿām (Aufzeichnungen eines jungen Mannes, der vor tausend Jahren lebte), Kairo 1969.
al-Zainī Barakāt (Seini Barakat), Damaskus 1974.
Waqāʾiʿ ḥārat al-Zaʿfarānī (Der safranische Fluch oder Wie Impotenz die Welt verbesserte), Kairo 1976.
Nagīb Maḥfūẓ yatadhakkar (Nagīb Maḥfūẓ erinnert sich), Beirut 1980.
Khiṭaṭ al-Ghīṭānī (al-Ghīṭānīs Stadtbeschreibung), Kairo 1981.
Kitāb al-tadjalliyāt (Das Buch der Offenbarungen), 3 Bde, Kairo 1983–87.
Risālat al-baṣāʾir fī l-maṣāʾir (Das Buch der Schicksale), Kairo 1989.

Übersetzungen ins Deutsche

Gamal al-Ghitani: *Seini Barakat. Diener des Sultans, Freund des Volkes*, übers. v. Hartmut Fähndrich, Basel: Lenos 1988 (TB 1996).
Gamal al-Ghitani: *Der safranische Fluch oder Wie Impotenz die Welt verbessert*, übers. v. Doris Kilias, Berlin: Volk und Welt 1991 (TB München: dtv 1994).
Gamal Al-Ghitani: *Das Buch der Schicksale*, übers. v. Doris Kilias, München: Beck 2001.

Weiterführende Literatur

Ceza Kassem Draz: »In Quest of New Narrative Forms. Irony in the Works of Four Egyptian Writers. Jamāl al-Ghīṭānī, Yaḥyā al-Ṭāhir ʿAbdallāh, Majīd Ṭūbyā, Sunʿallah Ibrāhīm (1967–1979)«, in: *Journal of Arabic Literature* 12, 1981, S. 137–159.
Rotraud Wielandt: »al-Ġīṭānī, Ǧamāl«, in: *Kindlers Neues Literatur-Lexikon*, hg. v. Walter Jens, München: Kindler 1988, Bd. 6, S. 375–377.
Stephan Guth: *Zeugen einer Endzeit. Fünf Schriftsteller zum Umbruch in der ägyptischen Gesellschaft nach 1970*, Berlin: Schwarz 1992 (bes. S. 150–199).

Rachid Bencherif Ouedghiri: *L'univers romanesque de Jamâl Al-Ġîṭânî*, Diss. Paris-Sorbonne 1993.

Samia Mehrez: *Egyptian Writers between History and Fiction. Essays on Naguib Mahfouz, Sonallah Ibrahim and Gamal al-Ghitani*, Kairo: The American University in Cairo Press 1994.

Rotraud Wielandt: »Mystische Tradition und zeitgenössische Wirklichkeitserfahrung in Ǧamāl al-Ġīṭānīs *Kitāb at-taǧalliyāt*«, in: *Asiatische Studien/Etudes Asiatiques* 50/2, 1996, S. 491–523.

ANDREA HAIST

»Diese Realität ist fürchterlich«

Ṣunʿallāh Ibrāhīms Ägypten zwischen medialer Selbstdarstellung und erlebter Alltagsrealität

Am 22. Oktober 2003 sollte Ṣunʿallāh Ibrāhīm, einer der international renommiertesten Romanautoren Ägyptens, endlich einen der höchsten Literaturpreise seines Landes, den mit umgerechnet rund 13 000 Euro dotierten Preis des Hohen Rates für Kultur erhalten. Eigentlich war diese Auszeichnung längst überfällig. Aber lange Zeit hatten es die staatlichen Kulturinstitutionen vermieden, einen Autor auszuzeichnen, dessen Romane zwar in der Gunst der Literaturkritiker und Leser standen, die jedoch ein finsteres Bild von den Verhältnissen im Land zeichneten. Und auch der Autor selbst hatte stets Distanz zum Staat und seinen Institutionen gewahrt. Nun aber hatte eine Jury, bestehend aus zehn führenden Literaturkritikern der arabischen Welt, beschlossen, ihn für sein Lebenswerk zu ehren – und ihm mit diesem Beschluss einige schlaflose Nächte bereitet. Beim Festakt anlässlich der Preisverleihung in der Kairiner Oper kam es zu einem Eklat. Am Ende seiner Rede erklärte der Preisträger, er könne den Preis nicht annehmen – nicht unter den derzeitigen politischen Verhältnissen und nicht von dieser Regierung. Es sei nun einmal das Schicksal des arabischen Schriftstellers, dass er das, was um ihn herum geschehe, nicht einfach ignorieren könne: die Demütigung der arabischen Welt vom Persischen Golf bis zum Mittelmeer, die israelischen Übergriffe auf die Westbank und die systematische Vertreibung der Palästinenser, die amerikanische Hegemonie über die Region und das schändliche Einverständnis der arabischen Regierungen und Regime mit all diesen Vorgängen. Aber die Katastrophe gehe noch weiter, sie erstrecke sich auf alle Lebensbereiche: Es gebe in Ägypten kein Theater, kein Kino, keine wissenschaftliche Forschung, keine Bildung, keine Industrie, keine Landwirtschaft, keine Gesundheit und keine Gerechtigkeit mehr. Korruption und Diebstahl griffen um sich, und wer dagegen protestiere, werde einem Verhör unterzogen, geschlagen und gefoltert. Diese Realität sei fürchterlich. Ein Schriftsteller, der seine Verantwortung ernst nehme, könne vor diesen Zuständen nicht die Augen verschließen und einen Preis annehmen, dessen Verleihung durch die Regierung unglaubwürdig sei. Dann verließ er unter starkem Beifall und umringt von zahlreichen Anwesenden, die ihn zu diesem Schritt beglückwünschten, den Saal, während der ägyptische Kulturminister das Mikrophon ergriff und erklärte, die Rede des Preisträgers sei in

Wirklichkeit eine Auszeichnung für die Regierung: Denn hätte sie ihm nicht dieses Maß an Freiheit gewährt, dann hätte er gar nicht hier sein und auf diese Art und Weise sprechen können.

Der Eklat um die Preisverleihung zeigt: Ṣunʿallāh Ibrāhīm ist ein durch und durch politischer Schriftsteller. Sein Schreiben ist eng verknüpft mit den politischen, ökonomischen, sozialen und kulturellen Verhältnissen in Ägypten und der arabischen Welt, mit den Sorgen und Nöten der Menschen, die unter diesen Verhältnissen leben. Seine Kritik ist unbequem, er nimmt kein Blatt vor den Mund. Sein Verhältnis zur politischen Macht ist angespannt und immer wieder gerät er mit ihr in Konflikt.

Ṣunʿallāh Ibrāhīm wurde 1937 in Kairo geboren. Sein Vater war ein hochrangiger Beamter, der in zweiter Ehe eine aus einfachen Verhältnissen stammende Krankenpflegerin heiratete, die seine gelähmte erste Frau pflegen sollte. Schon früh erfuhr er die Bedeutung von Klassenunterschieden: Die Familie des Vaters gehörte der oberen Mittelschicht an und verachtete seine Mutter wegen ihrer niederen Herkunft. Seine marxistischen Grundüberzeugungen, die er bis heute beibehalten hat, basieren nicht zuletzt auf diesen prägenden Erfahrungen seiner Kindheit und Jugend. 1952, kurz nach dem Putsch der Freien Offiziere und dem Ende der Monarchie, begann er ein Studium der Rechtswissenschaften an der Universität Kairo. Aber weit mehr als von der Jurisprudenz fühlte er sich von der Politik und vom Journalismus angezogen. Wegen seiner Mitgliedschaft in einer Splittergruppe der Kommunistischen Partei wurde er am 1. Januar 1959 zusammen mit rund 250 weiteren Personen verhaftet – das nasseristische Regime duldete keine Opposition – und 1960 von einem Militärgericht in Alexandria zu sieben Jahren Gefängnis und Zwangsarbeit verurteilt. Nach einem Aufenthalt in zwei Gefängnissen in der Nähe von Kairo – wo die Gefangenen gefoltert und misshandelt wurden – wurde er dann in ein großes Gefangenenlager in der Oase al-Kharga in der Westlichen Wüste gebracht. Dort waren die Bedingungen nicht weniger hart: In Lumpen gekleidet und barfuß mussten die Gefangenen schwere körperliche Arbeit verrichten; sie wurden geschlagen, und manche starben unter der Folter. Erst ein Hungerstreik im Juli 1961 brachte den Gefangenen Hafterleichterungen, etwa die Erlaubnis, Papier und Schreibzeug besitzen zu dürfen. Mit Aktivitäten wie beispielsweise Kurzgeschichten- und Lyrikwettbewerben, Theateraufführungen oder Malereikursen sowie der Redaktion einiger Gefängniszeitschriften versuchten die Gefängnisinsassen, sich geistig zu behaupten. Gemeinsam mit Freunden verfolgte Ibrāhīm – soweit es die in das Gefängnis geschmuggelten Bücher und Zeitschriften erlaubten – experimentelle Entwicklungen in der Weltliteratur, und wie viele seiner Mitgefangenen begann er, selbst zu schreiben. Noch im Gefängnis beschloss er, Schriftsteller zu werden.

Im Mai 1964 wurde Ṣunʿallāh Ibrāhīm im Zuge einer Generalamnestie aus dem Gefängnis entlassen. Er bezog ein möbliertes Zimmer im Kairiner Stadtteil Heliopolis, unterstand aber nach wie vor der polizeilichen Überwachung und hatte die Auflage, abends und nachts zu Hause zu sein. Tagsüber machte er sich wieder mit einer Umwelt vertraut, die er fünf Jahre lang nicht gesehen hatte. Seine ersten Eindrücke hielt er allabendlich in Tagebuchaufzeichnungen fest. So entstand *Tilka l-rāʾiḥa* (*Jener Geruch*), Ibrāhīms erster Roman, der 1966 publiziert wurde.

Kairo mit den Augen eines entlassenen politischen Häftlings

Dieser Roman, in dem der Autor seine Tagebuchaufzeichnungen verarbeitet, erzählt aus der Perspektive eines nicht näher bezeichneten Ich-Erzählers, der aus politischen Gründen inhaftiert wurde, wie er in den ersten zehn Tagen nach der Entlassung aus der Haft die Realität außerhalb des Gefängnisses erkundet und versucht, an sein früheres Leben anzuknüpfen. Er nimmt Beziehungen zu Menschen wieder auf, die ihm in den unterschiedlichen Stadien seines früheren Lebens nahe standen – zur Witwe eines in der Haft umgekommenen Freundes, zu Freunden und Verwandten, Eltern und Großeltern –, und er besucht Orte, an denen er sich früher aufhielt – ein von den ehemaligen politischen Mitstreitern frequentiertes Café, die Redaktion einer Zeitschrift, für die er früher geschrieben hat, die Kinos im Stadtzentrum und schließlich auch das Haus seiner Kindheit.

Von Anfang an wird der Ich-Erzähler mit einer Realität konfrontiert, die seine Freude über die Freilassung trübt: Die Menschen, denen er begegnet, sind müde, verarmt und deprimiert. Ihre Beziehungen zu ihm und untereinander sind zumeist geprägt von Egoismus, lieblos und brüchig, selten solidarisch und herzlich. Das Land ist in einem desolaten Zustand – so desolat wie die Kairiner Kanalisation, deren Abwässer in den Straßen der Innenstadt stehen und deren Gestank allen Leuten in die Nase sticht. Die mit der Revolution von 1952, dem Nasserismus und dem arabischen Sozialismus verbundenen Hoffnungen auf eine bessere, gerechtere und freiere Zukunft haben sich, das ist die Quintessenz des Romans, nicht erfüllt.

Erzählt wird diese Rückkehr ins ›normale‹ Leben auf zwei Ebenen: Auf der Ebene der vordergründigen Realität teilt der Ich-Erzähler lapidar und kommentarlos in chronologischer Folge mit, was er tut, sieht und hört. Er verzeichnet alle banalen Verrichtungen, die zum Alltag gehören, wie Aufstehen, zur Toilette gehen, Duschen, Anziehen, Kaffee kochen, Frühstücken usw., er beschreibt kurz und prägnant Szenen, die er beobachtet, und er gibt Gesprächsfetzen wieder, in denen die Menschen, die er trifft, ihm etwas über ihre individuellen oder die gesellschaftlichen Lebensumstände mitteilen. Er selbst teilt sich ihnen jedoch nicht mit. Was er denkt, wird dem Leser auf einer zweiten Ebene mitgeteilt, in Passagen, die typographisch hervorgehoben und seiner Innenwelt vorbehalten sind, seinen Reflexionen, die das äußere Geschehen kommentieren, seinen Tagträumen und seinen Erinnerungen an Kindheit, Jugend oder die Zeit im Gefängnis. Dabei nimmt die Beschreibung der erlebten Realität keine Rücksicht auf Tabus: Von Homosexualität und Selbstbefriedigung ist ebenso die Rede wie von Formen der Gewalt und Verachtung, mit denen der Staat seine Bürger behandelt, oder von Korruption.

Es versteht sich von selbst, dass dieses ungeschönte Bild der Realität bei der damals noch existierenden Zensurbehörde auf wenig Gegenliebe stieß: Der Roman wurde unmittelbar nach seinem Erscheinen konfisziert und der Autor zum Verhör ins Informationsministerium zitiert. Dennoch gelang es ihm, einige Exemplare des Romans vor dem staatlichen Zugriff zu retten und insgeheim zu verteilen. Zwar wurde der Roman 1968 in einer Beiruter Zeitschrift und 1969 erneut auch in Kairo publiziert, jedoch beide Male in einer zensierten Version. Die erste unzensierte Version erschien 1971 in der englischen Übersetzung von Denys Johnson-Davies. Die arabischen Leser durften den Roman erst 1986 in einer unzensierten Version lesen. Diese Erfahrung mit der Zensur hat den Autor nachhaltig geprägt.

Nach seiner Entlassung aus dem Gefängnis fand Ṣunʿallāh Ibrāhīm zunächst Arbeit als Buchhändler und Übersetzer, später arbeitete er für die ägyptische Nachrichtenagentur MENA. 1968 übersiedelte er nach Beirut, dann nach Ost-Berlin, wo er für ADN, die staatliche Nachrichtenagentur der DDR, arbeitete. 1971 studierte er mittels eines Stipendiums drei Jahre lang in Moskau Kinematographie, bevor er nach Ägypten zurückkehrte. Er arbeitete zwei Jahre lang für einen Verlag, und 1976 heiratete er. Gemeinsam mit seiner Frau beschloss er, die Verlagsarbeit aufzugeben, um sich fortan ganz dem Schreiben widmen zu können. Übersetzungen von Büchern, die eine gewisse Affinität zu seinen eigenen Werken aufweisen, zahlreiche Jugendbücher sowie Drehbücher für Kino- und Fernsehfilme sorgten für ein gewisses Einkommen.

Der Bau des Pharao

In den Jahren zwischen 1967 und 1974 entstand Ṣunʿallāh Ibrāhīms zweiter Roman *Nadjmat Aghusṭus* (*August-Stern*), der 1974 in Damaskus und erst zwei Jahre später in Kairo erschien. Ihm liegt eine Reise zugrunde, die der Autor 1965 gemeinsam mit zwei Freunden zum Assuan-Staudamm unternahm und in einer 1967 publizierten Reportage – *Insān al-sadd al-ʿālī* (*Der Mensch des großen Staudamms*) – festhielt. Wie diese Reise ist auch der Roman im Jahr 1965 angesiedelt. Ein Ich-Erzähler, von Beruf Journalist, begibt sich im Hochsommer von Kairo nach Assuan, um den Bau des Staudamms zu besichtigen. Tag für Tag besucht er unterschiedliche Bauabschnitte und berichtet minutiös, vom morgendlichen Aufstehen bis zum Schlafengehen, was er tut, sieht und hört, mit wem er sich unterhält und was er dabei erfährt. Technische Abläufe und die beim Bau verwendeten Maschinen werden ausführlich beschrieben, und die am Bau beteiligten Personen kommen zu Wort: russische und ägyptische Arbeiter und Ingenieure, LKW-Fahrer, Sekretärinnen, Funktionäre und Militärs. Begleitet wird der Ich-Erzähler dabei zeitweilig von einem Freund, einem erfolgreichen Kairiner Journalisten, der Reportagen über den Bau des Staudamms schreibt. Dabei wird er Zeuge, wie die am Bau beteiligten Personen und die ägyptischen Medienvertreter vor Ort den Bau des Staudamms verklären. Er registriert dabei Widersprüche zwischen dem in den Medien dargebotenen Bild vom Staudammbau und der repressiven, menschenverachtenden Realität auf der Baustelle. Später begibt er sich nach Abu Simbel, wo der Felsentempel Ramses' II. zerlegt wird, um an anderer Stelle wieder aufgebaut zu werden. Dies gibt ihm Gelegenheit, Parallelen zwischen der Verehrung des Pharao und Nassers zu ziehen, die sich beide mit der Errichtung großartiger Bauwerke ein Denkmal setzen. Der Bau des Staudamms, dessen Planung bereits 1952 begonnen wurde und dessen Bauzeit sich von 1960 bis 1971 erstreckte, spiegelt sinnfällig die nachrevolutionäre ägyptische Gesellschaft unter Nasser wider – mit all ihren Widersprüchen.

Ähnlich wie in *Jener Geruch* wird auch in *August-Stern* auf zwei Ebenen erzählt: Auf der Ebene der vordergründigen Realität verzeichnet der Ich-Erzähler kommentarlos, was er tut und sinnlich wahrnimmt. Hierin eingestreut sind typographisch hervorgehobene Textpassagen mit Erinnerungen an die Zeit im Gefängnis, ein innerer Monolog, Auszüge aus einem Buch über Michelangelo sowie aus einem ägyptologischen Aufsatz über Ramses II. Diese Texte stellen den Bau des Staudamms in einen weiteren autobiographischen, philosophischen und historischen Kontext.

Eine Satire auf die Sadat-Ära

Der 1981 in Beirut erschienene Roman *al-Ladjna* (*Der Prüfungsausschuss*) ist dagegen eine sarkastische Abrechnung mit der Ära Sadats: Die schwere wirtschaftliche Krise, in die Ägypten Ende der sechziger Jahre geriet, bemühte sich Sadat Anfang der siebziger Jahre durch eine politische Umorientierung zu lösen: Ägypten suchte den Anschluss an den Westen, insbesondere an die USA, und ein Gesetz zur Liberalisierung der Wirtschaft öffnete ab 1974 das Land für westliche Investitionen. Es erlaubte Joint Ventures, den Transfer von Profiten ins Ausland und den Import ausländischer Waren, die sehr bald den ägyptischen Markt überschwemmten. Aber nur eine kleine Oberschicht, vor allem Spitzenfunktionäre und geschäftstüchtige Selfmademen, profitierten von der Öffnung. Der Lebensstandard großer Teile der Mittelschicht verschlechterte sich durch die steigende Inflation bei gleich bleibendem Einkommen zunehmend, und die Kluft zwischen Arm und Reich vergrößerte sich immer weiter.

Im Roman *Der Prüfungsausschuss* stellt sich ein Ich-Erzähler mit offensichtlich linker Vergangenheit – er steht für das Ägypten Nassers, aber auch für die Linksintellektuellen der siebziger Jahre – der Befragung durch ein skurriles Komitee, das sich aus Zivilisten, hochrangigen Militärs, einer alten Jungfer und einem westlichen Ausländer zusammensetzt – allem Anschein nach Repräsentanten der kapitalistischen und pro-westlichen Kräfte. Der Ich-Erzähler möchte ein neues Leben beginnen, und bei der Prüfung soll herausgefunden werden, ob er sich trotz seiner Vergangenheit dafür eignet. Zu diesem Zweck muss er allerhand erniedrigende Prozeduren über sich ergehen lassen und schließlich zwei Fragen beantworten, die zeigen sollen, wie weit seine Selbstverleugnung geht. Die erste Frage lautet: »Welche Leistung des 20. Jahrhunderts ist so bedeutend und weltumspannend, dass man sich auch zukünftig an sie erinnern wird?« – »Coca-Cola«, antwortet der Erzähler nach längerem Nachdenken. Denn Coca-Cola, führt er aus, sei ein weltweit verbreitetes Produkt, es sei – als Getränk amerikanischer Soldaten – mit den maßgeblichen Ereignissen des 20. Jahrhunderts eng verbunden: »Coca-Cola ließ sich auf das Risiko zweier Weltkriege ein – und ging siegreich daraus hervor.« Der Coca-Cola-Konzern beeinflusse bis heute die amerikanische und internationale Politik, insbesondere in der Dritten Welt. Aber diese ironische Antwort, die die Verflechtungen eines Großkonzerns mit der internationalen Politik offen legt, gefällt dem Ausschuss ganz und gar nicht. Bei der zweiten Frage sind historische Kenntnisse des Erzählers über die Cheops-Pyramide gefragt. Da er – in Anspielung auf den ägyptisch-israelischen Separatfrieden von 1979 – ausführt, dass die Ägypter allein wohl nicht in der Lage gewesen seien, diese zu bauen, sondern dabei wahrscheinlich die technologische Unterstützung von Israeliten gehabt hätten, zeigt sich der Ausschuss zufrieden. Der Erzähler wird aus der Prüfung entlassen und verbringt die nächsten Wochen zwischen Hoffen und Bangen. Schließlich erhält er ein Telegramm, in dem er gebeten wird, eine Abhandlung über die »strahlendste arabische Persönlichkeit unserer Zeit« zu verfassen – eine schwierige Aufgabe: Politische Führer und Regierende scheiden aus, weil der Ich-Erzähler sie möglicherweise anders beurteilt als es dem Ausschuss lieb ist, und auch keiner der sieglosen arabischen Militärführer, opportunistischen Dichter und Schriftsteller, ins Ausland abgewanderten Wissenschaftler, käuflichen Richter usw. kommt als »strahlendste arabische Persönlichkeit« in Betracht. Beim Durchblättern einer Tageszeitung stößt der Ich-Erzähler dann auf die schillernde Figur des ›Herrn Doktor‹, eine in der arabischen Welt höchst einflussreiche Persönlichkeit, und er beschließt, sie zum Thema seiner Abhandlung zu machen.

Die Recherchen gestalten sich allerdings schwierig und werden behindert, da in den Archiven der großen Tageszeitungen sämtliche Einträge aus den Dossiers entfernt und aus den Zeitungen alle Artikel über den ›Herrn Doktor‹ herausgeschnitten wurden. In einer Frauenzeitschrift und in einem amerikanischen Magazin wird der Erzähler schließlich doch noch fündig. Es gelingt ihm, die Biographie des ›Herrn Doktor‹ und seinen – für die Zeit typischen – Aufstieg zum Milliardär zu rekonstruieren: Aus einer armen Familie stammend, aber mit verwandtschaftlichen Beziehungen zu einem der neuen Machthaber nach 1952 ausgestattet, kann er als Filmregisseur und später als Präsident eines staatlichen Bauunternehmens den Grundstein zu seinem späteren Vermögen legen. Zu Beginn der siebziger Jahre steigt er in den Waffenhandel ein – ein angesichts der Kriege und Spannungen im Nahen Osten lukratives Geschäft – und nach der Liberalisierung der Wirtschaft betätigt er sich als Importeur von Flugzeugen, Autos, Nahrungsmitteln und anderen Konsumgütern. Darüber hinaus ist er im Besitz einer nationalen Abfüllkonzession für Coca-Cola. Denn nachdem Coca-Cola von der arabischen Welt boykottiert wurde, weil der Konzern auch Israel eine Abfüllkonzession erteilt hatte, wird durch den ägyptisch-israelischen Separatfrieden ein solcher Boykott überflüssig, und der ›Herr Doktor‹, der sich für die Beseitigung von Handelshindernissen eingesetzt hatte, erhält zur Belohnung die Konzession für Ägypten. Doch als der Erzähler mit seinen Recherchen schon so weit gediehen ist, aus dem gesammelten Material weitreichende Schlüsse ziehen zu können, sucht ihn der Prüfungsausschuss auf und legt ihm nahe, das Thema zu wechseln. Um zu verhindern, dass der Erzähler das Thema weiterverfolgt, lässt der Ausschuss eines seiner Mitglieder bei ihm zurück. Auf Schritt und Tritt bewacht, wird das Leben für den Ich-Erzähler unerträglich, und als er entdeckt, dass sein Bewacher einen Revolver mit sich führt, bringt er ihn mit einem Küchenmesser um. Die bei den anschließenden Trauerfeierlichkeiten für den Bewacher aufgestellten Beileidskränze zeigen, dass die politischen und ökonomischen Machteliten der westlichen Industrienationen, Israels und der Dritten Welt um den Ermordeten trauern.

Bei dieser Gelegenheit muss sich der Erzähler auch vor dem Ausschuss rechtfertigen. In einer langen Rede erklärt er, welche weiteren Zusammenhänge er noch zu durchschauen in der Lage war. Er kann beispielsweise erklären, dass die Verschlechterung der Qualität und die Knappheit von Trinkwasser ursächlich mit Bewässerungsprojekten des Coca-Cola-Konzerns in der israelischen Negev-Wüste zusammenhängt und dass zudem die daraus resultierende Verschmutzung des Trinkwassers wiederum den Import von

Mineralwasser und Limonade desselben Konzerns nach sich zog. Aber diese Erkenntnisse missfallen dem Ausschuss, und der Erzähler wird verurteilt. Da er nichts mehr zu verlieren hat, lässt er sich auf dem Heimweg auf einen Akt der Rebellion gegen die unerträglichen Lebensverhältnisse ein: Er stellt sich als einziger der Umstehenden vor eine Frau, die von einem Mann belästigt wird. Bei den sich dabei ergebenden Handgreiflichkeiten wird er verletzt und er muss sich in ärztliche Behandlung begeben – eine willkommene Gelegenheit, dem Arzt unverblümt ins Gesicht zu sagen, er ruiniere durch die Eröffnung seiner Privatpraxis das staatliche Gesundheitssystem. Zu Hause kommt er zu dem Schluss, er hätte nicht *vor* dem, sondern *gegen* den Prüfungsausschuss aussagen müssen, denn sein ehrliches Handeln bedeute letztlich seinen Untergang. Dann vollstreckt er das über ihn verhängte Urteil und – verzehrt sich selbst.

Aber auch wenn der Erzähler sich am Ende selbst verzehrt, weil es noch zu früh ist, gegen das imperialistisch-kapitalistische System anzugehen, so ist *Der Prüfungsausschuss* doch ein Appell, gegen die herrschende Klasse Position zu beziehen, sich ihrer Verschleierungstaktik nicht zu unterwerfen, sondern ein kritisches politisches Bewusstsein zu bewahren, Zusammenhänge – wie die Verbindung des ›Herrn Doktor‹ zur herrschenden Machtelite und zum Coca-Cola-Konzern – zu durchschauen, Widerstand zu leisten und Missstände nicht einfach zu tolerieren, sondern dagegen anzugehen.

Wie liest man Zeitung in der Ära Mubarak?

Wie das konkret geschehen könnte, wird in dem 1992 in Kairo publizierten Roman mit dem Titel *Dhāt* vorgeführt. Dhāt ist der ungewöhnliche Name der Romanheldin. Es ist eine Anspielung auf die Heldin des mittelalterlichen arabischen Volksepos um die Prinzessin Dhāt al-Himma (die Frau mit edlen Absichten), eine Kriegerin, die in den arabisch-byzantinischen Kriegen des 8. und 9. Jahrhunderts Heldentaten vollbringt. Für sich genommen kann *Dhāt* auch *Selbst* bedeuten. Der Roman ist ein modernes Epos, in dem Dhāt, eine typische Angehörige der städtischen Mittelschicht, gegen die Widrigkeiten des Alltags kämpft und Widerstand leistet, so gut und so lange es eben geht – aber gegen die sich verschlechternden Lebensbedingungen, den Verfall der öffentlichen Moral, den Zusammenbruch staatlicher Institutionen und Einrichtungen und das Abgleiten der Gesellschaft in religiösen Fanatismus und Obskurantismus kommt sie nicht an.

Die Handlung des Romans setzt Mitte der sechziger Jahre ein, als Dhāt, Studentin der Medienwissenschaft, und ʿAbd al-Magīd, Bankangestellter mit abgebrochenem Studium, heiraten und einen Hausstand gründen. In Heliopolis haben sie in einem Neubauviertel für Angehörige des öffentlichen

Dienstes eine günstige Mietwohnung gefunden. Noch ist die Welt in Ordnung: ʿAbd al-Magīds Einkommen ist ausreichend, seine Zukunftsaussichten sind gut, sein männliches Selbstwertgefühl ungebrochen und die Geschlechterhierarchie noch intakt – ʿAbd al-Magīd kann es sich leisten, Dhāt die Fortsetzung des Studiums zu verbieten.

So wird sie Hausfrau und Mutter zweier Töchter, und sie begräbt ihren Traum, eines Tages Journalistin zu werden. Aber in den siebziger Jahren steigen die Lebenshaltungskosten, und Dhāt muss arbeiten gehen. Über Beziehungen findet ʿAbd al-Magīd für sie einen Job bei einer Tageszeitung. Dort arbeitet sie in einer Abteilung, die formal die sprachliche und sachliche ›Korrektur‹ – ein Euphemismus für Zensur – und Bewertung der in der Zeitung publizierten Artikel verantwortlich ist, tatsächlich aber keine Funktion mehr hat, da das, was in den Zeitungen veröffentlicht werden darf, vom Informationsministerium oder Präsidialamt diktiert wird. Diese Abteilung wird im Laufe der Zeit zu einem wichtigen Nachrichten-Umschlagplatz, in dem all die Nachrichten von Skandalen und Wirtschaftsverbrechen ausgetauscht werden, die in der Zeitung nicht veröffentlicht werden dürfen. So erhält Dhāt aus erster Hand erstaunliche Einblicke in die ägyptische Gesellschaft. Zu Beginn der Präsidentschaft von Hosni Mubarak, der 1982 Sadat nach dessen Ermordung gefolgt war, wird Dhāt – wegen ihrer Sympathien für Nasser und Antipathien gegen Sadat – ins Archiv strafversetzt. Dort hat sie es mit den für diese Zeit typischen Zeitungen und Magazinen zu tun, die auf die öffentliche Malaise nur mit der Wiedergabe von leeren politischen Sonntagsreden und Slogans reagieren, und sie ist mit unpolitischen, überwiegend islamisch gesonnenen und nach islamischen Vorschriften gekleideten Kolleginnen konfrontiert, die Banalitäten aus ihrem Mütter- und Hausfrauenalltag erzählen und sie wegen ihrer offenbar linken politischen Gesinnung ablehnen.

Dhāt und ʿAbd al-Magīd gehören nicht zu denjenigen, denen in den siebziger und achtziger Jahren der soziale und ökonomische Aufstieg gelingt. Im Gegenteil, ihre Lebensverhältnisse werden immer schlechter. Das saubere Wohngebiet verdreckt, die Straßen sind voller Abwässer, überall liegt Müll, und im Treppenhaus treiben zahllose Katzen ihr Unwesen. Vergeblich versucht Dhāt, die Hausbewohner zu bewegen, in einer gemeinsamen Initiative etwas gegen den Müll und die Katzenplage zu unternehmen – die Partikularinteressen der Hausbewohner verhindern eine Lösung des Problems. Das Haus verkommt, und die Wohnung müsste dringend renoviert werden. Aber eine neue Küche, ein neues Bad, für die im Fernsehen geworben wird, können sich Dhāt und ʿAbd al-Magīd nicht leisten – im Unterschied zu den Nachbarn, die als Offiziere bei Polizei und Militär oder Angestellte bei der Stadtverwaltung hin und wieder ihr Einkommen mit Schmiergeldern aufbessern können und mit diesem Geld ihre Wohnungen renovieren. Und da ʿAbd al-Magīd weder willens noch in der Lage ist, sein Studium abzuschließen oder in die reichen Golfstaaten zu emigrieren, und es den beiden auch nicht gelingt, sich selbstständig zu machen, müssen sie Konsumverzicht üben. Während ʿAbd al-Magīd sein Versagen mit dem Konsum von Pornofilmen und Geschichten über imaginäre Heldentaten kompensiert, kämpft Dhāt tagsüber gegen den Alltag, nachts träumt sie von heroischeren Männern, wie denen aus den ägyptischen Spielfilmen der fünfziger und sechziger Jahre. Die Geburt des lang ersehnten Sohns zieht einige Veränderungen nach sich. ʿAbd al-Magīd ändert seinen Lebensstil und wird fromm. Auch Dhāt ändert ihr Auftreten und legt den Schleier an – weil ʿAbd al-Magīd es so will. Die Pflege und Erziehung des Sohns konfrontiert Dhāt wiederum mit den grotesken sozialen Verhältnissen.

Der Besuch eines befreundeten Ehepaars, das aus Europa zurückkehrt, bringt Dhāt noch einmal neue politische Erkenntnisse: Die Medikamente, die in ägyptischen Apotheken erhältlich sind, sind in Europa wegen ihrer gesundheitsschädigenden Wirkungen nicht zugelassen, und die Lebensmittel, die in Ägypten verkauft werden, enthalten ebenfalls gefährliche Stoffe. Da zudem in der Zeitung zu lesen ist, hormonbehandeltes Hähnchenfleisch habe bei ägyptischen Männern den Verlust der Libido und eine Vergrößerung der Brust zur Folge gehabt – ʿAbd al-Magīd hat diese Symptome auch schon an sich beobachtet –, wird Fleisch aus dem Speiseplan verbannt und dieser auf gesunde Ernährung umgestellt. Eine Dose Oliven, die mit einem falschen Haltbarkeitsdatum versehen wurde, veranlasst Dhāt schließlich zu einem Akt des Widerstands: Sie beschließt, ihre Rechte und Pflichten als Staatsbürgerin wahrzunehmen, und informiert das Gesundheitsamt sowie die Polizei über den Vorfall. Aber zu zahlreich sind solche Fälle, als dass die Behörden die Sache ernst nehmen würden. Was Dhāt bleibt, ist, die Meldung des Vorfalls zu Protokoll zu geben. So gerät sie, unterstützt von ihrer Freundin Himma, in den Dschungel der ägyptischen Bürokratie, in dem sich ein einfaches Protokoll als komplizierter Verwaltungsakt erweist, der mehrere Tage in Anspruch nimmt.

Fiktionalisierungen des Wirklichen

Dhāts Geschichte macht jedoch nur eine Hälfte des Romans aus; die andere Hälfte besteht aus Collagen von Zeitungsausschnitten, die hauptsächlich der ägyptischen Presse entnommen sind und die im Wechsel mit den Erzählkapiteln dargeboten werden. Sie beleuchten Entwicklungen auf nationaler und internationaler Ebene, die für die politischen, ökonomischen und sozialen Verhältnisse in Ägypten im dargestellten Zeitraum bestimmend sind –

und auch Dhāts Leben prägen. So ergibt sich aus den Zeitungsausschnitten ein Bild der ägyptischen Gesellschaft in den achtziger Jahren. Das Material zielt darauf ab, die herrschende politische und ökonomische Elite zu diskreditieren; zugleich geht es darum, mittels der Collagen den ideologischen Charakter der Medienberichterstattung zu entlarven.

Die unter Sadat vollzogene Allianz mit dem Westen, insbesondere den USA, verspricht finanzielle und technologische Hilfe, aber diese Hilfe schafft auch politische Abhängigkeit. Die Wirtschaftsreformen Sadats erweisen sich als ›Ausverkauf‹ von Staatseigentum und ziehen die Zerstörung der einheimischen Industrie nach sich. Führende ägyptische Politiker und andere Staatsdiener sind an dem damit verbundenen Transfer ägyptischen Kapitals an ausländische Unternehmen oder in die eigene Tasche maßgeblich beteiligt, und die Staatsverschuldung steigt. Der ideologische Überbau dieser Gesellschaft wird von islamisch-fundamentalistischen Theologen geliefert, die – unter Sadat als Antipoden von Kommunisten und Nasseristen gefördert – die Islamisierung der Gesellschaft predigen. Sie machen ihre eigenen Geschäfte, indem sie beispielsweise die Verschleierung der Frau propagieren und gleichzeitig die ersten Modehäuser für muslimische Frauen eröffnen. Der Schluss dieses Kapitels wird ironisch durch ein Zitat von Mubarak gekrönt: »Umfassende Entwicklung hat in allen Lebensbereichen stattgefunden dank all derer, die auf allen Feldern der Produktion mit einem Teamgeist der Solidarität und Ehrlichkeit arbeiten.« Die vorausgegangenen Zeitungsausschnitte widersprechen dieser Aussage ganz entschieden und stellen sie als leeres Gerede bloß.

Die darauf folgenden Kapitel beleuchten die ägyptisch-amerikanisch-israelischen Beziehungen, den Zustand des Gesundheitswesens und der Infrastruktur, berichten von Naturkatastrophen, Epidemien und Unfällen, von Aufständen und Streiks sowie deren Niederschlagung, befassen sich mit der Islamisierung der Gesellschaft, dem islamischen Diskurs in den Medien, den Geschäftspraktiken islamischer Firmen und Banken und den zunehmenden Spannungen zwischen Muslimen und koptischen Christen oder verfolgen den Aufstieg und Fall von Politikern, Wirtschaftsbossen, Theologen, Schauspielern und anderen Figuren des öffentlichen Lebens. Selbst Werbeanzeigen werden aufgenommen. Dabei werden immer wieder Schlagzeilen und Nachrichten über tatsächlich geschehene Vorfälle und aufgedeckte Skandale kontrastiert mit Verlautbarungen von Politikern, Erklärungen hoher Funktionäre oder Berichten staatlicher Institutionen.

Im *Prüfungsausschuss* wurde der Ich-Erzähler in seinen Nachforschungen unterbrochen, als er begann, aus dem gesammelten Material brisante Schlüsse über den Zusammenhang von Politik, Kapital und dem Niedergang Ägyptens zu ziehen und diese aufzuschreiben. In *Dhāt* wird ebenfalls nur

Material präsentiert, hier aber ist der *Leser* aufgefordert, das zu tun, was der Erzähler im *Prüfungsausschuss* nicht tun sollte: Schlüsse ziehen.

Aber nicht nur die offiziellen staatlichen Verlautbarungen werden durch die Collagen demaskiert, sondern auch der islamische Diskurs wird in seinem ideologischen Charakter durch die ausgewählten Zitate rücksichtslos entlarvt. So kommt etwa Shaikh Shaʿrāwī zu Wort, ein in Ägypten wegen seiner Fernsehauftritte außerordentlich populärer Theologe, dessen Einfluss, Macht und Ansehen seit Anfang der siebziger Jahre kontinuierlich wuchs und der viel zur Islamisierung Ägyptens beitrug. Shaʿrāwī produziert eben die Ideologie, die verhindert, dass sich an den sozialen Verhältnissen etwas ändert – und der Staat dankt es ihm:

> Wenn du ein Haus siehst, das seinem Besitzer hohe Mieteinnahmen bringt, solltest du auf diesen Mann nicht neidisch sein. Vielmehr solltest du für ihn beten, weil er sein Geld ehrlich verdient. Er hat niemanden ausgebeutet, sondern nur für die Ernährung und Bekleidung der ärmsten Arbeiter gesorgt.

Auch die Verflechtung islamistischer Ideologie mit handfesten Geschäftsinteressen wird in zahlreichen Zeitungsausschnitten aufgedeckt. So wird der Leser beispielsweise mit einer skurrilen Fusion von islamistischer und westlicher Manager-Rhetorik konfrontiert:

> Sony feiert Rückkehr
>
> Ergebnis der Kooperation zwischen der japanischen Firma Sony, der Internationalen Islamischen Handelsgesellschaft für Computer, der Internationalen Islamischen Bank und der Banha Elektronik-Handelsgesellschaft
>
> Prof. Muhammad Samir Ulaish: Lob sei Gott und Dank. Hinter diesem großen Ereignis stehen viele Jahre kontinuierlicher und beharrlicher Arbeit. Heute ernten wir die Früchte unserer Arbeit und unserer Anstrengungen, und ein Traum wird wahr. Ja, Sony ist zurück auf dem ägyptischen Markt. Ende der siebziger Jahre trafen wir uns erstmals mit einigen Wegbereitern dieses Projekts und beschlossen, in allen Lebensbereichen den Namen Gottes und das Gesetz Gottes zu erhöhen. Denn die Grundsätze des Islams sind nicht nur Rituale, die man vollziehen muss, sondern sie sind auch eine Anleitung fürs richtige Leben, der alle Menschen, die sich darum bemühen, folgen können. So sind wir heute Zeugen der Geburt der Internationalen Islamischen Handelsgesellschaft für Informationstechnologie (Computum), einer neuen Tochtergesellschaft der Firma Compuland, die ihre Ziele erreichen und die Welt der Zukunft im Sturm erobern wird, die Welt der Information, die bisher das Monopol einiger weniger Staaten war.

Die Kapitel mit Collagen aus Zeitungsausschnitten enthalten auch ›Bilder‹ und Bildunterschriften. Die für die Bilder reservierten Plätze bleiben allerdings leer; es ist Aufgabe des Lesers, sie zu füllen. Aufgrund seiner Kenntnis der Wirklichkeit und deren üblicher Darstellung in den Medien weiß er, wie das Bild auszusehen hat, das zur Bildunterschrift gehört: »Präsident Mubarak schüttelt Shaikh Shaʿrāwī die Hand und überreicht ihm den Orden der Republik« oder »Einwohner von Alexandria, überschwemmt von Abwasser, in und vor ihren Häusern«.

Die Kapitel mit den Collagen aus Zeitungsausschnitten sind eng mit den Kapiteln des Erzähltexts verflochten. Was im Erzähltext Dhāt und ʿAbd al-Magīd widerfährt, wird erst durch die Collagen in vollem Umfang verständlich. Aus ihnen erfährt der Leser beispielsweise, weshalb die Oliven, die Dhāt kauft, verdorben sind: weil nämlich das Gesundheitsministerium die Kontrollen für importierte Waren aufgehoben hat. Umgekehrt lässt der Erzähltext auch den ideologischen Charakter mancher Zeitungstexte aufscheinen, etwa, wenn in einem Zeitungstext Shaikh Shaʿrāwī erklärt, Frauen seien gezwungen, arbeiten zu gehen, weil die Männlichkeit ihrer Gatten abnehme. Der ägyptische Leser weiß jedoch nicht zuletzt aus eigener Erfahrung, dass die Frauen in erster Linie wegen der gestiegenen Lebenshaltungskosten arbeiten müssen.

Erzähler und Leser als Komplizen

Autor und Verleger haben, beraten von drei Rechtsanwälten, dem Roman eine Erklärung vorangestellt: »Die Vorkommnisse, von denen in einigen Kapiteln des Romans berichtet wird, sind der ägyptischen Presse entnommen, sowohl der staatlichen als auch der oppositionellen. Mit ihrer Reproduktion ist weder eine Bestätigung ihrer Richtigkeit, noch eine Schädigung des Rufs der Personen, die sie behandeln, beabsichtigt. Sie sollen die Medienatmosphäre widerspiegeln, die das Leben der Figuren bestimmt und sie beeinflusst.«

Das ist gewiss nur die halbe Wahrheit. *Dhāt* ist ein Text, in dem Erzähler und Leser eine permanente Komplizenschaft eingehen. Sie wissen ganz genau, wie der Alltag, die Realität aussieht, dass sie den Verlautbarungen der herrschenden Klasse und dem Diskurs in den Medien nicht trauen dürfen. Sie benutzen das den Zeitungen entnommene Material zur Subversion und behalten die daraus gewonnenen Erkenntnisse über die Machenschaften der herrschenden Klasse für sich.

Es ist sicher kein Zufall, dass der Roman auf ein begeistertes Echo bei der ägyptischen Literaturkritik stieß. Einer Meinungsumfrage zufolge war *Dhāt* der beste Roman des Jahrs 1992. Im Jahr darauf sollte er mit einem staatlichen Preis als wichtigster ägyptischer Roman ausgezeichnet werden – aber dazu konnten sich die staatlichen Institutionen nicht durchringen. Es sollte ein weiteres Jahrzehnt dauern, bis Ṣunʿallāh Ibrāhīm der höchste ägyptische Literaturpreis angetragen wurde – und dieser ihn ablehnen durfte.

Werke

Tilka l-rā'iḥa (*Jener Geruch*), Kairo 1966.
Nadjmat Aghusṭus (*August-Stern*), Damaskus 1974.
al-Ladjna (*Der Prüfungsausschuss*), Beirut 1981.
Bairūt, Bairūt, Kairo 1984.
Dhāt, Kairo 1992.
Sharaf, Kairo 1997.
Warda, Kairo 2000.
Amrikanli (›*Amerikanlisch*‹), Kairo 2003.

Übersetzung ins Deutsche

Sonallah Ibrahim: *Der Prüfungsausschuss*, übers. v. Hartmut Fähndrich, Basel: Lenos 1987.

Übersetzungen ins Englische

Sonallah Ibrahim: *The Smell of It and Other Stories*, übers. v. Denys Johnson-Davies, London: Heinemann 1971.

Sonallah Ibrahim: *Zaat*, übers. v. Anthony Calderbank, Kairo, New York: The American University in Cairo Press 2001.

Übersetzungen ins Französische

Sonallah Ibrahim: *Etoile d'août*, übers. v. Jean-François Fourcade, Arles: Actes Sud 1987.
Sonallah Ibrahim: *Charaf ou l'honneur*, übers. v. Richard Jacquemond, Arles: Actes Sud 1999.
Sonallah Ibrahim: *Warda*, übers. v. Richard Jacquemond. Arles: Actes Sud 2002.

Weiterführende Literatur

Stephan Guth: *Zeugen einer Endzeit. Fünf Schriftsteller zum Umbruch in der ägyptischen Gesellschaft nach 1970*, Berlin: Schwarz 1992 (bes. S. 114–149).

Marina Stagh: *The Limits of Freedom of Speech. Prose Literature and Prose Writers in Egypt under Nasser and Sadat*, Stockholm 1993.

Ceza Kassem Draz: »Opaque and Transparent Discourse in Sonallah Ibrahim's Works«, in: *The View from Within. Writers and Critics on Contemporary Arabic Literature*, hg. v. Ferial J. Ghazoul u. Barbara Harlow, Kairo: The American University in Cairo Press 1994.

Samia Mehrez: *Egyptian Writers Between History and Fiction. Essays on Naguib Mahfouz, Sonallah Ibrahim and Gamal al-Ghitani*, Kairo: The American University in Cairo Press 1994 (bes. S. 119–146).

Hartmut Fähndrich: »Trials and The Trial. Ṣunʿallāh Ibrāhīm, Franz Kafka etc.«, in: *Myths, Historical Archetypes and Symbolic Figures in Arabic Literature. Towards a New Hermeneutic Approach*, hg. v. Angelika Neuwirth u. a., Beirut, Stuttgart: Steiner 1999, S. 239–245.

Ulrike Stehli-Werbeck: »Referenz und Selbstreferenz. Strategien des Erzählens in Ṣunʿallāh Ibrāhīms Tilka r-rā'iḥa«, in: *Understanding Near Eastern Literatures. A Spectrum of Interdisciplinary Approaches*, hg. v. Verena Klemm u. Beatrice Gründler, Wiesbaden: Reichert 2000, S. 203–214.

Angelika Neuwirth

Hebräische Bibel und Arabische Dichtung

Maḥmūd Darwīsh und seine Rückgewinnung Palästinas als Heimat aus Worten

Ich komme von dort.
Ich gebe den Himmel seiner Mutter zurück, wenn er nach seiner Mutter weint.
Und ich weine, damit eine Wolke, die zurückkehrt, mich erkennt.
Ich habe die Sprache der blutigen Tribunale gelernt, um die Regeln zu brechen,
Ich habe alle Worte gelernt und zerlegt, um ein Wort zu prägen:
Heimat.
(Maḥmūd Darwīsh, *Arā mā urīd, Ich sehe was ich will,* 1990)

Ist diese Stimme, die Anspruch auf einen transzendentalen Status erhebt, die Mittler zwischen Himmel und Erde sein will und behauptet, fragmentierte Sprache zu einem einzigen Namen zusammenführen zu können, nur das lyrische Ich eines individuellen Gedichts, oder ist sie die prophetische Stimme des Dichters selbst? Das Problem hat eine lange Geschichte. Sie beginnt mit dem altarabischen Qasiden-Dichter, der als Bewahrer der kollektiven Erinnerung und der traditionellen Normen seiner vorislamischen Gesellschaft fungierte, selbst aber in seinen Gedichten in der Ich-Form zu sprechen pflegte. Mochten die von ihm berichteten Erfahrungen auch weitgehend stereotyp und die heroischen Taten, die er in seiner Poesie für sich beanspruchte, weniger historisch-real als exemplarisch für die tribalen Tugenden seiner Gesellschaft sein – er stand doch persönlich für seine Botschaft ein, sodass sich die Hörer mit ihm identifizieren konnten, wenn er seine Poesie vortrug. Arabische Dichter blieben auch in der Folgezeit, als längst islamische Gelehrte ihre normenverbürgende Rolle übernommen hatten, weiterhin öffentliche Figuren – wenn auch meist im Dienst höfischer Patrone.

In der kulturellen Erinnerung erscheint der Dichter der klassischen Zeit aber durchaus unangepasst kämpferisch, nämlich als Verfechter einer rein weltlichen, individualistischen Gefühlskultur, der er einen säkularen Freiraum inmitten der islamischen Normenwelt erobert hatte. An die Stelle der heroischen Haltung des alten Dichters trat hier die poetische Obsession: Der klassische Dichter gestaltete in der schon bald dominierenden Gattung des Liebesgedichts, *ghazal*, eine leidenschaftliche, oft unerfüllt bleibende Liebesbeziehung zu einem – männlich oder auch weiblich imaginierten – geliebten Anderen. Die alte, politische Identität stiftende Rolle des Dichters manifestierte sich erst wieder in der Kolonialzeit, als arabische Dichter für die kulturelle Selbstbehauptung gegenüber der Kolonialmacht einstanden. In dieser langen Tradition steht der 1942 geborene Maḥmūd Darwīsh. Obwohl sein Werk künstlerisch bereits Teil einer Regionen und Kulturen übergreifenden modernen Dichtung ist, hat Darwīsh die im Nahen Osten an den Dichter gestellte Erwartung, eine öffentliche und damit politische Rolle wahrzunehmen, nie gänzlich enttäuscht. Vielmehr blieb er beiden Funktionen der Dichtung verpflichtet, der persönlichen Erkundung des Selbst ebenso wie der Aktivierung kollektiver Erinnerung im politischen Konflikt – ganz so wie seine Vorbilder, revolutionäre Dichter wie Nazim Hikmet, Louis Aragon, Pablo Neruda und García Lorca, die als Dichter zugleich Tribunen ihrer unterdrückten Gesellschaft im Kampf um politische Veränderung waren.

Der arabische Dichter – eine ästhetische Grenzfigur

Die eingangs zitierten Verse erheben jedoch einen besonders ehrgeizigen Anspruch. Der Sprecher im Gedicht präsentiert sich als nichts Geringeres als ein kosmischer Akteur, der Himmel und Erde miteinander versöhnt; eine Art Prometheus, der die Symbole der herrschenden Mächte zerschmettert, zugleich aber auch als die Wiederverkörperung einer biblischen Figur, des ersten Menschen Adam, der allen Dingen ihre Namen gibt. Ist dieses Gedicht eine rein poetische und daher berechtigt hyperbolische Artikulation eines Künstlers, oder ist es eine prophetisch-selbstverpflichtende und somit autobiographische Aussage des ›Dichters Palästinas‹? Die Frage wird unter den Lesern Darwīshs kontrovers diskutiert. Seine Dichtung hat immer wieder Reinterpretationen provoziert, in denen die Leser und Hörer autobiographische Gültigkeit für poetische Äußerungen des lyrischen Ich reklamierten. Der Dichter wurde zu einer charismatischen Figur, dessen Rede durch eine Art ›Kanonisierung von unten‹ als ›palästinensischer Kanon‹ autorisiert wurde. Es ist kaum eine Übertreibung zu sagen, dass Hörer und Leser eine prophetisch-poetische Autobiographie aus Darwīshs Gedichten konstruiert haben, in der sie selbst als seine engsten Partner figurieren.

Maḥmūd Darwīsh hat sich immer wieder gegen diese Vereinnahmung gewehrt, zumal von ihm autobiographische Texte vorliegen – neben einigen Prosastücken aus verschiedenen Phasen auch zwei jüngere Gedichtsammlungen, die als poetische Autobiographien betrachtet werden können und auch als solche akzeptiert sind: *Li-māḏā tarakta l-ḥiṣāna waḥīdan* (*Warum hast du das Pferd allein gelassen?*, 1995) und *Sarīr al-gharība* (*Das Bett der Fremden*, 1999). In diesen beiden Werken tritt eine schon in frühen Gedichten durchscheinende Intertextualität besonders deutlich und explizit zutage: Darwīshs Lektüre der Hebräischen Bibel. Vor dem Hintergrund des palästinensisch-israelischen Konflikts ist zu erwarten, dass eine nicht-religiöse, arabische Lektüre der –

von zionistischer Seite längst politisch instrumentalisierten – Bibel eine neue, arabische Gegentradition produzieren wird, die dem Palästinenser ermöglicht, den politisierten Kanon des Anderen mit einer subversiven eigenen Lektüre zu konfrontieren. Darwīsh hat in seiner frühen Schaffensperiode einen solchen Gegentext, ein palästinensisches Buch *Genesis* und *Exodus*, hervorgebracht. Er verfolgt mit seiner Bibellektüre in späterer Zeit jedoch das darüber hinausgehende Ziel, den Antagonismus zwischen dem Anderen und dem Selbst aufzulösen und beide in einer gemeinsamen Welt der Fremde zu lokalisieren, in der *ghurba* – jener besonderen *conditio humana,* auf die der Titel der neuen Sammlung *Das Bett der Fremden* (*gharība*) anspielt. Es erstaunt wenig, dass in einem solchen Kontext, wie ihn Darwīsh in seiner späten Dichtung aufbaut, aus der Weltliteratur des Exils bekannte Figuren Eingang gefunden haben. So begegnet der jüdische Dichter Paul Celan mit seiner eigenen Lektüre der Hebräischen Bibel in Darwīshs neuer Dichtung als Kronzeuge für die Befindlichkeit des Exils.

Der Dichter zwischen individuellem Künstler und öffentlichem Symbol

Maḥmūd Darwīsh gilt heute mit Adūnīs als der prominenteste arabische Dichter. Geboren 1942 in dem galiläischen Dorf Birwa, das 1948 dem Erdboden gleich gemacht wurde, aufgewachsen mit der arabischen und der hebräischen Sprache, trat er bereits als junger Mann in die Redaktion der kommunistischen Literaturzeitschrift *al-Djadīd* (Das Neue), später der den israelischen Kommunisten nahe stehenden Wochenzeitschrift *al-Ittiḥād* (Die Union) in Haifa ein, Presseorgane, die sich für eine transnationale Kultur des Landes einsetzten. Hier arbeitete er eng mit dem Romancier, Journalisten und Politiker Emīl Ḥabībī zusammen. Darwīsh schrieb früh Gedichte mit deutlich politischem Tenor. Seine Rolle als die Stimme seiner Gesellschaft verdankt sich jedoch eindeutig seinem ersten Langgedicht *ʿĀshiq min Filasṭīn* (*Ein Liebender aus Palästina*), geschrieben 1966, einem Gedicht, das die existentielle Erfahrung einer poetischen Landnahme reflektiert, die er in seinem frühen Memoir *Yaumiyyāt al-ḥuzn al-ʿādī* (*Tagebuch der alltäglichen Traurigkeit*, 1978) beschrieben hat:

> Unvermittelt erinnerst du dich, dass Palästina dein Land ist. Der verlorene Name führt dich in verlorene Zeiten, und am Strand des Mittelmeers liegt das Land wie eine schlafende Frau, die plötzlich erwacht, als du sie bei ihrem schönen Namen rufst. Sie haben dir verboten, die alten Lieder zu singen, die Gedichte deiner Jugend zu rezitieren, die Geschichten der Rebellen und Dichter zu erzählen, die dieses alte Palästina besungen haben. Der alte Name kehrt zurück, er kehrt endlich zurück aus der Leere, du öffnest ihre Karte so, als öffnetest du die Knöpfe des Kleides deiner ersten Liebe zum ersten Mal.

Was gewaltsam aus dem Bewusstsein des Sprechers verbannt war, kehrt unvermittelt in einer Art von Vision wieder, deren erotische Ausstrahlung ihm die Realität in ihrer vollen Dimension zurückgibt. Darwīsh war zu dieser Zeit 24 Jahre alt. Mit zunehmender Bekanntheit als Dichter war er immer stärkeren Repressalien durch die israelischen Behörden ausgesetzt und mehrfach inhaftiert, sodass auch das Gedicht *Ein Liebender aus Palästina* im Gefängnis entstand. Kurz nach der Publikation des Gedichts wurde der in Beirut wirkende palästinensische Publizist und Erzähler Ghassān Kanafānī auf Darwīsh und einige weitere junge Dichter aus den arabischen Enklaven Israels aufmerksam. Es gelang ihm, eine Anzahl ihrer Gedichte nach Beirut zu schmuggeln und sie als ›Widerstandsdichtung‹ einer breiteren arabischen Öffentlichkeit vorzustellen – ein Etikett, das Darwīsh später energisch zurückweisen sollte.

Zunehmender politischer Druck zwang Darwīsh 1970, das Land zu verlassen. In seinem Beiruter Exil verfasste er einige seiner beeindruckendsten Gedichte, in denen er die Figur des *fidāʾī*, des selbstaufopfernden Kämpfers, bzw. des Märtyrers, *shahīd*, als *alter ego* zum Dichter selbst schuf. Mit der Vertreibung der palästinensischen Kämpfer aus dem Libanon durch die israelische Armee 1982 musste auch Darwīsh das Land wieder verlassen. Er zog sich nach Paris zurück, wo seine Kriegserinnerung *Dhākira li-l-nisyān* (*Ein Gedächtnis für das Vergessen*, 1987) und Sammlungen neuer, prononciert persönlicher Dichtung entstanden. Im Bewusstsein seiner Leser blieb er die Stimme Palästinas, der kongeniale Übersetzer jener innersten Sehnsüchte der Palästinenser, die nur poetisch, in Mythen und Symbolen, ausgedrückt werden konnten. Obwohl Darwīsh seit den neunziger Jahren begonnen hatte, seine Vergangenheit poetisch ›um-zuschreiben‹, sie aus der Perspektive des ›Entfremdeten‹, des Exilierten, neu in den Blick zu nehmen, kam es für die Leser doch überraschend, dass er, der über 30 Jahre lang als ›Dichter Palästinas‹ Tausende von Hörern anzuziehen pflegte und mit seinen Gedichtbänden unzählige Leser in der gesamten arabischen Welt erreichte, im Jahr 2002 – sechs Jahre nach seiner Rückkehr in die arabische Welt – mit dem Band *Ḥālat Ḥiṣār* (*Belagerungszustand*) explizit vom Rang des Dichters seines Volkes herabstieg und einen wesentlichen Teil seiner eigenen mythischen Produktion infrage stellte.

Neuschöpfung des Gelobten Landes: eine palästinensische Genesis

Was Thorsten Valk für die deutsche romantische Dichtung beobachtet, ihre weltverwandelnde und zeitaufhebende Dimension, ist auch Kennzeichen der modernen arabischen Poesie:

> Der Dichter trägt (...) die Züge des antiken Dichters Orpheus. Wie dieser tritt er als mächtiger Magier auf, der die Gesetze von Raum und Zeit außer Kraft setzt, entlegenste Wirklichkeitsbereiche miteinander verbindet und alle Geschöpfe in einen umfassenden Dialog eintreten läßt. (...) Der Dichter nimmt eine besondere Vorrangstellung ein, da er einen geradezu mystischen Zugang zum Goldenen Zeitalter besitzt. Für ihn ist die Einheit der idealen Ursprungssphäre auch in den disparaten Erscheinungen der gegenwärtigen Welt erfahrbar.

Obwohl der Topos eines Goldenen Zeitalters in der arabischen Kultur fehlt, ist die arabische post-koloniale Dichtung prononciert nostalgisch. Die Dichter sind bestrebt, die Realität zu verwandeln und die Vision eines vorkolonialen paradiesischen Zustands ihres Lebensraums jenseits von dessen wirklicher, durch politische Umstände entstellter Erscheinung wieder zu finden. Das gilt für die palästinensische Poesie in besonderem Maße, deren Verständnis auf der Prämisse beruht, dass das Land das strukturierende Prinzip ist, das das individuelle und kollektive Leben bestimmt. Nachdem zwei miteinander konkurrierende Versionen der Geschichte in das Land eingeschrieben sind, die ›textuelle Heimat‹ der Palästinenser angesichts der Machtverhältnisse aber vom Auslöschen bedroht ist, bleiben ihnen zu ihrer Verankerung im Land vor allem ihre Erinnerungen an die Kindheit und die Vertreibung, Emotionen, die ihre Verbindung zum Land und ihr natürliches Recht auf das Land symbolisieren. Diese bleiben allerdings so lange isoliert und machtlos, wie sie nicht durch ein wirksames Medium emotional und intellektuell in kollektives Bewusstsein umgesetzt sind. Dieses Medium war lange Zeit die Dichtung: Die palästinensische Exilsituation hat eine schon fast obsessive Selbstbeschäftigung mit Fragen der zerbrochenen Identität provoziert, die nur durch die Dichtung wiederhergestellt werden kann, wie der Arabist Richard van Leeuwen betont:

> Es ist die Funktion des Dichters, diese Identität zu rekonstruieren, sie wieder in jene Bereiche zu integrieren, aus denen sie verbannt wurde: in die Zeit oder die Kontinuität der Geschichte und in den Raum, die Gewissheit des Besitzes der Heimat. Diese Reintegration kommt nur zustande, indem beide Bereiche in der Dichtung wiedererschaffen werden, indem erfahrbar wird, dass ihre Essenz die verzerrte Realität transzendiert und sich wieder im Gang der Dinge durchsetzt.

Dichtung geht aber bei Darwīsh noch einen Schritt weiter. Dichtung ist Antwort auf eine bereits existente Schrift, die in das Land eingeschrieben ist, um die Legitimität und die Vorherrschaft der anderen zu garantieren: die Hebräische Bibel. Dies ist nicht erst eine Entwicklung im Zionismus; die biblische, jüdisch-christliche ›Einschreibung‹ in das Land Palästina wurde bereits im 19. Jahrhundert in amerikanischen protestantischen Kreisen reklamiert. Einer der Kronzeugen dieser Ideologie, William M. Thomson, Autor eines Werks mit dem Titel *The Land and the Book* (1858) ist kürzlich von dem Kulturkritiker Hilton Obenzinger in seiner Studie *American Palestine* (1999) neu bewertet worden, die die Brisanz dieser frühen Entdeckung eines Palästina ohne seine muslimischen Bewohner beleuchtet:

> Das Land wurde als fremd empfunden, aber es war eine Fremdheit, die von göttlichen Sinngebungen ausging, die nur darauf warteten ›gelesen‹ zu werden, Sinngebungen, die zwischen heiliger Erde und biblischem Text oszillierten. (...) Amerikanische Protestanten reisten nach Palästina, um diesen vollständigen und vollkommenen Text zu lesen, indem sie das weiblich wahrgenommene Land als von einer männlichen Feder beschrieben lasen, um durch die Paarung von Boden und Geschichte Beweisgründe für Glauben und Providenz aus der so entstandenen erotisierten Einheit zu gewinnen.

Die protestantische Initiative des 19. Jahrhunderts blieb keine Episode: Seit den frühen siebziger Jahren des 20. Jahrhunderts hat sich ein umfangreiches *America Holy Land Project* an der Hebrew University etabliert, das mit seiner Tendenz, die Geschichte der Region im 19. Jahrhundert als Vorgeschichte des Staats Israel zu bewerten, die Erwartung verbindet, dass eine Aufarbeitung der westlichen ›Wiederentdeckung‹ Palästinas und der verschiedenen prä-zionistischen, christlichen Vorstellungen von jüdischer Restauration die letztliche historische Unausweichlichkeit der Gründung des jüdischen Staats beweisen wird.

Natürlich geht Maḥmūd Darwīshs erstes Hervortreten als ›Nationaldichter‹, das am ehesten in das Jahr 1966 datiert werden kann, dem Aufkommen dieser Debatten ebenso wie Edward Saids 1978 erschienenem Buch *Orientalism*, einer Kritik des Imperialismus in den westlichen Kultur- und Machtbeziehungen zum Nahen Osten, zeitlich um einige Jahre voraus. Dennoch steht es angesichts von Darwīshs intensiver Zusammenarbeit mit kulturellen und politischen Schlüsselfiguren wie Emīl Ḥabībī im Rahmen der gemeinsamen Redaktionsarbeit außer Zweifel, dass er sich sehr früh der irreversiblen Verschlungenheit von Text und Land in der Wahrnehmung der herrschenden Gesellschaft im Land, der israelischen Juden, bewusst wurde. Dieses Bewusstsein, das sich bereits im *Tagebuch der alltäglichen Traurigkeit* reflektiert, hat er 1997 expliziert:

> Man muss sich klar darüber sein, dass Palästina bereits geschrieben worden ist. Der Andere hat dies bereits auf seine Weise getan, auf dem Wege der Erzählung einer Geburt, die niemand auch nur im Traum bestreiten wird. Einer Erzählung der Schöpfungsgeschichte, die zu einer Art Quelle des Wissens der Menschheit geworden ist: der Bibel. Was konnten wir von diesem Ausgangspunkt aus anderes tun, als unsererseits eine mythische Erzählung zu schreiben? Das Problem

der palästinensischen Poesie ist, dass sie ihren Weg begonnen hat, ohne sich auf feste Anhaltspunkte stützen zu können, ohne Historiker, ohne Geographen, ohne Anthropologen; außerdem hat sie sich mit all dem Gepäck ausrüsten müssen, das notwendig war, um ihr Existenzrecht zu verteidigen. Das macht es für den Palästinenser unumgänglich, durch einen Mythos hindurchzugehen, um beim Bekannten anzukommen.

Geschichte und Mythos sind ein unausweichlicher Umweg, wenn man die Gegenwart verstehen und die Lücken, die durch die gewaltsame Besetzung des Landes und seiner textuellen Repräsentationen in das Bewusstsein gerissen sind, füllen will. Die *master narrative* des palästinensischen Exodus, der ›Abwesenheit‹ der Palästinenser, muss daher ›um-geschrieben‹ werden.

Der Dichter als der Erste Mensch, als Urheber einer Schrift

Die palästinensische Öffentlichkeit verknüpft diese von Darwīsh geleistete ›Um-schreibung‹ mit dem Anspruch auf die Person des Dichters als ihres Sprechers, ja ihres Dichter-Propheten. So übertrieben der Anspruch erscheinen mag, ist er doch nicht ganz willkürlich. Denn das Gedicht *Ein Liebender aus Palästina*, das die aus den frühen Memoiren zitierte Erfahrung der ›Wiedergewinnung‹ des Landes reflektiert, kann in der Tat als Bündnis-Dokument zwischen Dichter und Gesellschaft gelesen werden. Es beginnt mit den Versen »Deine Augen sind Dornen in meinem Herzen« (*'uyūnuki shaukatun fī l-qalbi*) – und verweist so offensichtlich auf Erfahrungen, die nicht auf bloß Individuell-Persönliches begrenzt sind, sondern tief in die arabische literarische Tradition zurückreichen. Der Blick der Geliebten, der die *persona* des Dichters trifft, ist jener Blick, der dem nahöstlichen Hörer aus dem mystischen Liebesgedicht, dem *ghazal*, bekannt ist: Die Augen des geliebten Anderen verletzen den Liebenden und machen ihn ihm/ihr aber umso mehr verfallen (»Deine Augen verletzen mich … ich aber bete sie an«). Der Adressat des mystischen *ghazal*, ursprünglich das große unerreichbare Andere, der göttliche Geliebte, ist in der postkolonialen Ära wieder verkörpert durch ein ebenfalls unerreichbares Anderes: das Bild der verlorenen oder besetzten Heimat. Es ist also die Tonart des *ghazal*, markiert durch den Topos der Anrede des erhabenen und unerreichbaren Geliebten, in der sich der Dichter der Heimat nähert. Um sie aber ansprechen zu können, muss er sie zuerst in die Realität zurückbringen. 1966 war der Name ›Palästina‹ noch ein politisches Tabu, nachdem er mit der Gründung des Staats Israel abgeschafft und mit der Annexion der Westbank durch das Königreich Jordanien dort ebenfalls verpönt war. Es gab nichts mehr, das Palästina hieß.

Es ist daher keine Übertreibung zu behaupten, dass das Gedicht *Ein Liebender aus Palästina* Palästina erst neu erschuf. Um diesen gewichtigen Schöpfungsakt zu vollziehen, greift Darwīsh auf ein bereits vorgegebenes poetisches Modell für die Bewältigung von Verlustschmerz, die Rückgewinnung von Stabilität und die Neuaufnahme der sozialen Kommunikation zurück. Das Gedicht ist der Standardform der altarabischen *qaṣīda* nachgebildet, einem Langgedicht mit der Aufeinanderfolge von drei Sektionen, die jeweils in einer eigenen Stimmung gehalten sind: Die *qaṣīda* beginnt mit einem nostalgischen Eingangsteil, dem *nasīb,* das den Verlust einer Geliebten beklagt, es folgt die ruhige Beschreibung einer Reise, *raḥīl,* auf der der Dichter sein Selbstvertrauen zurückgewinnt; sie kulminiert in einem pathetischen Schlussteil, oft bestehend in einem *madīḥ,* einer Preisung, verknüpft mit einem *fakhr*, einem Selbstpreis, die die heroischen Tugenden der tribalen Gesellschaft feiern. In Darwīshs Gedicht beklagt der *nasīb* die Absenz der Heimat und das daraus resultierende Verstummen der Umwelt. Die Abwesenheit der Geliebten schlägt sich auch poetologisch auf die Dichtung selbst nieder, denn die erschütterte Beziehung lässt nur noch die eine Gattung der Elegie zu:

> Deine Worte waren ein Lied
> Und ich versuchte es zu singen,
> Doch das Elend umzingelte die Frühlingslippen,
> Wie Schwalben flogen Deine Worte davon
> Der Liebe nach und verließen die Tür unseres Hauses
> Und die herbstliche Schwelle.
> Unsere Spiegel zerbrachen
> Und machten mein Leid tausendfach;
> Wir sammelten die Splitter der Stimme,
> Und konnten nichts zusammenfügen als eine Elegie auf die Heimat.
> Wir pflanzen sie ein in das Herz der Gitarre
> Und spielen sie auf den Dächern unserer Tragödie
> Vor entstellten Monden und Steinen.

In Darwīshs *raḥīl*-Sektion, die zu seiner Vision der triumphalen Wiedergewinnung der Heimat führt, geht der Sprecher mit seinem Blick auf die Reise. Er unternimmt eine langwierige visuelle Verfolgung der Geliebten, die ihn in verschiedene Szenerien des Exils, des Leidens und des Elends führt: zum Hafen, dem Ort der unfreiwilligen Auswanderung, zu verlassenen mit Dornbüschen überwucherten Hügelkuppen, zu Lagerräumen ärmlicher Bauernhäuser, zu billigen Nachtclubs und von Entbehrung geprägten Flüchtlingslagern. Die lange Folge von Visionen der Heimat in Situationen der Bedürftigkeit und Demütigung kommt erst zum Stillstand, als sich die

Geliebte in einer deutlich erotischen Ausstrahlung zeigt, als schlafende Schönheit, in ästhetisch vollkommener Gestalt:

> Ich sah dich, ganz bedeckt von Meeressalz und Sand,
> Deine Schönheit war die von Erde, von Kindern und Jasmin.

Mit dieser Endvision – die wir bereits aus dem *Tagebuch*-Text kennen – gewinnt der Sprecher seine Haltung zurück und schwört einen Eid absoluter Hingabe an die Heimat. Auf diese Weise schließt er – der im Verständnis der Hörer mit dem Dichter identisch ist – einen Vertrag, einen ›autobiographischen Pakt‹, mit dem palästinensischen Kollektiv, das ja hinter seiner Anrede der Heimat verborgen ist. Der Schwur, eine deutlich metatextuelle Passage, die genau im Zentrum des Gedichts steht, verspricht in einer komplexen Metapher die Vollendung der poetischen Schöpfung des Anderen, der Heimat, dargestellt als Produktion einer Textilie, eines Gewands für sie, das aus Teilen des Körpers des Sprechers selbst gefertigt ist und so eine Art Selbst-Opfer darstellt:

> So schwöre ich:
> Ich werde dir einen Schleier weben aus meinen Wimpern für deine Augen
> Und einen Namen, der – gewässert mit meinem Herzen –
> Die Bäume grüne Zweige treiben lässt.
> Ich werde einen Namen auf den Schleier schreiben,
> Teurer als Märtyrerblut und Küsse:
> Palästinensisch ist sie und wird sie bleiben.

Der Sprecher im Gedicht nimmt damit eine mythische Dimension an, die des biblischen Adam, des ersten Menschen, der den Auftrag erhielt, den neu geschaffenen Wesen Namen zu geben. Wie Adam gibt auch er einen Teil seines Körpers hin, um die Erschaffung seiner Gefährtin vollkommen zu machen. Die neue Gefährtin, die so entsteht und die ihren Namen durch den poetischen Schöpfungsakt erhält, ist niemand anderes als Palästina. Das Gedicht, das den koranischen Schöpfungsimperativ *kun fa-yakūn* (»Sei – und es wird«, Sure 3, Vers 117) nachhallen lässt, ist ein palästinensisches Transkript der *Genesis*-Geschichte. Das lyrische Ich des Gedichts ist nicht nur ein Adam, sondern, da er den Bund niederschreibt, gleichzeitig der Urheber einer neuen Schrift. Seine poetische Verleihung von Identität an die Geliebte wird, da sie ein Äußerstes an Hingabe erfordert, als vergleichbar, ja sogar als dem wirklichen, blutigen Opfer überlegen empfunden. Sie ist »teurer als Märtyrerblut«. Der Dichter ist sich der erlösenden Wirkung seines besonderen Schöpfungsakts bewusst, wenn er sich selbst typologisch unter die Träger des höchsten Rangs in der Liebe, der Liebesmärtyrer, einreiht.

In der zentralen Strophe des *madīḥ* wird die neu geschaffene Figur wie eine Braut bei der traditionellen palästinensischen Hochzeitszeremonie gefeiert, wo die Frauen Preislieder auf die Braut singen, in denen sie ihren Körper von Kopf bis Fuß panegyrisch beschreiben:

> Du, deren Augen und Tätowierung palästinensisch sind,
> Deren Name palästinensisch ist,
> Deren Träume und Sorgen palästinensisch sind,
> Deren Gang und Gestalt und Schleier palästinensisch sind,
> Deren Rede und Schweigen palästinensisch sind,
> Deren Stimme palästinensisch ist,
> Deren Geburt und Tod palästinensisch sind!

Das strikt arithmetische *crescendo* und *decrescendo* der Preisungen scheint die geometrische Struktur der Muster auf den bestickten Kleidern abzubilden, die von traditionellen palästinensischen Frauen getragen werden. Der Dichter scheut sich also nicht, seine – streng genommen weiblich konnotierte – Produktion des poetisch-textilen Schleiers konsequent auch in einen Zusammenhang mit dem lokalen weiblichen Kunstgewerbe zu stellen.

Nun, da die Geliebte einen Namen erhalten hat, wird dieser Name zum Losungswort im Kampf des Dichters um persönliche und kollektive Würde. Der *fakhr* endet in einer furchtlosen Selbstbehauptung des Dichters gegenüber den Gegnern, der in seinem Austausch mit dem Anderen auf das poetische Medium als Waffe vertraut.

Der Exodus in die Freiheit – der Kämpfer als *alter ego* des Dichters

Vier Jahre nach der Abfassung von *Ein Liebender aus Palästina* verließ Darwīsh seine Heimat und schloss sich der arabischen intellektuellen Elite in Beirut an. Hier hatte er sich ein zweites Mal gegen die Vereinnahmung seiner Dichtung zur Wehr zu setzen, dieses Mal gegen ihren Missbrauch in der politischen Propaganda der arabischen Welt. Darwīsh hatte während seines Aufenthalts unter den palästinensischen Exilanten in Beirut mit dem Widerstandskämpfer eine neue Heldenfigur in seiner Dichtung gestaltet, er hatte sich damit einem Akteur zugewandt, der seit dem Beginn des bewaffneten Kampfs Mitte der sechziger Jahre in weiten Kreisen die Hoffnung auf die Wiedergewinnung des Landes neu belebt hatte. Der *fidāʾī* (wörtlich: der opferbereite Kämpfer) erscheint in Darwīshs Dichtung als Erlöser, der durch den symbolischen Akt des Selbstopfers sein Volk in die Freiheit führt, ohne selbst daran teilzuhaben – wie der biblische Mose, der die Israeliten im Exodus zurück ins Gelobte Land führt, selbst aber stirbt, ohne das Land zu betreten.

Der Kampf um das Land, der sich in den sechziger Jahren in militärischen Operationen der *fidāʾiyyūn* manifestierte, nahm mit Darwīshs Aufnahme des Kämpfers in den mythischen Kontext seiner Dichtung textuelle Form an. Die poetische Leistung der Erschaffung einer Figur mit dem Namen Palästina, die Neuerzählung der *Genesis*-Geschichte, erhielt nun eine Fortsetzung durch eine weitere Gegentradition zur Bibel: durch die Erhebung des Kämpfers auf den Rang einer messianischen Figur. Es ist nur natürlich, dass Darwīshs Gedichte über den *fidāʾī* wiederum bald zum ›kanonischen Ausdruck‹ der neuen kollektiven Erfahrung wurden, der Erfahrung, an einer zur Befreiung führenden Bewegung teilzuhaben, das Wunder des *Exodus* zu erleben.

Das Land zurückzufordern ist jedoch nicht prioritär eine Sache der Worte. Die dichterische Tradition Palästinas ist eng verbunden mit den Taten von Kämpfern und Märtyrern, die in den dreißiger Jahren während der britischen Mandatszeit als Heldenfiguren gefeiert worden waren. Die Figur des *shahīd*, des Märtyrers, war der Prüfstein für die Pflicht, die eigene Ehre zu wahren. *Arḍī ʿirḍī*: »Mein Land ist meine Ehre – entweder in Würde leben oder dafür sterben«, war das Motto der Dichter der dreißiger Jahre. Die Macht des Dichters, wie wirkungsvoll sie auch sein mochte, maß sich an der Macht des Kämpfers. Dichterische Selbsthingabe konnte allenfalls als metaphorische Entsprechung der wirklichen Selbsthingabe des Kämpfers gelten. Der Dichter ist nur der Intention nach Märtyrer, er wird in der Realität vom Kämpfer als seinem *alter ego* vertreten. Beide sind – wie Darwīsh schreibt – am gemeinsamen Text beteiligt:

> Die Kämpfer sind die wahren Dichter und Sänger. Erst nach langem, langem Suchen werden sich die richtigen Worte finden, um ihr außergewöhnliches heldenhaftes Leben zu veranschaulichen. Wie kann sich diese neue Art zu schreiben inmitten einer Schlacht von rasenden Raketenrhythmen herauskristallisieren? Und wie definiert man mit den Maßstäben der konventionellen Dichtung diese neue, im Bauche der bebenden Erde gärende Dichtung?

Der Kämpfer wird in Darwīshs Dichtung als ein Held dargestellt, der durch sein Selbstopfer übermenschliche Dimensionen erreicht hat, er ist der wahre Liebende, *ʿāshiq*, der Heimat, mehr noch, ihr Bräutigam, *ʿarīs*, der mit seinem gewaltsamen Tod eine mythische Hochzeit mit ihr vollzieht. Die Idee der mythischen Hochzeit des sterbenden Kämpfers wurde bald als Besonderheit des palästinensischen Widerstands erkannt und schon früh in der syrischen Prosaliteratur, zuerst 1969 durch Adīb Naḥwī (*ʿUrs al-shahīd, Märtyrerhochzeit*) gestaltet. Obwohl Darwīsh dieses mythische Drama bereits seit einem seiner frühesten Gedichte *Wa-ʿāda fī kafan* (*Er kehrt zurück im Leichentuch*, 1964) immer wieder gestaltet hat, ist es nirgends so explizit dargestellt wie in seinem Gedicht *Aʿrās* (*Hochzeiten*) von 1977:

Ein Liebender kommt zurück aus dem Krieg zum Hochzeitsfest,
Er trägt seinen ersten Anzug
Und tritt ein in die Rennbahn des Tanzes
Lebhaft wie ein Pferd und duftend nach Nelken
Entlang dem Seil der Freudentriller kommt er zu Fatmeh
Und es singen ihnen
Alle Bäume der Exilländer
Und die weichen Trauertücher der Frauen
(...)
Da kommen über das Dach der Freudentriller Flugzeuge
Flugzeuge
Flugzeuge
Sie reißen den Liebenden aus der Umarmung des Schmetterlings
Und den weißen Trauertüchern
Da singen die Mädchen: Du hast geheiratet
Du hast geheiratet alle Mädchen
O Muḥammad
Du hast die Hochzeitsnacht zugebracht
Auf den roten Dächern Haifas
O Muḥammad
O Fürst der Liebenden!

Dass die Idee der mythischen Hochzeit des sterbenden Kämpfers akzeptiert ist, wäre undenkbar ohne die vorausgehende Tradition des *ghazal.* In der mystischen Liebesdichtung muss der Liebende den Tod seines *ego* hinnehmen, ja ihn sogar willkommen heißen, um die ersehnte Vereinigung mit dem Geliebten vollziehen zu können. In Darwīshs palästinensischem Kontext ist der Gedanke des Liebesmartyriums in ein Ritual eingebettet, das seinerseits den wichtigsten sozialen Ritus der ländlichen Gesellschaft reflektiert. Der Märtyrer – den auch die traditionell islamische Vorstellung bereits als Bräutigam, allerdings nicht einer mythischen Braut ›Heimat‹, sondern einer Paradiesjungfrau gefeiert hatte – tritt ein in die Rolle des traditionellen Bräutigams, der durch die Hochzeit das Fortdauern seiner Gesellschaft gewährleistet. Der Märtyrer stärkt seine Gesellschaft durch die Belebung von kollektiver Erinnerung. Das zitierte Gedicht rekurriert vielfach auf die traditionellen Hochzeitsriten, es kulminiert in der – den Höhepunkt der traditionellen Hochzeit markierenden – Preisung des Bräutigams, in der er zu einem Herrscher erhoben wird: *yā amīr al-ʿāshiqīn* (O Fürst der Liebenden). Die Macht des Märtyrers leitet sich ab aus der beherzten Überschreitung der Grenze von zwecklosem Träumen und Phantasieren hin zur Tat. Sein Tod ist ein Schritt voran auf dem Exodus in das verweigerte Gelobte Land.

Darwīshs neuer Akt der ›Kanon-Produktion‹, die Erstellung eines autoritativen Textes zum Erlösungswerk des Märtyrers, wurde ungewöhnlich intensiv rezipiert: Die Texte wurden in eine Aufführung umgesetzt, wobei man sich auf die Erinnerung an religiöse ›Märtyrerhochzeiten‹ stützen konnte. Durch eine Art Übersetzung darwīshscher Rede in Ritus nahm die Idee des *fidāʾī*-Erlösers dramatisch Gestalt im täglichen Leben an. Der Mythos vom Freiheitskämpfer als einem sterbenden Gott, als einer Figur, die einen Opfertod stirbt, um das mythisierte Palästina zu erlösen, wörtlich: ›zu heiraten‹, wurde nun bei jedem einzelnen Kämpfer, der im Widerstand zu Tode kam, rituell aufgeführt. Begräbnisse nahmen Züge von Hochzeitszeremonien an. Die häuslichen Kondolenz-Zeremonien, mehr von Frauen als von männlichen Mitgliedern der Familie inszeniert, förderten eine auffallende Subversion der herkömmlichen sozialen Ordnung zutage: Die patriarchalische Ordnung – in Zeiten der politischen Ohnmacht ohnehin kompromittiert – wurde für die Dauer der Feier gänzlich außer Kraft gesetzt. Der *ʿurs al-shahīd,* die ›Hochzeit des Märtyrers‹, die das Gedächtnis der heroischen kollektiven Geschichte wachhielt, war bis in unsere Zeit hinein ein mächtiger Erinnerungsritus.

Das biblische Hohe Lied *versus* arabische Ghazal-Dichtung: Maḥmūd Darwīsh und Paul Celan

Was geschieht mit den mythischen Konfigurationen, nachdem sich der Dichter, von den politischen Entwicklungen seit 1982 desillusioniert, endgültig ins Exil, in ein »Land aus Worten«, wie Darwīsh es selbst in seinem Gedicht *Nusāfiru ka-l-nās* (*Wir reisen wie alle Menschen*) nennt, zurückgezogen hat? Was bleibt von den Gegentexten, die geschrieben worden waren, um den Kanon des Anderen zu dekonstruieren, wenn der Andere einmal aufgehört hat, das Selbst zu konfrontieren und zu einem Teil des Selbst geworden ist? In einem seiner ›autobiographischen‹ Gedichte aus dem Jahr 1999 reflektiert Darwīsh seine ›poetische Jugend‹ und nennt seine frühere Identität als *ʿĀshiq min Filasṭīn*, als *Liebender aus Palästina*, eine temporäre poetische Rolle, die er in einer noch unreifen Phase gespielt habe, in einer gleichsam ekstatischen Situation, aus der heraus er erst durch eine entscheidende Wende in seiner Wahrnehmung wieder zur Nüchternheit gefunden habe. In dem Band *Das Bett der Fremden* von 1999 findet sich das ›autobiographische‹ Gedicht:

Eine Maske für Madjnūn Laila
Ich fand eine Maske, und es gefiel mir, ein
Anderer zu werden. Ich war jünger als
Dreißig, überzeugt, die Grenzen
Der Existenz bestünden aus Worten. Ich war
Krank nach Laila wie jeder junge Mann, in dessen Blut
Ein Körnchen Salz ist. Selbst wo sie nicht
Wirklich da war, lag das Bild ihrer Seele
In allen Dingen

Obwohl er sich bewusst ist, dass er die Rolle des liebenden Qais, des ›Madjnūn Laila‹, wörtlich des ›von Laila Besessenen‹, nicht gänzlich ablegen kann, fühlt er sich ihr entfremdet; das äußere Exil ist zu einer inneren Verfassung geworden. Der Liebende trägt die Ferne von der Geliebten »auf dem Rücken«, sie hat sich verfestigt, ist zum Dauerzustand geworden. Stephan Milich ist zu dem Urteil gelangt, kein zweiter Vers des Dichters formuliere »so radikal wie der letzte von ›Qais‹ gesprochene die völlige Aufgabe der modernen Subjekthaltung, der essentialistisch und monolitisch verstandenen Identität und des Selbstbewusstseins, das nicht mehr Dichter, sondern nur noch Dichtung sein will«. Das Gedicht ist das wohl sprechendste Dokument der Exilsbefindlichkeit Darwīshs. Es endet mit dem Passus:

> Ich bin Lailas Qais,
> Fremd meinem Namen und meiner Zeit.
> Ich schüttle nicht die Abwesenheit wie den Stamm einer Palme,
> Ich verdränge nicht den Verlust, oder hole
> Die Luft zurück ins Land Nedschd. Doch während die Ferne mit sich allein bleibt,
> Bin ich die Stimme, die zu Lailas Herzen spricht.
> (…)
> Ich bin von denen, welche sterben, wenn sie lieben
> (…)
> Ich bin der erste Verlierer, ich bin
> Der letzte Träumer, der Sklave der Ferne. Ich
> Bin ein Geschöpf, das nicht gewesen Ich bin ein Gedanke für ein Gedicht,
> Ohne Land und ohne Körper
> Ohne Vater und Sohn
> Ich bin Lailas Qais, ich
> Ich bin niemand.

Die Liebesklage um die palästinensische Laila, die poetische Wiedererschaffung der Figur Palästina, liegt lange zurück. Mit der Verwandlung des Dichters, mit der Trennung seines Ich von seinem Namen, seiner einstigen Identität, ist die Ferne von der Geliebten irreversibel geworden. Mit dem Zurückweichen Lailas, der mythischen Geliebten, tritt nun die Erinnerung der ersten wirklichen Geliebten wieder klarer hervor. Maḥmūd Darwīsh nennt die jüdische junge Frau, mit der er als junger Mann in Haifa ein Liebesverhältnis hatte, »Rita«, manchmal auch »Shulamit«, oder die »fremde Frau«. Sie ist die Heldin einer Anzahl von Gedichten, die die Liebe feiern, aber zugleich die Beziehung des Paars als »unmöglich zu leben« beschreiben, eine Liebe, die an ungewöhnlichen Orten wie dem höllischen *Athīna* oder in Sodom spielt – beides Pseudonyme für das moderne Israel. Sie – oder eine andere jüdische Geliebte – taucht wieder auf in seinen Kriegsmemoiren *Ein Gedächtnis für das Vergessen*, wo der Dichter in der apokalyptischen Situation der Bombardierung Beiruts in seinen Tagträumen Telefongespräche mit ihr führt. Die ausführlichste Version der Liebesgeschichte mit Rita findet sich in dem Diwan *Aḥada ʿashara kaukaban ʿalā ākhiri l-mashhad al-andalusī* (*Elf Sterne über der letzten andalusischen Szene*) aus dem Jahr 1992, wo ihr ein Langgedicht mit dem Titel *Shitā' Rītā al-ṭawīl* (*Ritas langer Winter*) gewidmet ist.

Das Szenario ist hier deutlich verschieden von dem der frühen Rita-Gedichte. Das Langgedicht ist bei näherem Hinsehen nichts anderes als eine Art Übersetzung des biblischen Hohen Liedes in die Realität des palästinensisch-israelischen Liebespaars, das wie das biblische Paar an der Erfüllung gehindert wird – nicht von altorientalischen Wächtern der Stadt, aber doch von einer mächtigen modernen Ideologie, die ihrer Liebe im Wege steht. Spannung besteht nicht wie im Hohen Lied zwischen weiblichem Begehren und patriarchalischen Zwängen, sondern zwischen der Liebe des Paars und politischen Widrigkeiten. Die Szene ist ähnlich lebhaft-bewegt wie im Vorbildtext, die Sprache reich an eindrucksvollen Körpermetaphern aus dem Bereich von Fauna und Flora: Ritas Brüste sind Vögel, sie ist eine Gazelle. Man könnte die von Ilana Pardes gegebene Erklärung der poetischen Technik des Hohen Liedes, wo »das sublime metaphorische Spiel, durch das jeder Körperteil der Geliebten einem anderen Objekt verglichen wird, den Eindruck erweckt, dass der Liebende um jeden Preis versucht, die Lücken in seiner Kenntnis ihres Körpers mit so verschiedenen Mitteln wie möglich zu füllen«, auch auf Passagen von *Ritas langer Winter* übertragen. Der Liebende ist wie die Geliebte Teil der lokalen Natur: Er fühlt die Nadeln der Zypresse unter seiner Haut, beiden ist es, als schwärmten Bienen in ihren Adern, sie verbreitet den Duft von Jasmin; als er sich in einer Dornenhecke verfängt, befreit sie ihn, pflegt ihn und wäscht seine Wunden mit ihren Tränen, sie streut Anemonen über ihn, sodass er unter den Schwertern ihrer Brüder hindurchgehen kann, sie überlistet die Wächter der Stadt. Wie im Hohen Lied erlebt auch im Gedicht der Liebende, dass die Geliebte auf der Schwelle zur Erfüllung entschwindet. Die Spannung zwischen Begehren und Erfüllung beherrscht das gesamte Gedicht.

Auch strukturell bestehen Parallelen zum Hohen Lied. So tauschen die Liebenden wie im Hohen Lied so auch in *Ritas langer Winter* mehr als einmal die Rollen; in mehreren Szenen erklärt die junge Frau ihm ihre Liebe, verflucht oder überlistet ihre Angehörigen. Liebesdialoge sind häufig. Aber die aus dem Hohen Lied bekannten männlichen Wächter belästigen in Darwīshs Gedicht nicht sie, sondern ihn, indem sie ihm seinen Raum streitig machen und ihm schließlich sein Glück verwehren.

Doch der Dichter ist sich seiner Macht, seiner gleichzeitigen Präsenz in der realen und der textuellen Welt bewusst. Er selbst erinnert seine Leser daran, dass er kanonische Texte ›um-schreibt‹, hebräische wie arabische: Er hat »Teil am Buch Genesis, (…) Teil am Buch Hiob, (…) Teil an den Anemonen der Wadis in den Gedichten der früh-arabischen Liebenden, Teil an der Weisheit der Liebenden, die verlangt, dass der Liebende das Antlitz der Geliebten liebe, wenn er von ihr getötet wird«. Der Schlussteil, eine Art Epilog, enthüllt das Auseinanderbrechen der Beziehung – ihre Pistole liegt auf der Niederschrift seines Gedichts – und seinen erzwungenen Gang ins Exil.

Sieben Jahre später, mit dem Diwan *Das Bett der Fremden*, ist das Szenario wieder ein anderes. »Rita« wird nun in einer komplexen Erinnerung vergegenwärtigt in einem Gedicht, dessen Titel *Ghaima min Sadūm* (*Eine Wolke aus Sodom*) Reminiszenz eines frühen Rita-Gedichts, *Imra'a djamīla fī Sadūm* (*Eine schöne Frau in Sodom*), ist, gleichzeitig aber ein Zitat von Paul Celan:

> Nach deiner Nacht, der letzten Winternacht
> Verließen die Wachen die Straße am Meer.
> Kein Schatten folgt mir, seit deine Nacht
> In der Sonne meines Lieds vertrocknete. Wer sagt mir jetzt:
> Verabschiede dich vom Gestern und träume
> Mit der ganzen Freiheit deines Unterbewußtseins.
> Meine Freiheit sitzt nun auf meinen Knien
> Wie eine zahme Katze. Sie starrt mich an, starrt auf die Reste
> Des Gestern, die du mir ließest: Deinen violetten Schal,
> Ein Video über den Tanz mit den Wölfen und eine Schleife
> aus Jasmin auf des Herzens Moos.
> Was macht meine Freiheit nach deiner Nacht,
> Der letzten Winternacht?
> »Eine Wolke zog von Sodom nach Babel«,
> Vor hundert Jahren, doch ihr Dichter Paul
> Celan, brachte sich um, heute, in der Seine. Du wirst mich
> Kein zweites Mal zum Fluss mitnehmen. Kein Wächter
> Wird mich fragen, wie ich heute heiße. Wir werden den Krieg nicht
> Verfluchen. Wir werden den Frieden nicht verfluchen. Wir werden
> Nicht die Mauer des Gartens erklettern, um die Nacht zwischen zwei Weiden
> Und zwei Fenstern zu suchen. Du wirst mich nicht fragen. Wann öffnet
> Der Frieden die Tore unserer Burg für die Tauben?
> Nach deiner Nacht, der letzten Winternacht
> Schlugen die Soldaten ihr Lager an einem fernen Ort auf,
> Und ein weißer Mond ließ sich nieder auf meinem Balkon,
> Ich und meine Freiheit setzten uns schweigend hin und starrten in unsere Nacht.
> Wer bin ich? Wer bin ich, nach deiner Nacht
> Der letzten Winternacht?

Das Gedicht reflektiert die Rita-Geschichte, wie in *Ritas langer Winter* erzählt, von neuem, projiziert deren Geschehen nun aber in die Jetzt-Zeit. Die Wächter sind nicht länger bedrohlich, die Soldaten sind abgezogen, aber Hoffnungen und Erwartungen sind ebenfalls geschwunden. Das Szenario des Darwīsh'schen Hohen Liedes, *Ritas langer Winter* – das im neuen Gedicht durch die Anspielung auf die Mauern des Gartens, die Weiden, die Fenster und die Auseinandersetzung mit den Wächtern evoziert wird – ist von der weiblichen Figur verlassen. Aber die Differenz zwischen den beiden Visionen reicht tiefer. Wie Stephan Milich gezeigt hat, re-kontextualisiert das neue Gedicht die Rita-Geschichte: Das Ende der Beziehung zwischen den Liebenden kann nicht mehr einfach durch den Rückzug des Dichters ins Unbewusste, in seine dichterische Kreativität, erträglich gemacht werden. Mit dem Eintritt des Dichters in das endgültige Exil und dem Verschwinden des Fremden aus seiner Identität, das vorher in der ›fremden Geliebten‹ verkörpert war, bleibt nur das einsame Ich der Freiheit und Stille. Der Dichter muss jetzt selbst jene Fragen stellen, die früher von den Wächtern und Soldaten an ihn gerichtet wurden. »Wer bin ich nach deiner Nacht, der letzten Winternacht?« – Diese nach dem Eintritt in das Exil als Existenzform brennende Frage ist an den Platz der in den früheren Gedichten so häufig spontan und affirmativ behaupteten Identität als Palästinenser getreten.

Die Reminiszenz des infernalen Ortes Sodom aus dem früheren Rita-Gedicht *Eine schöne Frau in Sodom* führt den Dichter zurück zu der Situation des unmittelbar bevorstehenden Exils: Er wird das Inferno Sodom in Richtung Babylon, das Exil-Land *par excellence*, verlassen. Aber Sodom ist für Darwīsh inzwischen auch mit der Erfahrung eines anderen Dichters des Exils, Paul Celan, verbunden, dessen Verse aus dem Gedicht *Mond und Gedächtnis* aus dem Jahr 1952 (»Von Aug' zu Aug' zieht die Wolke / wie Sodom nach Babel«) Darwīsh neu formuliert. Die biblischen Orte des Celan-Gedichts werden neu interpretiert als das heutige Israel, aus dem das Ich emigrieren wird, und das Babylon des ewigen Exils. Worte des Anderen werden als Worte des Selbst reklamiert. In der hier gebotenen späten Revision der Stationen seiner dichterischen Kreativität überspringt Darwīsh – historisch gesprochen – die lange Phase seiner Mythen schaffenden Dichtung im Beiruter Exil, als er nur ›temporär exiliert‹ war und noch auf eine Rückkehr hoffte. Er datiert sein erst später erreichtes Exilbewusstsein im Sinne einer nicht nur definitiven, sondern auch existentiellen Kondition zeitlich zurück, um seine eigene Wahrnehmung des dichterischen Seins als einer Existenz in einem »Land aus Worten« mit derjenigen Paul Celans synchronisieren zu können, der sich 1970, dem Jahr, in dem Darwīsh ins Exil ging, das Leben nahm. Celans Bestimmung der Lyrik kommt derjenigen Darwīshs erstaunlich nahe, die Worte aus seiner Bremer Literaturpreisrede 1958 treffen auch auf Darwīshs Dichtung zu:

> In dieser Sprache habe ich (…) Gedichte zu schreiben versucht: um mich zu orientieren, um zu erkunden, wo ich mich befand und wohin es mit mir wollte, um mir Wirklichkeit zu entwerfen.

Maḥmūd Darwīsh fühlt sich dem jüdischen Dichter verwandt – wie Paul Celan hat er eine Exil-Heimat in der Sprache erschaffen.

Darwīshs Verabschiedung des Märtyrers als seines mythischen *alter ego*

Palästina aus den Fesseln einer Begrenzung auf territoriale Realität zu befreien, ist nur ein Teil des revolutionären Projekts der neuen Dichtung Darwīshs. Es war ein ähnlich mühevoller Prozess, der zu der Entmythisierung des dichterischen *alter ego*, des Märtyrers, führte. Darwīsh hatte sich bereits in den achtziger Jahren von der Figur des Märtyrers zu distanzieren begonnen, indem er die zunächst übernommene Funktion des Sprechers der Märtyrer mit der bescheideneren Rolle eines ›Wächters‹ tauschte, mit der Aufgabe, die Märtyrer vor der gnadenlosen Ausnutzung in der politischen Propaganda zu beschützen, ihren Schlaf zu behüten, sie darin zu bestärken, fernab von den politischen Geschäften zu verbleiben und nicht wieder in die Wirklichkeit zurückzukehren. Seine Ansprachen an die ›schlafenden Märtyrer‹ konnten die Märtyreridee aber nicht aus dem Bewusstsein der palästinensischen Hörer und Leser verdrängen, die seit Darwīshs längst kanonisch gewordener Zusammenschließung nicht nur von Text und Land, sondern auch von Dichter und Kämpfer, in der Figur des Märtyrers einen Hoffnungsanker in ihrer andauernden Krisensituation sahen. Der Märtyrerkult blieb lebendig; seine medialen Repräsentationen, die allgegenwärtigen Poster, die Darwīsh in einer bitter-sarkastischen Erinnerung an Beirut – im Jahr der israelischen Invasion 1982 in eine ›Stadt der Poster‹ – beschrieben hat, beherrschen noch heute die visuelle Wirklichkeit in den Palästinenserlagern innerhalb und außerhalb Palästinas:

> Gesichter an den Wänden, Märtyrer, die gerade erst die Lebenden und die Druckerei verlassen hatten. Reproduktionen des Todes. Ein Märtyrer vertrieb den anderen von der Wand, nahm dessen Stelle ein, solange bis er dem nächsten Märtyrer oder dem Regen zum Opfer fiel.

Die poetische Erschaffung des Märtyrers war ein wirkungsmächtiger Akt gewesen. Der palästinensische Märtyrer hatte mythische Züge traditioneller islamischer Erlöserfiguren auf sich gezogen; sein *hieros gamos*, seine ›Heilige Hochzeit‹ mit der mythischen Erde Palästinas hatte ihm götterähnliche Dimensionen verliehen. Die palästinensischen Kritiker Faiṣal Darrādj und ʿAbd al-Raḥīm al-Shaikh sprechen zu Recht von einer ›Sakralisierung‹ des Märtyrers bei gleichzeitiger Säkularisierung des Märtyrertods in der Moderne. An der modernen Märtyrerkonzeption fällt in der Tat die ungeheure Aufwertung der sterbenden Person auf, die den früher religiös als Gehorsamsakt begriffenen Märtyrertod selbst in den Hintergrund drängt. Mit dem modernen Märtyrer war eine sakrale Figur geschaffen worden, ein Gott, der – einmal in die Welt gesetzt – nicht von selbst stirbt, sondern – soll er verschwinden – von seinem Schöpfer, aus dessen Worten er entstanden war, ›getötet‹ werden muss. Etwa dreißig Jahre nach der Erschaffung des Märtyrers, im Jahr 2002, während der zweiten Intifada mit ihren Selbstmordanschlägen, trennt sich Darwīsh von der Figur des Märtyrers. In einem Passus des Diwans *Belagerungszustand* stürzt Darwīsh die Hierarchie der Ränge um und setzt sich selbst einer vernichtenden Kritik seitens seiner poetischen Kreatur aus. Er gestattet dem Märtyrer, seine Wahrnehmung des Märtyrertums zu korrigieren und offen zu legen, dass die gesamte Märtyrerdichtung nur leeres Gerede war. Der Märtyrer tritt aus der Schöpfung des Dichters heraus und verbittet sich jede Vereinnahmung durch dessen poetische Imagination:

> Der Märtyrer belagert mich, immer wenn ich einen neuen Tag beginne
> Er fragt mich: Wo warst du?
> Gib die Worte, die du mir schenktest zurück
> In die Wörterbücher,
> Befreie die Schlafenden von dem lästigen Echo.

Schritt für Schritt wird die Figur des Märtyrers dekonstruiert. Zunächst soll die ›verkehrte Welt‹, die umgekehrte soziale Ordnung, wo nicht Männer, sondern Frauen das soziale Leben bestimmen, indem sie eine Hochzeitszeremonie anstelle eines Begräbnisses inszenieren, wieder vom Kopf auf die Füße gestellt werden:

> Der Märtyrer warnt mich: Schenke ihren Freudentrillern keinen Glauben
> Glaube meinem Vater, wenn er auf mein Foto blickt, weinend
> Warum hast du die Folge verkehrt, Junge, und bist vor mir gegangen?
> Ich hätte der erste sein sollen, ich.

Vor allem aber ist Märtyrertum nicht länger ein sozialer Ritus mit erlösender Kraft, sondern ein ausschließlich individueller Akt, motiviert allein durch persönlichen Stolz und die Verweigerung von Hoffnungslosigkeit:

> Widerstand leisten heißt: sich verlassen auf die Gesundheit
> Des Herzens und der Hoden
> Sich verlassen auf deine unheilbare Krankheit,
> Die Krankheit der Hoffnung.

Märtyrertum ist vergleichbar mit einer anderen intim-individuellen Erfahrung, der Überschreitung der Grenze zwischen dem Selbst und dem Anderen im islamischen Ritualgebet: Hier tritt der Betende für die Dauer seines Gebets aus der realen Zeit und dem realen Raum heraus in eine imaginierte heilige Zeit und einen imaginierten heiligen Raum ein. Diese besondere Intertextualität wird nahe gelegt von dem Schlussvers des Textes über den

Märtyrer, der die Schlussformel des islamischen Ritualgebets, *al-salāmu ʿalaikum* (Friede sei mit dir) nachhallen lässt. Doch während diese Worte im Gebet, wo sie das Ende der Zeremonie markieren und an reale oder imaginierte Mit-Betende gerichtet sind, den Wiedereintritt des Betenden aus der imaginierten sakralen Zeit und dem imaginierten sakralen Raum in die Realität markieren, gibt es einen solchen Wiedereintritt für den Märtyrer nicht. Er nimmt Abschied für immer: Er spricht folglich nicht Gefährten, sondern das ›Nichts‹ an, zu dem er geworden ist: Er nimmt Abschied von seinem Schatten.

> In dem was bleibt von der Morgendämmerung – gehe ich aus mir heraus
> In dem was bleibt von der Nacht – höre ich das Echo von Fußtritten in mir
> Friede sei mit dem, der meine Wachsamkeit teilt für den Rausch des Lichts,
> Des Lichts von Schmetterlingen
> In der Nacht dieses Tunnels
> (...)
> Friede sei mit meinem Schatten.

Mit dieser radikalen Dekonstruktion des poetischen Märtyrerbilds beschließt Darwīsh seine lange persönliche Geschichte als Mythen schaffender Dichter und beendet zugleich seine Rolle als eine Grenzfigur – ohne jedoch aufzuhören, politische Gedanken in seiner Poesie zu reflektieren. Aber er konvertiert, oder genauer: Er beschließt seine schon lange begonnene Konversion von einem Magier der Worte, der stellvertretend für seine Gesellschaft in mythische Zeiten und Räume eintaucht, zu einem stärker selbstreflektiven und ideologisch unabhängigen Dichter. Von dem Schöpfer einer *Genesis*-Geschichte und eines *Exodus*-Dramas für sein Land Palästina ist er zu einem Nachdichter des Hohen Liedes geworden. Er hat damit ein Szenario geschaffen, in dem das Selbst und das Andere einander nicht mehr ausschließen, sich vielmehr in unerfüllter Sehnsucht suchen.

Das ›unpolitische‹ Hohe Lied ist eine gemeinsame biblische Tradition, die beide, Palästinenser und Juden, teilen können. Wie für die islamischen Mystiker das gesamte Diesseits ein ›Exil der Seele‹ ist – und wie für den religiösen Juden ›die ganze Welt im Exil befindlich‹ ist – so ist für den Palästinenser Darwīsh die Welt Exil-Heimat, ein »Land aus Worten«, zu lokalisieren am ehesten in der Poesie: »Am Ende werden wir uns fragen« – heißt es in dem Gedicht *Fī l-masāʾ al-akhīr ʿalā hādhihi l-ʿarḍ* (*Am letzten Abend auf dieser Erde*, 1992) – »war Andalusien / Hier oder dort? Auf der Erde ... oder im Gedicht?« Ob dieses neue, stark revidierte Selbstbild Darwīshs als Dichter einmal von der palästinensischen Gesellschaft als ein Teil der um ihn konstruierten poetisch-prophetischen Autobiographie anerkannt werden wird, ist eine offene Frage, deren Antwort vor allem von den politischen Entwicklungen der Zukunft abhängen wird.

Werke (Auswahl)

ʿĀshiq min Filasṭīn (*Ein Liebender aus Palästina*), Haifa: Maktabat al-Nūr 1966.

Dīwān Maḥmūd Darwīsh (*Gesammelte Gedichte von Maḥmūd Darwīsh*), Beirut: Dār al-ʿAuda 1977.

Yaumiyyāt al-ḥuzn al-ʿādī (*Tagebuch der alltäglichen Traurigkeit*), Beirut: Markaz al-Abḥāth 1978.

Dhākira li-l-nisyān. al-Makān āb 1982, al-zaman Bairūt (*Ein Gedächtnis für das Vergessen. Ort August 1982, Zeit Beirut*), Beirut: al-Mu'assasa al-ʿArabiyya li-l-Dirāsāt wa-l-Nashr 1987.

Dīwān Maḥmūd Darwīsh. al-Mudjallad al-thānī (*Gesammelte Gedichte von Maḥmūd Darwīsh. Zweiter Band*), Beirut: Dār al-ʿAuda 1994.

Li-mādhā tarakta l-ḥiṣāna waḥīdan (*Warum hast du das Pferd allein gelassen?*), London: Riad El-Rayyes 1995.

Sarīr al-gharība (*Das Bett der Fremden*), London: Riad El-Rayyes 1999.

Ḥālat Ḥiṣār (*Belagerungszustand*), London: Riad El-Rayyes 2002.

Übersetzungen ins Deutsche

Mahmoud Darwish: *Tagebuch der alltäglichen Traurigkeit*, übers. v. Farouk S. Beydoun, Berlin: Der Olivenbaum 1978.

Mahmoud Darwish: *Ein Liebender aus Palästina*, übers. v. Johanna u. Moustapha Haikal, Berlin: Volk und Welt 1979.

Machmud Darwisch: *Ein Gedächtnis für das Vergessen. Beirut, August 1982*, übers. v. Kristina Stock, Basel: Lenos 1987.

Mahmud Darwish: *Weniger Rosen*, übers. v. Khalid al-Maaly u. Heribert Becker, Berlin: Das Arabische Buch 1996.

Mahmoud Darwisch: *Palästina als Metapher. Gespräche über Literatur und Politik*, Heidelberg: Palmyra 1998.

Mahmud Darwish: *Wir haben ein Land aus Worten*, übers. u. hg. v. Stefan Weidner, Zürich: Ammann 2002.

Mahmud Darwisch: *Warum hast du das Pferd allein gelassen?*, übers. v. Christine Battermann u. Heribert Becker, Berlin: Schiler 2004.

Weiterführende Literatur

Angelika Neuwirth: »Verlust und Sinnstiftung. Zum Heimatbild in der Dichtung des Palästinensers Maḥmūd Darwīsh«, in: *Literatur im jüdisch-arabischen Konflikt*, hg. v. Eveline Valtink, Hofgeismar: Hofgeismarer Protokolle 1991, S. 85–109.

Ibrahim Abu Hashhash: *Tod und Trauer in der Poesie des Palästinensers Maḥmūd Darwīsh*, Berlin: Schwarz 1994.

Richard van Leeuwen: »Text and space in Darwīsh's prose works«, in: *Conscious Voices. Concepts of Writing in the Middle East*, hg. v. Stephan Guth, Priska Furrer u. Johann Christoph Bürgel, Beirut, Stuttgart: Steiner 1999, S. 255–275.

Angelika Neuwirth: »Maḥmūd Darwīsh's Re-staging of the Mystic Lover's relation toward a Superhuman Beloved«, in: *Conscious Voices. Concepts of Writing in the Middle East*, hg. v. Stephan Guth, Priska Furrer u. Johann Christoph Bürgel, Beirut, Stuttgart: Steiner 1999, S. 153–171.

Birgit Embaló, Angelika Neuwirth u. Friederike Pannewick: *Kulturelle Selbstbehauptung der Palästinenser. Bio-bibliographischer Survey der modernen palästinensischen Dichtung*, Beirut, Würzburg: Ergon 2000.

Stephan Milich: *»Fremd meinem Namen und fremd meiner Zeit«. Identität, Fremdheit und Exil in der Dichtung von Mahmud Darwisch*, Berlin: Schiler 2004.

Verena Klemm: »Poems of a love impossible to live. Maḥmūd Darwīsh and Rita«, in: *Ghazal as World Literature I: Migrations of a Literary Genre*, hg. v. Thomas Bauer u. Angelika Neuwirth, Beirut, Würzburg: Ergon (im Druck).

Angelika Neuwirth

Traditionen und Gegentraditionen im Land der Bibel

Emīl Ḥabībīs Versuch einer Entmythisierung von Geschichte

Ein moderner Roman – so eine Bemerkung von Hans Wollschläger – muss sich als »nach James Joyces *Ulysses* geschrieben« ausweisen können. Emīl Ḥabībīs Roman *al-Waqāʾiʿ al-gharība fī khtifāʾ Saʿīd Abī l-Naḥs al-Mutashāʾil* (*Der Peptimist oder Von den seltsamen Vorfällen um das Verschwinden Saids des Glücklosen,* 1974) kann sich diesem Anspruch stellen, denn er bewegt sich mit seinem Hauptanliegen geradezu auf den Spuren von Joyce: Wenn er die Erzählzeit auch nicht auf einen einzigen Tag komprimiert, sondern auf eine politische Epoche – das knappe Vierteljahrhundert zwischen 1948 und 1972 – ausdehnt, so verfolgt er doch wie *Ulysses* die Diskrepanz zwischen Anspruch und Realität, ja die ›Surrogathaftigkeit‹ seiner Realität – hier konkret: der beiden sich ihm darbietenden, sich jeweils auf eine große ›Saga‹ bzw. auf ein altes gesellschaftliches Ideal gründenden Lebenswelten. Nach Salman Rushdies *The Satanic Verses*, denen, wie Ṣādiq al-ʿAẓm es formuliert hat, »the great narrative of Islamic culture«, nämlich die kanonisch gewordene Propheten-Vita, als zu dekonstruierender Subtext zugrunde liegt, kann *Der Peptimist* als ein weiterer großer Versuch aus dem nahöstlichen Kulturkreis zu einer literarischen Kontrafaktur von identitätsstiftenden kulturellen ›Grundtexten‹ gelten.

In seiner binationalen Heimat Israel/Palästina ist Ḥabībī nicht mit einem, sondern mit zwei – unvereinbar verschiedenen – ›Grundtexten‹ konfrontiert, mit denen die beiden Gesellschaften ihren jeweiligen Anspruch auf dasselbe Land begründen. Auf jüdischer Seite steht die zionistisch-säkularisierte Rezeption der historischen Teile der Hebräischen Bibel, deren Höhe- und Tiefpunkte sich bereits in der Antike zu einem großen Drama göttlichen Wirkens an Israel mit der Ereignisabfolge von Erwählung, Exodus, Landnahme, Exil und verheißener Erlösung zusammenkristallisiert hatten, ein Drama, das in der Diaspora in der synagogalen Liturgie wie auch der theologischen Reflexion immer von neuem aktualisiert zur zentralen Erinnerungsfigur des kollektiven Gedächtnisses geworden war. Die in der zionistischen Ideologie der Staatsgründer Israels angelegte politische Aktualisierung des messianologischen Schemas erlaubt der jüdischen Gesellschaft eine Deutung der eigenen Präsenz im Land im Sinne der Erfüllung einer mit Erwählung und Landverheißung beginnenden und über das Exil zur Rückkehr und Erlösung führenden Geschichte.

Dem steht auf arabisch-palästinensischer Seite etwas ganz anders gegenüber: das Festhalten an einem zum Mythos gewordenen ›Prophet-Dichter-Kämpfer-Ideal‹, das die Erinnerung an alte arabisch-islamische Beispielfiguren für Selbstbehauptung und beherzte Verteidigung der kollektiven Würde von neuem aktualisiert, wodurch zugleich das Verhältnis zwischen Land und arabischen Bewohnern mythische Dimensionen erhält. Beide Gesellschaften sind also nicht auf eine rationale Auseinandersetzung mit dem jeweils Anderen hin ausgerichtet, sondern entziehen sich ihr durch die Deutung von Gegenwartsgeschichte im Sinne einer ›Rückkehr zu den Anfängen‹ und Mythisierung des eigenen Verhältnisses zum Land. Die Paradoxien, die sich für die in diesem Spannungsfeld stehenden palästinensischen Araber ergeben, sind der eigentliche Gegenstand von Ḥabībīs Roman.

Emīl Ḥabībī, 1921 in Shafā ʿAmr bei Nazareth als Sohn eines Lehrers geboren, wuchs in einfachen Verhältnissen in Haifa auf, einer damals bereits aufstrebenden Großstadt mit Ölraffinerien und einem Exporthafen, die bald das kulturelle Zentrum des Mandatsgebiets Palästina werden sollte. Seine Schulausbildung absolvierte er zu einem Teil in dem etwa 30 Kilometer entfernten traditionsreichen Akka, der historischen Hochburg islamisch-arabischer Selbstbehauptung gegenüber fremden Gegnern. Nach dem Schulabschluss ließ sich Ḥabībī zunächst im Fernstudium zum Raffinerie-Ingenieur ausbilden, entschied sich dann aber für die publizistische Arbeit und wurde Mitarbeiter beim palästinensischen Rundfunk in Jerusalem. Bereits früh Mitglied der Kommunistischen Partei geworden, trat er schon 1943 als Organisator eines politischen Diskussionsforums palästinensischer Intellektueller hervor, 1944 als Mitbegründer der kommunistischen Zeitung *al-Ittiḥād* (Die Union), des einzigen arabischen Presseorgans, das die Vertreibung der arabischen Bevölkerung aus der Region 1948 überdauern sollte.

Während der Kampfhandlungen 1948 flüchtete Ḥabībī in den Libanon, es gelang ihm aber, noch vor dem Gründungstag des Staats Israel zurückzukehren. Er arbeitete als Journalist, vor allem für das bald wieder zugelassene Blatt *al-Ittiḥād*, für das er während der fünfziger Jahre als Herausgeber verantwortlich war, daneben für zwei KP-nahe literarische und kulturpolitische Monatsschriften: *al-Djadīd* (Das Neue) und *al-Ghad* (Das neue Morgen). Die Redakteurstätigkeit machte ihn nicht nur mit der neuesten außerhalb des Landes entstehenden arabischen Literatur bekannt, die dem arabischen Leser in Israel sonst unzugänglich war, sie brachte ihn vor allem in engen persönlichen Kontakt mit seinen zumeist gleichfalls in Haifa wirkenden arabischen Literatenkollegen, wie den Dichtern Maḥmūd Darwīsh, Samīḥ al-Qāsim und Taufīq Zayyād, deren Gedichte sich in Ḥabībīs Werken vielfach reflektieren. Sie führte ihn außerdem an bedeutende israelische Literaten und Dichter heran, deren Texte in arabischer Übersetzung in den staatlich getragenen kommunistischen Organen gedruckt wurden. Mit einzelnen israelischen Schriftstellerkollegen ist Ḥabībī nach 1967 mehrfach gemeinsam öffentlich aufgetreten, wenn es um die Verteidigung von Rechten der Palästinenser in den besetzten Gebieten ging.

Als Mitglied des Zentralkomitees und Politbüros der israelischen Kommunistischen Partei war Ḥabībī für drei Legislaturperioden Abgeordneter der Knesset. 1972 legte er sein Mandat nieder, um sich vor allem der literarischen Arbeit zu widmen. Die folgenden zwei Jahre verbrachte er als Repräsentant der israelischen KP bei der Zeitschrift *Frieden und Sozialismus* in Prag. Ḥabībī versteht sich als Vertreter der palästinensischen Gesellschaft in Israel, die erst durch die Öffnung der Grenzen Israels in der Folge des Juni-Kriegs 1967 die Freiheit gefunden hat, zu ›den Anderen‹ in Israel wie auch in der 20 Jahre lang von ihnen isolierten arabischen Welt zu sprechen. Ḥabībī hat diesen Aspekt der Entwicklung nach dem Juni-Krieg in einem Kurzgeschichten-Zyklus *Sudāsiyyat al-ayyām al-sitta* (*Hexalogie der Sechs Tage*, 1968) thematisiert, der die langsame Rückkehr des Gedächtnisses und der Sprachfähigkeit der im Land Gebliebenen verfolgt, ohne die Ambivalenz dieses Neu-Erwachens, das sich einer neuen, in ihren Folgen noch gar nicht absehbaren Katastrophe verdankt, auszublenden. Waren bereits die Kurzgeschichten deutlich selbstreflexiv, kritisch an einer Sondierung der eigenen kollektiven und individuellen Versäumnisse interessiert, so steht diese ›Trauerarbeit‹ in dem Drama *Lukaʿ ibn Lukaʿ* (*Lukaʿ, Sohn des Lukaʿ*, 1980) sowie in den Romanen *Der Peptimist*, *Ikhtayya* (*Das Tal der Dschinnen*, 1985) und *Sarāyā bint al-ghūl* (*Sarâja, das Dämonenkind*, 1991) eindeutig im Zentrum. Seit 1990, nach seinem Austritt aus der KP, leitete Ḥabībī bis zu seinem Tod 1996 einen eigenen Verlag, *Arabesque*, in Haifa.

In seinem ersten Roman *Der Peptimist*, der in mehrere Sprachen übersetzt wurde und der ihm 1992 den israelischen Staatspreis für Literatur eintrug, ist es vor allem die Zeit vor dieser Öffnung, die ›kryptische‹, die ›versäumte‹ Zeit, die Ḥabībī der Erinnerung zurückbringen will, jene Zeit, in welcher der Ich-Erzähler des Romans, ein bis zur Skurrilität naiver Mann, persönlich ohnmächtig und untätig, wirklichkeitsfernen Träumen nachhing, ohne dass ihm, dem Außenseiter und bloßen Beobachter, aber jene grotesken Züge entgangen wären, die beiden Gesellschaften aus ihrer Überlagerung der Gegenwart mit idealisierter, ja mythisierter Geschichte erwachsen.

Kontexte und Subtexte

Dazu ein kurzer Rückblick: Mit dem Exodus der palästinensischen Araber und der Entleerung vor allem der städtischen Zentren von ihren Eliten 1948 fehlte den verbliebenen Gruppen bewusstseins- wie auch bildungsmäßig lange jede Voraussetzung, sich als solidarische Gesamtheit zu artikulieren. Psychisch verunsichert und sozial bedroht wie sie waren, fehlte ihnen auch die Kraft zu einer objektiven Wahrnehmung des Fremden, geschweige denn die Bereitschaft zu einer offenen Kommunikation. Auf sich selbst verwiesen suchten sie für die Bewältigung der ihnen zugestoßenen Katastrophe Halt in ihren eigenen Traditionen. Es ging zunächst um das bloße Festhalten am Land. Man artikulierte es im Gedicht, dem im ländlichen Bereich seit jeher üblichen Medium für politisch und sozial relevante Belange, dessen Beherrschung dem Dichter eine Art Sprecherrolle zuwies. Diese Dichtung hat in Palästina an patriotische Vorgänger aus der Nationalbewegung der dreißiger Jahre anschließen können, sie ist aber besonders geprägt worden von der für den gesamten Nahen Osten bedeutsamen Wiederentdeckung des Mythos im Gefolge der Rezeption von T. S. Eliots *The Waste Land*. Selbstbild und Bild des Gegners sind dadurch – insbesondere in der frühen Dichtung von Maḥmūd Darwīsh – gleichermaßen mythisiert worden. Seit Mitte der sechziger Jahre, besonders aber seit dem Juni-Krieg, steht dem zionistischen, biblisch begründeten Selbstverständnis ein palästinensisches Selbstbild gegenüber, symbolisiert durch die Figur des heroischen Kämpfers bzw. Märtyrers als des Befreiers seiner Gesellschaft. Der Intellektuelle und Schriftsteller versteht sich seinerseits als Kämpfer, dessen Rolle gleichfalls eine fast-messianische Bedeutung beigemessen wird. Dichtung, vor allem die von Maḥmūd Darwīsh, bildet also einen kontinuierlichen Subtext des *Peptimist* – eine Sinnschicht, die nicht immer affirmiert, sondern oft auch heftiger Kritik unterworfen wird.

Zugleich unterliegt dem Roman ein weiterer Subtext: Voltaires Schelmenroman *Candide*. Wie ganze Passagen verraten, die Voltaires *Candide* zitieren, ist *Der Peptimist* in seiner Mischung zwischen Bericht aus der Perspektive eines arglos-naiven Erzählers, eines ›reinen Toren‹, und souverän-satirischem Kommentar eines reflektierenden Kritikers an *Candide* angelehnt. Die kurzen Kapitel mit ihren barock-ausführlichen Überschriften, die sprechenden Namen, die direkt-drastische Beschreibung von katastrophalen Ereignissen, die holzschnittartig-grobe Darstellung einzelner Figuren und schließlich die dem Werk zugrunde liegende Philosophie – das alles ist gewiss intendierte Paraphrase von *Candide*. Denn wie Voltaires Satire den leibnizschen Optimismus – »tout pour le mieux dans le meilleur des mondes« – *ad absurdum* führt, rechnet Ḥabībīs Satire mit dem Erbe des islamischen Optimismus ab, der selbst Widriges als ein Zeichen göttlicher Fügung anzunehmen gewohnt ist und zuversichtlich auf eine Befreiung ›von außen‹ wartet. Über das der Weltgeschichte innewohnende Entwicklungsgesetz würde Ḥabībī von seiner palästinensischen Warte aus gewiss pessimistischer urteilen als Voltaire: Statt der langsamen Vervollkommnung der Vernunft beobachtet er endloses

Fortwirken von Unterdrückung, Neuinszenierungen historischer Tragödien, die – wie er mit Marx betont – in ihrer Wiederholung nur als Farce gelten können. Seine ganze Verbitterung richtet sich auf die Vorstellung von der Wiederholbarkeit der Geschichte im Sinne einer Rückkehr zum Anfang, wie er sie bei beiden Konfliktpartnern wahrnimmt.

Barocke Schreibweise zur Entlarvung des Grotesken verbindet sich in Ḥabībīs Schelmenroman mit der Strategie, die Mehrdeutigkeit der arabischen Sprache bewusst, funktional einzusetzen, um das Paradoxe an der gegebenen Situation zum Ausdruck zu bringen. Eben diese Technik ist es, die einen muttersprachlichen Leser bei der Lektüre des *Peptimist* spontan an genuin-arabische Vorbilder erinnern wird. Hier ist vor allem an die *Makamen* al-Ḥarīrīs (1054–1122) zu denken, die dem Leser ein Panorama von Schauplätzen der arabischen Welt des 12. Jahrhunderts entfalten, stets dramatisch bewegt durch die rhetorischen Glanzstücke eines vagabundierenden Gauklers namens Abū Zaid al-Sarūdjī, der sich seinen Unterhalt durch immer neue, sprachlich blendend eingekleidete Vorspiegelungen seiner Bedürftigkeit ergaunert. Auch er ist ein Anti-Held, gezwungen, stets eine Doppelrolle zu spielen, doch vermag er dank seiner glänzenden Sprachbeherrschung und suggestiven Umsetzung der Gedanken in Sprachbilder nicht nur die Hörer zu manipulieren, sondern auch die Doppelbödigkeit, das Paradoxe der Realität einzufangen. Zum Schluss wird die ›verkehrte Welt‹ des Gauklers durch seine Entlarvung und kritische Zurechtweisung seitens seines Schülers Ḥārith wieder vom Kopf auf die Füße gestellt. Stellenweise lehnt sich *Der Peptimist* formal eng an al-Ḥarīrī an, öfter noch übernimmt er die spielerische Technik, phantastische Verbindungen zwischen etymologisch oder lautlich verwandten, sachlich aber gänzlich verschiedenen Gegenständen herzustellen und damit eine phantastische Realität zu schaffen. Wie al-Ḥarīrī greift auch Ḥabībī auf Poesie-Einlagen zurück, sei es, um der Rede eine historische Dimension zu geben, um an die gemeinsame Sprache des reichen kollektiven kulturellen Erbes zu appellieren, sei es zu einer spielerischen Beglaubigung oder noch häufiger: Entlarvung des Gesagten.

Mehr noch als weltliche Lyrik haben Koranverse ›beglaubigenden‹ Charakter, sie können mitsamt ihrem Kontext beim Leser von vornherein als bekannt vorausgesetzt werden, sodass eine knappe Andeutung bereits ausreicht, um eine vollständige Erzählung, die Züge einer heilsgeschichtlichen Figur oder eine theologische Lehrmeinung in Erinnerung zu rufen. Die Anspielung auf Koranverse gehört ungeachtet der nicht-muslimischen Erziehung Ḥabībīs zu seinen bevorzugten Techniken, vielleicht weil sie ihm als einem gleichzeitig mit der jüdisch und der islamisch geprägten Kultur konfrontierten Erzähler die einzigartige Möglichkeit bietet, auf das Gemeinsame und doch Trennende zwischen den beiden Kulturen hinzuweisen. Dass seine

Hauptfiguren islamischer Prägung sind, geht aus ihrer Sprache eindeutig hervor; koranisch gefärbte Rede nimmt sich bei ihnen natürlich aus. Nun haben koranische Reminiszenzen oft eine biblische Entsprechung, an der sich israelische Identität ebenso festmacht wie arabische am Koranvers. Wenn beispielsweise die biblische Jakobsgeschichte indirekt zu der Benennung der rothschildschen Stiftung Zikhron Ya'kov (wörtl.: »Gedenken Jakobs«) Anlass gewesen ist, so muss die – von Saʿīd mit seiner spielerischen Umbenennung der Siedlung in das markant koranische »Anliegen Jakobs« (Sure 12, Vers 68) heraufbeschworene – Assoziation der islamischen Jakobsgeschichte als ein satirisch unternommener Versuch verstanden werden, die jüdische Siedlung durch die Verbindung mit einer koranischen Ätiologie zu ›arabisieren‹.

Aus dem Leben eines Peptimisten

Elemente aus Ḥabībīs Lebenslauf begegnen uns in dem Roman *Der Peptimist*, drei langen Briefen eines Ich-Erzählers mit Namen Saʿīd (wörtl.: »glücklich«), der Glücklose, der Peptimist, wieder. Dennoch ist der Roman nicht etwa eine chiffrierte Autobiographie, sondern durchaus ein Stück Fiktion; darauf deutet nicht erst der Schluss, sondern von Anfang an die ironische Filterung des Erzählten und eine große Zahl von intertextuellen Verweisen auf ältere arabische wie auch europäische Literatur. Fiktion ist der Roman auch trotz einer Anzahl dokumentarischer Einschübe, die in Anmerkungen mit Personen- und Zeitangaben ›belegt‹ werden und somit eher in die Kompetenz eines ›Herausgebers‹ als eines Erzählers fallen. Doch auch hier ist nicht Ḥabībī im Hintergrund zu vermuten; der Rahmen – Bestätigung vom Eingang der Briefe und Nachforschungen über deren Schreiber – ist wiederum Fiktion, Darstellung eines weiteren, nun an Ḥabībī selbst erinnernden, anonymen Ich-Erzählers.

Angesichts dieser ›Fiktion in der Fiktion‹ verwundert es nicht, dass die beiden Erzählperspektiven des naiven Betroffenen und des souverän Reflektierenden – so klar sie auch zunächst auf die beiden Rollen des Briefschreibers und des Adressaten verteilt zu sein scheinen – sich doch bereits in der Figur des Saʿīd selbst oft überschneiden. Es ist gerade das Spiel mit einer doppelten Perspektive, das den Briefen, insbesondere dem des ersten Buchs, ihren besonderen Reiz gibt: Die im eigentlichen Erzählstrang über die Ereignisse um 1948 eingehaltene Perspektive des naiven jungen Manns, der, ein harmloser Spitzel in israelischen Diensten, sich selbst als komischer Anti-Held präsentiert, wechselt unvermittelt über in die Perspektive des souveränerfahrenen, satirisch scharfen Kritikers, der sich selbst mit seiner Schriftstellerei in der Zeit um 1972 lokalisiert, wenn der Bericht in Reflexion und

Kritik übergeht. Diese Diskrepanz, die im ersten Buch angesichts der tatsächlichen Jugend des Erlebenden, seiner Verführbarkeit und seines Verkehrs mit Personen mit schlichten, oft sogar lächerlichen Charakterzügen besonders auffällt, verringert sich im zweiten Buch, das sich über die 20 Jahre nach 1948 erstreckt, und schwindet im dritten, das unmittelbar nach 1967 spielt. Saʿīd erscheint zwar in seiner Auseinandersetzung mit der politischen Wirklichkeit weiterhin als törichter und unbeholfener Mensch, ist sich nun aber der Paradoxie seiner Situation als israelischer Araber bewusst, sodass die seinen Bericht begleitenden satirischen Kommentare seiner eigenen psychischen Disposition tatsächlich entsprechen; auch ist er jetzt mit moralisch überlegenen, ja in einzelnen Zügen sogar vorbildlichen Partnern konfrontiert.

Dem Roman ist als Motto ein Gedicht vorausgeschickt, ein Appell, nicht länger auf erlösende Botschaften aus einer von den Religionen verheißenen jenseitigen Sphäre zu warten, sondern sich diese Botschaften selbst zu schreiben, also Erlösung durch eigenes Sprechen selbst herbeizuführen. Diese Aufforderung nimmt der Erzähler, Saʿīd, wörtlich. Er schreibt seine Geschichte in drei langen Briefen nieder und lässt sie veröffentlichen. Der Schreiber Saʿīd ist zu dieser Zeit der Wirklichkeit bereits entrückt, er befindet sich inmitten außerirdischer Wesen, jener aus der Islamgeschichte bekannten, in die Verborgenheit entrückten Erlösergestalten, deren letzte – in der Hoffnung der Volksreligion – als der Mahdi für das Ende der Tage, wenn die soziale und politische Ordnung einmal ihren absoluten Tiefstand erreicht hat, als Retter erwartet wird. Erst diese erhöhte Warte hat ihm das Schreiben ermöglicht, erst von hier aus kann er seine unter den früheren Umständen gefährliche Geschichte erzählen. Es ist die Geschichte einer andauernden und vielschichtigen Unterdrückung.

Die drei Teile des Romans sind mit den Namen dreier Frauen überschrieben, Namen, die mit ihrer Wortbedeutung jeweils auf eine Phase in der Entwicklung der Heimat verweisen. Die erste dieser Frauen mit dem sprechenden Namen Yuʿād (»sie wird zurückgebracht werden«) ist in Saʿīds Erzählung die Gefährtin seiner Jugend, die bei ihrer Vertreibung mit dem Versprechen der Rückkehr von ihm Abschied nimmt. Yuʿād symbolisiert die verlorene Heimat, die schmerzlich entbehrte Aufgehobenheit inmitten der eigenen Angehörigen, Freunde und Nachbarn, die in der großen Mehrheit geflüchtet sind und zu denen jede Verbindung abgebrochen ist. Ihr Name steht für die vom Erzähler immer mehr zum Ideal erhobene, schließlich aber aufgegebene Vision von der Wiedergewinnung der Heimat in ihrer alten Unversehrtheit.

Die Vision muss schon deshalb verblassen, weil an die Stelle des immer ferner rückenden Ideals bald eine nicht weniger anziehende, aber realere

Figur tritt: die ›kleine Heimat‹, die Lebenswelt der im Land Verbliebenen. Sie verkörpert sich für den Erzähler in einem jungen Mädchen, das sich nach seinem verlorenen Heimatort Ṭanṭūra ›al-Ṭanṭūriyya‹ nennt, aber auch einfach Bāqiya (»die Gebliebene«) heißt, und das als seine Frau sein Leben für fast 20 Jahre teilen soll. Die Figur der Bāqiya verbindet sich mit einem streng gehüteten Geheimnis, das ihr das Überleben unter dem Zwang einer doppelten Loyalität überhaupt möglich macht, zerrissen wie es ist zwischen einem äußerlich geschuldeten und zur Selbsterhaltung erforderlichen Gehorsam gegenüber der Staatsgewalt und dem unbezwingbaren Wunsch, ihre im Alltag missbrauchte persönliche Würde im Verborgenen dennoch zu bewahren. Mit dieser Würde verhält es sich wie mit einer vor der Flucht ins Meer versenkten Truhe, gefüllt mit den Waffen der Männer und dem Goldschmuck der Frauen der Familie. Die Wiedergewinnung dieses Erbes, der eigenen Traditionen und Wertvorstellungen, der eigenen kollektiven Erinnerung, ist das geheime Ziel Bāqiyas, dem sich bei der Eheschließung auch der Erzähler verpflichtet. Der Realisation näher gebracht wird es aber nicht durch ihre Generation, sondern erst durch den Sohn, mit dem sprechenden Namen Walā' (»Treue, Loyalität«), der dieser Würde eine neue, für die Eltern ganz unerwartete Deutung verleiht. Er hat die geduldige Selbstbegrenzung der älteren Generation als einen Prozess des Verkümmerns und Verstummens erfahren und sucht den Ausweg – das Geschehen wird indirekt in das Jahr vor dem Juni-Krieg, dem Beginn des bewaffneten Kampfes, datiert – in einem Akt des Widerstands, der für ihn und die an seiner Seite bleibende Mutter Bāqiya, den Tod bringt. Die Vision von der ›kleinen Heimat‹, von einem Leben in der isolierten Minorität, ist damit erloschen.

Was bleibt dem Erzähler nach dem Zunichtewerden beider Visionen, nach dem Verlust der ersten Liebe, dem Traum von der Rückkehr der Flüchtlinge und der realen Existenzmöglichkeit in einer zur Heimat gewordenen Enklave? Im dritten und letzten Buch – betitelt mit »die zweite Yuʿād« – begegnet er im Gefolge des Besucherverkehrs nach 1967 aus dem Libanon noch einmal einer Verkörperung der Heimat, nun der Tochter seiner Jugendliebe, Angehörige der jungen, im Exil zu einem neuen Selbstbewusstsein gelangten palästinensischen Generation. Der Erzähler vermag sie zunächst nicht von der noch immer ersehnten ›ersten Yuʿād‹ zu unterscheiden, er klammert sich an den Gedanken einer Wiederholbarkeit von Geschichte. Doch die ›zweite Yuʿād‹ weist sich als Vertreterin einer im innersten erneuerten Gesellschaft aus, die sich aus den beiden die arabische Minorität im Lande so einengenden Fesseln – der Unterwürfigkeit gegenüber der Staatsmacht und der Befangenheit in veralteten sozialen Normen – befreit hat und zu einer rationalen Auseinandersetzung mit den politischen Gegnern bereit und fähig ist.

Von dem neuen Denken affiziert, verwirft Saʿīd alle früheren Loyalitäten. Gleichsam auf einem Pfahl sitzend, in Selbstisolation über die Wirklichkeit erhoben, entfremdet sich Saʿīd seiner Lebenswelt schließlich gänzlich – oder mit der Allegorie des Schriftsteller-Propheten gesprochen: Er wird von den Außerirdischen schließlich entrückt. Eben diese Situation der Entrückung – eines Kreativität ermöglichenden Wahnsinns – ist es, aus der heraus Saʿīd seine Briefe schreibt. Ihm fällt die Rolle zu, die Sprachlosigkeit seiner verlorenen Generation zu brechen, zu erinnern. Als Außenseiter beider Gesellschaften hat er keiner von ihnen nachsichtigen Respekt entgegengebracht, sondern Geschichte stets aus der Perspektive eines kindlich-naiv gebliebenen Beobachters ›von unten‹ betrachtet. Ohne seine Beobachtungen durch eine innere Zensur persönlicher Solidarität passieren zu lassen, nimmt er an der Geschichte vor allem das Tragikomische wahr. Sein Bericht bietet eine Kette von Demonstrationen für seine Geschichtsbetrachtung, die sich direkt auf Marx zurückführt:

> Hegel bemerkt irgendwo, dass alle großen weltgeschichtlichen Tatsachen und Personen sich sozusagen zweimal ereignen. Er hat vergessen hinzufügen: das erste Mal als Tragödie, das andere Mal als Farce.

Wiederholt Geschichte sich selbst? ›Ererben des Landes‹, ›Sammlung der Exilierten‹, ›Fruchtbarmachung der Wüste‹

Seinen ›Eintritt in den Staat Israel‹, seine Rückkehr aus dem libanesischen Exil, vollzieht Saʿīd in Erfüllung des letzten Willens seines Vaters; er soll in dessen Nachfolge Spitzeldienste für den neuen Staat übernehmen. Auf einem Esel reitet er – eine groteske Messias-Figur – in das Land ein. Das Geschehen spielt 1948. Saʿīd wird sogleich in den ›Unabhängigkeitskrieg‹ verwickelt. Auf eine israelische Patrouille mitgenommen, wird er Zeuge des besonderen Prozesses zionistischen Unabhängigwerdens oder – in religiöser Sprache – ihres ›Ererbens des Landes‹. Was er zu sehen bekommt, hat wenig zu tun mit einer Erfüllung der biblischen Landverheißung an Abraham. Es ist vielmehr die Neuinszenierung einer biblischen Gegentradition zum Erben, nämlich der Geschichte der Vertreibung, der ›Enterbung‹ von unerwünscht gewordenen Angehörigen: Der Militärgouverneur, der sich Saʿīd sogleich als »Abū Isḥāq« (wörtl.: »Vater Isaaks«), also als ein ›Abraham‹, vorgestellt hat, vertreibt unter seinen Augen bei Androhung von Waffengewalt eine junge Frau mit ihrem kleinen Kind aus dem Land. Er scheucht sie fort, schickt sie »nach Osten« und inszeniert damit eine Wiederholung der Geschichte von Abrahams Verstoßung seiner eigenen hilflosen Konkubine Hagar und ihres Sohns Ismael. Der Verstoßungsakt selbst führt denn auch nicht zu der angestrebten ›Unabhängigkeit‹, sondern zu der irritierenden

Beobachtung des Militärgouverneurs, dass die Schatten der Vertriebenen immer größer werden und schließlich das ganze Land bedecken. Soweit, kritisch referiert, die Geschichte des israelischen Unabhängigkeitskriegs.

Die Sprache und insbesondere der Schluss der Szene liefern den Schlüssel zu einer zweiten, die palästinensische Geschichte beleuchtenden Lesart. Die vom Erzähler eingenommene israelische Perspektive, die sich an zionistischen Etikettierungen wie ›Unabhängigkeitskrieg‹ verrät, ist bereits sprachlich ein Akt der Selbst-Dekonstruktion des Textes. Arabischsprachige Texte mit dieser perspektivisch-schiefen Terminologie begegnen im Alltag in der Propaganda, in der ›hegemonialen Repräsentation‹, die die Unglaubwürdigkeit ihrer eigenen Aussage für die unterdrückten Adressaten bereits in sich trägt. Insofern ist die Unwahrheit des Behaupteten bereits Teil des Textes selbst. Was als unkompromittierte Aussage übrig bleibt, ist der Subtext der Geschichte, die mit dem Ereignis prophezeite Genese des Widerstands. Denn die junge Frau hat als ihren Herkunftsort das Dorf Birwa angegeben; das Kind ist also niemand anders als der nachmalige Dichter aus Birwa, Maḥmūd Darwīsh, die Stimme des palästinensischen Widerstands. Das geschilderte Ereignis der Vertreibung, die früh erfahrene Enteignung und Entrechtung, wird zum Auslöser seiner künstlerischen Inspiration werden, wie der am Schluss des Kapitels zitierte Darwīsh-Vers belegt: »Wir kennen sie, die (inspirierenden) Geister, die aus Kindern Propheten werden lassen«.

Bevor Saʿīd seinen Dienst als Spitzel in der Nachfolge seines Vaters antreten kann, wird er für eine Nacht in die al-Djazzār-Moschee, im Zentrum des alten Akka eingewiesen, wo er erneut Zeuge der pervertierten Realisierung eines biblisch sanktionierten Auftrags wird. Die Szene, die wie keine andere die Kommunikationslosigkeit der von der Evakuierung betroffenen Palästinenser demonstriert, wird seine eigene Berufung zum Schriftsteller, zum Sprecher, auslösen. Äußerlich bildet die Szene die Durchführung einer zionistisch motivierten Landnahme ab, nämlich die ›Sammlung der Exilierten‹ (hebr. *qibbuts ha-galuyot*). Die so bezeichnete Heimholung der verstreuten Angehörigen – im religiösen Kontext das dereinstige Werk des Messias –, um das in jedem jüdischen Morgengebet von neuem gebetet wird, wurde im Zionismus von den Politikern selbst in die Hand genommen, wie die Benennung der staatstragenden Institution des Kibbutz (hebr. *qibbuts*) demonstriert. Ḥabībī projiziert zur Entlarvung des Grotesken an diesem Geschehen die Idee des zionistischen ›Sammlungsvorgangs‹ auf die palästinensisch-arabischen Betroffenen, mit deren Vertreibung und Zerstreuung das messianische Ziel erkauft wird. Saʿīd trifft in der al-Djazzār-Moschee seinen alten Schuldirektor wieder, der mit der Aufgabe der ›Zusammenführung‹ von Flüchtlingen betraut ist, die bei dem Versuch, in ihre zerstörten Dörfer im Küstenstreifen zurückzukehren, gefasst wurden und nun in der Moschee interniert sind. Nachdem der Prinzipal die Verschreckten von der Harmlosigkeit des Neuankömmlings Saʿīd überzeugt hat, stürzen sie sich sogleich auf ihn, jeder mit der immer gleichen Frage: »Wir sind aus dem Dorf So-und-so. Hast du jemanden aus So-und-so getroffen?« Der völlig unsensible Saʿīd nimmt nur das Zufällig-Komische an den zahllosen Namen wahr, die Fragen selbst bleiben für ihn sinnlos:

> Nun brachen andere Stimmen hervor. Sie bestanden darauf, ihre Dörfer zu nennen, die – wie ich erfuhr – von der Armee niedergewalzt worden waren. »Wir sind aus Ruwais.« »Wir sind aus Hadatha.« »Wir sind aus Damun.« »Wir sind aus Masraa.« »Wir sind aus Shaab.« »Wir sind aus Miar.« »Wir sind aus Saib.« »Wir sind aus Bassa.« »Wir sind aus Kabiri.« »Wir sind aus Ikrit.« Erwarten Sie nicht von mir, verehrter Herr, dass ich mich nach so langer Zeit noch an die Namen all jener verwüsteten Dörfer erinnere, die die Geisterwesen in jener Nacht in der al-Djazzār-Moschee als Orte ihrer Herkunft nannten …

Eine neue ›Sammlung von Exilierten‹ gewiss, die der Prinzipal denn auch in der Tat mit dem arabischen Terminus als ›Zusammenführung von Verstreuten‹, *djamʿ shaml*, benennt, aber doch nur als Farce des messianischen *qibbuts ha-galuyot*, nur zum bequemeren Abtransport der Flüchtlinge zu ihrer bereits bei Morgengrauen vorgenommenen Deportation über die Grenze.

Sprache präsentiert sich hier im Leerlauf. Die Szene demonstriert die von Darwīsh in einem berühmten frühen Gedicht erhobene Klage, dass individueller Verlust in der Situation der kollektiven Katastrophe durch seine namentliche Benennung nicht festgehalten wird, sondern sich verflüchtigt, dass er »vergessen wird im Gedränge der Namen«. Die zahllosen Namen verlorener Dörfer sind nicht mehr als Fragmente einer noch nicht wieder hergestellten Erinnerung. Die Beschwörung von Namen ist wie für Darwīsh so auch für Ḥabībī kein gangbarer Weg zur ›Sammlung der Exilierten‹ in der Erinnerung.

Dieser Sammlung, der Konstitution von Erinnerung, muss die Reflexion über die Rolle der Sprache vorangehen, die in diesem Kontext als machtlos, ja als Medium der Täuschung erscheint. Indem Ḥabībī die Szene in Anlehnung an die klassische Makame, eine Erzählung über die sprachlichen Täuschungsmanöver eines Gauklers und ihre Entlarvung gestaltet, markiert er das von Saʿīd naiv hingenommene Geschehen für seine – die Intertextualität durchschauenden – Leser als eine zynische Farce. Wie der Gaukler in der Makame führt der Prinzipal die Flüchtlinge mit Euphemismen wie ›Zusammenführung‹ und ›Rückkehr‹ hinters Licht, um sie sich gefügig zu machen. Einzig die zur Makame gehörige Zurechtweisung des Betrügers seitens des Schülers bleibt aus – Selbstreflexion bildet sich bei Saʿīd erst langsam heraus. Die hilflosen Flüchtlinge werden, ohne dass die Gebildeten Protest einlegen – das ist Ḥabībīs Botschaft, die er mit der Begebenheit seiner Erzählung allegorisch mitteilt –, von ihren eigenen politischen Führern verraten.

Noch weitere zionistische Prärogativen werden als Propaganda entlarvt. Die eigentliche Bestätigung der erfolgreichen Wiedergewinnung des Landes ist in zionistischer Perspektive die ›Fruchtbarmachung der Wüste‹, *hafrakhat ha-shemama*, eigentlich eine endzeitliche Vision, die aber wiederum von den zionistischen Siedlern selbst in die Hand genommen worden ist und durch eigene, nämlich ›hebräische Arbeit‹, *'avoda 'ivrit*, realisiert werden soll, ein Projekt, das in religiöser Sprache als ›Erlösung des Landes‹, *ge'ulat ha-arets*, erscheint. Die biblischen Grundlagen für die Wiederinbesitznahme des Landes zur Bearbeitung durch Juden, Texte über Verheißungen des Ererbens des Landes, sind vielerorts auf Texttafeln in die Landschaft eingeschrieben. In der Realität ist das Land aber nicht menschenleer vorgefunden worden, und das zionistische Projekt kommt auch nicht ohne den Einsatz der im Lande gebliebenen Araber aus:

> Fareidis, das Paradies, blieb bestehen dank »eines Anliegens, das Jakob am Herzen lag«, (…) James (Jakob) de Rotschild, der dort gegen Ende des 19. Jahrhunderts eine Siedlung mit dem Namen »Zichron Ja'kov« – »Jakobs Gedenken« – gründete. Die dortigen aus Europa einwandernden Siedler widmeten sich dem Anbau von Qualitätswein (…). Die Fareidiser nun, also die Paradieser, wurden durch den Rebensaft in Jakobs Keltern von den Kriegsstürmen verschont. Der Gerechtigkeit halber sei angemerkt, dass der reichliche Gewinn, den die Bewohner von Jakobs Gedenken aus der Arbeit der Arme und Beine der Fareidiser zogen, ihnen den Rücken stärkte, als ihre zionistischen Brüder sie attackierten, die Vertreter des Prinzips rein »hebräischer Arbeit«, jenes Prinzips, rein wie der Wein in jenen Keltern.

Die Gebliebenen werden hier gewissermaßen mit den Früchten des Landes eins, werden physisch in das Land absorbiert: »Wäre es also nicht niederträchtig, den Paradiesern, den Fareidisern, einen Vorwurf daraus zu machen, dass sie geblieben sind, als Satz in den Keltern?« Dem zionistischen Anspruch auf ›Reinheit‹ hält Ḥabībī auf Seiten der angestammten Landesbewohner sein Gegenteil, das Verwachsensein mit dem Land, entgegen.

Nun ist das Sprechen über das Land in den siebziger Jahren längst kein unvermittelter Akt mehr, vielmehr legt der literarische Diskurs bereits die Koordinaten für die Wahrnehmung des Landes fest. Darwīshs Poesie feiert Palästina im Bild einer begehrenswerten jungen Frau, deren Ehre nur durch das Selbstopfer des Kämpfers oder die absolute Hingabe von dessen *alter ego*, dem Dichter, bewahrt werden kann. Ḥabībīs Erzähler setzt dem ein eklatant unpathetisches Bild von Land und Leuten entgegen. Er deckt das Groteske an jeder Allegorese des Landes im Spiegel jener erotisierenden Mythisierung auf, die das Land in der Sprache der Gegner erfährt. Die aggressiven, ja obsessiven Aspekte des Anspruchs auf die allein erbrachte Leistung der ›Fruchtbarmachung der Wüste‹, auf alleinige ›Erlösung des Landes‹ werden aus einem Vortrag deutlich, den Saʿīd von seinem Auftraggeber auf der gemeinsamen Fahrt zu dem Gefängnis, in das er verbracht werden soll, anhören muss. Hier wird das Land als weiblich vorgestellte Schutzbefohlene dargestellt, der erst ihr Befreier, ihr ›Erlöser‹, die Bewahrung ihrer Würde, die ›Bedeckung der Scham‹, ermöglicht:

> »Grün, nichts als Grün«, begann er, während ich peptimistisch lauschte, »zu deiner Rechten, zu deiner Linken, überall! Ja, wir haben das Tote belebt und das Lebendige (er meinte die Schlangen) abgetötet. Daher haben wir auch den alten Grenzen Israels den Namen ›Grüne Linie‹ gegeben. Denn das, was dahinter kommt, sind nur kahle Berge, öde Ebenen und wüstes Land, die uns alle zurufen: Kommt zu uns, ihr Bringer, ja ihr Schlepper der Zivilisation! Wärst du bei mir gewesen, mein Sohn, als wir damals die Straße von Latrun nach Jerusalem passierten, dann hättest du vor dir die Grüne Linie sehen können, buchstäblich in die Natur eingezeichnet mit dem Grün unserer pinienbewachsenen Berge, wo ein Baum seinen Arm um den anderen legt und ein Zweig den anderen streift und sich in ihrem Schatten die Liebenden umfangen. Du hättest dann sehen können, wie unsere wohlgekleideten Berge den euren gegenüberliegen, die nackt sind und ohne Hüllen, um ihre Blößen zu bedecken, nichts als Felsen, die ein Vierteljahrhundert hindurch geklagt und geweint haben, so dass der Strom ihrer Tränen auch die letzte Krume von ihnen weggeschwemmt hat. Lass uns die Tränen der Felsen trocknen! …« – »Haben Sie deshalb die Dörfer von Latrun zerstört – Amwas, Yalu und Bet Nuba – und die Bewohner vertrieben, großer Chef?« – »Wir haben doch das Kloster für die Mönche stehengelassen, als Touristenattraktion, ebenso die Gräber für die Toten, als Zeichen unseres Glaubens an den Herrn der Welten. Wir haben diese weite Land durch diesen Krieg ererbt. Denn wer gegangen, der vergangen …«

Verkleinerungen als Überlebensstrategie

Aus diesem Blickwinkel betrachtet verliert das israelische Gegenüber viel von seiner überragenden Statur; gerade die übermächtigen israelischen Figuren, angefangen bei dem Militärgouverneur über Saʿīds Vorgesetzten, den »Großen Mann von der kleinen Gestalt«, bis hin zu seinem höchsten Auftraggeber, stellen sich ihm durchweg als ›klein‹ dar. Auch die vielleicht schärfste Kritik an der in Saʿīds Wahrnehmung unangemessenen Autoritätsanmaßung wird mit einer verkleinerten Figur verbunden. Sie wird jedoch chiffriert, in einen sprechenden Namen gehüllt, vorgetragen: Wenn man sich für seinen Anspruch auf das Land fortwährend auf eine von Gott selbst gegebene Konzession, auf die Bibel gleichsam als das Grundbuch, beruft, leitet man sich zwar selbst – vermeintlich – religiös legitimierte Rechte ab, man trifft aber auch eine Entscheidung für das Gottesbild, teilt Gott eine sehr menschliche, ihn stark verkleinernde Rolle zu, die den Außenstehenden durchaus an die eines Grundstückmaklers erinnern mag. Die im Roman weitgehend im Dunkeln bleibende ›allmächtige‹ Figur, der zu »dienen« Saʿīd von seinem sterbenden Vater aufgetragen bekommt, heißt Adon (wörtl.: »Herr«) Safsarscheck, ein slawisch erweiterter hebräischer Name, der in der Tat etwas wie ›kleiner Makler‹ bedeutet. Saʿīd kann sich durch die bloße Erwähnung dieses Namens Schutz verschaffen, »nimmt zu ihm Zuflucht«, erhält von ihm während einer einmaligen Begegnung den Auftrag, ihm zu dienen, »wie uns dein Vater gedient hat«. Sein Fluch wird auf Saʿīd und seinen Nachkommen lasten »von Geschlecht zu Geschlecht«, sollte er sich aus diesem Dienst lösen. Mit dem Staat des kleinen Gotts, Adon Safsarscheck, ist so etwas wie eine neue Religion gegründet worden, die keine Apostasie duldet. Es ist bemerkenswert, dass der göttliche Prärogativen in Anspruch nehmende Staat auch für andere nahöstliche Betroffene, trotz Zugehörigkeit zur jüdischen Religion, zum Problem geworden ist. So hat sich der irakischstämmige israelische Erzähler Sami Mikhael kritisch geäußert:

> Ich habe mich nie vor einem großen, wahrhaften, weisen und allmächtigen Gott mit der Macht zu Entscheidungen und deren Durchsetzung gefürchtet. Aber ich habe Angst vor einem kleinen, elendigen, taubstummen, hilflosen Gott, der vom Weib geborene Kreaturen braucht, um seine Werke durchzusetzen und seine Wünsche zu artikulieren. Ich kann mich diesem Gott entgegenstellen, denn er fälscht meine Vergangenheit und schreibt sie um.

Die Umsetzung aller drei großen zionistischen Prärogativen hat also eine palästinensische Kehrseite. ›Das Land‹ hat außerhalb des Mythos nur Realität mit seinen arabischen Bewohnern, deren Körper gewissermaßen die Oberfläche des Landes bilden, auf dem die zionistische Geschichte ausgetragen wird.

Der *fidāʾī* auf dem Prüfstein

Verkleinerte Menschen, ein verkleinerter Gott – wie überlebt man in der ›kleinen Heimat‹? Mehrere Modelle der Selbstbehauptung werden im Roman vorgestellt: intensive, den Gegner entwaffnende Arbeit wie im Falle der Leute von Fareidis, Absorption in das Land als »Satz in den Keltern« – oder Selbsteinschließung in einem Dorf am Rande der Realität wie bei den Leuten im legendären Sulaka, wohin Saʿīd mit der ›zweiten Yuʿād‹ reisen wird, einem Dorf, wo man sich durch Annahme einer Sprachregelung, die selbst reale Verwandtschaftsbeziehungen sicherheitshalber verheimlichen hilft, verbergen kann – oder einfach Verharren und festes Hoffen auf Wiedererlangung der eigenen Würde, um deren verborgene

Realität man weiß, wie bei Saʿīd und Bāqiya? Alle die hier exerzierten Selbstverkleinerungen schaffen kein Ventil, sondern lassen die Enge des eigenen Bewegungsspielraums nur noch bedrängender erscheinen.

Ein zentrales Kapitel des Romans ist dem Ausbruchsversuch des Sohns Saʿīds, Walāʾ, gewidmet, der, von den Eltern übervorsichtig ›Treue‹ genannt, nach dem misslungenen Versuch eines Widerstandsaktes vor seinem Entschwinden ins weite Meer hart mit ihnen abrechnet, indem er immer wieder jene Ermahnung wiederholt, mit der seine Eltern ihm Kindheit und Jugend vergiftet haben: »Gib acht, wenn du redest!« Walāʾ hat sich nach einer gescheiterten Guerilla-Aktion im Keller eines zerstörten Hauses im verödeten Heimatdorf seiner Mutter verschanzt, seine Mutter steht vor ihm, sie soll ihn zur Kapitulation überreden. Doch er verweist mit der litaneihaften Wiederholung der alten Ermahnung auf die erstickende Enge im Elternhaus, auf den Zwang zur Sprachlosigkeit, der ihn zum Aufbegehren, zu einem von vornherein nur um den Preis des eigenen Lebens realisierbaren Widerstand getrieben hat. Auf Bāqiyas Aufruf, »Ins Freie, mein Sohn! Deine Höhle ist eng, versperrt ist sie, deine Höhle, du wirst darin ersticken!«, antwortet er:

> Ersticken? Ich bin in diese Höhle gegangen, damit ich in Freiheit atmen kann, einmal in Freiheit atmen! Schon als ich in der Wiege lag, habt ihr mein Weinen unterdrückt, und als ich größer wurde und von euch das Reden lernen wollte, bekam ich nichts als Geflüster zu hören. Als ich zur Schule kam, habt ihr mich gewarnt, »Gib acht, wenn du redest!« Als ich erzählte, mein Lehrer sei mein Freund, habt ihr geflüstert: »Vielleicht soll er dich aushorchen! Gib acht, wenn du redest!« Als ich mich mit Freunden traf, um zum Streik aufzurufen, sagten auch sie: »Gib acht, wenn du redest!« Schon am frühen Morgen sagtest du mir: »Gib acht, wenn du redest. Du sprichst im Schlaf.« Wenn ich im Bad vor mich hinträllerte, schrie mich mein Vater an, ich solle eine andere Melodie singen, die Wände hätten Ohren. »Gib acht, wenn du redest!« ... Ja, diese Höhle ist eng, Mutter, aber sie ist doch geräumiger als euer Leben. Ja, diese Höhle ist versperrt, Mutter, aber sie ist doch ein Ausweg.

Walāʾ, der Sohn, war es, der die im Meer versenkte Truhe gehoben und in einem neuen Verständnis von Würde den wiedergewonnenen Schatz umgesetzt hat in eine Bereitschaft zur Selbsthingabe an die Sache seines Volks, zu einer radikalen Durchbrechung der aus Übervorsicht aufgerichteten Sprachbarrieren, die ihm zwar den Sprung aus der Enge heraus ins Weite eröffnet, aber doch keine Zukunft für ihn bereithält.

Der hier an einem Akt des unzeitigen und isolierten Widerstands bloßgestellte Aspekt des Selbstmörderischen, das Negieren der Zukunft, die rationale Erklärung des aktiven Widerstands aus einer sozialen und psychologischen Notlage – all das ist eine Absage an jede mythisierenden Deutung. Der Ausweg Walāʾs führt nicht etwa zu einer Erneuerung der Vision von der Heimat in der Erinnerung, sondern reißt die noch verbliebene reale Heimat mit sich in den Untergang.

Nun steht der Figur des Walāʾ im Roman die eines anderen Freiheitskämpfers gegenüber, der – in Anlehnung an ein etwa gleichzeitig mit der Handlungszeit nach 1967 geschriebenes Darwīsh-Gedicht – durchaus pathetisch beschrieben wird, nämlich der junge Saʿīd, dem der Erzähler, der wieder einmal inhaftiert ist, im Gefängnis begegnet:

> Mein Blick fiel auf einen ungewöhnlich langen Körper, der ausgestreckt zu meiner Linken auf einer Strohmatte, ähnlich der meinen lag, nackt, wie sein Herr ihn erschaffen hatte, doch bestrichen mit etwas, das ich auf den ersten Blick für leuchtendrote Farbe hielt. Ohne die beiden unbeweglich und mit einem heimlichen Lächeln der Ermutigung auf mich gerichteten Augen und ohne die Hand, die meine drückte und mich ermunterte, stark zu sein, hätte ich den ausgestreckten Körper zu meiner Linken für einen leblosen Leichnam gehalten … Da hörte ich den in Königspurpur gehüllten Mann flüstern: »Was hast du, Bruder?« … Plötzlich nahm er alle Kräfte zusammen und stand in seiner Größe vor mir, dabei neigte er den Kopf, vielleicht, um nicht an die Decke anzustoßen, vielleicht um mich ansehen zu können … Dann verband er meine Wunden mit einem Gespräch über die seinigen und erweiterte damit die einzige enge Luke der Zelle zu einem so weiten Horizont, wie ich ihn nie zuvor gesehen hatte. Ihre Gitterstäbe wurden Brücken hinüber zum Mond und zwischen meiner und seiner Matte wuchsen hängende Gärten.

Diese Figur, die – in Nachfolge des zur mystischen Transzendierung der realen Leidenswelt befähigten Sufi – eine Verwandlung des Leidens in Triumph und auf diese Weise die Umsetzung aller Leidenszeichen in Herrschaftssymbole zu bewirken vermag, scheint durch das bekannte Gedicht von Maḥmūd Darwīsh *Radd al-fiʿl* (*Reaktion*) aus dem Jahr 1967 inspiriert zu sein, in dem es heißt:

> Alle Lichtluken versperrten sie mir in die Zelle –
> Da strahlte im Herzen auf Sonnenhelle vieler Fackeln / … /
> Auf die Wände malten sie mir das Bild meines Henkers –
> Da verwischte seine Züge das Schattenbild von Weizenähren / … /
> Nichts sehen sollen die »Sieger« als ein Leuchten auf meiner Stirn,
> Nichts vernehmen sollen sie als ein Rasseln meiner Ketten,
> Und verbrenne ich dann am Kreuz meines Gottesdienstes,
> Bin ich zum Heiligen geworden – im Kämpfergewand!

Dieser Typus ist es, der dem Protagonisten Saʿīd wesentlich zu der Gewinnung einer neuen Selbsterkenntnis und neuer eigener Würde verhilft. An der Bedeutung des von den Exil-Palästinensern gewagten aktiven Widerstands in den Jahren nach dem Juni-Krieg für die Wiedergewinnung einer Selbstachtung der Palästinenser auch in Israel besteht kein Zweifel. Die Konzeption des bewaffneten Kampfs zur Wiedergewinnung des gesamten Landes jedoch, das Ideal des *fidāʾī* selbst, bleibt nicht ohne Revision stehen, sondern wird an einer späteren Stelle des Romans einer rigorosen Kritik unterzogen: Nicht dem nach Erlöserfiguren Ausschau haltenden alten Saʿīd, sondern der selbstbewussten, lebensbejahenden jungen Yuʿād als der verjüngten Verkörperung der Heimat steht es zu, über diesen als Befreier der Heimat auftretenden Typus zu urteilen. In den Augen dieser von alten Idealvorstellungen unabhängigen, ›modernen‹ Figur ist es eben das ›messianische‹ Element, die Absage des Freiheitskämpfers an die reale Geschichte, die ihn disqualifiziert: »Hätten sie wirklich etwas dazugelernt, würden sie nicht von einer Rückkehr zum Anfang reden«. Das gesamte Auftreten der ›zweiten Yuʿād‹ im Roman, die der ersten zum Verwechseln ähnlich, aber eben doch nicht mit ihr identisch ist, gilt der Offenlegung einer durch idealisierte Erinnerung erzeugten Sinnestäuschung.

Ein gemeinarabisches Ideal im Zerrspiegel: der Dichter/Prophet

Nicht nur die Statur des Freiheitskämpfers, so sehr sie den nach einer Erlöserfigur suchenden Saʿīd auch als Hoffnungsträger beeindrucken mag, verliert am Ende an Höhe – es wird vor allem mit dem idealisierten Vertreter der Wortkultur als dem ›eigentlich berechtigten Partner‹, dem ›uneigennützig Liebenden‹ der Heimat, hart abgerechnet. Der gesamte Roman verfolgt als einen – wenn auch nicht immer zutage tretenden – Handlungsstrang die Entwicklung Saʿīds zum Schriftsteller im Sinne eines Sprechers seiner Gesellschaft. Bereits zu Anfang des Romans hat Saʿīd – wie der Sprecher der Gesellschaft *par excellence*, der Prophet Muḥammad – eine Berufung erfahren, als er nach dem Ereignis in der al-Djazzār-Moschee von den Überirdischen gerufen und belehrt worden war. Er steht die gesamte Zeit der Erzählung hindurch – wie der Prophet – in Kontakt mit übernatürlichen Mächten. Er leidet nach seiner Berufung – wie der Prophet, vor allem aber wie der ihm verwandte Dichter in der kolonialen und nachkolonialen Gesellschaft – an schmerzlicher, fast zum Wahnsinn führender Isolation. Ihm widerfährt schließlich – wie dem Propheten – zum Trost und zur Initiation in die Gesellschaft der Erwählten eine ›Himmelreise‹ auf dem Rücken eines wundersamen Reittiers, nach welcher er seiner Berufung im ganzen Sinn des Wortes erst nachkommen kann: Er wird Schriftsteller.

Doch wie sieht es mit den genannten Erfahrungen konkret aus? In der ironisch gebrochenen Darstellung des Romans haftet bereits der Berufung ein retardierendes Element, Saʿīds schwerfällige Wahrnehmung des Geschehens, an. Saʿīd hat nach seinem trotz widriger Umstände glücklich gelungenen ›Eintritt ins Land‹, noch in der Nacht seines Zusammentreffens mit den sprachlosen ›Geisterwesen‹, den zurückgekehrten Vertriebenen in der al-Djazzār-Moschee, eine übernatürliche Begegnung mit einer – im islamischen Kontext als Mahdi geläufigen – außerirdischen Erlösergestalt, die ihn zu einer für ihn selbst zunächst nicht recht fassbaren Rolle beruft. Die Szene greift nun in entscheidenden Zügen auf das Berufungserlebnis des Propheten Muḥammad zurück: Hier wie dort wird der Novize mehrmals angerufen, er antwortet mit »hier bin ich«; der außerirdische Anrufer nähert sich, der Novize versucht, sich zu entziehen, folgt dem Ruf aber schließlich doch:

> Plötzlich, aber doch nicht eigentlich unerwartet, drang eine Stimme an mein Ohr, die rief: »Saʿīd, Saʿīd!« Mich überkam ein Gefühl, als wäre ich dabei ertappt worden, wie ich heimlich durchs Schlüsselloch in ein Jungfrauengemach spicke. Beschämt wollte ich den Rückzug antreten, da kam die Stimme noch einmal und rief: »Her zu mir!« – »Da bin ich!«, antwortete ich. »Komm näher!« Da sehe ich eine hochgewachsene Männergestalt aus jenem Felsen, auf dem der Leuchtturm steht, mit dem Licht heraustreten, sich mit dem Leuchten des Lichts weit ausdehnen und sich mit seinem Erlöschen in die Dunkelheit zurückziehen. Es war gehüllt in einen blauen Überwurf, verziert mit weißem Schaum, so strahlend wie das Licht des Leuchtturms. So näherte er sich mir, und ich nähere mich ihm, bis wir uns in der Mitte treffen.

Doch Saʿīd, der hier den Auftrag zur Bewahrung der Würde seiner Heimat erhält, versucht vielmehr, die Begegnung dazu zu nutzen, sein Gegenüber zu seiner Schutzfigur zu gewinnen:

> Da sah er mich scharf an ... »Genau das ist eure Art, so seid ihr«, sagte er dann. »Wenn ihr eure elende Wirklichkeit nicht mehr ertragen und den geforderten Preis für ihre Veränderung nicht aufbringen könnt, weil ihr wisst, dass er enorm ist, dann sucht ihr Zuflucht bei uns. Wenn ich sehe, was andere Menschen tun, welchen Preis sie zahlen, wie sie nie zulassen würden, dass jemand sie hier in einem solchen Gewölbe zusammenpfercht, dann werde ich zornig auf euch. Was fehlt euch denn? Gibt es jemanden unter euch, dem ein Leben fehlt, so dass er es hier nicht einsetzen kann? Oder jemanden, dem ein Tod fehlt, so dass er um sein Leben fürchten müsste?« Ich hatte ihm völlig verstört zugehört. Die Gewölbe wurden schwarz vor meinen Augen. Ich erinnerte mich an mein verheißungsvolles Morgenrot in meinem geliebten Haifa und meine Unruhe wuchs. »Morgen«, sagte ich, »werde ich in mein Haifa zurückkehren, Verehrungswürdiger. Und darin leben. Gebt mir also einen Rat.« Da legte sich seine Erregung. »Mein Rat würde dir nichts nützen«, sagte er, »aber vielleicht jene Geschichte, die ich einmal im Lande der Perser gehört habe. Es ist die Geschichte von einer Axt ohne Stiel, die von irgend jemandem hingeworfen, zwischen einigen Bäumen lag. Da sprachen die Bäume zueinander: ›Diese Axt wurde doch gewiss zu nichts Gutem hierhin geworfen!‹, doch einer, ein ganz normaler Baum, meinte, ›Wenn nicht ein Stück von euch ihr den Rücken stärkt, braucht ihr sie nicht zu fürchten‹. Geh jetzt, diese Geschichte eignet sich nicht zur Wiederholung.« – »Kann ich Euch wieder treffen, Verehrungswürdiger?« – »Wann

> immer du willst, komm in diese Gewölbe!« – »Zu welcher Stunde denn, Verehrungswürdiger?« – »Wenn du dich schwach fühlst.« – »Wann?« Aber er war schon verschwunden.

Saʿīd entzieht sich lange Zeit seinem Auftrag, den er als ›Geheimnis‹ hütet. Seiner Berufung, zu deren konkreter Verwirklichung im Schreiben es erst am Ende seiner Entwicklung kommt, nähert er sich bereits etwas, als er – nach der Einsicht in den Verlust der ›kleinen Heimat‹ in Folge des Juni-Kriegs, nach der Zerschlagung des bis dahin aufrechterhaltenen Modells eines selbstgenügsamen Lebens in Israel – seine persönliche Situation nur noch als quälenden Alptraum erfahren kann. Er findet sich ›auf einem Marterpfahl‹ der Ratlosigkeit wieder, in totaler Isolation und Selbstentfremdung. Er durchleidet die psychischen Qualen jenes Typus, der sich als stellvertretend Leidender *par excellence* durch seine Ausrichtung an einem unerreichbaren Ideal als ›am Kreuz erhoben‹ fühlt und darstellt: des engagierten Dichters. Unpathetisch, wie es der ironische Roman vorgibt, ist aus dem Kreuz, auf das sich die Dichter berufen, ein banaler Pfahl geworden. Zwar versucht Saʿīd weiterhin durch Akte der Selbstverkleinerung auf den Boden der Realität zurückzugelangen, doch findet er sich, nun häufiger in Haft geratend, immer schwereren Erschütterungen ausgesetzt. Im Gefängnis begegnet ihm sein *alter ego*, der junge Saʿīd, dessen stärkende Präsenz eine Läuterung herbeiführt, ihm aber keinen Ausweg weist. Die Begegnung schließlich mit der jungen Yuʿād, mit der verjüngten, lebensbejahenden Verkörperung der Heimat, macht ihm vollends klar, wie unzeitgemäß er selbst und wie überholt die sich ihm bietenden ideologischen Optionen sind.

In dieser an Wahnsinn grenzenden grotesken Situation, als er auf seinem demütigenden Pfahl der totalen Isolation und Hoffnungslosigkeit erhöht ein ins Sinnlose verkehrtes Kreuzes-Martyrium erleidet, ergreift ihn jene übernatürliche Kraft, der ›Mahdi‹, und erneuert seine frühere Berufung: Er entrückt ihn aus seiner unerträglichen Lage, ihn wie ein Pegasus, wie der sagenhafte ›Burāq‹ des Propheten, auf dem Rücken tragend, und – so muss man aus dem Anfang des Romans, der die glückliche Aufnahme unter die außerirdischen Erwählten darstellt, schließen – führt ihn nach dieser Himmelsreise in die Rolle des Schriftstellers ein. Damit wird er, wie er zu Anfang des zweiten Briefs entfaltet, zum ›Sprecher‹ (arab.: *nāṭiq*), der nicht nur dem traditionellen schiitischen Heilsplan als Verkünder einer baldigen Befreiung aus der Erniedrigung geläufig ist, sondern in der Deutung ›Literat‹ auch in der Moderne als der eigentlich legitime Vertreter der Gesellschaft gilt. Wird hier die Berufung, die im Leiden bewiesene Bewährung und Erhebung des Propheten nachvollzogen?

Ein mühsamer Weg eher, ein Weg, der knapp – oder vielleicht doch nicht? – am klinischen Wahnsinn vorbeiführt, kein Weg jedenfalls, der zu jener aus der modernen arabischen Literatur geläufigen hoch pathetischen Rolle des als Befreier, als Identitätsstifter, auftretenden Typus des Prophet-Dichter-Kämpfers qualifizieren würde. Die verjüngte Heimat bedarf einer solchen Idealfigur gar nicht mehr; Yuʿād nimmt in der ›Himmelsreise‹ Saʿīds daher auch kein Propheten-Beglaubigungswunder wahr, sondern sieht vielmehr in seinem Entschwinden ein Hoffnungszeichen. Das Letzte, was der mit Hilfe des ›Mahdi‹ von seinem Marterpfahl aufsteigende Saʿīd von seiner immer ferner werdenden früheren Umwelt noch erkennt, ist die Figur der jungen Yuʿād, die auf ihn weisend prophezeit: »Wenn diese Wolke sich einmal verzogen hat, wird endlich die Sonne scheinen!«

Mit dieser Entlassung aus seiner gesellschaftlichen Rolle ist auch der Literat selbst frei geworden; er ist aus der mythischen Dreierkonfiguration – reale Heimat, Intellektueller als ihr Befreier und Ideal der Heimat –, in der er als ritterliche Befreierfigur viel mehr dem Idealbild der Heimat als ihrer Realität verpflichtet war, herausgetreten. Er kann nun seiner Aufgabe nachkommen, Verlorenes in Erinnerung zu bringen, ohne es mythisch ›zurückzubringen‹. Seine Rede ist »Erinnerung, die auch zeitweiliges Vergessen verträgt«. Sie bezieht sich auf die lebendige Physis des Landes und gibt dessen realer emotionaler Wertigkeit Ausdruck, ohne sich durch die Grenzen der vorgefundenen politischen Vereinnahmung beirren zu lassen. Saʿīd selbst verweist gegenüber seinem Auftraggeber, der ihn über den durch einen hebräischen Namen dokumentierten Besitzwechsel einer Landschaft belehrt, auf die alle Benennungen transzendierende Realität der Heimat. Dabei beruft er sich auf die Shakespeare-Verse aus *Romeo und Julia*:

> Was ist ein Name – was uns Rose heißt,
> wie es auch hieße, würde lieblich duften.

Das Recht auf den Besitz der Heimat mag strittig, die Hoffnung, sie wieder zu besitzen, nichtig sein – was dennoch bleibt ist das, was alle Exilanten vereint: die Sehnsucht nach der Heimat. Mit dieser Überzeugung reiht sich Ḥabībī unter die israelischen post-zionistischen Denker ein, die ein Konzept des Exildaseins, der *galut*, als einer ›nur unvollkommenen Präsenz‹ entwickelt haben, wie sie auch im Land selbst gelebt werden kann. Diese ›Exil-Präsenz‹ würde – so die post-zionistischen Denker und mit ihnen Ḥabībī – gestatten, sowohl die verleugnete jüdische Vergangenheit als auch die verleugnete palästinensische Vergangenheit in Erinnerung zu bringen. Ḥabībī setzt auf diese Aussicht, wenn er am Anfang seines zweiten Romans *Das Tal der Dschinnen* (1985) fragt: »Sollte etwa mein Vertrauen erschüttert sein in unsere Freiheit, uns in diesem Land nach diesem Land zu sehnen – in Haifa nach Haifa?«

Werke

Sudāsiyyat al-ayyām al-sitta (*Hexalogie der Sechs Tage*), Haifa: Maṭbaʿat al-Ittiḥād al-Taʿāwuniyya 1968.

al-Waqāʾiʿ al-gharība fī khtifāʾ Saʿīd Abī l-Naḥs al-Mutashāʾil (*Der Peptimist oder Von den seltsamen Vorfällen um das Verschwinden Saids des Glücklosen*), Haifa: Arabesque 1974.

Lukaʿ ibn Lukaʿ (*Lukaʿ, Sohn des Lukaʿ*), Nazareth: 30 Adhār 1980.

Ikhtayya (*Das Tal der Dschinnen*), Nikosia: Bīsān Press 1985.

Sarāyā bint al-ghūl (*Sarâja, das Dämonenkind*), Haifa: Arabesque 1991.

Übersetzungen ins Deutsche

Emil Habibi: *Der Peptimist oder Von den seltsamen Vorfällen um das Verschwinden Saids des Glücklosen*, übers. v. Ibrahim Abu Hashhash u. a., Basel: Lenos 1992 (TB 1995).

Emil Habibi: *Das Tal der Dschinnen*, übers. v. Hartmut Fähndrich u. Edward Badeen, Basel: Lenos 1993 (TB 1997).

Emil Habibi: *Sarâja, das Dämonenkind*, übers. v. Nuha Forst, Angelika Rahmer u. Hartmut Fähndrich, Basel: Lenos 1998.

Weiterführende Literatur

Akram F. Khater: »Emile Habibi: The Mirror of Irony in Palestinian Literature«, in: *Journal of Arabic Literature* 24, 1993, S. 75–94.

Saleh Srouji: *Emil Habibi, ein arabischer Literat aus Israel. Die Suche des Palästinensers nach dem Selbst unter verschärften Bedingungen*, Augsburg: Wißner 1993.

Angelika Neuwirth: »Israelisch-palästinensische Paradoxien: Emil Habibis Roman Der Peptimist als Versuch einer Entmythisierung von Geschichte«, in: *Quaderni di Studi Arabi* 12, 1994, S. 95–128.

Saleh Srouji: »Emil Habibi«, in: *Kritisches Lexikon zur fremdsprachigen Gegenwartsliteratur*, hg. v. Heinz Ludwig Arnold, München: edition text + kritik, 40. Nachlieferung 1996.

Yoram Kaniuk u. Emil Habibi: *Das zweifach verheißene Land*, übers. v. Anna Schwarz u. Michael von Killisch-Horn, München: List 1997.

Sobhi Boustani: »Terre natale et paysages urbains dans le roman palestinien: Essai sur les œuvres de Ghassan Kanafani et Emile Habibi«, in: *Crisis and Memory. The Representation of Space in Modern Levantine Narrative*, hg. v. Ken Seigneurie, Wiesbaden: Reichert 2003, S. 145–176.

Ulrike Stehli-Werbeck

Der Poet der arabischen Kurzgeschichte: Zakariyyā Tāmir

> Am ersten Tag wurde der Hunger erschaffen. Am zweiten Tag wurde die Musik erschaffen. Am dritten Tag wurden die Bücher und die Katzen erschaffen. Am vierten Tag wurden die Zigaretten erschaffen. Am fünften Tag wurden die Cafés erschaffen. Am sechsten Tag wurde der Zorn erschaffen. Am siebten Tag wurden die Singvögel mit ihren in den Bäumen verborgenen Nestern erschaffen. Am achten Tag wurden die Untersuchungsrichter erschaffen, die, begleitet von Polizisten, Gefängnissen und Handschellen, sogleich über die Städte herfielen. (Zakariyyā Tāmir, *Alladhī aḥraqa l-sufun, Der die Schiffe verbrannte*)

Hauptkennzeichen von Zakariyyā Tāmirs Kurzgeschichten ist die Spannung zwischen einer von Willkür, Entbehrung und Absurdität geprägten Welt und einer scheinbar einfachen, dichten, poetischen Sprache. Tāmir gilt als einer der bedeutendsten Autoren nicht nur der syrischen, sondern der arabischen Kurzgeschichte generell, der zudem Zeit seines Lebens sein Interesse ganz dieser einen Gattung gewidmet hat. »Bis jetzt ist die Kurzgeschichte für mich das Messer, mit dem ich die Frucht schälen und einen Feind töten kann«, sagte er in einem Interview. Seit den sechziger Jahren bis in die jüngste Zeit sind von ihm neun Kurzgeschichtensammlungen erschienen, deren Stil immer von neuem eine ganz eigene Faszination ausübt. Tāmir hatte großen Einfluss auf jüngere Kurzgeschichtenautoren, besonders in Syrien, Ägypten und im Irak.

Der Autor und sein Land

Zakariyyā Tāmir wurde 1931 in einem einfachen Viertel der Altstadt von Damaskus geboren, zu einer Zeit also, als Syrien noch dem Mandat der Kolonialmacht Frankreich unterstand. Da die materiellen Verhältnisse seiner Familie es erforderten, verließ er im Alter von 13 Jahren die Schule und arbeitete von 1944 bis 1960 als Schmied und in anderen handwerklichen Berufen. Angeregt durch den Kontakt mit Intellektuellen, setzte er seine Schulbildung an der Abendschule fort und widmete sich auf eigene Faust intensiven literarischen Studien von Werken der arabischen wie auch der übrigen Weltliteratur.

Die Zeit seiner autodidaktischen Lehrjahre fiel in die postkoloniale Phase des Aufbruchs und der Hoffnung nach Erlangung der Unabhängigkeit 1946.

Sie war in Syrien einerseits durch politische Instabilität und zahlreiche Militärputsche geprägt und andererseits durch die Idee der arabischen Einheit, die in den Jahren 1958 bis 1961 vorübergehend zur Union von Syrien und Ägypten führte. In dieser Zeit, 1957, begann Tāmir zu schreiben. Mit seiner ersten Kurzgeschichtensammlung *Ṣahīl al-djawād al-abyaḍ* (*Das Wiehern des weißen Rosses*), die 1960 Aufsehen erregte, etablierte er sich umgehend als eine neue, eigenständige Stimme im Bereich der arabischen Kurzgeschichte. Von diesem Jahr an widmete er sich ganz dem Schreiben – als Schriftsteller und als Journalist in unterschiedlichen Medien und Institutionen. Er begab sich in den Zwiespalt jedes Intellektuellen in einem nichtdemokratischen oder totalitären Staat, aus der Notwendigkeit des Broterwerbs und aus – zumindest zeitweilig gehegter – Hoffnung, etwas von innen bewegen zu können, Aufgaben im staatlichen Kulturapparat wahrzunehmen, obwohl er den Repressionen des jeweiligen Regimes kritisch gegenüberstand. So arbeitete er von 1960 bis 1963 in der Abteilung für Publikation und Übersetzung des syrischen Kultusministeriums.

1963 erschien dort seine zweite Sammlung *Rabīʿ fī l-ramād* (*Frühling in der Asche*). Im gleichen Jahr übernahm die Baath-Partei, die die Ziele »(arabische) Einheit, Freiheit, Sozialismus« auf ihre Fahnen geschrieben hatte, mittels eines Militärputsches die Herrschaft in Syrien. Das parlamentarische System wurde durch eine ›Volksdemokratie‹ osteuropäischen Musters – tatsächlich eine verschleierte Militärdiktatur – ersetzt, und es entstand, verbunden mit Bodenreformen und Verstaatlichungen, ein sozialistisches Wirtschaftssystem. Tāmir war in jenen Jahren Chefredakteur der Wochenzeitschrift *al-Mauqif al-ʿarabī* (Der arabische Standpunkt), kurze Zeit als Programmautor für das saudi-arabische Fernsehen in Dschidda und schließlich bei der Zensurbehörde des syrischen Informationsministeriums tätig. Der Schock der militärischen und politischen Niederlage, die die arabischen Staaten im Juni-Krieg 1967 gegen Israel erlitten, stürzte auch Syrien in eine tiefe Krise und forderte zu grundlegender Analyse und Selbstkritik heraus. Dies fand bei Tāmir insbesondere in der Kurzgeschichtensammlung *al-Raʿd* (*Der Donner*, 1970) seinen Niederschlag. In jenen Jahren, 1967–1970, arbeitete er als Archivleiter beim syrischen Fernsehen.

Während der Regierungszeit des Präsidenten Hafez al-Asad (1970–2000) setzten vorübergehend in begrenztem Maße Liberalisierung und Aufschwung ein, doch die Repression von seiten der Polizei- und Geheimdienstapparate blieb unverändert stark. Tāmir, 1969 Mitbegründer des Syrischen Schriftstellerverbands, war von 1973 bis 1975 dessen Vizepräsident und Chefredakteur von dessen Zeitschrift *al-Mauqif al-Adabī* (Der literarische Standpunkt). Auch publizierte er im Rahmen des Verbandes 1970 seinen oben genannten dritten und 1973 seinen vierten Kurzgeschichtenband, *Dimashq al-ḥarāʾiq* (*Damas-*

kus in Flammen). Der fünfte, *al-Numūr fī l-yaum al-ʿāshir* (*Die Tiger am zehnten Tag*, 1978), erschien dann schon wieder in Beirut, das im Gegensatz zu Syrien während des libanesischen Bürgerkriegs ein Paradies der Meinungsfreiheit darstellte. Trotz seiner Vorbehalte gegenüber der Politik des Regimes war Tāmir von 1978 bis 1980 Chefredakteur der vom syrischen Kulturministerium herausgegebenen Zeitschrift für Kultur und Philosophie *al-Maʿrifa* (Wissen). Zeit seines Lebens engagierte er sich auch für Kinderliteratur, zum einen, indem er selbst zahlreiche Erzählungen für Kinder schrieb, zum anderen, indem er 1970 bis 1971 *Rāfiʿ*, eine Wochenzeitschrift für Kinder, hauptverantwortlich herausgab und von 1975 bis 1977 als Chefredakteur die Jugendzeitschrift *Usāma* betreute.

In den Jahren 1979 und 1980 erlebte Syrien eine Serie von Attentaten gegen hochrangige Mitglieder der Baath-Partei, die den Muslimbrüdern zur Last gelegt wurden. Verschärfte Repressionen waren die Folge. Zakariyyā Tāmir verließ Syrien 1981 – wie zahlreiche Angehörige der geistigen Elite in jenen Jahren – und ging nach London. Seit den neunziger Jahren lebt er in Oxford, wo er als freier Schriftsteller und als Journalist für verschiedene arabische Zeitungen und Zeitschriften, bisweilen auch als verantwortlicher Herausgeber in England erscheinender arabischer Kulturjournale tätig ist. In den neunziger Jahren begann eine zweite fruchtbare Phase seines literarischen Schaffens: Innerhalb von acht Jahren erschienen – nach wie vor in arabischer Sprache – die vier Kurzgeschichtensammlungen *Nidā' Nūḥ* (*Noahs Ruf*, 1994), *Sa-naḍḥak* (*Wir werden lachen*, 1998), *al-Ḥiṣrim* (*Die sauren Trauben*, 2000) und *Taksīr rukab* (*Das Brechen des Genicks* – ein Idiom, wörtl.: ›Das Brechen der Knie‹, 2002).

Für sein literarisches Werk wurde er 2001 mit dem renommierten Sulṭān-ʿUwais-Kulturpreis aus Abu Dhabi und 2002 mit dem Syrischen Verdienstorden erster Klasse ausgezeichnet.

Visionäre und apokalyptische Gegenwelten

Zakariyyā Tāmir begann 1957 zu schreiben, zu einer Zeit, da in der arabischen Welt heftig und kontrovers über das gesellschaftliche Engagement des Literaten debattiert wurde, sei es unter nationalistischem oder unter sozialistischem Vorzeichen. Im Bereich der Kurzgeschichte war seit dem Ersten Weltkrieg das literar-ästhetische Konzept des Realismus allgemein verbreitet, in den fünfziger Jahren dann auch das eines arabischen ›sozialistischen‹ Realismus. Vorboten eines Paradigmenwechsels kündigten sich allerdings bereits an, etwa im Werk der ägyptischen Autoren Edwār al-Kharrāṭ und Yūsuf al-Shārūnī. In Syrien, wo dem literarischen Realismus verpflichtete Autoren wie ʿAbd al-Salām al-ʿUdjailī, Saʿīd Ḥaurāniyya, Ḥannā

Mīna und Ulfat al-Idlibī das Feld beherrschten, vollzog Tāmir mit einem Sprung die Abkehr vom Realismus.

Eine Welt, deren ursächliche Zusammenhänge für den Menschen nicht mehr verständlich und erst recht nicht veränderbar sind, deren Werte er nicht teilt, der er sich nur wehrlos ausgeliefert fühlt, ist mit den Mitteln des Realismus nicht mehr darzustellen. Auch wenn Tāmirs Geschichten vermeintlich ›realistisch‹ beginnen, in volkstümlichen Vierteln, Gassen oder Cafés, so wird die realistische Darstellung bald durchbrochen durch phantastische, groteske oder absurde Ereignisse und Vorstellungen. Die Gesetze der Logik, die Grenzen von Raum und Zeit, Traum, Phantasie und Wirklichkeit, Leben und Tod werden aufgehoben. Durch die Technik des Bewusstseinsstroms, durch Verfremdungseffekte und eine kühne, an die Grenzen des Surrealismus reichende Metaphorik, die an zentralen Stellen – oft auch abrupt – zum Einsatz kommt, eröffnen sich visionäre, teils apokalyptische Gegenwelten.

Tāmir erschließt neue Bereiche für die Technik des Bewusstseinsstroms, sei es als innerer Monolog oder als erlebte Rede: Wunsch- und Traumvorstellungen sowie Visionen werden eingehend und plastisch entworfen, doch zugleich oft als brüchig oder illusionär präsentiert.

Seine Geschichten sind kunstvoll komponiert. Sie zeichnen sich durch ein komplexes Netz an Bezügen und Verweisen und den subtilen, bisweilen auch ikonoklastischen Einsatz von Metaphern, Symbolen und Allegorien aus. Typische Kompositionstechniken, sowohl inhaltlich wie strukturell, sind Montage und schockierende Kontrastierung: Einander gegenübergestellt werden realistisch erzählte und stark markierte, metaphorische Passagen, des weiteren verschiedene Zeitebenen, Figurenperspektiven und Textsorten. Zakariyyā Tāmirs Sprache ist knapp, präzise und eindrücklich. Er operiert mit Stilmitteln aus dem Bereich der Lyrik, wie etwa der leitmotivischen Verwendung von Schlüsselwörtern, rhetorischen Figuren aller Arten und Rhythmisierung. Daher erwecken seine Werke vielfach den Eindruck von ›Prosagedichten‹. Der Literaturwissenschaftler Sabry Hafez bezeichnet Tāmir denn auch zu Recht als »den Poeten der arabischen Kurzgeschichte par excellence«.

Tāmirs Bildlichkeit erfasst alle Sinne. Vielfach werden Licht, Farben, Geräusche und Düfte geschildert. Dabei kommt der Farbsymbolik eine besondere Rolle zu: Farben werden oft leitmotivisch wiederholt. Während Schwarz und Gelb meist negativ, pessimistisch oder unheilvoll konnotiert sind, signalisieren Grün und Blau als Farben der Natur im Allgemeinen Unberührtheit, Unschuld, Jugend und Hoffnung. Rot steht für Leidenschaft, ist es doch die Farbe des leuchtendroten Mundes, aber auch die des Bluts; Golden steht für Beständigkeit, aber auch für Härte.

> Da verschlug es den Delegationsmitgliedern vor Schreck die Sprache. Plötzlich erschien ihnen das Leben so schön. Denn ist nicht der Himmel tiefblau? Und sind nicht die roten Rosen herrlicher als die Lieder, die die Stimme eines sehnsüchtig Liebenden hervorbringt? Läßt nicht der Schrei eines Kindes im Blut grünes Gras sprießen? Und ist nicht der zitternde Mund der Frau ein Mond, der die Nächte mit einem silbernen Messer schlachtet? (*al-Liḥā', Die Bärte*)

Tāmir wagt sich ohne Scheu an die drei großen Tabuthemen der arabischen Gesellschaften: Politik, Religion und Sexualität. Im Mittelpunkt seiner Werke steht die Befindlichkeit des Menschen in einer Welt, die geprägt ist von Willkür, Entbehrung und Entfremdung. Die Figuren seiner Geschichten sehen sich vielerlei Arten von Unterdrückung ausgesetzt: von seiten des Staats mit seinen Richtern, Henkern, Polizisten und Gefängniswärtern, von seiten der Privilegierten, doch gleichermaßen in sozialer Hinsicht durch patriarchalische Traditionen und rigide Moral- und Ehrvorstellungen. Der Mensch als Antiheld ist weitgehend wehrlos und unterwürfig einer bedrohlichen Übermacht ausgeliefert; Freiheitsberaubung, Verhöre, Hinrichtungen, Tötungen, Verstümmelung sind wiederholt vorkommende Phänomene. Zusammenstöße zwischen Mensch und repressiven Autoritäten sind repräsentativ für die Realität in Syrien – dazu der Autor:

> Die Gewalt in meinen Geschichten ist nicht eine importierte Ware oder ein psychologischer Komplex oder eine Art Agitation oder Spannungserzeugung, sie ist nur ein Ausdruck unseres täglichen Lebens. Wir leben in einer gewalttätigen, mörderischen Welt, die uns nichts als Gefängnisse, Mißerfolg und Asche beschert und uns mit Niederlagen krönt. Der arabische Mensch sieht sich täglich mit brutalen Massakern konfrontiert, darum ist es nicht möglich, von lieblichem Jasmin zu schreiben, während Napalm sein Feuer ins menschliche Fleisch brennt.

In Tāmirs erstem Erzählband, der gewisse autobiographische Züge trägt, stand die Perspektive der arbeitenden und unterdrückten Schichten im Mittelpunkt: materielle Entbehrungen, Hunger, Freudlosigkeit, aber auch bescheidenes Vergnügen und der Traum von einer besseren Existenz. Die Armen, die ihre Träume nicht verwirklichen können, nehmen als Ausdruck ihrer Rebellion Zuflucht zu Gewalttaten, die auf ritualisierte Weise und mit kalter Brutalität begangen werden.

Später verlagerte sich der Schwerpunkt stärker hin zu politischen Aspekten, insbesondere nach der Niederlage von 1967: Angeklagt werden nun Passivität, Feigheit und Korruption in der arabischen Welt. Darüber hinaus geht der Autor mit Sexualmoral und Ehrvorstellungen ins Gericht, die den Frauen allein Verantwortung und Schuld zuweisen und beim geringsten Verdacht einer Ehrverletzung einen Mord fordern, um die bestehende patriarchalische Ordnung zu bewahren. Auch die praktizierte Form der Religion wird als Mittel zur Machterhaltung angeprangert. Tāmir geißelt jede Art von Heuchelei, insbesondere unter dem Deckmantel der Wohlanständigkeit, sei sie religiös oder traditionell motiviert. Meisterhaft versteht er es, seine Figuren durch knappe, pointierte Attribute sowie durch ihr Sprechen und Denken zu charakterisieren und zu entlarven, ihre Hoffnungen als Illusionen erscheinen zu lassen. Die Kurzgeschichten der jüngeren Zeit, die eine Tendenz zur karikaturhaften, anekdotischen Verknappung zeigen, sind Variationen über allgemein menschliche Schwächen, wie Missgunst, Neid, Selbstgefälligkeit und Überheblichkeit. Ein unerschöpfliches Thema bleiben Sexualität und Moral – nun auch durchaus mit obszöner Tendenz.

Die in Tāmirs Geschichten gezeichnete inhumane, bedrückende Realität wird zum einen relativiert durch eine bisweilen witzige, häufiger jedoch beißende Ironie. Zum anderen bleibt als Hoffnungsschimmer am Ende das Wissen um Recht und Anstand – auch wenn es sich nicht durchsetzen kann –, es blitzen Eindrücke von Momenten der Unschuld, des Glücks und Erinnerungen an die Kindheit auf, und die Natur bewahrt – zumeist – ihre ursprüngliche Unberührtheit.

Geschichte und Geschichten – das kulturelle Gedächtnis

Seit Beginn seines Schreibens verarbeitet Zakariyyā Tāmir historische, mythische und literarische Figuren und Stoffe der arabischen und islamischen Tradition, eine Strategie, derer sich seit den siebziger Jahren auch andere arabische Autoren auf ganz unterschiedliche Art und Weise bedienen.

Auf Mythen und Archetypen griff Tāmir schon in den Titelgeschichten seiner ersten beiden Kurzgeschichtensammlungen zurück. *Das Wiehern des weißen Rosses* nimmt Bezug auf ein in der arabischen Welt allgemein verbreitetes Freiheitssymbol. Der Titel *Frühling in der Asche*, der den Phönix-Mythos mit vorderorientalischen Fruchtbarkeitsmythen kombiniert, knüpft an Vorstellungen von der Auferstehung eines Gottes und der Wiederkehr der Fruchtbarkeit nach einer Periode der Trockenheit an, die besonders in der arabischen Dichtung der fünfziger Jahre der Hoffnung auf bessere Zeiten Ausdruck verlieh. Auch auf den biblischen Mythos von Adam und Eva rekurriert der Schriftsteller – lauter Archetypen der Schöpfung und des Überlebens.

Andere Geschichten handeln von Figuren, die in der arabischen Welt allgemein bekannt sind, mit denen bestimmte Ereignisse, Handlungsweisen oder Charakteristika verbunden werden, welche aber nicht immer mit der historischen Überlieferung übereinstimmen. Zahlenmäßig überwiegen bei weitem die historischen Figuren, doch es treten auch literarische Figuren wie Scheherazade und Schehriyar, das berühmte Paar aus der Rahmenerzählung der *Erzählungen aus Tausendundeiner Nacht*, Sindbad der Seefahrer und der arabische Till Eulenspiegel Djuḥā auf. Auch in den Erzählungen für Kinder begegnet diese Strategie, etwa in der »zu alter Zeit« in Bagdad spielenden Geschichte *Badīʿ al-Zamān* (ein Eigenname mit der Bedeutung »Einzigartiger seiner Zeit«) von 1975 oder in *Djawād al-arḍ al-khaḍrā'* (*Das Ross des grünen Landes*) von 1980.

In Tāmirs Geschichten geht es nicht um Historizität oder die fiktionale Rekonstruktion historischer Figuren, wie dies bis zu einem gewissen Grad in Romanen des ägyptischen Autors Gamāl al-Ghīṭānī und des marokkanischen Autors Binsālim Ḥimmīsh der Fall ist. Vielmehr handelt es sich um Satiren auf Phänomene und Missstände in heutigen (nicht nur arabischen) Gesellschaften. Häufig werden die Figuren von Tāmir in eine literarische Gegenwart versetzt, und aus der Konfrontation unterschiedlicher Maßstäbe und Wertesysteme wird eine Anklage gegenwärtiger Verhältnisse formuliert. Spielen die Geschichten in einer mythischen Vergangenheit, wird durch Verfremdungseffekte ein Bezug zur Gegenwart hergestellt.

Einzelne Kurzgeschichten rufen die Erinnerung an Napoleon Bonapartes Expedition in den Nahen Osten, die französische Kolonialzeit oder auch die Besetzung Palästinas wach. Andere setzen sich mit der für die arabische Welt so traumatischen Niederlage von 1967 auseinander, als die arabischen Armeen durch einen Präventivschlag der israelischen Armee überrumpelt wurden. Darüber hinaus kamen damals, etwa bei der Eroberung Qunaitras, der Hauptstadt des Golans, bestimmte syrische Spezialeinheiten absichtlich nicht zum Einsatz. Vor diesem Hintergrund ist eines von Tāmirs Meisterwerken zu sehen: Die Erzählung *al-Liḥā* (*Die Bärte*) von 1970 spielt scheinbar um 1400, zur Zeit des mongolischen Eroberers von Damaskus Timur Lenk – in Europa als Tamerlan bekannt –, doch durch Anachronismen wie die Nennung von Erdöl wird auf die Gegenwart verwiesen. Timur stellt die – männlichen – Bewohner, die ihm ihre Stadt samt Frauen kampflos überlassen wollen, vor die Wahl, sich die Bärte zu scheren oder getötet zu werden. Als sie sich dafür entscheiden, ihre Bärte zu retten, erlebt die Stadt schmachvoll ihren Untergang. Die Haltung der Einwohner wird karikaturistisch überspitzt durch die parodistische Abwandlung von Descartes' Sentenz »Ich denke, also bin ich«. Hier heißt es: »Des Krieges bedarf nur, wer nicht existiert [...], wir aber – Lob sei Gott – tragen Bärte, also sind wir.« Es wird also eine Bevölkerung vorgeführt, die, in ihren religiösen und patriarchalischen Traditionen erstarrt, unfähig ist, sich einer veränderten Realität und einer konkreten militärischen und politischen Bedrohung zu stellen, wie sich dies die arabischen Staaten 1967 zum Vorwurf machen mussten. Indem am Anfang und am Ende ein imaginäres Publikum angesprochen wird, die Geschichte also von einem fiktiven Erzähler vorgetragen wird, stellt Zakariyyā Tāmir sie in den Kontext der arabischen mündlichen Erzähltradition.

In der Geschichte *Alladhī aḥraqa l-sufun* (*Der die Schiffe verbrannte*), ebenfalls von 1970, geht es um den arabischen Feldherrn und Eroberer Ṭāriq Ibn Ziyād. Nach einer in der arabischen Welt verbreiteten Legende gelang die muslimische Eroberung Andalusiens im Jahre 711, indem der Feldherr nach der Landung die Schiffe verbrennen ließ, seiner Armee dadurch den Rückzug verwehrte und sie zum Sieg führte. Hier nun wird dieser berühmte Held in eine fiktive Gegenwart versetzt und von subalternen Handlangern eines Willkürregimes, die im Juni-Krieg 1967 nicht einmal mitgekämpft haben, wegen Vergeudung von Staatsmitteln und Kollaboration mit dem Feind angeklagt. Geltendes Strafrecht wird hier also eingesetzt, um sich potentieller Kritiker zu entledigen, die man sogar in den Mythen der Vergangenheit wittert. Diese Geschichte stellt eine Collage aus fünf verschieden langen Passagen unterschiedlichen Inhalts dar, die nicht alle direkt miteinander zusammenhängen. Die Teile sind auch sprachlich unterschiedlich gestaltet: Während der erste ausschließlich die Handlung um Ṭāriq Ibn Ziyād enthält, bietet der zweite zusätzlich die eingangs zitierte Schöpfungsgeschichte, der dritte die Parodie einer politischen Rede im pathetischen Stil syrischer bzw. arabischer Politiker, der fünfte und letzte Teil ein amtliches Schreiben. Bereits 1970 betrieb Tāmir also das Spiel mit Textsorten und Sprachstilen, das inzwischen als Charakteristikum postmodernen Schreibens gilt.

Ein weiterer Themenkomplex kreist um die Rolle des Intellektuellen. In *ʿAbdallāh Ibn al-Muqaffaʿ al-thālith* (*ʿAbdallāh Ibn al-Muqaffaʿ der Dritte*, 1994) wird der Gelehrte aus dem 8. Jahrhundert beschuldigt, durch seine Schriften Menschen zum Denken anzustiften. Die Ironie besteht darin, dass der Kalif ihm gegenüber zwar behauptet, auch er beherzige die Ermahnung des Propheten Muḥammad, sich immer und überall um Wissen zu bemühen, dass er tatsächlich jedoch jede freie geistige Entfaltung verhindert. Er nimmt den Buchgelehrten als Sekretär in seine Dienste und unterwirft ihn seiner Kontrolle, woraufhin sich Ibn al-Muqaffaʿ sieben weiteren ›gleichgeschalteten‹ Ibn al-Muqaffaʿs gegenübersieht – die überspitzte Darstellung eines Dilemmas, wie es auch Tāmir erlebt haben mag.

Auch in *al-Muttaham* (*Der Angeklagte*, 1970) geht es um das ›Vergehen‹ des kritischen Denkens und des Bücherbesitzes. Hier wird der persische Dichter und Freigeist ʿUmar al-Khayyām, berühmt nicht zuletzt für seine Weingedichte, sogar aus dem Grab heraus vor Gericht gezerrt und auf der Grundlage nationalstaatlicher Protektionsgesetze wegen des Aufrufs zum Genuss von Wein und zum Import ausländischer Waren verurteilt und mit Schreibverbot belegt. Nach den Worten des Autors »eine Satire über die enthusiastischen, leeren Parolen vieler Länder der Dritten Welt«.

In anderen Kurzgeschichten macht Tāmir sich die Intertextualität zunutze, indem er Figuren des arabischen Literaturerbes in neuem Kontext verwendet. So lässt er etwa den Seefahrer Sindbad aus den *Erzählungen aus Tausendundeiner Nacht* nach abermaligem Schiffbruch auf einer Insel eine Eselsgemeinschaft entdecken, die der Menschheit zum Vorbild gereicht. Oder er verwendet die arabische Eulenspiegel-Figur Djuḥā für satirische, zum Teil sehr kurze, pointierte Anekdoten. Die *Ḥikāyāt Djuḥā al-Dimashqī* (*Geschichten von Djuḥā dem Damaszener*, 1994) sind exemplarisch für eine Tendenz in Zakariyyā Tāmirs jüngerem Werk: Satire und Parodie treten nun noch stärker in den Vordergrund, kombiniert mit einer Verknappung und Pointierung der Darstellung, die nach wie vor menschliche Schwächen und die Absurdität bestehender Verhältnisse aufs Korn nimmt.

Die intertextuelle Strategie, ein wörtliches Zitat aus einem älteren Text zur Verdichtung der Bezüge einzusetzen, benutzt Tāmir in der Geschichte *Nubū'at Kāfūr al-Ikhshīdī* (*Die Prophezeiung des Kāfūr al-Ikhshīdī*) von 1994: Hier zitiert der berühmte Dichter al-Mutanabbī (915–965), um sich dem ägyptischen Herrscher Kāfūr vorzustellen, einen Ausschnitt aus einem eigenen Gedicht, mit dem er sich souverän gegen seinen früheren Mäzen Saif al-Daula zur Wehr gesetzt hatte. Im Gegensatz dazu schreibt al-Mutanabbī nun, der Folter unterworfen, für Kāfūr alles, wozu dieser ihn zwingt: erst ein Lobgedicht, dann ein Schmähgedicht.

Auch zu typischen Gattungen der arabischen Erzähltradition stellt Tāmir zahlreiche Bezüge her: allen voran zum Märchen, etwa durch die Verwendung spezifischer Einleitungs- und Schlussformeln und zahlloser magischer Elemente, dann auch zur Fabel und zum Volksroman. Eine diesem Genre entstammende Heldenfigur, ʿAntara Ibn Shaddād, wird zum *alter ego* eines modernen Antihelden, der den Verlust seines Krummdolchs, des Symbols seiner Männlichkeit, nicht verwinden kann.

Ohne dies zum Programm zu erheben, wurzeln Tāmirs Erzählungen tief im kulturellen Gedächtnis vorrangig der arabisch-islamischen Gesellschaft, darüber hinaus jedoch auch in demjenigen anderer orientalischer Kulturen ebenso wie der europäisch-westlichen Tradition. Dieses Phänomen illustriert etwa der Titel der 1994 veröffentlichten Kurzgeschichtensammlung *Noahs Ruf* – einer Sammlung, die besonders viele Geschichten dieser Tendenz enthält –, in dem auf diejenige Figur verwiesen wird, die in Judentum, Christentum und Islam gleichermaßen die Stellung des ältesten Warners und Mahners einnimmt. Ein anderes Beispiel stellt die anfangs zitierte Version der Schöpfungsgeschichte dar. Im Gegensatz zu den Autoren, die eine genuin arabische Literatur fordern, die ausschließlich am eigenen arabischen literarischen und kulturellen Erbe anknüpft, zögert Tāmir nicht, auch Elemente der europäisch-westlichen Tradition wie die Devise des Aufklärers Descartes als Folie zu verwenden oder Verweise auf europäische Schriftsteller und Komponisten einzuflechten und damit aus dem literarischen und kulturellen Erbe der Welt insgesamt zu schöpfen.

Das parodistische Spiel mit Elementen der Tradition, der potenzierte intertextuelle Bezug auf ältere Texte, die Kombination unterschiedlicher Textsorten und Diskurse, das metafiktionale Thematisieren des Erzählakts, die Ablösung der Eindeutigkeit durch die Mehrdeutigkeit und damit das Infragestellen des einen, allgemein gültigen Diskurses durch die Präsentation unterschiedlicher Versionen der gleichen Geschichte – all das sind Aspekte postmodernen Erzählens.

Ein gelungenes Beispiel für die vielfältigen Möglichkeiten intertextueller Bezüge stellt die Geschichte *Shahriyār wa-Shahrazād* (*Schehriyar und Scheherazade*) von 1994 dar. Sie besteht aus zwei Teilen, beide Parodien auf die Rahmengeschichte der *Erzählungen aus Tausendundeiner Nacht*. Darin erzählt bekanntlich die kluge Wesirstochter Scheherazade dem König Schehriyar, der von seiner ersten Ehefrau betrogen wurde und nun an allen Frauen Rache nehmen will, jede Nacht Geschichten, bis er schließlich von seinem Wahn geheilt ist und sie heiratet. Der erste Teil von Tāmirs Geschichte mit dem Titel »al-Tazwīr« (Die Fälschung) bietet die gleiche *story* mit vertauschten Rollen und Verfremdungseffekten: Als die Königin Scheherazade in der tausendundersten Nacht von ihrem Ehemann Schehriyar verlangt, sie wie jede Nacht mit spannenden Geschichten zu unterhalten, weigert er sich mit dem Argument, nach tausend Nächten Arbeit habe er eine Erholung verdient. In Anbetracht seines Trotzes lässt sie ihm wie ihren früheren Ehemännern den Kopf abschlagen und in den nächsten Tagen die *Erzählungen aus Tausendundeiner Nacht* von »verlässlichen Literaten« neu schreiben. Thematisch geht es hier also um Willkür und Fälschung von Geschichte(n). Der überlieferte Diskurs wird in Frage gestellt – ein aktuelles Thema, nicht nur in Gesellschaften, die von politischer Propaganda und Indoktrination geprägt sind.

Der zweite Teil, »al-Laila al-akhīra« (Die letzte Nacht), verlegt das Geschehen in eine andere Gesellschaftsschicht und in die Gegenwart: Die Schusterstochter Scheherazade macht ihrem frisch gebackenen Ehemann, dem Schuhputzer Schehriyar, in der Hochzeitsnacht den Vorschlag, ihm Geschichten zu erzählen, so wie später einmal die Überlieferung von ihnen berichten würde. Doch Schehriyar gibt einer Fußball-Übertragung, einer Fernsehserie und dem »Superman«-Film den Vorzug, ja er droht sogar, Scheherazade umzubringen, falls sie nicht den Mund halte. »Da schwieg Scheherazade angstvoll und sagte künftig kein Wort mehr – wie jeder Araber und jede Araberin.« Für den Niedergang der Erzählkultur werden hier also zweierlei Gründe angeführt: erstens die Verdrängung des Worts durch die modernen Bild-Medien Film und Fernsehen und zweitens die Unterdrückung der Meinungsfreiheit, von der beide Geschlechter betroffen sind.

In beiden Fällen geht es um das Ende des Erzählens. Rettete Scheherazade in *Tausendundeine Nacht* durch Erzählen ihr Leben, so führt in Tāmirs Geschichte die Verweigerung des Erzählens zum Tode bzw. das Verbot des Erzählens zu Schweigen – nach der »letzten Nacht« wird nicht mehr erzählt. Die inhaltliche Aussage wird durch die Form gestützt: Zwar gibt es auch hier eine Einteilung in Nächte, doch es geht um die Endzeit, wir hören nur noch vom Schlusspunkt, der tausendundersten bzw. der »letzten Nacht«. Und im Gegensatz zu der umfangreichen, verschachtelten Form des Ursprungstextes handelt es sich hier nur noch um die Reihung zweier disparater Geschichten, sozusagen die auf das Minimum reduzierte, kleinstmögliche Variante eines Erzählzyklus, bevor Scheherazade schweigt.

Durch die – inhaltliche und formale – Umkehrung des Prätextes verbindet Tāmir in parodistischer Form die Affirmation des Erbes – in diesem Fall der hoch entwickelten, vielhundertjährigen arabischen Erzähltradition – mit Kritik an der kulturellen Entwicklung und den politischen Verhältnissen der Gegenwart. Glücklicherweise straft Tāmirs gesamtes Werk diesen Abgesang auf die Erzählkunst Lügen.

Werke (Auswahl)

Ṣahīl al-djawād al-abyaḍ (*Das Wiehern des weißen Rosses*), Beirut: Dār Madjallat Shiʿr 1960.
Rabīʿ fī l-ramād (*Frühling in der Asche*), Damaskus: Wizārat al-Thaqāfa 1963.
al-Raʿd (*Der Donner*), Damaskus: Ittiḥād al-Kuttāb al-ʿArab 1970.
Dimashq al-ḥarāʾiq (*Damaskus in Flammen*), Damaskus: Ittiḥād al-Kuttāb al-ʿArab 1973.
Badīʿ al-Zamān (Eigenname), Beirut: Dār al-Fatā al-ʿArabī 1975.
al-Numūr fī l-yaum al-ʿāshir (*Die Tiger am zehnten Tag*), Beirut: Dār al-Ādāb 1978.
Djawād al-arḍ al-khaḍrāʾ (*Das Ross des grünen Landes*), Beirut: Dār al-Fatā al-ʿArabī 1980.
Nidāʾ Nūḥ (*Noahs Ruf*), London: Riad El-Rayyes 1994.
Sa-naḍhak (*Wir werden lachen*), Beirut: Riad El-Rayyes 1998.
al-Ḥiṣrim (*Die sauren Trauben*), Beirut: Riad El-Rayyes 2000.
Taksīr rukab (*Das Brechen des Genicks*), Beirut: Riad El-Rayyes 2002.

Übersetzungen ins Deutsche

Sakarija Tamer: *Frühling in der Asche,* übers. v. Wolfgang Werbeck, Basel: Lenos 1987.
Sakarija Tamer: *Die Hinrichtung des Todes. Unbekannte Geschichten von bekannten Figuren*, übers. v. Hartmut Fähndrich u. Ulrike Stehli-Werbeck, Basel: Lenos 2004.

Übersetzung ins Englische

Zakaria Tamer: *Tigers on the Tenth Day & and Other Stories*, übers. v. Denys Johnson-Davies, London: Quartet Books 1985.

Übersetzung ins Französische

Zakariya Tamer: *Printemps de Cendre*, übers. v. Claude Krul-Attinger, Paris: Publications Orientalistes de France/UNESCO 1983.

Weiterführende Literatur

Husam al-Khateeb: »A modern Syrian short story: ›Wajh al-qamar‹«, in: *Journal of Arabic Literature* 3, 1972, S. 96–105.

Peter Bachmann: »Hundert Jahre arabische Kurzgeschichte: Bemerkungen zu den neuesten Werken des Syrers Zakarīyā Tāmir«, in: *Erkenntnisse und Meinungen I*, hg. v. Gernot Wießner, Wiesbaden: Harrassowitz 1973, S. 46–82.

Shimon Ballas: *La littérature arabe et le conflit du proche-orient (1948–1973)*, Paris: Editions Anthropos 1980 (bes. S. 232f., 259–263).

Mohammed Shaheen: *The Modern Arabic Short Story. Shahrazad Returns*, Houndmills u. a.: Macmillan Press 1989 (bes. S. 71–74, 122–125).

Sabry Hafez: »The modern Arabic short story«, in: *The Cambridge History of Arabic Literature: Modern Arabic Literature*, hg. v. M. M. Badawi, Cambridge: Cambrige University Press 1992, S. 270–328 (bes. S. 318–324).

Ahmad Hissou: »›Die arabische Realität ist grausamer als alle meine Geschichten‹. Interview mit Zakariya Tamer«, in: *INAMO* 22, Sommer 2000, S. 38–40.

Magda Barakat: »Zakariya Tamer, grausamer Rebell und meisterhafter Poet«, in: *INAMO* 22, Sommer 2000, S. 36f.

Peter Dové: »Probleme der Intertextualität im Werk von Zakarīyā Tāmir«, in: *Asiatische Studien/Etudes Asiatiques* 55, 2001, S. 961–969.

Emma Westney: »Individuation and Literature: Zakariyyā Tāmir and his Café Man«, in: *Marginal Voices in Literature and Society. Individual and Society in the Mediterranean Muslim World*, hg. v. Robin Ostle, Straßburg u. a.: European Science Foundation u. a. 2001, S. 189–199.

Peter Dové: *Erzählte Tradition. Historische und literarische Figuren im Werk Zakarīyā Tāmirs. Eine narratologische Analyse*, Wiesbaden: Reichert (im Druck).

Kapitel III Ortspolygamie

Andreas Pflitsch

Einleitung

Jede Personenbeschreibung wäre ein Reisebericht.
(Arnold Stadler, *Feuerland*)

Zeit und Raum werden unabhängiger voneinander. Die lange schon dem Volksmund geläufige Erkenntnis, dass die Welt ein Dorf sei, klingt englisch gewandet noch überzeugender: Wir leben im *global village*, sind vernetzt, erreichbar und, sollte in China der berühmte Sack Reis umfallen, sofort informiert. Dieser Zustand, allgemein als Globalisierung bezeichnet, ist je nach Sichtweise Bestandteil, Fortsetzung oder Ablösung der Postmoderne. Ob die Globalisierung unter kulturellen Gesichtspunkten auf eine vor allem durch die westliche, an Schnelllebigkeit und Vermarktungsfähigkeit interessierte Popkultur hinausläuft, in der gewachsene Traditionen zu einem Einheitsbrei verkocht werden und in dem aller Formen- und Variantenreichtum dem Untergang geweiht ist, oder ob im Gegenteil die kulturellen Globalisierungsprozesse zu einer Vervielfältigung monokultureller Nationalkulturen führt, ist noch nicht ausgemacht. Hinweise auf und Indizien für beide Entwicklungen gibt es zuhauf.

Da ist einerseits die McDonaldisierung, die Vereinheitlichung der Alltagskultur mit ihren weltweit erhältlichen Markenprodukten, Ess-, Trink-, Seh- und Hörgewohnheiten, unter deren alles erdrückender Mächtigkeit lokale Kulturen zu verkümmern und schließlich auszusterben drohen. Andererseits ist die gegenläufige Entwicklung einer Bereicherung der Alltagskultur durch Anleihen aus der ganzen Welt zu beobachten. Am kulinarischen Beispiel gezeigt, bedeutet Globalisierung eben nicht nur, dass man heute weltweit Burger isst und Cola trinkt, sondern zugleich, dass man die Wahl hat zwischen chinesischer, französischer, griechischer, italienischer, thailändischer und türkischer Küche, neben denen die einheimische Küche inzwischen mancherorts einen ganz eigenen Status als Exot einnimmt. Fremde Länder, andere Fritten. Die Globalisierung erweist sich als ein höchst paradoxes Phänomen, das sein eigenes Gegenteil, nämlich die *Lokalisierung*, herausfordert. Das Globale und das Lokale stehen in einem dialektischen Verhältnis zueinander, die Welt ist Universum und ›Pluriversum‹ in einem. »Wir alle leben glokal«, stellt der Globalisierungstheoretiker Ulrich Beck fest.

Hier zeigt sich für Rüdiger Safranski die »anthropologische Grundbedingung, dass Mobilität und Weltoffenheit durch Ortsfestigkeit ausbalanciert werden muß«, eine Beobachtung, die ihn für »eine Positivbewertung von Heimat« jenseits von nationalistischen oder anderswie ideologisch festgelegten Engführungen plädieren lässt. Heimat und das Lokale sind für Safranski nicht etwa ein anachronistischer Gegensatz zur Globalisierung, sondern ein Korrektiv, ohne das Globalisierung nicht verträglich ist. In seinem im letzten Jahr erschienen Essay *Wieviel Globalisierung verträgt der Mensch* stellt er folgende Gleichung auf: »Je mehr emotional gesättigte Ortsbindung, desto größer die Fähigkeit und Bereitschaft zur Weltoffenheit.«

Übertragen auf die Literatur zeigen sich ganz ähnliche Mechanismen und Phänomene, die gleichfalls mit der sonderbaren Verwobenheit des Globalen mit dem Lokalen zu tun haben. Auch literar-ästhetisch sind weltweit Vereinheitlichungstendenzen zu konstatieren, die Hand in Hand mit wieder entdeckten (und nicht selten auch gänzlich erfundenen) Traditionen daherkommen. Der Rückgriff auf traditionelle Erzählformen, Gattungen oder Stilelemente hat in der modernen arabischen Literatur eine lange Geschichte, die zum Teil in den voranstehenden Beiträgen zum Thema ›Erinnerung‹ erzählt wurde. Der Rückgriff auf lokale Traditionen in Zeiten der globalen, nunmehr nicht mehr so neuen Unübersichtlichkeit, ist aber nur ein Überschneidungspunkt der beiden Themenblöcke ›Erinnerung‹ und ›Ortspolygamie‹: Unabhängig von den Traditionen sind die sehr gegenwärtigen Krisen in der arabischen Welt, allen voran einmal mehr der Palästina-Konflikt und die Krise der durch den Bürgerkrieg aus den Angeln gehobenen libanesischen Gesellschaft, die beide Themen verbinden. Die erzwungene, unfreiwillige Ortspolygamie der Vertriebenen einerseits, den Verlust der Orientierung im Raum und den mit ihm einhergehenden Identitätsverlust thematisieren Christian Szyska und Christian Junge anhand der Autoren Anton Shammas und Sélim Nassib – der eine ein inzwischen in Amerika lebender palästinensischer Autor der in arabischer wie in hebräischer und englischer Sprache schreibt, der andere ein in Paris lebender jüdisch-libanesischer frankophoner Autor und Publizist.

Schreiben im ›global village‹

Längst beschränkt sich arabische Literatur nicht mehr auf die Darstellung von und die Auseinandersetzung mit der arabischen Gesellschaft. Grenzüberschreitungen sind eine nicht mehr zu vernachlässigende Größe. Hybride Identitäten entstehen im ›global village‹, Migration und Telekommunikation, der Tourismus und das Internet verändern radikal das Verhältnis von Zeit und Raum. Kategorien wie Zugehörigkeit oder Heimat werden hinterfragt – und damit verändern sich auch die Vorzeichen für den schier uferlosen Komplex der Identität.

»Mit mehreren Orten verheiratet zu sein«, schreibt Ulrich Beck, dem wir den Begriff der ›Ortspolygamie‹ zu verdanken haben, »ist das Einfallstor der Globalisierung im eigenen Leben.« Die ortspolygame Existenz, die globalisierte Biographie, führt nicht selten zu einem »schwindelerregenden Zapping quer durch die Kontinente, Epochen und Kulturen«, so Regina Keil-Sagawe in ihrem Beitrag über den algerischen Autor Habib Tengour in diesem Band.

Auch der Kanon ändert sich im Rahmen dieser Prozesse, die Bezugsgrößen werden andere. Elemente weltumspannender Popkultur, des Hollywood-Films und der entstehenden globalen Alltagskultur finden Eingang in die arabische Literatur, während umgekehrt Versatzstücke der arabischen Kultur längst Eingang in den globalen Kanon gefunden haben. Pessimisten sehen am Ende des Prozesses rundgelutschte und leicht verdauliche Häppchen, jeder Sperrigkeit und damit jedem verstörenden und anregenden Impuls beraubt, während Optimisten von Vielfalt, Austausch und Verständnis schwärmen. Das Rennen scheint noch offen zu sein.

Klassische Orientierungspunkte kollektiver Identitätsbildung, soviel ist hingegen sicher, treten zurück und verlieren an Bedeutung. Das vor allem im 19. und 20. Jahrhundert übermächtige europäische Nationenparadigma wird hinterfragt und verliert seine Tragfähigkeit als alleinige Bezugsgröße kollektiver Identität. Die nationale Identität verblasst bei genauerem Hinsehen zur Fiktion, ist kaum noch mehr als Folklore.

Vaterland und Muttersprache

Während das Ideal einer Nation von der Übereinstimmung von Volk, Territorium und Sprache ausgeht, sieht die Realität oft anders aus. Völker wandern wieder. Autoren leben und arbeiten in einem Land und schreiben in der Sprache eines anderen über die Geschichte eines dritten, wie der Amerikaner Jeffrey Eugenides, Autor des Romans *Middlesex*. »Ich stamme von kleinasiatischen Griechen ab, bin in Amerika geboren und lebe nun in Europa. Genauer gesagt, im Berliner Bezirk Schöneberg«, so der Erzähler des Romans. »Einst konnte man die Nationalität eines Menschen«, erklärt er, »an seinem Gesicht erkennen. Die Einwanderung hat damit Schluss gemacht. Eine Weile erkannte man die Nationalität am Schuhwerk. Damit hat die Globalisierung Schluss gemacht. (…) Nur noch Nikes, an baskischen, an holländischen, an sibirischen Füßen.«

Eher als am Schuhwerk erkennt man heute Nationalitäten an ihren Sprachen. Die Sprache erweist sich nicht selten als die im Vergleich zum Ort festere, haltbarere Bindung – doch auch diese Bindung hält nicht in jedem Fall lebenslänglich. Vaterländer haben Muttersprachen, und wer wandert, ortspolygam und darum notgedrungen polyglott ist, bekommt es mit einer Stiefmuttersprache zu tun. Die in deutscher Sprache schreibende Türkin Emine Sevgi Özdamar debütierte 1990 mit dem Band *Mutterzunge*: »In meiner Sprache heißt Zunge: Sprache.« Özdamar redet in Zungen und erkennt: »Zunge hat keine Knochen, wohin man sie dreht, dreht sie sich dorthin.« Die 1960 in Tokyo geborene und seit 1982 in Hamburg lebende, mal in deutscher, mal in japanischer Sprache schreibende Yoko Tawada, spricht in *Überseezungen*, so der Titel eines ihrer Bücher. Sie *übersetzt*, weil sie *übergesetzt* hat aus *Übersee*:

> Eine Woche später fragte mich eine Frau:
> Haben Sie ein Velo?
> Ich war erschrocken, denn ›Velo‹ klingt fast genauso wie ein japanisches Wort, das ›Zunge‹ bedeutet. Haben Sie eine Zunge? Das ist eine wichtige Frage. Haben Sie die Zunge, die man braucht, um hierher zu gehören?

»Das Interessante liegt im Zwischen«, sagt Yoko Tawada. Wenn das ›entweder-oder‹ mit dem ›sowohl-als-auch‹ ringt, die Gegensätze also noch nicht wissen, ob sie sich ausschließen oder aufheben sollen, alles in der Schwebe und offen ist, kann Neues entstehen. Die Autorin ist genervt von der ihr immer wieder gestellten Frage: »Und in welcher Sprache träumen Sie?«, die sie nicht beantworten kann und darum von ihrem Gegenüber belehrt wird, man träume in der Sprache des Landes, in dem die Seele wohnt. »Ich antwortete fröhlich: ›Ich habe viele Seelen und viele Zungen‹.«

Kanones

Ortspolygame Modelle sind vielfältig. Sie müssen nicht mit einem Wechsel der Sprache einhergehen und setzen nicht einmal zwingend einen physischen Ortswechsel voraus. Wei Hui ist Chinesin und lebt und schreibt in China auf Chinesisch. Ihr 1999 erschienener temporeicher Roman *Shanghai Baby* – »wahre und chaotische Geschichten über den postkolonialen Blumengarten Shanghai«, wie es im Roman über den Roman heißt – spielt im Künstlermilieu der wirtschaftlich boomenden und am Mythos der eigenen Vergangenheit hängenden chinesischen Hafenstadt. Ikonen der Popkultur wie Coco Chanel oder Elizabeth Taylor, Autoren wie Henry Miller, Milan Kundera oder Erica Jong stecken sogleich mit dem ersten Satz des Romans den Rahmen ab:

> Ich heiße Ni Ke, aber meine Freunde nennen mich Coco. (Die berühmte Französin Coco Chanel, die fast neunzig Jahre alt wurde, ist zufällig mein zweitgrößtes Idol, das Größte ist natürlich Henry Miller.)

Ni Kes Einrichtung stammt von IKEA, das Auto ihres Freundes ist ein VW. Man liest *ELLE*, sieht Filme wie *Natural Born Killers* und hört Musik von Portishead, Marilyn Manson oder Alanis Morissette. Tagsüber arbeitet man in einem Adidas-Geschäft und spielt abends in einer Rockband, bevor man in den Spätnachrichten die schrecklichen Kriegsbilder aus dem Kosovo im Fernsehen sieht. Ist das ein verwestlichtes Leben oder ein globalisiertes? Anders gefragt: Handelt es sich bei dem hier geschilderten Lebensstil um eine freiwillige Anpassung oder um eine Art feindliche Übernahme durch den Westen?

> Wir brechen auf und es kommt die Sprache auf ein Schild, das früher am Eingang der französischen Konzession stand: *Zutritt für Chinesen und Hunde verboten.* Heute geben uns multinationale Konzerne, Finanzgiganten und Industriemagnaten mit ihrer Macht und der geballten Finanzkraft erneut ein Gefühl von Hochmut und kultureller Hegemonie, und unsere junge Generation wird zum ersten Mal in ihrem Nationalstolz getroffen.

Hier bricht ganz kurz ein leichter Zweifel in das ansonsten voller Selbstverständlichkeit geführte Alltagsleben.

Ganz normale Sonderlinge

So Manches geht heute überkreuz: ›Britische‹ Autoren wie Amitav Gosh, Arundhati Roy, Jumpha Lahiri, Salman Rushdie oder Hanif Kureishi und ›deutsche‹ Autoren wie Feridun Zaimoglu, Renan Demirkan, Selim Özdogan oder Aysel Özakin haben die Bühne des Literaturbetriebs betreten. Kureishis Roman *The Buddha of Suburbia* von 1989 beginnt mit dem Bekenntnis: »Ich heiße Karim Amir und bin ein waschechter Engländer – jedenfalls beinahe.« Und in Zaimoglus sprachgewaltigem Roman *Liebesmale, scharlachrot* von 2000 heißt es: »Was bin ich doch für ein seltsamer Türkenmann.«

Schriftsteller die, sei es freiwillig oder gezwungen, ins Exil gehen und dort die Sprache ihrer Gastländer annehmen, sind selbstverständlich keine neue, dem Zeitalter der Postmoderne oder der Globalisierung allein zuzuschlagende Erscheinung. Erinnert sei hier an große Namen wie Samuel Beckett, James Joyce, Milan Kundera oder Vladimir Nabokov. Und auch das Werk solcher Autoren, die im Exil ihre Muttersprache – und damit ihr Publikum, ihren implizierten Leser – beibehielten, ist ohne die Erfahrung der mit dem Exil verbundenen Entfremdung kaum zu verstehen. Man denke nur an Heinrich Heine oder Thomas Mann. Ganz gleich ob freiwillig oder erzwungen, ob von einem Sprachwechsel begleitet oder nicht, die Situation des Exils ist dazu angetan, alte Gewissheiten aufzugeben und neue Fragen zu stellen. Exilliteratur war darum immer schon besonders innovativ. Vom Wert der Fremde ist auch der von Hartmut Fähndrich vorgestellte Tuareg-

Schriftsteller Ibrahim al-Koni überzeugt, »weil ein Mensch unter Exilverhältnissen aufhört im Raum zu leben« und damit nicht »in einer Umgebung, die einen Menschen sich selbst stiehlt«. So erkennt er, dass es durchaus kein Fehler ist, sich selbst zu verlieren, »weil derjenige, der seine Seele finden möchte, diese zuerst verlieren muss.« Vergangen scheinen die Tage, da der in Deutschland lebende syrische Dichter Adel Karasholi sein Gefühl der Zerrissenheit zwischen den Sprachen und Kulturen und das Leiden an ihr hervorhob.

Türkische oder türkischstämmige Autoren und Autorinnen, aber auch Autoren aus Osteuropa und vom Balkan betraten in den letzten Jahren die Bühne der deutschsprachigen Literatur. Die real existierenden Überschneidungen und Vermischungen von Sprachen, nationaler Zugehörigkeit und Wohnort, dieses Aufbrechen des Nationalismuskonzepts, führt zu vielfältigen Überlappungsräumen. Wurden diese von der Moderne als notwendiges Übel eher beschämt wahr- und hingenommen oder gänzlich verdrängt, so verstehen sich postmoderne Autoren darauf, den Reiz und den Wert dieser von ihnen eingenommenen Zwischenposition zu betonen. Man fühlt sich nicht mehr zwischen den Kulturen, zwischen den Sprachen und zwischen den Ländern zerrissen, sondern man erlebt die Zwischenposition als Gewinn. Vertraten die Gastarbeiter-Literatur in Deutschland und die Beur-Literatur in Frankreich noch einen vorwiegend defensiven Ansatz, der auf die Selbstbehauptung in der Fremde abzielte, gelingt jungen Autoren der kulturelle Spagat nun mit Souveränität und Selbstbewusstsein. Man ist ortspolygam, ohne dabei ein schlechtes Gewissen zu haben. Man läuft nicht mehr hinterher, sondern man hat den anderen etwas voraus. Dieses Selbstbewusstsein verdankt sich nicht zuletzt der Feststellung, dass die bedeutendsten literarischen Texte tendenziell in den Peripherien entstehen. Jamal Tuschick, der 2000 mit *Morgen Land* eine Anthologie »neuester deutscher Literatur«, wie es im Untertitel heißt, herausgegeben hat, in der ausschließlich Autoren mit nicht-deutschem Hintergrund versammelt sind, stellte fest, dass die »deutsche Literatur an den ethnischen Rändern der Gesellschaft intensiv befruchtet wird.« Man macht es sich in den Zwischenräumen gemütlich und wird der so genannten Mehrheitsgesellschaft, die sich mit der Fiktion einer Leitkultur beruhigt, unbequem.

Auch arabische Literatur wird mittlerweile in deutscher Sprache geschrieben – oder: deutsche Literatur wird mittlerweile von Arabern geschrieben, das ist einzig eine Frage der Perspektive und ändert nichts an den Gegebenheiten. Der im Süden des Irak geborene Hussain Al-Mozany lebt, nach einer Zwischenstation in Beirut, seit 1980 in Deutschland. Zunächst veröffentlichte er seine Erzählungen sowie einen Roman in arabischer Sprache, bevor 1999 sein erster auf Deutsch geschriebener Roman

Der Marschländer erschien. In seinem zweiten ›deutschen‹ Roman *Mansur oder Der Duft des Abendlandes* (2002) erzählt er die absurd-komische Geschichte des Irakers Mansur, der eine Klage gegen die Bundesrepublik Deutschland anstrengt, da er davon überzeugt ist, der Nachfahre eines gewissen Peters des Einsiedlers zu sein. Dieser sei zur Zeit der »Duzfreundschaft« zwischen dem Abbasidenkalif Harun al-Rashid und Karl dem Großen aus Aachen in den Irak gekommen und habe die Ahnin des Helden, Aischa, mit der Frucht gemeinsamer amouröser Abenteuer zurückgelassen. Mansur macht sich auf in die »alte Heimat«, wo er einige Abenteuer erlebt, die nach Art eines Schelmenromans erzählt werden. Er wundert sich zunächst über die Ähnlichkeit des Deutschen mit seiner Muttersprache, da er im Bus in der Nähe von Türken sitzt, und in dem ihm völlig unbekannten Autor Namens Fulfschtanscht fun Tschuta, den er zunächst für einen Bulgaren oder Franzosen hält, erkennt er nicht *die* Ikone deutscher Hochkultur, Johann Wolfgang von Goethe. Al-Mozany lässt nichts aus: weder das deutsche, dem *ius sanguinis* folgende Staatsbürgerschaftsrecht, noch Sprache und Kultur als Kriterium und Stolz der deutschen Nation.

Der Nationalismus als Idee sitzt tief. Auch wenn seit langem das hohe Maß an Ideologie erkannt wurde, das zu seiner Behauptung vonnöten war; auch wenn wir längst wissen, »dass Ethnizität zuallererst in der Vorstellung der Menschen existiert« und empirisch kaum nachweisbar ist, wie der Historiker Patrick J. Geary in aller Deutlichkeit festhält; auch wenn bekannt ist, dass die Nationalsprachen weit mehr das Ergebnis von Homogenisierungsbestrebungen waren, wie sie für das europäische 19. Jahrhundert so charakteristisch sind, als eine quasi naturgegebene Tradition. Wenn also heute die Nation als konstruierte und mehr oder weniger willkürliche Größe angesehen werden muss, so ist doch deren Erfolg nicht zu bestreiten. Spätestens mit Woodrow Wilsons ›Vierzehn Punkten‹ von 1918, in denen das Prinzip der nationalen Selbstbestimmung festgeschrieben wurde, gab die Nation endgültig den Maßstab der politischen Ordnung vor. Die wichtigsten europäischen Vielvölkerstaaten, das Habsburgerreich, das russische Zarenreich und das Osmanische Reich waren im Ersten Weltkrieg untergegangen.

Die Nation als *imagined community*, als ›vorgestellte Gemeinschaft‹, so Benedict Andersons griffige Formulierung, ging und geht Hand in Hand mit der Vorstellung des ›Fremden‹ und ›Anderen‹ als Gegenbild und Mittel der Abgrenzung. Als die dunkle Seite der nationalen wie jeder kollektiven Identitätsfindung ist ein ausgegrenztes wie ausgrenzendes Gegenüber unvermeidlich. In den letzten Jahren ist eine Verschiebung des Begriffs der ›vorgestellten Gemeinschaft‹ zu beobachten. Die ›Nation‹ rückt dabei in dem Maße in den Hintergrund, wie die ›Kultur‹ an Prominenz gewinnt. Der Abgrenzungsreflex bleibt derselbe.

Weltbürgerlichkeit in Zwischenräumen

Ortspolygam sind nicht nur die physisch umherziehenden, sondern ebenso die geistig in mehreren Welten lebenden Autoren, wie etwa der wohl bedeutendste arabische Dichter Adūnīs, dessen Werk in der arabisch-islamischen und der westlich-europäischen Tradition gleichermaßen wurzelt. Diese hier zum Zweck der Beschreibung gemachte Trennung lässt sich aus seinem Werk nicht herauslesen, da es sich weniger um eine Addition handelt als um eine Vermischung, wie die von zwei unterschiedlichen Farben die zusammengerührt eine Dritte ergeben – und die nicht etwa durch ein erneutes Rühren in die Gegenrichtung wieder zu trennen sind. Adūnīs' Literatur ist eine weltbürgerliche, ohne dass sie der Gefahr einer Verflachung durch Harmonisierung erliegen würde.

Ortspolygamie, sowohl räumlich-geographischer Art als auch kulturell-ideeller Art, zieht ihren besonderen Reiz aus dem, was Homi K. Bhabha als Zwischenräume bezeichnet. Gemeint sind jene offenen, nicht dem einen oder dem anderen exklusiv zuzuordnenden Übergänge, deren Wert gerade in dieser Qualität des ›Nicht-dazu-gehörens‹ liegt. Hier befindet man sich im Niemandsland zwischen den Gedanken, das ein Entstehungsraum von Ideen sein kann, wo die Verlorenheit zu Hause und das Zuhause verloren ist. »All das, was ich gemacht hab, lebt von den Zwischenräumen«, so Peter Handke, der sich selbst wiederholt als einen »Orts-Schriftsteller« bezeichnet hat: »Mein Ausgangspunkt ist ja nie eine Geschichte oder ein Ereignis, ein Vorfall, sondern immer ein Ort.« Zwischen freiwilliger und erzwungener Entfremdung, darauf weist Regina Keil-Sagawe im Hinblick auf Habib Tengour hin, sollte dennoch unterschieden werden, denn: »Spiegel- und Gegenwelten sind Welten ›verfremdeter Nähe‹ – künstlich hergestellte Distanz schärft den Blick. Exilwelten dagegen sind Welten ›entfremdeter Nähe‹ – täglich gelebte Distanz trübt den Blick.«

Vielvölkerstaaten. Der ›Mythos Levante‹

In den Essays über seine ukrainische Heimat singt Juri Andruchowytsch ein Loblied auf die alte Donaumonarchie. Österreich-Ungarn wird hier allerdings nicht, und das ist entscheidend, vom Zentrum aus idealisiert, aus einem restaurativen Impuls heraus, dem es um eine Wiederherstellung des untergegangenen Imperiums zu tun ist. Es ist die Perspektive der Peripherie, die Andruchowytsch einnimmt. Seine »Apologie des seligen Österreich« hat nichts, aber auch gar nichts mit Nationalismus zu tun, sondern verdankt sich im Gegenteil dem transnationalen Charakter der Monarchie, konkret der Tatsache, »dass gerade dank der unendlichen sprachlichen und ethnischen Vielfalt dieser Welt das ukrainische Element überdauern konnte.« Die klassischen Nationalstaaten der Zeit, soviel ist sicher, ließen kulturellen und sprachlichen Minderheiten weniger Entfaltungsmöglichkeiten. Das Ergebnis ist Dankbarkeit: »Ich finde, schon aus diesem Grund hätte der ›alte Prohazka‹, der Kaiser Franz Joseph I., den Nobelpreis für kulturelle Arterhaltung verdient, wenn ein solcher Preis posthum und überhaupt vergeben würde.«

Unter dem Vorbehalt, dass Vergleiche immer hinken, sei hier an den anderen großen Vielvölkerstaat, den direkten Nachbarn der Donaumonarchie, erinnert; gemeint ist das Osmanische Reich. In der Zeit zwischen dem beginnenden 16. Jahrhundert und seinem Zerfall mit dem Ende des Ersten Weltkriegs herrschte das Osmanische Reich über die heutigen arabischen Länder. In den letzten Jahren sind unter arabischen Intellektuellen Ansätze einer Neubewertung der osmanischen Geschichte zu erkennen, die der Androchuwytsch'schen Österreich-Apologie verwandt erscheinen. Nicht mehr das »Osmanische Joch«, die holzschnittartig verteufelten vier Jahrhunderte stetigen und ausnahmslosen Niedergangs, die man traditionellerweise in den Geschichtsbüchern der um Legitimität bemühten ›neuen‹ arabischen Nationalstaaten findet, sondern die transnationale und multikulturelle ›Levante‹ wird nun zum Paradigma der regionalen Kultur. Eine Änderung der Perspektive, ein simpler Vorzeichenwechsel und schon lassen sich historische Studien verfassen, die – wie etwa zum Libanon unter osmanischer Herrschaft – Titel wie *The Long Peace* tragen. Historische Romane beschwören den ›Mythos Levante‹, das Ideal oder die Utopie eines offenen, toleranten, multikulturellen Nahen Ostens, aus der Zeit vor der – zuvorderst den Interessen der europäischen Mächte folgenden – Grenzziehung Anfang des 20. Jahrhunderts.

Die Malerin und Schriftstellerin Etel Adnan steht mit ihrer Biographie für diese Levante. Geboren 1925 in Beirut als Tochter einer griechischen Mutter und eines syrischen Vaters – die Eltern hatten sich in Izmir kennen gelernt –, wuchs sie in einem kosmopolitischen Klima in Beirut auf. Mit der Mutter sprach sie Griechisch, mit dem Vater Türkisch. Sie besuchte eine französische Schule, an der es bei Strafe verboten war, Arabisch zu sprechen. Sie ging 1949 zum Studium nach Paris, siedelte 1955 in die USA über und lebt heute zwischen Beirut, Paris und dem kalifornischen Sausalito. Adnan entwickelte, wie Sonja Mejcher-Atassi in ihrem Beitrag zeigt, einen ganz eigenen Zugang zur arabischen Sprache und zur arabischen Schrift. Sie, die in englischer und in französischer Sprache schreibt, lernte ›auf Arabisch zu malen‹. Ein weiteres Beispiel für eine ›levantinische‹ Biographie ist die 1920 als Tochter libanesischer Eltern in Kairo geborene Andrée Chedid, die nach ihrer Schulausbildung in Frankreich zum Studium nach Ägypten zurückkehrte, dort zunächst Gedichte in englischer Sprache veröffentlichte, aber bald ins Französische wechselte. Heute gehört ihr Werk zum *französischen* Literaturkanon, der an französischen Schulen gelehrt wird.

Das Zusammenleben der Religionen, Völker und Sprachen im östlichen Mittelmeerraum bietet sich an, ja drängt sich auf, als Muster einer Globalisierung *avant la lettre* bemüht zu werden, während in erfolgreich homogenisierten Nationalstaaten wie dem – wiewohl sehr späten – deutschen solche Ansätze fehlen. Kleine Reste kultureller Vielfalt, wie die Dänen in Schleswig oder die Sorben der Lausitz, werden, wenn überhaupt, als niedliche Kuriositäten wahrgenommen und im Gehege bürokratischer Sonderregelungen gepflegt. Arabische, allen voran libanesische und palästinensische Autoren haben hingegen die Möglichkeit, an den Mythos der Levante anzuknüpfen. Der 1949 geborene libanesische Autor Amin Maalouf lässt in *Le périple de Baldassare* (*Die Reisen des Herrn Baldassare*) das Panorama eines vielschichtigen mediterranen Kulturraums entstehen, der jüdisch-christlich-islamisch geprägt ist und von Händlern und Gelehrten aus Nord und Süd, Orient und Okzident gleichermaßen durchzogen wird. Das Paradigma des Vielvölkerstaats erweist sich in Zeiten, in denen nach den üblichen Kategorien von Ethnien, Nationen und Völkern knapp eine Milliarde Menschen ›Minderheiten‹ angehören, sodass sich der Begriff der ›Minderheit‹ selbst *ad absurdum* zu führen beginnt, als Option.

Für Maalouf sind die *Häfen der Levante* – so der Titel eines seiner Romane – ein Synonym für die Offenheit des vor- wie postmodernen Transnationalstaats, so wie Alexandria für den Ägypter Edwār al-Kharrāṭ und Izmir für Jeffrey Eugenides, der sie »die kosmopolitischste Stadt des Nahen Ostens« nennt und als Stadt beschreibt, die »eigentlich kein richtiger Ort war, die zu keinem Land gehörte, weil sie alle Länder in sich barg«. Den Bogen von der vormodernen und der modernen Weltoffenheit zur postmodernen Globalität schlägt auch Wei Hui, indem sie dem Mythos von Shanghai neues Leben einhaucht:

> In ganz Asien gibt es keine Stadt, die sich mit Shanghai vergleichen könnte, mit seiner hochstrebenden Kultur, die sich seit den Dreißigerjahren im ständigen Austausch zwischen Orient und Okzident befindet.

Wie in Wei Huis Roman, so begegnet uns auch in den Werken der jüngeren, in den sechziger und siebziger Jahren geborenen arabischen Autoren ein neuer Ton. Nicht mehr das mangelnde Selbstbewusstsein der zurückgebliebenen Dritten Welt gegenüber der erdrückenden Überlegenheit des Westens drückt sich hier aus, sondern die Selbstsicherheit desjenigen, der klar und deutlich sieht, dass auch der westliche Kaiser nicht immer seine Kleider anhat.

Kaum jemand zeigt dies mit mehr Witz als der Libanese Hani Hammoud. Er dreht in seinem satirischen Roman *L'Occidentaliste* (*Der Okzidentalist*, 1997) die Klischees des Orientalismus um und wendet den ethnologischen Blick gegen die Amerikaner. Als dem libanesischen Protagonisten ein amerikanischer Nebenbuhler samt handgreiflicher Verstärkung auflauert, bekommt er es mit Provokationen zu tun, die dank der geographischen Unkenntnis seines Gegenübers an ihm abprallen:

> Wenn mir der geringste Zweifel an ihren Absichten geblieben war, so zerstreute er ihn, als er mir ein ›Fuck Iran‹ entgegenschleuderte, offensichtlich die Frucht von geopolitischen Überlegungen, die nicht lange gedauert haben können. Dieser Kriegsruf wurde sogleich von der Meute wiederholt, ergänzt durch einige ›Fuck Khomeini‹-Rufe für die Gebildeteren. Ich hätte gerne durch meine Gleichgültigkeit, um nicht zu sagen meine ganz außergewöhnliche Toleranz gegenüber jeglichem sexuellen Vorhaben geantwortet, die sie den Erben des persischen Throns und ihren Untertanen entgegenbringen wollten.

Die Amerikaner werden in Hammouds Roman zu den wahren Exoten. Autoren wie Hani Hammoud, Rabih Alameddine oder Tony Hanania stehen nicht, wie der allergrößte Teil ihrer Schriftstellerkollegen der älteren Generation, in Ehrfurcht erstarrt und mit Minderwertigkeitskomplexen behaftet vor den selbstbewussten bis selbstverliebten Amerikanern oder Europäern.

Die Ortspolygamie führt bisweilen auch zu zeitlichen Asymmetrien: Als der ›Okzidentalist‹ bei einer Festveranstaltung zum amerikanischen Nationalfeiertag am 4. Juli an der Universität von der neben ihm sitzenden Mutter eines Kommilitonen gefragt wird, ob man denn den 4. Juli auch im Libanon feiere, antwortet dieser: »Ja, Madame. Aber wir feiern ihn am fünften, wegen der Zeitverschiebung.«

Regina Keil-Sagawe

»Von Orient zu Okzident ein Lichtreflex«

Die Spiegelwelten des Habib Tengour

Die Welle / ein Hohlspiegel / verwirrt die Crew
Keiner will hinübersetzen / Wer könnte es auch?
Diese Insel weitab / Glitzert befremdlich
(Habib Tengour, *Die ferne Insel*)

Djazīrat al-maghrib, »Insel des Westens«, »Insel der untergehenden Sonne« – ein klangvoller Name, im siebten Jahrhundert von Geographen im fernen Bagdad erdacht, für ihre frisch eroberte Westprovinz, den äußersten Rand des arabischen Reichs – in älteren deutschen Texten später hochtrabend »Barberey« genannt. In der Antike wähnte man dort gar das Ende der Welt … wo die Säulen des Herkules aufragten und Atlas auf seinen Schultern die Himmelslast trug, wo die Schattenwelt des Hades begann und wo die Hesperiden, die Inseln der Glückseligen, lagen.

»Die Inseln« – so heißt Algerien noch heute: *al-Djazā'ir*. Die Autoren spielen damit: *Coeur insulaire*, »Inselherz«, lautet der Titel eines Lyrikbands von Mohammed Dib, dem jüngst verstorbenen Grandseigneur der algerischen Literatur. Und bis heute hat sich in den Ländernamen auch der ›Westen‹ erhalten: *al-maghrib al-adnā*, *al-ausaṭ*, *al-aqṣā*: der ›Nahe‹, der ›Mittlere‹, der ›Ferne Westen‹ – für Tunesien, Algerien, Marokko. (Im Gegensatz zum *mashriq*, den Ländern des ›Sonnenaufgangs‹, dem Nahen Osten.) Abgeleitet aus derselben Wortwurzel, die in der portugiesischen *Algarve*-Küste steckt: *gh-r-b*, mit der Grundbedeutung ›fortgehen‹, ›auswandern‹, ›in die Fremde gehen‹, und weiter: ›nach Westen gehen‹, ›verwestlichen‹ etc. Hiermit verwandt sind *gharīb*: ›fremd‹, ›Fremdling‹, ›seltsam‹, ›sonderbar‹, sowie *ghurba*: ›Fremde‹, ›Exil‹.

Mit weit reichenden Konsequenzen für das Kollektivgedächtnis, wie Mohammed Dib in seinem Essay *L'Arbre à Dire* (*Der Redebaum*, 1998) zu bedenken gibt: »Selbst wenn das Exil uns in den Osten führte, läge es doch, etymologisch gesehen, für uns im Westen. Im sprachlichen und mithin mentalen Substrat des Muslims, der Arabisch spricht, gibt es kein anderes Exil denn das westliche.« Ein jeder, der im Maghreb lebt, lebt, vom Diktat der Sprache her, in gefährlicher Nähe zum ›Exil‹. Damit klingt ein Lebensgefühl an, das – nach Heidegger – der existentiellen Grunderfahrung vom ›Geworfensein‹ des modernen Menschen recht nahe kommt. Habib Tengour, »eine der kraftvollsten und phantasievollsten dichterischen Stimmen des postkolonialen frankophonen Maghreb« (Pierre Joris), 1947 selber in einer Hafenstadt im algerischen Westen geboren und schon in jungen Jahren nach Paris emigriert, bringt es auf den Punkt:

> Der Maghrebiner ist immer unterwegs, und er verwirklicht sich nur dort. Jugurtha fehlte es an Geld, um Rom zu kaufen. / Tariq gab seinen Namen für einen Berg in Spanien her. / Ibn Khaldun war genötigt, seine Stute Tamerlan zu überlassen / Abd el Krim korrespondierte mit der Dritten Internationale …

Eine (nicht nur) poetische Weltsicht, die Tengour da 1981 in seinem *Manifeste du Surréalisme Maghrébin* formuliert – im Geist des seelenverwandten Rimbaud, auf der Folie des berühmten Manifests von André Breton. Der leise Zynismus, der aus seinem Diktum spricht, erfährt neuerdings eine makabre Bestätigung im Exodus der (nicht nur) algerischen Jugend, die es auf der Flucht vor der Perspektivlosigkeit in ihren Heimatländern nach Frankreich oder Spanien, Kanada oder Australien und mittlerweile sogar bis nach Afghanistan verschlägt.

> Transit-Station war Peschawar
>
> Was hatte er geträumt von dieser Etappe während der Widrigkeiten der Reise! Die Stadt entsprach in nichts der Zauberwelt aus Tausendundeiner Nacht. Der Klang des Namens hatte seine Phantasie beflügelt, er war auf eine verwunschene Atmosphäre gefasst. Welch Enttäuschung! Eine verwahrloste Ansiedlung. Der heruntergekommene Orient, wie man ihn aus Dokumentarfilmen kannte!

Mourad zum Beispiel, Hauptperson in Tengours neuestem Roman, *Le Poisson de Moïse* (*Der Fisch des Moses*, 2001). Ein junger Wissenschaftler, der in Paris lebt, beruflich erfolgreich, doch den der Weltschmerz nach Afghanistan treibt, die Suche nach dem Sinn des Lebens, der »alte Traum von Medina«, von der »Urgemeinschaft der Muslime, ihrem brüderlichen Zusammenhalt!« Mourad, der sich bald enttäuscht zurückzieht, irritiert von der Vielzahl rivalisierender Splittergruppen, die sich blutig befehden. Sich in ratloser Meditation in »Die Höhle« verkriecht – jene mystische 18. Koransure, die vom rätselhaften Willen Gottes handelt, der sich in unverständlicher Gewalt manifestieren und doch aufs Richtige abzielen kann. Wie ein Leitmotiv durchzieht diese Sure den Roman, in der Moses mit seinem Begleiter, dem von Gott gesandten Weisen al-Khidr, über Gut und Böse streitet:

> Er fragt sich, ob die Initiation des Moses, um die es in der Parabel geht, nicht vielleicht etwas mit seinem eigenen Lebensweg zu tun hat … Freilich hat er so seine Zweifel, dass ihm eines Tages Al-Khidr über den Weg laufen könnte. Die Zeiten haben sich geändert. Die Zerlumpten, die heutzutage die Straßen bevölkern, sind nichts als arme Schlucker, von aller Welt verlassen, bar jeder Erleuchtung.

»Heimkehr aus Afghanistan« – so hieß zunächst das Drehbuch, an dem Tengour von 1994 an arbeitete, für einen Kinofilm über das abenteuerliche Leben algerischer Freiwilliger in den afghanischen Islamistencamps. Der Film kam nie zustande, doch aus dem Drehbuch wurde ein Roman, der im Dezember 2001 gleichzeitig in Paris und Algier erschien – wenige Wochen nach den Terroranschlägen von New York und Washington, den Ereignissen des 11. September 2001. Eine Mischung aus Road Movie und Bildungsroman, der die Irrungen dreier junger Algerier zwischen Paris und Peschawar reflektiert und zugleich eine Meditation über den rechten Umgang mit dem Islam darstellt.

Habib Tengour hat die außerordentliche Brisanz des Themas frühzeitig erkannt: »Angefangen hat es im Sommer 1993: für die Algerier waren die ›Afghanen‹ Leute, die im Untergrund kämpften und die GIA, die Bewaffneten Islamischen Gruppen, gründeten. Viele von denen waren ja Heimkehrer aus Afghanistan. Mir ging es darum, einen modernen Helden zu zeigen, einen, der bislang weder im Kino noch in der Literatur eine Rolle spielte, der aber der typische Held der heutigen muslimischen Welt werden würde: die Figur des ›Afghanen‹, des ›Terroristen‹, des fundamentalistischen islamischen Widerstandskämpfers …«

Eine Figur, die alles andere als einheitlich ist. Tengour setzt sie gleich mehrfach in Szene: mit Mourad, Hasni und Kadirou, dem ungleichen Freundestrio aus Oran, das sich bei der Schlacht um Kabul wieder trifft. Höchst unterschiedlich die Motive, aus denen die jungen Leute dort gelandet sind. Der arbeitslose Klamottenverkäufer Kadirou aus Langeweile und Abenteuerlust; der Automechaniker und Vorstadtprediger Hasni aus Fanatismus; der Physiker Mourad aus Idealismus und dem Minderwertigkeitsgefühl heraus, Araber zu sein. Als Tengour mit der Arbeit am Drehbuch begann, warf man ihm mangelnden Realitätssinn vor. Rückblickend kommentiert er: »Was vor zwei Jahren einfach unvorstellbar war, das war, dass so eine Figur wie mein Held überhaupt existieren kann, also jemand, der Doktor der Physik ist, im Westen gelebt hat, eine französische Freundin hatte, aus guter Familie kam. Man sagte mir: das ist unmöglich, dass so jemand nach Afghanistan geht, um dort zu kämpfen. Ich hatte aber gründlich recherchiert, und mir wurde schon damals klar, dass es durchaus dazu kommen kann, dass jemand, der in den USA oder in Großbritannien studiert hat, irgendwann als islamischer Fundamentalist endet.«

»… endet.« – In der Tat, lebensfähig sind die modernen Helden, die Tengour vorführt, nicht: Es sind negative Helden, wie ihre Vorbilder im wirklichen Leben, wie ihre Vorlagen auch in der Literatur, etwa bei Stendhal: »Julien Sorel zum Beispiel oder Lucien Leuwen: genau solche Leute sind ja im Moment auch diese Helden, diese Kämpfer in Algerien. Leute, die für die

Revolution zu jung waren, sie sind zu spät geboren, leben in einer Welt, die sich sehr schnell verändert, die sie selber als mit ihrem Ideal nicht konform empfinden« – einer Welt, an der sie letztlich scheitern.

Und wie Stendhal in *Le Rouge et le Noir* (*Rot und Schwarz*), verknüpft auch Tengour die individual-psychologische mit der zeitgeschichtlichen Perspektive. Der Roman zerfällt in zwei deutlich getrennte Blöcke. Teil I, »Die Straße nach Kandahar«, kommt daher als rasanter Action-Trip, vor bunter Bazar- und wilder Hochgebirgskulisse. Teil II, »Zwischenstop in Paris«, bricht dieses Tempo auf und führt Mourad vor, wie er auf der Stelle tritt, auf der Suche nach Hasni und seinem Anteil an der erbeuteten Dollarmillion, auf der Suche noch viel mehr aber nach sich selbst, wie er durch das Spektrum der algerischen Immigrantenszene driftet, einer lädierten algerischen Exil-Identität auf der Spur, die in Bars und Spelunken, Geschäften und Altenheimen ein tristes Schattendasein fristet.

West-östliche Spiegelungen

Vom »Road Movie« zur »Asphalt-Ethnologie«: ein von Tengour intendierter Bruch, dieser Zwischenstop in Paris, der Einblicke in die aktuelle ethnologische Arbeit des Autors gibt und Anklänge an literarische Ahnen in Orient und Okzident weckt. An Aragons *Le Paysan de Paris* (*Pariser Landleben*) zum Beispiel, einen Romanklassiker des Surrealismus, oder an Niffarīs (gest. 965) *mawāqif*-Konzept – einen Schlüsselbegriff der islamischen Mystik, des Sufismus, der ein konzentriertes ›Innehalten‹ zwischen zwei Phasen des Umherschweifens meint, das den Blick weitet und historische Bezüge herstellt. Nicht ohne Grund hat der tunesische Literaturwissenschaftler Hédi Abdeljaouad 1998 in seiner Studie *Fugues de Barbarie* für Tengours Technik als Paradebeispiel moderner maghrebinischer *écriture* den Begriff *soufialisme* geprägt, in dem Wesenszüge von Surrealismus und Sufismus verschmelzen.

Was Tengour am Surrealismus reizt, sind die überraschenden Parallelen, die sich zwischen dessen zentralen Konzepten und jener Sufi-Mystik auftun, die ihm aus frühester Jugend vertraut ist: *amour fou*, ›objektiver Zufall‹, ›automatisches Schreiben‹ und hermetische Rede. »Je länger ich mich mit dem Surrealismus beschäftigte, umso mehr fühlte ich mich ins Mostaganem meiner Kindheit zurückversetzt.«

Dabei verschiebt sich unter dem Einfluss der Surrealisten und deren Orientbild, welches seinerseits auf dem Orientbild der Symbolisten und Romantiker basiert, *peu à peu* Tengours eigener, ›naiver‹ Blick auf den Orient ganz beträchtlich: »Die Romantiker haben als erste *Tausendundeine Nacht* wieder entdeckt. Baudelaire singt ein Loblied auf Haschisch und Wein …

Ich habe bei diesen Autoren ein ganz anderes Orientbild als das meine entdeckt. Das ist ein doppelt oder dreifach gefilterter Blick. Ich bearbeite Autoren, die über den Orient arbeiten, und über sie bearbeite ich den Orient und den Okzident …«

Was so weit geht, dass sich Mourad im Roman einen beschämten Sekundenbruchteil lang fragt, ob nicht gar »die französischen Romantiker« es waren, die »durch ein vertracktes Spiegelspiel in ihm die arabische Seele geweckt haben, diese nicht fassbare Materie, nach der er mühsam im Islamismus gesucht hat.« Ja, er verdächtigt sie sogar, »arabischer zu sein als die Ideologen der arabischen Renaissance.«

Literarische Reflexionen, die eine brisante Thematik berühren: die Entstehung und Verfestigung von Selbst- und Fremdbildern in ihrem komplexen Zusammenspiel. Tengour, der von Selbstzweifeln zerfressene Helden vorführt, zwiespältige, widersprüchliche Charaktere zeigt, geht das Wagnis ein, den im Westen dominanten (Medien-)Diskurs aufzubrechen, der nach Orientalismusphantasien und Kolonialklischees nun vom Bin-Laden-Syndrom befallen scheint. Er ruft, um mit Montesquieu zu sprechen, nicht aus: *Comment peut-on être Persan?* Sondern versucht, von einem nachdenklich-aufklärerischen Impuls beseelt, zu klären: *Comment devient-on Afghan?* »Wie wird man zum Afghanen?« Er betont, dass es ihm nicht um ›action‹ geht, auch nicht darum, über das Algerien von heute zu schreiben, weil die Medien dann Schilderungen von Gewaltszenen und Massakern erwarteten – reine Oberflächenphänomene. Viel wichtiger sei es ihm, »aufzuzeigen, welche tieferliegenden Strukturen das offen legt in der arabisch-islamischen Kultur. Das Ganze vor dem Hintergrund von Mythen, historischen Ereignissen und kollektiven Phantasien, um zu begreifen, wie sie sich auswirken auf die Welt, in der wir heute in diesen Ländern leben.« Im Roman gipfelt das Ganze im verzweifelten Aufschrei von Mourad, der sich gegen das Diktat der Orient-Okzident-Stereotypen auflehnt. Natürlich vergeblich:

> Es gibt weder Orient noch Okzident, das ist alles literarischer Quatsch, bloß einen Norden und einen Süden, die sich tödlich bekriegen. Das ist die Wahrheit. Sie ist brutal. Vor allem, wenn man auf der falschen Seite steht. Die Starken haben kein Gedächtnis, sie haben nur Erinnerungen und Gedenktage, die sie mit großem finanziellen Aufwand begehen. Die Schwachen werden von ihrem Gedächtnis ruiniert. Es ist wie ein böser Fluch, der sich nicht abschütteln lässt. (…) Da wirkt die Religion wie Balsam (…) Ich dachte, ich wäre aus Europamüdigkeit abgehauen, auf der Suche nach einer authentischen Identität. Heute weiß ich nicht mehr so recht. Afghanistan oder Peru, die Orte sind austauschbar; man schleppt immer sein altes Ego mit sich herum und das Gedächtnis der Seinen! Es gibt kein Entrinnen …

Afghanistan oder Peru. Die Orte sind austauschbar, der Drang in die Ferne allgegenwärtig in den Texten dieses Autors, den das Schicksal früh ins Exil nach Frankreich verschlägt, der bis heute im mediterranen Spagat, unterwegs zwischen Paris und dem ost-algerischen Constantine, lebt und schreibt.

Als Nomade des Worts, möchte man sagen, als, so Jacqueline Arnaud, die Inhaberin des ersten französischen Lehrstuhls zur Maghreb-Literatur, »erster Autor der zweiten algerischen Einwanderergeneration«. Dessen Bücher anders seien als nahezu alles, was man so gelesen habe, wie Geneviève Mouillaud-Fraisse in ihrer Studie *Les fous cartographes* (1995) konstatiert. Dessen Schreibtechnik in der Tat ziemlich genau die Grundzüge jener »Nomadenpoetik« illustriert, wie sie Pierre Joris, der Luxemburger Lyriker und Literaturwissenschaftler aus Amerika, im Jahr 2000 in seinem bezeichnenderweise von Habib Tengour ins Französische übersetzten Manifest *The Millenium will be Nomadic or it will not be. Notes towards a Nomadic Poetics* definiert:

> Eine Nomadenpoetik ist ständig unterwegs, sich ständig verändernd, ständig wechselnd, sich durch Sprachen, Kulturen, Regionen und Zeiten bewegend ohne anzuhalten.

In der Tat: ein Streifzug durch Tengours literarisches Œuvre, bislang sechs poetische Prosa- und acht Lyrikbände nebst einer Fülle von Kurztexten, Gedichten, Erzählungen, publiziert in Frankreich und Algerien, Italien und Amerika, England, Belgien, Deutschland und der Schweiz, verdeutlicht an fast jeder beliebigen Stelle Tengours, man mag kaum »Standort« sagen, nennen wir es mit Joris *between-ness*. Jenen Zustand, den Joris als »grundlegenden nomadischen Zustand« definiert, als unaufhörliches Vorwärtsstreben, Abwesenheit von Stillstand, beständiges Werden, als Fluchtlinie fort von einem endgültigen Sein, das dem Tod gleichkäme.

Drei solcher Fluchtlinien lassen sich im Werk Habib Tengours verfolgen, Linien, die sich unablässig kreuzen, zusammenlaufen und wieder auseinander gehen, ein poetisches Universum strukturierend, Leser und Figuren in imaginäre Welten entführend, fremde, verfremdete und entfremdete Welten, in denen sich letzten Endes vor allem eines spiegelt: die sich im Schreiben vollziehende unendliche Suchbewegung nach der algerischen Identität.

Imaginierte Ferne … Wunsch- und Traumwelten

Nach Valparaíso! Ans andere Ende der Welt!
Der Wunsch brannte so stark in ihm, dass er ihn jederzeit hätte benennen können.
(Habib Tengour, *Menschen aus Mosta*)

Zu dieser unendlichen Suchbewegung zählt ganz wesentlich die Realitätsflucht: Da werden Ortsnamen zur Chiffre einer Sehnsucht, die sich an den Erzählungen der Matrosen in der Hafenbar entflammt. Da laden Ländernamen sich erotisch auf: »Schweden! Dänemark! Norwegen! Finnland! (…) Magnetisch zieht der Norden euch an (…). Es hieß, dass die Mädchen, und was für Mädchen! Zuckerpüppchen! dort oben leicht zugänglich seien, allesamt angetan von den dunklen Lockenköpfen, dahinschmelzend wie Sahnetörtchen, blond, schlank und liebenswert, Honigbonbons«, heißt es in *L'Epreuve de l'Arc* (*Die Bogenprobe*, 1990). Da verschmelzen Wunschphantasien mit mythologischen Vorlagen zu schillernden Projektionen, in denen Furcht und Faszination sich die Waage halten: »War Paris der Abgrund, in den wir beim Erwachen stürzten? Die Menschenfresserin aus den Märchen unserer Mütter? Circe, die nur mit der Zunge zu schnalzen brauchte, um uns zu verwandeln, wie es ihr gefiel? Oder Kalypso, die einen unmerklich zu fesseln wusste?«

»Imaginierte Ferne« könnte man diese Wunschphantasien nennen, Evasionsstrategien, mit denen Tengours Figuren dem Frust des Alltags entfliehen, sich hinwegphantasieren aus grauer Gegenwart, für die Dauer eines Tagtraums, eines Kneipengesprächs, einer Randbemerkung … Die der Konfrontation mit der Realität, man hat es an Mourad gesehen, freilich nicht standhalten.

Fingierte Ferne … Spiegel- und Gegenwelten

Ich bin ein Fremder inmitten all der Griechen…
(Habib Tengour, *Tapapakitaques*)

Demgegenüber steht die »fingierte Ferne«, welche Tengours Texte durch und durch strukturiert. Eine simulierte, (vor)gespiegelte, nachgerade spiegelbildliche Ferne. Denn zwischen den Zeilen, die das Geschehen an der Oberfläche in fernen Epochen oder Regionen festschreiben, blitzt immer wieder die algerische Gegenwart durch, und bisweilen auch Splitter von Tengours eigener Biographie.

Tengour liebt das Vexier- und Verwirrspiel. Leitthema all seiner Texte ist die Frage nach der kulturellen Identität Algeriens am Schnittpunkt west-östlicher Einflüsse. Sein gesamtes Werk lässt sich als Chronik des postkolonialen Algerien lesen. Als verfremdete Chronik freilich, in der sich Anleihen aus dem arabischen Literaturfundus mit maghrebinischer Erzähltradition und Einflüssen der europäischen Klassik und Moderne mischen. Als Mix aus Dokumentation und Fiktion, der mit gekonntem Sprachwitz und schwarzem, bisweilen surrealem Humor, einer in der maghrebinischen Literatur eher seltenen Qualität, dunkle Kapitel der Geschichte recycelt: 1983 das Aufkommen des Fundamentalismus im Spiegel der mittelalterlichen Assassinenbewegung, 1985 das gescheiterte algerische Sozialismusexperiment im Licht der russischen Oktoberrevolution, 1990 das Lebensgefühl der Jugend von Algier in den achtziger Jahren vor dem Hintergrund von Odyssee und arabischer Schelmenliteratur.

Signifikant ist der allgegenwärtige Rekurs auf den Odysseus-Mythos, das Exil-, Sehnsuchts- und Rückkehrmotiv. Odysseus avanciert geradezu zum *alter ego* des Erzählers, angefangen beim ersten Satz seiner ersten Veröffentlichung: »Ich heiße Ulysses bin 22 studiere Soziologie weil ich in Jura durchgefallen bin.« So der Auftakt von Tengours literarischem Debüt *Tapapakitaques – La Poésie-île* (*Tapapakitaques – Die Insel Poesie*, 1976), einer burlesken Chronik aus dem Pariser Studentenmilieu der sechziger Jahre, die in sentimental-subversiven Textfragmenten (»Cogito argo boum«) die politisch-emotionale Stimmungslage vor dem Hintergrund des Staatsstreichs von Boumedienne 1965 einfängt. Der Text ist ein surrealer Vorläufer der Beur-Literatur, der Protagonist ein versprengter Romantiker mit nichts als Liebe, Revolution und Poesie im Kopf, dem Credo der Surrealisten. Er leidet unter der Fremde: »ich irrte herum wie ein Narr in einem Treibhaus verloren am Rand von Paris ich trank Milch um weiß und stark zu werden … auf den Champs-Elysées kamen mir meine Merguez wieder hoch.« Er will zurück auf seine »Insel« – jenes Ithaka-Algerien, wo der Sozialismus den ersten Rost angesetzt hat, obwohl er schon damals ahnt, wie es ausgehen wird: »sie henkten ihn, den Spion von Ethnologen. Zu jener Zeit waren wir ein wenig wild«.

1972, nach bestandenem Soziologie-Examen, geht Tengour, der den Eltern, engagierten Kämpfern für die algerische Unabhängigkeit, 1958 nach Paris gefolgt war, wieder nach Algerien zurück. Zunächst als Leiter des neu gegründeten Instituts für Sozialwissenschaften an der Universität Constantine, der künftigen Fundamentalistenhochburg. Hier wird 20 Jahre später, im September 1992, Tengours Kollege Abderrahmane Benlazhar von islamistischen Extremisten ermordet, als erstes Opfer jener Terrorwelle, die in den Folgejahren Algeriens Intelligenz dezimieren sollte.

Tengours Nachruf auf den Freund in der Zeitung *Alger Républicain* gilt als erstes, verhaltenes Dokument einer Totenklage – »du der verstorbene / gestern noch / an den traum gelehnt« – welche später, bei den meisten, sehr viel schrillere Formen annimmt, während Tengour stets mit mythologischer Vorlage arbeitet. Sei es der Koran, wie im obigen Beispiel die gegen den Strich gelesene Sure *al-Raḥmān* (*Der Erbarmer*), sei es, wie im Gedichtzyklus *Im Land der Toten*, die Odyssee: »braucht es noch ein massaker / und noch mehr tränen und die stumme asche des gedichts / um uns den weg unter die erde zu weisen«.

Der Rekurs auf den Mythos ist nicht nur ästhetisch motiviert. Er gestattet es, die Zensur zu unterlaufen, hat außerdem therapeutische und kognitive Funktion, wie Tengour 1980 mit Blick auf den griechischen Lyriker Georges Seferis betont: »Der Mythos dämpft den Schock, sublimiert das Leid, befreit den Blick« … den Blick auch auf Korruption und Misswirtschaft, auf wachsende Intoleranz und doktrinäre Verkrustung.

Die Erfahrungen, die Tengour im Algerien der siebziger Jahre macht, seine Frustrationen und Vorahnungen, verdichtet er zu zwei hintergründigen Prosatexten, die Geschichte und Gegenwart des Landes poetisch gebrochen aufarbeiten:

> Er hatte vor, die Geschichte der Tataren zu schreiben, eine gigantische Anekdote, doch man verwehrte ihm den Zugang zu jeder offiziellen Dokumentation. Der Traum würde dem Mangel an Archiven abhelfen.

So Tangour in *Sultan Galièv ou La Rupture des Stocks* (*Sultan Galièv oder der Versorgungsengpass*, 1981). Ein Text so brisant, dass er in Algerien nur als Samisdat, unter der Hand, zirkuliert. Eigentlich ›nur‹ als poetische Persiflage des real existierenden Sozialismus algerischer Prägung vor dem Hintergrund der russischen Revolution konzipiert, nimmt er den späteren, weltweiten Niedergang des Sozialismus vorweg und weist auf das Unruhepotential im Süden der ehemaligen Sowjetunion hin: »Das war damals eine Zeit, als wir in Algerien komplett in einem marxistischen System lebten, und ich, ich beschrieb den Zusammenbruch des Sowjetreichs. Meine Freunde sagten, wie kannst du denn so etwas schreiben, bist du jetzt auf einmal zum Anti-Kommunisten geworden, oder warum machst du das? Und daraufhin habe ich gesagt, nein, das ist zu Ende … Ich habe immer eine Art zeitversetztes Empfinden zu den Ereignissen gehabt.«

Ähnlich Tengours Annäherung an den Fundamentalismus: Noch vor der islamischen Revolution 1979 im Iran greift er das Thema des religiösen Totalitarismus auf, die Verantwortung des Intellektuellen gegenüber Krieg, Korruption und ideologischer Verhärtung. Mit *Le Vieux de la Montagne* liefert Tengour 1983 eine poetische Variation auf Ḥasan-e Ṣabbāḥ, jenen berühmten »Alten vom Berge«, der als Prototyp eines fanatischen schiitischen Sektenführers in seiner Bergfestung Alamut im persischen Khorassan seine Anhänger im Haschischrausch zu Terroristen, »Assassinen«, konditionierte, um politische Gegner zu liquidieren. Das war im 11./12. Jahrhundert. Bis heute erinnert das französische Wort für Mörder, *assassin*, an sie, und Tengours surreale Version über Krieg und Frieden im fernen Orient wirkt heute realer denn je:

> Hassan wollte die Macht. Die totale Macht. … Seine Assassinen terrorisierten das Reich, ohne das Volk für ihre Sache zu gewinnen, denn ihre Doktrin war kompliziert und verlangte unbedingten Gehorsam. Unterwerfung.

Wie im Labor setzt Tengour drei emblematische historische Gestalten in Szene und lässt sie aufeinander prallen. Zum einen Ḥasan-e Ṣabbāḥ, den fanatischen Gotteskrieger, sodann den persischen Großwesir Niẓām al-Mulk als Inbegriff des skrupellos pragmatischen Machtpolitikers, und zuletzt ʿUmar Khayyām, Dichter-Astronom aus Nischapur, dem die Welt melancholische Epigramme, die *Rubāʿiyyāt* und die Lösung algebraischer Gleichungen dritten Grades verdankt, der jedoch bei Tengour in seiner Sternwarte, aus Furcht, sich die Hände schmutzig zu machen, das Leben verpasst. Ein fatales Blutsbündnis eint die drei ungleichen Freunde, von denen jeder auf der Suche nach der alleinigen, allein selig machenden Wahrheit ist. Tengour lässt das Experiment tragisch scheitern: Absolut gesetzt, sind weder Religion noch Politik noch Wissenschaft gangbare Wege zur ›Wahrheit‹.

Tengours Text ist ein poetisches Plädoyer für Pluralismus und Toleranz vor dem Hintergrund des Verfalls des einst glanzvollen Abbassidenreichs (750–1258), das im 9./10. Jahrhundert im Zusammenspiel arabischer, persischer, indischer und griechischer Substrate zu einer einzigartigen kulturellen Synthese fand. Paris war damals ein Dorf, Bagdad eine Millionenstadt, Zentrum der zivilisierten Welt schlechthin, weit über Spanien hinaus nach Europa ausstrahlend. Doch in dem Maße, wie »die Tore des *idjtihād*«, der individuellen geistigen Anstrengung zur Auslegung der Religion, »sich schlossen«, wie der Mut, sich des eigenen Verstandes zu bedienen, erstarb, sich die Denk- und Rechtsschulen etablierten und neue Ideen abgeblockt wurden, wurde das Reich von Obskurantismus und Stagnation befallen, von Fatalismus und Resignation, schließlich 1055 von türkischen Seldschuken erobert und am Ende vom Mongolensturm hinweggefegt. Der Fall Bagdads 1258 hat die gesamte arabische Welt erschüttert und wird von arabischen Chronisten noch Jahrhunderte später nur in apokalyptischen Termini geschildert. Ähnlich Tengour:

> Auch andernorts terrorisierten die Mongolen die Nationen. Ihr Vormarsch ließ den Tag des Gerichts immer näher rücken. An der Spitze der Heerscharen Azrael, auf einer schwarzen Mauleselin, deren Schatten breit wie zehn Pflugscharen war. … Ohne Zahl waren sie und furchterregend. / Die Angst sekretierte religiöse Inbrunst. / Die Mongolen waren die Geißel unserer irrenden Seelen, beklomme-

> ner Tumult. (...) Das einzige Mittel, unsere infantilen Ängste zu besiegen, wäre eine freie und ehrliche Information gewesen. / Doch wer fragt schon nach der Freiheit. / In der Alamout-Bar soffen die Stammgäste im Schutz einer gedämpften Neon-Idylle und abgedroschener Scherze ununterbrochen auf das Wohl der Mongolen.

Natürlich hat Tengour beim Schreiben Algerien im Blick, doch instrumentalisieren lässt er sich nicht: »Ich wollte nie ein kritischer Schriftsteller sein. Einer, dem man in Europa Beifall klatscht. Mich interessiert, in der Ambiguität Zeugnis abzulegen, denn die Dinge sind niemals eindeutig. Was mich interessiert, ist zu sehen, wie die Dinge funktionieren könnten.« Und seine Literatur »funktioniert« – eben darin liegen Reiz und Provokation – zumeist nur, wenn der Leser sich einlässt auf ein schwindelerregendes *zapping* quer durch Kontinente, Epochen und Kulturen. Tengour ist ein leidenschaftlicher Kinogänger, und das prägt seine Erzähltechnik. Gleich der erste Satz aus *Der Alte vom Berg* blendet in kinematographischer Manier Persien und Paris ineinander: »Die erste Straße beim Metroausgang Canal de l'Ourcq führte nach Alamut, einem verfallenen Viertel«. Von den Schauplätzen des orientalischen Mittelalters – Alamut, Nischapur, Qom und Bagdad – werden Leser und Protagonisten ohne Vorwarnung bald ins Pariser Emigrantenmilieu, bald ins Algerien der Gegenwart katapultiert. Unentwegt formieren sich poetische Kaleidoskope von politischer Brisanz: »Ein Vogelhändler wurde Kulturminister. Er hatte Papageien dressiert. Sie brachten den jungen Kadern der Nation die verjüngte klassische Sprache bei.«

Nicht anders funktioniert *Sultan Galièv*: Die beiden Projektionsfiguren des Erzählers, die politische, Sultan Galièv, Parteigänger Lenins, spätere Galionsfigur der Freiheitsbewegungen der so genannten Dritten Welt (1917 beim Versuch, eine autonome islamische tataro-baschkirische Republik zu bilden, gegen Stalin gescheitert), und die poetische, der verkommene Dichter Sergej Jessenin, treffen in einem fiktiven Universum aufeinander, das sich jeglicher Fixierung entzieht:

> Ich war Sultan Galièv, ich trennte mich von ihm, ein Tatar auf Abwegen, ich streifte durch Baku, Constantine, Kasan, Mosta oder Moskau, ich belauerte das Leben und hütete im Futter meines von der Fantasie gegerbten Blousons ein Bekenntnis, bereit, den letzten Atemzug zu tun.

Raffiniert ineinander geblendete Collagen, Verschachtelungen bis auf die Ebene des Einzelsatzes herab, das Verschwimmen der Konturen weiten paradoxerweise den Horizont, schärfen den Blick, ermöglichen eine subtile Gegenwartskritik und zeigen den zyklischen Charakter der Geschichte auf: Während historische Romane wie *Samarkand* (1990) von Amin Maalouf oder *Alamut* (1938) von Vladimir Bartol das mittelalterliche Persien in epischer

Breite schildern, schöpft Tengour kühn aus dem, was Hilde Domin die »Reserve an Ungesagtem« nennt, ganz im Vertrauen auf Novalis: »Die Poesie ist das echt absolut Reale. (...) Je poetischer, je wahrer«. Und tatsächlich: Das Koordinatensystem der Geschichte zieht an seinen Texten vorbei und legt im Lauf der Jahre immer wieder neue Lesarten frei, Parallelen zwischen Mongolen- und anderen Wüstenstürmen suggerierend, zwischen *pax mongolica* und neuer Weltordnung.

Erfahrene Ferne ... Exilwelten, Alltagswelten

> der lange zug aus der steppe in die städte / verschollene völker fremder zunge / ... / die wahrheit überkommt dich / am ausgang einer metro-station
> (Habib Tengour, *Die Sandale des Empedokles*)

Spiegel- und Gegenwelten sind Welten »verfremdeter Nähe« – künstlich hergestellte Distanz schärft den Blick. Exilwelten dagegen sind Welten »entfremdeter Nähe« – täglich gelebte Distanz trübt den Blick. In der Exil-Variante erfährt das Motiv der Ferne seine wohl schmerzhafteste, aber auch intensivste und facettenreichste Ausgestaltung im Werk Tengours.

Für Tengour ist die Erfahrung des Exils zuallererst eine der Sprache: »Mit meinem Eingeborenenfranzösisch der Mannschaft die Stirn bieten«, notiert er im *Ancêtre Cinéphile* (*Der kinobesessene Vorfahr*, 1989) Eindrücke seiner ersten Mittelmeerüberquerung, der Überfahrt von Oran nach Marseille im Jahr 1958. Dieses »Eingeborenenfranzösisch« wird er sorgsam hüten. Ausgeprägte Sprachreflexion, bewusste Abgrenzung innerhalb des Spektrums französischsprachiger Literatur, kontinuierliche Suche nach einer adäquaten, seiner kulturellen Identität gerecht werdenden Ausdrucksweise, den, um mit Rimbaud zu sprechen, »mots de la tribu«, im weltumspannenden intertextuellen Dialog mit verwandten Seelen, charakterisieren seinen Stil. Seine Technik des literarischen Recycling greift nicht nur auf der inhaltlichen, sondern auch auf der formalen Ebene. Einmal mehr im Sinne jener Nomadenpoetik Joris', die die Forderung aufstellt, die Sprache müsse dem Wandertrieb des Subjekts folgen und, mit Celan gesprochen, »unterwegs« sein.

»die stätten da maya und asma om awf oder khawla gelagert«

Tengour stellt, um nur ein paar Beispiele zu nennen, sein Langgedicht *Die Sandale des Empedokles* in die Tradition vorislamischer Dichtung, der *muʿallaqāt*; er setzt an den Beginn beider Romanblöcke des *Fisch des Moses* augenzwinkernde Repliken des klassischen Beduinenlagers, mit dem jeder altarabische Text, der etwas auf sich hält, anzuheben hat: hier das Islamistencamp bei Peschawar, dort das Bazarzelt vor dem Pariser Institut du Monde Arabe; er legt mit *Die Bogenprobe* einen kompletten Roman im Stil arabischer Schelmenliteratur an, und er verfasst einen ganzen Novellenband *in memoriam* James Joyce: *Gens de Mosta* (*Menschen aus Mosta*, 1997).

Diese »algerischen Dubliners«, wie Tengour sie nennt, sind auf neutralem Terrain entstanden, bei einem Aufenthalt im Münsterländer Künstlerdorf Schöppingen, der Tengour die neue Erfahrung der Relativierung des für Algerier allgegenwärtigen Bezugspunktes Frankreich beschert: »Wenn man in Deutschland ist, existiert Frankreich praktisch gar nicht mehr. Für einen Algerier ist das eine gute Erfahrung.« Die 15 Kurzgeschichten bieten nostalgische Momentaufnahmen von Tengours Geburtsstadt Mostaganem und amüsante Seitenblicke auf die deutsche Provinz, doch vor allem entreißen sie das algerische Emigrantenleben im Paris der vierziger, fünfziger und sechziger Jahre dem drohenden Vergessen. Mit der Erzählung *Paris-Octobre* etwa dürfte Tengour der erste sein, der mit leisen Tönen jenen unseligen 17. Oktober 1961 evoziert, an dem die Seine rot vom Blut der demonstrierenden Algerier war:

> Wir sind nicht viele Algerier in meiner Generation, die schreiben können, und in der Generation vor uns sind es noch weniger; wenn wir keine Spuren hinterlassen, dann werden die, die nach uns kommen, überhaupt nicht wissen, wie unser Leben war. Was ich tue, ist Gedächtnisarbeit.

»das exil ist mein metier«

Eine Gedächtnisarbeit, die den Ethnologen nicht minder als den Dichter umtreibt. In bisher rund dreißig Publikationen spürt Tengour dem kollektiven algerischen Gedächtnis nach, den identitätsstiftenden Mythen und Heiligenlegenden ebenso wie der Raï-Musik, der mündlichen Überlieferung alter Zeiten genauso wie der, die sich im Pariser Exil neu konstituiert und ihn immer wieder zum Schreiben anregt. In seinem Gedichtband *Traverser* (*Überqueren*, 2002) heißt es:

> das exil / ein kunstledersessel / ein wort das nie das licht des tages erblickt hat / rituelle verstümmelung / der eingefleischte unterschied / ein hemmnis / eine gedankenübertragung / ein schmerzloser aktenvorgang / doch all das / woran du nie gedacht hast in deiner zerstreutheit / (damit beschäftigt dort drüben ein haus zu bauen) / stürzt plötzlich / auf dich ein / sintflut

Seit 1992 betreibt er *oral history* und sammelt in ethnologischer Feldforschung Lebensgeschichten algerischer Immigranten, älterer Menschen vor allem. Als poetisches Protokoll einer solchen Befragung ist *Ce Tatar-là* (*Jener Tatar*, 1999) entstanden: das Porträt jenes Tataren, der zum Phantombild des sich selbst entfremdeten Migranten wird, der sein Leben im Wartestand, »am Rand eines Feldwegs« verbringt, in der Nähe der Pariser Vorstadt Kremlin-Bicêtre, wohl wissend, »dass die Steppe die Tataren nicht mehr ernährt«, ja »selbst Beifuß und wilde Minze längst vertrocknet sind«, ein eigenbrötlerischer, misstrauischer Tatar, der »im Rahmen einer Studie über das fahrende Volk befragt werden soll«, jedoch »den Soziologen misstraut«, weil er sie »mit dem Sozialamt verwechselt« und ohnehin der Meinung ist, »eine soziologische Umfrage würde bloß ihre Spuren verwischen« ... Tengour scheint ihm indirekt recht zu geben.

»die spur des gedichts in fragmenten weist den weg«

So wird die Figur des (E)Migranten, Tengour doppelt vertraut, von der eigenen Biographie wie von seinen Forschungen her, letztlich zur Chiffre des modernen (nicht nur) maghrebinischen Lebensgefühls. Und zur Chiffre seines Schreibens. Sein literarisches Projekt, die Exploration virtueller maghrebinischer Schreib- und Lebenswelten, ist prinzipiell unabgeschlossen, in die Zukunft hin offen, und gerade darin besteht seine außerordentliche Modernität, ja Postmodernität – und seine implizite politische Brisanz, immunisiert es doch gegen vorschnelle Zuschreibungen, Ab-, Ein- und Ausgrenzungen. Tengour entwirft flirrende Visionen zwischen Orient und Okzident, vorgestern und übermorgen, Visionen möglicher maghrebinischer Identitäten in postmoderner Patchwork-Optik, die sich weder vor- noch festschreiben, nur fortschreiben lassen, sich weniger finden denn erfinden lassen, im Wechselgespräch mit der Weltliteratur. Odysseus zum Beispiel, für den die Rückkehr auf die Insel, so am Ende von Tengours Roman *Die Bogenprobe*, sich letztlich als Flop erweist. »Was ist denn das für ein Vergnügen«, fragt er sich, »seine angestammten Rechte zurückzugewinnen?« Auf dieser »Insel der Not«, dieser »Insel, da der Tag verendet«, dieser Insel »ohne Ankergrund« ...?

Ankergrund bietet allein die Poesie: *la Poésie-Ile – Die Insel Poesie*, so untertitelt Tengour schon seinen ersten Band, *Tapapakitaques,* von 1976. Und von *poem-oasis,* von *poasis* ist bei Pierre Joris die Rede, als »einem Innehalten in der Bewegung entlang der nomadischen Fluchtlinie«. Das Gedicht versteht sich als Oase, die zum Verweilen einlädt, zum Rasten und Auftanken, bevor der Nomade weiter zieht, seiner »Fluchtlinie« nach ...

Tenor von Tengours Texten, seiner Lyrik sehr viel stärker als der Prosa noch, einer Lyrik, die zwischen Novalis und Rimbaud, Ṭarafa, Hölderlin und Diderot zu oszillieren scheint, am Schnittpunkt von Archaik und Avantgarde, ist in der Tat das Getriebensein, sind Exil und Wanderschaft, Sehnsucht und Nostalgie als *condition humaine* im Allgemeinen, *condition arabe* im Besonderen. Dem adäquat ist vom Stil her der Fragmentcharakter, den Vorsokratiker wie Romantiker goutieren, der der »molekularen Struktur« alt-arabischer Dichtung genauso entspricht wie der mündlich-maghrebinischen Erzähltradition, der Verzicht auf Vorgaukelung von Linearität und logischer Abfolge von Ereignissen in einer Welt, deren Sinn sich längst nicht mehr erschließt: »der mitternachtsvogel ist blind«.

Der Zersplitterung des Sinns, der Zersplitterung der Identität, entspricht die Zersplitterung der Sprache. Doch aus den Trümmern blitzen geschliffene Sprachsplitter auf:

»der augenblick leuchtet aus sich selbst – hallt kurz nach (...) die reise geht weiter«.

Werke (Auswahl)

Tapapakitaques – La poésie-île. Chronique 196 567 897 012, Paris: Oswald 1976.

Sultan Galièv ou La Rupture des Stocks. Cahiers, 1972/1977, Oran 1981, Paris: Sindbad 1985.

Le Vieux de la Montagne. Relation, 1977/1981, Paris: Sindbad 1983.

L'Epreuve de l'Arc. Séances 1982/1989, Paris: Sindbad 1990.

Gens de Mosta. Moments, 1990/1994, Arles: Actes Sud / Sindbad 1997.

Ce Tatar-là 2, Launay Rollet: Dana 1999.

Le Poisson de Moïse. Fiction 1994/2001, Paris: Paris-Méditerranée 2000; Algier: EDIF 2001.

Traverser, La Rochelle: Rumeur des Ages 2002.

Übersetzungen ins Deutsche

Habib Tengour: *Die Bogenprobe. Makamen*, übers. v. Regina Keil, Freiburg: Beck & Glückler 1993.

Habib Tengour: »Die Sandale des Empedokles«, übers. v. Regina Keil, Olivier Keimel u. Christian Schynoll, in: *Akzente* 4, 1994, S. 452–465.

Habib Tengour: *Der Fisch des Moses*, übers. v. Regina Keil-Sagawe, Innsbruck: Haymon 2004.

Weiterführende Literatur

Jacqueline Arnaud: »Les Maghrébins et le surréalisme«, in: *Actes du Congrès mondial des Littératures de langue française* (Padoue/Italie, 23/27 mai 1983), Padova: Università degli Studi di Padova 1984, S. 332–339.

Regina Keil: »›Ein Vogelfänger wurde Kulturminister ...‹ Anmerkungen zu Habib Tengour«, in: *Wuqûf* 6, 1991, S. 393–400.

Regina Keil: »›An der Grenze zweier Welten verirrt ...‹ Habib Tengour oder Der Soziologe und die Wüste«, in: *Akzente* 4, 1994, S. 466–472.

Hédi Abdeljaouad: »Habib Tengour ou le surréalisme maghrébin«, in: *Fugues de Barbarie. Les Ecrivains maghrébins et le surréalisme*, hg. v. dems., New York, Tunis: Les Mains Secrètes 1998, S. 196–207.

Regina Keil: »Habib Tengour – L'Epreuve de l'Arc: Des Maqâmât au Postmoderne«, in: *Der erwiderte Blick. Literarische Begegnungen und Konfrontationen zwischen den Ländern des Maghreb, Frankreich und Okzitanien*, hg. v. Elisabeth Arend u. Fritz Peter Kirsch, Würzburg: Königshausen & Neumann 1998, S. 117–135.

Pierre Joris: *Towards a Nomadic Poetics, a manifesto-essay*, Herford, U. K.: Spanner Editions 1999.

Regina Keil-Sagawe: »Die Welt im Prisma der Poesie. Ein Porträt des algerischen Autors Habib Tengour«, in: *Neue Zürcher Zeitung*, 7./8. Dezember 2002, S. 51.

Mourad Yelles (Hg.): *Habib Tengour ou l'ancre et la vague: Traverses et détours du texte maghrébin*, Paris: Karthala 2003.

Christian Szyska

»Ich träume im Niemandsland«: Anton Shammas

Die Amsel träumt nicht.
Die Amsel weiß.
Woher sie weiß,
erzählt sie uns nicht.

Ich weiß nicht.
Eine Sprache jenseits davon,
und eine Sprache jenseits davon.
Und ich träume im Niemandsland

Mit diesen Worten schließt die Gedichtsammlung *Shetah hefqer* (*Niemandsland*) von Anton Shammas und belässt das lyrische Ich in einem Schwebezustand zwischen Orten und Sprachen. »Jenseits davon«, in den Zwischenräumen der politischen, sprachlichen und kulturellen Spuren der Macht mäandert das Werk und das Denken eines der anspruchsvollsten Autoren, Essayisten, Übersetzer und Intellektuellen aus dem Nahen Osten. Es spürt das Ungesagte und Unsagbare auf, sucht ihm eine Sprache zu geben, hilft ihm, aus dem Hintergrundrauschen der Macht herauszutreten und ihm durch die Verflechtung mit dem bereits Bezeichneten Kontur und Existenz zu geben. Im Klima der Feindschaften und Verletzlichkeiten, des Stolzes und der nationalistischen Erstarrung im Nahen Osten war und ist dies keine leichte Aufgabe. Insbesondere, wenn es darum geht, auf diesem Hintergrund dem Einzelnen, dem Individuellen Gehör zu verschaffen.

Leben und Werk des 1950 in Fassouta, einem christlichen Dorf in Galiläa, Israel, geborenen Anton Shammas spiegeln dies wider. Er gehört zu der ersten Generation von Arabern, die das israelische Schulsystem durchliefen. Früh wird seine sprachliche Begabung offenbar, was sich natürlich auch bei der Beherrschung des Hebräischen zeigt. Manchmal hat man den Eindruck, dass er meint, sich dafür entschuldigen zu müssen. In Jerusalem studiert Shammas Anglistik, arabische Literatur und Kunstgeschichte, schreibt Beiträge für arabische und hebräische Zeitschriften, übersetzt Literatur aus dem Hebräischen ins Arabische, zum Beispiel die Novelle *Stern des Staubes* von K. Zetnik, einem Überlebenden des Holocaust. In die andere Richtung, aus dem Arabischen ins Hebräische, überträgt er Werke berühmter palästinensischer Dichter und Autoren wie Maḥmūd Darwīsh und Emīl Ḥabībī. In beiden Sprachen lässt er Theaterstücke von Dario Fo und Samuel Beckett neu erstehen. Becketts im Original bereits in drei Sprachen geschriebenes *Warten auf Godot* wurde in den 1980er Jahren eindrucksvoll im städtischen Theater von Haifa auf Grundlage von Shammas' Übersetzung inszeniert. Die Figuren Estragon und Wladimir werden hier zu arabischen Tagelöhnern, die in Israel ihren Lebensunterhalt suchen. Der Dialog zwischen ihnen verläuft in ihrem lokalen arabischen Dialekt, Pozzo spricht Hebräisch, nur während seiner Schimpftiraden verfällt er ins Arabische, Wladimir und Estragon antworten ihm in ihrem akzentbehafteten ›Gastarbeiterhebräisch‹. Allein die Monologe Luckys werden in ziseliertem Hocharabisch vorgetragen. In gewisser Weise versetzt Shammas' Übertragung das Stück von der Ebene des absurden Theaters auf die des absurden Realismus.

Sprachliche und metaphorische Erkundungen

Das Spiel mit und zwischen den Sprachen wie auch mit der Bedeutung von Sprache, ihrer Beziehung zur Kultur und zur Macht tritt schon in Shammas ersten Lyrikbänden zutage. 1974 erschienen sowohl die arabische Gedichtsammlung *Asīr yaqẓatī wa-naumī* (*Gefangener meines Wachens und meines Schlafens*) als auch der hebräische Band *Krikha qasha* (*Gebundenes Buch* oder *Hardcover*). Beide umfassen mehrere Zyklen, umreißen mit einer metaphernreichen Sprache Themen wie Einsamkeit, Heimatlosigkeit, unerfüllte Liebe, zerfließendes Begehren und Tod wie in dem Zyklus »Dann, wie kann da kommen das Gedicht« in *Gefangener meines Wachens und meines Schlafens*.

> So wie das Begehren wächst,
> Zwischen den Aufwallungen des Leibes, so schleicht sich
> Am Ende der Nacht die Traurigkeit zwischen meine Finger.
> Ich verberge mein Gesicht an deinem Hals und beweine
> Alle Pelikane, die zu den
> Westlichen Inseln flogen, um zu sterben.
> An der Küste eile ich ihnen nach, erreiche sie,
> Nachdem sie ihre Schnäbel
> Als Zeichen der Niederlage in den Sand versenkt haben
> Und ihr Weiß auf den Felsen welk ward.

Hier klingen durchaus Bilder aus der engagierten palästinensischen Poesie an, doch sind sie frei von deren Pathos und zielen eher auf ein individuelles Suchen als auf eine kollektive Identität und eine Verbindung mit dem Boden. Worte wie ›Palästina‹ oder ›Araber‹ sucht man in Shammas Poesie vergebens. Gewisse Parolen palästinensischer Blut-und-Boden-Dichtung werden als verschliffene Phrasen karikiert. Um so mehr findet sich ein tief empfundenes Gefühl der Heimatlosigkeit wie auch der Wunsch, mit der Vergangenheit Kontakt aufzunehmen und so die Herkunft zu erfahren:

Ich falte die Weltkarte auf
Und suche auf ihr ein Dorf
Welches ich verloren habe.
Ich suche in den Taschen eines Großvaters, den ich nicht kannte,
Nach den Überbleibseln einer Geschichte und den Gerüchen des Ungewöhnlichen,
Hafte wie ein Schmetterling an seinem Hals.

Viele Gedichte lassen auf einen Dichter auf der Suche nach seiner poetischen Sprache schließen, der sie metaphorisch verdichtet und überhöhen möchte. In den frühen Texten von Shammas ist deutlich die Tendenz zu erkennen, alle Register des mythischen Reservoirs arabischer, christlicher, jüdischer und europäischer Kulturen zu erproben. In den Versen

Schaue nicht (doch der Liebende schaute) zu mir!
Und siehe er ist ein weißer Stier aus Salz
Dessen Hemd (und ich sah so, wie der Schlafende
Die Jungfrauen der Stadt zum Berge hinausziehen
Sieht um die verlorene Unschuld Europas zu beweinen) am Rücken zerrissen ist.

durchdringen sich die Gedanken des lyrischen Ichs genauso wie sie griechische, jüdisch-christliche und muslimische Stoffe verdichten. Wenn der Stier angesichts der aufreizenden Europa wie Lots Frau zur Salzsäule wird, gilt dessen zerrissenes Hemd als Beweis dafür, ihren Reizen nicht zu erliegen, ganz so wie beim koranischen Joseph, der den Verführungskünsten der Frau des Pharaos widerstand. In seiner hebräischen Poesie bemüht Shammas mehr als einmal das Hohelied. So sinniert in »Liebesgedicht« das lyrische Ich über die Unfähigkeit, seine Empfindungen in Worte zu fassen. Dann meint es:

Ich warte auf deine Stimme von Weitem. Träume
Sitzen auf der Bettkante
Wie im Wartesaal. Die Luft zieht
Unter der verschlossenen Tür her: Sie heben ihre Füße.
Sie warten auf den Schlaf. Ich warte umsonst. In dieser
Lage erkennt mich der Schlaf nicht. Der Meteorologe
Sitzt allein in seinem Turm und wartet auf Regen. Jetzt, vielleicht,
Denkt er an mich. Ich denke
An den Vers »Mein Freund ist mir zwischen meinen Brüsten Myrrhe.« Ich
Denke an den Reißverschluss in deinem Fleisch, der
Über den ganzen Körper läuft.
Wie bei einem Schlafsack.

Die sprachliche Verdichtung überschreitet oft sogar die Verflechtung der Ideen, Gedankenfetzen drängen in einer assoziativen Gleichzeitigkeit an die Oberfläche bis schließlich die Worte ineinander fallen, etwa in *Gefangener meines Wachens und meines Schlafens*:

Die Fal – im Gesicht – ten und den Körper
Jetzt kenne ich sie
Auswendig,
Eine alte Kate
Drale.

Diese Technik treibt der Poet weiter, bis eine Art konkreter Poesie entsteht, die (Schrift-)Form und Klang in den Vordergrund stellt. Ähnliche Sprach- und Klangexperimente unternimmt er auch im Hebräischen. In dem Stück »Collage« in *Hardcover* heißt es:

In meinem unfassbaren Traum
Voll mit Augenlidern und Schritten.

Vögelinihremflugderenpupil
Len EX PLO DIER TEN wie Scherben des Himmels
Im letzten Herbst.

Jerusalem als Ziel und Traum wie auch die Leiden auf dem Weg dorthin und das Leben dort sind thematische Schwerpunkte beider Bände. Im hebräischen *Fünf Tore nach Jerusalem* und im arabischen Zyklus *Plötzlich auf der Straße der Propheten* entsteht das Bild einer ambivalenten Beziehung zu einer Stadt, die von Zuneigung, Begehren und Ablehnung bestimmt ist. Sowohl im Hebräischen als auch im Arabischen empfindet sich das Ich wie von Quetschern einer Zitruspresse bedroht, als es nachts durch die einsamen Straßen zieht, es sucht den Zauber der Stadt und ihre Mythen zu zerstören.

Ein weiteres Element, das weit über diese frühen Gedichte Shammas' hinausreicht, ist die Erinnerung, die sich dem lyrischen Ich aufdrängt, eine Vergangenheit, die sich nicht verdrängen lässt, immer wieder ihre Stimme erhebt und die sich mit Bildern und Gedankensplittern in das Bewusstsein drängt. Mal in der Gestalt eines kleinen Kindes, dann mit dem Bild des Hauses der Kindheit, der Mutter, des Vaters oder der Schublade, in der die Gefühle der Kindheit überdauert haben.

Ich habe eine Schublade, in der Wiegen-
Lieder sind. Sie ist verschlossen. Ich stehe vor ihr und
Wachse, in der Hoffnung, eines Tages
An den Schlüssel zu gelangen, den meine Mutter
An den Nagel ihres Todes gehängt hat.

Wie dieser Gedanke den Zugang zur Erinnerung mit dem Heranwachsen und dem Tod verknüpft, löst der Tod in Shammas' wohl bekanntestem Werk, dem autobiographischen Roman *Arabesqot* (*Arabesken,* 1986) die Knoten der Erinnerung.

Einwohner des Selbst

1979 veröffentlichte Anton Shammas seinen dritten und bislang letzten Gedichtband *Niemandsland*, wie *Hardcover* auf Hebräisch. Viele Themen der ersten beiden Bände finden hier ihre Fortsetzung, jedoch hat der Autor im Hebräischen seine dichterische Sprache verfestigt, die frühen Erfahrungen münden in einen metaphorischen und vielschichtigen, jedoch klaren Stil. Sie sind noch persönlicher, die Liebesgedichte auf das Du und das Ich beschränkt. Die hervorquellende Erinnerung schafft weiter stete Disharmonie. Trotzdem tritt uns zu Beginn des Bandes ein lyrisches Ich entgegen, das seinen Ort gefunden hat:

Ich entschuldige mich.

Es sei mir erlaubt, in der ersten Person Singular zu beginnen:
Ich entschuldige mich.
Ich wusste nicht, dass ich so lange brauchen würde
Um hierher zu gelangen.

Das Ende der Erinnerung, zum tiefsten Grunde des Sees gesunken
Tritt ein in das Unbewusste. In relativer Stille,
Sicherlich.

Die Stimme umhüllt sich mit samtenem Flaum
Wie das Geweih des unglücklichen Hirschen. Bis zur Zeit der
Großen Brunst. Einschließlich.

Ich bin Einwohner meines Selbst. Ein verlässlicher Bürger
Meiner Lieben. Meiner Lieben, die da waren.
Ich berührte sie mit meinen Handflächen.

Die Stimme umhüllt sich mit samtenem Flaum, aber nicht meine Hand.
Mein Isaak beschloss schon vor langer Zeit: Nicht allein die Stimme,
Und nicht allein die Hände. Doch ist jetzt nicht die Zeit.

Dennoch, endlich kam ich an, siehe, ich bin hier. Ich wäre froh
Darüber, wenn nicht meine Kindheit, gepfercht in den Aufzug der Erinnerung,
Den Alarmknopf drücken würde.

Das Ankommen gelingt nicht vollständig, eine Spannung zwischen Jetzt und Erinnerung bleibt bestehen. Einige der lyrischen Tableaus aus *Niemandsland* widmen sich ganz dieser niemals versiegenden Erinnerung, so wie »Ein Bild«, das uns später auch in Shammas' *Arabesken* erneut begegnet.

Ein Bild
Drei junge Frauen sind in meinem Fotoalbum.
Schöne, es scheint, sie wüssten, dass sie schön sind,
In Sidon, Libanon 1938.

Hinter ihnen Stufen und ein brüchiges Geländer.
Zu ihren Füßen war ein Blumenkübel platziert.
Als ob der feinfühlige Fotograf dies
Aus Gründen der Komposition so arrangiert hätte.

In der rechten Ecke sieht man einen hellen Kreis
Zur Mitte des Bodens, der über Jahre
Mit wunderbarer Anmut die Last dieses Blumenkübels trug.
Jetzt liegt er vor der Kamera,
In seiner Nacktheit der Scham ausgeliefert.

Es scheint, dass niemand sich bemühte,
Nach dem Klick,
Den Kübel an seinen Platz zurückzurücken.
Und vielleicht trägt dieser Boden
In seiner Mitte, bis zum heutigen Tage
Das Mal der Scham.

Und ich hätte diese bescheidene Erinnerung
An diesen Kübel auf dem Papier nicht heraufbeschworen,
Wenn sie nicht schon häufig
In meinen Träumen erschienen wäre.

Die mittlere schwarz gekleidete junge Frau,
Sie würde in Zukunft, nach langer Zeit, meine Mutter sein.

Was im Pathos der palästinensischen Poesie oft als eine Wunde verbildlicht wird, rückt diese Momentaufnahme ins Zufällige. Wie in »Ich entschuldige mich« liegt das Wesentliche in den Menschen, nicht im Ort.

In welchem Maße auch immer die Zionshoffnung im Vers »ba-shana haba'a b'irushalayim« (»Im nächsten Jahr in Jerusalem«), den Juden während des Passahfestes rezitieren oder singen, den Wunsch nach einem Ankommen im realen irdischen Jerusalem ausdrückt, mag dahingestellt sein. Das moderne israelische Jerusalem erscheint für Shammas auch in *Niemandsland* in dem Gedicht »b'shanti ha-tish'it b'irushalayim« (»In meinem neunten Jahr in Jerusalem«) als ein Ort der Desillusion, Vereinsamung und Enttäuschung.

In meinem neunten Jahr in Jerusalem

In meinem neunten Jahr in Jerusalem,
Träume ich nicht mehr. Leider nicht. Seit langem.
Nur noch wenige Freunde fragen nach dem, was ich tue.
Und ich betrachte starren Blickes meine Hände:
Rüste mich für den großen Tod.
Und vielleicht glückt mir das, so es die Zeit erlaubt.
Jeden Morgen betrachte ich meine Fußsohlen –
Die erhofften Wurzeln sind noch nicht gewachsen,
Obwohl das Rieseln des Blätterfalls schon lange meine Haut getrocknet hat.
»Ich möchte eine Verlängerung« –

Ritze ich in den Stamm die Überbleibsel meiner Rede –
In Blindenschrift, ganz wie es der Holzschnitzer wünscht.

In meinem neunten Jahr in Jerusalem
Zähle ich jeden Morgen aufs Neue
Die Finger meiner Hand.
Ich schaue im klaren Licht auf das eindringende Gestern,
Das mich bedroht.
Ich bin müde, die erwünschte
Stimme hören zu lassen.
Und inzwischen rüste ich mich
Für den großen Tod.

Arabesken: Flirrende Facetten des Seins

Tode bilden den Anfang des von Anton Shammas 1986 veröffentlichten Romans *Arabesken*, der ihn in Israel und international bekannt machte. Wie in dem Gedicht der Schlüssel zur Schublade mit den Erinnerungen am »Haken des Todes« der Mutter hängt, lässt in diesem semi-autobiographischen Roman der Tod der Großmutter den erzählerischen Fluss anschwellen und strömen. In den mit »Die Erzählung« überschriebenen Kapiteln versammeln sich die Geschichten der Erzählerfigur Onkel Joseph. Diese werden weniger mittels eines durchgängigen Handlungsstrangs untereinander verknüpft als durch die Wanderungen der Familie Shammas, die von Syrien und dem Libanon, von Palästina bis nach Argentinien führen, durch die Ereignisse während des Kriegs zur israelischen Staatsgründung und durch zahlreiche Anekdoten, Legenden und Schicksale, die mit Menschen und Orten verbunden sind. Dieser Reichtum an Geschichten, der sich jeder Zusammenfassung widersetzt, lässt die Einschreibungen in die Geographie jener Orte aufglimmen, die der Zionismus mit seinem Mythos vom ›Land ohne Volk‹ jeglicher Geschichte berauben wollte. Sie tritt hier wie die Erinnerung des Kindes zutage, die seit langem, wider Willen in den Aufzug gesperrt, den Alarmknopf drückte.

Der Tod des Vaters, ebenfalls eine der eröffnenden Szenen des Romans, ermöglicht es dem Autor-Erzähler, seine Geschichten zu ordnen und auszubreiten. Dies geschieht in Kapiteln, die mit »Der Erzähler« überschrieben sind. Die persönlichen Wanderungen des Autor-Erzähler führen ihn von Israel über Frankreich in die USA, wo er an einem internationalen Schriftstellerworkshop in Iowa City teilnimmt. Sie bieten dem Autor-Erzähler Gelegenheit, über seine gescheiterte Liebe nachzudenken, eine Dreiecksgeschichte, die man als eine Allegorie auf sein Verhältnis zur israelischen Kultur und der hebräischen Sprache lesen kann. Im Rahmen der Veranstaltungen des internationalen Schriftstellerworkshops entsteht ein Mikrokosmos der Literatur, in dem Autoren aus unterschiedlichsten Kulturen und Nationalitäten aufeinander treffen und interagieren. Diese Situation und die sich daraus ergebenden Konflikte und Geschichten hinterfragen die Bedeutung der Identität von Kultur, Sprache, Nationalität und beleuchten das Leid, welches ein Zwang zur Identität hervorrufen kann.

Arabesken – ein intertextuelles Abenteuer

Die Wanderungen des Erzählers bedeuten somit auch eine durch Kulturen und ihre Literaturen. *Arabesken* erlebt man als ein intertextuelles Abenteuer. Durch den Roman scheinen, wie schon in vielen Gedichten von Anton Shammas, die Spuren zahlreicher bedeutender Texte der Weltliteratur. Natürlich hat die moderne hebräische Literatur, mit der *Arabesken* unentwirrbar verknüpft ist, einen wesentlichen Anteil. Auf diesem Weg der Literaturen schreibt sich der Autor-Erzähler frei aus nationalistischen, sprachlichen und intellektuellen Sackgassen. Als christlicher Araber hatte Shammas mit seinem Roman einige sensible Punkte der hebräischen Literatur getroffen. Er setzte einen autobiographischen Text dem israelisch-nationalistischen Narrativ entgegen, in dem, wie der israelische Kritiker Yaron Ezrahi meint, das Individuelle häufig hinter das Kollektive zurücktritt. Damit löste *Arabesken* heftigste Diskussionen unter israelischen Kritikern aus. Neben der Frage nach den literarischen Meriten des Werks dominierte das Problem der Sprache die Diskussion. Indem Shammas als Nichtjude einen hebräischen Roman verfasste, der literarisch und sprachlich als ästhetisch herausragend anerkannt wurde, stellte sich die Frage nach der mit dem Gebrauch des Hebräischen verknüpften jüdisch-israelischen Identität. So bezeichnete beispielsweise Amos Oz die Präsenz dieses Romans als »einen Triumph (…) nicht unbedingt für die israelische Gesellschaft, aber für die hebräische Sprache«, da sie für einen nichtjüdischen Autor als Literatursprache attraktiv sei – eine Aussage, in der der israelische Literaturkritiker Hanan Hever eher Distanz und Zurückhaltung denn ein Willkommen sieht.

Kreuzwege zum Selbst

Das in Paris spielende Kapitel »Der Erzähler: Père Lachaise« bildet einen Höhepunkt des Romans, in dem sich die Wege vieler Figuren kreuzen. Paris ist Zwischenstation auf dem Weg des Protagonisten von Israel nach Nordamerika. Aus wechselnden Perspektiven erzählen unter anderem der »Erzähler in der dritten Person«, das heißt der Autor-Erzähler des Romans, dessen libanesische Cousine Nadia, Jehoschua Bar-On, ein israelischer Schriftsteller, und Amira, eine französische Schriftstellerin alexandrinischjüdischer Abstammung, über ihren Paris-Aufenthalt. Bis auf Nadia werden sich alle Figuren in Iowa City auf dem internationalen Autorentreffen begegnen. Eingeleitet wird dieser Abschnitt des Romans mit einem Gedicht von Yehuda Amichai:

> Ein Schaufenster, dekoriert mit Kleidern schöner Frauen
> in den Farben von Blau und Weiß, und das alles
> in drei Sprachen: Hebräisch, Arabisch und Tod

Damit wird das Beziehungsgeflecht der Charaktere umrissen, von verschiedenen Sprachen, Kulturen und Nationalitäten geprägt, gruppiert um einen heterotopen Raum, den berühmten Pariser Friedhof Père Lachaise, auf dem viele bedeutende Künstler und Literaten ihre letzte Ruhestätte gefunden haben. Erzählt werden die Begebenheiten während einer Reise des Protagonisten – der Text legt nahe, in ihm Anton Shammas zu erkennen – von Jerusalem über Paris nach Iowa City. Das Reisen an sich ruft ihm immer wieder Momente des Übergangs ins Bewusstsein. In diesen Zustand des Dazwischen-Seins führt der Text ein, als der Protagonist in Paris unter anderem über eine verlorene Liebe zu schreiben beginnt. Dies geschieht, in Anspielung auf den Beginn von Lawrence Durrells *The Alexandria Quartet*, »weit weg von alledem«.

Der israelische Schriftsteller Jehoschua Bar-On ist wohl der von der israelischen Kritik am meisten diskutierte Charakter dieses Kapitels. Häufig wird er als eine parodisierende Anspielung auf den realen Schriftsteller Abraham B. Jehoschua aufgefasst. Aus seinem Akronym wurde auch der Name der Romanfigur gebildet. Unter den Kritikern herrscht Übereinstimmung darüber, dass Jehoschua im hegemonialen intellektuellen Diskurs in Israel eine Art Gegenpol zu Shammas' Ansichten über Sprache, Literatur und Identität bildet. Die Romanfigur Bar-On wartet in Paris auf den Anruf des Erzählers, mit dem er sich noch in Israel verabredet hat. Der Grund für seinen Wunsch, ihn zu treffen, ist der Plan, einen Roman zu schreiben, dessen Held ein israelischer Araber sein soll. Dieses Unterfangen ist zwar eine Anerkennung der Existenz des Anderen im eigenen Land beziehungsweise der Literatur, jedoch soll dieser Andere nur in den Grenzen des Eigenen entstehen dürfen. Bar-On sitzt also in einem Pariser Café und sinniert über den ›Araber‹, den er schaffen möchte. Doch soll sich sein Araber von denen, die bislang in der hebräischen Literatur aufgetreten sind, unterscheiden. Er denkt über einige der arabischen Helden nach, welche die hebräische Literatur hervorgebracht hat. Dabei entscheidet er sich, dass er einen Helden erschaffen möchte, der anders ist als diese. Anders als z. B. der in ein jüdisch-israelisches Mädchen Verliebte, ein ziemlich deutlicher Bezug auf die Hauptfigur aus Abraham. B. Jehoschuas *Der Liebhaber*.

Die Sprache der Macht

Bar-On spricht seinem Araber ausgezeichnete Hebräischkenntnisse zu, doch sollen diese beschränkt bleiben auf die »Grenzen des Erlaubten«. Ihm stünde beispielsweise nicht das Kaddisch an, das jüdische Trauergebet. Den hebräischen, aus dem Buch Hiob entlehnten jüngeren Vers des Gebets »Der den Frieden in seiner Höhe schafft« möge er sprechen, doch die ursprünglichere, aramäische Formel »Schnell und in baldiger Zeit« sollte ihm verboten bleiben. Denn sie betont noch einmal den Wunsch, dass dem Volke Israel Macht verliehen werden soll. Die Phrase »Schnell und in baldiger Zeit« fließt dann auch in den Monolog von Jehoschua Bar-On ein. Die sprachliche Begrenzung des Arabers berührt den engen Zusammenhang des (Neu-)Hebräischen mit der israelisch-jüdischen Identität. Neuhebräisch wurde von einer kulturellen Elite im Rahmen der Haskalah, der jüdischen Aufklärungsbewegung, und später unter dem Einfluss des Zionismus als Nationalsprache erfunden und gehört zu den Symbolen nationaler Unabhängigkeit. Dies geschah ganz bewusst, um sich von der allgemein praktizierten Umgangssprache der Juden in Europa, dem Jiddischen, als auch den Assimilationsbestrebungen des Judentums insbesondere in Westeuropa und Deutschland, abzugrenzen. Ein Ausweichen aus dieser Identität von Sprache und Nation würde bedrohlich wirken. Dies scheint Bar-On auch zu bemerken, als er darüber meditiert, wie der Araber sich über seine – und hier nutzt er das jiddische Wort – »Schlafstunde« auslassen würde. Auch das Jiddische müsse für den Araber ein Tabu bleiben. Könnte er sich dessen bemächtigen, würde er sich der Herrschaft des Autors entziehen können.

Die Sprachen der Liebe und des Zuhauses

Bar-On und seinen Gedanken über seinen Araber steht die Figur der französischen Autorin Amira, einer in Alexandria gebürtigen Jüdin, entgegen. Deutlich erkennt man in ihr Züge Justines aus Durrells *The Alexandria Quartet*. Ein Traum führt in ihre Vergangenheit ein. Die Sprache des Traums ist Arabisch, und Amira findet sich plötzlich auf dem jüdischen Friedhof in Alexandria wieder, wo sie gemeinsam mit dem verstorbenen Vater an seinem Grab steht. Der Grabstein ist selbstverständlich hebräisch beschriftet. Eine Person fotografiert sie dabei. Das Surreale des Traumbildes steigert sich, als sich die Kamera in eine Eidechse verwandelt, die wiederum ins Auge des vormals blinden Hausverwalters ʿAmm Sayyid schlüpft, ebenfalls eine von Durrells Figuren. Mit einer gewissen Portion Ironie wird hier Amichais Vers verbildlicht, wenn als Sprache der Grabsteine das Hebräische übrig bleibt. An einer Stelle versucht sich Amira ihrem griechischen Liebhaber zu erklären:

> Du weißt, ich bin zur Hälfte Araberin. Es ist die alexandrinische Hälfte des Gehirns, welche für die Schaffenskraft verantwortlich ist. Ich liebe dich eine jüdische Liebe, aber schreibe darüber im arabischen Stil. Meinem Vater pflegte ich auf Arabisch zu schreiben, er antwortete mir auf Französisch. Als ob das normal wäre. Doch war es möglich zu spüren, wie sich der Duft der Küste von Alexandria hinter den Worten erstreckte. Die Gerüche aus der Küche meiner Mutter. Nicht alles, was er schrieb, verstand ich. Doch der Fluss seines Hebräisch – bei mir strömte er im Arabischen. Die hebräischen Buchstaben sind von seinem Grabstein gestohlen worden. Ein arabischer Steinmetz kam und schlug sie in den harten Stein. Ich war erstaunt, hebräische Buchstaben auf seinem Grabstein zu sehen. Einen großen Teil seines Lebens verbrachte er auf Arabisch. Warum ist nur der Tod Hebräisch? Manchmal kann ich den Knick im Papier des Rorschach-Tests spüren, der durch meine Mitte geht.

Die Entgegnung ihres Liebhabers (»Das, wie du weißt, kann die Kamera nicht erfassen«) ist das Eingeständnis seiner eindimensionalen Wahrnehmung, Amiras Rede dagegen ein Beleg für die Überlegenheit der erzählerischen Vermittlung des Selbst. Ihre Sprachen sind nicht an Nationen gebunden. »Jüdische Liebe« erscheint im arabischen Stil, und die Gefühle von Heimat sind nicht an eine Nationalsprache oder einen Ort gekoppelt, eher an persönliche Erinnerungen wie das Kochen der Mutter. Somit ist ihre »jüdische Liebe« vom Hebräischen befreit, sie kann in anderen Sprachen Ausdruck finden, wie umgekehrt die hebräische Tradition ihres Vaters in ihren Idiomen weiterlebt. Damit unterläuft Amira die monolithischen Vorstellungen Bar-Ons, der Sprache, Heimat und Religion zur Identität in einem nationalistischen Sinne verbindet. Hebräisch im Sinne von Bar-On erscheint für sie als die Grabinschrift des Vaters, welche mit großem Aufwand nachträglich eingraviert wird, als Sprache des Todes. Problematisch erscheint ihr jedoch, dass ein hybrides Selbst Anlass für verletzende Projektionen sein kann.

Beide, Amira und Jehoschua Bar-On, nehmen wie der Autor-Erzähler an dem internationalen Schriftstellertreffen in Iowa City teil. Dort logieren sie in einem Studentenheim mit dem Namen Mayflower – dem berühmten Auswandererschiff nachempfunden. Vor dem Hintergrund der multikulturellen Atmosphäre des Treffens entwickelt sich die Figur des Autor-Erzählers weiter. Als Bar-On, der ihm schon auf dem gemeinsamen Flug nach Chicago von seinem Plan vorschwärmt, einen Roman über einen »gebildeten« Araber zu schreiben, entgegnet dieser nur, dass er sich als »Intellektuellen« bezeichnen würde, nicht als »gebildeten Araber«. Damit widersetzt er sich einer Diskursivierung, die ethnische Differenz etabliert und perpetuiert und das Individuum ausschließt. Bar-On bleibt die ganze Zeit über dem israelisch-nationalistischen Diskurs verhaftet, wird zu einem griesgrämigen Nörgler und schließlich ob seiner Isolierung aggressiv. Im Laufe der Zeit freundet er sich mit Paco, einem palästinensischen Autor, an. Ihn, der ähnlich strukturierte palästinensisch-nationalistische Ansichten hegt, kürt er schließlich zum Vorbild für seine Romanfigur. Der Autor-Erzähler nähert sich jedoch Amira. Eine Affäre, von Jehoschua Bar-On eifersüchtig beargwöhnt, vertieft die Bande zwischen beiden Figuren, deren Hybridität auffällige Ähnlichkeiten aufweist. Sie ist eine jüdische Araberin, die das Hebräische zugunsten des Arabischen und Französischen verlassen hat, und in deren Arabisch das Hebräische weiterlebt. Der Autor-Erzähler hat eine Entwicklung in umgekehrter Richtung durchlaufen, und wenn man Aussagen des Autors Anton Shammas heranzieht, lebt in seinem Hebräisch sein Arabisch weiter. Amira kann ihre Hybridität ungestört leben, da sie nicht den Ansprüchen der israelischen Gesellschaft ausgesetzt ist. Ob dieser Überkreuzungen verwundert es nicht, dass der Text diesen beiden die Autorschaft des Kapitels zuschreibt: »Und zwischen den Gläsern und Seufzern saßen wir und kritzelten gemeinsam die erste Fassung von ›Père Lachaise‹.«

Dieser Einschub wirft natürlich die Frage nach dem autobiographischen Aspekt des Kapitels auf. Anton Shammas hat mit *Arabesken* einen Text geschaffen, der chronologischer und räumlicher Logik zuwider läuft. Mittels dieses Textes wird es dem Autor jedoch möglich, die Diskurse, denen er in seiner Vergangenheit ausgesetzt war, letztlich selbst zu bestimmen. Dies erklärt die Unterteilung des Textes in zwei Ebenen: Erzählung und Erzähler. Auf der ersten Ebene erzählt die Geschichte das Subjekt und lenkt es, die verschiedenen Narrative formieren es, während im zweiten Teil das schreibende Subjekt die Geschichte lenkt. Nun, da es sie beherrscht, kann es die Universen der erzählten Welten durchdringen und die intertextuellen Bezüge orchestrieren.

Das in Paris spielende Kapitel »Père Lachaise« steht am Beginn dieser zweiten Phase des Schreibens, in der das Subjekt autonom wird. Dies schafft der Autor-Erzähler offenbar nur mit Hilfe von Amira, die sich mit ähnlich verwirrenden Identitäten auseinander setzen muss, ihm jedoch in ihrer Erfahrung voraus ist. Mit erneutem Bezug auf Durrells *The Alexandria Quartet*, meint Amira, dass erst die Ferne es möglich macht, über das Zuhause zu schreiben.

Die Wanderung des Protagonisten fand später eine reale Entsprechung. Anton Shammas ist inzwischen Amerikaner geworden. Romane oder Gedichte hat er seitdem nicht veröffentlicht. Neben seiner Lehrtätigkeit als Professor für Nahöstliche Literatur an der Universität von Michigan übersetzt er weiterhin Literatur aus dem Arabischen ins Hebräische. Daneben ist er als Essayist hervorgetreten. In seinen Beiträgen diskutiert und hinterfragt er Nationalismen, die israelischen wie auch die palästinensischen. Dabei musste er feststellen, dass das Glück des Einzelnen, ein in der amerikanischen Verfassung verbrieftes Recht, weder in den israelischen noch in den palästinensischen Texten zum Ziel des Staats Bedeutung hat.

Werke (Auswahl)

Asīr yaqẓatī wa-naumī (*Gefangener meines Wachens und meines Schlafens*), Jerusalem: Isdār Madjallat al-Sharq 1974.
Krikha qasha. (*Hardcover*), ohne Ort: Sifriyat Poalim, Hotsa'at ha-Qibbuts ha-Artsi, ha-Shomer ha-Tsa'ir 1974.
Shetah hefqer (*Niemandsland*), Tel Aviv: ha-Qibbuts ha-Me'uhad 1979.
Arabesqot (*Arabesken*), Tel Aviv: Am Oved 1986.

Übersetzung ins Deutsche

Anton Schammas: *Arabesken*, übers. v. Magali Zibaso, München: Piper 1989.

Weiterführende Literatur

Hanan Hever: »Hebrew in an Israeli Arab Hand: Six Miniatures on Anton Shammas' *Arabesques*«, in: *Cultural Critique* 7, 1987, S. 47–76.
Anton Shammas: »Autokartographie: Der Fall Palestine, Michigan«, in: *Angst im Eigenen Land*, hg. v. Rafik Schami, Zürich: Nagel & Kimche 2001, S. 114–125.
Anton Shammas: »Geister«, in: *Angst im Eigenen Land*, hg. v. Rafik Schami, Zürich: Nagel & Kimche 2001, S. 32–41.
Christian Szyska: »Geographies of the Self: Text and Space in Anton Shammas' *Arabesques*«, in: *Erzählter Raum in Literaturen der Islamischen Welt / Narrated Space in the Literature of the Islamic World*, hg. v. Roxane Haag-Higuchi u. Christian Szyska, Wiesbaden: Harrassowitz 2001, S. 217–232.
Rachel Feldhay Brenner: *Inextricably Bonded. Israeli Arab and Jewish Writers Re-Visioning Culture*, Madison: The University of Wisconsin Press 2003.

Christian Junge

Die Lesart der Ruinen

Verdrängte Erinnerung und multiple Identität bei Sélim Nassib

Der Bürgerkrieg und seine Aufarbeitung sind das Leit- und Leidthema der jüngeren libanesischen Literatur. Konfrontiert mit der Unfassbarkeit eines Bruderkriegs sucht eine junge Schriftstellergeneration nach neuen Ausdrucksformen, die der Vergangenheit gerecht werden. Anders als die gängigen Parolen vom »Krieg der Anderen« oder »Krieg für die Anderen« sucht sie den Dialog mit dem zwiespältigen Selbst. Der 1946 in Beirut geborene libanesisch-jüdisch-frankophone Autor Sélim Nassib hat den Bürgerkrieg als Journalist für die französische Tageszeitung *Libération* vor Ort miterlebt. Als Schriftsteller nähert er sich ihm im Krebsgang.

In den ersten Nachkriegstagen fällt der namenlose Protagonist von *Fou de Beyrouth*, Nassibs Roman von 1992, sukzessive in den Mechanismus des Bürgerkriegs zurück. Völlig abgeschnitten von der Außenwelt, gleichsam unter Laborbedingungen, zeigt sich an ihm die ›Geisteskrankheit‹ des Kriegs, die einen normalen Menschen zum kaltblütigen Mörder macht.

Schauplatz ist die ›Grüne Linie‹, jener von der Natur überwucherte Demarkationsstreifen, der durch die zerstörte Altstadt von Beirut verläuft. Dieses Gebiet wird nach dem Krieg zu einer Großbaustelle für Prestigeprojekte, die die Spuren des Kriegs schnellstmöglich auslöschen wollen. In der »Informationsbroschüre zum Wiederaufbau des Stadtzentrums« heißt es dazu: »Das historische und geographische Herzstück der Stadt, einst in fieberhaftem Betrieb, ist nur noch im Dämmerzustand und in tiefer Betrübnis. Heute aber erwartet Beirut und der ganze Libanon den Wiederaufbau des Stadtviertels mit Ungeduld und Wohlwollen.« Diese Aufbruchsstimmung entlarvt der Sonderling aus *Fou de Beyrouth* als Friedensnaivität und Opportunismus. Im Wettlauf mit den voranschreitenden Aufräumarbeiten versucht er, die Kriegszeugnisse, nämlich die Ruinen, zu retten. Statt einer Kriegsentsorgung fordert er eine Kriegsbewältigung.

Erbrechen wider das Vergessen

> Ich glaube, es ist der Geschmack in meinem Mund, der mich aufwachen ließ. Bitter, bis zum Erbrechen. Es war noch dunkel. Nina war nicht da, ich war allein im Bett. Ich schaltete das Radio ein, ich lauschte. Ich ließ die Nachricht Stück für Stück in mich eindringen, wie ein Gift. (...) Der Krieg ist aus, der Krieg ist aus, allein dieser Gedanke versetzt mich in Schrecken.

Nach 15 Jahren geht 1990 der Bürgerkrieg im Libanon mit der Schaffung der zweiten Republik offiziell zu Ende. Doch der Protagonist kann sich nicht freuen. Ziellos läuft er durch die zerstörten Straßen Beiruts und versucht in den Ruinen eine Erklärung für den Krieg zu finden.

> Die Ruinen sind sich selbst überlassen. Jeder ist hier zu Hause. Hier hat der Krieg begonnen, er hat den öffentlichen Raum verschlungen, dann ist er woanders hingegangen und hat nicht mehr an ihn gedacht. Ich weiß natürlich, dass alles kaputt ist, aber es ist nicht die Zerstörung, die mich erstaunt, es ist die Vegetation. Sie hat von dem nackten Körper Besitz ergriffen, ihn bedeckt, sie bemüht sich, ihn vor meinen Augen zu verdauen, wie ein lieblicher, fleischfressender Wald.

Die vom Krieg heimgesuchte Stadt wird unter dem Schleier der Natur zu einem unschuldigen Urwald. Der Namenlose indessen lässt sich nicht von dieser »bukolischen Irrealität« verführen, auch findet er hier keinen *locus amoenus*. Vielmehr wird er Zeuge der Natur, die Stadtruinen und Menschenleichen überwuchert, zersetzt, verschlingt und den Krieg dadurch als bekömmlich verharmlost. Gegen diese mächtigen Einverleibungsprozesse der Natur setzt sich sein Körper mit der heftigsten Reaktion zur Wehr, die ihm zur Verfügung steht, nämlich mit der Umkehrung des Verdauungsprozesses. »Ein kleines Verlangen danach sich zu erbrechen, wie ein sehr feines Vergnügen.« Der Krieg bleibt für ihn unverdaulich und nicht »ent-sorgbar«.

> Sie werden sagen, wir haben nie aufgehört Brüder zu sein, ein Anfall von geistiger Umnachtung, man muss das Blatt wenden, vergessen, wieder ganz von vorne anfangen. Sie sind verrückt. Eisen und Blei hat ihr Graffiti auf jedem Mauerstückchen hinterlassen, auf jedem Fensterschatten, sie haben Geschichte geschrieben. Sie ist nichts wert, aber so ist sie.

Er folgt den Spuren der Ruinen, die ihn zum Stadtzentrum führen. Dort wagt er sich in die verbotene Zone vor, die seit Jahren kein Mensch mehr betreten hat. Dieses Gebiet, einst Epizentrum der Kämpfe, wird zum Sinnbild des tabuisierten Kriegs. Erst sein Eindringen bricht dieses Tabu und macht ihm das ›Kriegsarchiv‹ aus Ruinen, der verdrängten architektonischen Erinnerung, zugänglich. »Es ist das Stadtzentrum, das mich tröstet, es beruhigt meine Seele. Weil es nicht lügt. Ich betrachte es, ich erkenne mich wieder.«

Eine Kriegsrobinsonade

Ein plötzlicher Regenschauer schleift den Eindringling mit den Schlammmassen der aufgeweichten Straßen in einen Hohlraum unter den Ruinen. Er fällt tief in eine unterirdische Kathedrale, aus der er nicht entkommen kann.

»Und dennoch, plötzlich, fühle ich mich in diesem Rattenloch, zum ersten Mal, auf eine unerklärliche Weise, geschützt. Ich bin glücklich.« Sein Gefängnis gewährt ihm Unterschlupf vor dem Frieden.

> Die Stadt ist erwacht. Das ganze Wochenende hat sie noch gedöst, doch jetzt verschließt sie nicht länger die Augen vor dieser Neuigkeit. Sie wird sich rächen. Die angestaute Spannung der ganzen Jahre, die Explosionen, die Nächte in den Schutzräumen, sie wird alles auf einen Schlag zurückhaben wollen. Das Blut wird ihr zu Kopf steigen. Ich wäre lieber nicht da.

Der Erzähler stürzt (sich) in eine Parallelwelt *en miniature*. Damit gleicht sein Schicksal dem des Schiffsbrüchigen Robinson Crusoe. Fernab von der Zivilisation etabliert dieser Engländer mit Ackerbau, Diener und Logbuch seine althergebrachte Lebensweise. Auch der Protagonist aus *Fou de Beyrouth* bleibt seiner gewohnten Lebensweise verhaftet, nämlich dem Krieg. Unbehelligt von den Aufräumarbeiten des Friedens verstrickt er sich in den Mechanismus und Automatismus eines Bürgerkriegs.

Diese kriegerische Variante der Robinsonade nimmt ihren Ausgang durch den Sturz des Protagonisten in den Abgrund:

> Ich rolle mit dem Kopf voran, was ich esse, spucke ich wieder aus, auf meinen Lippen spüre ich den Geschmack von Blut, ich überlasse meinen Körper sich selbst wie einen Sack voll Sand, mein Kopf stößt auf einen Gegenstand, der einen dumpfen Laut von sich gibt, ich bin nicht mehr hier.

Die metaphysischen Veränderungen lassen sich an seiner entfremdeten Körperwahrnehmung ablesen: Sein Körper wird ein Sandsack. Der Menschenkörper gleicht damit einer unbeseelten Materie, die nicht mehr ethischen Normen unterworfen ist, da sie nicht willentlich handelt, sondern instinktiv reagiert: »Essen, schlafen, den Organismus am Laufen halten.« In dieser materialisierten Logik erscheinen die Grausamkeiten des Kriegs nicht länger als ein ethisches Problem, sondern als ein organisches. »Das war nicht mehr ein Kampf, sondern eine Krankheit, ein seltsamer Virus, ein langer, krebserregender Prozess.«

Nachdem sich alle Fluchtversuche als unmöglich erwiesen haben, beginnt die Suche nach etwas Essbarem. Durch Zufall stößt er dabei auf eine mit reichlich Proviant ausgestattete Kellerzelle, in der alle seine physischen Bedürfnisse befriedigt werden und die den Überlebenskampf damit vorläufig beendet. Zu diesem Zeitpunkt erwacht wie bei Robinson Crusoe auch in diesem Sonderling der Wunsch nach Heimkehr bzw. Flucht. Als der namenlose Robinson die Mauerwand durchbrochen, das Minenfeld der »verbotenen Zone« durchquert und das Nachkriegs-Beirut betreten hat, verstellt ihm eine Bande von Kindern den Weg. Instinktiv tritt er den Rückzug in sein »Rattenloch« an. »Meine Grenze ist eine wirkliche Grenze. Es ist aus, ich bin angekommen, sie können nichts mehr tun. Ich bin auf meinem Territorium, ich bin zu Hause.«

Einst ungeliebtes Gefängnis, wird das *home* nun wehrfähiges *castle*. Dabei versteht sich der Sonderling immer mehr als Besitzer denn als Mieter des Kriegsschauplatzes, der jede Veränderung nun als »Enteignung«, sogar »Entweihung« des Bodens begreift. Sukzessive verschwindet die Grenze zwischen Besitzobjekt und Besitzersubjekt. Diese Symbiose gipfelt in einer körperlichen und mentalen Einverleibung.

> Die Züge der Ruinen sind in mich übergegangen, sie gehören zu meiner Substanz. Die kleinste Veränderung zeigt sich auf den ersten Blick, mein Körper reagiert von selbst, wie er es beim Eindringen eines Fremdkörpers machen würde.

Das dominante Besitzverhältnis ruft bei ihm eine übersteigerte Gewaltbereitschaft hervor.

> Um meine vier Wände zu verteidigen, werde auch ich Schädel mit Kolbenhieben einschlagen, ich werde Bäuche aufschlitzen, ich werde Kehlen durchschneiden, ich werde Autos mit Sprengladungen in belebten Straßen abstellen. All das aus Liebe.

Mit einer marxistisch anmutenden Kritik wird hier der Moralverfall beschrieben, der aus Zivilisten Mörder und aus Kämpfern Milizionäre macht, die ihre Ideale aus materiellen Gründen verraten.

Am Ende der ›Besitzspirale‹ beherrscht nicht der Sonderling den Besitz, sondern er wird von diesem verschlungen: Der Kriegsschauplatz nimmt ihn »in sein Fleisch« auf und macht ihn zur menschlichen Ruine. Als im Zuge des Wiederaufbaus eine Autobahn durch das Zentrum gebaut wird, ereilt ihn das gleiche Schicksal wie seine Mit-Ruinen. Ein Bauarbeiter nimmt ihn über die Schulter und transportiert ihn ab, »als ob ich nur ein gewöhnlicher Rucksack wäre«, während sich die Trümmer in der Beiruter Bucht zu einer Halbinsel aus Müll häufen.

Auf der fernen Insel überwindet Robinson Crusoe erfolgreich seine existentiell-bedrohliche Geworfenheit. Während ihm anfangs der natürliche Reichtum der Inselwelt das Überleben sichert, kann er später durch die (Wieder-)Erfindung der Zivilisation sogar ein angenehmes Leben führen. Der Triumph der Zivilisation über die Barbarei erscheint dabei so zwingend, dass sogar Freitag auf seine kannibalischen Gelüste verzichtet. In Nassibs Kriegsrobinsonade besitzt die Zivilisation nicht diese Macht. Nachdem der Sonderling das Proviantlager entdeckt hat, führt er nicht ein häusliches Leben, sondern setzt, gemäß der Logik des Kriegs, den Kampf ums nackte Überleben als Kampf um das Territorium fort. Der Krieg siegt hier über die Zivilisation und ergeht sich in anthropophagischen Gräueltaten: *Dieser* Robinson wird ein Kannibale.

Nach allen Regeln des Kriegs

> Ich bin nicht verrückt geworden. Das was ich vorher gedacht habe, denke ich immer noch. Ich bin ganz bei Sinnen. Auch wenn es niemals so klar war. Es ist ganz einfach: Ein Zwischenfall hat mich in die Logik des Krieges kippen lassen, ich akzeptiere das einfach, es hätte auch Wahnsinn sein können, anders zu handeln.

Ähnlich wie die Zivilisation einer gewissen Logik folgt, hat auch der Krieg seine Regeln. Mit journalistischer Klarheit und Prägnanz beschreibt Sélim Nassib den Mechanismus, der eine friedvolle Zivilisation außer Kraft setzt. Dabei zeigt sich der Autor hinter den Zeilen immer wieder als routinierter Kriegsberichterstatter, der gekonnt die Erinnerungen des Protagonisten ordnet und kommentiert.

> Die Jahre über habe ich die Mechanismen im Spiegel beobachtet, die Verkettung von Ursache und Wirkung, der Krieg, der sich selbst trifft. Ich war fasziniert von dieser Art Geisteskrankheit, die normale Menschen in Mörder verwandelt.

Einmal für die Zeichen des Kriegs sensibilisiert, kann er sie nicht mehr übersehen. Überall in Beirut trifft er auf anthropomorphe Ruinen, die als architektonische Leichenberge die Geschichte der Gebäude samt ihrer Bewohner erzählen.

> Niemals habe ich einen Körper bis zu diesem Grad gefoltert gesehen, angegriffen in seiner Substanz, und aufrecht trotz allem. Die ganze Fassade ist wie ein flaches Gesicht, gelblich-verrostet, ausgehöhlt durch eine Vielzahl von vor Entsetzen aufgerissenen Mündern, schwarze Münder, die unablässig ihren unhörbaren Schrei ausstoßen.

Inmitten des Grauens trifft er auf eine Gruppe zehn- bis zwölfjähriger Kinder, die Fußball spielen.

> Sie sind im Krieg geboren, sie kennen nichts anderes als ihn. (…) Ihre Welt ist streng binär: sie/wir, die uns wie Brüder ähneln. Niemand sieht sie, niemand stört sie. Sie haben Uniformen an und verhüllen ihre Köpfe unter Kapuzen. Sie haben kein Gesicht mehr, sie sind die reinen Werkzeuge eines austauschbaren Todes geworden.

Durch die Erfahrungen der Bandenkriege geprägt, flieht der Sonderling instinktiv vor der Gruppe, was diese veranlasst, ihn zu verfolgen, da sie ihrerseits, wie ein Raubtier, auf den Fluchtreflex konditioniert ist. Was nun folgt, ist eine Wiederholung des vergangenen Krieges.

> Es ist getan. In einigen Sekunden habe ich verstanden, dass die Sache sich zum Schlechten wenden musste, das war der einzige Weg. Ich habe einen dieser kleinen Dreckskerle schwer verwundet, gesetzten Falls, dass ich ihn sogar getötet habe – ich habe ihn sicherlich getötet – das, was geschehen ist, ist geschehen.

> Sie haben ihren Märtyrer, sie müssen ihn rächen, das ist das oberste Gesetz, der Kern. Und ich werde es sicherlich nicht akzeptieren, dass ich mich diesem Gesetz, das ich ablehne, unterwerfe, ohne mich zu verteidigen. Nun gut, ich verteidige mich, nichts anderes.

Zu seinem Schutz teilt er sein Territorium in ein »unterirdisches Königreich« und ein Beobachtungsgebäude auf. Als später die Bauarbeiter in sein Gebiet vordringen, weicht er auf den alten Flohmarkt aus, wo er sich in einem ehemaligen Bordell ein Rückzugslager schafft. Um dieses Gebiet zu verteidigen, entwickelt er ein straff militärisches Überwachungssystem.

> Man wird nicht sagen können, dass ich den Feind unterschätze, man wird das nicht sagen können. Es ist komisch, selbst mein Schlaf hat sich geändert. Ich bin jetzt fähig pünktlich alle zwei Stunden aufzustehen, eine kleine Runde zu machen, zum Schlafen zurückzukommen und sofort wieder einzuschlafen, als wäre nichts passiert.

Dabei reduziert er sein Leben auf die Anforderungen des Kriegs und wird selber zu einem militärischen Körper *par excellence*. Sein ziviler Körper war ihm durch seine Todesanzeige enteignet worden, was ihn verfrüht und gegen seinen Willen zum Märtyrer gemacht hatte. Sein Porträt auf den Mauern, dieses Minimalritual für den »ausgelöschten Soldaten«, hatte ihn somit in den Dienst einer Kriegspartei gestellt: »Jetzt muss ich nur noch auf eine Mine treten, damit alles wieder seine Ordnung hat, damit alle glücklich sind.«

In dem zähen Stellungskrieg wächst bei den Kriegsparteien die Lust, den Gegner durch kleine Attacken zu provozieren. »Es ist dumm, ich weiß, das hat überhaupt keinen Sinn. Es ist symbolisch, ich akzeptiere, dass es symbolisch ist. Die Lust ist zu stark, wie ein Bedürfnis mit der Faust zuzuschlagen.« Aus diesem Grund wirft der Sonderling einen Stein auf einen LKW der Bauarbeiter, doch er zielt zu kurz und der Stein fällt auf eine Mine. »Ich habe wie durch ein Wunder ein wirkliches Attentat zustande gebracht. Alles klarmachen zum Gefecht!« Aus der kleinen Provokation ergibt sich unverhofft ein Attentat, das die Gewaltspirale von neuem anhebt, ein *circulus vitiosus* aus Versehen.

Mit dem anbrechenden Frieden ist der Krieg paradoxerweise noch nicht beendet. Als in den Ruinen ein Café eröffnet wird, scheint damit eine Friedensidylle zu entstehen, die kurze Zeit später durch die offene Ermordung eines Manns tief erschüttert wird, da die Zeugen im Kaffeehaus in ihr kriegserprobtes Rollenverhalten zurückfallen. Sie bleiben stumm und blind gegenüber dem Verbrechen. Für sie besitzt der Frieden nicht die Kraft einer Zäsur oder gar einer Stunde Null, sondern er erweist sich als eine weitere Phase des Kriegs. Im Falle des libanesischen Bürgerkriegs reichten die Nachkriegsgefechte bis in das Jahr 1992 und überlebten somit das offizielle Kriegsende um knapp zwei Jahre.

Das Liebespaar

Während des Kriegs hatte der Sonderling die 28-jährige Nina getroffen, die ihren Mann in einem Bombenangriff verloren hatte und selbst dem Tod nur wie durch ein Wunder entkommen war. »Sie hat daraus gefolgert, dass man ihr ein weiteres Leben geschenkt hat, ein zusätzliches Leben, ein Bakschisch.« Daraus entwickelt sie eine neue Einstellung zum Krieg. Sie verzichtet völlig auf politische Informationen durch Zeitung und Fernsehen und sucht nicht den Luftschutzkeller auf. Stattdessen führt sie ein Leben, das den Krieg vollkommen ignoriert: Sie lässt nachts das Licht an und zeigt sich am offenen Fenster. »Nina redet über alles, außer über den Krieg, darüber niemals.« Ohne ein einziges Wort werden die beiden schließlich ein Liebespaar. »Mein Leben ist undurchlässig geworden, es funktioniert in geschlossen Bahnen, außer Reichweite. Meine Welt war perfekt, das wird mir jetzt klar.«

Eines Tages war Nina dann verschwunden, was der Sonderling in den folgenden Kriegstagen verdrängt hatte. Als der Frieden anbricht, kann er nicht die allgemeine Aufbruchsstimmung teilen, weil er auf sie wartet. Aus Angst vor einer Realität ohne Nina flüchtet er in das menschenleere Stadtzentrum, wo er ihr Fehlen, wie im Krieg, erfolgreich verdrängt. Hier zeigt sich seine eigene Widersprüchlichkeit. Während er auf der einen Seite die Zeichen der Vergangenheit erhalten will, versucht er auf der anderen Seite sie zu verdrängen. Erst als man die Ruinen abtransportiert, wagt er sie zu lesen: Nina ist tot. Eines Nachts im Krieg hatte er das Licht angeschaltet und so die Aufmerksamkeit mehrerer Soldaten auf sich gelenkt, die in seine Wohnung eingedrungen waren und Nina getötet hatten. Er selbst hatte sich in einem Schrank versteckt, wo er als tragischer Held machtlos die von ihm verschuldete Ermordung Ninas miter- und überlebt hatte. Nach dieser Nacht war er in einen Schlaf des Vergessens gefallen, aus dem er erst durch den anbrechenden Frieden erwacht war. Man kann darin eine Ironie des Schicksals sehen: Für ihn ist Nina in der Nacht zum Frieden gestorben.

Beirut: Ein Verrückter von & nach

Der tragische Held aus *Fou de Beyrouth* wird von der Außenwelt *Fou* getauft: Sonderling, Verrückter, Irrer. Dabei ist er nicht geistes-, sondern liebeskrank. Er verzehrt sich vor Sehnsucht nach Nina. Dahinter kann man die alte arabische Legende von der unglücklichen Liebe zwischen Qais und Lailā ausmachen. Aufgrund von Stammeskonventionen können die beiden einander nicht heiraten. Als Lailā daraufhin widerwillig eine andere Ehe eingeht, wird Qais verrückt, besessen, auf arabisch: *madjnūn*. Liebeskrank zieht er sich in die Wüste zurück und wird zum Dichter seiner unglücklichen Liebe. Er ist besessen von Lailā, er wird ein *madjnūn Lailā*.

Die Paar-Konstellation Lailā-Madjnūn scheint auf den ersten Blick nichts mit der Liebe zwischen Nina und dem Sonderling gemein zu haben, da die Liebenden aus Beirut ihr Glück gelebt haben. Im Krieg hatten sie eine Friedensbeziehung gehabt, die die Zwänge des Kriegs ignoriert hatte. Gerade durch diese Unbekümmertheit wird der Sonderling schuldig am Tod von Nina. Danach flieht er vor dem Krieg und wird erst wieder bei Friedensbeginn mit ihm konfrontiert, als dieser in seinen Elfenbeinturm eindringt und Rechenschaft fordert.

> Selbst unsere schönen Seelen sollten Teil des Brennstoffs sein. Der Brand hat um sich gegriffen. Niemand war unschuldig, niemand, selbst wir nicht, ich habe lange gebraucht, um es zuzugeben. Ich hatte zehn Jahre Galgenfrist, das wird mir jetzt klar. Zehn Jahre hatte ich mit Nina ein Treffen nur für uns allein und außerhalb der Zeit. Aber deswegen bin ich nicht entkommen. Mein Treffen mit mir selbst fand hier statt, jetzt, im Bauch der Stadt, dieser Höhle für tote Lebende.

Im Frieden kann er die Beziehung mit Nina nicht mehr wiederholen, da Nina tot ist. Notgedrungen greift er so auf seine Kriegsbeziehung zurück: Er verdrängt ihr Verschwinden, bis er sich als Verrückter in die Ruinen zurückzieht. Dort teilt er das Schicksal Madjnūns, nämlich einer bewussten unglücklichen Liebe ausgeliefert zu sein.

In *Fou de Beyrouth* verhindern, anders als in der arabischen Legende, nicht die Stammeskonventionen die glückliche Liebe, sondern der Krieg. Diese Wendung des Madjnūn-Lailā-Stoffs findet sich bereits in dem 1963 erschienenen Gedicht *Le Fou d'Elsa* von Louis Aragon. Diese Liebesgeschichte spielt im Andalusien zur Zeit der *Reconquista*, der Rückeroberung der iberischen Halbinsel durch die katholischen Könige. Madjnūn, dessen Liebe vor einem arabischen Hintergrund keine Verwirklichungschancen hat, hofft nun auf positive Veränderungen durch den Machtwechsel. Doch seine Hoffnungen erfüllen sich nicht, und als er in seiner Grotte bei Granada in die Zukunft sieht, muss er bemerken, dass selbst das 20. Jahrhundert noch nicht für die »Zeit des Paares« bereit ist. Zu sehr steht es unter dem Eindruck des Zweiten Weltkriegs.

> Um glücklich zu sein, bedarf es da nicht geschlossener Augen,
> Nichts zu hören
> Aber heutzutage, da es so viele Ungeliebte gibt
> Dass leben verbrennen heißt und der Wind den Geschmack von Asche hat
> Rauscht uns das Blut
>
> Alles Glück, Oh mein Glück, man hätte es
> Aus Unwissenheit haben können

Aber nicht zu wissen, kann man den Preis wirklich zahlen
Die Welt ist da, Wir sind Teil seines Leidens
Ob man will oder murrt

Es gibt keine glückliche Liebe, Sie wissen das
Es lässt sich singen

In einem Interview mit Francis Crémieux stellte Louis Aragon 1964 explizit den Bezug zwischen *Le Fou d'Elsa* und der Alltagsrealität her. »Und was den fernen Betrachter [Madjnūn] hier von neuem erstaunt, ist die Unmöglichkeit des Glückes inmitten des allgemeinen Unglücks. Denn wenn es keine glückliche Liebe in den Zeiten von Elsa gibt, dann, ich wiederhole es, weil man egoistisch sein muss, um im Unglück der Anderen glücklich zu sein. Ich denke zum Beispiel an das sehr große Aufsehen, das die Tatsache eines Krieges in Algerien bei der zeitgenössischen Jugend haben konnte.«

Im *Fou de Beyrouth* ist der Protagonist ein Verrückter von Beirut und nach Beirut. Als ersterer ist er ein Liebhaber in Beirut, der durch den Krieg seine Geliebte verliert. Trotz seines perfekt abgekapselten Liebesglücks ist er am Krieg, und damit auch am Tod von Nina, nicht unschuldig geblieben. »LIEBE ACH VM / SICH GLVECKLICH ZV SAGEN / WELCH SONDERBARER EGOISMVS«, kritzelt der *Fou* von Granada zuletzt an seine Grottenwand. Unter der Schirmherrschaft des Friedens könnte nun für die Liebenden aus Beirut die »Zeit des Paares« anbrechen, die es ihnen erlauben würde, ihre Liebe ohne Egoismus zu leben. Doch Nina ist tot, und auch die Nachkriegszeit lässt nicht die »Zeit des Paares« anbrechen.

Als Konsequenz trifft man hier auf einen radikalen Erinnerungswillen, der sich der eigenen Schuld stellt, ohne sich dabei der Rechenschaft zu entziehen. Dieses Paradoxon war in den neunziger Jahren politisch möglich geworden, als eine Generalamnestie durchgesetzt wurde, von der nur wenige Attentate ausgenommen waren. Heinrich Böll hat 1955, in Bezug auf die deutsche Memoirenliteratur der Nachkriegszeit, eine solche Form von Selbstamnestie bissig »humane Gelassenheit« genannt, »das müde Achselzucken des Pilatus, der seine Hände in Unschuld wäscht.« Der Erinnerungswille des *Fou de Beyrouth* ist anklagend, verzichtet aber auf die geläufigen Formeln vom »Krieg der Anderen« oder »Krieg für die Anderen«. Er sucht in dem zwiespältig Eigenen nach einer Erklärung und findet in sich Opfer und Täter zugleich. Da er diesen Widerspruch nicht in Unschuld auflöst, sondern aushält, kann man ihm thematisch eine gewisse Nähe zur deutschen Nachkriegsliteratur attestieren. In Wolfgang Borcherts Drama *Draußen vor der Tür* aus dem Jahr 1947 tickt das Gewissen eines Täter- und Opfervolks:

Und dann kommt der Einbeinige teck – tock – teck (…) und geht durch das Leben seines Mörders teck – tock – teck – tock! Und der Mörder bin ich. Ich? der

Gemordete, den sie gemordet haben, ich bin der Mörder? Wer schützt uns davor, dass wir nicht Mörder werden? Wir werden jeden Tag ermordet und jeden Tag begehen wir einen Mord! Wir gehen jeden Tag an einem Mord vorbei! Und der Mörder Beckmann hält das nicht mehr aus, gemordet zu werden und ein Mörder zu sein. Und er schreit der Welt ins Gesicht: Ich sterbe!

Nassibs Namenloser teilt ein ähnliches Schicksal. Durch die Kriegsrobinsonade ist er Opfer und Täter zugleich geworden. Ähnlich wie Beckmann will man ihn aber nicht hören und sehen. Sein Stimmorgan wird das Stadtzentrum von Beirut, in dem das Leiden eine architektonische Entsprechung gefunden hat: die Ruinen. Die Beziehung, die er zu ihnen eingeht, ist denkbar eng. Er ist verrückt nach Beirut, er ist ein Beirut-Besessener, ein *madjnūn-Bairūt*.

Sie wollen [das Stadtzentrum] platt machen, sie wollen es ausradieren, das wollen sie! Eher lohnt es sich zu sterben. Ich allein kenne das Geheimnis, das sich unter diesen regungslosen Steinen verbirgt. Es ist nicht bedeutungslos, dass der Krieg gerade diesen Ort zerstört hat. Er hat nichts erschaffen, außer ihm, diesem Kunstwerk, diesem Denkmal, das seiner eigenen Dummheit gewidmet ist.

In dieser außergewöhnlichen Wendung der Madjnūn-Lailā-Legende wird der Liebeskranke nicht zum Dichter, sondern zum Beschützer der Dichtung. Die Ruinen, diese engagierten Kunstwerke des Kriegs, wollen nicht zerstreuen, sondern konfrontieren. Als hässliches Schandmal geraten sie unter die Räder des Friedens, der sich »mit Ungeduld und Wohlwollen« ein Beirut ohne Erinnerung erbaut. Der Besessene von Beirut wehrt sich gegen die architektonische Imagination einer Zukunft ohne Vergangenheit, zumal sie ihm weder seine Geliebte Nina noch das Vorkriegsbeirut zurückgeben kann. Anstelle einer ›Kriegsentsorgung‹ fordert er eine ›Kriegsbewältigung‹.

Sie haben den Verstand verloren, sie glauben, dass die Ruinen sich nicht rächen werden. Sie merken nicht, hier ist etwas passiert, man weiß selbst nicht was. Wenn sie das so begraben, wird es anderswo wieder zu Tage treten.

Lailā und Madjnūna des Orients

In seinem 1994 erschienen Werk *Oum*, das in deutscher Übersetzung unter dem Titel *Stern des Orients* vorliegt, hat Sélim Nassib den Stoff von Madjnūn-Lailā wieder aufgenommen. Anhand fiktiver Memoiren des Poeten Aḥmad Rāmī lässt es den Leser am öffentlichen und privaten Leben von Umm Kulthūm, der wohl bekanntesten arabischen Sängerin, teilhaben. Zeit ihres Lebens hat Rāmī, als verhinderter Liebhaber und bevorzugter Dichter, die stimmgewaltige Diva in Höhen und Tiefen begleitet. Daraus ist vordergründig ein unterhaltsamer Roman über den zweifellos größten Star der arabischen Musik entstanden, zugleich aber auch die nachdenkliche Biographie einer Künstlerin, die ihre Liebe dem Erfolg geopfert hat.

Im Mittelpunkt der Memoiren steht, wie bei Lailā und Madjnūn, die unglückliche Liebe. Im Fall von Aḥmad Rāmī und Umm Kulthūm scheitert die Liebe jedoch nicht an der strengen Tradition, sondern am kompromisslosen Erfolgswillen der Sängerin aus ärmsten Verhältnissen, die unbedingt in die höchste Schicht einheiraten möchte. Umm Kulthūm verzichtet damit in gewisser Weise freiwillig auf die Liebe zu Rāmī, wie aber auch zu anderen Männern, um als Liebesbesessene, als *madjnūna*, zur Sängerin zu werden. Dieses Image einer unglücklich Liebenden beflügelt ihre Karriere und erlaubt der großen Zuhörerschaft, sich mit ihr zu identifizieren.

> Jeder von uns hatte ein Verlangen, das nicht befriedigt wurde. Meine Poesie brachte dieses Gefühl, dass etwas fehle, zum Ausdruck; in ihrem Mund wurde es zu etwas, das das ganze Land entbehrte. Ihre Stimme hätschelte Wut und Schmerz, die Sehnsucht nach einer künftigen Welt, die nicht kommen wollte.

Als sie ihre Stimme den Machthabern, wie etwa dem ägyptischen Präsidenten Nasser leiht, erhebt sich die ›zweisame Liebe‹ manchmal direkt, manchmal allegorisch zur Vaterlandsliebe oder hängt politischen Träumen nach. In der arabischen Legende ist Madjnūn ein Dichter, der sich als Ersatz für die reale verlorene Geliebte ein Idealbild von Lailā erschafft. Als die leibhaftige Lailā ihn in der Wüste besucht, erkennt er sie nicht wieder. Zu sehr hat er sich von der Realität entfernt. Vor diesem Hintergrund gewinnt *Der Stern des Orients* an politischer Brisanz, da es indirekt ›Idealitätsflucht und Verwirklichungsängste‹ nationaler Träume thematisiert.

Umm Kulthūm lässt sich in Nassibs Roman nicht nur als Madjnūna deuten, sondern auch als Lailā ihrer Zuhörer und Verehrer. Als solche bietet sie, der ›Stern des Orients‹, nicht nur über ihre Kunst, sondern auch als unerreichbare Diva eine verführerische Projektionsfläche. Sélim Nassib schreibt dazu: »Araber definieren sich über Umm Kulthūm. Ich halte ihnen einen Spiegel vor, der auch die hässlichen Stellen zeigt. Es schadet nicht, wenn sie ein wenig über ihre Idolverehrung und damit auch über sich selbst nachdenken müssen.«

Borderlines

Während sich *Fou de Beyrouth* und in geringerem Maße auch *Stern des Orients* mit Verdrängungsmechanismen und Realitätsflucht beschäftigen, ist das zweite große Thema von Sélim Nassib die Identität. Das mag nicht verwundern bei einem im Libanon aufgewachsenen Autor jüdischer Religion, der Französisch seine Muttersprache nennt und fließend Arabisch spricht. Vor einem solchen Hintergrund werden pauschale Identitäten durch Patchwork-identitäten ersetzt. Das Leben verläuft nicht länger in fest gefügten Grenzen, sondern vielmehr auf ihnen, was Homi K. Bhabha in *The Location of Culture* »border live« nennt:

> Diese ›Zwischen‹-Räume stecken das Terrain ab, von dem aus Strategien – individueller oder gemeinschaftlicher – Selbstheit ausgearbeitet werden können, die beim aktiven Prozeß, die Idee der Gesellschaft selbst zu definieren, zu neuen Zeichen der Identität sowie zu innovativen Orten der Zusammenarbeit und des Widerstreits führen.

Der 1998 erschienene Roman *Clandestin* zeigt, wie man die eigene Identität mitgestalten kann. Nach dem Muster eines städtischen Abenteuerromans findet ein Junge namens Jussuf den Weg aus seiner kleinen Straße ins turbulente Leben der Großstadt Beirut. Konfrontiert mit den vielen unterschiedlichen Lebensformen, wartet hier auf ihn das größte Abenteuer: die Suche nach einer eigenen Identität.

Tom Sawyer lernt Arabisch

> Mein Vater ist Iraker und meine Mutter Syrerin. Ich bin in Paris geboren. Wir wohnen neben dem Leuchtturm, am anderen Ende der Stadt. Ich besuche einen Freund. Er heißt Fuad. Fuad Hussein. Meine Religion? Muslimisch, das ist zu riskant. Sagen wir christlich. Über das Christentum dürfte ich mehr wissen als sie.

Jussuf, die Hauptfigur des Romans, besucht eine jüdische Schule in Beirut. Er spricht Französisch als Muttersprache und langweilt sich in seiner Straße zu Tode. »Ich hätte Zeuge von Gewalt und Hass sein können, von anstößigen Gesten. Aber diese Straße ist so ruhig. (...) Nur normale Leute kommen hier vorbei. (...) Wo ist sie, *die andere Straße*?« Er sehnt sich, ähnlich wie Tom Sawyer, nach großen Abenteuern. Um dem behüteten Zuhause zu entfliehen, bedienen sich beide der »karnevalesken« Macht der Sprache, wie Michail M. Bachtin es genannt hat. Während Tom Sawyer den unnachahmlichen Slang von Huckleberry Finn entdeckt, muss Jussuf in eine andere Sprache wechseln.

> Das Arabische nämlich ist den Wortwechseln mit den Lebensmittelhändlern oder den Dienstmädchen vorbehalten, aber es ist auch die Sprache all dessen, was schmutzig ist. Ficken, Schwanz, Nutte, Zuhälter, masturbieren, verarschen, all diese Worte existieren nicht im Französischen. Das Französisch ist genauso wohlerzogen wie ich, in einem kleinen Samtkostüm mit Trägern und Satinhemden, ein unschuldiger kleiner Junge seiner Mutter, gehorsam, fast schwul.

Das impotente Französisch verliert gegenüber dem vulgären Arabischen an Attraktivität. Als Jussuf Fuad begegnet, dem einzigen Muslim seiner Schule, hat er seinen genialen Konterpart gefunden. Durch ihn entdeckt er die andere Sprache. Eines Tages schwänzen sie die Beerdigung des großen Rabbiners und besuchen Fuads Familie im muslimischen Viertel.

> Die Gehsteige sind wie in meinem Viertel, grau mit kleinen Karos, die einen schwindelig machen. Der gleiche Staub, der gleiche rote Sand zwischen den Pflastersteinen. Ich war noch nie hier, dessen bin ich mir sicher. Und das ist das Aufregende. Alles ist vertraut und unbekannt, man könnte sagen eine Projektion meines Viertels in viel größer. *Die andere Straße*, vielleicht ist sie hier.

Schon bald aber wird er mit seinem Anderssein konfrontiert: »Die Fußgänger betrachten mich neugierig. Vielleicht bin ich zu jung, um alleine herumzulaufen, oder es ist meine Kleidung, mein Aussehen. Ich muss auf jeden Fall wie alle sein, aber wie sind alle?« Hier deutet sich schon der naive Scharfsinn der Tom-Sawyer-Gestalt an. Stets auf Augenhöhe seiner 13 Jahre stellt er scheinbar einfältige Fragen, die jede Standardantwort aushebeln. Mit der Frage »Aber wie sind alle?« zweifelt er zum ersten Mal an der Vorstellung einer homogenen Masse und dekonstruiert sie im weiteren Verlauf. Seine Fragen nach der Identität haben geradezu mäeutische Wirkung. Gleich der Dialogkunst des Sokrates wissen sie neue Antworten einzuleiten, wie eine Hebamme die Geburtswehen. Jussuf erfährt auf diesem Wege, dass er kein Syrer ist, obwohl seine Mutter in Aleppo geboren wurde und, obwohl sein Vater in Bagdad geboren wurde, auch kein Iraker, weil sie keine syrischen oder irakischen Papiere haben. Andererseits sind sie keine Iraner, obwohl sie iranische Pässe besitzen. Ihr arabischer Akzent ist jüdisch, wiederum mit dem syrischen verwandt, hebt sich aber vom libanesisch-muslimischen wie vom libanesisch-christlichen ab.

Am Ende erweisen sich Religion, Herkunft und Familie als nicht ausschlaggebend für die Identität, sondern einzig der Akzent. Besessen von der Idee, seinen jüdischen Akzent im Arabischen auszumerzen, nimmt er bei Fuad Unterricht. Er will in der »anderen Straße« nicht mehr auffallen, was ihm bald meisterhaft gelingt und ihm unbegrenzten Zugang zu einer anderen Welt verschafft. Damit hat der Akzentimitator Jussuf sein Ziel erreicht: Er ist zum Identitätsfälscher geworden.

Der selbstbestimmte *rite de passage*

Um den hohen Spielschulden des Vaters zu entkommen, beschließt die Familie, heimlich nach Israel zu fliehen und zwar genau an Jussufs Bar-Mizwa, dem jüdischen Fest, das den jungen Mann als vollwertiges Mitglied in die Gemeinde einführt. Bei dieser Gelegenheit, so hatte Jussuf gehofft, werde er die Aufmerksamkeit aller Mädchen und Frauen auf sich ziehen können, um so, zumindest theoretisch, seine Jungfräulichkeit zu verlieren. Da sein Bar-

Mizwa nun ausfällt, beschließt er, die Dinge selbst in die Hand zu nehmen. In der letzten Nacht, wenige Stunden vor der Flucht, sucht er mit seinem Freund Fuad ein Bordell auf und verliert dort seine Unschuld. Anstatt die Aufnahme in die jüdische Gemeinde abzuwarten, hat er den *rite de passage* selbst gefeiert, mit und vor Fuad. Aus der religiösen Zeremonie wurde so eine profane, die aber nicht weniger eine Gemeinschaft bekräftigt: »Fuad und ich sind Brüder für immer.«

Am Ende dieser Nacht kehrt Jussuf verspätet nach Hause zurück. Von weitem sieht er, wie seine Eltern auf ihn warten und dabei von der syrischen Polizei entdeckt und abgeführt werden. In diesem Moment beschließt Jussuf, ihnen zu folgen und springt auf den mit Möbeln beladenen Lastwagen.

> Ich kann nicht damit anfangen, dass ich die Flucht ergreife. Wenn ich eines Tages von hier weggehe, dann wird das mein eigener Wunsch sein. Solange bleibe ich im Orient. Verborgen ist mein richtiger Platz hier.

Der Roman *Clandestin* trägt sicherlich autobiographische Züge seines jüdisch-frankophon-libanesischen Autors. Das Interesse am eigenen Ich, sei es autobiographisch oder fiktiv, lässt sich jedoch nicht mit einer selbstverliebten Nabelschau gleichsetzen. Weit entfernt vom Monolog entdeckt die libanesische Literatur im eigenen Ich eine Vielstimmigkeit, durch die sich der Libanon auszeichnet. Als Sohn irakisch-syrischer Eltern lernt der jüdische Tom Sawyer die beengenden Grenzen von Akzent, Sprache und Religion zu überwinden. Seiner Vielstimmigkeit begegnet er mit einer Vielsprachigkeit, die seine multiple Identität nicht als Handicap, sondern als Chance begreift.

Werke (Auswahl)

L'homme assis, Paris: Editions Balland 1991.
Fou de Beyrouth, Paris: Editions Balland 1992.
Oum, Paris: Editions Balland 1994.
Clandestin, Paris: Editions Balland 1998.
Un amant en Palestine, Paris: Editions Robert Laffont 2004.

Übersetzung ins Deutsche

Selim Nassib, *Stern des Orients*, übers. v. Hans Thill, Heidelberg: Verlag das Wunderhorn 1997 (TB Zürich: Unionsverlag, 1999).

Weiterführende Literatur

Selim Nassib u. Caroline Tisdall: *Beirut: Frontline Story*, Trenton: Africa World Press 1983.
Angelika Neuwirth: »Sélim Nassib. *Der Besessene von Beirut*«, in: *Agonie und Aufbruch. Neue libanesische Prosa*, hg. v. ders. u. Andreas Pflitsch, Beirut: Dergham 2000, S. 145–147.

Andreas Pflitsch

Britisch-libanesische Identitätstäuschungen

Tony Hanania und eine Krankheit namens Heimweh

Es gehört zur Moral,
nicht bei sich selber zu Hause zu sein.
(Theodor W. Adorno)

Homesick, der Titel von Tony Hananias erstem, 1997 erschienenem Roman, lässt sich nicht nur als Sehnsucht nach der Heimat, als drängender Wunsch nach Rückkehr übersetzen, als »Heimweh habend« also, wie es das Wörterbuch vorschlägt, sondern er kann auch das Leiden *an der* Heimat, an der eigenen Herkunft bedeuten. Einer dritten Lesart zufolge ist es die Heimat selbst, die krank, unwohl – *sick* – ist. Es ist diese dritte Bedeutung, die einen Mangel, einen kränklichen Befall der Heimat suggeriert, und zugleich das Leiden an diesem Zustand, mit der sich Hananias Roman beschäftigt.

Vordergründig erzählt der Roman aus dem Inneren einer ›geschlossenen Gesellschaft‹: Aus der Idylle seiner Kindheit im Libanon herausgerissen – die ersten beiden Worte des Romans lauten »Leaving town« –, findet sich der Erzähler, Toby Shadrach, in einem englischen Internat wieder, eine Tatsache die der Ich-Erzähler keineswegs als Aufstieg oder Fortschritt begreift. Schon die ersten Stunden lassen ihn ahnen, dass er schweren Zeiten entgegensieht:

> Später in der Nacht wurde ich durch den Lärm eines Kampfes geweckt. Einige Lampen waren wieder eingeschaltet worden. Drei der älteren Jungs rangen auf dem Boden miteinander wegen, wie es schien, einer der Schubladen mit Holzknauf. Dies bestätigte meine schlimmsten Befürchtungen. Ich war an einem wilden, primitiven Ort ausgesetzt worden.

Entsprechend fallen die ersten Begegnungen mit den ›Eingeborenen‹ aus. Als seine Zimmergenossen erfahren, dass Toby aus dem Nahen Osten kommt, sind sie zunächst verwirrt: »Heißt das, dass du Ausländer bist?«, fragt jemand. Ein anderer, »ein helles Köpfchen«, bemerkt, Juden kämen aus dem Nahen Osten, was zu allerlei politisch nicht korrekten Sprüchen führt. Als sich schließlich herausstellt, dass er Araber ist, bestürmen sie ihn mit scheinbar nahe liegenden Fragen: »Reitet Dein Vater auf einem Kamel? Wie viele Frauen hat er? Ist er kackbraun? Lebt er in einem Zelt? Putzt du dir den Hintern mit der Hand ab?« Der Adoleszent antwortet mit einer altklugen Gegenfrage: Ob sie denn nicht wüssten, »dass wir bereits in die Kirche gingen und Bäder hatten, als ihr euch noch gegenseitig mit Schlamm beworfen habt?« Nicht nur die Mitschüler, auch die Lehrer zeichnen sich durch Unkenntnis aus, und es ist ausgerechnet der Erdkundelehrer, dessen Gesicht sich aufhellt, als Toby sagt woher er kommt, und der beginnt, ihm von den »Erhabenheiten der Oper« vorzuschwärmen. Als Toby sagte, er komme aus Beirut, hatte dieser offensichtlich Bayreuth verstanden. – Erst später sollte Toby lernen, die Erwartungshaltung seiner Mitschüler und seiner Lehrer bewusst zum eigenen Vorteil zu nutzen.

Transistorradios im Internat und der Autohandel des Abu Shauki

Die nicht selten brutalen Rituale des Internatslebens, insbesondere die unter den Schülern tobenden Machtkämpfe, die die Grenze zwischen kindlichem Spiel und schrecklichem Ernst verschwimmen lassen, brechen sich in den zeitgleichen Vorgängen in Tobys Heimat, wo der Bürgerkrieg tobt. Das militärische Vokabular, ein Vokabular der Abgrenzung, der Territorien, der Machtkämpfe, Parteienbildung und Allianzen, mit dem Hanania das englische Internatsleben beschreibt, wirkt wie ein Widerhall der libanesischen Situation. Der Autor schreibt das Eine ins Andere ein, vermengt und vermischt die zwei Welten und die Art, über diese zu sprechen. Die Kapitel sind mit »Blutfehde«, »der Feind meines Feindes«, »fortgesetzte Angriffe auf unbekannte Gegner« oder »ungeachtet der Ausgangssperre« überschrieben. Die Rede ist von »Verteidigungslinien«, »Batterien von Wasserbomben«, »Geiselnahme« und »leichter Bewaffnung mit Sockenbällen«. Die Rangeleien im Internat und die Anarchie in Beirut spiegeln sich ineinander; charismatische Schüler, die in England ihre (Schul-)Kameraden um sich scharen und sie sich zu Diensten machen, offenbaren eine verstörende Ähnlichkeit zu den nicht minder charismatischen Feudalherren und Milizführern im Libanon. Kinder werden zu Monstern, Warlords werden kindlich – und beide sind alles andere als *harm*los.

Aus manchem Verhalten im englischen Internat lassen sich ganz konkrete historische Vorkommnisse aus dem libanesischen Krieg herauslesen.

> In den ersten Wochen brachte Ferrers eine Kampagne gegen Transistorradios ins Rollen. Er stationierte Klang-Patrouillen in den Schlafsälen und Gärten und ließ die Klos und Musikkabinen nach Kopfhörern durchforsten. Doch diese Säuberungsaktion sollte zum Opfer ihres eigenen Erfolgs werden. Solche Mengen an Geräten wurden in den ersten Wochen konfisziert, dass der Marktwert von Batterien und jedweder Art von Radio gewaltig in die Höhe schoss und seinerseits garantierte, dass Erpressungen und Betrügereien unter den Klang-Patrouillen schnell zunahmen. Man hielt es sogar für möglich, dass Standish Ferrers einzig aus diesem Grunde zum Krieg gegen die Radios angestiftet habe. Wie auch immer es sich tatsächlich verhielt, am Ende des ersten Monats der Kampagne hatte der Schwarzhandel mit Sonys, Philips, Panasonics und portablen Geräten aller Art ein so Schwindel erregendes Niveau erreicht, dass morgens ein Gerät

eines Schüler beschlagnahmt werden konnte, anschließend im Waschraum ein halbes Dutzend Mal den Besitzer wechselte, bevor es in der Nacht vom selben Schüler für mehr als den sechsfachen Ladenpreis wieder ausgelöst wurde. Kurz, während die Klang-Patrouillen aufrechterhalten wurden, gab es einen Radio-Boom bis dahin unbekannten Ausmaßes.

Tony Hanania spielt hier auf den schwunghaften Handel mit gestohlenen Autos an, der während des Bürgerkriegs blühte. Jean Said Makdisi berichtet in ihren 1990 unter dem Titel *Beirut Fragments* veröffentlichten Kriegserinnerungen, dass erst der signifikante Anstieg der Autodiebstähle die Beiruter Bevölkerung beunruhigte, die bis dahin die Kämpfe nicht sonderlich ernst genommen hätte. Makdisi erzählt in ihren journalistisch-autobiographischen Aufzeichnungen von dem zu Beginn des Kriegs aufkommenden Geschäftszweig des Wiederverkaufens von Autos an die eigentlichen Besitzer:

Man machte sich auf zum Zentrum dieses Handels in Baalbek, außerhalb des Zugriffs der ohnehin nur noch sehr schwachen staatlichen Autoritäten gelegen. Dort wurde man von Abu Shauki begrüßt, der einem die ausgesuchteste Höflichkeit entgegenbrachte und Zigaretten, Kaffee oder gekühlte Getränke anbot. Dann wurde man über den großen Parkplatz begleitet, um sich sein Auto herauszusuchen, anhand der mitgebrachten Papiere den eigenen Besitzanspruch zu bezeugen und Abu Shauki die Gebühr zu entrichten, die dieser für angemessen hielt. Ein Freund von uns zahlte für sein 50.000 Pfund teures Auto 10.000 Pfund, fuhr damit nach Hause und schätzte sich glücklich, es überhaupt wiederbekommen zu haben.

Abu Shauki und sein Autohandel gehören zu den Vorkommnissen, die im Laufe des Kriegs zu Legendenbildung geführt haben und mit der Zeit zu Alltagsmythen geworden sind. Makdisi, die den Krieg im Libanon, vor Ort also, miterlebte, berichtet vergleichsweise nüchtern. ›Ortsfremde‹ Autoren wie Hanania oder der in Kalifornien lebende libanesische Maler und Schriftsteller Rabih Alameddine, beobachten hingegen aus der Ferne. Da wird manches bewusst überzeichnet. Auch Alameddine hat den Topos in seinem Roman *Koolaids* von 1998 aufgegriffen. Im Vergleich zu Makdisis Report einer ohnehin ziemlich absurden Geschichte, liest sich Alameddines Version als noch gesteigerte Groteske:

24. Dezember 1987
Liebes Tagebuch,

was für ein Tag! Wir mussten den ganzen Weg bis nach Baalbek fahren, um unser Auto zurückzukaufen. Es war unsere zweite Fahrt. Das erste Mal hatte man uns gesagt, unser Auto sei noch nicht eingetroffen. Sie versicherten uns, dass sie es hätten. Es sei nur eben noch nicht im Depot eingetroffen. Offensichtlich dauert es etwa fünf Tage, bis die gestohlenen Autos da oben ankommen. Sie besaßen die Frechheit, uns zu sagen, sie würden sich um mehr Effektivität

> bemühen. Bald wolle man es in nur drei Tagen schaffen, die Autos zu stehlen, nach Baalbek zu überführen und zum Verkauf an den Eigentümer fertig zu machen. Was ist bloß aus dieser Welt geworden?

Ortspolygame Autoren die aus der Ferne schauen, wie Alameddine und Hanaia, sehen Manches ungenau, haben aber für Anderes einen umso schärferen Blick. Vor allem die nicht selten unfreiwillige Komik der aus der Nähe eher tragisch anmutenden Begebenheiten entgeht ihnen selten.

Identitätswahn: Eva und die Tomate

Aber nicht nur die libanesische Situation und ihre Spiegelung im britischen Internatsleben werden in *Homesick* behandelt. Der Roman nimmt zudem das zentrale Thema der modernen arabischen Literatur, die geistige Auseinandersetzung mit dem Westen, auf und dreht es um. Weit entfernt von der teils verbissenen Ernsthaftigkeit, der Larmoyanz und dem spürbaren Rechtfertigungsdruck früherer arabischer Werke zu diesem Thema, tritt uns in Toby Shadrach ein selbstbewusster Junge entgegen, der aus Vor-*urteilen* Vor-*teile* zu schlagen versteht. Ihm gelingt es, die Dummheit der Klischees zu durchschauen, in Überlegenheit umzumünzen und für sich zu nutzen, etwa wenn er es schafft, sich um die verhassten gefüllten Tomaten im Internat zu drücken. Er behauptet, gerade derjenigen speziellen Gruppe innerhalb der Ostkirche anzugehören, die daran glaube, dass Eva Adam mit einer Tomate versucht habe und der daher der Verzehr dieses Gemüses verboten sei. Lehrer und Schulleitung zeigen größtes Verständnis für Tobys ›religiöses Speiseverbot‹ und verbieten sogar den anderen Schülern in einem Anflug politischer Korrektheit, in Gegenwart Tobys auch nur von Tomaten zu sprechen.

Identität erwächst hier nicht, wie sonst so oft, aus einem ängstlichen Abgrenzungsreflex. Der Mechanismus solcher kulturellen Abgrenzungen, das Ziehen von Grenzen wird ironisiert und subversiv durchbrochen. Hanania ist den Mechanismen der Identitätsbildung auf der Spur. Nicht nur die Bilder, die sich andere machen, Klischees und Vorurteile, stellen ein Problem dar, auch die eigenen Zugehörigkeitsgefühle erweisen sich als abhängig vom Spiegel der Anderen:

> Als es beispielsweise einmal einen Dia-Vortrag über den Bergbau gab und Barnsley von allen Seiten als beknacktes Nordlicht geoutet wurde, obwohl seine Familie seit Generationen in Norfolk lebte, setzte er sich daraufhin mit einer derart tiefverwurzelten Überzeugung und Beredsamkeit für die Sache der Bergarbeiter ein, dass sie vielen Gewerkschaftlern die Schamesröte ins Gesicht getrieben hätte.

Die literarische Ausgestaltung dieses Mechanismus', dem zufolge die Vorurteile der Anderen die Sicht auf die eigene Identität maßgeblich beeinflussen, kann als Variation des Themas gelesen werden, das schon Max Frisch in seinem 1961 uraufgeführten Stück *Andorra* behandelt.

Eine Art symbiotisches Verhältnis entwickelt sich zwischen Toby Shadrach, dem ›Orientalen‹, und dem etwas älteren Ferrers, der ein an Besessenheit grenzendes Interesse für den Nahen Osten an den Tag legt und damit Toby in Verlegenheit bringt. Als Ferrers »alles über Kamele« wissen will, muss sich Toby eingestehen, dass seine einschlägigen Erfahrungen auf diesem Gebiet beschränkt sind, denn »abgesehen von den zwei-zylindrischen Modellen im Regents' Park« kennt er nur »die mottenzerfressene Kreatur, die mit einem verachtenden Gesichtsausdruck bei den Souvenirständen in Baalbek kauerte«. Vor allem der arabische Terrorismus fasziniert Ferrers. Gerne bedient Toby dessen Durst nach immer neuen und immer abenteuerlicheren Geschichten über George Habash oder Ahmad Jibril. Er ist von dem seiner Heimat entgegengebrachten Interesse derart geschmeichelt, dass er, als ihm die Geschichten ausgehen, neue erfindet.

Der Missbrauch der Identitätssehnsucht, sei es durch das ingrimmige Beharrenwollen auf einer behaupteten eigenen, sei es durch Identitätszuschreibung von außen, wird von nicht wenigen Zeitdiagnostikern zu den größten Gefahren der Gegenwart gezählt. Der Politologe Thomas Meyer bringt das Phänomen in seinem Buch *Identitätspolitik. Vom Missbrauch kultureller Unterschiede* auf den Begriff »Identitätswahn«, und meint damit eine Krankheit, die er als »fundamentalistische Form der Konstruktion kultureller Identität« definiert. An dieser Krankheit leiden nicht allein außereuropäische, allen voran muslimische Gesellschaften, sondern ebenso die westlichen, in denen ihre Symptome im harmlosen Fall ethno-nationalistische Parteien oder die Rede von der ›Leitkultur‹ sind, im weniger harmlosen Fall die längst nicht mehr nur schleichende Aushöhlung der Freiheits- und Menschenrechte im Rahmen des so genannten Kampfs gegen den internationalen Terrorismus. Immer geht es dabei um Homogenisierungen und Begradigungen. Identität strebt nach Reinheit. Was immer vorwitzig die Symmetrien sprengt, gehört abgeschafft; Kultur und Identität sind nur im Singular zu haben. In der akademisch anmutenden Debatte um Identität und Kultur liegt nicht nur intellektueller Sprengstoff, sondern längst auch ganz realer. »Die Politisierung der kulturellen Differenz«, schreibt Meyer, »ist daher aufs Ganze gesehen ein selbstmörderisches Unterfangen für alle.«

Meyer geht es bei seiner Warnung vor den Auswüchsen des Identitätswahns nicht darum, kulturelle Unterschiede zu leugnen oder das menschliche Bedürfnis nach Zugehörigkeit und Identität zu missachten. Seine Kritik zielt auf das *wie*, nicht auf das *ob*, denn: »Identitätssuche wird zum Identitätswahn erst dort, wo sie ohne Distanz zu den eigenen Rollen, ohne Empathie für die verschiedenartigen Rollen und Identitäten der Anderen, ohne den

Willen und die Fähigkeit, Ambivalenzen zu ertragen, in jedem Handlungsfeld nur ganz als dieselbe aufzutreten vermag.« Was Meyer hier im politologisch-soziologischen Jargon zum Ausdruck bringt, hat der libanesische Autor Rashīd al-Ḍaʿīf in einfachere Worte gefasst. Der Erzähler seines Romans *ʿAzīzī al-sayyid Kawābātā* (*Lieber Herr Kawabata*, 1995) bringt den Unterschied zwischen einem gesunden, selbstbewussten Identitätsempfinden und dem krankhaften, auf Abgrenzung fixierten Wahn auf den Punkt: »Ich nämlich, der Maronit, der Ziegenmilch liebt, liebe sie einfach so, nicht jemandem zum Trotz.«

Der levantinische Vorteil

Nicht nur Forstwirtschaftler sind sich also darüber im Klaren, dass Monokulturen für Krankheiten und Schädlingsbefall besonders anfällig sind. Autoren wie Tony Hanania, der schon allein aufgrund seiner Biographie das Grenzgängertum eingeübt hat, wissen das auch. Hanania wurde 1964 in Beirut geboren und wuchs im Libanon auf. In den siebziger Jahren besuchte er ein Internat im englischen Winchester, anschließend studierte er Kunstgeschichte am Warburg Institute in London. Er arbeitete für Sotheby's in Madrid sowie für die Tate Gallery in London, wo er heute lebt.

Hanania ist als welterfahrener Autor nicht nur Praktiker der Grenzüberschreitung, er ist zudem durch die levantinische Tradition multikulturellen Zusammenlebens im Vorteil. Mit seinem Roman *Eros Island* hat er eine levantinische Familiensaga vorgelegt, die von der Odyssee einer Familie erzählt, die 1948, nach der Staatsgründung Israels, in den Libanon flieht. Die Familiengeschichte erstreckt sich von den dreißiger Jahren in Palästina bis in die achtziger und neunziger Jahre im Libanon, in Amerika, England und Spanien. Ein durchgreifender gesellschaftlicher Wandel und nicht zuletzt einschneidende Veränderungen, die materielle Kultur des Alltags betreffend, bestimmen die dreißiger Jahre in Palästina. Dosenfleisch und Nestlé-Milchschokolade zeugen von diesem Wandel. Manch einer kommt zu Wohlstand, wie Anton, ein Vorfahre des Erzählers, für den sich ein Traum erfüllt:

> Mit seinem neuen Einkommen kauft er sich ein Ford T-Modell aus dem Ausstellungsraum in der Jaffa-Road. Jeden Abend liest er unter der mit Troddeln besetzten Lampe das Benutzerhandbuch. Er intoniert die Zeilen, als handele es sich um eine Heilige Schrift: »Ein paar Tropfen Öl können dem Benzin beigegeben werden, um den Lauf des Motors zu verbessern.«

Virtuos spielt Hanania in *Eros Island* auf der Klaviatur der Welt- und Alltagskultur und bildet damit einen auch damals schon existierenden Referenzrahmen ab, der heute dem Phänomen der Globalisierung zugeschlagen wird: Agfa, Carl Zeiss Jena und Leica tauchen als »exotische Hieroglyphen« – wieder nimmt Hanania einen Perspektivwechsel, eine Blickumkehr vor – in den Straßen Palästinas auf. Zeiten und Räume durchmessend, begegnen dem Leser Barthes, Trakl, Heine, Schiller und Goethe, Ford, Plymouth, Thomas Cook und die Barclays Bank, Bach, Beethoven, Mozart, Vivaldi und Schumanns Lieder, Illie Nastase und das Halbfinale zwischen Boris Becker und Michael Stich in Wimbledon, kurz: Insignien der westlichen Hoch-, Alltags- und Popkultur. Daneben macht er auch Bekanntschaft mit Umm Kulthūm, einem Mufti oder mit *jibneh* und anderen, von Hanania nicht erläuterten oder übersetzten arabischen Begriffen, die für das Fremde stehen und doch nichts weiter bedeuten als sehr Vertrautes, in diesem Falle: Käse. All das passt bei Hanania zusammen, da nichts so verwirrend vielfältig ist wie die Realität. Es ist eine Welt des Vertrauten und Bekannten, die Hanania beschreibt, vermischt und verquickt jedoch mit der exotischen Fremde, mit Jerusalem und Beirut, mit Städten also, die in der europäischen Vorstellung mit Heiligkeit, Krieg, Terror und Gewalt – allesamt auf ihre Art Grenzerfahrungen, Extreme – assoziiert werden. Selten waren die mit Bildern überladenen und überlasteten Städte so entzaubert und bezaubernd zugleich wie bei Tony Hanania, der die Schleier der Exotisierung ohne jedes Pathos zerreißt, so dass man erstaunt und fast erschrocken sieht, wie normal es dort zugeht: »Es regnet in Jerusalem.«

Wenn ein Kapitel so lapidar, harmlos und undramatisch beginnt, befreit vom Ballast der Mythen und der Geschichte beginnt man zu fühlen: der Synkretismus, die Vermischung der Kulturen, ist der Normalfall und nicht die Ausnahme. Dass man diesen Zustand seit einigen Jahren unter dem Schlagwort der Globalisierung als neu verkauft, mag daran liegen, dass dieser ›Normalzustand‹ während der Hochzeit der Moderne und unter der Last und Masse der mit dieser einhergehenden Homogenisierungen, in Vergessenheit zu geraten drohte. Das Paradigma der Levante, vielleicht nicht mehr als ein Mythos, eine Utopie, stellt sich als Gegenentwurf dar. Das heute weltweit virulente Bedrohungsszenario, die Furcht vor dem Fremden, erscheint angesichts des in dieser Utopie als möglich aufgezeigten, unaufgeregten Umgangs mit Unterschieden als eine kollektive Hysterie. Der *clash of civilizations* ist eher unwahrscheinlich, vor allem aber wäre er ganz und gar ungefährlich, wenn die aufeinander prallenden Kulturen ›weiche‹ Ränder und fließende Grenzen hätten.

Das unaufgeregte Selbstbewusstsein, das uns in den Texten von Tony Hanania und anderen Autoren der libanesischen Diaspora der jüngeren Generation wie Rabih Alameddine, Elias Abou-Haidar oder Hani Hammoud begegnet, sorgt für einen ganz neuen Ton in der arabischen Literatur. Das kulturelle Emanzipationspathos des längst klassisch gewordenen Postkolonialismus ist ihnen ebenso fremd wie eine fundamentalistische Rückkehr zu den vermeintlichen Wurzeln eines Goldenen Zeitalters oder auch die sklavische Nachahmung der bewunderten westlichen Vorbilder. Nichts ist ihnen heilig; die Mythen sind dazu da, entlarvt zu werden. Als Vertreter einer Generation, deren Eltern den Westen nicht selten in ihrer grenzenlosen Bewunderung überhöhten, ist es an ihnen, die Entzauberung vorzunehmen. Schnell merken sie, das man auch im Westen nur mit Wasser kocht. Die stolze Legendenbildung des Britischen Empire etwa zieht Hanania mit einem einzigen Satz ins Lächerliche:

> Uns war erzählt worden, dass die Stadt einst die Hauptstadt des ganzen christlichen England gewesen sei, der Sitz legendärer Kriegerkönige, aber alles was ich gesehen hatte, war eine ungemütliche Hauptstraße und ein paar Jungs mit langen Haaren und albernen Revers, die draußen vor dem Wimpy's im Nieselregen saßen und rauchten.

Nostographie

Aller Ironie zum Trotz und ungeachtet der utopisch-optimistischen Grundstimmung, erzählt Hanania in *Eros Island* zugleich eine tragische Geschichte: die der Palästinenser im 20. Jahrhundert. Diese Geschichte geht bis in die Zeit vor der Geburt des Erzählers zurück und bestimmt doch auch sein Leben. Während sein Vater, Hochschullehrer in den USA, nie in der Heimatlosigkeit heimisch werden konnte, sind London und später New York für den Erzähler, als Vertreter der ›dritten Generation‹ im Exil, zu einer selbstverständlichen Heimat geworden. Das Heimweh hat seine Richtung verloren. Vergangen, *passé* ist es nicht. »Dadurch dass ich blieb«, so heißt es in *Eros Island* mit unüberhörbar melancholischem Einschlag, »war ich zum Fremden geworden.«

Der Titel seines Erstlings, *Homesick*, lässt sich, wie gesagt, in doppeltem Sinn verstehen, als Sehnsucht zurück und als Leiden an der Herkunft. Der in den USA lebende und lehrende alexandrinische Jude André Aciman, auch er ein Ortspolygamer, versucht in *False Papers. Essays on Exile and Memory* (2000) eine Etymologie, eine Genealogie der Rückkehr. Ausgehend vom griechischen Wort *nostos* für ›Heimkehr‹ schreibt er:

> Nostalgie ist die Sehnsucht, zurückzukehren, heimzukehren; Nostophobie die Angst vor der Rückkehr, Nostomanie das obsessive Bedürfnis, zurückzukehren, Nostographie das Schreiben über die Rückkehr.

Die Nostalgie als die Sehnsucht nach der Rückkehr bringt es mit sich, sich durch ihre Erfüllung selbst abzuschaffen. Am schönsten ist die Heimat, wenn man nicht dort ist und sich von weit weg nach ihr verzehren kann. Der tschechische Schriftsteller und Politiker Jiri Grusa hat in einer Besprechung von Milan Kunderas Roman *Die Unwissenheit* vom »Wert der Heimatlosigkeit« gesprochen. Grusas Rezension endet mit dem Lob, Kundera, der seit über 30 Jahren im französischen Exil lebt und inzwischen auch auf Französisch schreibt, sei »etwas ganz Seltenes gelungen: nämlich eine Rückkehr ohne hinzumüssen.« »Seltsame Rückkehr. Wie Tschechiens größter Schriftsteller das Fremdeln zu seiner Heimat macht«, hat er die Besprechung betitelt. Tony Hanania hat so manche seltsame Rückkehr beschrieben, ein sonderbares Dableiben in der Fremde und das Weggehen ins Vertraute. Spiegelungen von Heimat und Fremde, Ankommen und Weggehen finden sich in seinen Texten. Er erinnert sich an Orte und reist in Zeiten. Und ist bisweilen *homesick*.

Werke

Homesick, London: Bloomsbury 1997.
Unreal City, London: Bloomsbury 1999.
Eros Island, London: Bloomsbury 2000.

Weiterführende Literatur

Andreas Pflitsch: »Tony Hanania. *Heimweh. Unwirkliche Stadt. Eros Island*«, in: *Agonie und Aufbruch. Neue libanesische Prosa*, hg. v. Angelika Neuwirth u. dems., Beirut: Dergham 2000, S. 102–109.

Sonja Mejcher-Atassi

Das verbotene Paradies

Wie Etel Adnan lernte, auf Arabisch zu malen

Die Schriftstellerin Etel Adnan wurde international vor allem mit ihrem in Paris publizierten Roman *Sitt Marie Rose* (1977) bekannt, der mittlerweile in zahlreichen Übersetzungen vorliegt. *Sitt Marie Rose* ist einer der ersten Romane, die sich mit dem libanesischen Bürgerkrieg von 1975–1990 auseinander setzen und deutlich gegen ihn Position beziehen. Der Text, der an zahlreichen Universitäten in den Vereinigten Staaten unter dem Aspekt von Gender und postkolonialer Literatur gelesen wird, beruht auf einer wahren Geschichte: der Entführung und Ermordung von Marie Rose Boulos durch christliche Milizionäre. Boulos, eine christliche Libanesin syrischer Herkunft, hatte sich für palästinensische Flüchtlinge engagiert.

Insgesamt hat Adnan mehr als ein Dutzend Bücher veröffentlicht, in der Mehrzahl Gedichtbände. Sie hat aber auch Essays, Kurzgeschichten, Theaterstücke und Drehbücher für Dokumentarfilme geschrieben und gemeinsam mit dem britischen Komponisten Gavin Bryars zu Robert Wilsons Oper *Civil Wars* (1984) beigetragen. Darüber hinaus ist Adnan als bildende Künstlerin, vor allem als Malerin, tätig. Ihre künstlerischen Arbeiten wurden in zahlreichen Einzel- und Gruppenausstellungen in Museen und Galerien in den Vereinigten Staaten, Europa, dem Nahen Osten und Japan gezeigt. Im Laufe der Zeit hat Adnan verschiedene Materialien ausprobiert. Sie hat zahlreiche *livres d'artiste* produziert, vor allem zu moderner arabischer Literatur. Indem sie in ihnen die arabische Schrift in Form ihrer Handschrift zum integralen Bestandteil der abstrakten Malerei macht, hat sie sich auf künstlerische Weise die arabische Schrift und damit einen Teil ihrer Identität zu eigen gemacht, die ihr als Schriftstellerin verschlossen geblieben ist.

Adnan schreibt auf Französisch und Englisch. Sie spricht Arabisch (den libanesischen Dialekt), hat die arabische Hochsprache aber nicht ausreichend gelernt, um literarische Texte in ihr verfassen zu können. Während die meisten Anthologien und Enzyklopädien arabischer Literatur – in arabischer Sprache ebenso wie in westlichen Sprachen – Adnan ausschließen, weil sie nicht auf Arabisch schreibt, betrachtet Adnan selbst ihre literarischen Arbeiten als Teil der arabischen Literatur. Dabei beruft sie sich auf eine nahöstliche Tradition kultureller Mobilität. Bereits Ibn Sīnā (Avicenna, gest. 1037), Djalāl al-Dīn Rūmī (gest. 1273) oder auch Kahlil Gibran (1883–1931) haben in mehr als einer Sprache geschrieben. Schließlich bestehe literarisches Schreiben aus mehr als nur der jeweiligen Landessprache – die nicht nur im Libanon als eine, wenn auch die dominante, neben anderen Sprachen steht –, sagt Adnan und nennt poetische Sensibilität, historische Erinnerung und politische Erfahrung als weitere Elemente.

Adnan wird oft als frankophone Autorin bezeichnet, ein Begriff, den sie selbst strikt ablehnt. Der Begriff basiere auf der kolonialen Vergangenheit Frankreichs, erkärt sie, denn er werde nur auf Autoren der Dritten Welt angewandt, während Autoren, die aus anderen europäischen Ländern kommen und sich dazu entschließen, auf Französisch zu schreiben, als französische Autoren anerkannt werden. In letzter Zeit wurde Adnan zunehmend als arabisch-amerikanische Autorin gesehen. Diese Bezeichnung ist auf eine Bewegung zurückzuführen, die sich im Kontext multi-ethnischer Literatur in den Vereinigten Staaten darum bemüht, amerikanische Schriftsteller arabischer Herkunft in der Öffentlichkeit bekannt zu machen. Adnan wird sie nur bedingt gerecht, denn sie sieht vom vielfältigen kulturellen Hintergrund der Autorin ab, der auch griechische und türkische (osmanische) sowie französische Einflüsse aufweist.

Ein Leben in geographischen und kulturellen Zwischenräumen

Adnan wurde 1925 in Beirut geboren. Ihre Mutter war christliche Griechin, ihr Vater muslimischer Syrer. Kennen gelernt hatten sich ihre Eltern, als ihr Vater als Offizier der osmanischen Armee in Griechenland stationiert war. Nach dem Zusammbruch des Osmanischen Reichs beschlossen sie, sich in Beirut niederzulassen. Die levantinische Küstenstadt zeichnete sich schon damals durch einen kosmopolitischen Charakter aus, der verschiedene religiöse und ethnische Bevölkerungsgruppen aus der ganzen Region zusammenbrachte. In Folge des so genannten Sykes-Picot-Abkommens von 1916, das die arabischen Provinzen des Osmanischen Reichs am Ende des Ersten Weltkriegs unter die Entente-Mächte aufteilte, wurde der Libanon französischem Mandat unterstellt. 1920 rief der französische Hochkommissar in Beirut die Gründung des Großlibanon aus. Nach innenpolitischen Unruhen und heftigen Auseinandersetzungen mit den Franzosen während des Zweiten Weltkriegs wurde der Libanon 1943 in die Unabhängigkeit entlassen. Gemäß dem ungeschriebenen ›Nationalpakt‹ wurde eine Demokratie errichtet, in der Macht und Ämter nach strengem Proporz unter den 1936 von den Franzosen anerkannten 17 Religionsgemeinschaften des Landes verteilt wurden, darunter verschiedene christliche und muslimische Gemeinschaften sowie Drusen und Juden.

Adnan wuchs mit einer Vielzahl von Sprachen, Kulturen und Religionen auf. Zu Hause sprach sie Türkisch und Griechisch mit ihren Eltern, in der

Schule Französisch. Arabisch blieb ein »verbotenes Paradies«, erklärt sie. In der Schule war es bei Strafe verboten, Arabisch zu sprechen. Die Kinder wurden nach französischem Vorbild erzogen, alles Französische galt als dem Arabischen überlegen. Adnans Vater versuchte, ihr zu Hause Arabisch beizubringen, seine Versuche müssen auf sie aber äußerst altmodisch gewirkt haben. Sie erinnert sich, stundenlang Sätze aus einer arabischen Grammatik abgeschrieben zu haben, ohne die Bedeutungen der Worte zu verstehen. Die Schreibübungen ihrer Kindheit kommen ihr heute in den Sinn, wenn sie an ihren *livres d'artiste* arbeitet. Die häufigen Besuche mit ihrem Vater in Damaskus haben Adnan jedoch eine tief gehende Kenntnis arabisch-islamischer Kultur vermittelt. »Ich gewöhnte mich daran, zwischen den Situationen zu stehen, ein bißchen marginal, aber dennoch einheimisch zu sein«, erinnert sie sich.

Während des Zweiten Weltkriegs wurde sie aufgrund finanzieller Engpässe der Familie frühzeitig aus der Schule genommen. Sie arbeitete für den französischen Informationsdienst und schaffte es, nebenbei ihr Abitur nachzuholen. Anschließend begann sie ein Studium der französischen Literatur an der neu gegründeten École Supérieure des Lettres de Beyrouth. 1949 nahm sie ein Stipendium an, das es ihr ermöglichte, ihr Studium in Frankreich fortzuführen. Sie studierte Philosophie an der Sorbonne in Paris. Die Auswirkungen des Zweiten Weltkriegs und der deutschen Besatzung waren in der französischen Hauptstadt noch deutlich zu spüren. 1955 verließ Adnan Paris, um ihr Studium in den Vereinigten Staaten fortzusetzen. Sie besuchte die University of California in Berkeley und verbrachte ein Jahr an der Havard University, entschloss sich jedoch, nicht zu promovieren. Sie fand eine Anstellung am Dominican College in San Rafael, Kalifornien, wo sie Philosophie unterrichtete. Die dortige kulturelle Revolution der späten 1960er Jahre bildete den Kontext, in dem Adnan die Freiheit fand, ihre literarischen und künstlerischen Interessen zu entfalten.

1972 kehrte Adnan nach Beirut zurück, wo sie den Kulturteil der französischsprachigen libanesischen Tageszeitungen *al-Safa* und *L'Orient-Le Jour* herausgab. Hier lernte sie ihre Lebensgefährtin Simone Fattal kennen, die wie sie französische Literatur an der École Supérieure des Lettres de Beyrouth und Philosophie an der Sorbonne in Paris studiert hatte, bevor sie Ende der 1960er Jahre nach Beirut zurückkehrte und sich der Malerei und Skulptur zuwandte. Die weltoffene Atmosphäre Beiruts zog in den frühen 1970er Jahren zahlreiche Intellektuelle, Schriftsteller und Künstler aus der gesamten arabischen Welt an. Der israelisch-palästinensische Konflikt und die sich zuspitzende innenpolitische Krise führten jedoch zu einer äußerst gespannten Situation, die weiter eskalierte, bis sie im April 1975 in den Ausbruch des Bürgerkriegs mündete. 1977 verließ Adnan

Beirut aufgrund des Kriegs erneut. Sie ging zunächst nach Paris, dann wieder nach Kalifornien. Seitdem lebt sie zwischen Kalifornien (Sausalito), Paris und Beirut, wo sie sich ausschließlich ihren literarischen und künstlerischen Interessen widmet.

Adnan hat ihr gesamtes Leben in »Zwischenräumen« gelebt, wie Homi K. Bhabha in seiner für postkoloniale Literaturkritik wegweisenden Studie *The Location of Culture* die Räume zwischen den Kulturen bezeichnet. Auf die Frage, welche Bedeutung die Exilerfahrung in ihrem Leben einnimmt, antwortet Adnan: »Ich lebe im Exil. Aber dieses Exil reicht so weit zurück und hat so lange angedauert, dass es zu meinem eigenen Charakter wurde.«

Exil und Diaspora stellen einen Ort der Transformation und Differenz dar, wo kulturelle Identitäten fortwährend neu definiert werden. Identität war nie eine homogene Einheit in Adnans Leben. Sie hat ihre arabische Identität – als eine unter mehreren – stets aufrechterhalten. Nicht nur ist sie immer wieder in den Nahen Osten zurückgekehrt, sie hat das kulturelle Leben und die politischen Ereignisse mit großem Interesse verfolgt und sich auch aus dem Exil an zahlreichen Debatten beteiligt – als Intellektuelle ebenso wie als Schriftstellerin und Künstlerin. Zwischen dem kalifornischen Sausalito, Paris und Beirut lebend, hat das Verständnis von ›Heimat‹ eine transnationale und transkulturelle Bedeutung für Adnan angenommen, die jenseits geographischer Grenzen liegt. Ohne den Verlust negieren zu wollen, der mit jedem Exil einhergeht – sei das Exil auferzwungen oder freiwillig –, kann Adnans Exil zugleich als Gewinn betrachtet werden. Nationale wie kulturelle Grenzen ständig überschreitend, hat sich Etel Adnan von zahlreichen Konventionen befreit. Ihre literarischen und künstlerischen Arbeiten zeichnen sich durch einen avantgardistischen Charakter aus, mit dem sie zahlreiche Entwicklungen antizipiert hat, die allgemein als postmodern und postkolonial bezeichnet werden. Hier mag ein Grund für ihre große Ausstrahlung auf Schriftsteller und Künstler gerade der jüngeren Generationen liegen.

Literarische und künstlerische Grenzüberschreitungen

Adnan schrieb ihre frühen Gedichte auf Französisch. Mit einem ihrer ersten Gedichte, *Le livre de la mer*, wurde sie bereits mit linguistischen Problemen konfrontiert, als sie es ins Arabische übersetzen wollte. Das Gedicht beschreibt die Beziehung zwischen Meer und Sonne als kosmische Liebesbeziehung. Während die Sonne im Französischen grammatikalisch maskulin und das Meer feminin ist, ist es im Arabischen umgekehrt. Auf Französisch zu schreiben, bereitete Adnan aber nicht nur linguistische Probleme. Mit dem algerischen Unabhängigkeitskrieg (1954–1962) wurde die französische Sprache für sie auch zum politischen Problem. Wie vielen nordafrikanischen Autoren widerstrebte es ihr, sich in der Sprache der französischen Kolonialmacht auszudrücken. Eine Zeit lang schrieb sie überhaupt nicht. Es ist sicherlich kein Zufall, dass sie sich in dieser Zeit der bildenden Kunst zuwandte, genauer: der abstrakten Malerei, in der sie eine neue Sprache zu entdecken glaubte, die sich über nationale und kulturelle Grenzen hinwegsetzt. Erst im Zuge der amerikanischen Friedensbewegung vor dem Hintergrund des Vietnamkriegs in den späten sechziger und frühen siebziger Jahren kehrte Adnan zur Dichtung zurück. Sie schrieb – nun auf Englisch – zahlreiche Gedichte gegen den Vietnamkrieg, die unter anderem in Walter Lowenfels bekannter Anthologie *Where is Vietnam? American Poets Respond. An Anthology of Contemporary Poems* (1967) veröffentlicht wurden. Adnan schreibt seitdem sowohl auf Französisch als auch auf Englisch, wobei sie sich nicht selten selbst von einer Sprache in die andere übersetzt.

Mit ihrem langen Prosagedicht *Five Senses for One Death* (1971) wurde Adnan erstmals als feministische Autorin wahrgenommen. Es handelt sich möglicherweise um das erste Liebesgedicht in der modernen arabischen Dichtung, das von einer Frau geschrieben wurde und an eine Frau adressiert ist. Adnans nächster Gedichtband *Jébu suivi de L'Express Beyrouth → Enfer* (1973) hat den israelisch-palästinensischen Konflikt und die innenpolitische Krise im Libanon zum Thema, deren Gefahr Adnan frühzeitig erkennt. 1977 veröffentlichte sie ihren bereits angesprochenen einzigen Roman, *Sitt Marie Rose*. Von einer intensiven Auseinandersetzung mit dem libanesischen Bürgerkrieg zeugt auch der darauf folgende Gedichtband, *L'Apocalypse Arabe* (1980). Ihre ebenfalls in den 1980er Jahren veröffentlichten Gedichtbände *From A to Z* (1982) und *The Indian Never Had a Horse* (1985) hingegen beziehen sich in erster Linie auf amerikanische Ereignisse, den Nuklearunfall von Three Mile Island und den Genozid an den Indianern. Wie anhand dieser Veröffentlichungen deutlich wird, ist Adnan als Schriftstellerin nicht einer Region allein verpflichtet; vielmehr spricht sie politisch brisante Themen überall dort an, wo sie gerade beheimatet ist.

In ihrem poetischen Essay, *Journey to Mount Tamalpais* (1986), der philosophische Reflexionen über die Beziehungen zwischen Kunst und Natur mit Tagebuchnotizen und einer Auswahl von Adnans Aquarellen und Zeichnungen des Mount Tamalpais in Kalifornien zusammenbringt, entwirft Adnan eine Heimat jenseits nationaler und kultureller Grenzen. Vergleichbar mit der Bedeutung, die Mont Sainte-Victoire im Leben und Werk von Paul Cézanne einnimmt, auf die Adnan in ihrem Essay selbst verweist, ist Mount Tamalpais für sie von einem geographischen zu einem spirituellen Bezugspunkt geworden. Sie schreibt:

> Year after year (...), Tamalpais appeared as a constant point of reference, the way a desert traveller will see an oasis, not only for water, but as the very idea of home. In such cases geographical spots become spiritual concepts.

Das Wandern zwischen den Welten, Exil, fragmentierte Identität und Marginalität – Reizbegriffe postkolonialer wie postmoderner Literaturtheorie – rücken in Adnans Texten der letzten Jahre in den Mittelpunkt. In *The Spring Flowers Own & The Manifestations of the Voyage* (1990) stellt sie den Lindenbaum mit ihrem Gedicht *A Return to Earth, a Linden Tree* als Sinnbild ihrer Exilerfahrung dar, ein Verlust, den sie mit den Städten Beirut und Damaskus assoziiert. In *Paris, When It's Naked* (1993) beschreibt sie die französische Hauptstadt als »the heart of a lingering colonial power«, hin- und hergerissen zwischen Gefühlen von Abwehr und Faszination. In *Of Cities and Women (Letters to Fawwaz)* (1993) legt sie Zeugnis über ihren nomadischen Lebensstil ab. Das Buch besteht aus einer Sammlung von Briefen, die Adnan aus unterschiedlichen Städten verfasst hat, während sie Buchmessen, Konferenzen und Ausstellungen besuchte: Barcelona, Aix-en-Provence, Skopelos, Murcia, Amsterdam, Berlin, Rom und schließlich Beirut, wo sie ein tiefes Gefühl der Heimkehr überkommt. Adnan beschreibt die Städte entlang der Straßen und Gassen, die sie durchläuft, der Häuser und Museen, die sie betritt, und der Künstler, die in ihnen lebten – Paul Cézanne, Pablo Picasso und Antoni Tàpies – vor allem aber anhand der Frauen, denen sie begegnet. In dem langen Prosagedicht *There. In the Light and the Darkness of the Self and the Other* (1997) diskutiert Adnan Fragen von Identität und Differenz. Grenzen überschreitend – äußerliche, wie sie zwischen Nationalstaaten errichtet wurden, ebenso wie innerliche, wie wir sie zwischen dem Selbst und dem Anderen aufgebaut haben –, kreisen Adnans poetische Überlegungen um die Frage: »Muss ich eine Nationalität haben, um Mensch zu sein?«

Adnans literarische Arbeiten sind äußerst vielseitig und widersetzen sich der Einordnung in literarische Genres. Für die Autorin ist alles literarische Schreiben ein und derselbe kreative Prozess, wobei Poesie und Prosa oft fließend ineinander übergehen. Ob auf Französisch oder Englisch verfasst, ins Arabische, Italienische, Niederländische, Griechische, Urdu oder Deutsche übersetzt, Adnans literarische Arbeiten widersetzen sich den engen Kategorien von Nationalliteraturen. Sie sind Bestandteil postmoderner wie postkolonialer Entwicklungen, wie sie im Westen allgemein verbucht werden, ebenso wie nahöstlicher Traditionen kultureller Mobilität und sind in der Lage, beide auf kreative und äußerst innovative Weise miteinander zu verweben. Sie lassen sich am besten im Sinne einer *écriture métissée* oder Transnationalliteratur verstehen – wie sie von Kritikern und Theoretikern wie Homi K. Bhabha, Gloria Anzaldúa, Françoise Lionnet, Edouard Glissant und

Abdelkebir Khatibi beschrieben wurde –, die nationale Grenzen überschreitend literarische Konventionen aufbricht.

Die Arabische Apokalypse

Adnans Gedichtband *L'Apocalypse Arabe* ist dafür ein besonders eindrucksvolles Beispiel. Das visuelle Arrangement des Textes, der in einem großen und ungewöhnlichen Format gedruckt wurde, ist von zentraler Bedeutung. Es beinhaltet Leerstellen, Worte, die gänzlich in Großbuchstaben geschrieben sind, und skizzenartige Zeichnungen. Im Kontext der modernen europäischen Literatur erinnert *L'Apocalypse Arabe* an Texte von Stéphane Mallarmé, Ezra Pound oder der Dadaisten, die zu einem Bruch mit konventionellen Lesegewohnheiten führten. Im Kontext der modernen arabischen Literatur stellt *L'Apocalypse Arabe* einen außergewöhnlichen und sehr innovativen Ansatz dar.

Das visuelle Arrangement des Texts deutet auf die Krise der Sprache hin, wie sie angesichts des Bürgerkriegs von zahlreichen Autoren thematisiert wurde, eine Krise, die auf Französisch mit dem treffenden Ausdruck *le mal de la page blanche* bezeichnet wird. Sprachlosigkeit, die Unzulänglichkeit, sich verbal mit den Grauen des Bürgerkriegs auseinander zu setzen, sucht Adnan visuell zu überbrücken.

L'Apocalypse Arabe besteht aus 59 nummerierten Gedichten, die die 59 Tage der Belagerung von Tell al-Zaatar – einem palästinensischen Flüchtlingslager in Beirut, in dem christliche Milizionäre im März 1976 ein Massaker unter der zivilen Bevölkerung verübten – widerspiegeln. Vergleichbar mit Mallarmés Gedicht *Un coup de dés* (1897) bilden die Leerstellen Unterbrechungen im Text, Pausen, in denen der Leser die Verbindungen selbst herzustellen hat. In Großbuchstaben geschriebene Worte gemahnen an die Sprache des Telegramms. Das Wort STOP, das im Telegramm das Ende eines Satzes markiert, findet sich in *L'Apocalypse Arabe* inmitten von Worten, die nicht nach syntaktischen Kriterien organisiert sind, wobei es zuweilen einen imperativen Charakter annimmt, das Ende des Bürgerkriegs einfordernd, wie in Gedicht XXXVIII:

> A clear morning of cold rocks lost on an oceanic trail …
> A lighthouse calls the tide of Palestinians branded with red
> Their guts protrude as umbilical cords
> Savage is the enemy who settles in their eyes STOP O sorrow!

Die skizzenartigen Zeichnungen können mit Pounds chinesischen Buchstaben verglichen werden, wie sie in seinen *Cantos* (1925–1969) zu finden sind. Als Ideogramme stellen sie nicht etwas anderes zum geschriebenen

Text dar – visuelle versus verbale Ausdrucksformen –, sondern stellen den visuellen Charakter der Schrift in den Vordergrund, wie bereits in den ersten Zeilen des ersten Gedichts ersichtlich ist:

A yellow sun A green sun a yellow sun A red sun a blue sun
a  sun A sun  a  blue a  red a  blue
a blue yellow sun a yellow red sun a blue green sun a
a yellow boat a yellow sun a  red a  red blue and yellow

Die Zeichnungen nehmen den Platz der Adjektive, der Farb-Attribute der Sonne ein. Die Sonne wird als eine erbarmungslose Macht dargestellt, die, wie in Adnans frühem Gedicht *Le livre de la mer*, eine kosmische Liebesbeziehung mit dem Meer eingeht.

A yellow sun a sun  toward the sea a sun reckless and in love with the sea

Die Sonne beherrscht das Meer, wie die kolonialen Mächte die Völker, die sie unterdrückten – seien sie Hopi-Indianer oder Palästinenser, die beide im Text mehrmals genannt werden. Es wäre jedoch verfehlt, die Sonne ausschließlich als Metapher für koloniale Mächte zu betrachten. Sie wird auch als gewalttätiges Potential in jedem Menschen beschrieben, wie es im libanesischen Bürgerkrieg oft auf dramatische Weise zum Ausdruck kam, als tote oder sterbende Sonne. *L'Apocalypse Arabe* lässt sich nicht auf eine Auseinandersetzung mit der kolonialen Vergangenheit – die im Nahen Osten noch immer wirksam ist – reduzieren. Die von der Sonne ausgehende Unterdrückung ist eine doppelte: die kolonialer und neo-kolonialer Mächte, die an diktatorische Regime – im Fall des Libanon an Milizionäre – weitergegeben wurde. Das Resultat ist Zerstörung, Gewalt und Tod ohne jegliche Aussicht auf Veränderungen. Das Werk endet mit einem apokalyptischen Ausblick. Die einzige Hoffnung, die noch bleibt, ist das Erlöschen der Sonne: »In the night in the night we shall find knowledge love and peace«, endet das letzte Gedicht.

L'Apocalypse Arabe wurde in der politisch äußerst angespannten Situation des libanesischen Bürgerkriegs geschrieben, hat an Aktualität – gerade vor dem Hintergrund des jüngsten Kriegs im Irak – aber nichts verloren. Wie die libanesische Literaturwissenschaftlerin Yumnā al-ʿĪd schreibt, tragen die literarischen Texte, die während des libanesischen Bürgerkriegs verfasst wurden, die Spuren von Gewalt und Zerstörung in sich; dennoch haben die Autoren das Schöne geschaffen, damit wir darin das Nicht-Schöne lesen. Was in *L'Apocalypse Arabe* zu lesen ist, ist alles andere als schön. Es ist eine schonungslose Vision der arabischen Welt, die von kolonialen und neo-kolonialen Mächten, autoritären Regimen und Milizen und den von ihnen geführten Kriegen zerstört wird. *L'Apocalypse Arabe* ist dennoch ein schöner Text, der seine Schönheit zum großen Teil dem visuellen Arrangement verdankt, das eine Lektüre über verbale und visuelle Grenzen hinaus eröffnet.

Adnans *livres d'artiste*

Als Schriftstellerin und visuelle Künstlerin beschränkt Adnan sich nicht darauf, Konventionen innerhalb von Literatur und Kunst zu brechen. Auch die Abgrenzung der Künste zueinander wird von ihr in Frage gestellt. Das wird besonders in ihren *livres d'artiste* deutlich. Die im Zuge modernistischer Kunsttheorien forcierte Trennung verbaler und visueller Kunstformen zugunsten einer medialen »Reinheit«, wie Clement Greenberg sie als Merkmal moderner Kunst postuliert, wird in Adnans *livres d'artiste* zugunsten einer verbo-visuellen Hybridität aufgehoben, wie sie als Wesenszug postmoderner Kunst allgemein beschrieben worden ist.

Adnans erste *livres d'artiste* entstanden in den 1960er Jahren. Von einem Freund inspiriert, begann sie auf japanischem Faltpapier zu malen, das sie zunächst als bloße Zeichenhefte betrachtete. Das neue Format erinnerte sie jedoch an Literatur, besonders moderne arabische Literatur. Sie begann, Auszüge aus Poesie und Prosa in arabischer Schrift in ihre Zeichnungen zu integrieren. Von der arabischen Niederlage im Junik-Krieg von 1967 tief erschüttert, sah sie in der arabischen Schrift die Möglichkeit, sich ihrer arabischen Identität zu vergewissern. Adnan hat seitdem über 200 *livres d'artiste* angefertigt, die jeweils nur in einem einzigen Exemplar existieren. Darunter sind zwar auch solche zu französischer und amerikanischer Literatur, diese haben für Adnan aber nicht die gleiche Bedeutung wie die große Mehrzahl, die sich auf Werke der arabischen Literatur beziehen. Letztere umfassen Texte von heute so berühmten arabischen Autoren wie Badr Shākir al-Sayyāb, Yūsuf al-Khāl, Adūnīs, Maḥmūd Darwīsh oder Elias Khūrī. In einigen *livres d'artiste* hat Adnan auch ihre eigene Dichtung in arabischer Übersetzung verwendet. Das zuweilen vage Verständnis eines Texts faszinierte Adnan. Wie sie sagt, verleihe es dem Text einen mysteriösen Charakter, vergleichbar mit dem »verbotenen Paradies«, das die arabische Sprache in ihrer Kindheit für sie darstellte.

Adnans *livres d'artiste* sind in geschlossenem Zustand mit dem Format eines Taschenbuchs vergleichbar, geöffnet lassen sie sich leporelloartig entfalten. Wie ihre Öl-auf-Leinwand-Bilder, sind Adnans *livres d'artiste* der abstrakten Malerei verbunden. Sie zeigen farbige Pinselstriche, die gelegentlich durch geometrische Zeichen, kleine Vierecke, Dreiecke oder Kreise unterbrochen werden. Die arabische Schrift ist deutlich lesbar, auch wenn sie der eines Kindes ähnelt, wie in Adnans *livre d'artiste* zu Elias Khūrīs Roman *Riḥlat Ghāndī al-ṣaghīr* (*Die Reise des kleinen Gandhi*, 1989) ersichtlich ist. In

Form ihrer eigenen Handschrift wird das Schreiben arabischer Buchstaben für Adnan zum Malen – wie es in ihrer Kindheit bereits der Fall war, als sie stundenlang arabische Sätze aus einer arabischen Grammatik abschrieb, ohne die Bedeutungen der Worte zu verstehen –, zum Bestandteil ihrer abstrakten Malerei.

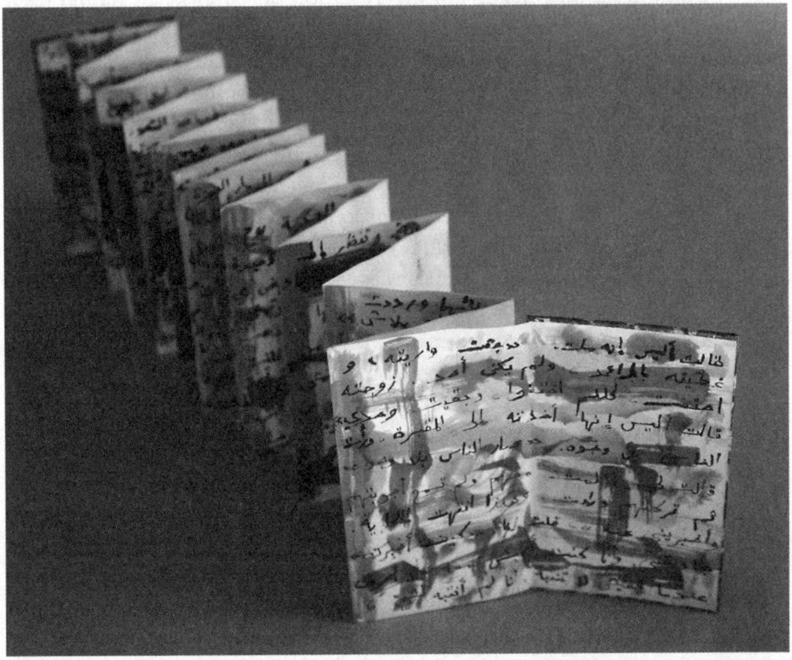

Etel Adnan, *livre d'artiste* zu Elias Khūrīs Roman *Die Reise des kleinen Gandhi*, 16 × 9 cm, 1992.

Die Arbeit an ihren *livres d'artiste* hat Adnan zu einem anderen Verständnis von Übersetzung geführt. Übersetzung findet nicht nur von einer verbalen Sprache in die andere statt, sondern auch von verbaler Sprache in visuelle Sprache oder von einer Kunstform in die andere. Die Grenzen verbaler und visueller Kunstformen überschreitend, transformieren ihre *livres d'artiste* einen literarischen Text in einen visuellen Text, der keine abgeschlossene Übersetzung darstellt, sondern sich im Sinne einer fortwährenden Übersetzung auf meterlangen Papierrollen entfaltet.

Adnans *livres d'artiste* haben einen sehr persönlichen Charakter, indem sie ihre Lektüre, Interpretation und Übersetzung eines literarischen Texts in Malerei darstellen. Die meisten von ihnen hat Adnan den Autoren geschenkt, deren Texte sie für ihre Arbeit heranzog. Einige sind aber auch in wichtigen öffentlichen Sammlungen, wie dem British Museum in London oder dem Institut du Monde Arabe in Paris zu sehen. Adnans *livres d'artiste* werden oft im Kontext einer zeitgenössischen Kunstrichtung im Nahen Osten betrachtet, die sich durch die Verwendung von arabischer Schrift auszeichnet und als *al-ḥurūfiyya al-ʿarabiyya* (von arabisch *ḥurūf*: »Buchstaben«) bekannt ist. Diese Strömung nimmt Bezug auf die Tradition der arabischen Kalligraphie und damit auf einen bedeutenden Zweig der klassischen islamischen Kunst, ist in ihrer Ausrichtung jedoch Bestandteil zeitgenössischen Kunstschaffens.

Vergleichbar mit ihren literarischen Arbeiten, die am besten im Sinne einer *écriture métissée* oder Transnationalliteratur zu verstehen sind, bringen Adnans *livres d'artiste* unterschiedliche kulturelle Traditionen zusammen – die europäische Tradition der *livres d'artiste*, die japanische Tradition von Faltpapier und die arabisch-islamische Tradition der Kalligraphie – und brechen so künstlerische Konventionen auf. »Auf Arabisch malen«, wie Adnan es nennt, hat es ihr ermöglicht, sich das »verbotene Paradies« ihrer Kindheit, das ihr als Schriftstellerin verschlossen geblieben ist, auf künstlerische Weise anzueignen. »Diese Arbeiten«, schreibt sie, »stellen für mich eine Versöhnung mit den zahlreichen Fäden dar, aus denen mein Leben, einem Teppich vergleichbar, gewoben ist und die ich niemals erwartet hätte. Ich habe mich auf sehr indirekte Weise in die arabische Kultur integriert und ich hoffe, dass die Suche nicht zu Ende ist.«

Werke (Auswahl)

Five Senses for One Death, New York: The Smiths 1971.
Sitt Marie Rose, Paris: des femmes 1977.
L'Apocalypse Arabe, Paris: Papyrus 1980.
The Spring Flowers Own & The Manifestations of the Voyage, Sausolito. The Post-Apollo Press 1990.
Paris, When it's Naked, Sausolito: The Post-Apollo Press 1993.
Of Cities and Women (Letters to Fawwaz), Sausolito: The Post-Apollo Press 1993.
There. In the Light and the Darkness of the Self and the Other, Sausolito: The Post-Apollo Press 1997.

Übersetzungen ins Deutsche

Etel Adnan: *Sitt Marie Rose. Eine libanesische Geschichte*, übers. v. Eva Moldenhauer, Frankfurt/M.: Suhrkamp, 1988.
Etel Adnan: *Paris, Paris*, übers. v. Nicolaus Bornhorn, Frankfurt/M.: Suhrkamp, 1999.
Etel Adnan: *Im Herzen des Herzens eines anderen Landes*, übers. v. Christel Dormagen, Frankfurt/M.: Suhrkamp 2004.

Weiterführende Literatur

Etel Adnan: »Growing up to Be a Woman Writer in Lebanon (1986)«, in: *Opening the Gates. A Century of Arab Feminist Writing*, hg. v. Margot Badran u. Miriam Cooke, London: Virago 1990.

Thomas Foster: »Circles of Oppression, Circles of Repression: Etel Adnan's *Sitt Marie Rose*«, in: *PMLA* 110/1, 1995, S. 59–74.

Mona Amyuni: »›The Secret of Being a Woman‹: On Etel Adnan's Quest«, in: *Al Jadid* 4/25, 1998, S. 30–31.

Lisa Suhair Majaj u. Amal Amireh (Hg.): *Etel Adnan. Critical Essays on the Arab-American Writer and Artist*, Jefferson: McFarland & Company 2002.

Lisa Suhair Majaj: »Voice, Representation, and Resistance. Etel Adnan's *Sitt Marie Rose*«, in: *Intersections. Gender, Nation, and Community in Arab Women's Novels*, hg. v. Lisa Suhair Majaj, Paula W. Sunderman u. Therese Saliba, New York: Syracuse 2002, S. 200–230.

Sonja Mejcher-Atassi: »Re-inscribing Oneself into the Middle East: Etel Adnan and her *livres d'artiste* in the Context of *al-hurufiyya al-ʿarabiyya*«, in: *Beiruter Blätter* Nr. 10/11, 2004.

Hartmut Fähndrich

Die Wüste als Heimat und Metapher

Gedanken zum Romanwerk des Tuareg-Schriftstellers Ibrahim al-Koni

Die Wüste ist Leben, das Leben ist Wüste. Anders gesagt: »Die Wüste ist die Heimat Gottes« oder »die Wüste ist ein Paradies aus Nichts« und »wir gehen in die Wüste, um unseren Durst nach Freiheit zu stillen«.

Man könnte unschwer fortfahren, Aphorismen von Ibrahim al-Koni zum Thema Wüste anzuführen, über jenen Raum also, der ihm für sein Schreiben den konkreten und den symbolischen Hintergrund liefert. In der Wüste Ibrahim al-Konis ist alles Symbol, hängt an jedem Ding ein Mythos. Jede Pflanze, jedes Tier, jedes Sandkorn, jeder Fels weist über sich hinaus. Selbst die Steine sind nicht bedeutungslos, denn das hieße mythenlos, auch die sich verschiebenden Sandhügel nicht, und auch nicht die Weite und die Leere. Keinen Augenblick lässt Ibrahim al-Koni seine Leserinnen und Leser vergessen, dass Sand und Stein, Berg und Ebene, Gazelle und Mufflon, Akazienbaum und Ginsterstrauch, Wind und Sonne, Brunnen und Trockenwadi – dass all das zwar Wüstenrealität ist, gleichzeitig aber auch Gegenstand zum Nachdenken über die Welt und die Existenz des Menschen.

Die ersten beiden auf Deutsch erschienenen Romane von Ibrahim al-Koni tragen nach der Art des Verlagshauses den Hinweis »Roman aus Libyen«. Danach griff der Autor ein und erbat eine Änderung. Nicht Libyen als nationalstaatliche politische Einheit sei wesentlich als Herkunftsort seines literarischen Werks. Entscheidend sei die Wüste. Deshalb steht auf der dritten Übersetzung »Roman aus der Sahara«.

In dieser, mit rund 9 Millionen Quadratkilometern größten Wüste der Erde spielen praktisch alle bisherigen Romane und Erzählungen al-Konis. Auch seine Essays und Aphorismen sind größtenteils dort verwurzelt, beziehen ihre Gegenstände, ihre Weisheiten, ihre Einsichten von dort. »Der Himmel ist die Wüste dort oben. Die Wüste ist der Himmel hier unten«, heißt es einmal. Oder ein andermal: »Die Wüste ist die Heimat der Seele und dem Körper Exil.« Diese weite Wüste liegt vor jedem Menschen, »kahl wie die Vergänglichkeit«. Und die Kahlheit der Wüste ist, ebenso wie die in ihr herrschende Stille, legendären Ursprungs. Im Roman *al-Madjūs* (*Die Magier*, 1990/91) lautet das folgendermaßen:

> Die Stille der Wüste. Die Sprache der Einsamkeit. Der heilige Raum der Zeitlosigkeit. Das traurige Lied der Ewigkeit. Auf den Höhen der Hammâda grollt es, seltsamer Lärm, wie das Pfeifen des Windes, und an manchen Tagen spielt es Musik

wie Imsâd-Melodien, und in den Sandwüsten schlägt es die Trommeln in der Nacht, und es lauschen die Scheiche auf die Gespräche und die Vermächtnisse der Ahnen an die verlorenen Generationen.

Die Legende erzählt, der Schöpfer habe die Welt geleert und alles Leben aus ihr genommen, um ganz frei zu sein, um das Geschöpf zu schaffen, daraufhin habe er die große Wüste geschaffen. Schuf sie, und ihre Stille gefiel ihm, weshalb er sie segnete und in ihrem Herzen die Oase Wâw schuf. Dann seufzte er tief auf, und bis heute ist der erhabene Seufzer in der Stille der Wüste zu hören; die Stimmen, die in der Weite zu hören sind wie Melodien, das sind seine erhabenen Atemzüge. So wurde das Lauschen auf das Schweigen zum Gottesdienst. Doch nur die Alten, die den Geschmack der Ruhe gekostet haben, waren in der Lage, das Geheimnis dieser Sprache zu verstehen.

Die Sahara, Ibrahim al-Konis literarischer Raum

Die reale Wüste Ibrahim al-Konis liegt im Südwesten des heutigen Nationalstaats Libyen, dort wo dieser an Algerien und Niger grenzt. Doch Grenzen dieser Art spielen in seinen Werken keine Rolle. Seine Welt setzt sich aus vornationalen Regionen zusammen – Asdschirr, Tâdrart, Hammâda oder, weiter weg, Tassîli, Ahaggâr, Aïr, Adrâr … Diese Welt ist grenzenlos, ist ohne Grenzen, und es ist die Welt, in der die Tuareg zu Hause sind, jenes heute ein bis anderthalb Millionen Menschen umfassende Berbervolk in der westlichen Zentralsahara und der daran im Süden angrenzenden Sahelzone, von Twat bis zum Tschadsee, von Timbuktu bis nach Gadames. Ein Volk, durch die Ziehung von Nationalstaatsgrenzen auf verschiedene Länder aufgeteilt, dessen größter Teil, je etwa eine halbe Million, heute in Mali und in Niger lebt.

Diesem Volk gehört Ibrahim al-Koni an. 1948 ist er in einer Oase in der Nähe von Gadames am Rand der Roten Hammâda geboren. Das Umherziehen mit Tieren und das Leben im Zelt sind ihm Kindheitserinnerung, die Region dort im Südwesten Libyens ist ihm Kindheitsraum. Erst mit 11 Jahren begann er, die arabische Sprache zu lernen, die ihm heute Sprache des literarischen Ausdrucks ist und für deren Beherrschung ihm arabische Kritiker höchstes Lob zollen.

Gerade 20 Jahre alt, hat Ibrahim al-Koni der Region und dem Land den Rücken gekehrt und ist nach Russland, in die damalige Sowjetunion, gegangen, um am Gorki-Institut in Moskau Literatur zu studieren. So ist der spürbare Einfluss der russischen Literatur, zumal Dostojewskijs, auf sein Schreiben zu erklären. Nach seinem Studium wirkte er zwei Jahrzehnte lang am libyschen Kulturinstitut in Moskau und in Warschau, bis er 1993 in die Schweiz kam, nicht als Flüchtling, sondern als Exilant aus freien Stücken, der den Vorteil, in der Fremde, im wie immer gearteten Exil zu leben, selbst folgendermaßen beschrieb:

Von den Alten stammt der Rat, wer in der Philosophie erfolgreich sein wolle, müsse seine Heimat verlassen und anderswo leben. Das Exil, so lautete ihre Begründung, entflamme das Feuer der Sehnsucht nach der Heimat und treibe zum Philosophieren. Zweifellos ist das auch auf das literarische Schaffen anwendbar. Denn das Gefühl von Verlust und Weglosigkeit ist anregend und kreativ, weil ein Mensch unter Exilverhältnissen aufhört, im Raum zu leben. Er lebt seine Existenz nicht mehr in einer Umgebung, die einen Menschen sich selbst stiehlt, ihn sich verzetteln lässt und ihn mit Tand füllt. Der Exilant kehrt sich nach innen, wendet sich den Gestaden der Seele zu und legt Zeugnis ab von der großen Veränderung in seinem Innern. Dadurch erhält seine Heimat einen anderen Wert, und die Welt nimmt ein anderes Gesicht an. Der Abstand zwischen dem Exilanten und seinem Thema wird geringer, und er entdeckt, dass die äußere Distanz ihn seiner Heimat nicht entfernt, sondern näher gebracht hat. Und was er für Exil und Verlust hielt, ist in Wirklichkeit nur eine Reise zu sich selbst, die ihm vor dieser Veränderung unbekannt war. Schließlich begreift er, wie notwendig die Weglosigkeit ist, und er macht sich klar, dass es durchaus kein Fehler ist, sich selbst zu verlieren, weil derjenige, der seine Seele finden möchte, diese zuerst verlieren muss. Die Erfahrung des Fremdseins ist von A bis Z eine geistige, und die wahre Heimat ist diejenige, die in der Seele liegt.

Das Erbe der Tuareg

So ist trotz der Ferne vom Ort seiner Herkunft das Leben der Tuareg Gegenstand seiner Werke geblieben. Im Ausland habe er sich nur die Techniken geholt und sie fortentwickelt, um diese besondere Welt adäquat zu beschreiben. Das Denken und Fühlen der Tuareg darzustellen und der Nachwelt zu bewahren, ihre Mythen und Märchen niederzuschreiben, nennt Ibrahim al-Koni seine selbst gestellte Aufgabe, und er weiß dabei sehr genau, dass es höchste Zeit ist festzuhalten, was es einmal gab. Denn die traditionelle, nomadische Lebensweise der Tuareg ist im Verschwinden begriffen, und so versteht Ibrahim al-Koni sein Werk als etwas Einzigartiges. Auf die Frage, in welcher Tradition er sich sehe, antwortete er einmal:

> Ich weiß nicht recht, was Tradition im Hinblick auf einen Autor bedeuten könnte, der eine Tradition schafft. Wir reden hier von einer Welt, in der es keinerlei Romantradition gibt. Nicht allein in der Sahara, sondern in Libyen und Nordafrika insgesamt, welches ja, nach Natur und Kultur, eine Verlängerung der Sahara ist.
>
> Einmal abgesehen von der oralen Kultur, unternehme ich das Wagnis, eine ›Wüstenromankultur‹ zu begründen, die neu ist nicht nur für die Welt, sondern auch für die arabische Literatur. Die Europäer glauben ja oft, die Araber schrieben allein deshalb Wüstenliteratur, weil sie am Rande der Wüsten leben. Tatsächlich hat die arabische Kultur im Lauf der Geschichte nie so etwas wie eine Literatur des Wüstenromans geschaffen. Mit Ausnahme der Annäherung an diese Welt durch ʿAbd al-Raḥmān Munīf in seinem Romanzyklus *Mudun al-milḥ* *(Die Salzstädte)* blieb die Wüste für den Roman bis heute ein unberührtes Gebiet.

> Ich weiß, wie gefahrengesäumt der Weg für jemanden ist, der eine derartige Bürde auf seine Schultern lädt. Aber nun hat die Wüste endlich zu sprechen begonnen, nach einem Schweigen, das seit der Schöpfung dauerte, seit die Wüste Wüste wurde. Andrerseits will ich natürlich nicht die Verdienste der oralen Literatur um die Mythen der Tuareg leugnen.

In seinen Werken beschreibt Ibrahim al-Koni also das Leben der Tuareg. Oder vielleicht besser ihr Erbe. Denn wenn sein literarisches Werk einst abgeschlossen und durch Übersetzung bekannt geworden sei, so sagt er anderswo, werden die lebendige Kultur und die Lebensweise der Tuareg verschwunden sein. Deren Leben, Denken, Fühlen darzustellen und der Nachwelt zu bewahren, nennt al-Koni deshalb seine Mission, sein Vermächtnis.

Doch nicht nur der geographische Raum ist in seinem Werk grenzenlos. Auch sonst fehlen die Trennlinien. So bleibt die Unterscheidung zwischen Realität und Irrealem oft hinfällig, ebenso diejenige zwischen Sichtbarem und Unsichtbarem, und selbst die Grenze zwischen Mensch und Tier wird teilweise verwischt. Das gilt besonders für die beiden in Ibrahim al-Konis Werk am häufigsten erscheinenden Tiere, die Gazelle und den Mufflon, beides Tiere, die einst die Weiten der Wüste bevölkerten, deren Zahl auf freier Wildbahn aber stark zurückgegangen ist, wie im Roman *Nazīf al-ḥadjar* (*Blutender Stein*, 1990) drastisch geschildert wird.

Gazelle und Mufflon sind Tiere, die mit den Menschen ein ganz besonderes Verhältnis hatten, haben konnten. Beide sind, im Rahmen der Wüste, auch Symbole für eine je eigene Lebensweise. Die Gazelle ist das Tier der Ebene, scheu und feingliedrig, in den oft tränenfeuchten Augen ein tieftrauriger Blick, mit dem sie die Menschen in ihren Bann zieht und diese mit Zeichen auf das Leid des Lebens verweist. Der Mufflon dagegen ist das Tier der Berge, vorne breitschultrig und hinten schmaler werdend, mit mächtigen, geschwungenen Hörnern, dem Mythos nach ein Tier, in das auch mal verschwundene Menschen eingehen, sichtbar im Blick, mit dem sie von ihrem Schicksal erzählen. Der Mufflon, so heißt es, hat schon so manchem Menschen das Leben gerettet und so einen Schutzpakt erwirkt – und wehe dem, der den Pakt bricht und sich doch am Mufflon vergreift!

Dazu kommt als drittes Tier die Schlange, jener jüdisch-christlich-islamische Urfeind des Menschen, immer bereit ihn zu verführen, zu betrügen oder gar zu töten, die Schlange, die erst wirklich unschädlich und ungefährlich ist, wenn ihr der Kopf vom Leib getrennt wurde. Und natürlich gibt es das Kamel, das zum besten Freund des Manns werden kann, wie im Roman *al-Tibr* (*Goldstaub*, 1990) geschildert. Dem gesamten Werk Ibrahim al-Konis liegt eine tiefe Überzeugung von der Einheit des Universums zugrunde, die anzutasten als schwerwiegendes Vergehen erscheint.

All das gilt dem Autor als Teil des Vermächtnisses der Tuareg, die für ihn in allen seinen Romanen Symbol der Menschheit oder des Menschen sind. Am Beispiel ihres Lebens erörtert er Grundfragen irdischer Existenz: Liebe, Tod und Ewigkeit, Ordnung und Tradition, Bindung und Freiheit, Bewegung und Stillstand. Dazu bedient sich Ibrahim al-Koni der Metapher, die er als »Wunder« bezeichnet hat:

> Mit der Metapher begann die wahre Geschichte künstlerischen Schaffens. Mit der Metapher begann die Umgestaltung der Welt in ein Symbol. Mit der Metapher begann das erhabene Verschleiern, die Verwandlung der menschlichen Existenz in metaphorische Materie, die aus ihrer sichtbaren Heimat verstoßen ist. Und mit der Metapher erfolgt schließlich auch die Vergegenwärtigung und die Erfassung der Welt im Nicht-Existenten.
>
> Dieser wahrhaft wunderbare Vorgang gleicht einem Instrument, das der Schöpfer bei der Schöpfung im Innern seines Geschöpfs vergessen hat, genau wie es einem Chirurgen passieren kann, im Innern eines Patienten ein Chirurgiegerät zu vergessen (wie Ortega y Gasset es formulierte). Sie, die Metapher, erhielt einen Hinweischarakter, wie er für die muslimischen Sufis im ›Zeichen‹ enthalten ist, und sie übernahm die Rolle des Steins der Weisen bei den Magiern, da sie in der Lage ist, die Dinge nicht einfach äußerlich, sondern in ihrem Wesen zu verändern.
>
> Ziel der Metapher in der Kunst ist es, die Welt in ihrer wahren, ihrer religiösen Existenz zu erfassen.

Die Wüste als Menschenlos

In mystischen Traditionen ist die Wüste nicht selten eine Metapher für die Welt, ihre Durchquerung Symbol für den Lebensweg des Menschen. Bewegung, Wandern ist das Leben. Verweilen oder Lagern dagegen ist der Anfang vom Ende. Die nomadische Existenz wird zum Inbegriff menschlichen Seins. Jede Art von Ruhe oder Sesshaftigkeit ist Stagnation, da sie den Verlust der Sehnsucht anzeigt. Die Sehnsucht aber ist, wie es in Ibrahim al-Konis Hauptwerk *Die Magier* heißt:

> das erste Schicksal des Wüstenbewohners. Die doppelte Zugehörigkeit ist es, die sie zum Schicksal gemacht hat. Musste er doch am Tag, da er durch die Kraft des himmlischen, des göttlichen Geistes, der von seinem Odem in den Lehmklumpen hauchte, von seiner Mutter, der Erde, getrennt wurde, eine doppelte Fremdheit erfahren. Er wurde aus dem himmlischen Paradies verstoßen und von Gott getrennt. Er stieg hinab auf die Erde, wurde aber nicht eins mit der Wüste. Er erhielt nicht ihre Weite, ihre Kahlheit und ihre Freiheit. Er nahm Wohnung in der Handvoll Lehm, bevor er die andere Wurzel erreichte, die größte, die barmherzigste, die gewaltigste: die Wüste. So blieb das Geschöpf ein Wesen zwischen Himmel und Erde. Der Körper strebt danach, in seine Heimat, die Wüste, zurückzukehren, und die Seele verlangt aus Liebe, sich aus der

irdischen Gefangenschaft zu befreien und zu ihrem himmlischen Ursprung zurückzukehren.

Hier beginnt die Tragik des Wüstenbewohners: der Kampf in seinem Innern zwischen dem Himmlischen und dem Irdischen. Wenn er sich einige Tage in einer kahlen Weite niederlässt, fordert ihn ein rätselhafter Ruf auf, sein Zelt abzubrechen, sein Gepäck aufzuladen und die Reise fortzusetzen. Die lange Reise zu Ihm, dem himmlischen Ursprung, zu Gott. Doch wenn die Reise lange währt und die Seele mit dem Wind fortfliegt, erhebt der Körper Einspruch, und das Herz blutet vor Sehnsucht nach der Heimat, der Mutter, der Erde. Es beginnt der Ruf der Erde, und die Mutter drängt, ihren Anteil an ihrem umherirrenden Sohn zu erhalten. Das ganze Leben des Wüstenbewohners ist ein Kampf zwischen Himmel und Erde, zwischen Vater und Mutter. Jeder von beiden nimmt für sich einen größeren Teil am gemeinsamen Sohn in Anspruch. Die Mutter sagt, sie habe ihm den Körper geschenkt, das Gefäß, ohne das kein Mensch sein kann. Und der Vater setzt dagegen, der andere, der innere, der geistige Teil habe dem irdenen Gefäß die Fähigkeit gegeben und dem Tropfen das Leben eingehaucht, ohne das er nur ein armseliger Klumpen Lehm geblieben wäre. So entstand das Elend aus dem Streit, aus dieser doppelten Zugehörigkeit, an deren Schaffung das Geschöpf nicht beteiligt war. Beide Kräfte zerren an ihm, und er wird in zwei Teile zerrissen. Er leidet, aber er besitzt nicht das Recht zu protestieren oder die Erbarmungslosigkeit des Schicksals zu verfluchen.

Der Stamm, der zu lange an einem Ort verweilt und sich so der Bequemlichkeit hingibt, dem Laster der Sesshaftigkeit, geht unter. So im Roman *Die Magier*, dessen Handlung im Schatten des von Dschinnen bewohnten Bergmassivs des Idenân unweit der Stadt Ghat angesiedelt ist.

Dort entspinnt sich ein weiteres Mal der uralte Kampf zwischen nomadisch und sesshaft, zwischen Hirte und Bauer, zwischen Romulus und Remus, zwischen Kain und Abel, zwischen unterwegs sein, das heißt leben, und rasten, das heißt rosten. Keine der beiden Gruppen gewinnt den Kampf. Die beiden Lebensformen reiben sich völlig aneinander auf. Siegreich bleiben allein die Dschinnen, jene im Koran erwähnten Wesen aus rauchloser Flamme, die den Menschen in wechselnder Gestalt erscheinen. Der Idenân hat ihnen Heimstatt gewährt, und als Gegenleistung schützen sie ihn vor dem Südwind. Ohne diesen Schutz würde es dem Idenân ergehen wie seinem südlichen Gefährten, dessen Felsaufbauten von Wind und Sand flach gerieben sind.

»Vor ihm lag die weite Wüste, kahl wie die Vergänglichkeit.« Das ist der letzte Satz des Romans. Es sind zugleich Worte zum Beginn eines neuen Lebens, zur Wiederaufnahme der Wanderung, die das Leben ist, durch eine Leere, die die Welt ist.

Die Geschichte einer Wüstenstadt

In einer solchen Leere gibt es natürlich keine Stadt. Es gibt nicht einmal feste Wohnstätten, denn das Leben als Durchquerung verlangt nicht nach permanentem Obdach, und ein schützendes Dach über dem Kopf würde den Menschen nur von seinem vorgezeichneten ›geraden‹ Weg abbringen. Ist doch jeder aus Lehm oder Stein gebaute Ort Gegenstand von Träumen oder Sehnsüchten einerseits, von Beschimpfungen oder Befürchtungen andererseits. Jedenfalls wären dergleichen gebaute Örtlichkeiten Arenen für ein Leben, das sich vom Leben der Wüstenbewohner unterscheidet – nach Ibrahim al-Koni das wahre Leben.

Doch *Die Magier* ist zunächst ein Roman über eine Stadt! Am Ende des Romans gibt es keine Stadt mehr. Was es gibt, sind noch einige Reste, ein paar Ruinen jener Stadt, die es gab und die verschwunden ist. Unter diesen widrigen, aber auch befreienden Umständen kehren zwei Überlebende zu ihrem wahren Leben zurück, zu ihrem Schicksal: der Durchquerung der Wüste. Es sind dies ein alter Mann und eine junge Frau, ein fast mythisches Paar, das an Biblisches erinnert, an Abraham und Hagar zum Beispiel.

Der Roman *Die Magier* beginnt zu einer Zeit, in der es noch keine Stadt in jenem Teil der Wüste gibt, in welchem sich die Mehrzahl der Romanereignisse abspielen; und er endet, wie gesagt, zu einem Zeitpunkt, da es in jener Region bereits keine Stadt mehr gibt. Dazwischen liegen über 800 Seiten, die die Geschichte einer Stadt (und natürlich vieles mehr) erzählen, gewissermaßen die Biographie einer Stadt. Diese Stadt heißt Wāw, ein Name, den Ibrahim al-Koni in mehreren seiner Werke verwendet, in *Wāw al-ṣughrā* (*Das kleinere Wāw*, 1997) zum Beispiel sogar im Titel. Dort, wie in *Die Magier*, erhält dieses Wāw eine wirkliche, eine reale Existenz mitten in der Wüste. Meist jedoch besitzt es keine solche Existenz. Dann ist Wāw ein Ort zwischen Phantasie und Wirklichkeit, zwischen Himmel und Erde, zwischen Welt und Sehnsucht. Die Diskussion um die tatsächliche Existenz und um die Eigenschaften dieser Stadt ebenso wie die Suche der Menschen nach ihr – das ist eines der zentralen Themen im Werk von Ibrahim al-Koni, nicht nur im Roman *Die Magier*.

Das erste, das ursprüngliche Wāw, das ist das ›Große Wāw‹. Es handelt sich natürlich um das Paradies, das, durch die Sünde und die darauf folgende Vertreibung der ersten Menschen, zum verlorenen Paradies geworden ist. An diesem Punkt setzt das Sehnen und das Nachdenken al-Koni'scher Romanfiguren, dieser Wüstenbewohner, über Wāw und über die Möglichkeiten der Rückkehr in dieses Paradies ein. Hier beginnt folglich auch der Traum von Wāw und beginnen die Phantasien über Wāw.

Wāw ist ein Verlorenes und hat sich deshalb in der Vorstellung der Menschen in einen Traum verwandelt, in einen Gegenstand der Hoffnung und der Wünsche. Wāw ist zum Ort der Zuflucht geworden, zum Platz der Rettung, zur Heimat der Glückseligkeit und zum Ziel der Sehnsucht. Das hat so mancher in der endlosen Wüste Todgeweihte erleben können. Kurz vor dem Verdursten, als er schon längst nicht mehr auf Rettung hoffte, tauchte da Wāw auf, öffnete seine Tore und bewahrte ihn vor dem sicheren Untergang. Doch wie das Paradies ist auch Wāw unsichtbar, nicht greifbar, und jeder Versuch, es zu finden, es zu errichten, es auf dieser Welt wieder zu schaffen, ist Hybris. Und genau dieser Versuch ist das zentrale Thema in Ibrahim al-Konis *Die Magier*: Die Entwicklung, die Geschichte einer festen Stätte, einer Stadt – ihre Gründung, ihr Aufstieg, ihre Ausbreitung, ihre Anziehungskraft und ihr Einfluss auf die Menschen, die in ihrer Nähe in der Wüste leben, egal ob sie in dieser Stadt wohnen wollen oder ob sie es ablehnen, sich ihr auch nur zu nähern.

Zu Beginn des Romans also kommt eine Gruppe von Menschen aus Timbuktu mit dem Wunsch, sich in jener Gegend anzusiedeln, wo ein Stamm – in der Nähe eines Brunnens – lagert. Der Stammesführer erlaubt den Neuankömmlingen, das Wasser des Brunnens zu benutzen. Doch deren Tun und Absichten sind nicht harmlos, soweit es den Stamm betrifft, der, entsprechend seinem Gesetz, nicht länger als 40 Tage am selben Ort verweilen darf. Die Neuen nämlich hegen nicht die Absicht, nur einige Häuser zu bauen und sich mit dem ihnen überlassenen Wasser zu begnügen. Ihr Augenmerk richtet sich auf den Brunnen, den sie mit der Mauer ihrer neuen, unaufhaltsam wachsenden Stadt zu umschließen beabsichtigen. Sie scheuen sich auch nicht, Gold zu verwenden, es zu verarbeiten und damit zu handeln, wodurch sie die Dschinnen verärgern, die alles Gold dieser Welt für ihr Eigentum halten. Schließlich bringen die Neuankömmlinge auch ein Geheimnis und einen Fluch mit. Sie sind auf der Flucht vor dem Schicksal, dem Gott des Windes, der als Opfer die Prinzessin verlangt.

Der Zwist der Lebensformen

So kollidieren im Roman *Die Magier* die Absichten und Aktivitäten der neu angekommenen Stadtgründer auf mehreren Ebenen mit dem Leben des Stamms: Sie setzen ihn physischer Gefahr aus, indem sie sich des Brunnens bemächtigen. Sie setzen ihn wirtschaftlicher Gefahr aus, indem sie mit Gold handeln. Und sie setzen ihn metaphysischer Gefahr aus, indem sie mit Gold handeln und dadurch den Fluch des Gottes provozieren, der ihnen folgt.

Dieser Widerspruch zwischen Werten und Lebensweisen des Stamms zeigt sich mit aller Deutlichkeit in einem Gespräch zwischen dem Stammesführer und dem Sultan der neuen Stadt, und es ist sicher kein Zufall, dass dieses Gespräch über Pro und Contra des Wüsten- und des Stadtlebens – als Metaphern für menschliche Seinsformen – etwa in der Mitte des Romans steht – es ist sein zentraler Teil.

In dieser zum Teil mit großer Heftigkeit geführten Debatte geht es erstens um die Charakteristika sesshafter und nomadischer Lebensform. Der Sultan betrachtet das Leben in der Stadt als den Höhepunkt menschlicher Existenz, da es Ruhe und Auskommen beschere, während der Stammesführer es als das Ende echten Menschseins darstellt, da es den Menschen faul und träge mache und ihm die Vitalität und die Sehnsucht nach fernen Horizonten entziehe.

Zweitens geht es darin um die Werte des Neuen und des Alten. Der Sultan nennt die Glaubensgrundsätze, die der Stammesführer aus dem Buch der Ahnen bezieht, dümmliche Geschichtchen, während der Stammesführer die Denkweise des Sultans, die man vielleicht als pragmatisch bezeichnen kann, für eine Art Gottlosigkeit hält.

Drittens geht es darin um die Möglichkeit der freien Entscheidung und die Notwendigkeit, dass jeder Mensch darüber verfügt. Dieser Überzeugung des Stammesführers steht die Ansicht des Sultans gegenüber, der Mensch begreife im Allgemeinen nicht, was für ihn gut sei, und müsse deshalb zu seinem Glück geführt werden, »und wäre es an einer Kette von siebzig Ellen Länge«. – Sesshaftes und nomadisches Leben sind also nicht einfach zwei unterschiedliche Existenz-, sondern auch zwei gegensätzliche Denkweisen.

Am Ende siegt die Macht. Der Stammesführer gibt nach und geht ins Exil in die nackte Wüste, aus der er erst zur Gegend am Brunnen zurückkehrt, nachdem die Stadt zerstört und sein Stamm untergegangen ist. Den Verlockungen des bequemen sesshaften Lebens zu widerstehen, war dieser nicht imstande. Der Stamm verriet das nomadische Leben – das wahre Leben in der Logik des Ibrahim al-Koni. Am Ende sind also beide Verlierer, der Sultan und der Stammesführer. Doch der Sultan verliert nicht nur seine Stadt, die im Endkampf untergeht, sondern auch sein Leben, wodurch er auch der Möglichkeit beraubt ist, an seinem Projekt weiterzuwirken. Der Stammesführer hingegen verliert ›nur‹ seinen Stamm, der im selben Gefecht untergeht und dessen Mitglieder zerstreut werden, aber er bleibt am Leben und bricht vom Ort seiner Niederlage zu neuen Horizonten auf, um sein Projekt fortzuführen.

In al-Konis Romanwelt verkörpert die Stadt also ein Gegenleben oder, anders gesagt, sie ist das Gegenstück zum wahren Leben. Sie ist das Unleben, weil sie ein Hindernis auf dem Weg zur Verwirklichung des echten Lebens bildet: Sie hindert den Menschen, seiner Bestimmung nachzukommen, der Wanderschaft von der Wiege bis zur Bahre.

Ibrahim al-Konis literarische Welt ist die wirkliche Wüste. Er macht sie zur abstrakten Welt, mittels derer er seine Lebensphilosophie offenbart: Weil wir vergänglich sind, gleicht unser Schicksal demjenigen des Stammesführers, der den Ort der zerstörten Stadt verlässt. – »Vor ihm lag die weite Wüste, kahl wie die Vergänglichkeit.«

Doch eben diese Wüste als Symbol des Lebenswegs ist reich mit ›Zeichen‹ befrachtet und weist mit vielem über das Irdische hinaus. Nicht nur, weil am fernen Horizont Wüste und Himmel miteinander verschmelzen oder weil bei Nacht Himmel und Wüste in inniger Umarmung liegen und erst durch den indiskreten ersten Streif des Morgenlichts voneinander getrennt werden. Nein, auch weil Wüste nicht gleich Wüste ist. Der Autor verwendet etwa zehn verschiedene arabische Wörter dafür, die meist etwas mit weit und leer zu tun haben, oft auch Berg und Ebene, Sand und Steine unterscheiden. Zumal der Sand in der Wüste, unterstützt vom Wind, in ständiger Bewegung ist. Dünen werden verschoben, Wege oder Pisten blockiert, Brunnen verschüttet oder freigelegt. Nichts ist fest in der Wüste.

Zum Schluss

Eine Reise mit Ibrahim al-Koni durch ›seine‹ Wüste, das Gebiet seiner Kindheit und Jugend, ist eine Reise in die Vergangenheit, seine persönliche und diejenige seines Volkes. Teile seiner Familie wohnen noch dort zwischen Ghat und Gadames. Ein alter Mann, der uns begleitet, ist mit seinem Vater umhergezogen. Er selbst, der Autor erinnert sich an die fünfziger Jahre und an ein Leben im Zelt und mit Tieren.

Eine solche Reise ist gleichzeitig auch eine Reise in den Mythos. Plötzlich lässt er den Fahrer des Landrovers anhalten. Er hat ein kleines Pflänzchen gesehen, das in Symbiose mit Trüffeln lebt, jenem Pilz, der im Frühjahr wie eine kleine Kartoffel unterirdisch wächst und mit seiner natürlichen Kraft den Wüstenboden aufbricht. Dahinter muss man »das Zeichen« sehen, erklärt al-Koni, und wenn er Zeichen sagt, spricht er sehr islamisch. Ist doch der Mensch gehalten, in allem ein Zeichen Gottes zu sehen. Die kleine Trüffelknolle hebt und bricht den kargen Wüstenboden, unter dem sie, wie viele andere Pflanzen und Pflänzchen, als Samen lange Perioden der Trockenheit überdauert, um sich dann, befeuchtet vom Regen, mit neuem Leben zu regen. Auch das ein Zeichen, denn, wie es in einem Aphorismus al-Konis heißt: »Allein das Wasser verbindet den Himmel mit der Erde« – es fällt herab und steigt wieder auf.

Doch es regnet seit Jahren nur wenig. Das Wadi am nordöstlichen Rand der Roten Hammâda, das für Ibrahim al-Koni und seine Brüder einst Kindheitsparadies war, mit Regen im Herbst und im Winter und üppiger Vegetation im Frühjahr – genug für viele Tiere, wilde und zahme –, dieses Wadi zeigt Spuren des Durstes. Struppig dürres Gebüsch, ein trister Brunnen und weit und breit weder Mensch noch Tier. Nur Stein. Und dieser hat das Recht, stolz oder gar hochmütig zu sein, ist er doch, nach einem Wort Ibrahim al-Konis, »der Geliebte und der Liebende der Ewigkeit«. Er singt, mithilfe des Windes, auch ihr Lied, und er dient als Kladde, in die die Geschichte vergangener Generationen eingetragen ist. Doch die Menschen hören und verstehen ihn nicht. Das literarische Werk Ibrahim al-Konis versucht, uns darüber hinwegzuhelfen.

Werke (Auswahl)

al-Ṣalāt khāridj niṭāq al-auqāt al-khamsa (*Das Gebet außerhalb der fünf Gebetszeiten*), Tripolis: Dār al-Fikr al-ʿArabī 1974.

Djurʿa min dam (*Ein Schluck Blut*), Tripolis: Dār al-Djamāhīriyya li-l-Nashr wa-l-Tauzīʿ 1983.

al-Tibr (*Goldstaub*), Limasol: Dār al-Tanwīr li-l-Ṭibāʿa wa-l-Nashr 1990.

Nazīf al-ḥadjar (*Blutender Stein*), London: Riad El-Rayyes 1990.

al-Madjūs (*Die Magier*), Limasol: Dār al-Tanwīr li-l-Ṭibāʿa wa-l-Nashr 1990/91.

al-Rabba al-ḥadjariyya (*Die steinerne Herrin*), Limasol: Dār al-Tanwīr li-l-Ṭibāʿa wa-l-Nashr 1992.

Wāw al-ṣughrā (*Das kleinere Wāw*), Beirut: al-Muʾassasa al-ʿArabiyya li-l-Dirāsāt wa-l-Nashr 1997.

ʿUshb al-lail (*Nachtkraut*), Beirut: al-Muʾassasa al-ʿArabiyya li-l-Dirāsāt wa-l-Nashr 1997.

Bait fī l-dunya wa-bait fī l-ḥanīn (*Ein Haus Sehnsucht*), Beirut, Limasol: Dār al-Multaqā li-l-Ṭibāʿa wa-l-Nashr 2000.

Übersetzungen ins Deutsche

Ibrahim al-Koni: *Blutender Stein*, übers. v. Hartmut Fähndrich, Basel: Lenos 1995 (TB 1998).

Ibrahim al-Koni: *Goldstaub*, übers. v. Hartmut Fähndrich, Basel: Lenos 1997 (TB 1999).

Ibrahim al-Koni: *Nachtkraut*, übers. v. Hartmut Fähndrich, Basel: Lenos 1999.

Ibrahim al-Koni: *Die Magier. Das Epos der Tuareg*, übers. v. Hartmut Fähndrich, Basel: Lenos 2001 (TB 2002).

Ibrahim al-Koni: *Schlafloses Auge. Aphorismen*, übers. v. Hartmut Fähndrich, mit Fotos von Alain Sèbe u. Berny Sèbe, Basel: Lenos 2001.

Ibrahim al-Koni: *Ein Haus der Sehnsucht*, übers. v. Hartmut Fähndrich, Basel: Lenos 2003.

Ibrahim al-Koni: *Die steinerne Herrin. Ergänzende Episoden zum Epos der Tuareg*, übers. v. Hartmut Fähndrich, Basel: Lenos 2004.

Weiterführende Literatur

Roger Allen: *The Arabic Novel. An Historical and Critical Introduction*, Syracuse: Syracuse University Press 1995 (bes. S. 244–258).

Ewa Machut-Mendecke: »Magic and realism in the desert (The prose of Ibrahim al-Kawnî)«, in: *Studia Arabistyczne i Islamistyczne* 2, 1995, S. 53–60.
Pierre Bataillon: *Le Désert et la vie bédouine dans la littérature arabe contemporaine. Un romancier libyen: Ibrahim al-Koni*, Maîtrise, INALCO, Paris 1996.
Jean Fontaine: »Un roman-fleuve libyen: *al-Magûs* d'Ibrahim al-Kûni«, in: *IBLA* Nr. 59/177, 1996, S. 87–115.
Ewa Machut-Mendecke: »The visionary Art of Ibrahim al-Kawni«, in: *Research in African Literatures* 28/3, 1997, S. 141–149.
Richard van Leeuwen: »Cars in the Desert: Ibrāhīm al-Kawnī, ʿAbd al-Raḥmān Munīf and André Citroën«, in: *Oriente Moderno* 16 (77), n. s., 1997, S. 59–72.
Hartmut Fähndrich: »Ibrahim al-Koni. Le désert e(s)t la vie«, in: *Feuxcroisés* 4, 2000, S. 155–164.

Sibylla Krainick

Zu Hause im Exil

Der irakische Autor ʿAbd al-Qādir al-Djanābī
Ein west-östlicher Bildungsroman

Der seit 1972 in Paris lebende irakische Dichter und Publizist ʿAbd al-Qādir al-Djanābī ist bislang im Westen weitgehend unbekannt. Nur seine Autobiographie und ein Bruchteil seiner Dichtung sind in westliche Sprachen übertragen. In seinem umfangreichen literarischen Schaffen präsentiert er sich selbst als »Erbe« des Surrealismus in der arabischen Welt und als ikonoklastischer Agitator gegen die arabisch-islamische Kultur. In ihrer kreativen Verbindung von Kunst und Literatur, doch besonders durch ihren provokativen Charakter sticht seine publizistische Produktion aus der zeitgenössischen arabischen Literaturlandschaft hervor. Selbst in Anbetracht seiner relativ sicheren Situation im europäischen Exil ist die kompromisslose Radikalität dieses Autors bemerkenswert. Seine Poesie bricht literarische Kategorien und präsentiert einen kühnen Avantgarde-Dichter, der sich durch seine thematische Individualität, vor allem aber durch seine eigenwillige Sprache auszeichnet. Die intellektuelle Entwicklung dieses Autors zeigt eine synkretistische Rezeption westlicher Ideen, vor allem des Surrealismus.

al-Djanābī wurde 1944 in kleinbürgerlichen Verhältnissen in Bagdad geboren. Schon früh trat die westliche Kultur in sein Leben: Seine Jugend wurde durch regelmäßige Kinobesuche geprägt. Das Kino spielte für al-Djanābī auch in den blutigen politischen Wirren 1963 eine essentielle Rolle: Es habe ihm ermöglicht, in der bedrückenden Atmosphäre der immer bedrohlicheren staatlichen ›Gleichschaltung‹ seine intellektuelle Individualität zu bewahren. Seine politische und literarische Entwicklung wurzelt im Bagdad der sechziger Jahre. Er las zahlreiche westliche Autoren, darunter Herbert Marcuse, Norman Mailer und Jack Kerouac. Die Literaturzeitschriften *Shiʿr* und *Ḥiwār* machten ihn mit den französischen Surrealisten und arabischen Avantgarde-Dichtern wie Adūnīs und Unsī al-Ḥādjdj bekannt und die Schriften des reformistischen ägyptischen Intellektuellen Salāma Mūsā (1887–1957) brachten ihm die Idee des literarischen Engagements nahe. Wie viele andere seiner Generation machte er das Engagement für poetische Innovation und Offenheit gegenüber der westlichen Kultur zum Ausgangspunkt seiner literarischen Karriere. Durch die politische Orientierung seiner Mutter quasi ›von Haus aus‹ Sympathisant der irakischen KP, engagierte er sich als Propagandist für eine trotzkistische Splittergruppe und lernte die irakische »Sechziger-Generation« kennen, die sich für tief greifende Neuerungen in Literatur und Kunst einsetzte.

Nach der arabischen Niederlage gegen Israel 1967 und aufgrund der totalen Kontrolle durch das Militär nach dem Putsch im Irak 1968 wurde die Situation für die Intellektuellen prekär. al-Djanābī emigrierte 1970 nach London. Dort beteiligte er sich an zahlreichen Demonstrationen und einer Besetzung der jordanischen Botschaft, machte die Bekanntschaft mit Popmusik und Drogen und sah sich selbst als »erster irakischer Hippie«. Begierig nahm er alle Eindrücke der westlichen Metropole auf, in der er den Beginn seiner »wahren Bildung« sieht. London präsentierte sich ihm vor allem als eine »große Bibliothek« – al-Djanābī nutzte die Zeit zur intensiven Lektüre.

Zwei Jahre später musste er England verlassen – die Gründe seiner Ausweisung lässt er im Dunkeln. Er ging nach Paris, wo er andere arabische Exilanten kennen lernte. Bald distanzierte er sich von den Trotzkisten und wandte sich dem Rätekommunismus zu. Auch nach seinem späteren Bruch mit einer kleinen rätekommunistischen Gruppe behielt er deren Radikalismus und die kategorische Ablehnung parteilicher Organisation bei. Um mehr über die Surrealisten zu erfahren, suchte er die Bekanntschaft der Situationistischen Internationale, einer Bewegung, die sich 1957 um Guy Debord formiert hatte und sich auf die Surrealisten zurückführte. Die Situationisten, die großen Anteil an der 68er-Bewegung hatten, sollten al-Djanābīs weitere intellektuelle Entwicklung nachhaltig beeinflussen.

Auffällig bei diesen vielfältigen Inspirationsquellen ist ihre fast durchweg westliche Provenienz; unter al-Djanābīs wichtigsten Vorbildern ist kein einziger arabischer Intellektueller. Den profundesten Einfluss schreibt er Karl Kraus, Theodor W. Adorno, Paul Celan und André Breton zu. Bei seiner Celan-Lektüre war sich al-Djanābī der über den Surrealismus hinausgehenden Problematik dieses Dichters bewusst, der ästhetischen Kraft der poetischen Sprache. Den fundamentalen Einfluss dieser literarischen Begegnung auf seine poetische Konzeption bezeugt al-Djanābī durch seine poetische Identifikation mit Celan. Die höchste Instanz in al-Djanābīs intellektuellem Pantheon ist allerdings unbestritten André Breton. al-Djanābī folgt dem Idol in seinem exklusiven Verständnis des Surrealismus und er versucht selbst, eine »surrealistische Gruppe« um sich zu sammeln. Die ideelle und praktische Identifikation, die al-Djanābī mit dem surrealistischen ›Übervater‹ anstrebt, grenzt an eine Apotheose und wirkt zuweilen unfreiwillig komisch. Diese Apotheose erreicht ihren Höhepunkt in al-Djanābīs Autobiographie, die er mit seiner Vision Bretons enden lässt: Er hat den *point suprême* mit seinem *alter ego* erreicht, seine intellektuelle Entwicklung ist vollendet.

Imitation, Adaption, Interpretation: al-Djanābī und der Surrealismus

Von einer »surrealistischen Bewegung« in der arabischen Welt kann nicht die Rede sein. Die arabische Rezeption des Surrealismus beschränkt sich auf kurzlebige Experimente. Die Autoren und Künstler der ägyptischen Gruppe *al-Fann wa-l-ḥurriyya* (*Die Kunst und die Freiheit*) verschrieben sich dem trotzkistischen Grundsatz einer unabhängigen revolutionären Kunst und einem vorwiegend »sozialen Surrealismus« als Protest gegen den Zustand der arabischen Gesellschaft. Sie sahen den Surrealismus nicht als ästhetischen Selbstzweck, sondern vorrangig als Modus des politischen und sozialen Protests. Die Gruppierung bestand von Ende der dreißiger bis in die fünfziger Jahre des 20. Jahrhunderts, stand in engem Kontakt mit den französischen Surrealisten, publizierte Zeitschriften und organisierte Ausstellungen. Auch die libanesischen und irakischen modernistischen Dichter der sechziger Jahre, besonders die Bewegung um die libanesische Zeitschrift für Avantgarde-Poesie *Shi'r*, ließen sich vom Surrealismus inspirieren.

Als selbst ernannter »Erbe des Surrealismus« in der arabischen Welt sah es al-Djanābī als seine Aufgabe an zu vollenden, woran *al-Fann wa-l-ḥurriyya* gescheitert war: den Surrealismus auf die arabische Gegenwart zu übertragen. Sein Verhältnis zum Surrealismus beschreibt er 1979 als »politische Wahl«, als sein »Mittel zur Entwicklung einer Art politischen Denkens, das gegen die in der arabischen Welt verfügbaren Möglichkeiten protestierte.«

Von Beginn an zeigt sein Werk deutliche Spuren surrealistischer Ideen und Methoden, und zumindest seine frühe literarische und künstlerische Produktion stellt teilweise eine Imitation bis ins Detail dar. Die vehemente Ablehnung des »Kriegs der Regime« war die Basis der surrealistischen Gruppe um André Breton; der »pazifistische Kampf« auf literarischem Niveau ist ein Charakteristikum des Surrealismus. Auch al-Djanābī vertritt einen Anti-Nationalismus – er empfindet lange Zeit keine »irakische« oder »arabische« Identität –, eine kategorische Ablehnung des Nationalstaats sowie jeglicher institutioneller Organisation, da diese in seinen Augen mit dem Schreiben als kreativer Aktivität unvereinbar sind: »Wenn ich schreibe, gehöre ich nichts an, sondern zerreiße meinen Ausweis. Grenzen und Geschichte sind mir gleichgültig.« Ein anderes surrealistisches Leitmotiv ist die Religionsfeindlichkeit und die Ablehnung der religiös basierten bürgerlichen Moral. al-Djanābī, der seine prinzipiell antireligiöse Position der arabisch-islamischen Welt anpasst, zitiert im Kampf gegen den Islam mit Vorliebe die ›geistigen Väter‹ der Surrealisten: de Sade, Rimbaud, Lautréamont. Auch die surrealistische Tradition der exzessiven Polemik in Schrift und Aktion pflegt al-Djanābī oft und gerne. Schon früh profiliert er sich in polemisierender Konfrontation, meist in Form von persönlichen Beleidigungen. Sein Lieblingsopfer ist der Dichter Adūnīs, den er in einem Flugblatt der Kollaboration mit dem syrischen Regime beschuldigt, als dessen unverzeihlichstes Vergehen er jedoch dessen »falsches« Verständnis des Surrealismus ansieht.

Eine weitere surrealistische Anleihe ist die konsequente Umsetzung eines universalen Kunstkonzepts. In seiner Autobiographie betont al-Djanābī die Einzigartigkeit der kulturellen Erneuerungsbewegung im Irak der sechziger Jahre, die ihn in seiner generellen Ablehnung jeglicher Grenzen zwischen Kunst und Literatur bestätigt. Er selbst realisiert diese Einheit in seinen provokanten, meist obszönen Collagen, die in ihrer Vereinigung von Elementen ohne unmittelbar ersichtlichen semantischen Zusammenhang der surrealistischen Bildtheorie folgen.

»Kritik des alltäglichen Lebens, der kulturellen Sublimation der individuellen Triebe, der Moral, Beleidigung aller Integrismen, Revolte gegen alle vorherrschenden Werte und Dummheiten, Anstiftung zur Befreiung der Sexualität und des Körpers, indem man die Liebe realisiert und der Phantasie die Macht überträgt«: Diese surrealistischen Aufgaben sieht al-Djanābī »in der arabischen Gesellschaft aktueller als zuvor«. Sein Werk lässt eine Entwicklung von der schlichten Übernahme und Imitation surrealistischer Ideen und Methoden über die Adaption auf die arabische Kultur zu einer eigenen Interpretation erkennen.

Politik: der orientalische Despotismus

Im Grunde ist al-Djanābīs gesamtes Werk eine Kritik der arabischen Gegenwart, die er in all ihren Erscheinungsformen in Bausch und Bogen verurteilt. Dabei geht er von der Position einer nicht-institutionalisierten arabischen Linken aus, deren Theoretiker in meist radikaler Weise die Elemente analysieren, die ihrer Ansicht nach die arabische Gesellschaft an ihrer Entwicklung hindern. Der Ursprung dieser Kritik liegt in der arabischen Niederlage im Juni-Krieg von 1967.

al-Djanābīs politische Kritik zeigt sich kaum entwickelt und beschränkt sich meist auf Schlagworte. Sie gilt vor allem den arabischen Revolutionären in ihrer »unheiligen Allianz« mit despotischen Regimen. Die revolutionären Organisationen sieht er als ebenso repressiv an wie die von ihnen bekämpften Regime.

Mit seiner »anti-nationalistischen« Haltung zum arabisch-israelischen Konflikt distanziert er sich deutlich von der meist einseitigen Behandlung dieses Themas von arabischer Seite: »Der Zionismus ist vor allem ein arabisches unionistisches oder isolationistisches Regime. Doch die arabischen Präsidenten und Könige wissen sehr wohl, worum es sich handelt: Israels Liquidation ist die definitive Liquidation ihrer verfaulten Regime.« Sein Engagement für den Dialog mit Israel äußert sich auch in seiner literarischen Zusammenarbeit mit israelischen Dichtern. Der bisherige Kulminationspunkt seiner politischen Provokation war die Teilnahme am *International Poets' Festival* in Jerusalem 1997. Doch al-Djanābī sieht die Israel-Problematik nicht allein als territorialen Konflikt, sondern als essentielles Problem, das nicht zuletzt auf kultureller Ebene zum Ausdruck kommt, etwa in der Tabuisierung »jüdischer Literatur« durch die arabische Literaturszene. Sein intensives Interesse an Celans Poesie hat somit einen deutlich politischen Aspekt, ebenso wie seine Aufforderung, »die ausgestreckte Hand der israelischen Intellektuellen zu ergreifen«.

Religion: die Quelle allen Übels

In gewohnter Selbstinszenierung lässt al-Djanābī seine kompromisslos antireligiöse Haltung mit seiner Geburt beginnen. In ironisch-hintergründiger Weise beschreibt er, wie verheerend sich schon sein erster Atemzug auf die Repräsentanten des Glaubens auswirkte:

> Man sagt, am Tage meiner Geburt seien drei Moscheen geschlossen worden, und die Nachbarn hätten am folgenden Tag einen Geistlichen erhängt in seinem Zimmer gefunden. Niemand kannte den Grund, indes meldete damals eine Zeitung, dieser Geistliche habe ein Blatt Papier hinterlassen, auf welchem stand: ›Dies befahl mir ein Licht‹.

al-Djanābīs schärfste Angriffe gelten den Vertretern der Religion: »Es ist unmöglich, einen Gott zu töten, es sei denn, man tötet seinen Schatten auf Erden.« Seine Position ist radikal und unversöhnlich:

> Wer allein verwirrt die Leitung der Gesellschaft? Die Geistlichen. Wer schändet täglich die Würde unserer Frauen und Kinder? (...) Wer sind die gefährlichsten Feinde jeder Regierung? (...) Wer verursacht die Bürgerkriege und läßt sie andauern? (...) Wer raubt uns selbst den letzten Lebensfunken? (...) Wer beutet in dieser Welt unseren guten Willen und unsere Naivität aus? (...) Wer arbeitet gnadenlos an der endgültigen Vernichtung der Menschen? (...) Zögern wir immer noch, dieses stinkende Ungeziefer auf dem Angesicht der Welt auszurotten, so verdienen wir alles, was uns zustößt.

In dem Maße, wie die Religion seit der Islamischen Revolution 1979 im Iran in vielen arabischen Ländern wieder an Boden gewann, ging al-Djanābī von seiner allgemeinen, marxistischen Religionskritik zu einem anti-islamischen Angriff über. Doch seine Kritik ist nicht fundiert, beschränkt sich auf sloganartige Äußerungen und gilt eher der islamisch geprägten arabischen Gesellschaft als dem Islam selbst. Gemeinsames Merkmal seiner Texte und Karikaturen zum Thema ist die plakative, meist obszöne Provokation.

Die arabische Gesellschaft: der ahistorische Komplex

»Die arabische Realität verdient nicht einmal, daß man gegen sie rebelliert« oder »Die Krise der Araber besteht darin, daß sie keine Krise haben«. Derart pauschal und ohne jegliche Differenzierung attackiert al-Djanābī die arabische Gesellschaft. In seiner marxistisch geprägten Geschichtskonzeption repräsentiert diese eher eine Idee als ein reales Phänomen: »Das prinzipielle Merkmal der arabischen Gesellschaft ist, daß sie, historisch gesehen, eine ahistorische Gesellschaft ist.«

Eine dem Thema inhärente Problematik genießt dabei al-Djanābīs besonderes Interesse – die arabische Frau als Kulminationspunkt der sexuellen Unterdrückung: »Es gibt keine freie Gesellschaft ohne eine von den Ketten des arabischen Mannes befreite Frau.« Auch hier greift er zu seinem bevorzugten Mittel, der Provokation: »Lauf, Sex, die Araber sind hinter dir her«. Er diagnostiziert der arabischen Gesellschaft eine sexuelle Hemmung, die er für ihre vermeintliche Stagnation verantwortlich macht.

Eine Definition seines Frauenbilds ist schwierig. Da al-Djanābī einerseits der surrealistischen Konzeption des *amour fou* mit der Frau als poetischer Inspiration folgen möchte, verwundert um so mehr seine Instrumentalisierung einer äußerst sexualisierten Frauenfigur und die aggressive, frauenfeindliche Haltung, die aus seinen Collagen hervorgeht und in seinem Slogan »Rape is another way to discover the undiscoverable body« kulminiert. Verständlicherweise findet er mit diesem Standpunkt bei seinen Initiativen zur »Befreiung der arabischen Frau« wenig Unterstützung beim weiblichen Publikum.

Kultur: ein Spiegel der Gesellschaft

Ein Leitmotiv in al-Djanābīs Kritik ist der angebliche Mangel der arabischen Kultur an einer »befreienden« Referenz: »Eine gesunde Zivilisation, d. h. eine, die geheilt ist vom Komplex des Vergangenheitsruhms, muss ihre zeitgenössische Instanz schaffen, um sie zu zerstören.« al-Djanābī verurteilt zugleich die gesamte arabische Literatur des zwanzigsten Jahrhunderts als »nichtig«. So bleibt ihm nur der Rückgriff auf Übersetzungen westlicher Literatur. Hier lauert jedoch das nächste Problem: die verfälschende Übersetzung, die »Arabisierung«, die er als wesentlichen Faktor der kulturellen »Unterentwicklung« der arabischen Gesellschaft betrachtet. Einen Ausweg aus diesem Dilemma scheint das situationistische *détournement* zu bieten. Sein Vorbild Guy Debord schreibt in *La société du spectacle*: »Das *détournement* ist das Gegenteil des Zitats, der theoretischen Autorität, immer verfälscht allein durch die Tatsache, daß sie Zitat geworden ist. (…) Das *détournement* ist die fluide Sprache der Anti-Ideologie.« al-Djanābī verkürzt dieses Konzept allerdings zu einer reinen Technik, indem er es aus seinem theoretischen Zusammenhang einer globalen Sprachkritik nimmt und reichlich spielerischen Gebrauch davon macht, etwa beim *détournement* von Koranversen und arabischen idiomatischen Ausdrücken in seiner Poesie. Vor allem dient es ihm aber zum Erkennen eines »wahren revolutionären« Textes: Diesen kann man nicht *détournieren.*

al-Djanābīs jüngst geäußerte Absicht, in Zukunft nur noch auf Französisch zu schreiben, passt in den Kontext seiner Kritik. Mit der Aufgabe seiner Muttersprache als literarisches Medium sagt er sich völlig von der arabisch-islamischen Kultur und Identität los. Dies ist nur die letzte Konsequenz einer Entwicklung, die mit seinem ersten Kontakt mit der westlichen Kultur im Irak begann.

Die Konsequenz: das (innere) Exil

Als einzige Konsequenz aus der arabischen kulturellen Misere erscheint al-Djanābī das Leben in – wenigstens geographischer – Distanz vom »orientalischen Despotismus«. Sein Aufenthalt und sein literarisches Schaffen im Westen verbinden ihn mit zahlreichen arabischen Intellektuellen. Das Konzept der ›inneren‹ Emigration des Dichters auf der Suche nach seiner poetischen Individualität oder des arabischen Intellektuellen in seinem Heimatland zieht sich durch al-Djanābīs gesamtes Werk. Doch sein eigenes Leben in einer fremden Kultur und Gesellschaft stellt kein Thema seiner literarischen Produktion dar. Er sieht sich keineswegs als politischen Flüchtling und seinen langjährigen Aufenthalt in Europa nicht als erzwungenes Exil; vielmehr betont er, den Irak aus freiem Willen und nicht aufgrund persönlicher Bedrohung oder politischer Repressalien verlassen zu haben. Seiner Ansicht nach ist das eigentliche Exil nicht das westliche Gastland des arabischen Intellektuellen, sondern vielmehr die arabische Welt selbst in ihrer politischen und religiösen Situation, die viele Intellektuelle zwingt, sich zwischen der Demütigung des Schweigens im eigenen Land und der Emigration in die westliche Welt zu entscheiden: »Im Exil ist der, der in Ägypten oder irgendeinem arabischen Land lebt, der Freiheit beraubt und der Zweckfreiheit, die jede wahre Freiheit begleitet.«

Der Westen: das gefallene Ideal

Die Erfahrung der Begegnung mit westlicher Kultur teilt al-Djanābī mit vielen arabischen Intellektuellen, die mit großem Interesse westliche kulturelle Strömungen aufnahmen und ihrer eigenen Kultur neue Impulse gaben. Doch den Schritt von der Imitation zur kulturellen Integration kann oder will al-Djanābī nicht vollziehen. In seiner zunächst kritiklosen Idealisierung verkörpert ein utopischer Westen das spiegelbildliche Gegenteil der arabischen Welt. Seine erste Begegnung mit westlichen Filmen und Literatur vermittelte ihm ein reduziertes, wenn nicht idealisiertes Bild. Auffällig ist seine monolithische Konzeption ohne jegliche politische, geographische oder kulturelle Differenzierung. In seiner Verklärung des Westens als Hort von Kultur und Zivilisation scheint al-Djanābī nicht zu bemerken, dass er selbst den Minderwertigkeitskomplex hat, den er den Arabern vorwirft.

Doch das westliche Ideal hat der Golfkrieg von 1991 zerstört, der für al-Djanābī zuerst nach einer Chance für einen politischen und sozialen Neubeginn im Irak aussah. Nun zeigt der Westen sein hässliches Gesicht:

> Anstelle einer Kultur, zu deren höchsten Werten die Aufklärung, die Freiheits- und Menschenrechte zählen, Phantasie ebenso wie rationales Denken (…), an die Stelle dieses von uns so bewunderten und verehrten Westens ist ein anderer getreten. Ein Westen, der sich gewalttätig und militaristisch gibt. Der uns verachtet.

Nun fordert er eine

> Unterscheidung zwischen dem Westen der Medien, der Waffenindustrie, mit seinen Kunden aus allen Ländern und dem echten Westen, dem Westen Aller. (…) Der Sieg des Ersteren über den Orient ist ein Sieg über unsere einzige Chance (nicht über den Westen als geographischen Ort, sondern als Zentrum aller Revolten des menschlichen Geistes für Freiheit, Poesie und Menschenrechte).

al-Djanābī ist sicherlich nicht der einzige arabische Intellektuelle mit einer solcherart ›gespaltenen‹ Konzeption.

Der Publizist al-Djanābī

al-Raghba al-ibāḥiyya (*Die libertäre Begierde*, 1973–75) »beschäftigt sich mit der Essenz der Sprache, um das Schreiben zu schützen, da die Feder keinerlei Achtung genießt.« Sie ist »das Morgengrauen der arabischen Sprache, und es ist ihr bewusst, dass vor ihr eine finstere Nacht liegt, die arabische Finsternis.« Mit dieser Zeitschrift, al-Djanābīs Pendant zu Bretons *La Révolution surréaliste*, beginnt seine publizistische Aktivität. *Die libertäre Begierde* ist der Versuch einer ›pädagogischen‹ Einführung des arabischen Lesers in den Surrealismus. Die moderne Bedeutung des Adjektivs *ibāḥī* (pornographisch) im Titel kommt al-Djanābīs Absicht zur Provokation durchaus entgegen. Den intellektuellen Kontext ihrer Gründung erklärt die erste Ausgabe in unüberhörbar marxistisch gefärbtem Ton:

> Der totale Bankrott des Denkens und der Praxis des täglichen Lebens der etablierten arabischen Gesellschaft (…) ermutigt uns, solch eine Zeitschrift zu publizieren (…). Nach langer Zeit des materiellen, kulturellen und geistigen Elends und der gewaltsamen, blutigen Repression der kreativen Freiheit, der Opposition und des wissenschaftlichen Denkens meinen wir, es reicht… (…) Deshalb kündigen wir eine Hetzkampagne der Klassen gegen alles Etablierte in der arabischen Heimat an. Wir richten nicht nur eine theoretische revolutionäre Kritik gegen die arabische Situation, wir fügen, wenn nötig, (…) freudig eine sadistische Praxis gegen alle hinzu, die diese Kampagne behindern, deren Basis die Klarheit, die dialektische Vision der Realität und die revolutionäre Kritik ist.

Mit der arabisch-französischen neuen Serie, *al-Raghba al-ibāḥiyya / silsila djadīda* (*Le Désir Libertaire / nouvelle série*, 1980–81), beginnt eine neue Phase. Die politisch-militante Motivation weicht einer größtenteils literar-ästhetischen Ausrichtung:

> Das Ziel der neuen Serie ist nicht der Versuch aufzuwiegeln, zur Revolution anzustiften oder die Phänomene der Rebellion in der arabischen Szene zu vervielfachen. (…) Vielmehr wünschen wir uns ein kritisches Labor der Erfahrung kreativer Intuition.

Die vier Ausgaben von *al-Nuqṭa* (*Der Punkt / Stützpunkt*, 1983–84) markieren die Rückkehr zu den Anfängen und den Übergang zu Neuem. *al-Nuqṭa* engagiert sich als »Sprachrohr der freien Menschen gegen den Unterdrücker und den Unterdrückten« für die »arabische Sache«. Der Surrealismus tritt eher zurückhaltend auf, in Gestalt typischer Themen, durch Provokation – etwa eine Anleitung zum Selbstmord mit beiliegender Rasierklinge – und Sprachspiele. Auffällig ist die große Zahl religions- und islamkritischer Texte, während ein im engeren Sinne politischer Diskurs fehlt.

Farādīs (*Paradiese*, 1990–95) setzt sich in ihren zehn umfangreichen Ausgaben konzeptionell, formal und inhaltlich von ihren Vorgängern ab und macht einen ungleich professionelleren Eindruck. Ihre literar-ästhetische Orientierung ist ausdrückliches Programm. Das politische und gesellschaftskritische Engagement scheint gänzlich dahinter zurückzutreten. al-Djanābīs aktuelle Zeitschrift, *Arapoetica*, präsentiert zeitgenössische arabische Dichter dem westlichen Publikum.

Poesie und Individuum: al-Djanābīs poetische Konzeption

»Poesie ist alles, was der arabischen Poesie fehlt.« Die Kritik am arabischen Dichter ist von Beginn an al-Djanābīs poetologisches Leitmotiv: »Alles, was schwachsinnig, hässlich, niedrig und von schlechtem Ruf ist, konzentriert sich für mich in einem Wort: arabischer Dichter.« Zu diesem steht al-Djanābī als »wahrer Dichter« in unvereinbarer Opposition. Dieser zeichnet sich durch seine Toleranz gegenüber dem »Anderen« aus. Er verkörpert so die »Kritik an sich: der Faden im Gewebe jeder poetischen Entwicklung, die die Sprache als freie Sphäre im Raum des Sinnes will«. Dies führt zu dem Problem der Beziehung zwischen Poesie und politischer Aktion, dem »Engagement« des Dichters. Zu Beginn sieht al-Djanābī die Poesie nur als Medium der Revolution nach der surrealistischen Konzeption der »militanten« Poesie: »Denn in dem Maße, wie sie unmoralisch ist, ist die Revolution die einzige surreale und irrationale Handlung, die fähig ist, das Wesen des Spiels zu erfüllen: das Poesie-Individuum.« Die Einheit von Poesie und Individuum hat nicht nur theoretische Bedeutung, sie ist Teil des Lebens. Doch bald verliert die Poesie ihre revolutionäre Funktion – »Ich will, dass das Schreiben sich von der Realität befreit« – sie wird zu einer eigenständigen ästhetischen Notwendigkeit. Doch trennt sich al-Djanābī damit keineswegs von seiner ›revolutionären‹ Vergangenheit. Obwohl sein ehemals militant-politisches Verständnis der Revolution nun vorwiegend kulturkritischen Charakter hat, bleiben Rebellion und Protest eng mit der Poesie verbunden. Vormals war es die Aufgabe der Revolution, die Diskrepanz zwischen dem Dichter und der sozialen Realität zu beseitigen; nun ist es an der Poesie, die Demarkationslinie zwischen dem Dichter und einer Gesellschaft zu schaffen, die er ablehnt. Die Distanz des Dichters zu politischen und sozialen Konflikten bedeutet für al-Djanābī allerdings nicht, sich von universellen Problemen abzuwenden:

> Ich habe nie aufgehört zu glauben, dass Schreiben ein Kampf ist, und der Kampf eine ekstatische Angelegenheit. Jede ekstatische Tätigkeit ist vor allem eine Bloßstellung der sozialen Lüge.

Zwei Faktoren tragen zu seiner poetologischen Neuorientierung bei: seine Celan-Lektüre und der Golfkrieg 1991. Durch Celan wird er sich »bewußt, dass das moderne Gedicht nicht mehr die Gefühle streichelt, sondern sie verletzt; es zieht den Menschen aus, stellt ihn vor sich selbst und beunruhigt ihn.« Die Erschütterung des Krieges macht sich in al-Djanābīs Poesie nicht zuletzt durch die Wende von einer eher obskuren Dichtung zu einem direkteren poetischen Ausdruck bemerkbar, der durch die Dringlichkeit des Protestes bestimmt ist. Die Anthologie *Là où il n'existerait plus de dialogue authentique, il n'y aurait plus de poème* (*Wo kein echter Dialog mehr wäre, gäbe es kein Gedicht*) macht schon mit ihrem Titel auf seine neue Position aufmerksam: Poesie als Dialog. Im gleichen Sinne mahnt er nach seinem Israel-Besuch, dass »die Dichter als Waffe nur ihre Visionen haben. Gemeinsame Visionen, trotz der sprachlichen Unterschiede.« Ausgehend von einer militanten dadaistisch-surrealistischen Phase, kehrt seine poetische Konzeption über eine rein literar-ästhetische Position zu einer ›politischen‹ Funktion zurück, nun als Friedensdialog: »Vielleicht ist das ganze Friedensprojekt nur das Resultat eines telepathischen Dialogs zwischen einem arabischen und einem israelischen Dichter.«

al-Djanābīs poetische Entwicklung

Der Sammlung *Maraḥ al-ghurba al-sharqiyya* (*Die Freude der orientalischen Fremdheit/Emigration*, 1988) – einer Art retrospektiven Katalogs seines poetischen Werks seit 1974 – verdankt al-Djanābī seine Integration in die arabische Literaturszene: Ihre Publikation bei dem etablierten Verlag Riad El-Rayyes verschaffte dem literarischen *enfant terrible* ein größeres Publikum und ein gewisses Ansehen. Den bisherigen Höhepunkt und eine repräsentative Auswahl seiner Dichtung stellt *Ḥayāt mā baʿd al-yā'* (*Leben nach dem Z*, 1995) dar: Nicht nur ist der provokative Ton weitgehend verschwunden, auch zeigt sich großes Interesse an sprachlicher Perfektion.

al-Djanābīs poetische Entwicklung ist anfangs formal und inhaltlich von der surrealistischen Konzeption bestimmt. Nach seiner Entdeckung der Gruppe *al-Fann wa-l-ḥurriyya* gab er seine vorwiegend politische Sicht der Poesie zugunsten einer ästhetisierenden Einstellung auf. Sein späteres poetisches Werk ist thematisch und stilistisch klarer, auch wenn es dem Surrealismus nie ganz abschwören wird. Doch selbst in der surrealistischen Phase verlässt seine Poesie zuweilen die Obskurität der *écriture automatique*, wird durch transparentere Metaphorik zugänglicher und nimmt allmählich individuelleren Charakter an. Seine Celan-Lektüre veranlasste ihn zu einer radikalen poetologischen Neuorientierung: Der ›lyrische Optimismus‹ der Avantgarde-Poesie war nicht mehr praktikabel. Celan weckte in ihm die Neigung, seine Poesie durch religiöse und philosophische Anspielungen zu intellektualisieren.

Die poetische Lebenserfahrung: vom Ich zum Wir

Leben nach dem Z wird von zwei thematischen Polen bestimmt, von eher theoretisierenden ›Ideengedichten‹ und meist autobiographischen ›Erfahrungsgedichten‹. Die elaborierten Ideengedichte stehen in diametraler Opposition zur unbewussten Spontaneität der *écriture automatique*. Sie zeigen reiche thematische Varianz, jedes Ereignis kann zum Anlass existentieller Reflexion werden, wie *Djarīrat Ibn al-Muqaffaʿ* (*Ibn al-Muqaffa's Vergehen*) illustriert:

> Ein Ich, das durch keinen Anderen beunruhigt wird
> ein Ich, dessen Grabungen in den Alkoven der Vergangenheit kein geschäftliches Unternehmen sind
> ein Ich, dessen Gegenwart der Mittag ist, ein Spiegel, der nicht reflektiert
> ein Ich, eine Tatsache, keine Schöpfung, die von den Scholastikern

geschaffen [oder: geschrieben] wurde, um von den Gruppierungen der Ungläubigen interpretiert zu werden
ein Ich, der Treuhänder der Wissenschaft des Feuers
ein Ich, das in den höchsten Sphären des Ausdrucks kreist
das im Quecksilber der Träume erscheint
als Blume der Selbstauslöschung

al-Djanābīs Erfahrungsgedichte thematisieren Ereignisse des Lebens, seine individuellen Erfahrungen als Dichter, aber auch kollektive Erfahrungen. *Li-kull baḥr qārib yu'abbi'uhu* (*Jedes Meer hat ein Boot, das es füllt*) beispielsweise ist eine Grabrede auf das poetische Projekt einer ganzen Generation:

Wir waren ein Schrei
der zwischen den Linien des Hirns explodierte
im Gesicht dieser Beduinen-Dichter
die, sobald das Wasser eintrat, auf das Festland flüchteten
wir waren dies und nicht das
um jeglichen Glauben zu annullieren
ein flüchtiger Entwurf der Poesie
wir waren der Moment der Bewegungen
die ausgestoßenen Revolutionen des Traums
im Projekt der *écriture automatique*

Andere Erfahrungsgedichte stellen die unmittelbare schriftliche Verarbeitung aktueller Ereignisse dar. In *Maryam fī hawā' al-abadiyya* (*Maria in der Sphäre der Ewigkeit*) thematisiert al-Djanābī neben der kollektiven Katastrophe des Irak-Kriegs auch seine persönliche Katastrophe. In seinem Versuch, Trauer und Erschütterung in Worte zu fassen, schreibt er einen einfachen, spontanen Stil, der im krassen Gegensatz zu dem intellektualisierten, diskursiven Ton der Ideengedichte steht.

Heute hat mich mein Bruder Ṣalāḥ angerufen und mir mitgeteilt, dass meine Mutter vor 25 Tagen gestorben ist, d. h. vor 600 Stunden. Also war die Stunde, die die Nummer 600 trägt, eine der Stunden dieses Morgens, als ich im Bett lag, mit meiner Frau frühstückte und wie gewöhnlich die Fernsehprogramme verfolgte. (...) Sie hauchte ihren Atem aus, im Todeskampf ohne Medikamente, sie wälzte sich gelähmt auf dem Bett eines Landes, unter dem Flüsse mit bitteren Wassern fließen.

Der Krieg

Der Golfkrieg von 1991 nimmt in al-Djanābīs Poesie einen besonderen Platz ein. Bei aller persönlichen Betroffenheit verleiht al-Djanābī diesem Krieg in seiner Poesie eine eher symbolische Bedeutung. Das Gedicht *17 kānūn al-thānī 1991* (*17. Januar 1991*) endet mit der Bilanz »Der Turm von Babel, überraschend von den Imamen des Nordens eingenommen.« Nach dieser ersten poetischen Reaktion unter dem Eindruck der aktuellen Ereignisse erscheint in *Das Leben nach dem Z* eine Serie von Gedichten unter eindeutig celanschem Einfluss. Diese Poesie wirkt reflektierter; der Krieg im Irak wird auf die universale Ebene der menschlichen Katastrophe erhoben:

Bis zum Horizont
öffneten sich die Tunnel
wie Blumen
wie Blumen
bis zum Horizont
Fetzen [menschlicher Körper]
höher als der Himmel
Der Horizont, ausgestreckt auf seinem Bauch wie eine Wiese
wo das Auge das Sichtbare pflügt
und die Wolken die Rühreier des Himmels sind
bedeckt eine unsichtbare Erde –
(...)
jede Seele ist ein Bild
jedes Bild ist Atem.

Die Frau

Trotz der reichen Ausstattung seiner Autobiographie mit mehr oder weniger detaillierten Schilderungen seiner amourösen Abenteuer sucht man die Frau in al-Djanābīs Poesie meist vergeblich. Allein in *Djinsuki hādjis hadhayānī* (*Dein Geschlecht ist die Besessenheit meines Wahnsinns*) widmet sich der Liebe: »Die Liebe, das Schicksal hat sie mir geraubt / es hat sie auf eine Bewegung beschränkt / zwischen dem Satz und dem Körper / es hat sie mir geraubt«. Diese Betrübnis und Resignation steht in krassem Gegensatz zum selbstzufriedenen Ton der Autobiographie und der aggressiven, frauenfeindlichen Haltung in *Die libertäre Begierde*. al-Djanābīs autobiographische Darstellung seiner dem Anschein nach meist auf den physischen Aspekt konzentrierten Beziehungen scheint *Ḍabāb ashqar* (*Blonder Nebel*) zu bestätigen: »Ich strich mit dem Dolch über die Lippe des Waldes, bevor sie ein Wort sagte / ich drückte, da sprang das Blut hervor, vermischt mit der Milch des Schreis / da erschien aus dem Nabel ein Vogel mit zerzausten Haaren«. Betrachtet man dieses Gedicht als ›erotische Poesie‹ im surrealistischen Sinne, lässt sich darin eine poetische Rebellion gegen soziale und kulturelle Normen erkennen.

Sprache und Religion

In der arabischen Kultur sind Sprache und Religion eng miteinander verbunden, so auch in al-Djanābīs Poesie: Zu Beginn wendet diese sich, quasi als Echo seiner publizistischen Schriften, gegen die Verflechtung von

Islam und arabischer Sprache. Später verschwindet das Motiv der Sprache in demselben Maße, wie der antireligiöse Topos einen elaborierteren Charakter erhält. Aus *Baina ḥayy wa-mayyit* (*Zwischen lebendig und tot*) spricht eine tiefe Verzweiflung darüber, in einer »sterbenden Sprache« zu schreiben:

> Meine Muttersprache
> hat ihre Tür verschlossen
> da ist sie, summend auf dem Bett
> unnötig, daß sie aufsteht
> die Hitze des Schlafes
> verbietet ihr den Ausdruck
> des Grußes
> den Kauf der Sachen für ihre Beerdigung
> Geht
> sie ist im anderen Zimmer
> weckt sie auf
> die Beerdigung wird bald stattfinden.

Im Gegensatz zu diesem traurig-resignierten Ton steht *Taṭayyur* (*Aberglaube*). Hier macht der Dichter die arabische Sprache für ihr Schicksal selbst verantwortlich: »Sie haben gesagt, die Sprache des *ḍāḍ* / habe den Menschen gelehrt / Zerstörung zu verbreiten / die Erde mit Blitzen zu schlagen / um den Regen herabkommen zu lassen / die Einöde färbt sich mit Tinte«. Durch Konstruktion, Rhythmus und Reim ist die Parodie des koranischen Textes hier allzu deutlich. Bei einem Vergleich mit der entsprechenden Koranstelle fällt auf, dass die arabische Sprache Gottes Platz usurpiert, doch sie erschafft nicht – sie verwüstet die Welt. Auch die alt-arabische Konnotation des Regens wird pervertiert: Anstatt fruchtbaren Grüns ergießt sich der religiöse Obskurantismus über die Araber.

Ṣūra Muḥammad (*Muḥammads Bild*), ein Exempel der antireligiösen Gedichte, besteht zum Großteil aus Andeutungen und Wortspielen auf der Basis von Texten aus dem Koran und der prophetischen Tradition.

> Es war Nacht. Ich fand mein Bild, geprägt in die Bücher der Vorfahren. Eine Stimme ertönte in meinem Zimmer. Sie sagte: ›Sieh‹, da sah ich: eine kleine Öffnung, aus der die Atmosphäre ferner Generationen strömt. Eine Öffnung … sie möge sich füllen, in jener Zeit, mit meinem Bild.
> Ich schüttelte das Gewand ab vom Staub meines Vaters, ich begann die Stämme mit der Schlinge zu fangen, Ödipus zwischen den Wegen, ich werfe zwei Vögel nach einem einzigen Stein.
> (…)
> Also existierte mein Bild.
> Siehe, da wurde es zur Nacht der Anderen, eine mißgebildete Nation.

Die Szene spielt auf die Begegnung des Propheten Muḥammad mit dem Erzengel Gabriel an, der ihm die Offenbarung überbringt. Das koranische »Lies« (Sure 96, Verse 1 und 3) ist durch »Schau« ersetzt; die »Öffnung«, die vom usurpatorischen Propheten nun gefüllte Leere, erinnert an die erste Koransure *al-Fātiḥa* (»die Eröffnende«). Der nächste Abschnitt, ein fast humorvolles Resümee der ersten Phase von Muḥammads Prophetentum, liegt auf einem ganz anderen sprachlichen und referentiellen Niveau. Das erste Bild, ein *détournement*, zeigt Muḥammad, der sich von den arabischen Traditionen befreit. Das »Fangen der Stämme mit der Schlinge« wirft kein vorteilhaftes Licht auf seine Vereinigung der Araber unter dem Islam; Ödipus' Erwähnung spielt auf den großen Altersunterschied zwischen dem Propheten und seiner Frau Khadīdja an. Das letzte Bild ist ein *détournement* eines arabischen idiomatischen Ausdrucks – Muḥammad setzte für sein Ziel alle Mittel ein. Die Folgen seines Egoismus sind katastrophal: Die islamische Nation, zur Verehrung seines »Bildes« geschaffen, ist eine missgebildete (*khadīdj*) Gemeinschaft im religiösen Obskurantismus – nicht zu übersehen ist hier das boshafte Wortspiel mit dem Namen *Khadīdja*.

In dem Gedicht *Midād* (*Tinte*) erscheint Muḥammad in tiefer Einsamkeit unmittelbar vor seinem Tod. Die Offenbarung ist ihm fremd geworden; er erkennt sie als fatale Täuschung. Seine Anhänger verwalten ihre Religion, den Propheten braucht niemand mehr. Auch Gott hat ihn verlassen, er spricht nicht mehr zu ihm. Muḥammad ist nur noch ein alter Mann, dem sein Lebenswerk außer Kontrolle geraten ist. Seine Agonie erscheint als ›Anti-Offenbarung‹, als kurzer hellsichtiger Augenblick, in dem er versucht, sein Projekt vor denen zu retten, die es institutionalisiert haben. Sein Prophetentum wird als egoistische Wahl, als unverzeihlicher Fehler dargestellt. In diesen beiden Gedichten erlaubt es sich al-Djanābī als (poetischer) Schöpfer nicht nur, im Namen des Propheten zu sprechen, sondern in seinem eigenen Universum Gottes Platz einzunehmen: »Gott ist ein Tisch / und ich bin sein Zimmermann«.

Das Echo: al-Djanābīs Resonanz

Trotz seiner Huldigung des Individualismus scheint sich al-Djanābī seit einigen Jahren nicht mehr mit dem literarischen Abseits zu begnügen, sondern den zweifelhaften – und zudem nicht überwältigenden – Ruhm als literarisches *enfant terrible* durch das Renommee eines respektablen Dichters ersetzen zu wollen – zumindest beim westlichen Publikum. Seine Artikel in der Zeitschrift *Qantara* des Pariser *Institut du Monde Arabe* signiert er als »poète et essayiste« oder »critique littéraire«. Seine Autobiographie, seine Anthologien arabischer Poesie in französischer Übersetzung, seine jüngste Zeitschrift *Ara-*

poetica, seine Beiträge zu Kulturzeitschriften und sein Engagement für die – wenigstens literarische – Versöhnung mit Israel, all dies sind Maßnahmen, die ihm zu größerer Bekanntheit verholfen haben. Auch wenn es al-Djanābīs Selbstbild eines revolutionären Dichters widerspricht, lässt sich eine Tendenz zur ›Konsolidierung‹ und ein Nachlassen seines radikalen Impetus feststellen.

Seine Hinwendung zum westlichen Publikum geht mit seinem schwindenden Interesse an der arabischen Presse einher. Seine Israel-Reise fand in der arabischen Welt kaum Interesse, hatte aber zumindest ein leises Echo in der französischen Presse, die sie ausnahmslos positiv präsentiert. Besonders wohlwollend sieht man, neben seiner umfangreichen westlichen Bildung, seine Selbstbefreiung aus der arabisch-islamischen Tradition: al-Djanābī bedient hier bereitwillig alle Vorurteile.

Nicht das letzte Wort: Fazit

Es würde die Perspektive verfälschen, sähe man al-Djanābī als Einzelfall in einem kulturellen Vakuum; so originell Autor und Werk auch sein mögen, sie müssen in die irakische Exilkultur eingeordnet werden. al-Djanābī ist dem arabischen Publikum eher als Publizist, Provokateur und Außenseiter denn als Dichter ein Begriff. Seine – nicht nur geographische – Distanz zur arabischen Welt macht seine Position nicht leichter. al-Djanābīs arabische Rezeption leidet sicherlich auch darunter, dass er zur Rettung der in seinen Augen desolaten arabischen Gesellschaft anstatt konstruktiver Kritik nur sein Patentrezept des Surrealismus und der westlichen Kultur bietet. Auch seine oft übermäßige Provokation wird bei einigen Irritation und Ablehnung bewirken. Ein weiteres Problem besteht in seiner meist kritiklosen Idealisierung des Westens und der kategorischen Verdammung der arabischen Kultur: Dies kann vom arabischen Publikum nur als völliger Identitätsverlust interpretiert und damit abgelehnt werden.

Gerade die Identitätsfrage stellt das Hauptproblem in al-Djanābīs Werk dar, das insgesamt als Versuch ›kultureller Übersetzung‹ gesehen werden kann. Seine Ambitionen, mit dem Surrealismus eine europäische intellektuelle, literarische und künstlerische Strömung auf die arabische Kultur zu übertragen, die von einer kleinen Gruppe in spezifischen und einmaligen historischen, sozialen und kulturellen Gegebenheiten ausging, sind zum Scheitern verurteilt. So hat sich seine Prophezeiung aus den siebziger Jahren, die arabische Gesellschaft werde durch den »gewaltigsten Skandal von Grund auf erschüttert« werden, nicht erfüllt. Mit der Konstruktion einer »Geschichte des Surrealismus in der arabischen Welt« kommt al-Djanābī das Verdienst zu, historische Kontinuität zwischen dem ›Erbe‹ der ägyptischen Surrealisten der vierziger Jahre und den modernistischen Bewegungen der arabischen Poesie in den sechziger Jahren geschaffen zu haben.

al-Djanābīs Bedeutung liegt nicht allein in seinem literarischen Werk, der Bereicherung der arabischen Literatur um eine eigenwillige Interpretation des Surrealismus oder als Provokateur der arabisch-islamischen Kultur und Gesellschaft. Vielmehr ist es seine Persönlichkeit und die mitreißende Fähigkeit eines charismatischen Initiators, unterschiedlichste Charaktere um sich zu sammeln und für kreative literarische und künstlerische Projekte abseits der etablierten kulturellen Szene zu begeistern. Wie auch immer man Inhalt und Ausdruck seiner Ideen beurteilen mag – dieses *enfant terrible* der zeitgenössischen arabischen Literaturszene sucht seinesgleichen.

Werke (Auswahl)

Maraḥ al-ghurba al-sharqiyya (*Die Freude der orientalischen Fremdheit / Emigration*), London: Riad El-Rayyes 1988.

Tarbiyat ʿAbd al-Qādir al-Djanābī (*Vertikale Horizonte: von Bagdad nach Paris*), Beirut: Dār al-Djadīd 1995.

Ḥayāt mā baʿd al-yāʾ (*Leben nach dem Z*), Paris: Manshūrāt Farādīs 1995.

Übersetzung ins Deutsche

Abdalkader al-Dschanabi: *Vertikale Horizonte: von Bagdad nach Paris*, übers. v. Larissa Bender u. Hartmut Fähndrich, Basel: Lenos 1997.

Weiterführende Literatur

Salma K. Jayyusi: *Trends and Movements in Modern Arabic Poetry*, 2 Bde, Leiden: Brill 1977.

Khalid al-Maaly, Suleman Taufiq, Stefan Weidner (Hg.): *Mittenaus, Mittenein: Lyrik aus dem Irak*, Berlin: Das Arabische Buch 1993.

Sibylla Krainick: *Arabischer Surrealismus im Exil: Der irakische Dichter und Publizist ʿAbd al-Qādir al-Ǧanābī*, Wiesbaden: Reichert 2001.

Kapitel IV Geschlechtertransgressionen

Barbara Winckler

Einleitung

Scheherazade und Schleier allerorts

Die Präsenz der arabischen Literatur auf dem deutschen Buchmarkt hat sich in den letzten Jahren deutlich erhöht. In deutschsprachigen Publikationen, die einem breiteren Publikum einen Einblick in die arabische Literatur geben sollen, sind – wie man vielleicht zunächst erstaunt feststellt – Autorinnen sehr viel stärker vertreten als ihre männlichen Kollegen. Was aus feministischer Perspektive zunächst erfreulich erscheint, entpuppt sich bei näherer Betrachtung als Handicap. Denn die starke weibliche Präsenz erklärt sich in erster Linie mit einem voyeuristischen Interesse an der ›Unterdrückung der Frau im Islam‹ und klischeehaften Vorstellungen davon – ein Reizthema, das offenbar die Käufer anspricht. Entsprechend wird diese Literatur nicht primär als Kunst, sondern als Form der Selbstbehauptung der Frau oder auch als getreues Abbild der gesellschaftlichen Realität rezipiert. In Publikationen, deren Titel mit Schlagworten wie ›Scheherazade‹ oder ›Schleier‹ spielen und deren Cover entsprechend Frauen mit Kopftuch abbilden, werden arabische Autorinnen daraufhin befragt, wie sie die ›Einschränkungen im Leben einer arabischen Frau‹ erlebt und wie sie sich über das Schreiben emanzipiert haben. Wie erstaunt wären wir, wenn deutsche, französische oder amerikanische Autorinnen auf diese Weise präsentiert und dabei ästhetische Aspekte gänzlich vernachlässigt würden.

Die folgenden Beiträge zeigen, dass die Fragen, mit denen sich Autorinnen und Autoren aus der arabischen Welt beschäftigen, ganz andere sind. Ohne die existierenden Unterschiede, insbesondere der realen Lebenswelten, negieren zu wollen, müssen wir uns eingestehen, dass uns die arabischen Intellektuellen so fern nicht sind – oder vielmehr wir ihnen, und zwar in erster Linie weil sie die westliche Welt mit ihrer Philosophie und ihrer Literatur sehr genau kennen, was umgekehrt nur selten der Fall ist. Die ›Peripherie‹ weiß gemeinhin mehr als das ›Zentrum‹, weil sie sich selbst *und* das Zentrum kennt. Die hier versammelten Beiträge führen vor Augen, wie sehr es sich lohnt, diese Literatur ›als solche‹, als ästhetische, weltanschauliche, auch engagierte Äußerung von Intellektuellen und als Teil einer Weltliteratur zu lesen, die sich mit den Gegebenheiten ihrer Lebenswelten auseinander setzt, jedoch nicht auf eine ›Abbildung‹ derselben zu reduzieren ist. Betrachtet wird hier die Be- und Verhandlung von und das Spiel mit Geschlechtercodes in der Literatur – aus der Feder von weiblichen und männlichen Autoren.

Postfeminismus und gender studies

Der Begriff *gender* (das kulturelle Geschlecht) bezeichnet – im Unterschied zum biologischen Geschlecht (*sex*) – die historisch veränderbaren soziokulturellen Interpretationen von Männlichkeit und Weiblichkeit. Das kulturelle Geschlecht ist nicht kausal mit dem biologischen Geschlecht verknüpft, sondern vielmehr als eine kulturelle Lesart des Körpers zu verstehen, die dem Individuum über eine Geschlechtsidentität und Geschlechterrolle einen spezifischen Ort innerhalb der gesellschaftlichen Ordnung zuweist. Damit stellt *gender* – als zugleich semiotische und soziokulturelle Kategorie – die Bedeutung(en) dar, die eine Kultur der Unterscheidung von Mann und Frau verleiht. Diese Bedeutungen können sich mit anderen grundlegenden Sinnstiftungen überlagern beziehungsweise sie stabilisieren und dienen vor allem der Etablierung von Hierarchien und deren Naturalisierung. Eine *gender*-orientierte Literaturwissenschaft analysiert etwa, wie in der Gestaltung literarischer Texte, in Fragen der Autorschaft und der Rezeption von Literatur *gender* als prägendes Prinzip zum Tragen kommt, reproduziert und gegebenenfalls auch dekonstruiert wird.

Auf der Basis des *gender*-Konzepts entwickelte sich parallel zum Begriff der Postmoderne der des Postfeminismus, wie dieser charakterisiert durch Konzepte der Heterogenität und der Dezentrierung. Die Abkehr vom ›klassischen‹ Feminismus der so genannten Zweiten Frauenbewegung der sechziger Jahre ist im Kontext des in den achtziger Jahren des 20. Jahrhunderts gewandelten Bewusstseins bezüglich der Klassen-, sexuellen, rassischen und ethnischen Zugehörigkeit und der kritischen Haltung der feministischen Politik gegenüber ›Meta-Erzählungen‹ zu sehen. Die Vorstellung von ›der Frau‹ als universalem Subjekt des Feminismus wird als essentialistisch erkannt und kritisiert. Insbesondere die Einsicht, dass die Geschlechterdifferenz sprachlich, sozial und kulturell konstituiert ist, entlarvt Geschlechterordnungen und -hierarchien als Herrschaftsdiskurse. Eine Konsequenz ist, dass nun nicht mehr das ›Feindbild Mann‹ im Zentrum der feministischen Theoriebildung steht. Es geht nicht mehr darum, gegen ›den Mann‹ als Unterdrücker und Repräsentanten des Patriarchats zu kämpfen. Männlichkeit ist ebenso sehr wie Weiblichkeit ein Konstrukt, das bestimmte Forderungen an das Individuum stellt und Resultat gesellschaftlicher Aushandlungsprozesse ist.

Dieser Paradigmenwechsel von der Frauenforschung zu den *gender studies* spiegelt sich auch in der Literatur wider. Die Texte der ›klassischen‹ feministischen Literatur waren in erster Linie Ausdruck eines erstarkenden Selbstbewusstseins der Frauen, das sich gegen die patriarchalen Einschränkungen zur Wehr setzte und die freie Entfaltung des weiblichen Ich forderte. Markante Beispiele der arabischen Literatur sind Texte aus den fünfziger und sechziger Jahren von Autorinnen wie Nawāl al-Saʿdāwī aus Ägypten, Lailā Baʿlabakkī und Emily Naṣrallāh aus dem Libanon oder auch die frühen Romane Assia Djebars. Lailā Baʿlabakkīs Roman *Anā aḥyā* (*Ich lebe*, 1958), der als Prototyp dieser Literatur gelten kann, zeigt die Rebellion der Protagonistin gegen die von Familie und Gesellschaft auferlegten Zwänge. Im Unterschied zu den meisten Autorinnen, die aus einem städtischen Umfeld stammen, vermittelt Emily Naṣrallāh in ihren Romanen ein Bild vom Leben im Dorf – und von der ›Flucht‹ der Frauen in die Stadt, motiviert von der Hoffnung auf ein freieres Leben. Die Ärztin Nawāl al-Saʿdāwī, Schriftstellerin und Frauenrechtsaktivistin zugleich, vermittelt in zahlreichen Werken einen Einblick in die Situation von Frauen am untersten Ende der sozialen Leiter.

GenderCrossings, GeschlechterTransgressionen

Der Begriff ›Transgressionen‹ bezeichnet Überschreitungen, genauer: Regelverletzungen, die in einer spezifischen historischen Situation als Überschreitung allgemein verbindlicher Grenzen gelten. Er etablierte sich zunächst im anglo-amerikanischen Sprachraum, insbesondere im Rahmen des *New Historicism* und des *Cultural Materialism*. Beschränkt sich die Bedeutung von ›Transgression‹ im Deutschen weitgehend auf ›abweichendes Verhalten‹ und Außenseitertum, ist der englische Begriff weiter gefasst und schließt Ambivalenzen und kreative Potentiale – insbesondere in Bezug auf das Geschlechterverhältnis – ein.

Doch nicht jede Überschreitung ist schon eine Transgression. Im engeren Sinne transgressiv sind Grenzüberschreitungen erst, wenn sie öffentlich thematisiert werden, wenn ein Skandal die Abweichung markiert. Transgressionen sind – mehr oder weniger subversiv – am allgemeinen soziokulturellen Wertewandel beteiligt. In symbolischen Darstellungen und diskursiven Bearbeitungen von Grenzverletzungen – die wirklich geschehen oder aber nur als möglich imaginiert sein können – verständigt sich die Gesellschaft darüber, was innerhalb und was außerhalb des Akzeptierten liegt. Auf diese Weise werden gesellschaftliche Normen in Frage gestellt, bestätigt, angepasst oder verworfen.

Transgressionen beschränken sich demnach nicht darauf, die geltenden Werte und Normen in Frage zu stellen. Aus dem ihnen inhärenten Protestpotential können darüber hinaus neue Werte und Normen entstehen. Mit anderen Worten: Überschreitungen von Normen können neue Konventionen begründen; was einmal als Normüberschreitung galt, kann sich später als neue Norm etablieren. Unsere heutige – postmoderne – Situation, in der statt klarer Regeln und Kontinuität Uneindeutigkeit und schneller Wandel herrschen, vermittelt vielen Menschen ein Gefühl der Unsicherheit. Sie sehen sich gezwungen, die Grenzen selbst zu bestimmen und sich ein eigenes Ordnungssystem zu schaffen beziehungsweise sich aus der Vielzahl der normgebenden Instanzen diejenige auszusuchen, die verbindlich sein soll.

Da Frauen in patriarchal strukturierten Gesellschaften stets als das ›Andere‹, als die ›Ausnahme‹, Männer dagegen als das ›Normale‹ gelten, eignet sich ›Weiblichkeit‹ ebenso wie ›Männlichkeit‹ besonders gut als Indikator für gesellschaftliche Ordnungsmuster. Wenn Frauen und Männer die ihnen qua Geschlechterrolle gesetzten Grenzen überschreiten, stellen sie nicht selten das Selbstverständnis der gesamten Gesellschaft in Frage. Grundsätzlich sind zwei Arten der Grenzgänger – oder auch Außenseiter – zu unterscheiden: Die einen nehmen bewusst und willentlich Grenzüberschreitungen vor, für andere stellt sich das Außenseitertum als ›Schicksal‹ dar. Letztere sind etwa durch Geschlecht, Herkunft oder physische oder psychische Anlage marginalisiert – ihre bloße Existenz bedeutet bereits eine Grenzüberschreitung.

Die gesellschaftliche Wirkung von Transgressionen oder gar Umkehrungen, wie sie sich etwa im Karneval-Begriff von Michail Bachtin wieder finden, auch solche der Geschlechterrollen, wie sie sich in Erscheinungen wie dem Kleidertausch manifestieren, sind durchaus ambivalent: Sie können einerseits subversiv wirken und Widerstand hervorrufen; andererseits stabilisieren sie jedoch die herrschende Ordnung, indem sie als Ventil für Konflikte wirken und die Verhältnisse oftmals nach einer begrenzten Zeit wieder ›vom Kopf auf die Füße‹ gestellt werden.

Die Inszenierung des Geschlechts

Die Vorstellung vom Performanz-Charakter, vom Geschlecht als Inszenierung, wurde mit Judith Butlers *Gender Trouble* (*Das Unbehagen der Geschlechter*, 1990) populär. Die amerikanische Philosophin machte darauf aufmerksam, dass die meisten Gesellschaften auf der Basis der Vorstellung organisiert sind, dass die Zweigeschlechtlichkeit naturgegeben ist. Dabei wird angenommen, dass die beiden Geschlechter durch jeweils unterschiedliche Einstellungen, Verhaltensweisen und Eigenschaften charakterisiert sind. So wird ein Verhalten routinemäßig als das eines Manns oder einer Frau wahrgenommen und – durch den Bezug auf *gender*-Prototypen – danach bewertet, ob es der Darstellung eines Geschlechts angemessen ist oder nicht.

Butler entwickelt eine performative Theorie des Geschlechts, das nicht etwas ist, was man *hat*, sondern etwas, das man *tut*: *Doing gender* lautet die Formel. Vergleichbar mit Pascals Überlegung, dass Religiösität sich durch die Praxis des Betens stiftet und nicht etwa der Glaube zum Gebet führt, geht auch Butler davon aus, dass erst die Praxis des Mann- oder Frauseins die männliche oder weibliche Identität produziert. Weiblichkeit und Männlichkeit sind demnach Effekte von ritualisierten Handlungen und Sprechweisen, unterstützt von Konventionen bezüglich Kleidung und Gesten. Dies bedeutet jedoch nicht, so Butler weiter, dass das Individuum frei ist, sich beliebige *gender*-Identitäten wie Kostüme aus dem Fundus auszusuchen und überzustreifen. Der performative Akt ist also nicht im Sinne von ›Rolle‹ oder ›Kostümierung‹ zu verstehen, sondern als Effekt eines gesellschaftlich verankerten Geschlechterdiskurses, der sich in der nicht abschließbaren und nicht intentionalen Wiederholung und Re-Inszenierung von Normen äußert und auf diese Weise Identitäten konstituiert. Dieser Prozess des *doing gender* ist als alltäglich und unvermeidlich zu betrachten. So wird *gender* im Kontext einer routinisierten, permanent wiederholten Praxis erworben.

Ein weiteres zentrales und anti-essentialistisches Konzept der *gender studies* ist das der Maskerade, der Parodie. Es verweist auf die Ebene der Repräsentation, auf den kulturellen Akt der Herstellung und Darstellung von *gender* und profiliert Geschlecht als Diskursprodukt, das ironisch unterlaufen werden kann. Eine Art der ›Maskerade‹ ist die Travestie oder das *Cross-dressing*, die andersgeschlechtliche (Ver)Kleidung. Die ›Frau in Männerkleidern‹ ist ein weit verbreitetes literarisches Motiv, das auch aus Filmen wie *Yentl* oder *Shakespeare in Love* bekannt ist. Ob das Spiel mit Geschlechtsidentitäten subversiv oder affirmativ wirkt, lässt sich nicht grundsätzlich entscheiden – dies muss aus dem jeweiligen gesellschaftlichen Kontext heraus abgeleitet werden.

Grenzgänge(r): Das Androgyne

Eine Reihe von Protagonisten der zeitgenössischen arabischen Literatur üben sich in Grenzgängen. Dabei profitieren sie entweder bewusst vom Wechseln zwischen verschiedenen Welten als Erweiterung ihrer Möglichkeiten, ihres Lebens- und Erfahrungsraums, oder aber sie leiden darunter, in keiner der Welten einen Platz zu haben, keiner Gruppe zugehörig zu sein, nicht zu einer ›eindeutigen‹ Identität finden zu können.

Eine spezielle Form des GenderCrossings, der GeschlechterTransgressionen bildet das Motiv des Androgynen, das in Literatur und Philosophie, von Platons Kugelmenschen bis heute in unterschiedlichen Formen auftritt und mit unterschiedlichsten Bedeutungen belegt wird. Im Androgynen sind Weiblichkeit und Männlichkeit als in einer Person vereint vorgestellt. In der

Forschung zu androgynen Figuren in der Literatur stehen meist soziologisch-literarische Aspekte im Vordergrund, etwa die literarische Umsetzung von Emanzipationsbestrebungen. Das Androgyne ist eine äußerst ambivalente Figur: Negativ gesehen ist sie mangelhaft, ohne eindeutige Identität und gesellschaftlich marginalisiert. Positiv gedeutet steht sie für Vollkommenheit, Selbstgenügsamkeit und Autarkie und gilt – in ihrer Eigenschaft als ›Zwischenwesen‹ – als ideale Vermittlungsinstanz.

Bei der Betrachtung des Androgynen drängt sich der Begriff des ›Liminalen‹ geradezu auf. Der Ethnologe Victor Turner, der sich mit Ritualen – insbesondere mit Übergangsriten wie Initiations- oder Heiratsriten – beschäftigt hat, stellt deren mittlere Phase als interessanteste heraus: Nach der Trennung vom ursprünglichen Zustand und vor der Wiedereingliederung in die Gemeinschaft mit neu erworbenem Status befindet sich der Mensch in einem Zustand der Liminalität, einer Schwellenposition. Dieser Zustand ist charakterisiert durch das Spiel mit dem Bekannten, dessen Verfremdung und die Neu-Kombination einzelner Elemente. Es ist daher eine Phase der Kreativität, in der sich Neues entwickeln kann. Das Androgyne ist durch seinen Schwellencharakter eine liminale Figur *par excellence*.

In der zeitgenössischen arabischen Literatur finden sich Elemente der Androgynie in unterschiedlichen Kontexten und mit unterschiedlichen Funktionen. Die Idee der GeschlechterTransgression in Form eines Androgynen oder gar Hermaphroditen ist in zwei Romanen der libanesischen Autorin Hudā Barakāt von Bedeutung. Ist es in *Ahl al-hawā* (*Leute der Leidenschaft*, 1993) die Wunschvorstellung eines Manns, mit der Geliebten zu einem Wesen zu verschmelzen, sie ›ganz in sich aufzunehmen‹, und sei es, indem er sie tötet, so kann der Protagonist in *Ḥadjar al-ḍaḥik* (*Der Stein des Lachens*, 1990) als Beispiel für den ›Außenseiter als Schicksal‹ verstanden werden: Er leidet unter seiner Existenz im Niemandsland zwischen der männlichen und der weiblichen Sphäre und ist nicht in der Lage, die kreativen Potentiale seiner liminalen Position zu nutzen, sondern nimmt am Ende eine stereotyp männliche Rolle an. Ein Fall von – unfreiwilligem – *Cross-dressing* steht im Mittelpunkt zweier Romane des Marokkaners Tahar Ben Jelloun, *L'enfant de sable* (*Sohn ihres Vaters*, 1985) und *La nuit sacrée* (*Die Nacht der Unschuld*, 1987). Die zum Mann erzogene Frau steht hier, so eine der Interpretationen in Roland Spillers Beitrag in diesem Band, für das kolonisierte Land: »Ihre Suche nach der eigenen Identität repräsentiert als historischer *master plot* die Entkolonisierung.«

Als eine weitere, außertextuelle Form der Androgynie könnte man die ›Androgynie des Schreibens‹ betrachten: Autorinnen wie Hudā Barakāt wählen bewusst männliche, Autoren wie Tahar Ben Jelloun weibliche Hauptfiguren für ihre Werke. Die Motivation für diese Wahl kann eine ganz unterschiedliche sein: So vertritt Ben Jelloun die Auffassung, dass der Frau als Kristallisationspunkt der gesellschaftlichen Konflikte eine besondere Bedeutung bei der Bearbeitung dieser Konflikte zukommt. Umgekehrt ist für Hudā Barakāt ein männlicher Protagonist interessanter; er eröffne ihr weitere Handlungsspielräume als eine weibliche Figur. Darüber hinaus versuche sie, beim Schreiben Mann und Frau zu sein und zugleich über beide hinauszugehen, denn Schreiben bedeute für sie das Heraustreten aus allen Grenzen.

Geschlechterbeziehungen als Ausdruck für andere hierarchische Beziehungen

Nicht immer, wenn vom Geschlecht die Rede ist, ist das Geschlecht wirklich gemeint. Da die Geschlechteropposition *den* zentralen Dualismus darstellt, repräsentiert sie gewissemaßen alle anderen binären Oppositionspaare – wie Natur/Kultur, Unterlegenheit/Überlegenheit, Emotionalität/Rationalität –, von denen jeweils eine Seite als ›weiblich‹ und eine als ›männlich‹ konnotiert ist. Geschlechterbeziehungen stehen oftmals für andere hierarchische Beziehungen in der Gesellschaft. Eine zentrale Rolle kommt dabei der Sexualität zu. Sexuelle Beziehungen – insbesondere solche gewaltsamer Art – spiegeln oftmals andere – gewaltsame – gesellschaftliche Beziehungen wider.

Rachid Boudjedra, dessen gesamtes Werk von Transgressionen geprägt ist, richtet den Blick – insbesondere über die offensive Darstellung von Sexualität und Körperlichkeit – auf die Frau und ihre Situation in der Gesellschaft. Dennoch zielen Boudjedras Texte, so die These von Doris Ruhe, nur vordergründig auf eine Veränderung der Geschlechterordnung. »Dahinter stehen vielmehr Konflikte, die eher homosoziale Beziehungen und den Interessenausgleich zwischen verschiedenen gesellschaftlichen Gruppen betreffen und die so brisant sind, dass sie nur in dieser verschlüsselten Weise formuliert werden können.« In den Romanen von Vénus Khoury-Ghata, dies stellt Monika Moster-Eichberger in ihrem Beitrag fest, steht Sexualität für Krieg, Krieg für Sexualität. Sex wird mit Kriegsvokabular, der Krieg mit sexuellem Vokabular beschrieben. Auf einer weiteren Ebene ist die Gewalt in der Familie parallel zu der im Krieg gesetzt – so fungiert »die Familie als Mikrokosmos einer Gesellschaft im Krieg«. Ohne den Kriegskontext, doch auf seine Weise fast ebenso gewaltvoll, erscheinen Sexualität und Familienverhältnisse bei Muḥammad Shukrī als – nicht nur moralische – Grenzüberschreitungen. »Neben der offensichtlichen Transgression moralischer Vorstellungen bezüglich (Homo-)Sexualität und der heiligen Institution Familie«, so Özkan Ezli, »überschreitet Shukrī in seinem Text auch jede kohärente Form von Identitätsbildung, in diesem Fall die einer sexuellen Identität.«

›gendered spaces‹

Grenzüberschreitungen geschehen außerdem in ›gendered spaces‹, geschlechtlich konnotierten Räumen, in denen sich die Romanfiguren bewegen, aus denen sie ausbrechen oder zwischen denen sie hin- und herwechseln – sei es in realer oder imaginierter Form. In ʿĀliya Mamdūḥs Roman *Ḥabbāt al-naftalīn* (*Mottenkugeln*, 1986) sind solche Räume von zentraler Bedeutung. Wie Verena Klemm bemerkt, haben Frauenräume hier eine doppelte Konnotation: Sie sind einerseits geprägt von Leid und männlicher – symbolischer oder realer – Gewalt, bloße ›Zwischenräume‹, begrenzt von den männlichen Sphären der Macht. Auf der anderen Seite aber sind sie Sphären weiblicher Persönlichkeiten und Körper, Orte der Sinnlichkeit, der Sexualität und der Subversion. Tahar Ben Jellouns Romane enthalten utopische und heterotopische Räume. Ein Beispiel dafür ist das Hammam, das öffentliche Bad, das hier *gender*-spezifisch unterschiedlich wahrgenommen wird. Für die Frauen, so Roland Spiller, stellt es einen geschlossenen Raum dar, in dem sie eine Utopie realisieren und offen über Tabuthemen wie Sexualität sprechen können. Im Männerbad dagegen »herrscht eine stumme, phantasielose Atmosphäre, die den Eindruck von Arbeit vermittelt.«

Autobiographien kollektiver Weiblichkeit

Als eine Art Grenzüberschreitung kann schließlich auch eine Form der Identitätssuche betrachtet werden, die oftmals als sowohl spezifisch weibliches als auch postkoloniales Phänomen betrachtet wird: die ›kollektive Autobiographie‹. Da die Fokussierung auf das Individuum bereits eine Herausforderung des Kollektivitätsideals bedeutet, stellt das Schreiben der Autobiographie an sich bereits eine Transgression dar. Im weiteren Sinne trangressiv ist die kollektive Autobiographie, da sie die Grenzen zwischen dem Individuum und der Gemeinschaft überschreitet, um sie zusammenzuführen. So verbindet ʿĀliya Mamdūḥ eigene Erinnerungen mit den Erfahrungen anderer Frauen. »Das ›Ich‹ ist bei ʿĀliya Mamdūḥ,« so Verena Klemm, »kein autobiographisches Bekenntnis, sondern Annäherung des Selbst an den Andern«, »eine Polybiographie«, die »das isolierte, exilierte Individuum zurück in eine symbolische Form der Gemeinschaft« führt. Ein ähnliches Ziel verfolgt Assia Djebar in ihrem autobiographischen Roman *L'amour, la fantasia* (*Fantasia*, 1985). Auf äußerst komplexe Weise verschränkt die Autorin Autobiographisches mit unterschiedlichsten Stimmen aus der Geschichte ihres Landes. In dem Versuch, die eigene Entwurzelung – Folge ihrer Schulbildung im kolonialen System – zu überwinden, schafft sie sich somit eine weibliche Genealogie.

Roland Spiller

Geschlechterwechsel zwischen Utopie und Heterotopie

Tahar Ben Jellouns *Sohn ihres Vaters* und *Die Nacht der Unschuld*

Ein Sohn der Scheherazade

Kann man eine gute Sache schlecht verteidigen? Oder anders gefragt: Können sich (männliche) Schriftsteller gut für die Sache der Frauen einsetzen? Und wenn sie gar arabischer Herkunft sind? Tahar Ben Jelloun, 1944 im marokkanischen Fes geboren, ist der einflussreichste Schriftsteller des französischsprachigen Maghreb. Überwiegend in Paris lebend, tritt er vehement für die Emanzipation der Frau ein. Sein gesamtes Prosawerk, beginnend 1973 mit *Harrouda* steht im Zeichen dieses Engagements. Die Titelfigur, eine legendäre Frauengestalt aus der nordafrikanischen Mythologie, erscheint im Roman als gesellschaftlich Ausgestoßene. Sie ist das Objekt der Begierde der Heranwachsenden von Fes. Außerdem verkörpert sie den Wunsch nach Freiheit. Neben ihr steht die Mutter des Erzählers als zweite herausragende Frauenfigur. Sie ist Analphabetin und repräsentiert eben dadurch den Ursprung des Schreibens. Die Beziehung zur Mutter erfüllt bei Ben Jelloun mehrere fundamentale Funktionen: Sie verweist auf den gesprochenen arabischen Dialekt als Quelle der Schriftsprache, auf sein in *L'écrivain public* (1983) dargestelltes literarisches Selbstverständnis als »öffentlicher Schreiber«, der für sein überwiegend analphabetisches Volk schreibt, auf die Wortergreifung der Frau, wie sie in der realen Gesellschaft zumindest zur Zeit der Publikation des Buchs kaum möglich gewesen wäre und schließlich auf eine für die mediterrane Kultur charakteristische, ausgeprägte Beziehung zur Mutter.

Die fiktive ›Wortergreifung‹ der Mutter berührt die geschlechtsspezifische Dimension literarischer Texte. In der Literatur scheint die von Judith Butler hinterfragte Unterscheidung eines biologischen Geschlechts (*sex*) und eines kulturell konstruierten (*gender*) zunächst einmal keine Rolle zu spielen. Literarische Figuren sind ja stets mit bestimmten erzählerischen und diskursiven Verfahren konstruierte Artefakte. Da sie jedoch erst durch die Überschneidungen der Projektionen von Autor und Leser lebendig werden, erfüllen sie einige über die Konstruiertheit hinausreichende Funktionen. Die Geschlechter bilden einen Brennpunkt im literarischen Beziehungsgeflecht. Das manifestiert sich besonders im Themenbereich des Körperlichen. Körper und Geschlecht von textimmanenten Protagonisten und Erzählern entsprechen aufgrund ihrer Konstruiertheit dem *gender*-Begriff. *Sex* als *gender*. Biologie als ästhetisches Konstrukt? Ganz so einfach lässt sich die Unterscheidung nicht aufheben. Denn wenn *sex* zu *gender* wird, was geschieht dann mit *gender*? Die mit den Mitteln der Literatur geschaffenen Figuren reflektieren häufig die kulturelle Verfasstheit der Geschlechterrollen. In der postkolonialen Literatur ist die von Butler in Frage gestellte Dichotomie von biologischem und kulturellem Geschlecht ein zentrales Thema. Ben Jellouns Romane nehmen auf teilweise Schwindel erregende Weise jene Diskussionen vorweg, die, angeregt von Butler, die theoretische Entwicklung der neunziger Jahre geprägt haben. Will man das duale Modell der *sex/gender*-Unterscheidung beibehalten, muss man im Hinblick auf die Literatur von einer sekundären *gender*-Stufe sprechen, auf der die primären historischen und kulturellen Konstruktionsmechanismen reflektiert werden. Zu bedenken ist außerdem, dass die literarische Figur als anthropomorphe Illusion so elementare, in der Lebenswirklichkeit des Lesers verankerte Funktionen wie den Wunsch nach Identifikation erfüllt. Ben Jelloun weitet das geschlechtsspezifische Potential der Schreib- und Leseakte in alle erdenklichen Richtungen aus. Seine Figuren entwickeln ihre Geschlechtlichkeit, indem sie die anderen lesen und schreiben, gleichzeitig werden sie von anderen gelesen und geschrieben. Die in *Harrouda* entwickelte *lecture dans le corps* (Lektüre im Körper) führt ins Innere des Körpers, sie ›berührt‹ aber auch den Körper des Lesenden. Das sinnliche und politische Potential dieses Übertragungsmechanismus springt auf den Leser über. Er erfasst ihn in seiner Lebenswelt. Die Faszination dieses Überspringens, die scheinbar unmittelbare Ergriffenheit des Lebens von der erzählten Geschichte, ist eng mit der Geschlechterproblematik verbunden.

Der Übergang von der realen, stumm ihr Schicksal erleidenden Frau zur sprechenden bis hin zum Autor als ihrem Stellvertreter wiederholt sich in vielfachen Brechungen in den Romanen *L'enfant de sable* (*Sohn ihres Vaters*, 1985) und *La nuit sacrée* (*Die Nacht der Unschuld*, 1987). Auch in anderen zuvor und danach erschienenen Romanen wie *La prière de l'absent* (*Das Gebet für den Abwesenden*, 1981) und *Les yeux baissés* (*Mit gesenktem Blick*, 1991) treten Frauen als Erzählerinnen auf. Die erzählende Frau verweist auf die wirkungsmächtige Frauenfigur der Scheherazade. Das Prinzip des Überlebens durch Erzählen zitieren arabischsprachige Schriftstellerinnen genauso wie die frankophone Assia Djebar oder die Chilenin Isabel Allende. Der Bezug zu den *Erzählungen aus Tausendundeiner Nacht* verdeutlicht am Beispiel der Märchensammlung, dass die literarischen Gattungen jeweils eigene diskursive Muster der geschlechtsspezifischen Dimension beinhalten. Ben Jelloun steckt wie Djebar die Grenzen der dem Roman eigenen *sex*- und *gen*-

der-Muster neu ab. Insbesondere der mit Scheherazade verbundene Bezug von Literatur und Leben wird in experimentellen fiktionalisierten Autobiographien neu verhandelt. Im hybriden Deutungsmuster der Gattung Roman vervielfacht Ben Jelloun die Bedeutungen von Geschlechts- und Identitätszuschreibungen.

Gleichwohl ist sein Engagement für die Frau nicht unumstritten geblieben: Ein Mann unter den Töchtern der Scheherazade? Arabische *gender studies* in französischer Sprache? Um etwaige Zweifel auf ihre Berechtigung hin zu überprüfen, bietet sich eine Kombination aus *close reading* und einer übergeordneten Perspektive an.

Textnahe Analysen zeigen, dass auto-exotische und orientalisierende Elemente, die auf einen patriarchalischen Blickwinkel hinweisen, in Tahar Ben Jellouns Werken durchaus vorhanden sind. Diese sind jedoch nur im Gesamtzusammenhang der narrativen Logik zu bestätigen. Die oft komplexe Gestaltung des Erzählens erfordert es, eventuelle patriarchalische Inhalte genauestens auf ihre Funktion im Gesamtgefüge hin zu prüfen. Ben Jellouns Markenzeichen besteht gerade darin, dass er die inhaltliche Reflexion der Geschlechterproblematik auf die verschiedenen Kommunikationsebenen des Textes überträgt. Protagonisten, Erzähler und implizite Leserfiguren tauschen in atemberaubenden Pirouetten die Rollen. Dadurch geraten ihre geschlechtlichen Zuordnungen in Bewegung. Diese Dynamik greift sowohl auf das textinterne als auch auf das externe Verhältnis von Erzählerfiguren und Leser/Zuhörer über. Eine genaue Analyse der Erzählsituation im literarischen Kommunikationssystem, wie sie bei Ben Jelloun unabdingbar ist, könnte sich als Grundlage der Darstellung von Geschlechterverhältnissen in der Literatur erweisen.

Aus sozialgeschichtlicher Sicht ist der Wunsch nach einer Verbesserung der Lebensbedingungen von Frauen Teil des dekolonisierenden Diskurses. Es ist fraglich, ob sich eine Gesellschaft entkolonisieren kann, wenn sie die Beziehungen zwischen den Geschlechtern nicht ebenfalls von den Strukturen der Eroberung und der Gewalt bereinigt. Die Unterdrückung der Frau ist in den Romanen Ben Jellouns nicht zu trennen von den repressiven und entfremdenden Kräften, die die Subjektwerdung in der marokkanischen Gesellschaft im Allgemeinen kennzeichnen. Drei miteinander verknüpfte Faktoren sind als Hauptursachen auszumachen: das Fortwirken des kolonialen Systems, die islamischen Institutionen und der repressive Staat. Bei der Kritik dieser drei Bereiche kommt der Frau eine besondere Bedeutung zu. Sie symbolisiert den Kampf für die Befreiung, weil an ihrem Beispiel die Entfremdung der marokkanischen Gesellschaft am deutlichsten zum Ausdruck kommt.

Das Imaginäre und die Konstituierung des Geschlechts zwischen Utopie und Heterotopie

Wie ist nun die Semantik der Geschlechter bei Ben Jelloun genauer zu bestimmen? Allgemein lässt sich sagen, dass Überschreitungen bestehender Identitäten und Weltbilder eine zentrale Rolle spielen. Dies äußert sich im Motiv der Metamorphose. Männliche und weibliche Figuren durchlaufen sie gleichermaßen. Der in *Sohn ihres Vaters* und *Die Nacht der Unschuld* vollzogene Geschlechterwechsel ist eine signifikante Grenzüberschreitung nach dem literarischen Raum-Modell des russischen Kultursemiotikers Jurij Lotman. Als Chiffre der Entkolonisierung steht die zum Mann erzogene Frau für das von Frankreich kolonisierte Marokko und den gesamten Maghreb. Ihre Suche nach der eigenen Identität repräsentiert als historischer *master-plot* die Entkolonisierung. Entscheidend bei der Bewegung von einem geschlossenen repressiven System der Entfremdung zu einem offenen und selbstbestimmten ist die sprachliche und kulturelle Hybridisierung. Dadurch dass die Befreiung in der französischen Sprache verläuft, erfahren dichotomische Schemata wie Kolonisator *versus* Kolonisierter, Unterdrücker *versus* Unterdrückter, Mann *versus* Frau eine Brechung. Ben Jellouns lyrische Anfänge sind geprägt vom schlechten Gewissen darüber, die Freiheit in der Sprache des Unterdrückers zu suchen. Im Kontext des arabischen Kulturraums, wo die Sprache des Korans ein außergewöhnliches Prestige genießt, wiegt dieser Vorwurf umso schwerer. Aus dem daraus resultierenden Schuldgefühl entwickelte Ben Jelloun die Vorstellung des Schriftstellers als Sprachendieb, wie sie – allerdings ohne Schuldgefühle – auch bei Jean Genet, mit dem er sehr eng befreundet war, und Roland Barthes erscheint. Die Metapher des Diebs dient, wie die weit häufiger gebrauchte der Geliebten (für die französische Sprache), der literarischen Selbstdarstellung im interkulturellen Feld: »Ich nehme das marokkanische Universum und transportiere es in die französische Sprache, die außerordentlich subtil ist und die ich sehr liebe: In sie habe ich mich eingeschlichen wie ein Dieb.«

Nach Phasen staatlicher Gewaltanwendung und Repression durch Kolonialmächte geht es besonders in unabhängig gewordenen Gesellschaften darum, ein neues Selbstbild zu entwickeln. Wie ist zwischen Vergangenheitsbewältigung und zukunftsorientiertem Politpragmatismus ein Weg zu finden, der die Verantwortung für Vergangenheit *und* Zukunft übernimmt? Die von nationalistischen Kräften geforderte vollständige Arabisierung hat sich als unrealistisch erwiesen. Die Modernisierung der marokkanischen Gesellschaft ist mit Frankreich und seinem kulturellen Erbe leichter zu bewältigen als ohne. Eine solche differenziertere Sichtweise hilft, den Teufelskreis der Täter-Opfer-Beziehung zu durchbrechen.

Um die makrostrukturelle Spannung zwischen dem utopischen Horizont der Befreiung und deren realen Möglichkeiten auf die Textebene zu übertragen, möchte ich Michel Foucaults Konzept der Heterotopie heranziehen. Foucault ordnet dem 20. Jahrhundert die Kategorie des Raums zu. Er entwickelt die Definition der Heterotopie aus dem Kontrast zur Utopie, die er als unwirklichen Raum begreift, der die bestehende Gesellschaft perfektioniert oder umkehrt. Ben Jellouns Romane enthalten utopische Räume, die, etwa am Ende von *Die Nacht der Unschuld*, sogar erreicht werden können. Freilich ist das Ankommen in der *U-topie* paradox. Deshalb ist der Wirklichkeitsstatus dieser ortlosen Orte genauer zu bestimmen. Ben Jelloun zieht die Tradition des Märchens und die phantastische Literatur bei ihrer Modellierung heran. Aus dieser interkulturellen Gattungsmischung entsteht die Dynamik seines Fabulierens. Die fiktionalisierte Figur des Jorge Luis Borges in *Sohn ihres Vaters* ist ihre Personifizierung. Der Titel bezieht sich auf Borges' *Libro de arena* (*Sandbuch*). Der argentinische Schriftsteller ist übrigens eines der wenigen eingestandenen Vorbilder Ben Jellouns – wir werden auf ihn zurückkommen.

Foucaults Begriff der Heterotopie eignet sich besonders gut zur Analyse der maghrebinischen Literatur französischer Sprache. Etwas vereinfacht handelt es sich um in der Gesellschaft bereits verwirklichte Utopien, die eine Gegenfunktion erfüllen. Heterotopien sind Foucault zufolge »realisierte Utopien, in denen die wirklichen Plätze innerhalb der Kultur gleichzeitig repräsentiert, bestritten und gewendet sind, gewissermaßen Orte außerhalb aller Orte, wiewohl sie tatsächlich geortet werden können. Weil diese Orte ganz *andere* sind als alle Plätze, die sie reflektieren oder von denen sie sprechen, nenne ich sie im Gegensatz zu den Utopien *Heterotopien.*«

Von den von Foucault angeführten Beispielen sind bei Ben Jelloun der Friedhof, die Bibliothek, das Gefängnis, das Bordell sowie diverse Krisen- und Abweichungsheterotopien besonders relevant. Hervorzuheben ist der Hammam. Das öffentliche Bad bildet einen zentralen Ereignisraum bei der Inszenierung des Geschlechterwechsels. Ben Jelloun gestaltet den Hammam als Schwelle. In *Sohn ihres Vaters* markiert der Besuch des Frauenbads im Kapitel »Freitagstor« den Übergang von der auferlegten Männerrolle zur weiblichen Identitätssuche.

Mehr noch als die Krisenheterotopien treten die durch normabweichendes Verhalten definierten Abweichungsheterotopien auf: Erholungsheime, psychiatrische Kliniken, Gefängnisse und Altersheime. Das gesamte Romanwerk beruht überwiegend auf der Bewegung der Figuren zwischen imaginierten Räumen der Utopie und realen Krisen- und Abweichungsheterotopien. Diese Grenzüberschreitungen gehen einher mit der Hinterfragung und Verhandlung der bestehenden Geschlechterrollen.

Bevor ich zur konkreten Gestaltung der entsprechenden Orte komme, möchte ich darauf hinweisen, dass die Literatur selbst ebenfalls im Spannungsfeld von Utopie und Heterotopie entsteht. Literatur als Ausdrucksform des Imaginären erfüllt eine Vermittlerfunktion zwischen den realen Gegebenheiten und den Träumen und Wünschen einer Gesellschaft. Mit dem griechischen Philosophen, Soziologen, Psychoanalytiker und Ökonomen Cornélius Castoriadis kann man das Imaginäre als epistemologisches und ontologisches Schöpfungsprinzip betrachten, das nicht nur das künstlerische, sondern auch das ökonomische System als Konkretisierung des Imaginären bestimmt. Demzufolge sind scheinbar ›natürlich‹ vorgegebene Kategorien wie das Geschlecht oder die Natur als kulturelle Konstrukte des Imaginären zu begreifen. Ben Jellouns Ästhetik zeugt von der ursprünglichen Kraft des Imaginären. In den hier vorgestellten Romanen ist eine wilde Imagination am Werk. Die Kräfte des Irrationalen, Träume, Phantasien und Wunschvorstellungen verleihen dem Unbewussten einen hohen Stellenwert – man könnte dies als eine ›Poetik der Nacht‹ bezeichnen. Der Wunsch nach Befreiung entspringt damit nicht nur den mehr oder weniger bewusst erlebten äußeren gesellschaftlichen Bedingungen, sondern auch einem inneren Antrieb, der sich der bewussten Kontrolle des Verstandes entzieht. Bewusstes und unbewusstes Erleben überschneiden sich. Ben Jelloun inszeniert diese Überschneidungen an den bestehenden Geschlechtergrenzen. Die Tatsache, dass diese Grenzzone zudem hochgradig interkulturell ist, verleiht den Geschlechter- und Kulturkonflikten eine irreduzible Komplexität.

Sohn ihres Vaters und *Die Nacht der Unschuld.* Hammam und Bibliothek als Heterotopien

Die skizzierte Sujetbewegung lässt sich bereits in *Sohn ihres Vaters* und *Die Nacht der Unschuld* beobachten, noch vor den Immigrationstexten, wo der Kulturkonflikt in Frankreich stattfindet. Inhaltlich sind die damit verbundenen Grenzüberschreitungen an den Motiven der *blessure* (Verletzung) und dem *itinéraire* (Reiseweg; Übersetzung des arabischen *riḥla*) oder der *errance* (Irrweg) festzumachen. Sämtliche Romane Ben Jellouns variieren diese Grundkonstellation. Die beiden oben genannten Romane variieren sogar dieselbe Geschichte. Sie erzählen von der in der Kindheit verursachten Verletzung von Zahra, einer marokkanischen Frau, und deren Weg zu sich selbst. Ihr Vater fühlte sich gedemütigt, weil seine Frau ihm bereits sieben Töchter gebar. Deshalb erzog er die achte Tochter als Sohn mit dem Namen Ahmed. Erst nach dem Tod des Vaters kann sie ihre weibliche Selbstfindung beginnen. Die Heilung des verletzten inneren Kindes, wie der Familienpsychologe John Bradshaw sagen würde, verläuft weitgehend als *itinéraire* und *errance.*

Ansatzweise finden sich jedoch auch Spuren der Pilgerfahrt und der Erleuchtung als teleologische Grundmuster. Aus ihnen entwickeln sich entsakralisierte, teilweise grotesk verzerrte Formen einer Travestie der Geschlechter. Die inhaltlich dargestellte Entwicklung kommt mithin auch formal zum Ausdruck. In einem ständigen Wechselspiel verändert sich die Erzählsituation. Inspiriert von den traditionellen Geschichtenerzählern, die in Marokko auf öffentlichen Plätzen, in der *ḥalqa*, dem Kreis ihrer Zuhörer, auftreten, entsteht ein Wettbewerb des Erzählens. Nicht weniger als vier Erzähler geben in *Sohn ihres Vaters* stark divergierende Versionen der Geschichte Zahras zum Besten. Mit Fatouma ergreift auch eine Frau das Wort. Sie liefert die Innensicht, indem sie in Zahras Geschichte schlüpft:

> Meine Geschichte ist alt ..., älter noch als der Islam ... Mein Wort hat kein großes Gewicht ... Ich bin nur eine Frau, ich habe keine Tränen mehr. Man hat mir schon früh beigebracht, dass eine weinende Frau verloren ist ... Ich beschloß, niemals eine weinende Frau zu sein. Ich habe in der Illusion eines anderen Körpers gelebt, mit den Kleidern und Gefühlen eines anderen. Ich habe alle Welt betrogen, bis ich schließlich bemerkt habe, dass ich mich selbst betrüge.

Entscheidend dabei sind zwei Aspekte. Zum einen das Prinzip der Verschachtelung: Sämtliche Erzähler verwenden das Tagebuch der erzählten Figur. Dadurch wird die oben erwähnte, sekundäre Modellierung von *gender* reflektiert. Und zum anderen das Verhältnis der Erzähler zur erzählten Geschichte. Sie laufen alle Gefahr, wie der erste Erzähler von ihren Sätzen verschlungen zu werden.

Die semantischen Koordinaten dieser *errance* sind die utopischen und heterotopischen Räume im foucaultschen Sinn. Als Chiffren der Interkulturalität führen sie allerdings mitnichten geradewegs in die Freiheit. Die Etappen der weiblichen Selbstfindung sind bei allen Erzählern gezeichnet von einer erschütternden Gewalt: Vergewaltigungen, Verrat, Zwangsarbeit im Wanderzirkus, Gefängnis, bis hin zu einem Abstieg in die Unterwelt, der in *Die Nacht der Unschuld* in einer unmenschlichen Exzision gipfelt, bevor es dann zu einer märchenhaften Auflösung in der Utopie kommt.

Sohn ihres Vaters ist der Prototyp zu *Die Nacht der Unschuld*. Das im Originaltitel evozierte Bild eines Kindes aus Sand bezieht sich auf die Protagonistin Ahmed/Zahra und auf die Erzählweise. Die Doppelexistenz einer als Mann erzogenen Frau bringt den Themenkomplex der Geschlechterunterschiede, der Androgynität und der Emanzipation zum Ausdruck. Dabei kommt es durchaus auch zu Phasen der Stabilisierung: »Ich war nicht mehr ein Wesen aus Sand und Staub mit einer unsicheren Identität, das beim geringsten Widerstand zerfiel.«

Die wie Sand zerrinnende Identität Zahras betrifft nicht nur das Was, sondern auch das Wie, das Erzählen dieses Zerrinnens. Die mehrfache Brechung und Verschachtelung miteinander konkurrierender Erzählerfiguren zeigt, dass es auch um das Erzählen – nicht nur im Sinne der erwähnten Wortergreifung, sondern auch als schöpferischen Sprechakt des Imaginären – geht: Die Entwicklung der Frau verläuft vom erzählten Objekt zum erzählenden Subjekt. Sie findet jedoch keinen Abschluss. Die Gefahr, von den eigenen Sätzen verschlungen zu werden, ist groß. Es liegt nahe, darin eine Parabel für die Situation des maghrebinischen Schriftstellers zu erkennen, der seine Identität nicht festschreiben kann, zumindest nicht in der Sprache des Kolonisators. Und im Arabischen? Wohl kaum, denn die Ambiguität des Nichterreichens zeichnet Ben Jellouns Erzählkunst gerade aus. Schließlich ist es ein Phantasma vieler Schriftsteller, von der eigenen Schöpfung verschlungen zu werden. In diesem Zusammenhang erscheint Borges als »blinder Troubadour« in der Kette der Erzähler. Die in *Sohn ihres Vaters* besonders komplexen Verschachtelungen basieren auf dessen Erzählung »Las ruinas circulares« (Die kreisförmigen Ruinen). Dort erträumt ein Zauberer einen Menschen, um am Schluss festzustellen, dass auch er der wiederum aus einem Traum entstandene Traum eines anderen Zauberers ist. Auch Ben Jelloun fügt die binnenfiktionalen Wirklichkeitsebenen nach dem Prinzip des Traums im Traum oder des Buchs im Buch ineinander. Die klare Abgrenzung der Bereiche von Traum und Wirklichkeit ist indessen nicht seine größte Sorge, viel mehr ist ihm an dem Zwischenraum gelegen, der sie trennt und verbindet. Wie groß ist der Abstand, wie ist die Qualität des Verhältnisses der beiden Bereiche? Das sind die entscheidenden Fragen.

Ben Jelloun verankert das Erzählen einerseits in der marokkanischen Tradition des öffentlichen Geschichtenerzählens. Andererseits gestaltet er diese Performanz mit den metafiktionalen Strategien postmodernen Erzählens, das in einer permanenten Selbsthinterfragung die Existenz eines Originals, der ›wahren Geschichte‹, anzweifelt. Der Sinn erwächst aus der Einsicht, dass ein im Ursprung begründeter Sinn sich stets entzieht. Allerdings scheint sich der Handlungsablauf gegen diese strukturell umgesetzte Erkenntnis zu sträuben. Die Suche nach einem Erzähler, der die Geschichte unter Kontrolle bekommt, endet, nach diversen gescheiterten Versuchen, in einem Tagebuch, das die »wahre Geschichte« der als Mann erzogenen Frau enthält. Dessen Seiten wurden freilich vom Licht des Vollmonds ausgelöscht. Was bleibt, ist das Erzählen, die Konstruktion von Fiktionen als nie vollständig zu kontrollierende, stets unabgeschlossene Arbeit des Imaginären. Der Leser, der die Auflösung kennen möchte, wird mit einer ironischen Geste selbst zum Schreiben eingeladen: »Ich aber lege vor euch das Buch, das Tintenfaß und den Federkiel ab.« Ein offener Text, zweifelsohne, doch Ben Jelloun geht noch weiter. Die Aktivierung des Imaginären verändert das Verhältnis von Fakt und Fiktion. Dieses Verfahren erschüttert die elementaren Bestandteile der

Semantik – Figuren, Zeiten und Räume. Analog zur Festschreibung der Geschlechteridentitäten wird auch das Verhältnis von Fakt und Fiktion, Wirklichkeit und Traum erschüttert. Traum und Fiktion sind oft realer als die Wirklichkeit. Für die Erzählerfiguren bedeutet dies höchste Gefahr, denn die Geschichten ergreifen ihren Erzähler mit Haut und Haar, sie schreiben sich in ihre Körper ein. Da die Geschichte der Geschlechter eine von Gewalt und Entfremdung ist, haben sie diese Gewalt *inkorporiert*, sie ist lesbar, in ihren Körpern, besonders in den Gesichtern. Die Literatur bewohnt den Körper. Der Leib wird zum Ort der Wahrheit. Körper und Leib sind keine passiven Speicher, in denen die kollektive Gewalt eingeschrieben ist, sondern sie produzieren daraus immer neue Geschichten. Borges abstrahiert diese Einsicht, er *entkorporiert* sie, Ben Jelloun führt sie zurück ins Fleisch. Seine schreibende Erkundung des Körpers, ein typisches Merkmal der so genannten Frauenliteratur, erkundet auch die erzählerische Vermittlung dieser Erkundung.

Wie funktioniert das im Körper begründete Schreiben, die *écriture du corps*? Dies ist anhand der heterotopischen Räume zu erläutern. Stellvertretend für viele andere sei hier der bereits erwähnte Besuch des Frauenbads angeführt. Foucault definiert den Hammam als ein System von Öffnungen und Schließungen, die gleichzeitig isolieren und durchdringlich machen. Ben Jelloun verbindet in dieser Szene die Darstellung des Imaginationsprozesses mit der geschlossenen Welt der Frauen, die beim wöchentlichen Hammambesuch ihr Bedürfnis nach Reinigung, Kommunikation und Offenheit ausleben. Im geschlossenen Raum des Dampfbads realisieren sie eine Utopie, in der, wie Foucault sagt, die wirklichen Plätze einer Kultur »gleichzeitig repräsentiert, bestritten und gewendet« werden. Es ist »ein Ort außerhalb aller Orte«, der tatsächlich geortet werden kann. Nur hier können die Frauen offen über Tabuthemen wie Sexualität sprechen. Die Andersheit dieses Orts erhält durch die für Ben Jelloun charakteristische Spiegelung und Brechung des Erzählens eine besondere Bedeutung, weil sie den von den Wörtern ausgelösten Prozess der Einbildungskraft reflektiert: »Die Decke glich einem Bild oder einer Schrifttafel.« Dabei kommt die als Mann erzogene Heranwachsende zu der Einsicht: »Und für alle diese Frauen beschränkte sich das Leben auf so wenig (...): Küche, Haushalt, Warten und einmal in der Woche Entspannung im Hammam. Heimlich war ich froh, nicht Teil dieser so eingeschränkten Welt zu sein.«

Der anschließende Besuch im Männerbad ist ein Kontrastprogramm: Dort herrscht eine stumme, phantasielose Atmosphäre, die den Eindruck von Arbeit vermittelt. Als Ganzes demonstrieren beide Szenen ein doppeltes Mimikry. Zahra muss das Frauenbad verlassen, weil sie als pubertierender Sohn dort keinen Zugang mehr erhält. Mit umgekehrten Vorzeichen erkundet sie die Intimsphäre der Geschlechter.

Mit *Die Nacht der Unschuld* hat Ben Jelloun eine zur Abgeschlossenheit tendierende Version der Geschichte Zahras vorgelegt. Die Leser dankten es ihm. Der Roman wurde 1987 mit dem *Prix Goncourt* ausgezeichnet. Zunächst ist auf den koranischen Kontext des Titels hinzuweisen. Die arabische Bezeichnung *lailat al-qadr* heißt übersetzt »Nacht der Bestimmung«. Die für das Schicksal Zahras entscheidende Nacht bezieht sich auf die Nacht vom 26. auf den 27. Tag des Monats Ramadan, einen Höhepunkt des islamischen Jahrs. Der Fastenmonat erinnert an das Offenbarungserlebnis des Propheten Muḥammad. Der koranische Prätext ist ein Ursprungsmythos des Islam. Die dem Offenbarungserlebnis zugeordneten Suren 96 und 53 beschreiben die Vermittlung des göttlichen Wortes an Muḥammad. Nach muslimischer Überzeugung ist ein Gebet in dieser Nacht wirksamer als tausend andere. Ben Jelloun benutzt die damit verbundenen Assoziationen – Wahrheit, Legitimation der Rede, Ursprung –, allerdings verwandelt er die religiöse Dimension der Offenbarung in eine spirituelle mit familienpsychologischem Akzent: Der Vater selbst entlässt die Tochter in die Freiheit.

Weniger radikal als in *Harrouda* und *Sohn ihres Vaters* verknüpft Ben Jelloun hier erneut arabische mit europäischen Gattungen des biographischen Schreibens. Die Initiation im Reich des Dazwischen erfolgt durch die Arbeit des Imaginären. Die aus dem Unbewussten und durch Träume gespeiste Kraft der Imagination treibt den unendlichen Prozess des Geschichtenerzählens im interkulturellen Feld an. Abermals präsentiert der Autor sein Markenzeichen im interkulturellen Spannungsfeld: Die vom Untergang bedrohten Stimmen der Oralität gehen ein in das Universum der kosmopolitischen Bibliothek. Der blinde Konsul, die Fortsetzung der Borges-Figur aus *Sohn ihres Vaters*, träumt von einer »verweiblichten« Bibliothek der Weltliteratur. Auffällig schöne Frauen rezitieren dort jeweils ein Meisterwerk. Ein gutes Dutzend von ihnen erzählt »gekleidet als Scheherazade« aus *Tausendundeiner Nacht*. Ein junges Mädchen trägt auf einem Trapez schaukelnd James Joyces *Ulysses* vor. Dieser heterotopische Raum der von Frauen verkörperten Literatur befindet sich unter einem riesigen Wörterdepot, in dem sich die Menschen ihre Wörter und Sätze abholen, die sie in der kommenden Woche benötigen: ein verräumlichtes Lexikon. Die Gesamtkonstruktion, mit dem Lexikon oben und der von Frauen repräsentierten Literatur im Untergrund, steht in utopisch-arkadischer Tradition. Über- und Unterbau illustrieren Borges Ausspruch: »Das Paradies habe ich mir immer als eine Art Bibliothek vorgestellt.« Der träumende Konsul, eine äußerst nervöse (Schriftsteller-)Persönlichkeit, empfindet dort größte Ruhe: »Ich befand mich im Frieden mit mir selbst und mit den anderen.« Die Heterotopie der Bibliothek zeichnet sich nach Foucault durch ihre zeitliche Dimension aus. Ben Jelloun gestaltet diese Heterochronie interkulturell, indem er nicht nur Titel aus unterschiedlichen Epochen zitiert, sondern auch aus unterschiedlichen Kulturen, speziell der arabischen und der europäischen. Die literarische Wirksamkeit dieser Szene kommt indessen erst durch den Transfer zwischen den verschiedenen Erzähl- und Wirklichkeitsebenen vollends zur Geltung. Zudem handelt es sich um einen Traum. Der Konsul erzählt ihn Zahra in einer romantisch-amourösen Dialogszene, diese wiederum ist Teil der übergeordneten Erzählsituation der *ḥalqa* auf der Djemaa el Fna, dem legendären Platz der Geschichtenerzähler in Marrakesch. Die Rahmenerzählung ist damit einerseits in der Realität verankert, andererseits durch starke Ambiguitätssignale destabilisiert.

Licht und Klarheit spendet in diesem im Zeichen der Nacht stehenden Text die Liebe. In ihr findet die Protagonistin Halt: »Nichts war mehr verworren. Ich war in Frieden mit mir selbst, und eben dies war mir vielleicht noch nie widerfahren.« Zwar endet die durchaus auch sinnlich erfahrene Liebe dieses Mal in einer (Wieder-)Vereinigung mit dem zum spirituellen Meister mutierten Blinden, dennoch dominieren insgesamt erneut die Irrungen zwischen den Identitäten von Geschlechtern und Kulturen. Der Roman endet eben nicht in der marokkanischen Wirklichkeit, sondern im utopischen Nirgendwo, im mythischen Süden des Landes. Für die Frau gibt es in Marokko keine realen Räume der Befreiung. In dieser Hymne an die Nacht entfacht Ben Jelloun das poetische Potential der Imagination. Sein soziales Anliegen der Emanzipation ist eingebettet in eine Ästhetik, in der die Imagination regiert. Erkenntnis entsteht aus einer paradoxen Spannung zwischen sinnlicher Erfahrung von Welt und deren asketischer Verweigerung oder Unterdrückung, wie etwa der bewusste Verzicht auf das Sehen im Gefängnis. Insbesondere das zum Unbewussten führende Träumen bildet die Grundlage des im hier vorgestellten Romandiptychon vorherrschenden Menschenbilds.

Geschwisterkonstellationen, Psychoanalyse und *Tausendundeine Nacht*

Die große Bedeutung des Unbewussten legt eine psychoanalytische Leseweise nahe. Kann man die Psychoanalyse auf *Tausendundeine Nacht* übertragen? Ben Jelloun hat es getan. Seit seinem Studium der Sozialpsychiatrie in Paris ist er mit Freuds Theorie vertraut. In seinem erzählerischen Universum räumt er dem Unbewussten viel Platz ein. Ein Beispiel dafür ist das inzestuöse Verhältnis der Figur des Konsuls zu seiner Schwester Assise. Die Szene entwickelt sich im Hammam. Zahra beobachtet den Mann, der bald ihr Geliebter sein wird, in den Armen seiner Schwester. Diese auf fast groteske Weise hässliche und mächtige Gestalt ist unschwer als Präfiguration von Zina, der weiblichen Hauptfigur von *La nuit de l'erreur* (*Zina oder die Nacht des Irrtums*), zu erkennen. Der Mann saugt an der Brust der Schwester. Zahra ist schockiert: »Wie war das möglich? Dieser so feine, intelligente Mann in den Armen dieser Frau zu einem Kind geschrumpft!« In der Tat kann man den Text auch als ›Familienroman‹ lesen. Sämtliche Hauptfiguren sind durch die familiären Bindungen geprägt. Neben den Eltern-Kind-Beziehungen spielen die Geschwisterkonstellationen eine ausschlaggebende Rolle. Zahras Vater leidet an der Beziehung zu seinen Brüdern. Deren Neid und Habgier sind ein Motiv für den Geschlechtswechsel seiner achten Tochter. Zahras Entwicklung ist durch die schwierigen Beziehungen zu ihren Schwestern beeinträchtigt. Die konfliktive Beziehung zu ihrem Onkel eskaliert. Sie erschießt ihn und muss deswegen ins Gefängnis.

Ihre Heirat mit Fatima ist ein weiteres Beispiel. Die Figur dieser körperlich versehrten und dem Tod geweihten Frau böte genügend Stoff für eine eigenständige Untersuchung. Nicht nur weil sie Zahras männliche Verkleidung als einzige durchschaut, sondern auch weil ihr Körper die gewaltsame Unterdrückung der weiblichen Identität zum Ausdruck bringt. Ein Keuschheitsgürtel versperrt ihr Geschlecht, analog zu den eingebunden Brüsten bei Zahra und deren Maskierung als Mann. Fatimas psychische Verletzung kommt in einer monströsen physischen Deformation zum Ausdruck. Monströser noch als die von Assise. Deshalb bezeichnet sie sich hellsichtig als »Schwester« Zahras. Auch die Figur des Konsuls ist in eine schicksalhafte Geschwisterkonstellation eingebunden, verdichtet im Bild des regredierten Manns an der Schwesterbrust.

Eine Erklärung hierfür bietet der psychoanalytische Ansatz Julia Kristevas. Die Momente der Geborgenheit und der Lusterfüllung entsprechen einer Rückkehr in das mütterliche Reich des regellosen Seins, das Kristeva als *chora* bezeichnet. Der Mann erlebt bei der grotesken Schwesterfigur die prädipale Phase unzensierter Lusterfüllung. Ein dauerhaftes Zurück in die mütterliche Ordnung ist indessen weder für den Mann noch für die Frau möglich. Die extreme Erfahrung dieses Mangels verbindet die Geschwister. Dadurch wird die vertikale Achse der Elternbeziehungen geschwächt. Allerdings ist die Geschwisterebene nicht stabil genug, um daraus eine echte Solidarität entstehen zu lassen. Es bleibt bei einer Schicksalsgemeinschaft, die teils tragische, teils groteske und zumindest ansatzweise komische Züge aufweist. Die ›Geschwister‹ Fatima und Zahra, zwei Frauen als verkleideter Bruder und Schwester, sind die tragische Version, der Konsul und Assise die grotesk-komische. Dieser performative Charakter des Androgynen nimmt der Suche nach einer Heilung des verletzten inneren Kindes – im Sinne Bradshaws – keineswegs ihren Ernst. Im Gegenteil, Literatur als kreative Arbeit des Imaginären bietet die Möglichkeit, das verletzte Kind spielerisch in Form von Fiktionen darzustellen und neue Entwicklungsmöglichkeiten zu erproben: Freud *und* Scheherazade nehmen es bei der Hand.

Werke (Auswahl)

Cicatrices du soleil, Paris: Maspero 1972.
Harrouda, Paris: Denoël 1973.
Les amandiers sont morts de leurs blessures, Paris: Maspero 1976.
La plus haute des solitudes, Paris: Seuil 1977.
Moha le fou, Moha le sage, Paris: Seuil 1978.
La prière de l'absent, Paris: Seuil 1981.
L'écrivain public, Paris: Seuil 1983.
L'enfant de sable, Paris: Seuil 1985.
La nuit sacrée, Paris: Seuil 1987.
Jour de silence à Tanger, Paris: Seuil 1990.
Les yeux baissés, Paris: Seuil 1991.
L'ange aveugle, Paris: Seuil 1992.
L'homme rompu, Paris: Seuil 1994.
Le premier amour est toujours le dernier, Paris: Seuil 1995.
La nuit de l'érreur, Paris: Seuil 1997.
Le racisme expliqué à ma fille, Paris: Seuil 1998.
L'auberge des pauvres, Paris: Seuil 1999.
Labyrinthe des sentiments, Paris: Stock 1999.
Cette aveuglante absence de lumière, Paris: Seuil 2001.
Le dernier ami, Paris: Seuil 2004.

Übersetzungen ins Deutsche

Tahar Ben Jelloun: *Die Mandelbäume sind verblutet. Narben der Sonne. Die Rede des Kamels*, übers. v. Helmut T. Heinrich, Berlin: Aufbau 1979; Mainz: Kinzelbach 1996.

Tahar Ben Jelloun: *Harrouda*, übers. v. Horst Lothar Teweleit. Berlin: Rütten & Loening 1985; Berlin: Rotbuch 1990 (TB Reinbek: Rowohlt 1993).

Tahar Ben Jelloun: *Die tiefste der Einsamkeiten*, übers. v. Dorothe Schnyder, Basel, Frankfurt/M.: Stroemfeld / Roter Stern 1986 (TB Reinbek: Rowohlt 1989).

Tahar Ben Jelloun: *Sohn ihres Vaters*, übers. v. Christiane Kayser, Berlin: Rotbuch 1986 (TB Reinbek: Rowohlt 1989).

Tahar Ben Jelloun: *Der öffentliche Schreiber*, übers. v. Horst Lothar Teweleit, Berlin: Rütten & Löning 1987 (TB Zürich: Unionsverlag 1995).

Tahar Ben Jelloun: *Die Nacht der Unschuld*, übers. v. Eva Moldenhauer, Berlin: Rotbuch 1988 (TB Reinbek: Rowohlt 1991).

Tahar Ben Jelloun: *Der Gedächtnisbaum*, übers. v. Christiane Kayser, Berlin: Rotbuch 1989 (TB Reinbek: Rowohlt 1992).

Tahar Ben Jelloun: *Das Gebet für den Abwesenden*, übers. v. Horst Lothar Theweleit, Berlin: Rütten & Löning 1990 (TB Zürich: Unionsverlag 1996).

Tahar Ben Jelloun: *Tag der Stille in Tanger*, übers. v. Uli Aumüller, Reinbek: Rowohlt 1991.

Tahar Ben Jelloun: *Mit gesenktem Blick*, übers. v. Uli Aumüller, Reinbek: Rowohlt 1992 (TB Reinbek: Rowohlt 1994).

Tahar Ben Jelloun: *Der blinde Engel*, übers. v. Christiane Kayser, Reinbek: Rowohlt 1994.

Tahar Ben Jelloun: *Der korrumpierte Mann*, übers. v. Christiane Kayser, Reinbek: Rowohlt 1995 (TB Reinbek: Rowohlt 1996).
Tahar Ben Jelloun: *Die erste Liebe ist immer die letzte*, übers. v. Christiane Kayser, Reinbek: Rowohlt 1997.
Tahar Ben Jelloun: *Zina oder die Nacht des Irrtums*, übers. v. Christiane Kayser, Reinbek: Rowohlt 1999.
Tahar Ben Jelloun: *Papa, was ist ein Fremder. Gespräch mit meiner Tochter*, übers. v. Christiane Kayser, Berlin: Rowohlt 1999.
Tahar Ben Jelloun: *Labyrinth der Gefühle*, übers. v. Christiane Kayser, Berlin: Rowohlt 2001.
Tahar Ben Jelloun: *Die Schule der Armen*, übers. v. Christiane Kayser, Berlin: Rowohlt 2002.
Tahar Ben Jelloun: *Das Schweigen des Lichts*, übers. v. Christiane Kayser, Berlin: Berliner Taschenbuchverlag 2003.
Tahar Ben Jelloun: *Der letzte Freund*, übers. v. Christiane Kayser, Berlin: Berlin Verlag 2004.

Weiterführende Literatur

Adalbert Reif: »Vorurteile aus Unwissenheit. Interview mit Tahar Ben Jelloun«, in: *Universitas* 44, Oktober 1989, S. 990–998.
Susanne Heiler: *Der marokkanische Roman französischer Sprache. Zu den Autoren um die Zeitschrift* Souffles *(1966–1972)*, Berlin 1990 (= *Neue Romania*, Bd. 9).
Roland Spiller: »Wie schreibe ich meine Lebensgeschichte? Autobiographisches Schreiben bei Tahar Ben Jelloun«, in: *Europas islamische Nachbarn. Studien zur Literatur und Geschichte des Maghreb*, hg. v. Ernstpeter Ruhe, Bd. 2, Würzburg: Königshausen & Neumann 1995, S. 245–267.
Roland Spiller: »L'intertextualité circulaire ou le désir dans la bibliothèque: Ben Jelloun lit Borges, lecteur de Cervantes«, in: *Contexte mondial de la littérature maghrébine*, hg. v. Charles Bonn u. Arnold Rothe, Würzburg: Königshausen & Neumann 1995, S. 171–180.
Sabine Tamm: »Réalisation de ›La liberté dans l'écriture‹: Le portrait de Borges dans ›L'enfant de sable‹«, in: *Contexte mondial de la littérature maghrébine*, hg. v. Charles Bonn u. Arnold Rothe, Würzburg: Königshausen & Neumann 1995, S. 161–171.
Roland Spiller: »Tahar Ben Jelloun«, in: *Kritisches Lexikon zur fremdsprachigen Gegenwartsliteratur*, hg. v. Heinz Ludwig Arnold, München: edition text + kritik, 47. Nachlieferung 1998.
Roland Spiller: *Tahar Ben Jelloun: Schreiben zwischen den Kulturen*, Darmstadt: Wissenschaftliche Buchgesellschaft 2000.
Ulrike Jamin-Mehl: *Zwischen oraler Erzähltradition und modernem Schreiben. Autoreflexive Elemente im marokkanischen Roman französischer Sprache*, Frankfurt: IKO 2003.

Barbara Winckler

Androgynie als Metapher

Hudā Barakāt und *Der Stein des Lachens*

»Ich bin der Mann meines Buches und seine Frau zugleich«, so Hudā Barakāt, die zu den prominentesten und innovativsten Literaten des Libanon zählt. Obwohl sie bereits seit 1989 in Paris lebt und der Großteil ihrer Werke dort entstanden ist, schreibt Hudā Barakāt nicht etwa über das Leben im Exil, über Frankreich oder Europa. Alle ihre Romane sind im Libanon der Bürgerkriegszeit situiert. Der Krieg wird bei ihr jedoch zum ›blinden Fleck‹, der nicht im Mittelpunkt des Blickfelds steht und doch das gesamte Geschehen bestimmt. Geschlechtertransgressionen sind in ihren Werken – auf oftmals untergründige Weise – von Bedeutung, insbesondere in ihrem ersten, 1990 erschienenen Roman, *Ḥadjar al-ḍaḥik* (*Der Stein des Lachens*), der auf die Entwicklung des Protagonisten in der Bürgerkriegsgesellschaft fokussiert. Androgynie und Homosexualität, die diese Figur auszeichnen, können als Metapher für Ambiguität, Unsicherheit und Marginalisierung gelesen werden.

Hudā Barakāt gehört zwar nicht – wie etwa der in diesem Band vertretene Tony Hanania – zu den ganz jungen Autoren des Libanon, die kein anderes als das Leben im Krieg kannten. 1952 in Beirut geboren, zählt sie sich jedoch zu der Generation, die den Ausbruch des Bürgerkriegs als Heranwachsende erlebte. Im Unterschied zu Vertretern der älteren Generation wie etwa Elias Khūrī, die schon vor dem Krieg politisch ›orientiert‹ bzw. organisiert und in die gesellschaftlichen Entwicklungen und Konflikte involviert waren, die den Krieg auslösten, sich zum Teil sogar aktiv an den Kämpfen beteiligten, entwickelte sich das Bewusstsein dieser Generation unter den Bedingungen des Kriegs und wurde von diesem entscheidend geprägt.

Hudā Barakāt studierte französische Literatur an der Libanesischen Universität in Beirut und unterrichtete nach Abschluss des Studiums 1974 zunächst für ein Jahr an einer Schule im Südlibanon. Ihren ersten Parisaufenthalt, der der Vorbereitung einer Doktorarbeit dienen sollte, brach sie 1976 aufgrund des Bürgerkriegs bereits nach wenigen Monaten ab und kehrte in den Libanon zurück. Während des Kriegs lebte sie überwiegend in Beirut und arbeitete als Lehrerin, Journalistin und Übersetzerin sowie 1985 bis 1987 als Mitarbeiterin am *Zentrum für Libanonstudien*. Die Umstände ihres Exils muten geradezu absurd an: Nach fast 15 Jahren des Lebens im Krieg – und ein Ende war nicht abzusehen – erschien ihr ein weiteres Ausharren unerträglich. So floh sie im Herbst 1989 mit ihren beiden kleinen Kindern nach Paris – wenige Monate später war der Krieg beendet. Heute arbeitet Hudā Barakāt in Paris als Journalistin bei *Radio Orient* (*Idhāʿat al-sharq*), einem arabischsprachigen Radiosender, der in Paris wie auch in den Nahen Osten ausgestrahlt wird.

Krieg als ›Alibi‹

Der von 1975 bis 1990 währende Bürgerkrieg ist in der libanesischen Gegenwartsliteratur omnipräsent. Dies mag nicht verwundern bei einem Krieg, der etwa 15 Jahre andauerte und die Bevölkerung in tief greifender Weise prägte. Die Menschen litten unter Versorgungsnotständen, dem wachsenden Ausmaß der materiellen Zerstörung und der ständigen Gefahr für Leib und Leben, insbesondere jedoch unter psychischen Traumatisierungen. Die Nation war zerrüttet und in unzählige Splittergruppen aufgeteilt, deren ›Gegner‹ und ›Koalitionspartner‹ immer schneller wechselten. Waren zunächst noch klare Fronten des Konflikts erkennbar, so erschien der Krieg im Laufe der Jahre zunehmend irrational und undurchschaubar. Ein Ende war nicht absehbar, oder vielmehr: Immer wieder schien es, als seien die Kämpfe beendet, nur um kurze Zeit später wieder aufzuflammen. So wurde der Krieg vom Ausnahmezustand zu einem Teil des Alltags und der Normalität, und eine ganze Generation wuchs auf, für die die Kriegssituation die einzige bekannte Realität war. Hinzu kommt, dass in einem Bürgerkrieg die Konflikte ›direkt vor der Haustür‹ – und bis in die Häuser hinein – ausgefochten werden und der ›Feind‹ kein Fremder, sondern ›man selbst‹ ist.

Der in Beirut lehrende Literaturwissenschaftler Ken Seigneurie unterstreicht die Bedeutung, die der Literatur bei der Verarbeitung des Kriegs zukommt: Geschichten, wie sie im Alltag, insbesondere jedoch in der Literatur erzählt werden, seien wichtig, um die Erfahrungen und Traumata dieses Kriegs zu verstehen und zu bewältigen. Indem sie implizit auf die Fragen nach dem Wer, Wo, Wann, Wie und Warum antworteten, machten Geschichten zufällige Vorkommnisse erst zu bedeutungsvollen Geschehnissen. »Ohne Geschichten bleibt ein Ereignis – in diesem Fall der Krieg – daher vage und letztlich etwas Bedeutungsloses, das jederzeit wiederkehren kann.« Im Libanon, so klagen viele Intellektuelle, zog man es nach Kriegsende vor, ›in die Zukunft zu blicken‹, den Wiederaufbau anzugehen und die Vergangenheit mit ihren Konflikten ruhen zu lassen. Auseinandersetzungen um Schuld und Verantwortung geht man im gesellschaftlich-politischen Diskurs lieber aus dem Wege. Die Aufarbeitung des Geschehenen wird in erheblichem Maße von der Literatur geleistet. Autoren wie (die in diesem Band vorgestellten) Elias Khūrī, Rashīd al-Ḍaʿīf, Etel Adnan und Vénus Khoury-Ghata treten mit ihren Werken der kollektiven Amnesie entgegen.

Hudā Barakāt sagt von sich, sie habe das Schreiben über den Krieg nicht aus freien Stücken gewählt. Ihre Generation sei jedoch so weitreichend vom Krieg geprägt worden und ihr Bewusstsein von diesen Erfahrungen geformt, dass ein Schreiben ›außerhalb‹ des Kriegs gar nicht denkbar sei. »Der Krieg wird mich immer begleiten. Was ich erlebt habe, trage ich mit mir, wohin ich auch gehe.« So ist der Bürgerkrieg in allen ihren Romanen präsent; er tritt allerdings immer stärker in den Hintergrund. Sind ihre Werke daher als ›Kriegsromane‹ zu bezeichnen? Oder handelt es sich um Texte, deren Handlung zwar in einer Bürgerkriegskulisse spielt, in denen jedoch ›eigentlich‹ andere Themen zentral sind? Diese Frage nach der Angemessenheit der Einordnung als ›(Bürger-)Kriegsliteratur‹ stellt sich für Hudā Barakāts Werke in beispielhafter Weise. Die Autorin selbst sieht ihre Literatur nicht als Kriegsliteratur, schon gar nicht im Sinne einer ›Kampfliteratur‹. Ihre Literatur verteidige nicht einen Standpunkt gegenüber einem anderen. Auch gehe es ihr weder um die Darstellung der Kriegsereignisse noch darum, die ›Logik des Kriegs‹ oder die politischen Gegebenheiten zu analysieren, »zu verstehen, was nicht zu verstehen ist.« »In meinem Roman«, so die Autorin in einem Interview, »verfolge ich nicht die Ereignisse. Ich spreche über kleine Bruchstücke, über das entfernte Echo dessen, was geschieht. Ich beginne dort, wo das Ereignis aufhört, denn Literatur hat nichts mit Zeitungsnachrichten zu tun.«

Hudā Barakāt interessiert sich in ihren literarischen Werken weniger für das gesellschaftlich Bedingte als für die psychische Konstitution des Menschen, die *condition humaine*. Im Zentrum ihrer Texte steht das Individuum mit seinen inneren Konflikten und Obsessionen. »Mein Schreiben drückt aus, was ich unter den Bedingungen des Krieges über die Natur des Menschen gelernt habe. In meinen Romanen ist die Darstellung des Krieges nicht das eigentliche Ziel, sondern eine Art Alibi. Der Krieg fungiert als eine von vielen möglichen Extremsituationen, in der sichtbar wird, was unter der dünnen Schale der Wert- und Moralvorstellungen liegt.« Gewalt etwa ist in ihren Augen ein zentrales Element des menschlichen Lebens, nicht nur unter den Bedingungen des Krieges. »Wir alle sind ungeheuer gewalttätig, auch und gerade die Frauen. Ich gehöre nicht zu den Autoren, die an das Gute in der menschlichen Natur glauben.«

Den Krieg im Rücken, seine Schatten im Blick

Seit der Publikation ihres ersten Romans 1990, mit dem sie – nach ihrem Debüt mit dem Kurzgeschichtenband *Zāʾirāt* (*Besucherinnen*) 1985 – den Beginn ihres eigentlichen literarischen Schaffens ansetzt, hat Hudā Barakāt bisher zwei weitere, ebenfalls äußerst komplexe Romane veröffentlicht. Ihre Sprache, sehr dicht und oft von brutaler Schönheit, geht unter die Haut. Sie verbindet das Narrative mit dem Metaphorischen und webt immer wieder allgemein menschliche Überlegungen in die Romanhandlung ein, die die Erzählung auf Nebenpfade führen. Hinter jeder ›Satz-Biegung‹ öffnet sich ein neues Universum. Durch ihre Empathie mit den Romanfiguren, denen sich der Leser im Laufe der Romanhandlung immer stärker verbunden fühlt, verwickeln die Texte den Leser tief, um ihn zum Schluss irritiert und ohne klare Antworten zurückzulassen. Sobald der Leser meint, einen Schlüssel zum Verständnis des Textes gefunden zu haben, entgleitet er ihm sogleich wieder und stellt ihn vor neue Rätsel. Hudā Barakāt entwickelt eine ganz eigene Erzählhaltung: Die Romane drehen dem Krieg gewissermaßen den Rücken zu, behalten jedoch die Schatten, die er wirft, stets im Auge.

Drei Jahre nach dem Erscheinen ihres ersten Romans legte Hudā Barakāt 1993 ihren zweiten Roman vor. *Ahl al-hawā* (*Leute der Leidenschaft*) versucht vor dem Hintergrund des Bürgerkriegs, das Verhältnis von Liebe, Wahnsinn und Tod zu ergründen. Der Roman lotet die obsessive Beziehung eines Manns zu einer Frau aus, die vom Wunsch geprägt ist, mit der Geliebten zu einem hermaphroditischen Wesen zu verschmelzen, – und von der panischen Angst vor Verlust. Die Darstellung des Erzähler-Protagonisten legt nahe, dass dies – und nicht etwa die Kriegserlebnisse des Manns, Entführung und Folter – die Ursache für seinen ›Wahnsinn‹ ist. Und dass dieser letztlich nichts anderes ist, als die Unfähigkeit, sich mit der Welt, in der er lebt, zu arrangieren. Im Rückblick des Manns, inzwischen Patient einer Nervenheilanstalt, verwischen die Grenzen zwischen Wirklichkeit und Einbildung. Am Ende zweifelt er selbst daran, ob, was er berichtet hat, wirklich geschehen ist: dass er die Frau getötet hat, um »ihre Seele in mich aufzunehmen«.

Einen neuen, zeitweise geradezu legendenhaften Ton schlägt der dritte, 1998 publizierte Roman an. *Ḥārith al-miyāh* (*Der die Wogen durchpflügt*), den Angelika Neuwirth eine »postmodern gebrochene Levante-Saga« genannt hat, bewegt sich zwischen Mythos und Realität. Es ist die Geschichte von Niqūlā, dem Sohn eines Stoffhändlers, und seiner Beziehung zur jungen kurdischen Hausangestellten Shamsa. Niqūlās Lebensgeschichte, seine Erlebnisse vor und zu Beginn des Bürgerkriegs werden verflochten mit der Geschichte der Stoffe und ihrer Charakteristika, die er Shamsa erzählt. Dabei erweist sich die Stoffgeschichte zugleich als Menschheitsgeschichte, als Geschichte von Völkern und Königen. Und der Spannungsbogen von den einfachen zu den preziösen Stoffen – Baumwolle, Leinen, Samt und Seide – hängt eng zusammen mit der individuellen Entwicklung des Menschen vom Kind zum Erwachsenen, die im letzten Stadium – dem Stadium der Seide – zum Wahnsinn führen kann. Nach der Besetzung seiner Wohnung durch Milizionäre baut sich Niqūlā in seinem größtenteils ausgebrannten Laden in den zerstörten Suqs des Beiruter Stadtzentrums ein neues ›Zuhause‹ auf. Im Herzen der heiß umkämpften Stadt lebt er in einer Art Utopia – einem ›Nicht-Ort‹ –, in einer menschenleeren Umgebung, die nur von wolfähnlichen Hunden bevölkert ist, von denen er sich einen zum Gefährten nimmt. Selbst vom Ende der Kampfhandlungen bleibt das ›Biotop‹ dieses Doppelgängers von Sélim Nassibs *Fou de Beyrouth* zunächst unberührt, bis schließlich, lange Zeit nach Kriegsende, die Außenwelt doch in sein ›Utopia‹ eindringt.

Androgynie des Schreibens

Es fällt auf, dass die Protagonisten sämtlicher Romane von Hudā Barakāt – im Gegensatz zu den meisten Werken aus weiblicher Feder – männlich sind. Dies ist zunächst als Strategie gegen eine autobiographische Lektüre ihrer Werke zu verstehen. Autorinnen werden oft ›automatisch‹ mit ihren Protagonistinnen identifiziert und ihre Texte in die Nische der ›Frauenliteratur‹ verbannt. Dass sie auf die (mangelnde) Präsenz der ›Frauenfrage‹ in ihren Werken angesprochen wird, verärgert Hudā Barakāt: »Die ›Frauenproblematik‹ ist in erster Linie eine gesellschaftliche Frage. Mein Interesse gilt dagegen dem, was darunter liegt, die verborgenen Regionen des Menschen – die Frau hat Regionen der Stärke, der Mann solche der Verletzlichkeit. Es wäre dumm zu denken, jedes Geschlecht sollte nur über sich selbst sprechen.«

In erster Linie dient die Wahl männlicher Protagonisten jedoch der Erweiterung des Handlungsspielraums ihrer Werke: »Eine männliche Figur öffnet mir als Autorin ein weiteres, komplexeres Feld. Männer haben in unserer Gesellschaft auf der einen Seite mehr Möglichkeiten als Frauen, andererseits sind sie – und das gilt besonders im Krieg – stärker gefordert.« Gerade in der arabischen Literatur sind immer wieder die Leiden und der Widerstand von Frauen und Unterdrückten geschildert worden. »Es ist wesentlich komplexer und interessanter«, so die Autorin, »zu versuchen, den Unterdrücker und den Mechanismus der Unterdrückung zu verstehen als das Opfer.«

Nicht zuletzt schreibe sie aus der Perspektive und mit der Stimme eines Manns, um mehr über ihn zu erfahren. Denn das Schreiben sei für sie nicht bloß die Vermittlung dessen, was sie bereits wisse, sondern ein Erkenntnisprozess. »Wenn ich über den Mann und in seinem Namen schreibe, so tue ich dies selbstverständlich mit meinen Instrumenten und meinem Bewusstsein als Frau.« Hudā Barakāt praktiziert damit eine Androgynie des Schreibens: »Wenn ich über Männer und Frauen schreibe, versuche ich, Mann und Frau zu sein – und über beide hinauszugehen. Schreiben bedeutet doch das Heraustreten aus allen Grenzen.«

Ebenso wie sie schreibend die Geschlechtergrenzen überschreitet, geht sie auch über Konfessionsgrenzen hinweg, die im Libanon eine zentrale Rolle spielen und entlang derer vielfach die Konfliktlinien des Bürgerkriegs verliefen. Die Protagonisten ihrer Romane gehören unterschiedlichen Konfessionen an – welcher, ist meist nur indirekt und von ›Eingeweihten‹ aus Details ihrer Lebensweise zu erschließen, etwa aus der Art, Tee zu kochen. So verbietet sich auch in dieser Hinsicht eine Identifizierung der Autorin mit ihren Figuren – ganz anders als etwa bei Rashīd al-Ḍaʿīf, der sich bewusst mit der eigenen Religionsgemeinschaft auseinander setzt.

Die Alchemie des Krieges

Der Stein des Lachens, der 1990 den renommierten Preis der Literaturzeitschrift *al-Nāqid* für den besten Erstlingsroman erhielt, spielt im Beirut der späten Bürgerkriegszeit. Khalīl, der (Anti-)Held des Romans, ein junger Mann mit androgynen Zügen und homosexuellen Neigungen, der mit sich und seinem Körper nicht in Einklang ist, versucht inmitten des Kriegs, sein Verhältnis zur Gesellschaft und zu sich selbst zu bestimmen. Zurückgezogen in seinem Zimmer lebend, beschäftigt er sich mit Lesen, Kochen und Putzen – insbesondere nach den Bombardements – und versucht, sich aus dem Geschehen ›draußen‹ herauszuhalten. Er pflegt nur vereinzelte Kontakte, trifft sich aber gelegentlich mit einer Gruppe linker Intellektueller um seinen Studienfreund Nāyif, der für die Zeitung einer linken ›Organisation‹ arbeitet und revolutionäre Reden schwingt, dabei aber doch sehr bürgerlich lebt. Nāyifs wiederholte Aufforderung, bei der Zeitung mitzuarbeiten, lehnt Khalīl stets ab.

Der Roman begleitet Khalīl durch seinen Alltag; mit seinen Augen sehen wir die libanesische Gesellschaft und das Leben in der geteilten Stadt. Nachbarn ›der anderen Konfession‹ verlassen ihre Wohnungen und siedeln in den (überwiegend christlichen) Ostteil der Stadt über – darunter auch sein bester Freund Nādjī, in den er heimlich verliebt ist und der wenig später von einem Heckenschützen erschossen wird. Khalīl kümmert sich um die leer stehende Wohnung von Nādjī und seiner Mutter, in die er einige Zeit später die Familie seines Onkels, Flüchtlinge aus dem Südlibanon, einquartiert. Er verliebt sich in seinen sehr viel jüngeren Cousin Yūsuf, der sich einer Miliz anschließt. Als Yūsuf getötet wird, zieht sich Khalīl, geplagt von Magenschmerzen, vollends aus der Gesellschaft zurück.

Khalīls Persönlichkeit erfährt schließlich einen eklatanten Wandel. Sein Hadern mit sich und der Welt hat sich zu einem Magengeschwür ausgewachsen. Nachdem er bei der Operation des Magengeschwürs nur knapp dem Tod entronnen ist, erkennt er zum ersten Mal den Wert des Lebens. Er beschließt, von nun an ›sich selbst zu lieben‹ und für sein Wohl zu sorgen, auch wenn er sich dafür über ethische Grundsätze hinwegsetzen muss. So vermietet er Nādjīs Wohnung und verkauft die darin befindlichen Wertgegenstände. Er gerät in den Kreis der Zeitung, verkehrt dort mit Leuten, die in den Krieg verwickelt sind, lehnt jedoch die Mitarbeit weiterhin ab. Ihm scheint noch etwas in seiner Einsicht zu fehlen, etwas, das sich ihm erst offenbart, als er wenig später mit eigenen Augen die ›Wahrheit‹ des Kriegs sieht – der Drogen- und Waffenhandel floriert, auch unter erbittertsten Feinden – und er selbst ›aus Versehen‹ von Leuten der ›eigenen Seite‹ zusammengeschlagen wird. Er kommt zu der Erkenntnis, dass Mitmachen und Zugehörigkeit zu einer Seite der einzige Weg zum Überleben ist, dass er keine Wahl hat: ›sich selbst lieben‹ bedeutet, die anderen zu hassen. Er steigt in den Waffenhandel ein und vergewaltigt eine junge Nachbarin.

Der Roman beschreibt nicht die vordergründigen Zeichen des Kriegs: Straßenkämpfe, explodierende Autobomben, Heckenschützen, ängstlich im Schutzraum kauernde Menschen, deren Gespräche sich um die unfassbare Realität des Kriegs drehen, die ihre Toten beweinen und sich um ihre ›Lieben‹ sorgen. Im Vordergrund stehen weder die Problematik der Spaltung des Landes entlang konfessioneller und ideologischer Grenzen noch die Frage der Emigration. Erzählt wird die Geschichte Khalīls, mit seinem Innenleben, seinen Träumen und Obsessionen, in die die Außenwelt nur am Rande einzudringen scheint. Dennoch schließt der Roman all diese Aspekte der Kriegsrealität ein. Er zeigt sie jedoch in ihren kleinen, oft absurden Details, die viel mehr sagen als große Worte und Gesten, so dass sie oft eher grotesk als bedrohlich wirken.

»Allein in einer engen Passage« – im Zwiespalt der Geschlechter

Der Stein des Lachens kann als negativer Bildungsroman im Kriegskontext gelesen werden. Der Protagonist entwickelt sich vom Antihelden zu einem Mann, der zu einer ›positiven‹ Lebenseinstellung gefunden hat und eine in der Gesellschaft akzeptierte Rolle ausfüllt. Diese Entwicklung, die hier allerdings als negative erscheint, wird – wie auch der Konflikt des Protagonisten insgesamt – in Begriffen von *gender* und sexueller Orientierung formuliert. Die Ambiguität seiner Geschlechtsidentität, der in diesem Roman eine zentrale Rolle zukommt, geht in ihrer Bedeutung weit über die bloßer Geschlechterrollen hinaus. Khalīls androgyne Züge und homosexuelle Neigungen sind vielmehr als Metapher zu verstehen.

»Khalīls Beine waren nicht lang genug.« Bereits der erste Satz des Romans kennzeichnet Khalīl als Antihelden. Es ist weit mehr als eine physische Beschreibung; die Beine stehen *pars pro toto* für Khalīls ›mangelhafte‹ physische und psychische Konstitution. Das erste Kapitel des Romans, das aus nur zwei Sätzen besteht, nimmt – dies wird im weiteren Verlauf des Romans deutlich – in einer eigentlich alltäglichen Szene die Charakterisierung Khalīls sowie seines Verhältnisses zu Nādjī und zu seiner Umwelt insgesamt vorweg:

> Khalīls Beine waren nicht lang genug.
> Und während Nādjī leicht den Kopf schüttelte, damit die Regentropfen von ihm abfielen, keuchte Khalīl hinter ihm, während er in dem Versuch, den Matsch von den Schuhen zu entfernen, auf der vorletzten Treppenstufe mit beiden Füßen auf den Boden stampfte, bevor er weiterging und Nādjī ins Innere der Wohnung folgte …

Khalīls defizitäre Männlichkeit erscheint zunächst in physischer Hinsicht. Sein Körper, der ›unfertig‹, noch nicht ausgereift, wie der eines Heranwachsenden wirkt, vermittelt, dass er kein ›echter‹ Mann ist. Der erste Hinweis auf den psychischen ›Mangel‹, auf die androgynen Züge des Protagonisten, ist seine Reaktion auf die Straßenkämpfe:

> Immer wenn ein Gefecht vorbei ist, wächst Khalīls Bedürfnis nach Ordnung und Sauberkeit. Es wächst und verzweigt sich, bis es zu einer Art Obsession wird. (…) Der Rand der gestreiften Bettdecke liegt genau parallel zum Boden. Auf dem Tisch, der den Gasherd trägt, liegt eine Zeitung, die noch ordentlich gefaltet ist und deren Seiten noch ganz weiß sind. Der Glanz der Gefäße und Gläser auf dem Rand des sauberen Waschbeckens auf der verdeckten Seite vermittelt den Eindruck, eine Hausfrau – oder eine sehr weiße alte Jungfer – lebe seit langem glücklich in dieser kleinen Wohnung.

Khalīls Lebensweise – detailliert wird beschrieben, wie Khalīl aufräumt und kocht, Brot backt oder strickt – steht in einem eklatanten Gegensatz zur gängigen männlichen Geschlechterrolle. Indem er sich inmitten des Kriegs in sein Zimmer zurückzieht und sich der Hausarbeit widmet, nimmt er eine eindeutig weiblich konnotierte Rolle an. Statt sich – als Mann – aktiv am Krieg zu beteiligen, setzt er dem Kriegsgeschehen sein Putzen und Aufräumen entgegen. In diesen Momenten gelingt es ihm, sich gegen die Anforderungen, die von außen an ihn herangetragen werden, abzuschirmen, er ist zufrieden und mit sich in Einklang.

Nicht nur die Romanfigur, auch der Text selbst stemmt sich mit seinen detaillierten, an manchen Stellen geradezu lähmenden Beschreibungen, die die Erzählung in ausführlichen Exkursen immer wieder in Schleifen führen, mit aller Kraft gegen die Dominanz des Kriegs und seine lärmende Hektik. Khalīls Distanzierung vom Kriegsgeschehen ist allerdings wiederum kein aktives Handeln, kein aktiver Widerstand, sondern eher, wie es die Autorin selbst einmal ausdrückte, »eine Art physiologische Reaktion«. Diese in erster Linie körperliche Reaktion auf den Krieg kommt besonders deutlich in einer Szene zum Ausdruck, in der sich Khalīl die Hand an einer zerbrochenen

Fensterscheibe schneidet und ihm bereits beim Anblick der kleinen Wunde übel wird. Wie so oft wählt Hudā Barakāt auch hier entgegen der Lese-Erwartung ein Beispiel, das nicht direkt dem Kriegskontext entstammt. Denn was läge näher, als Khalīl mit Verwundeten oder Kriegstoten zu konfrontieren, um seine ›unmännliche‹ Reaktion zu demonstrieren?

Die Gesellschaft im Krieg stellt zwei Männlichkeitsmodelle zur Verfügung, die Khalīl jedoch beide verschlossen bleiben. Weder kann er sich mit den Jüngeren identifizieren, die im Krieg mit einem Schlag zu Männern geworden sind und sich nun um die praktischen Erfordernisse des Kriegsalltags kümmern, noch mit den Männern seines Alters, die in Politik und Presse arbeiten und über die ›großen Fragen des Lebens‹ theoretisieren. Er eignet sich nicht zum Milizionär und ebenso wenig zum Führungskader.

> So schlugen beide Männlichkeiten Khalīl die Tür vor der Nase zu, und er blieb allein in einer engen Passage, auf der Grenze zwischen zwei sehr attraktiven Regionen, in einer Art reglosen, einem rein pflanzlichen Leben ergebenen Weiblichkeit, während die effektiven, den Vulkan des Lebens zur Explosion bringenden Männlichkeiten zum Greifen nahe waren.

Khalīl befindet sich in einem Niemandsland, zwischen der männlichen und der weiblichen Sphäre. Einerseits kann und will er nicht der Sphäre der Männer zugehörig sein, die mit dem ›Draußen‹, mit Gewalt und Ideologien assoziiert wird. Die weibliche Welt, in der er zu leben versucht, indem er sich in sein Zimmer zurückzieht, sich auf die Hausarbeit konzentriert und versucht, sich vom Krieg und seiner Logik fernzuhalten, ist ihm jedoch ebenfalls verwehrt. Er besitzt nicht die ›Weisheit der Frauen‹ – insbesondere angesichts des Todes –, wie er sie imaginiert, und er kann kein Teil der trostbringenden Frauengemeinschaft werden, nach der er sich sehnt.

> Ah, die Frauen, seufzte Khalīl neidisch, einsam in seinem Zimmer. Alle Weisheit ist ihnen gegeben. Die Weisheit des Diesseits, des Todes und des Jenseits (…).
> Sie zähmen den Tod instinktiv. (…) Sie servieren ihm Essen und Kaffee und unterhalten sich mit ihm, bis es ist, als gehörte er zur Familie. Sie zögern nicht, ihm ihre kleinen Probleme zu erzählen wie einer vertrauten Nachbarin, die mit dir Linsen auf einer Messingplatte liest.

Ganz im Gegensatz zu diesen positiven Imaginationen der Weiblichkeit stehen die Frauenbilder, mit denen sich Khalīl im Kontext der beiden ›Liebesgeschichten‹ identifiziert, die er im Laufe der Romanhandlung erlebt und die beide dem gleichen Muster folgen. Khalīl bewundert Nādjī und fürchtet stets, von ihm abgelehnt zu werden. Voller Selbstekel fühlt er sich wie eine »verstoßene Ehefrau«, wenn er sehnsüchtig Nādjīs Besuch erwartet. In seiner Sorge um dessen Unversehrtheit, wenn Nādjī nach seinem Umzug in den Ostteil der Stadt den Weg über die Demarkationslinie wagt, ist Khalīl zerissen »wie der Sohn der beiden Mütter in der Geschichte von König Salomo«. Er identifiziert sich gar mit der ›wahren‹ Mutter aus der alttestamentarischen Parabel, die aus Liebe und echter Fürsorge auf das Kind – in Khalīls Fall auf Nādjīs Besuch – verzichtet.

Anders als Nādjī blickt der sehr viel jüngere Yūsuf zwar zu Khalīl auf wie zu einem älteren Bruder, erwidert seine Liebe jedoch ebenso wenig. Als sich Yūsuf einer Miliz anschließt, um seine Familie zu versorgen – wovon auch Khalīl profitiert –, sieht sich dieser in der Position der Ehefrau, die im Haus bleibt, während Yūsuf als ›sein Mann‹ für den Lebensunterhalt sorgt. In einem weiteren intertextuellen Bezug rekurriert er – wiederum über die Identifizierung mit einer weiblichen Figur – auf die (koranische) Josephgeschichte, um seine unerwiderte Liebe zu illustrieren:

> Ich umzingele Yūsuf, wie Zulaykha ihn umzingelte. (…) Ich bin eine Ehefrau des anderen Geschlechts, als wartete ich in meiner Dummheit darauf, dass Yūsuf eines Tages kommt, um sich mit mir zu verloben. Dass er an die Tür klopft, in seiner prächtigsten Kleidung und mich bittet … während ich aus Schüchternheit erröte und ein wenig zögere, bevor ich zustimmend nicke.

In beiden Fällen bleibt Khalīl in einer passiven Haltung gefangen, ist eher Spielball als Meister der Situation. Sowohl Nādjī als auch Yūsuf sind in erster Linie in Khalīls Gedanken präsent, von beiden fühlt er sich nicht ausreichend beachtet und geschätzt. Beide sterben eines gewaltsamen Todes, der Zweifel an den Umständen des Todes ebenso wie am Charakter des Getöteten offen lässt. War Nādjī tatsächlich Doppelagent, wie ihm ein Freund weismachen möchte? Hielt Yūsuf nur Wache, um das Viertel zu schützen, oder war er ein brutaler Kämpfer? Indem Khalīls Kenntnis seiner beiden Freunde in Frage gestellt wird, wird er nicht nur der Gegenwart des geliebten Menschen, sondern auch der gemeinsamen Vergangenheit beraubt. Trauer und Zweifel verzehren ihn von innen – nicht nur im übertragenen Sinne: Er entwickelt ein Magengeschwür.

Homosexualität und Androgynie als Metapher

Ist Khalīl ein Homosexueller? Ist *Der Stein des Lachens* »ein willkommener Beitrag zur zeitgenössischen Schwulenliteratur«, als den ihn die Zeitschrift *The Bookseller* präsentierte? Ein solches Verständnis geht an der Intention des Romans vorbei. Die Homosexualität Khalīls ist im Roman durchaus widersprüchlich dargestellt. Zwar verliebt sich Khalīl zweimal in einen Mann, die Bilder von Gefallenen mit entblößten Oberkörpern in der Zeitung erregen ihn, und nach Nādjīs Tod wird er von homoerotischen Träumen heimgesucht. Andererseits legt sich der Text nicht auf eine eindeutige sexuelle Orientierung seines Protagonisten fest. Khalīl lebt niemals eine Beziehung; alles spielt sich ausschließlich in seinem Kopf ab – ein Verliebtsein, eine Schwärmerei, die er niemandem gesteht. Ein anderes Mal zeigt sich Khalīl körperlich angezogen von seiner Nachbarin, die allerdings etwas Männliches an sich hat, »etwas, das ihm ähnelt«. Er lehnt die Avancen von Männern ebenso wie die von Frauen stets ab. Seine homosexuelle Neigung – und dazu die Wahl der ›Objekte‹ seiner Liebe, die seine Gefühle nicht erwidern, – erscheint damit vielmehr als eine Flucht vor Bindungen, eine Zuspitzung seiner marginalen Position.

Stefan Meyer hat auf die Bedeutung des Themas Homosexualität für »den Prozess der ›Feminisierung‹ der Romanform« im Westen hingewiesen. »Westlicher Modernismus ist undenkbar ohne den Beitrag homoerotischer Texte, die kontinuierlich ein patriarchalisches Vermächtnis in der Form ebenso wie in den Themen, den zugrunde liegenden Werten und den Anliegen untergruben.« In der modernen arabischen Literatur, so Meyer weiter, sind es meist Autor*innen*, die dieses Thema ansprechen.

In diesem Roman geht es nicht um Homosexualität als gesellschaftliches Tabu – das in der arabischen Literatur bisher kaum thematisiert worden ist. Hudā Barakāts Anliegen ist nicht die Emanzipation der Homosexuellen. Ein Skandal, wie ihn die Darstellung homoerotischer Beziehungen unter Frauen in Ḥanān al-Shaikhs zwei Jahre zuvor erschienenen Roman *Misk al-ghazāl* (*Im Bann des Hightech-Harems*) hervorgerufen hatte, blieb nach der Publikation von *Der Stein des Lachens* aus. Dies ist wohl darauf zurückzuführen, dass hier keine homoerotischen Beziehungen beschrieben werden und der Homosexualität eine ganz andere Funktion zukommt.

Khalīls Geschlechtsambiguität ist äußerst komplex und gibt Raum für verschiedene Deutungen. Sie ist in erster Linie Ausdruck einer allgemeinen Verunsicherung. Khalīls Position zwischen den Geschlechtern ist als Ausdruck seines Schwankens, seiner Unsicherheit und seines Zweifelns in jeder Hinsicht zu verstehen. Im Gegensatz zu den anderen Figuren des Romans, die stets zu wissen scheinen, was richtig und ›wahr‹ ist, zweifelt Khalīl an allem. Er ist unsicher, wie er sich verhalten und wem er glauben soll, insbesondere in Bezug auf den Tod seiner Freunde.

Seit Platons Kugelmenschen ist das Androgyne ein wiederkehrendes Motiv in der Literatur. Eine androgyne Figur ist stets ambivalent: Einerseits wird sie als mangelhaft angesehen, da sie keine eindeutige Identität hat und vom sozialen Leben ausgeschlossen ist. Andererseits gilt das Androgyne als Symbol der Vollkommenheit, der Selbstgenügsamkeit und der Autarkie. Als ›Zwischenwesen‹ erscheint es zudem als prädestiniert für die Mediation. Auf der anderen Seite kann die Wahl starker weiblicher Elemente in einer männlicher Figur als Versuch verstanden werden, dem Ideal der Androgynität –

oder gar des Hermaphroditen – nahe zu kommen und einen Grenzgänger darzustellen, der auf bereichernde Weise zwei Sphären zugehörig ist. Wie bereits angeführt, ist dies eine Grundidee in Hudā Barakāts zweitem Roman, *Leute der Leidenschaft*. Für den Protagonisten, der von der Angst besessen ist, die geliebte Frau zu verlieren, bedeutet diese Vorstellung die Realisierung seines Wunschtraums von Autonomie: mit dem Anderen zu verschmelzen, um die Gefahr des Verlusts abzuwenden und mit sich und dem Anderen eins zu sein. In *Der Stein des Lachens* ist dieser Versuch zum Scheitern verurteilt – Khalīl gelingt es nicht, seine Grenzsituation positiv zu verstehen, und er nimmt am Ende eine ganz und gar männliche Rolle an. Die hybride Geschlechtsidentität, die sich gerade im libanesischen Kontext auf die nationale und konfessionelle Identität übertragen lässt, dient der Subversion statischer sozialer Rollen, gesellschaftlicher Normen und Konventionen.

Die starke Präsenz weiblicher Elemente in einer männlichen Figur dient schließlich zur Abgrenzung Khalīls vom Bild des Manns als Tötendem, der zugleich dafür prädestiniert ist, selbst getötet zu werden. Dabei stehen die Geschlechtsbezeichnungen für das ›männliche‹ und das ›weibliche‹ Prinzip, die jeder Mensch in sich trägt.

> Khalīl wusste, dass die Angst vor Blut bis zum Erbrechen, kurze Beine, eine magere Statur, glattes, kastanienbraunes Haar und große Augen, dass all das aus einem Mann noch keinen Hermaphroditen oder einen unmännlichen Mann oder … so etwas … machten. Und dass die vorübergehenden Ausfälle, unter denen er litt, nichts als eine psychische Krise waren, die die verrückte Außenwelt ihm aufzwang … Er ziehe ganz sicher seine weiblichen Hormone vor, die er in normaler Menge besitze, da sie ihn vor kriminellen Handlungen bewahrten, und daher handele es sich um eine vorübergehende Krise, die sich geben würde.

»Er ist ein Mann geworden, der lacht« – Der Wandel

Khalīls Wandlungsprozess folgt dem Muster eines *rite de passage*, der gewöhnlich einen krisenhaften Übergang begleitet: Auf die Trennung vom bisherigen sozialen Kontext folgt die liminale Phase, die von Statusambiguität und der Isolierung von äußeren Einflüssen geprägt ist, und schließlich die Wiedereingliederung in den sozialen und kulturellen Rahmen, verbunden mit der Annahme eines neuen Status. Khalīl ist von Anfang an eine marginale oder ›liminale‹ Figur, deren Charakter und soziale Position nicht eindeutig ist. Erst im Krankenhaus, einem isolierten, von der Außenwelt abgeschlossenen Ort, setzt der Wandel ein, infolge dessen er endlich eine gesellschaftlich anerkannte Position einnimmt. Der Prozess, der hier seinen Ausgang nimmt, ist das Resultat von Khalīls Erfahrung der Todesnähe, die bemerkenswerterweise wiederum nicht durch Kriegseinwirkung eintritt. Das Krankenhaus erscheint zudem nicht als Ort des Leidens und des Todes, sondern als paradiesischer Ort, an dem alles zum Wohle des Menschen eingerichtet ist.

Erst im fünften und letzten, mit vier Seiten extrem kurzen Teil des Romans erschließt sich dem Leser das volle Ausmaß von Khalīls Wandel: Er kann beobachten, wie Khalīl in einer kalten, regnerischen Nacht das Ausladen von Kisten mit Waffen und Munition beaufsichtigt und schließlich seine Nachbarin vergewaltigt. Mit einem metafiktionalen Kunstgriff schaltet sich hier – zum ersten Mal in solch direkter Form – die Erzählerstimme ein, die sich nun als eine weibliche zu erkennen gibt:

> Ich näherte mich der Scheibe der hinteren Tür … Khalīl trug einen Schnurrbart und eine Sonnenbrille. Wohin, fragte ich ihn, doch er hörte mich nicht.
> Ich bin's, doch er drehte sich nicht um.
> Das Auto fuhr los, und durch die Heckscheibe wirkte Khalīl breitschultrig in seiner braunen Lederjacke …
> Das Auto fuhr und begann sich zu entfernen. Khalīl verließ die Straße, als bewege er sich nach oben.
> Wie sehr hast du dich verändert, seit ich dich auf den ersten Seiten beschrieben habe! Du kennst nun mehr als ich. Die Alchemie. Den Stein des Lachens.
> Und Khalīl verschwand. Er ist ein Mann geworden, der lacht. Und ich blieb eine Frau, die schreibt.
> Khalīl: mein geliebter Held.
> Mein geliebter Held …

Mit diesem Abschied der Erzählerin von ihrem verwandelten Helden endet der Roman. Mit klischeehaften Accessoires – Sonnenbrille, Schnurrbart und Lederjacke – versucht Khalīl, seinen ›Mangel‹ auszugleichen und ein ›echter Mann‹ zu werden. »Er ist ein Mann geworden, der lacht.« Hudā Barakāt wählt hier mit *dhakar* einen Begriff, der – etwa wie das englische *male* – ›männlich‹ oder auch (bei Tieren) ›Männchen‹ bedeutet, was den stereotypischen Charakter seiner neuen Identität betont. Khalīl nimmt die ›männliche‹ Geschlechterrolle an, mit allem, was damit konnotiert ist – Macht, Unterdrückung und Gewaltanwendung. Indem er die ›weiblichen‹ Elemente seiner Persönlichkeit ablegt, wird er zwar – positiv gesehen – ›vollständig‹ männlich und kann endlich einen Platz in der Gesellschaft besetzen. Andererseits gibt er jedoch die Möglichkeiten auf, die ihm seine androgyne Persönlichkeit eröffnete, beide Pole in sich zu vereinen.

Der androgyne Khalīl hält sich aus dem Krieg heraus, während der ›männliche‹ Khalīl der Anziehung der Kriegsrealität erliegt, korrupt und gewalttätig wird. Hier könnte man vorschnell schließen, die Autorin wolle ein gängiges Klischee bedienen, nach dem Männer für und Frauen gegen den Krieg sind. Wenn Khalīl voller Neid auf die Frauen blickt, denen die Natur die ›wahre Weisheit‹ gegeben habe, die sich gegenseitig beistehen und keinen Krieg hervorbringen, sollte dies nicht als Aussage der Autorin missverstanden werden. Im Text wird deutlich, dass diese (friedlichen) Frauenbilder Khalīls Vorstellungen von der weiblichen Welt sind, der anzugehören er sich wünscht. So sind die Frauengestalten des Romans bis auf wenige Ausnahmen keine positiven Figuren: Claude etwa, die launische und arrogante Frau Nāyifs, die das Land schnellstmöglich verlassen möchte, oder die Frauen, die mit den Männern bei der Zeitung anbändeln, um sich wichtig zu machen, oder auch die ›junge Braut‹, die selbst während der Bombardements im Schutzraum ihre Reize zur Schau trägt, sowie die Frau des Chefredakteurs, die die gute, ihren Mann unterstützende Gattin spielt, unterschwellig aber Spitzen gegen ihn auffährt und in erster Linie Anteil an seinem Prestige haben möchte. Diese Frauen stehen dem Krieg keinesfalls ablehnender gegenüber als die Männer. Was sie von den Männern unterscheidet, ist offenbar lediglich, dass sie weniger Handlungsmöglichkeiten haben als diese. Ohne große Worte hebelt Hudā Barakāt hier implizit die Automatik der gängigen Assoziation »Mann=Kriegsfaszination *versus* Frau=Kriegsfeindlichkeit« aus. Einer pervertierten Männlichkeit wird als positives Gegenstück eine Weiblichkeit gegenübergestellt, die nicht nur ein Merkmal von Frauen ist. So unterscheidet sich ihr Roman grundlegend von klassischen feministischen Romanen – nicht nur – arabischer Autorinnen. An die Stelle eines ›modernen‹ Kampfs um weibliche Selbstbehauptung tritt hier die postmoderne Subversion gesellschaftlicher Geschlechterkonstrukte.

Die Autorin erklärt nicht, dass und wie Khalīl sich wandelt, sondern sie verfolgt seine Gedanken, seine inneren Auseinandersetzungen und zeigt in der Schlussszene den verwandelten ›Helden‹. Der Leser, der Khalīls Leben, Leiden und Nachdenken ›hautnah‹ miterlebt hat, wird am Ende vor vollendete Tatsachen gestellt, als ihm Khalīl als gänzlich ›umgekrempelte‹ Figur vorgeführt wird. Dies macht den schockierenden Effekt dieses Romanendes aus: Nachdem der Leser den ganzen Roman über die intimsten Gefühle und Gedanken des Protagonisten geteilt hat, steht er plötzlich vor einer Figur, die ihm verschlossen ist, zu deren Innenleben er keinen Zugang mehr hat und deren Wandel er nicht nachvollziehen kann.

Die Erzählerin zeigt sich ebenso vor den Kopf gestoßen wie der Leser. Es ist, als sei sie selbst nur Beobachterin, die gemeinsam mit dem Leser erfährt, was geschieht, und nicht etwa diejenige, die den Protagonisten geschaffen hat und bestimmt, was mit ihm geschieht. Sie begleitet ihren Helden lediglich, ohne seinen Weg im Voraus zu kennen oder gar Einfluss auf seine Entwicklung zu haben. So endet das Buch damit, dass sich der Protagonist, den die Erzählerin bisher im Hintergrund begleitet hatte, für einen Weg entscheidet, auf dem sie ihm offenbar nicht mehr folgen kann. Sie bedauert dies, erlebt es selbst als Verlust, den Verlust ihres »geliebten Helden«. Doch in diesem Bedauern liegt keine Verurteilung. Sie macht ihm keine Vorwürfe, sondern akzeptiert seine Entscheidung und lässt ihn gehen. Die metafiktionale Wendung dient hier weder zum Unterminieren der Sinn- und Glaubhaftigkeit des Erzählten noch zur Authentisierung des Textes. Vielmehr trägt sie – durch das persönliche Bedauern der Erzählerin – zu einer stärkeren emotionalen Wirkung sowie zu einer Verunsicherung des Lesers bei, wenn der Erzählerin selbst die Fäden der Erzählung entgleiten und sie keine Macht über den Fortgang der Geschichte hat. Auf die Frage, warum diese Anti-Kriegs-Figur nicht bis zum Schluss durchgehalten werden konnte, antwortete die Autorin, man habe sich aus diesem Krieg nicht heraushalten können. Man konnte nur Opfer sein oder Täter. Khalīl konnte seine Ambiguität nicht aufrechterhalten, weil der Mensch – und besonders der Mann – im Krieg hundertprozentig sein musste, so etwa in der Zugehörigkeit zu einer Gemeinschaft. Homosexualität und Androgynie, oder die Ambiguität, für die sie in diesem Roman als Metapher stehen, sind nur in einer stabilen Gesellschaft akzeptabel.

Werke

Zāʾirāt (Besucherinnen), Beirut: al-Maṭbūʿāt al-Sharqiyya 1985.

Ḥadjar al-ḍaḥik (Der Stein des Lachens), London: Riad El-Rayyes 1990; Kairo: al-Haiʾa al-ʿĀmma li-Quṣūr al-Thaqāfa 1998.

Ahl al-hawā (Leute der Leidenschaft), Beirut: Dār al-Nahār 1993.

Ḥārith al-miyāh (Der die Wogen durchpflügt), Beirut: Dār al-Nahār 1998.

Übersetzungen ins Englische

Hoda Barakat: *The Stone of Laughter*, übers. v. Sophie Bennett, Reading: Garnet 1994; Brooklyn, NY: Interlink Books 1995.

Hoda Barakat: *The Tiller of the Waters*, übers. v. Marilyn Both, Cairo, New York: The American University in Cairo Press 2001.

Übersetzungen ins Französische

Hoda Barakat: *La pierre du rire*, übers. v. Nadine Acoury, Arles: Actes Sud 1996

Hoda Barakat: *Les illuminés*, übers. v. François Zabbal, Arles: Actes Sud 1998.

Hoda Barakat: *Le laboureur des eaux*, übers. v. Frédéric Lagrange, Arles: Actes Sud 2001 (TB 2003).

Weiterführende Literatur

Samira Aghacy: »Hoda Barakat's *The Stone of Laughter*: Androgyny or Polarization?«, in: *Journal of Arabic Literature* 19, 1998, S. 185–201.

Angelika Neuwirth: »Huda Barakat. *Der die Wogen durchpflügt*«, in: *Agonie und Aufbruch. Neue libanesische Prosa*, hg. v. ders. u. Andreas Pflitsch, Beirut: Dergham 2000, S. 49.

Barbara Winckler: »Huda Barakat. *Der Lachstein. Leute der Leidenschaft*«, in: *Agonie und Aufbruch. Neue libanesische Prosa*, hg. v. Angelika Neuwirth u. Andreas Pflitsch, Beirut: Dergham 2000, S. 42–48.
Michelle Hartman: »Intertextuality and Gender Identity in Huda Barakat's ›Ahl al-Hawa‹« in: *Marginal Voices in Literature and Society. Individual and Society in the Mediterranean Muslim World*, hg. v. Robin Ostle, Straßburg u. a.: European Science Foundation u. a. 2001, S. 171–188.
Magda Barakat: »Huda Barakat: Die Faszination erzählter Stoffe«, in: *INAMO* 25, Frühjahr 2001, S. 45 f.
Michelle Hartman: »A Wife of the Wrong Sex: A Re-vision of Joseph«, in: dies.: *Jesus, Joseph and Job. Reading Rescriptions of Religious Figures in Lebanese Women's Fiction*, Wiesbaden: Reichert 2002, S. 123–148.
Richard van Leeuwen: »The Enchantment of Space: Two Novels of Gamāl al-Ġīṭānī and Hoda Barakāt«, in: *La poétique de l'espace dans la littérature arabe moderne*, hg. v. Boutros Hallaq, Robin Ostle u. Stefan Wild, Paris: Presses Sorbonne Nouvelle 2002, S. 153–171.
Mona Fayad: »Strategic Androgyny: Passing as Masculine in Barakat's *Stone of Laughter*«, in: *Intersections. Gender, Nation, and Community in Arab Women's Novels*, hg. v. Lisa Suhair Majaj, Paula W. Sunderman u. Therese Saliba, Syracuse: Syracuse University Press 2003, S. 162–179.
Mona Takeddine Amyuni: »Etel Adnan & Hoda Barakat. De-Centered Perspectives – Subversive Voices«, in: *Poetry's Voice – Society's Norms. Forms of Interaction Between Middle Eastern Writers and Their Societies*, hg. v. Andreas Pflitsch u. Barbara Winckler, Wiesbaden: Reichert (in Vorbereitung).

Doris Ruhe

Transgression als Programm

Zu Rachid Boudjedras Romanen

Rachid Boudjedras Karriere als Schriftsteller beginnt damit, dass man ihm für sein erstes Buch einen Preis verleiht, dessen Namen man rückblickend als signifikant für seine weitere Entwicklung bezeichnen könnte: Es ist der *Prix des enfants terribles*, von Jean Cocteau ins Leben gerufen für literarische Werke, die die Bahn des allgemein Akzeptierten verlassen und die Gesellschaft mit ihren Tabus konfrontieren. Transgression in diesem Sinn erscheint geradezu als dem Werk Boudjedras inhärentes Programm, das auf den verschiedensten Ebenen realisiert wird.

Wie bei Kateb Yacine und Assia Djebar steht auch bei Boudjedra schon die frühe Biographie im Zeichen einer Doppelprägung, die auf einen Akt väterlicher Autorität zurückgeht. Wo bei Kateb und Djebar jedoch die Einschulung in die französische Schule zwar eine erste Trennung vom familiär-muttersprachlichen Milieu, nicht aber von ihrem Land bedeutet, verläuft diese Phase bei Boudjedra anders. Der Autor, 1941 in Aïn Beïda im östlichen Algerien geboren, erfährt auf Wunsch des Vaters eine Ausbildung, die ihm den Zugang zum Besten, das Orient und Okzident zu bieten haben, eröffnen soll. Im französisch kolonisierten Algerien der 1950er Jahre, wo das Arabische aus den Schulen ausgeschlossen blieb, war dies nicht möglich. Schon der zehnjährige Junge muss daher ganz konkret Grenzen überschreiten: die der Familie und die des eigenen Landes. Im elitären Lycée Saddiki in Tunis verbringt Boudjedra als Internatsschüler seine Schulzeit und wird dort nicht nur mit den Grundlagen der arabischen, sondern auch der griechisch-lateinischen sowie der französischen Kultur vertraut gemacht. In den frühen 1960er Jahren verbringt er ein Jahr in Spanien, bevor er nach der Unabhängigkeit seines Landes nach Algier zurückkehrt, wo er ein Philosophiestudium aufnimmt, das er schließlich in Paris mit einem Diplom der Sorbonne abschließt.

Plurikulturell und plurilingual sind so die Ressourcen, die Boudjedra schon zu Beginn seiner schriftstellerischen Laufbahn zur Verfügung stehen. Sie ermöglichen es ihm, nachdem er sechs Romane in französischer Sprache veröffentlicht hat, 1981 zum Arabischen zu wechseln. Mit diesem Schritt – für einen Schriftsteller, dem die Sprache nicht nur Mittel der Kommunikation, sondern auch des künstlerischen Ausdrucks ist, äußerst schwerwiegend – vollzieht Boudjedra die Arabisierungspolitik der algerischen Regierung mit, aus persönlicher Überzeugung, wie er sagt, und aus dem Bedürfnis heraus, seiner Muttersprache näher zu sein. Als Mitte der neunziger Jahre sichtbar wird, dass die Fundamentalisten das Arabische als politisches Kampfmittel auszunutzen suchen, kehrt er zum Französischen zurück.

Boudjedra, so scheint es, erlebt die Vielfalt und Verschiedenartigkeit der Welten, in denen er sich – nicht immer aus freien Stücken, sondern durch die Umstände bedingt – bewegt, nicht als Entwurzelung, sondern als Öffnung seines Horizonts, der zumal auf literarischer Ebene keine Grenzen kennt. Unter den algerischen Autoren seiner Generation ist er wohl der modernste, vielleicht auch der ehrgeizigste, derjenige, der die Suche nach einer Erneuerung des Romans, nach neuen Möglichkeiten des Erzählens und nach formaler Perfektion am weitesten vorangetrieben hat. Er nennt als die Autoren, die ihn geprägt haben, nicht nur die Klassiker der Moderne, Flaubert, Proust, Joyce und Faulkner, sondern auch Günter Grass und vor allem Claude Simon. Bei ihm sieht er die Möglichkeit eines ›mediterranen‹ Romans verwirklicht, wie er auch ihm vorschwebt – eines Romans, der verankert ist im Klima und in der sozialen Realität des mediterranen Raums mit seinen je eigenen regionalen Gegebenheiten und der zugleich die formalen Mittel der Postmoderne für die Literatur des Maghreb fruchtbar macht.

Am *nouveau roman* geschult, entwickelt Boudjedra einen Stil, den frühe Kritiker wie etwa Jean-François Revel als »verbalen Exzess« bezeichnet haben und der es dem Leser nicht immer leicht macht. Seitenlange Wortkaskaden, in denen kaum Satzzeichen die Orientierung erleichtern, verlangen vor allem in den frühen Werken Beharrlichkeit bei der Lektüre. In seinem jüngsten, 2003 erschienenen Roman *Les funérailles* (*Das Begräbnis*), der wie bereits die vorangehenden stärker gegliedert und daher leichter konsumierbar ist, verständigt sich der Autor in einer autoreferentiellen Passage gewissermaßen augenzwinkernd mit dem Leser darüber, dass er ihm Kommata als Lese- und Verstehenshilfe vorenthält. Einem seiner Protagonisten, einem Schüler, legt er die Worte in den Mund: »Ich mochte keine Kommas. Ich hatte sie nie gemocht. Weder die in den Rechenaufgaben, noch die im Diktat, noch die im Aufsatz.«

Auf formalem Niveau geht es dem Autor um die Aneignung dessen, wofür sich im postkolonialen Kontext der Begriff der *world literature* eingebürgert hat. Auf inhaltlicher Ebene situiert er seine Texte dagegen präzis in der eigenen, maghrebinischen Kultur. Ausgehend von dem, was Jean Ricardou als Reservoir bezeichnet – die Gesamtheit der persönlichen Determinanten eines Autors, in denen historische, soziale, ideologische und emotionale Elemente zusammenfließen – entwirft Boudjedra einen narrativen Kosmos, der, ähnlich wie Faulkners Großfamiliensagas, hinter dem individuellen Schicksal gesellschaftliche Figurationen und Probleme durchscheinen lässt.

Auch wenn sich der Blick dabei geradezu ostentativ auf die Sexualmoral und damit verbunden auf die Situation der Frau in der algerischen Gesellschaft richtet, ist doch zu fragen, ob im Medium dieser Thematik nicht noch brisantere, vielleicht in anderer Weise nicht formulierbare Fragen angesprochen, andere Kämpfe ausgefochten werden. Wie der Autor die Auseinandersetzung mit der Geschlechterordnung nutzt, um auf individueller wie kollektiver Ebene vitale Fragen seiner Gesellschaft zur Sprache zu bringen, lässt sich besonders deutlich an den hier ausgewählten vier Romanen vom Beginn seines literarischen Schaffens bis zu seinem vorläufigen Endpunkt zeigen.

Die Revolte gegen das Blicktabu

Die Architektur des arabischen Hauses mit seinen jeden Einblick verweigernden Mauern und seiner Organisation um den zentralen, von außen nicht einsehbaren Innenhof lässt sich als Metapher für die Schutzräume lesen, die in dieser Gesellschaft die Sphäre der familiären Intimität umgeben und deren innerster Bereich den Körper der Frau vor fremden Blicken schützt. Dieses Blicktabu, das die Schaulust in den Bereich des Verbotenen rückt, verletzt Boudjedra ganz gezielt und immer neu. Mit dem Ziel der Kritik an der algerischen Gesellschaft reißt er, bildlich gesprochen, die Mauern ein und gewährt Einblick in das, was traditionell verborgen bleibt.

Die Geschlechterforschung hat das Bewusstsein dafür geschärft, dass die Beschreibung des weiblichen Körpers in allen Kulturen sozialen Normen folgt, die das Recht auf den Blick bzw. seine Restriktionen festen Regeln unterwerfen. Ist es möglich, sich durch einen Kraftakt von solchen Prägungen freizumachen, die zugleich Ausdruck von Machtverhältnissen sind und die die traditionell bestehende Asymmetrie zwischen männlich und weiblich in ihrer Geschlechterordnung festschreiben? Diese Frage stellt sich angesichts der immer neuen Tabubrüche, die im Zentrum von Boudjedras Romanen stehen.

La répudiation (*Die Verstoßung*), sein Erstlingswerk aus dem Jahr 1969, setzt die Zeichen der Provokation gegen die herrschenden Konventionen gleich auf den ersten Seiten. Der Text beginnt mit dem Blick auf den Geschlechtsakt zwischen dem Erzähler Rachid und seiner französischen Geliebten Céline und richtet dabei gewissermaßen in Großaufnahme den Blick auf das weibliche Genitale, das zugleich als Objekt des Begehrens und als abstoßend und ekelhaft gezeigt wird. Was den Blicken am strengsten entzogen ist, so erscheint es hier, regt die Schaulust am heftigsten an, löst aber auch die stärksten Ängste aus. Die Fokussierung, die in krasser Form die Differenz zum weiblichen Anderen ausstellt, wird Auslöser für höchst widersprüchliche Gefühle. Sie reichen vom Wunsch, sich die Frau zu unterwerfen – und reagieren damit im Sinne der gesellschaftlich sanktionierten Haltung – bis zum Ekel vor der »entsetzlichen Schwellung«. Die Frau in dieser Weise dem Blick auszusetzen, ist, wenn auch als Aufbegehren gegen eine heuchlerische Moral intendiert, zugleich eine Machtdemonstration, mit der der weibliche Körper dem männlichen Anspruch verfügbar gemacht wird.

Als Sexualobjekt begehrt und zur Stärkung des männlichen Ego willkommen – »am Ende der Lust nutzte sie diese kurze Zeit zwischen Erfüllung und Bitterkeit, um mir zu danken, mich zu vergöttern …« –, bleibt die Frau dennoch fremd. Der ungehinderte Blick auf ihren Körper bringt nicht die erhoffte Lösung von der repressiven Tradition, er macht vielmehr die Differenz zwischen den Geschlechtern umso deutlicher bewusst und löst Angst aus, die aus den tiefen Schichten der Kindheitserinnerungen aufsteigt. Der Erzähler spricht von seinen Albträumen, in denen die Bilder des zufällig erblickten Menstruationsbluts der Mutter als Grauen erregende Blutströme wiederkehren – ein Motiv, das in nahezu allen Texten Boudjedras wie unter Wiederholungszwang in zahlreichen Variationen auftaucht. In *Die Verstoßung* folgt diese Passage als große Parenthese auf das vielfach wiederholte Eingeständnis des Wunsches, die Frau einzusperren und sie damit den landesüblichen Gepflogenheiten gemäß wie einen persönlichen Besitz für sich zu reservieren. Die Koppelung von Machtausübung und Angstbewältigung lässt sich hier deutlich erkennen, wird aber gleichsam als Versuchung abgewehrt und umgewendet: Im Gedanken an die allen Frauen gemeinsame physiologische Beschaffenheit wird die Geliebte den Frauen der eigenen Kultur gleichgestellt und damit zum Opfer, das man bemitleiden kann: »denn auch sie war ein Opfer, genau wie die anderen Frauen des Landes, in das sie gekommen war, um zu leben.« Die Viktimisierung der Frau vor dem Hintergrund nur angedeuteter kollektiver Machtstrukturen wird so einerseits bedauert, entspricht aber andererseits den phantasmatischen Wünschen des Erzählers, die in den Spuren der kollektiven Prägung durch seine Kultur verlaufen.

Es entbehrt nicht einer gewissen ironischen Logik, dass die Frau, durch deren Darstellung in *Die Verstoßung* das Blicktabu verletzt und zugleich das Romanwerk des Autors begonnen wird, eine ›Fremde‹ ist, eine Französin. Sie bleibt schemenhaft; in der Erzählökonomie ist sie der Katalysator für die Entfaltung der männlichen Stimme, die in diesem Roman allein das Wort hat. Die Fremdheit zwischen Mann und Frau, die in der traditionellen Gesellschaft durch die Geschlechtertrennung erzwungen wird, ist hier auf die Ebene der nationalen und ethnischen Verschiedenheit verschoben und wirkt als Faktor, der die Transgression erleichtert. Der Bruch der in der eigenen Gesellschaft geltenden Normen – eine Art Initiation – scheint nur mit einer Partnerin möglich, die nicht die eigenen restriktiven Prägungen trägt; gerade deshalb hat sie jedoch nicht die erhoffte befreiende Wirkung. Das Tabu mit einer Fremden zu brechen, heißt nicht, es außer Kraft zu setzen und erst recht nicht, die etablierte Geschlechterordnung zu verändern.

Dieses Scheitern hat sein Korrelat in einem signifikanten Strukturmerkmal der boudjedraschen Texte. In vielfachen Wiederholungen werden bestimmte traumatische Erlebnisse immer wieder variiert und neu inszeniert, wie insbesondere das Ereignis, das man als die Urszene seines Schreibens bezeichnen kann: Der despotische Vater verstößt die Mutter des Erzählers und bezichtigt sie des Ehebruchs, will in Wirklichkeit aber nur die Hinwendung zu seiner neuen, fünfzehnjährigen Ehefrau legitimieren. Wenn in *Die Verstoßung* die Gestalten der Mutter und die der jungen Stiefmutter immer wieder im Fokus des Erzählens stehen, so hieße es doch, sich auf einen vordergründigen Effekt einzulassen, wollte man darin die Absicht sehen, den unterdrückten Frauen eine Stimme zu geben, sie aus ihrem Objektstatus zu befreien. Sie sind vielmehr die Medien der Auseinandersetzung zwischen Vater und Sohn, zwischen einer machtvoll ihre Ansprüche verteidigenden Generation der ›Alten‹ und den gegen sie aufbegehrenden ›Jungen‹. Die Evokation des Leids, das der Mutter durch die ungerechte Beschuldigung zugefügt wird, die Verstoßung, von der sich der Sohn zugleich mit der Mutter getroffen fühlt, dient der Anklage gegen den Vater. Wenn der Erzähler im Weiteren seine junge Stiefmutter verführt bzw. auf ihre Avancen willig eingeht, so ist dies zugleich ein Akt der Rache und die Aneignung eines Sexualobjekts, das durch seine Jugend nicht dem Vater, sondern – so wird suggeriert – dem Vertreter der jungen Generation zusteht. Deutlicher konnte man nicht machen, dass hier über den Körper der Frau der Konflikt zwischen den Generationen ausgetragen wird.

Die Revolte gegen eine Sexualmoral, die, wie es die Handlung zeigt, auf Heuchelei, Gewalt und Ausgrenzung basiert, ist somit nur ein sekundäres Ziel. Primär zielt sie auf eine Schuldzuweisung an die Vätergeneration, die zwar, wie in diesem Roman, die Söhne im Stich lässt, aber die Machtpositionen besetzt hält. Die symbolische Ordnung, das zeigt der trotz allem übermächtige Vater ebenso wie die im Blick auf die Frauen fortdauernde Wirkung des Tabus, antwortet auf Attacken des Tabubrechers nicht mit den erwünschten Veränderungen, sondern mit dessen Ausgrenzung.

Harmonisierung im Zeichen der Brüder

Mehr als ein Dutzend Jahre nach *Die Verstoßung* erscheint 1981 mit *al-Tafakkuk* (*Die Zerfaserung*) ein Roman, der erstmals in Boudjedras Schaffen die Möglichkeit einer Integration divergierender gesellschaftlicher Kräfte vor Augen führt. Die Basis für die Entwicklung dieser Perspektive ist eine Veränderung der Machtverhältnisse innerhalb des narrativen Universums, die transparent ist für eine gesellschaftliche Dynamik, deren Wirkungen allerdings mehr erhofft als bereits realisiert sind. In *Die Zerfaserung* ist die Vaterfigur alt und kraftlos und hat ihre Macht über die junge Generation verloren. In dieser Situation entwickelt sich zwischen den Geschwistern eine Solidarität, die die Identitätsbildung des einzelnen stützt und Tendenzen zu einer Harmonisierung der sozialen Beziehungen sichtbar werden lässt. In dieser Situation erscheint sogar über die Grenzen der Generationen hinweg eine Reintegration jener Kräfte möglich, die der alten Generation als Feinde gegolten hatten.

Der Text entfaltet sich als langer Dialog zwischen der 25-jährigen Selma und dem 60-jährigen Tahar al Ghomri, einem ehemaligen Angehörigen der kommunistischen Partei, der nach der Unabhängigkeit durch glückliche Umstände die Liquidierung der Mitglieder durch die neuen Machthaber überlebt hat und in einer Wellblechhütte am Rande der Stadt sein Leben fristet. Bereits in dieser Struktur, die der männlichen Hauptfigur eine als Erzählinstanz gleichwertige weibliche hinzufügt, wird sichtbar, dass die Gewichte neu verteilt sind. Selma ist die vielleicht sympathischste, mit Sicherheit aber die optimistischste Frauengestalt, die Boudjedra bisher entworfen hat. Die Ausstattung, die er dieser Figur mitgegeben hat, macht es unübersehbar, dass sie für das neue, unabhängige Algerien steht: Sie ist 1954 geboren und gehört, wie ihr Tahar ins Gedächtnis ruft, zur »Generation der Beben«. Gemeint sind die beiden Erschütterungen, die das Land in diesem Jahr erlebte: Das große Erdbeben von Orléansville, vor allem aber der Beginn des Befreiungskriegs. Selma ist ein Kind der Unabhängigkeit, weder belastet – so will es die Handlung – von den Unterdrückungsmechanismen der Kolonialzeit, noch von den restriktiven Vorschriften einer wieder in Kraft gesetzten eigenen Tradition. Sie und mit ihr die jungen Frauen ihrer Generation werden in diesem Text zu Hoffnungsträgerinnen stilisiert, die »eine puritanische und geistig zurückgebliebene Gesellschaft« in eine bessere Zukunft führen sollen. Selma wird zur Projektionsfläche, auf die alle für ein offenes und tolerantes Land relevanten Qualitäten projiziert werden. Sie ist zu Hause in der Welt des Wissens und hat als Intellektuelle und Leiterin der Zentralbibliothek in Algier ihren Platz in der Gesellschaft gefunden. Symbolträchtig wie ihr Geburtsjahr ist auch ihr Beruf als Bibliothekarin: Sie verwaltet das kulturelle Gedächtnis des Landes. Ihre Freundschaft mit dem alten Kommunisten Tahar el Ghomri, der zu ihrem »geistigen Vater« wird, steht für das Postulat, das Land möge sich der eigenen Geschichte stellen und alte Feindschaften aufgeben. Sie steht zugleich für die Forderung der im offiziellen Diskurs Marginalisierten, als Teil der symbolischen Ordnung wahrgenommen zu werden. Grundlage dafür könnte das Tagebuch des Alten sein, das Selma nach dessen Tod als ein sie verpflichtendes Vermächtnis erbt.

Die ›neue‹ Frau, die in diesem Roman entworfen wird, lässt sich nicht mehr von Konventionen einschränken. Sie hält nichts von weiblicher Koketterie, sondern pflegt geradezu eine Reihe von Eigenschaften, die traditionell als männliche Prärogativen gelten. Sie ist Kettenraucherin, flucht nach allen Regeln der Kunst und hält mit ihrer Aktivität eine ganze Institution in Bewegung. Dieser Tendenz zur Virilisierung der Figur stehen Beschreibungen entgegen, in denen Selma den Blicken der Leser als aufreizend weiblich offeriert wird: »herrliche Brüste« in engen Pullovern, lässig enthüllte Beine, »schwellende Lippen«, die sie ständig mit ihrer »aufregenden roten Zunge« befeuchtet. Wenn Männer, durch solche Verlockungen animiert, sich Selma zu nähern suchen, weist sie sie mit agressiver Schärfe zurück. Die Anti-Baby-Pillen, die sie stets in ihrer Handtasche mit sich führt, stehen nicht nur für die sexuelle Freiheit, die die ›neue Frau‹ für sich beansprucht, sondern vor allem für ihre Ablehnung der Mutterschaft und damit für die Weigerung der jungen Frauengeneration, die Funktion zu erfüllen, an der allein der gesellschaftliche Wert des Weiblichen in der traditionellen Gesellschaft gemessen wird.

Die Frau, die auf diese Weise die männliche Macht über die Nachkommenschaft in Frage stellt, löst Kastrationsängste aus, die anzusprechen schwer fällt. Boudjedra kleidet das Problem zunächst in einen Witz über die unbotmäßigen Hennen, die das Brüten verweigern, um damit dem dominanten Gockel auf dem Hühnerhof Paroli zu bieten. Deutlicher werden männliche Ängste vor Machtverlust im Zusammenhang mit der Charakterisierung des Verhältnisses von Selma zu ihrem Vater. Er hasst seine Tochter, denn er bringt ihre Geburt – die der modernen Frau in Algerien – mit dem Erlöschen seiner Zeugungskraft in Verbindung: »Er fing an, sie zu hassen und betrachtete sie als Grund für seine Sterilität und als das Haupthindernis für die Ausbreitung der eigenen Rasse.«

Der Widerstand gegen eine neue Rolle für die Frau wird so der alten, in der Gestalt von Selmas Vater als nicht mehr ganz zurechnungsfähig charakterisierten Generation zugeschoben. Allerdings erweist sich im Verlauf der Handlung, ohne dass dies explizit angesprochen wird, auch das Verhältnis der Söhne zur Weiblichkeit als problematisch.

Zwischen Brüdern und Schwestern jedoch hat sich eine neue Solidarität eingestellt. Wenn Selmas Selbstwertgefühl die kränkende Abwertung durch den eigenen Vater unbeschadet übersteht, dann nur, weil sie als kleines Mädchen auf die Unterstützung ihres älteren Bruders rechnen kann. Er leistet dem Vater Widerstand, wenn es darum geht, sie zu stärken und ist darin auch Leitfigur für die jüngeren Brüder.

Die positive Sicht auf das Verhältnis zwischen den Geschwistern – auf die junge Generation –, das diesen Roman charakterisiert, hat sein Korrelat in einer angedeuteten Flexibilisierung der Geschlechterrollen. Ambivalenz in Bezug auf die traditionellen Rollenbilder erscheint nun zumindest bei Frauen als möglich und ist nicht mehr Grund zur Ausgrenzung. Selma werden, wie oben gezeigt, trotz einer ostentativ ins Bild gesetzten weiblichen Physis geradezu plakativ virile Rollenelemente zugeordnet, die ihr in ihrer beruflichen Aktivität durchaus zustatten kommen.

Anders verhält es sich, wenn Männer, wie der Selma in fast inzestuöser Zuneigung verbundene ältere Bruder und der jüngere Latif, dessen sprechender Name bereits auf seinen Charakter verweist, den traditionellen Klischees nicht entsprechen. Diese beiden sind sensibel, fragil, zärtlich und anlehnungsbedürftig – Eigenschaften, die Männern, wie an Latif gezeigt wird, den Spott und die Verachtung ihrer Umwelt eintragen. Wenn er ebenso wie der ältere Bruder sich schließlich als homosexuell erweist, so entspricht dies den in der Gesellschaft verbreiteten Vorurteilen, die damit hier – sicherlich unabsichtlich – eine gewisse Bestätigung erfahren. Während jedoch der ältere Bruder daran zugrunde gegangen ist, dass er sein Anderssein verschweigen zu müssen glaubte, weil es für ihn keinen Platz in der Gesellschaft zu geben schien – er bleibt charakteristischerweise namenlos –, ›erlöst‹ Selma den jüngeren aus seiner erzwungenen Isolation, indem sie ihn dazu bringt, sich zu seiner Neigung zu bekennen, und ihn in voller Kenntnis dieser seiner persönlichen Wahrheit akzeptiert. Das harmonisierende Bild, das hier gezeichnet wird, akzentuiert Boudjedra noch durch den Hinweis auf Latifs Geliebten. Er ist der Form nach verheiratet, weil seine Eltern dies wünschten; ihnen zuliebe zeugt er auch ein Enkelkind. Seine Frau weiß von der Beziehung ihres Manns zu Latif und billigt sie, ohne dass dies ihre Liebe zu ihm beeinträchtigt.

Es unterliegt keinem Zweifel, dass Boudjedra mit dieser Utopie einer Transgressionen tolerierenden Gesellschaft darauf abzielt, Vorurteile abzubauen und Ausgrenzungen zu überwinden. Wie sehr der Text ihnen zugleich verhaftet bleibt, zeigt sich darin, dass der Blick auf die Geschlechterrollen unverwandt alte Ängste und Klischees transportiert: Die aktive, intelligente, berufstätige Frau verweigert die Mutterschaft und pflegt, wenn sie nicht der Selbstbefriedigung den Vorzug gibt, eine promiskuitive Sexualität. Der ›weiche‹, auf virile Attitüden verzichtende Mann ist zwangsläufig homosexuell und damit ebenfalls eine Gefährdung für das Überleben der Gemeinschaft.

Der inständige Wunsch nach einer Gesellschaft, die auf der politischen wie der individuellen Ebene Offenheit und Differenz zulässt, hat mit Selma in diesem Roman, ungeachtet aller fortdauernden Blickbeschränkungen, eine utopische Gestalt geboren, von der Signale der Versöhnung und des

Optimismus ausgehen. Figurenkonstellation und Handlung verweisen jedoch auf die tiefe gesellschaftliche Unsicherheit über die neu zu etablierende Ordnung, die sich in diesem Text artikuliert. Selma, die Verkörperung des fortschrittlichen jungen Staats, verweigert die Reproduktion. Das Kind, das in diesem Roman geboren wird, verdankt seine Entstehung einzig dem Wunsch der alten Generation, sich fortzupflanzen – ein Motiv, das die hoffnungsvoll entworfenen Perspektiven in ein ambivalentes Licht rückt.

Porträt des Künstlers als junge Frau

Lailiyyāt imra'a āriq (*Nächte einer schlaflosen Frau*) ist der Originaltitel des 1985 in arabischer Sprache und 1987 in französischer Übersetzung unter dem Titel *La pluie* (*Der Regen*) erschienenen Romans, in dem ein weibliches Ich in sechs Nächten Erinnerungsfragmente, Tageserlebnisse und Reflexionen niederschreibt. Der Text wird oft als Pendant zu dem zehn Jahre zuvor erschienenen *L'escargot entêté* (*Die hartnäckige Schnecke*) gelesen, dem in sechs Tagesabschnitte gegliederten inneren Monolog eines neurotischen Beamten – Leiter des städtischen Amts für Rattenvertilgung –, der sein mentales Chaos durch ein ausgeklügeltes Kontrollsystem zu beherrschen sucht und sich schließlich, nachdem er mit der ihn hartnäckig verfolgenden Schnecke wohl eine Art *alter ego* getötet hat, selbst ins Gefängnis einliefert.

Metaphorisch konnotiert die Opposition zwischen Tag und Nacht diejenige zwischen männlich und weiblich. Man könnte also eine Art Systemzwang im Rahmen des eigenen Schaffens dahinter sehen, wenn den sechs Tagen des männlichen Helden in *Die hartnäckige Schnecke* nun die sechs Nächte einer weiblichen Protagonistin gegenübergestellt werden. Sich die Maske des Weiblichen aufzusetzen, bedeutet für den Autor jedoch auch einen erneuten Tabubruch, denn unter hierarchischen Kategorien begibt er sich damit von der Position des Dominierenden ›hinab‹ in die der Dominierten und Missachteten. Der (fiktionale) Gewinn bei diesem Vorgang liegt in seinem transgressiven Potential: Die Frau, die traditionsgemäß unsichtbar bleiben soll, kann hier aus der Innenschau präsentiert werden. Sie bricht selbst das ihr auferlegte Schweigen und verstößt damit umso mehr gegen die herrschenden Konventionen.

Die namenlose Protagonistin von *Der Regen*, die als Ärztin in einem Krankenhaus arbeitet, hat jedoch ein männliches Double, den Autor, der sie seinem eigenen Begehren und seinen Ängsten entsprechend lenkt. Er gewährt ihr nicht die Freiheit und das Selbstbewusstsein, mit der er die Figur der Selma ausgestattet hatte. Die junge Frau, die er in *Der Regen* sprechen lässt, ist ein neurosengeschütteltes Wesen, das seit der als Schock erlebten ersten Menstruation unter dem »Unglück der Weiblichkeit« leidet, seinen Körper durch Nahrungs- und Schlafentzug abzutöten versucht und den ersten sexuellen Kontakt mit einem Mann, der »verstrickt« ist »in seine alten Phantasien und seine alte Arroganz«, als ekelhaft und erniedrigend erfährt: »Schließlich erbrach ich mich ins Waschbecken«.

Alles, was in *Die Verstoßung* die männliche Hauptfigur belastete, ist hier auf die Frau projiziert: die desaströse familiäre Situation mit der schwachen, gedemütigten Mutter und dem ständig abwesenden Vater, der dennoch die Macht über die Familienmitglieder fest in der Hand behält, die Verunsicherung durch den Tod des älteren Bruders, der vermutlich wegen seiner Homosexualität Selbstmord begangen hat, der Hass zwischen den zahlreichen verbleibenden Geschwistern. Charakteristische Motive wie der Schock beim Anblick des Menstruationsbluts werden in *Der Regen* auf die Frau transferiert: Die junge Protagonistin erlebt ihre erste Regel völlig unvorbereitet als ein Todeszeichen. Von der Figur des Bruders, bei dem sie in ihrer Not Hilfe sucht, erfährt sie in dieser Situation nur zynische Zurückweisung. Was die Initiation in das Leben als erwachsene Frau sein könnte, wird für sie zur »uranfänglichen Behinderung«, zum Anlass, sich völlig in sich selbst zurückzuziehen.

Ein Tagebuch wird zur einzigen Möglichkeit, der in dieser Vereinsamung ständig drohenden Gefahr des Suizids zu entgehen. Es ist ein Schreiben gegen den Tod, das zunächst noch geprägt ist von internalisierten Zwängen und Verboten: »Aber es gibt Dinge, die ich nicht erwähnen kann. Selbstzensur.« Nach und nach aber bewirkt die »Ekstase des Schreibens« eine Versöhnung mit dem eigenen Ich, das sich dessen bewusst wird, »daß das Glück darin besteht, glattes weißes Papier zu bekrakeln«. Die Protagonistin erkennt im Schreiben »die Fähigkeit des Menschen, seinen Plan zu verwirklichen«.

Nachdem bereits die Differenz zwischen dem Namen auf der Titelseite und dem Ich der Fiktion den Blick für die Ambivalenzen der in diesem Roman entworfenen weiblichen Figur geschärft hat, legen die oben zitierten Passagen dem Leser erst recht eine doppelte Lektüre des Textes nahe: Die autoreferentielle Ebene kreuzt sich beständig mit der Handlungsebene. Hinter der Gestalt der jungen Frau wird der Autor sichtbar, der sich mit ihr, der Spezialistin für Krankheiten der Fortpflanzungsorgange bei Frauen und Männern, über die Leiden der Gesellschaft beugt. Es geht um die Diagnose krankhafter Entwicklungen, die es nötig macht, den Blick auch dann nicht abzuwenden, wenn abstoßende, Ekel erregende Symptome zu konstatieren sind. Gefordert ist das Aussprechen der Wahrheit und die Überwindung der Selbstzensur. Die Figur der Ärztin, die ihre Diagnosen manchmal hart und zynisch formuliert, verschmilzt mit der des Autors, der mit diesen Passagen eine metatextuelle Begründung für die schockierende Offenheit liefert, die ihm so oft zum Vorwurf gemacht worden ist. Beide wollen heilen, aber beide stoßen sich am Beharrungsvermögen ihrer Landsleute, an einer Mentalität, die sich jeder Veränderung widersetzt.

Die Vergeblichkeit des Schreibens im Hinblick auf den Wunsch des Autors, damit eine Veränderung des gesellschaftlichen Bewusstseins herbeizuführen, ist eine der Deutungsebenen, die hinter der Innenansicht eines weiblichen Bewusstseins in *Der Regen* sichtbar werden. Eine zweite eröffnet sich in der Reflexion über den Akt des Schreibens als Therapie und als Lust. Für die Protagonistin wird das Schreiben ihres Tagebuchs zum Mittel gegen den Selbstverlust, der als ständige Drohung präsent ist: »Ich verliere mein Gleichgewicht. Meinen Mittelpunkt. Das Innere wird ein wenig schlaff. Angst in Form einer Spirale.« Nur schreibend kann sie sich gegen den Zwang zur Selbstzensur stemmen: »Ich möchte mein Tagebuch gern beibehalten. Aufrichtig sein. Bis zum Schluß. Mich nicht selbst zensieren. (…) Ordnung in zwei oder drei Gedanken bringen, die ich nicht in mein Tagebuch habe einschieben können. Aus Mangel an Beherztheit, Mut oder Ehrlichkeit.« Schreibend überwindet sie das »Verbot für die Frauen, ihrem Körper auf den Grund zu gehen« und kann sich schließlich ohne Schuldgefühle der Lust des Masturbierens überlassen. Nachdem sie so nach der Wahrheit des Schreibens auch der Wahrheit ihres Körpers zum Durchbruch verholfen hat, kann sie, so deutet es der Text an, ihre Neurose in ihrem Ursprung benennen und überwinden. Zeichen auch hierfür ist die Schrift: »Jetzt, da ich dieses Tagebuch zu Ende geschrieben habe, könnte ich meine Wörter mit Muße wiederlesen. In aller Ruhe.«

Legt man die Wertehierarchie traditionell organisierter Gesellschaften zugrunde, so erniedrigt sich, wie oben konstatiert, der männliche Autor, wenn er die Maske des Weiblichen anlegt. In *Der Regen* könnte man darin in der Tat eine Demutsgeste sehen, denn diese Identifikation lenkt den Blick auf der Handlungsebene auf »den Fluch eine arabische Frau zu sein«, eine Formulierung, die Boudjedra auch in seinem neuesten Roman noch einmal wiederholt. In metatextueller Hinsicht ist das implizite Eingeständnis des Autors, die eigene Gesellschaft nicht erreicht zu haben ebenfalls eine Geste der Demut, die hier gekoppelt ist mit dem Bekenntnis zum Schreiben als Selbsttherapie, das sich im Zeichen der Vergeblichkeit mit dem transgressiven Bild der Masturbation verbindet. Für die Figur der Protagonistin, die das neue Leitbild der berufstätigen jungen Frau verkörpert, wie für die hinter ihr sichtbar werdende Figur des Autors deutet das Motiv der Selbstbefriedigung in melancholischer Resignation auf die Unmöglichkeit, den Anderen zu erreichen, auf ein Versiegen der Kommunikation zwischen den gesellschaftlichen Kräften.

Versöhnung durch Angleichung?

Rachid Boudjedras jüngster Roman *Das Begräbnis*, erschienen 2003 und entstanden nach der Periode der Gewalt, die Algerien in den neunziger Jahren erschütterte, steht in scharfem Gegensatz zu diesem lange vor dem Ausbruch des larvierten Bürgerkriegs gezogenen resignativen Fazit. Wie die Evokation traumatischer Erlebnisse, so scheint in den Texten Boudjedras auch die Hoffnung auf Befreiung von Obsessionen und belastenden Erinnerungen immer wieder aufzuleben. Es ist bereits deutlich geworden, dass es in der Regel die Frauengestalten sind, an die sich diese Hoffnungen knüpfen. Selma aus *Die Zerfaserung* ebenso wie die trotz ihrer psychischen Verletzungen der Pflicht zur Diagnose nachkommende Ärztin aus *Der Regen* – *alter ego* des Autors – inkarnieren das Wunschbild eines nach Aufklärung, Offenheit und Toleranz strebenden Gemeinwesens. Zugleich zeigen diese Texte aber auch, wie tief das Land gespalten ist. Die Weigerung, sich der Geschichte zu stellen, das Festhalten an autoritären Strukturen und abgelebten Traditionen mit den daraus erwachsenden verhängnisvollen Konsequenzen und nicht zuletzt die Kluft zwischen den Geschlechtern sind vergleichbar mit den Krebsgeschwüren, die die Ärztin in *Der Regen* an ihren repräsentativ für Algerien stehenden Patienten konstatiert. In den Jahren, die auf die Entstehung dieses Buchs folgten, so könnte man die Metapher weiterführen, sind die diagnostizierten Krankheiten mit all ihren Schrecken zum Ausbruch gekommen. In *Das Begräbnis* werden die grauenvollen Ereignisse dieser Zeit mit oft schockierender Deutlichkeit vor Augen geführt, aber dennoch spricht der Schluss dieses Textes im wahrsten Sinn des Wortes von einer Zeitenwende.

Auch hier liefert somit die Beziehung zwischen Männern und Frauen das Paradigma, mit dessen Hilfe über die politisch-gesellschaftliche Situation gesprochen werden kann. Die Handlung schreitet in Jahresschritten von 1995 bis zur Jahrtausendwende voran und umfasst damit die Periode des schlimmsten Terrors bis hin zu der durch den Staatspräsidenten Bouteflika postulierten, jedoch heftig umstrittenen nationalen Versöhnung.

Helden des Romans sind Sarah und Salim – nicht zufällig fangen ihre Namen mit dem gleichen Buchstaben an –, die beide in einer Anti-Terror-Brigade arbeiten und von Beginn an als Liebespaar gezeigt werden. In der Erzählstruktur ist Sarah die dominierende Instanz, die Figur, die in mehrfacher Hinsicht das Wort hat. Salim interveniert durch lange Briefe, ein erzählerisches Mittel, mit dem die Blockierung des Dialogs zwischen den Geschlechtern als ›typisch männliche‹ Unfähigkeit zur Kommunikation zugleich eingestanden und überwunden wird: »Ich bin nicht daran gewöhnt zu reden; deshalb schicke ich dir diesen Brief, um dir schriftlich all das zu sagen, was ich mit Worten nicht ausdrücken kann.«

Salims Briefe sprechen von seiner Kindheit, und es stellt sich heraus, dass seine Erinnerungen eine erstaunliche Ähnlichkeit mit denen Sarahs aufweisen, ja fast mit ihnen identisch sind. Beide haben unter der Abwesenheit des Vaters, der Unterwürfigkeit der Mutter und den Konflikten mit den Geschwistern gelitten. Die Erfahrungsmuster, die beide geprägt haben, ähneln sich so sehr, dass Sarah feststellen kann: »Wir waren also beinahe Zwillinge.«

Die Aufhebung von Polaritäten, wie sie sich hier andeutet, lässt sich als Grundzug des Textes bestimmen, der auch auf einer wesentlich heikleren Ebene, nämlich der der sich bekämpfenden politischen Gruppen, für die Überwindung von Gegensätzen plädiert. Zwar werden die von den Terroristen begangenen Grausamkeiten mit manchmal kaum erträglicher Akribie beschrieben, aber dennoch verschwimmen im Laufe der Handlung die Grenzen zwischen Opfern und Tätern, Schuldigen und Unschuldigen, Verfolgern und Verfolgten – alle scheinen beides zugleich zu sein. Indem der Autor Sarah denselben Namen gibt wie einem elfjährigen Mädchen, das auf grauenhafte Weise gequält, verstümmelt, vergewaltigt und schließlich zu Tode gebracht wird, weist er gezielt auf die Identifikation seiner Heldin mit den Opfern hin. Bei dem männlichen Protagonisten ist die Verbindung dem männlichen Rollenbild entsprechend weniger offensichtlich, aber doch erkennbar: Er heißt Salim, und sein Name enthält damit auch den zweier für die Handlung entscheidender Figuren, die Ali heißen (S-ali-m). Beide Alis werden Opfer terroristischer Anschläge, wobei der eine ermordet, der andere entsetzlich verstümmelt wird.

Beide Protagonisten haben jedoch auch Affinitäten zur Täterseite: Sarah fühlt bei ihren Verhören den Impuls zu foltern und muss die Versuchung bekämpfen, den Tätern ähnlich zu werden: »Ich wollte sie vor allem nicht nachahmen, ihnen gleichen, meine Menschlichkeit verlieren.« Aussagen über die Terroristen wiederum sprechen diesen positive Beweggründe nicht gänzlich ab, wenn es heißt, in ihrem »lächerlichen Glauben« hofften sie, ihre Opfer durch die Qualen, die sie ihnen antun, reinzuwaschen, »auf dass sie diese niederträchtige Welt verlassen, ins Paradies eingehen und jeden Abend an der Tafel des Propheten speisen.«

Die Gestalt Salims schließlich, über dessen Tätigkeit bei der Terrorismusbekämpfung keine Details berichtet werden, wird vollends ambivalent, wenn ihm der Autor einen Zwillingsbruder zur Seite stellt, den er als Salims dunklen Schatten entwirft. Derselben Eizelle entsprungen, ist der Bruder der Feind im eigenen Haus, der Salim stets das Recht des Ältesten streitig gemacht, den die Mutter Salim vorgezogen hat und dem er stets mit Hass, ja mit »mörderischem Zorn« begegnet ist. Es liegt nahe, in diesem Paar die verfeindeten Gruppen zu sehen, deren Hass aufeinander das Land in ein blutiges Chaos gestürzt hat. Salim, den Boudjedra als klug, philosophisch gebildet und selbstbeherrscht darstellt, wird in dieser Konstellation zum Repräsentanten des Staats, sein Bruder zu dem der Gegenkräfte, wobei allerdings von seiten des Autors eine direkte Identifikation dieser Figur mit den Terroristen vermieden und er als Schwächling und kleiner Gauner dargestellt wird. Salim wird in der Romanhandlung die Einsicht zugeschrieben, dass er und sein Bruder – Positiv und Negativ derselben Entwicklung – schicksalhaft miteinander verbunden sind, eine Erzählstrategie, die darauf angelegt ist, die Differenzen zwischen den Zwillingsbrüdern einzuebnen und Gegensätze zu verwischen. Während sie sich in der Vergangenheit im Kriegszustand befunden haben, entdeckt Salim, der Kämpfer gegen den Terrorismus, nun die Quasi-Identität mit seinem Schatten, der der Seite der Gesetzesbrecher zugeordnet und der »zugleich seine Vorder- und seine Rückseite, sein *recto* und sein *verso* ist«. Die Differenz zwischen Opfer und Täter wird damit in nicht unproblematischer Weise eingeebnet, ähnlich wie dies auf der politischen Ebene geschehen ist, wo es den (ehemaligen) Terroristen ermöglicht wurde, in ein normales Leben zurückzukehren, ohne dass ihre mögliche Verstrickung in verbrecherische Aktivitäten untersucht wurde.

Wenn am Schluss dieses Romans ein klassisches Happy-End steht – Salim macht Sarah einen Heiratsantrag und wünscht sich von ihr Zwillinge –, dann drückt sich darin allenfalls sekundär der Wunsch nach Harmonie zwischen den Geschlechtern aus. In erster Linie geht es um die Beilegung von Konflikten unter Männern, unter politischen Gruppierungen – ein Postulat, das in Einklang steht mit der von Bouteflika propagierten Politik der nationalen Versöhnung, die nicht nach schuldig oder unschuldig fragt. Die Hilfsfunktion, die das Weibliche für das Propagieren dieser Strategie hat, könnte nicht besser deutlich werden als durch die finale Konjunktion (»um … zu«), mit der in Salims Heiratsantrag die beiden Satzteile verbunden werden: »Willst du mich heiraten und mir Zwillinge schenken, um mich mit meiner Existenz als Zwilling und mit diesem komischen Typ von Bruder zu versöhnen?« Die Frau bleibt allen Wünschen nach einer neuen Geschlechterordnung zum Trotz auch in diesem Text ein Mittel zur Durchsetzung männlicher Ziele.

Werke (Auswahl)

La répudiation, Paris: Denoël 1969.
L'insolation, Paris: Denoël 1972.
Journal palestinien, Paris: Hachette 1972.
Topographie idéale pour une agression caractérisée, Paris: Denoël 1975.
L'escargot entêté, Paris: Denoël 1977.
Les 1001 années de la nostalgie, Paris: Denoël 1979.
Le vainqueur de coupe, Paris: Denoël 1981.

al-Tafakkuk (*Die Zerfaserung*), Beirut: Dār Ibn Rushd 1981; Algier: SNED 1981.
La macération, Paris: Denoël 1984.
Lailiyyāt imra'a āriq (*Der Regen*), Algier: Enal 1985.
La prise de Gibraltar, Paris: Denoël 1987.
Le désordre des choses, Paris: Denoël 1991.
FIS de la haine, Paris: Denoël 1992.
Timimoun, Paris: Denoël 1994.
Cinq fragments du désert, Algier: Barzakh 2001.
Les funérailles, Paris: Grasset 2003.

Übersetzungen ins Deutsche

Rachid Boudjedra: *Topographie*, übers. v. Thomas Dobberkau, Berlin: Aufbau-Verlag 1978; Mainz: Kinzelbach 1993.
Rachid Boudjedra: *Der Pokalsieger*, übers. v. Jeanne Pachnicke, Berlin: Aufbau-Verlag 1985 (TB Zürich: Unionsverlag 1989).
Rachid Boudjedra: *Die Verstoßung*, übers. v. Dorothea Steiner u. Siegfried Helmchen, Zürich: Unionsverlag 1991.
Rachid Boudjedra: *Das Palästina-Tagebuch*, übers. v. Barbara Rösner-Brauch, Mainz: Kinzelbach 1991.
Rachid Boudjedra: *Der Regen*, übers. v. Eva Moldenhauer, Mainz: Kinzelbach 1992.
Rachid Boudjedra: *Prinzip Hass: Pamphlet gegen den Fundamentalismus im Maghreb*, übers. v. Uwe Bennert u. Thomas Bleicher, Mainz: Kinzelbach 1993.
Rachid Boudjedra: *Die Eroberung von Gibraltar*, übers. v. Eva Moldenhauer, Mainz: Kinzelbach 1994.
Rachid Boudjedra: *Timimoun*, übers. v. Hatem Lahmar u. Tina Aschenbach, Mainz: Kinzelbach 1995 (TB Frankfurt/M.: Suhrkamp 1998).
Rachid Boudjedra: *Die Unordnung der Dinge*, übers. v. Eva Moldenhauer, Mainz: Kinzelbach 1995.
Rachid Boudjedra: *Die Auflösung*, übers. v. Monika Hoffmann u. Salah Tamen, Mainz: Kinzelbach 1996 (TB Frankfurt/M.: Suhrkamp 2000).
Rachid Boudjedra: *Die Zerfaserung*, übers. v. Farid Benfeghoul, Mainz: Kinzelbach 1997.
Rachid Boudjedra: *Sonnenstich*, übers. v. Eva Moldenhauer, Mainz: Kinzelbach 1998.
Rachid Boudjedra: *Die 1001 Jahre der Sehnsucht*, übers. v. Nuha Sarraf Forst u. Angelika Rahmer, Mainz: Kinzelbach 1999 (TB Frankfurt/M.: Suhrkamp 2002).
Rachid Boudjedra: *Fluchten*, übers. v. Patricia A. Hladschick, Mainz: Kinzelbach 2001.
Rachid Boudjedra: *Die hartnäckige Schnecke*, übers. v. Eva Moldenhauer, Mainz: Kinzelbach 2002.

Weiterführende Literatur

Hafid Gafaïti: *Boudjedra ou la passion de la modernité*, Paris: Denoël 1987.
Farida Abu-Haidar: »The Bipolarity of Rachid Boudjedra«, in: *Journal of Arabic Literature* 20, 1989, S. 40–56.
Alfred Hornung, Ernstpeter Ruhe (Hg.): *Autobiographie & avant-garde. Alain Robbe-Grillet, Serge Doubrovsky, Rachid Boudjedra, Maxine Hong Kingston, Raymond Federman, Ronald Sukenick*, Tübingen: Gunter Narr 1990.

Hafid Gafaïti: »Rachid Boudjedra: The Bard of Modernity«, in: *Research in African Literatures* 23, 1992, S. 89–102.
Giuliana Toso-Rodinis: *Fêtes et défaites d'Eros dans l'œuvre de Rachid Boudjedra*, Paris: L'Harmattan 1994.
Debbie Cox: »Autobiography and Intertextuality: Rashīd Būjadra«, in: *Writing the Self. Autobiographical Writing in Modern Arabic Literature*, hg. v. Robin Ostle, Ed de Moor u. Stefan Wild, London: Saqi Books 1998, S. 229–240.
Hafid Gafaïti (Hg.): *Rachid Boudjedra. Une poétique de la subversion*, 2 Bde., I. *Autobiographie et histoire*; II. *Lectures critiques*, Paris: L'Harmattan 2000.
Armel Crouzières-Ingenthron: *Le double pluriel dans les romans de Rachid Boudjedra*, Paris: L'Harmattan 2001.

Barbara Winckler

Vom Schreiben in der ›Feindessprache‹

Assia Djebar und die verschütteten Stimmen der algerischen Geschichte

Assia Djebar, die *grande dame* der algerischen Literatur, ja der frankophonen Literatur des Maghreb überhaupt, ist auch in Deutschland längst keine Unbekannte mehr – und das nicht erst, seit ihr im Jahr 2000 der Friedenspreis des Deutschen Buchhandels verliehen wurde. Der Börsenverein des Deutschen Buchhandels ehrte sie als eine Autorin, »die dem Maghreb in der zeitgenössischen europäischen Literatur eine eindringliche Stimme gegeben hat. Sie hat in ihrem Werk ein Zeichen der Hoffnung gesetzt für die demokratische Erneuerung Algeriens, für den inneren Frieden in ihrer Heimat und für die Verständigung zwischen den Kulturen. Den vielfältigen Wurzeln ihrer Kultur verpflichtet, hat Assia Djebar einen wichtigen Beitrag zu einem neuen Selbstbewusstsein der Frauen in der arabischen Welt geleistet.« Diese Würdigung berührt einige der vielfältigen inhaltlichen Facetten des Werks von Assia Djebar, die als Historikerin, Schriftstellerin und Filmemacherin auf ein sowohl umfangreiches wie bedeutendes Werk zurückblicken kann, in dem diese drei Seiten ihres Schaffens immer wieder verbunden werden. Assia Djebar fände in jedem der drei Themenblöcke dieses Bandes ihren Platz: Leben und Werk dieser Autorin sind zutiefst ›ortspolygam‹, geprägt von der Auseinandersetzung mit Geschichte und Erinnerung – und von einer geschlechtsspezifischen Perspektive.

Ein Leben zwischen den Fronten

Assia Djebar ist ein Pseudonym, das die Autorin 1957 mit der Publikation ihres ersten Romans annahm, denn durch Schreiben an die Öffentlichkeit zu treten, bedeutete damals für eine algerische Frau noch einen Skandal. Dieser Schritt in die Öffentlichkeit ist letztlich die Konsequenz einer frühen Entscheidung ihres Vaters, der ihr gesamtes Leben und Werk prägen wird: die Entscheidung, sie auf die französische Schule zu schicken, ein Erfahrung, die sie mit vielen ›kolonisierten‹ Autoren teilt. Djebars algerischer Schriftstellerkollege Kateb Yacine vergleicht die Entscheidung seines Vaters, ihn in die französische Schule zu schicken, mit der Erfahrung, »in den Wolfsrachen geworfen zu werden.«

1936 in Cherchell an der algerischen Küste als Fatima-Zohra Imalayène geboren, wird Assia Djebar 1955 als erste Algerierin zum Studium an der

Ecole Normale Supérieure von Sèvres zugelassen. Als im Sommer 1956 die algerischen Studenten aus Solidarität mit dem seit 1954 währenden algerischen Befreiungskampf in Streik treten, schreibt Assia Djebar, gerade 20-jährig, in wenigen Wochen ihren ersten Roman *La Soif* (*Die Zweifelnden/ Durst*) – und wird daraufhin vom Studium ausgeschlossen. Ein Jahr später folgt ihr zweiter Roman, *Les Impatients* (*Die Ungeduldigen*). Beide handeln von den Konflikten und der Identitätssuche junger Frauen in der algerischen Gesellschaft. Wegen dieser ›unpolitischen‹ Thematik wurden die Texte von algerischer Seite vielfach als unangemessen für die Zeit des Unabhängigkeitskampfs kritisiert, der Autorin mangelnde Loyalität mit ihrem Land vorgeworfen.

Es folgen Jahre des unsteten Lebens, der universitären und journalistischen Arbeit. 1958 heiratet sie und folgt ihrem Mann, der im Untergrund lebt, nach Tunis, damals ein Zentrum des algerischen Widerstands. Dort studiert und arbeitet sie an der Universität sowie für die Presse des *Front de Libération Nationale* (*FLN*), der algerischen Befreiungsbewegung, bis sie im Jahr darauf als Historikerin an die Universität Rabat in Marokko berufen wird. Im Jahr der Unabhängigkeit Algeriens, 1962, kehrt sie in ihr Land zurück, lehrt an der Universität Algier Geschichte und arbeitet für algerische Zeitschriften und den Rundfunk. Von 1965 an lebt und arbeitet sie für fast zehn Jahre in Paris, wo sie sich neben ihrer publizistischen Arbeit nun auch dem Theater widmet. Nach ihrer Rückkehr nach Algier lehrt sie an der dortigen Universität Theaterwissenschaften. Die Erfahrungen des Unabhängigkeitskriegs und des Exils verarbeitet sie in zwei weiteren Romanen, die im Gegensatz zu den ersten beiden ein stärkeres politisches Engagement widerspiegeln. Nach 1980 lebt sie zunächst vorwiegend in Paris, pendelt – soweit möglich – zwischen Paris und Algier und übernimmt Lehrtätigkeiten in den USA und Europa.

Ihr literarisches Werk, das heute mehr als ein Dutzend Romane, zwei Erzählbände, ein Theaterstück, Lyrik sowie zahlreiche Essays umfasst, steht in enger Verbindung mit ihrem Lebensweg und der Situation ihres Landes.

Die Geschichte mit den Augen der Gegenwart betrachtet

Immer wieder nähert sich Assia Djebar der Geschichte und Gegenwart ihres Landes aus unterschiedlichen Perspektiven. So lenkt sie den kritischen Blick auf die Grausamkeiten und das Unrecht der Kolonialgeschichte, ebenso jedoch auf patriarchalische Gesellschaftsstrukturen wie auch auf das korrupte Verhalten der politischen Klasse im unabhängigen Algerien. Dabei beleuchten sich Geschichte und Gegenwart gegenseitig. Als Historikerin tritt sie dem ansteigenden islamischen Fundamentalismus in ihrem Land – insbesondere den Angriffen auf Frauen, die sich nicht aus dem öffentlichen Leben heraushalten, wie es nach der Ansicht der Fundamentalisten ›der Islam‹ gebietet – entgegen, indem sie in historischen Quellen aus der frühen Geschichte des Islam nach Spuren von (oft aktiv handelnden) Frauen forscht. Die Lücken und Brüche in der Überlieferung füllt sie mit literarischer Imagination; so entsteht *Loin de Médine* (*Fern von Medina*, 1991), eine Rekonstruktion von Frauenleben aus der Frühzeit des Islam. Die wachsende islamistische Gewalt im Algerien der neunziger Jahre verarbeitet sie zudem in Texten wie *Le blanc d'Algérie* (*Weißes Algerien*, 1996), Würdigung und Zwiegespräch mit den Toten, das dem Morden das Erinnern entgegensetzt, und *Oran, langue morte* (*Oran – Algerische Nacht*, 1997).

Mit *Les nuits de Strasbourg* (*Nächte in Straßburg*, 1997) entfernt sich Assia Djebar zum ersten Mal literarisch von ihrer Heimat und verlagert den Schauplatz ihres Erzählens nach Europa – doch eine Konstante ihrer Reflexion bleibt: Auch das Elsass, Spielball des Machtkampfes zwischen Deutschland und Frankreich, ist ein Ort der Grenzüberschreitungen und der – keineswegs konfliktfreien – Koexistenz mehrerer Kulturen. Eine doppelte Paarkonstellation verkörpert – höchst konstruiert – zwei historische Konflikte: Die Liebe zwischen einer 30-jährigen Algerierin und einem mehr als 20 Jahre älteren Franzosen ist überschattet von der Erinnerung an den algerischen Unabhängigkeitskrieg, und die Beziehung zwischen der algerischen Jüdin und einem Deutschen rückt den Holocaust in den Blick.

Eine weibliche *memoria*

Ein roter Faden, der sich durch Assia Djebars Schaffen zieht, ist die Perspektive der Frau. Sie etabliert in ihren Werken eine weibliche *memoria*, indem sie die Geschichte(n) von Frauen rekonstruiert, die, vergessen oder gar verdrängt und bewusst ausgeblendet, unsichtbar geworden sind. Ob sie mit Mitteln der *oral history* Erinnerungen von algerischen Frauen ans Licht bringt wie in *L'Amour, la fantasia* (*Fantasia*) und *Vaste est la prison* (*Weit ist mein Gefängnis*) oder, wie bereits erwähnt, in *Fern von Medina* die Geschichten einzelner, in historiographischen Werken nur kurz erwähnter Frauengestalten aus der Frühzeit des Islam ausspinnt, stets verleiht sie denen eine Stimme, die sonst nicht gehört werden. Oder anders ausgedrückt: Sie überführt die Überlieferung der Frauen, die eine mündliche ist, in das Medium der Schrift, das gewöhnlich das der Männer ist. »Schreiben tötet die Stimme nicht, sondern weckt sie auf, vor allem, um so viele verschwundene Schwestern wieder lebendig werden zu lassen.«

Sprache als Kristallisationspunkt des kolonialen Konflikts

Eine zentrale Rolle spielt bei Assia Djebar der Themenkomplex Sprache, der eine Reihe von Gegensätzen umfasst: In Form von Sprechen oder Schreiben ist die Sprache auf der einen Seite dem Schweigen gegenübergestellt; auf der anderen Seite steht die ›indigene‹ Muttersprache der Sprache des Kolonisators entgegen. Sprache ist der Kristallisationspunkt für Konflikte, die sich aus der kolonialen Situation ergeben.

Sprache ist im Maghreb stets ein Politikum, Gegenstand von Reflexion und Diskussion. Die Wahl der Sprache ist eng verbunden mit der Frage der Identität und impliziert oftmals eine kulturelle und zugleich politische Stellungnahme. Für algerische Autoren stellt sich die Frage, in welcher Sprache sie sich ausdrücken, mit besonderer Brisanz. Grund dafür ist die besonders lange und tief greifende Kolonisierung des Landes, die sowohl das Verhältnis zu Frankreich als auch die sprachlichen Verhältnisse und das Bildungssystem bis heute prägt. In Algerien, das im Unterschied zu Marokko und Tunesien dem ›Mutterland‹ Frankreich direkt angeschlossen worden war, war das Bildungssystem in der Kolonialzeit französisch. Die wenigen Algerier, die vor der Unabhängigkeit überhaupt Zugang zu Schulbildung hatten, waren daher ausschließlich französisch ausgebildet. So sprechen die meisten Autoren dieser Generation zwar ihre Muttersprache, fühlen sich jedoch nicht in der Lage, sich in ihr literarisch auszudrücken. Algerier, die durch ein Studium im arabischen Ausland eine zweisprachige Ausbildung erhalten haben, wie etwa Rachid Boudjedra in Tunis, bilden die Ausnahme. Assia Djebar formulierte einmal ihre Hoffnung, dieses Manko zu überwinden, »der Zerrissenheit einer Zweisprachigkeit ein Ende zu setzen, die mit beiden Beinen zu hinken scheint. Eines Tages aufzuhören, seine Muttersprache zu sprechen wie ein Kind, das Laufen lernt, und seine Bildungssprache wie ein maskierter Fremder.« Doch über das Empfinden eines persönlichen Mangels hinaus hat die Wahl der Sprache auch eine politische Dimension: Gegenüber frankophonen Autoren wird oftmals der Vorwurf laut, die eigene kulturelle Identität zu verleugnen, ›verwestlicht‹ und damit nicht loyal zum eigenen Land zu sein, sich auf die Seite des ehemaligen Kolonialherrn zu schlagen.

Die algerische Autor*in* befindet sich in Bezug auf Sprache(n) und Identität(en) in einem doppelten Konflikt. Dieser Konflikt ist einerseits ein geschlechtsspezifischer, andererseits ein kulturspezifischer. Er macht sich fest am Zwiespalt zwischen der französischen Sprache und der Muttersprache, die mit jeweils unterschiedlichen historischen Rollen, mit unterschiedlichen Frauenbildern, Räumen und sozialen Gruppen sowie mit unterschiedlichen Ausdrucksformen – Mündlichkeit und Schriftlichkeit – konnotiert sind. In *Fantasia*, ihrem ersten autobiographischen Roman, versucht Assia Djebar, diese konfliktreiche Situation für sich zu klären, indem sie sich mit ihrem Verhältnis zur Sprache auseinander setzt.

Eine Autobiographie im Zeichen des kollektiven Gedächtnisses

Nach 1969 publiziert Assia Djebar zunächst für mehr als zehn Jahre kein einziges literarisches Werk. In dieser Zeit wendet sie sich einer Arbeit zu, die in den hier im Zentrum stehenden Text münden wird. Sie widmet sich der historischen Forschung zu Familien- und Frauenbiographien – und dem Film. Die Bedeutung des Filmens liegt für sie darin, sich den – lange Zeit patriarchalisch monopolisierten – Blick wieder anzueignen und ihr Verhältnis zur Sprache zu klären. Sie stellt fest, dass die Ursache ihres Unvermögens, auf Arabisch zu schreiben, nicht nur in ihrer mangelnden Sprachkompetenz aufgrund der französischen Bildung liegt, sondern auch in der Diglossie des Arabischen, der Diskrepanz zwischen Alltagssprache und Schriftsprache. Filmen bedeutet für sie daher nicht, das Wort zugunsten des Bilds aufzugeben, sondern die Beschäftigung mit dem »Bild-Ton«, wie sie es formuliert.

Nach längeren Aufenthalten beim (Berber-)Stamm ihrer Mutter entsteht 1978 ihr erster Film, *La Nouba des femmes du Mont Chenoua* (*Die Nouba der Frauen vom Mont Chenoua*), der, ausgehend von Gesprächen mit Bäuerinnen ihrer Heimatregion, die Lebenswelt der Frauen und ihre Erinnerungen, insbesondere an die letzten Jahre der französischen Kolonialherrschaft, thematisiert und auf der Biennale von Venedig mit dem Preis der Internationalen Kritik ausgezeichnet wird. Ihr zweiter Film, *La Zerda ou les chants de l'oubli* (*Die Zerda oder die Gesänge des Vergessens*) von 1982 ist eine Montage aus französischem Dokumentarfilmmaterial der Kolonialzeit mit ursprünglich hegemonialer Perspektive, aus dem sie durch die Art, wie sie den fremden Blick montiert und ihn mit fiktiven algerischen Stimmen unterlegt, eine neue, algerische Sichtweise schafft.

Diese historische wie kinematographische Arbeit wird sich in der – noch unvollendeten – autobiographischen Tetralogie niederschlagen, deren erster Teil, *Fantasia*, 1985 erscheint. Mit *Ombre sultane* (*Die Schattenkönigin*) und *Weit ist mein Gefängnis* folgen 1987 und 1995 zwei weitere Bände. Assia Djebar entwickelt hier eine ganz eigene Form autobiographischen Schreibens, indem sie die Autobiographie mit der Geschichte Algeriens, individuelle mit kollektiver Erinnerung verbindet. Im Verlauf ihres literarischen Schaffens nähert sich Assia Djebar kontinuierlich dem autobiographischen Schreiben an, wobei sie sich stets an der Schwelle zum Fiktiven bewegt. Individuelle Geschichte ist bei ihr stets Teil kollektiver Geschichte. Ihr persönlicher Konflikt steht exemplarisch für den des ganzen Landes.

Konzertierende Stimmen, verschlungene Körper

In *Fantasia*, dem wohl komplexesten Werk der Autorin, bringt Djebar eine immense Zahl unterschiedlichster Stimmen zum Sprechen. Der Text liest sich wie eine Synthese ihres bisherigen – nicht nur literarischen – Schaffens. Die äußerst kompliziert konstruierte Erzählstruktur verschränkt drei Ebenen miteinander, für die jeweils unterschiedliche Textarten verwendet werden: Die autobiographische Erzählung, die Fragmente aus Kindheit und Jugend umfasst, hat ihre Handlung etwa in den vierziger bis sechziger Jahren des 20. Jahrhunderts. In den ersten beiden Teilen des Romans, überschrieben »Die Eroberung der Stadt oder Die Liebe wird niedergeschrieben« und »Die Rufe der Fantasia«, folgen jeweils abwechselnd Kapitel dieser autobiographischen Erzählung und solche aufeinander, die von Kämpfen und Grausamkeiten während der französischen Eroberung Algeriens in den Jahren 1830 bis 1852 berichten. Dabei stützt sich die Autorin auf schriftliche Quellen – koloniale Militär- und Verwaltungsberichte, Tagebücher oder Briefe, meist aus der Feder französischer Männer –, zitiert aus ihnen und spinnt sie aus. Im dritten großen Teil des Romans mit dem Titel »Die verschütteten Stimmen« sind wiederum autobiographische Kapitel verflochten mit solchen, die mündliche Überlieferungen vom algerischen Befreiungskrieg zwischen 1954 und 1962 enthalten. In jedem dieser Kapitel – mit dem immer gleichen Titel »Stimme« –, spricht eine algerische Frau von ihrem Leiden und ihrem aktiven Kampf während des Kriegs. In diesem Fall sind die beiden Ebenen jedoch nicht nur nebeneinander gestellt, sondern sie werden in einer vierten Textart – »Verschlungene Körper« – zusammengeführt, in der die Erzählerin die Frauen aufsucht und ein Dialog entsteht. Eine fünfte Textart bilden schließlich poetische Texte, die auch typographisch abgesetzt sind und auf einer Metaebene das Vorhergehende reflektieren.

Indem sie französische, männliche, schriftliche Quellen und algerische, weibliche, mündliche Überlieferung gegenüberstellt, verbindet Assia Djebar hier, wie Mildred Mortimer bemerkt, *kalām* (arab. ›Rede‹) mit *écriture* (frz. ›Schreiben‹), *herstory* – das Erzählen persönlicher Erinnerungen von Frauen – mit *history* in Form von kolonialen Militär- und Verwaltungsberichten, Tagebüchern und Briefen.

Von der Notwendigkeit der historischen Verwurzelung

Wozu dient diese komplizierte Konstruktion, die Kombination scheinbar disparater Texte? Die Bedeutung der historiographischen Ebene erschließt sich, wenn man zunächst dem Lauf der autobiographischen Erzählung folgt. Die Autorin / Erzählerin steckt aufgrund ihres für eine algerische Frau untypischen Lebenswegs in einem Zwiespalt: Einerseits hat sie dadurch erhebliche Freiheiten errungen, andererseits fühlt sie sich von ihrer Herkunftsgemeinschaft, insbesondere der der Frauen, ausgeschlossen. Aus diesem Dilemma erwächst die Notwendigkeit der beiden dokumentarischen Ebenen. Ausgangspunkt des Konflikts, dessen Kristallisationspunkt die Sprache darstellt, ist die Entscheidung des Vaters, das Mädchen zur Schule zu schicken. Der Roman beginnt mit einer Schlüsselszene:

> Ein kleines arabisches Mädchen geht zum ersten Mal zur Schule, an einem Herbstmorgen, an der Hand ihres Vaters. Er, den Fez auf dem Kopf, eine große, aufrechte Gestalt in einem Anzug nach europäischem Schnitt, trägt eine Schulmappe. Er ist Lehrer an der französischen Schule. Ein kleines Mädchen in einem Dorf im algerischen Sahel.

Mit diesem Schritt tritt das Mädchen aus der Norm ihrer Gesellschaft heraus, wagt – ohne es zu wissen – eine Grenzüberschreitung, die ihren späteren Lebensweg und die von ihr erlebten Konflikte prägen wird. Das Verlassen des Hauses ist mit dem Schreibenlernen verbunden. Das Schreiben gibt den ersten Anstoß zur Selbstbefreiung, zur Durchsetzung des eigenen Willens gegen äußere wie verinnerlichte Grenzen. Schreiben ist für die Erzählerin in erster Linie Identitätsfindung und Selbstaffirmation. Die ›Liebes‹-Briefe, die sie schreibt, dienen nicht so sehr dem Austausch mit dem Anderen, sondern vielmehr – neben der Rebellion gegen den Willen des Vaters – anstelle eines Tagebuchs dazu, »zu sagen, daß ich existiere.«

Schreiben ist für Frauen riskant, denn es kommt einer Entschleierung gleich, macht die Frau verletzlich und setzt sie der Verachtung der Gesellschaft aus – wird doch ihre Würde durch den Schleier geschützt.

> Schreiben bedeutet Entschleierung in der Öffentlichkeit vor höhnischen Zuschauern ... Eine Königin schreitet durch die Straßen, weiß, unerkannt, verhüllt, aber wenn das Leichentuch aus rauher Wolle plötzlich herabgerissen wird und zu ihren Füßen zusammenfällt, die man vorher nur erraten konnte, dann wird sie zur Bettlerin, die im Staub hockt und angespuckt und beschimpft wird.

Doch nicht nur das Schreiben als männliche Domäne ist für Frauen problematisch. Bereits die Stimme zu erheben ist eine Schande. Frauen ergreifen nicht selbstverständlich das Wort. Selbst unter Frauen bestimmt die altersbedingte Hierarchie, wer sprechen darf und wer zu schweigen hat. Die Kommunikation der Frauen beschränkt sich auf Floskeln, um jegliche Entblößung und Individualisierung zu vermeiden. Es ist verpönt, offen von sich zu sprechen und damit aus dem Kollektiv herauszutreten. Wenn die Frau von sich sprechen möchte, muss sie ihre Gefühle in Redewendungen ›verschleiern‹.

> Niemals wird ›ich‹ gesagt: (…) Umschreibungen, Sprichwörter, sogar Rätsel und Fabeln, diese ganze verbale Inszenierung dient dazu, das Schicksal in Worte zu fassen oder es zu beschwören, es aber niemals ganz offen darzulegen.

Wie sollte es da möglich sein, autobiographisch zu schreiben? Dies stellt eine weitere Grenzüberschreitung dar. Ihre Autobiographie zu schreiben, bedeutet, die eigenen Erfahrungen als individuelle zu betrachten, wo doch die herrschende Norm vorschreibt, die Individualität zu verschweigen, um in der Kollektivität der Frauen aufzugehen. Indem die Erzählerin sich dieser Norm verweigert, läuft sie Gefahr, ihren Platz in der Gemeinschaft zu verlieren.

Doch zunächst nimmt das Mädchen die Veränderungen, die das Französische mit sich bringt, als positive wahr. Die französische Sprache, die mit einem anderen, modernen Gesellschafts- und Weiblichkeitsentwurf verbunden ist, wirkt befreiend. Bereits im Verhältnis ihrer Eltern zueinander hatte sie eine durch die französische Sprache bewirkte Entwicklung festgestellt, die von ihr positiv bewertet, von der Umgebung jedoch mit Entsetzen betrachtet wird. Die algerischen Frauen benennen ihre Ehemänner im Gespräch niemals explizit, sondern sprechen indirekt von ihnen als »er«. Nachdem sie begonnen hat, französisch zu lernen, wagt es die Mutter im Kontakt mit Französinnen – zunächst mit deutlichem Unbehagen – »mein Mann« zu sagen. Später übernimmt sie dies sogar im Gespräch mit ihren gleichaltrigen Verwandten im Arabischen und nennt ihren Mann ganz natürlich und sogar mit einer Spur der Überlegenheit beim Vornamen.

> Ich spüre jedoch, was es ihrem Schamgefühl abverlangt haben muß, so direkt von meinem Vater zu sprechen. Eine Schleuse öffnete sich in ihr, vielleicht in ihren ehelichen Beziehungen. Jahre später (…) erwähnte sie ihren Mann beinahe selbstverständlich und mit einem Anflug von Überlegenheit: sie nannte ihn, welch tollkühne Neuerung, beim Vornamen! Ja, ganz plötzlich gab sie die Umschreibungen und verbalen Umwege auf. (…) Meine Mutter hielt den Kopf geneigt und sagte mit gelassener Stimme ›Tahar‹ (…), und selbst wenn die anderen Frauen ein Lächeln andeuteten oder halb verlegen, halb nachsichtig dreinschauten, fand ich, daß eine neue Vornehmheit im Gesicht meiner Mutter aufleuchtete.

So verändert sich mit dieser Entwicklung auch das Verhältnis der Eltern. Sie bilden nun – beinahe wie französische Eheleute, wenn auch zunächst nur in der begrenzten Öffentlichkeit der Frauenwelt – ein Paar. Der Vater geht einige Zeit später sogar noch weiter: Er wagt es, eine Postkarte an seine Frau zu adressieren:

> Das war eine Revolution: mein Vater hatte mit seiner eigenen Schrift und auf einer offenen Karte, die von einer Stadt zur anderen reisen und von ungezählten männlichen Blicken gesehen würde, und zum Schluß auch noch von dem unse-

> res Postboten, der obendrein ein Moslem war, mein Vater hatte es also gewagt, den Namen seiner Frau auf eine Adresse zu schreiben und sie nach europäischer Art ›Madame …‹ zu nennen (…).

Die anderen Frauen sind entsetzt über diese ›Schande‹, die Mutter ist geschmeichelt, wenn auch gegenüber den Frauen plötzlich verlegen. Dass die Eltern sich nun gegenseitig beim Namen nennen, »bedeutete, daß sie sich offen liebten.« Das Mädchen bekommt »eine erste Ahnung des möglichen Glücks und des Geheimnisses (…), das Mann und Frau verbindet.«

Vor diesem Hintergrund vollzieht sich die Entwicklung der Erzählerin. Der Prozess der Befreiung von einengenden Konventionen verläuft für sie – wie bereits für ihre Mutter – parallel zum Prozess des Erlernens der französischen Sprache und ist durch diesen bedingt. Sogar der Körper verändert sich unter Einwirkung des Französischen, »verwestlicht« und lernt, sich frei zu bewegen. »Wenn ich in der fremden Sprache schreibe oder lese, geht er auf Reisen, er kommt und geht in diesen subversiven Weiten, trotz der mißbilligenden Nachbarinnen und Matronen; es fehlte nicht viel, und er würde davonfliegen.« Nach und nach entfernen sich ihr Körper und ihre Stimme von denen der anderen Frauen. Ihre Kehle bringt den traditionellen Freudenschrei der Frauen nicht richtig heraus. Ihr Körper löst sich aus der Geborgenheit im Kreis der Frauen und hat mehr Freude am Sport im sonnendurchfluteten Stadion des Internats, auf das sie nach Abschluss der Grundschule geschickt wird.

> Bei den alltäglichsten Familienversammlungen fand ich es schwierig, mich im Schneidersitz niederzulassen: diese Haltung bedeutete nicht mehr, sich unter die anderen Frauen zu mischen, um an ihrer herzlichen Geselligkeit teilzunehmen, sondern nur noch, sich auf ungemütliche Weise hinzukauern. (…) Von dieser Ansammlung unförmiger Gestalten trennt sich mein Jungmädchenkörper unmerklich.

Das Französische verändert nicht nur die Erzählerin selbst. Es scheint auch eine magische Wirkung auf ihre Umgebung zu haben:

> Und so war mein Körper in Bewegung geraten, seit ich die fremde Schrift benutzte. Als ob die französische Sprache plötzlich Augen hätte und sie mir geliehen habe, damit ich in die Freiheit schauen könne; als ob die französische Sprache die wachsamen Männer meines Stammes blind mache und ich um diesen Preis frei herumlaufen dürfe.

Durch diese Entwicklung gerät sie zwischen zwei Welten. Äußerlich lebt sie wie eine Französin, in ihrem Innern empfindet sie jedoch oft noch die gleichen Grenzen und Tabus wie eine verschleierte, eingeschlossene Algerierin. Im Internat treibt sie Sport wie die anderen, hat jedoch Angst, ihr Vater könnte sie so ›entblößt‹ sehen und empfindet das »›Schamgefühl‹ einer arabischen Frau«. Die Veränderung kann sie nur leben, indem sie darüber schweigt. Sie ist (noch) nicht stark genug, ihre Position offen zu vertreten und sie – fremden oder auch den eigenen – Worten auszusetzen. Ihren französischen Mitschülerinnen kann sie sich nicht anvertrauen. Sie, die diese andere Welt nicht kennen, würden ihre Probleme nicht verstehen. So entfernt sich das Mädchen körperlich wie geistig immer mehr von seiner Gesellschaft, ohne jedoch wirklich die Freiheiten der französischen Gesellschaft zu erlangen und ganz dazuzugehören. Sie ist »weder restlos außerhalb des Harem noch richtig darin«. Sie nimmt wahr, wie die französische Sprache ihr den Blick auf neue Welten erlaubt, blendet aber den umgekehrten Blick aus. Macht ein Mann ihr Komplimente, ist sie schockiert, hatte sie doch angenommen, ihr Körper sei für andere unsichtbar und damit geschützt vor verbotener Annäherung.

> Ich entdeckte, daß auch ich eine verschleierte Frau war, weniger verhüllt als anonym. Meinen Körper, der doch dem einer jungen Europäerin glich, hatte ich gegen allen Augenschein für unsichtbar gehalten; nun litt ich darunter, daß diese Illusion von meiner Umgebung nicht geteilt wurde.

Auf der einen Seite Instrument der Befreiung von Körper und Geist, bewirkt das Französische bei dem Mädchen auf der anderen Seite eine Blockade, wenn es darum geht, Gefühle oder gar Liebe auszudrücken: »schon als junges Mädchen erfuhr ich in der Liebe eine Art Sprachverlust: die geschriebenen Worte, die erlernten Worte verflüchtigten sich vor mir, sobald irgendeine Herzensbewegung sich ausdrücken wollte.« Diese fremdsprachige »Liebes-Aphasie« erklärt sie zunächst aus der Geschichte, als Liebe zwischen Europäern und Araberinnen unmöglich war – sie trägt das kollektive Gedächtnis ihrer Vorfahren in sich. Hinzu kommt, dass die französischen Wörter, die sie in der Schule lernt, keinen Bezug zu ihrer Lebenswelt haben. Sie lernt Namen von Tieren und Pflanzen, die es in ihrem Land nicht gibt. Die in den französischen Schulbüchern dargestellten Situationen und Familienverhältnisse sind für sie irreal. Hin- und hergerissen zwischen der Welt der Schule, zu der sie keinen emotionalen Bezug hat, und der des Hauses, die in der Welt ihrer Bildung keinen Platz hat und keine Anerkennung erfährt, beginnt sie, Unsicherheit über ihre Zugehörigkeit zu empfinden. Auf allen intellektuellen Gebieten stellt die französische Sprache der Erzählerin ein reiches Instrumentarium zur Verfügung, auf der emotionalen Ebene bleibt sie ihr aber verschlossen: »die französische Sprache mochte mir all ihre unerschöpflichen Schätze anbieten, aber kein einziges, nicht das geringste ihrer Worte der Liebe würde für mich dasein …«

Durch das Wechseln zwischen den Sprachen lässt sich mit Nähe und Distanz spielen. Wagt etwa ein Mann ihrer ›Herkunftssprache‹ – dessen Identität hier bemerkenswerterweise über die Sprache und nicht über den Herkunftsort definiert wird – auf Französisch eine Annäherung, verwandeln sich die Worte in einen Schleier. Hier sind jedoch Kulturen und Geschlechterrollen umgekehrt: Es ist der Mann, der den ›Schleier‹ des Französischen anlegt, um sich der Frau nähern zu können.

> Er war es, der sich verschleierte, um es zu wagen, auf mich zuzugehen. Wenn ich plötzlich aus einer Laune heraus die Distanz zwischen mir und dem Mann verringern wollte, so war es nicht nötig, meine Umgänglichkeit durch ein Mienenspiel zu zeigen. Es genügte, einfach zur Muttersprache überzuwechseln: für irgendeine Kleinigkeit zu den Lauten der Kindheit zurückzukehren, (…) dann kann ich endlich sprechen, Wortspiele teilen, mit sich kreuzenden Anspielungen im Tonfall und Akzent, mit Schwingungen und Veränderungen der Aussprache Umarmungen vorausahnen lassen … Kurz, Stimme paßt zu Stimme, und der Körper kann sich dem Körper nähern.

Die Sprache, die Laute der Kindheit erlauben einen direkten Zugang zum Herzen. So kann Nähe entstehen, eine Nähe der Stimmen und der Körper. Im Gegensatz zur französischen Sprache, die zwar den Körper befreit, aber das Gefühl blockiert, eröffnet die Muttersprache, die den (weiblichen) Körper verschleiert und einsperrt, den Weg zum Herzen.

Die Überwindung der Kluft – eine weibliche Genealogie

Die beiden Sprachen, die das Mädchen zur gleichen Zeit erlernt, das Französische in der Grundschule, das Arabische in der Koranschule, trennen zwei Welten: das Draußen und das Drinnen, verbunden mit Bewegungsfreiheit oder Eingesperrtsein. Die Erzählerin nimmt zunächst nicht wahr, dass die beiden nicht miteinander vereinbar sind. Darüber hinaus haben diese beiden unterschiedlichen Orte des Lernens für sie ganz unterschiedliche Bedeutungen: Ihr Erfolg in der französischen Schule hat eine nationale Komponente; sie wertet ihn als den einer Algerierin gegenüber den Franzosen. Dagegen kann sie sich in der Koranschule ganz ohne Konflikt über ihren persönlichen Erfolg freuen, den die Mutter bejubelt und der für sie deshalb etwas Paradiesisches hat.

> Bei der Zeugnis- und Preisverleihung in der französischen Schule verstärkte jeder gewonnene Lorbeer meine Solidarität mit den Meinen; dieses stolze You-You aber adelte mich. Die Koranschule (…) wurde durch die so gezeigte mütterliche Freude zur Insel eines wiedergefundenen Eden.

Dass sie zur französischen Schule geht, erfüllt sie zunächst mit Stolz. Plötzlich aber empfindet sie Skrupel hinsichtlich des Privilegs, das ihr zuteil wird. Kommt es nicht einem Verrat gleich, sich in die Welt des Kolonialherrn, des ›Feindes‹, zu begeben und davon zu profitieren? Wäre es nicht ihre Pflicht, wie die anderen Frauen und zusammen mit ihnen im Haus zu bleiben? Auf einmal empfindet sie die französische Sprache als »Nessusgewand«, eine »Liebesgabe« des Vaters, die er ihr in bester Absicht zugänglich gemacht hatte, die jedoch unüberwindliche Konflikte in ihr auslöst.

Sie fühlt sich wie eines der algerischen Mädchen, die man frühzeitig verheiratet hat, noch dazu ins Feindeslager. Das Französische ist ihr eine »stiefmütterliche Sprache«; nun macht sie sich auf die Suche nach ihrer Muttersprache, »die mich auf der Straße ausgesetzt und sich davongemacht hat«. Auf dem Schlachtfeld ihres Inneren tragen die beiden Sprachen einen Kampf aus, der der Eroberung Algeriens gleicht.

> Nach über einem Jahrhundert französischer Besatzung – die erst vor nicht allzu langer Zeit in einem Gemetzel zu Ende ging – bleibt ein Sprachgelände zwischen zwei Völkern, zwischen zwei Erinnerungen; die französische Sprache, Körper und Stimme, richtet sich in mir ein wie eine stolze Festung, während die Muttersprache, ganz in mündlicher Überlieferung verwurzelt, in zerlumpten Fetzen, zwischen zwei Anfällen von Atemlosigkeit Widerstand leistet und angreift.

Doch der Kampf ist noch nicht entschieden. Sie selbst ist gespalten, sie trägt beide Seiten in sich, ohne sich für eine der beiden entscheiden zu können. Weder als Kind noch als erwachsene Frau hat sie die Möglichkeit, sich einer Sprache und einer Identität ganz zuzuwenden und die andere endgültig abzulegen. Wie könnte sie die Wurzeln und die Geborgenheit der Frauengemeinschaft ihrer Kindheit wieder gewinnen, ohne die Freiheit und Selbstbestimmung einer ›modernen‹ Frau aufzugeben? Was sich in der gelebten Wirklichkeit nicht vereinbaren lässt, versucht sie nun, auf der literarischen Ebene zu verbinden. In dem Versuch, das Dilemma zu lösen, macht sie sich an das Schreiben der Autobiographie – und steht wiederum vor dem Problem der Sprache: Die Muttersprache beherrscht sie nicht in ausreichendem Maße, auf Französisch – in der ›Feindessprache‹ – empfindet sie es zunächst als eine allzu schmerzhafte Entblößung.

> Eine Autobiographie nur mit französischen Worten zu versuchen bedeutet, unter dem langsamen Skalpell der Autopsie bei lebendigem Leib mehr zu zeigen als nur seine Haut. Die Sprache der Kindheit, die nicht mehr geschrieben wird, scheint sich wie in Fetzen abzulösen. Wunden öffnen sich, Adern leeren sich, das nie getrocknete eigene und das Blut der anderen fließt.

Nachdem sie in der Gegenwart keine Lösung für ihren Konflikt finden konnte, erweist sich für die Erzählerin nun der Blick in die Geschichte als Schritt hin zu einer Aussöhnung mit ihrer gespaltenen Identität. Sie stellt fest, dass bereits vor ihr andere Maghrebiner – jedoch offenbar ohne den Konflikt, der sie zerreißt – in der Sprache des Besatzers schrieben: Augustinus und Ibn Khaldūn.

> Nach fünf Jahrhunderten römischer Besatzung schreibt ein Algerier namens Augustinus seine Autobiographie in Latein. (...) Und seine Schrift hält in aller Unschuld dieselbe Sprache fest, die schon Cäsars und Sullas Sprache war, Feldherren und Chronisten eines überholten ›Afrikakrieges‹. (...) Nach dem Bischof von Hippo Regus verstreichen tausend Jahre im Maghreb. Eine Prozession anderer Invasoren, anderer Besatzungen ... Kurz nach der fatalen Wende, welche der Aderlaß der zerstörerischen Invasion durch Beni Hilal verursachte, beschließt Ibn Khaldoun, eine Persönlichkeit von der Statur Augustinus', ein Leben voller Abenteuer mit dem Verfassen seiner Autobiographie. (...) Wie Augustinus ist es ihm gleichgültig, daß er, der Autor einer ›Geschichte der Berber‹, in einer Sprache schreibt, die mit Blutvergießen im Land seiner Vorväter eingeführt worden ist! Eine durch Vergewaltigung ebenso wie durch Liebe aufgezwungene Sprache ...

Indem sie sich in die Tradition dieser Autoren stellt, knüpft sie an die lokale Geschichte an. Sie, die sich entwurzelt fühlte, verankert sich somit wieder in der Erde ihres Landes. Während sie die Geschichte erforscht, kommt sie zu einer überraschenden Erkenntnis:

> Ich wurde *achtzehnhundertzweiundvierzig* geboren, als Oberst de Saint-Arnaud die Zaouia der Beni Ménacer zerstören ließ, des Stammes meiner Vorfahren, und in Begeisterung über die zerstörten Obstgärten und Olivenhaine ausbricht, ›die schönsten auf dieser afrikanischen Erde‹, wie er in einem Brief an seinen Bruder erklärt. Im Feuerschein dieses Brandes gelingt es mir ein Jahrhundert später, den Harem zu verlassen; und weil er mich noch immer in sein Licht taucht, finde ich die Kraft zu sprechen. Ehe ich meine eigene Stimme höre, höre ich das Röcheln, das Schluchzen der in den Höhlen der Dahra Erstickten und der Gefangenen von Sainte-Marguerite; sie sind die notwendige Orchestrierung. Sie rufen mich, sie unterstützen mich, damit mein einsamer Gesang beginnen kann, wenn das Zeichen gegeben wird.

Die Entwicklung der Erzählerin ist das Resultat der französischen Besatzung. Ihr Lebensweg wurde ermöglicht durch das Leiden und den Tod ihrer Vorfahren. Dennoch wird sie, die sich bereits als Verräterin fühlte, von ihnen nicht verurteilt, sondern sie findet, im Gegenteil, ihren Beistand. Am Ende spricht eine weitere Stimme zu ihr: Pauline, eine französische Revolutionärin, die 1852 nicht als Besatzerin, sondern als Verbannte nach Algerien kam und in ihren Briefen einfühlsam vom Leben dort berichtete, ermöglicht eine Aussöhnung auch mit der französischen Welt. »Worte der Zärtlichkeit von einer Frau als Omen für die Zukunft: Sie leuchten vor meinen Augen und befreien mich endlich.«

Die Stimmen aus der ferneren Vergangenheit waren – bis auf Pauline – allesamt männliche, die Quellen französische. Auf der Suche nach algerischen weiblichen Stimmen stößt die Erzählerin auf das Schweigen der Frauen, die in der Geschichtsschreibung nicht vorkommen. Auch in jüngerer Zeit werden die Stimmen der Frauen nicht gehört, ihr Beitrag zum Befreiungskampf verschwiegen. Die Erzählerin macht sich daran, die Erinnerungen algerischer Frauen vom Unabhängigkeitskrieg zu sammeln, um die verschüttete weibliche, algerische Stimme der Geschichte auszugraben. Gleichzeitig erschließt sie sich die algerische Seite ihrer Persönlichkeit von neuem, stellt die verloren geglaubte Verbindung zur Gemeinschaft der Frauen ihrer Heimat wieder her und schafft sich damit eine weibliche Genealogie. Doch geschieht dies nicht durch einen Rückschritt der Erzählerin, nicht durch das Aufgeben dessen, was sie erreicht hat. Beide Seiten, die sich einander wieder nähern, profitieren von der Entwicklung der Erzählerin. So ist es gerade die (französische) Bildung, das Heraustreten aus der geschlossenen Frauenwelt – mit anderen Worten: die Kluft, die sie von den Frauen ihrer Familie und ihrer Gesellschaft trennte und die Autorin ›vereinzelte‹ –, die es ihr ermöglicht, über das Schreiben die Trennung zu überwinden.

Werke (Auswahl)

La Soif, Paris: Julliard 1957.
Les Impatients, Paris: Julliard 1958.
Femmes d'Alger dans leur appartement, Paris: Edition des femmes 1980.
L'Amour, la fantasia, Paris: Jean-Claude Lattès 1985.
Ombre sultane, Paris: Jean-Claude Lattès 1987.
Loin de Médine. Filles d'Ismaël, Paris: Albin Michel 1991.
Vaste est la prison, Paris: Albin Michel 1995.
Le blanc de l'Algérie, Paris: Albin Michel 1996.
Oran, langue morte, Arles: Actes Sud 1997.
Les nuits de Strasbourg, Arles: Actes Sud 1997.
La femme sans sépulture, Paris: Albin Michel 2002.
La disparition de la langue française, Paris: Albin Michel 2003.

Übersetzungen ins Deutsche

Assia Djebar: *Die Ungeduldigen*, übers. v. Wilhelm Maria Lüsberg, Bern u. a.: Scherz 1959 (TB München: Heyne 1992; Zürich: Unionsverlag 2000).

Assia Djebar: *Die Schattenkönigin*, übers. v. Inge M. Artl, Zürich: Unionsverlag 1988 (TB 1991).

Assia Djebar: *Fantasia*, übers. v. Inge M. Artl, Zürich: Unionsverlag 1990 (TB 1993).

Assia Djebar: *Die Zweifelnden*, übers. v. Rudolf Kimmig, München: Heyne 1993; überarb. Ausgabe: *Durst*, Zürich: Unionsverlag 2001.

Assia Djebar: *Fern von Medina*, übers. v. Hans Thill, Zürich: Unionsverlag 1994 (TB 1997).

Assia Djebar: *Die Frauen von Algier*, übers. v. Alexandra von Reinhardt, München: Heyne 1994; Zürich: Unionsverlag 1999.

Assia Djebar: *Weißes Algerien*, übers. v. Hans Thill, Zürich: Unionsverlag 1996 (TB 2000).

Assia Djebar: *Weit ist mein Gefängnis*, übers. v. Hans Thill, Zürich: Unionsverlag 1997 (TB 2001).
Assia Djebar: *Nächte in Straßburg*, übers. v. Beate Thill, Zürich: Unionsverlag 1999 (TB 2002).
Assia Djebar: *Oran – Algerische Nacht*, übers. v. Beate Thill, Zürich: Unionsverlag 2001 (TB 2003).
Assia Djebar: *Frau ohne Begräbnis*, übers. v. Beate Thill, Zürich: Unionsverlag 2003 (TB 2004).
Assia Djebar: *Das verlorene Wort*, übers. v. Beate Thill, Zürich: Unionsverlag 2004.

Weiterführende Literatur

Soheila Ghaussy: »A Stepmother Tongue. ›Feminine Writing‹ in Assia Djebar's *Fantasia. An Algerian Cavalcade*«, in: *World Literature Today* 68, 1994, S. 457–462.
Doris Ruhe: »Scheherezades Botschaft. Sinnfülle und Sinnentzug in Assia Djebars *Ombre Sultane*«, in: *Europas islamische Nachbarn. Studien zur Literatur und Geschichte des Maghreb*, hg. v. Ernstpeter Ruhe, Bd. 2, Würzburg: Königshausen & Neumann 1995, S. 45–69.
Regina Keil: »Schreiben im Spagat. Assia Djebar«, in: *Der zerrissene Schleier. Das Bild der Frau in der algerischen Gegenwartsliteratur*, hg. v. ders., Iserlohn: Institut für Kirche und Gesellschaft 1996, S. 174–190.
Doris Ruhe: »Komplexe Strukturen – komplexe Deutungen. Assia Djebars autobiographische Romane als Herausforderung an den Leser«, in: *Der zerrissene Schleier. Das Bild der Frau in der algerischen Gegenwartsliteratur*, hg. v. Regina Keil, Iserlohn: Institut für Kirche und Gesellschaft 1996, S. 197–201.
World Literature Today 70,4, Herbst 1996 (Sonderheft »Assia Djebar«).
Mildred Mortimer: »Assia Djebar's Algerian Quartet: A Study in Fragmented Autobiography«, in: *Research in African Literatures* 28, 1997, S. 102–117.
Esther Winkelmann: *Assia Djebar. Schreiben als Gedächtnisarbeit*, Bonn: Pahl-Rugenstein 2000.
Friedenspreis des Deutschen Buchhandels 2000. Assia Djebar. Ansprachen aus Anlass der Verleihung, Frankfurt/M.: Verlag der Buchhändler-Vereinigung 2000.
Ernstpeter Ruhe (Hg.): *Assia Djebar*, Würzburg: Königshausen & Neumann 2001.
Mireille Calle-Gruber: *Assia Djebar ou la résistance de l'écriture. Regards d'un écrivain d'Algérie*, Paris: Maisonneuve & Larose 2001.

Özkan Ezli

Transgressionen oder die Logik des Körpers

Muḥammad Shukrīs literarisches Werk als postmoderne Konstellation

Literatur als Handlung

Diogenes von Sinope, der im vierten Jahrhundert v. Chr. lebte, hatte die Angewohnheit, mitten auf dem Athener Marktplatz zu masturbieren. Er war seiner Umgebung nicht krankhaft entrückt, weder psychotisch oder einfältig, noch stand seine Gesellschaft am Anfang dessen, was Norbert Elias den »Prozess der Zivilisation« nennt. Und dennoch: Über die Reaktion der Athener ist bekannt, dass sie gegen seine Lebensweise und sein Verhalten Einwände erhoben. Sie hielten ihn für ein öffentliches Ärgernis, bezog sich das Phänomen der Privatheit in der griechischen Polis doch ausschließlich auf körperliche Handlungen, die nicht in der Öffentlichkeit zu tun waren. So wurde Diogenes ebenfalls vorgeworfen, auf dem Marktplatz gegessen zu haben. Er selbst verletzte das Prinzip der ›Nichtbeachtbarkeit‹ in der griechischen Polis, die die Konzentration der kollektiven Aufmerksamkeit auf eine Person nicht gut hieß, willentlich und verband mit seinen Handlungen ein besonderes Anliegen: Bezüglich der öffentlichen Masturbation entgegnete er, er wünsche sich, dass es ebenso einfach wäre, den Hunger zu stillen, indem man sich nur den Bauch reibe. Die transgressive Dimension in Diogenes' Handlungen lag vor allem darin, dass er den politischen und gesellschaftlichen Überbau der Polis konterkarierte, indem er sich in einem rein selbstgenügsamen Anliegen auf die Bedürfnisse seines Körpers konzentrierte, diese zur Schau stellte, das Kollektiv der Polis missachtete und damit zum Politikon wurde.

Ebenso politisch wurde Muḥammad Shukrīs autobiographischer Roman *al-Khubz al-ḥāfī* (*Das nackte Brot*) aufgenommen, der zunächst 1973 in einer Übertragung von Paul Bowles in englischer Übersetzung erschien. Die 1983 erstmals veröffentlichte arabische Originalfassung wurde bereits ein Jahr später in Marokko verboten. »Pornografie« und »Respektlosigkeit vor den Eltern und der Religion« wurden dem Werk vorgeworfen, das sich in seinen Beschreibungen dem Überlebenskampf Shukrīs im nordafrikanischen Königreich Marokko zwischen 1935 und 1956 in einer intensiven und nackten Sprache widmet. Mehr als 20 Jahre lang war Shukrīs Autobiographie in Marokko verboten und erst mit der Thronbesteigung Mohammeds VI. im Jahre 1999, der eine wesentlich liberalere Politik vertritt als sein rigider, diktatorischer Vater Hasan II., wurde der Autor in Marokko offiziell rehabilitiert. Im Vorwort zur bereits 1980 erschienenen französischen Ausgabe bemerkt der marokkanische Schriftsteller Tahar Ben Jelloun, dass in der marokkanischen Gesellschaft die elende Realität toleriert werde, die Literatur darüber jedoch zu schweigen habe, und der Literaturkritiker Salah Natij brachte es auf die folgende Formel:

> Wir erlauben, dass es auf der Straße Prostitution gibt, aber wir erlauben es nicht, dass eine literarische Figur sich prostituiert, weil die Prostitution auf der Straße eine Tatsache ist, die Prostitution in der Literatur dagegen ein Anliegen.

Was sich in der europäischen Literatur von Gustave Flauberts Skandalroman *Madame Bovary* bis zu Michel Houellebecqs pornographischem Roman *Les particules élémentaires* (*Elementarteilchen*) als eine Institution der Überschreitung, des gesellschaftlichen Tabubruchs, entwickelt hat, scheint im arabischsprachigen Raum noch in den Kinderschuhen zu stecken. Und doch muss hinzugefügt werden, dass die europäische Literatur der Transgression und Skandalisierung paradoxerweise keine ›wirklichen‹ Überschreitungen mehr hervorbringt. Skandalisierungen und Transgressionen haben ihre Rolle und Funktion und werden als Kunst- und Literaturform beschrieben und anerkannt. In der arabischen Öffentlichkeit hingegen werden literarische Transgressionen als Überschreitung eindeutig gebrandmarkt und politisch behandelt. Zudem wird in islamisch-arabischen Gesellschaften die körperliche Scham und das Selbst einer Person als eng miteinander verknüpft gesehen. Dies spielt bei modernen arabischen Autobiographien eine besondere Rolle. Aḥmad Amīn vermerkt in seiner Autobiographie *Ḥayātī* (*Mein Leben*) aus dem Jahre 1952:

> Ich habe nicht die ganze Wahrheit mitgeteilt … denn es gibt Wahrheiten, die zu erzählen schändlich und zu hören abstoßend ist. Wenn wir die Nacktheit des ganzen Körpers nicht billigen, wie sollten wir dann die Nacktheit des ganzen Selbst gutheißen?

Das Selbstverständnis eines Menschen ist viel stärker an die Handlungen und Misshandlungen seines Körpers gebunden als dies in der modernen europäischen Gesellschaftsform der Fall ist. So ist der eigentliche private Raum in der islamisch-arabischen Welt, der *ḥarīm* (Harem), vor allem einer der körperlichen Intimität, ein Raum anderer Handlungen als einer primär sprachlichen, psychologisierten wie wir sie in westeuropäischen Gesellschaften vorfinden. Shukrīs entblößende und irritierende Lebensgeschichte in *Das nackte Brot* überschreitet die Grenze zwischen der Intimität seiner Person und dem öffentlichen Raum in radikaler Weise zweifach: durch die Nacktheit seines Körpers und die seiner Person. Auf diese Weise gelingt es ihm wie Diogenes, durch die Entblößung des Körpers und eine Reduktion auf ihn den gesellschaftlichen Überbau zu dekonstruieren. Die Literatur wird über den Weg des Körpers zu einer politischen, öffentlichen Handlung.

Die Logik des Körpers

»Körperbewusstsein und Wille zum Genuss wenden sich früher oder später immer gegen Unterdrückung«, bemerkte Shukrī einmal und charakterisierte seine Literatur damit als eine politische. Er war ein Literat der Unterdrückten, des unterdrückten Körpers und des öffentlichen Raums. In Kontrast zum marokkanischen Autor Muḥammad al-Sabbāʿ beschreibt er sich in *Zaman al-akhṭāʾ* (*Zeit der Fehler*), dem 1992 erschienenen zweiten Teil seiner Autobiographie, als einen politischen Literaten der Straße:

> Ich begleite Mohamed al-Sabbagh zu seinem Haus in der Altstadt. Die Umgebung eines Menschen, der sich nur der Kunst widmet: Weintrauben, Äpfel, Birnen in einer Schale; gedämpftes Licht vertiefte die dichterische Stille. Chopin: »Nächte auf Mallorca«. Briefe von Michael Nuaima. Als ich von ihm wegging, wünschte ich mir, ein solches Haus ganz für mich allein zu haben. Er korrigierte mir mein Geschriebenes mit geglätteten, sehr durchscheinenden Wörtern, aber *er ist aus seinem Lehm gemacht und ich aus dem meinem*. Er hat sich nie vom Müll feiner Leute ernährt, war nie verlaust, hatte nie aufgerissene, blutige Fersen gehabt. Ich weiß nicht, wie ich über die Milch von Vögeln, die liebkosende Berührung von Engelsschönheit, die Trauben des Taus, Katarakte des Schwarzen, Gesänge der Nachtigall schreiben soll. Ich weiß nicht, wie ich mit einem Besen aus Kristall im Kopf schreiben soll. Ein Besen ist Protest und nicht Schmuck.

Shukrīs Zuhause waren Pensionen, Hotels, Bars und Straßencafés. Dort las und schrieb er, dort bewegten sich seine Protagonisten und dort traf er Exilliteraten. In den sechziger Jahren tauchte er in die Welt der Post-Beatniks und Hippies ein, die der ereignislose westliche Wohlstand auf ihrer Morgenlandfahrt ans marokkanische Ufer gespült hatte und deren Welt Shukrī in seinem Roman *al-Sūq al-dākhilī* (*Zoco Chico*) in grellen Farben schildert. In dieser Zeit lernt er Jean Genet, mit dem ihn bis zu dessen Tod 1986 eine enge Freundschaft verbindet, Tennessee Williams, Samuel Beckett, Tahar Ben Jelloun und Paul Bowles kennen. Sie bekräftigen ihn in seinem Entschluss, Schriftsteller zu werden. Und es sind dann auch Paul Bowles und Tahar Ben Jelloun, die den ersten Teil von Shukrīs Autobiographie 1973 ins Englische und 1980 ins Französische übersetzen.

Die Bekanntschaften mit den Exilliteraten haben Shukrīs Verhältnis zur Literatur stark beeinflusst – ganz besonders in dem Sinne, dass die Literatur dazu dienen solle, die elenden Seiten des Lebens in ihrer eigentümlichen Ästhetik darzustellen. Hier ist seine lange Freundschaft mit Jean Genet besonders hervorzuheben. Trotz des anregenden Einflusses der Exilliteraten auf sein Schreiben übte Shukrī an manchen von ihnen Kritik. In seinem Buch über den Bowles-Kreis *Paul Bowles wa-l-ʿuzla fī Ṭandja* (*Paul Bowles und die Einsamkeit in Tanger*) behauptet Shukrī die Stadt Tanger, in der er den Großteil seines Lebens verbracht hat, für sich und schützt die Realität ihrer sozialen Härte, aber auch ihr mythenstiftendes, abgründiges Geheimnis gegen jenen verbreiteten Orientalismus westlicher Prägung, der die literarische Darstellung der Stadt zur exotischen Postkarte gerinnen lässt. »Alle kamen sie nach Tanger, um ihre exotischen Wünsche zu erfüllen. Mit Marokko wollten sie nichts zu tun haben, außer als farbenprächtige Kulisse, und die Marokkaner waren Objekte ihrer meist sexuellen Wünsche.« So ist Shukrīs literarische Position gegenüber der westlichen Wahrnehmung des ›Orients‹ als einer körperbewussten Welt im Gegensatz zur abstrakten europäischen Intellektualität – trotz aller westlichen Einflüsse – eine durchaus kritische. Dennoch bleibt in seiner Literatur die islamisch-arabische Gesellschaft das Feld seiner Auseinandersetzung. Shukrī stand auf der so genannten schwarzen Liste der Islamisten, da er offen über Sexualität schrieb und die Institution Familie in Frage stellte. Doch der überzeugte Atheist machte sich darüber wenig Gedanken. In einem Interview äußerte er sich zu seiner gefährdeten Situation: »Es gibt keinen Grund, Angst zu haben. Wenn es passiert, dann passiert es eben.« Mittlerweile ist *Das nackte Brot* in 39 Sprachen übersetzt. Shukrī ist neben Nagīb Maḥfūẓ der am weitesten verbreitete arabischsprachige Autor. Am 16. November 2003 erlag er einem Krebsleiden im Militärkrankenhaus in Rabat.

Muḥammad Shukrī bemerkte einmal, es gebe drei Schwerter, die über den arabischen Schriftstellern schwebten: das Schwert der Religion, das der Politik und das Schwert der Sexualität. Diese Triade gelte es herauszufordern. Wie kein anderes Prosawerk haben Shukrīs literarische Schriften diesen Anspruch erfüllt. Ist die Sexualität in seinen autobiographischen Texten *Das nackte Brot* und *Zeit der Fehler* zentral, so wirken sie auf verschiedenen Ebenen transgressiv. Einerseits auf der gesellschaftlichen Ebene, durch die intensive und irritierende Darstellung von Sexualität und die Beschreibung des Vaters als mörderischen Tyrannen in einer Gesellschaft, in der der Status der Familie und insbesondere der des Vaters als sakral aufgefasst wird, andererseits auf der Ebene des literarischen Stils, der für die arabische Literatur neu war und als postmodern verstanden werden kann. Ein kurzer Exkurs soll bestimmen helfen, inwieweit sich Shukrīs Schreiben in einem postmodernen Feld bewegt.

Der Roman sei etwas Privates, zugleich aber auch eine Nachahmung der Schöpfung, bemerkte Christian Friedrich von Blankenburg in seinem *Versuch über den Roman* von 1774. Im Kontext der Aufklärung unterlag dem literarischen Schreiben ebenso ein Kausalnexus, wie es sich angeblich in der Natur und in der Historie wiederfand. Der Modus des Romans ist nach Blankenburg einerseits eine individuelle Geschichte, die »das Werden« eines Menschen darstellt, andererseits impliziert er aber auch einen moralischen Endzweck, den Leser selbst durch den Bildungsgang einer sich vervollkommnenden Hauptfigur zu vervollkommnen. Die innere Entwicklung der Romancharaktere wird deshalb auch nicht als eine offene, sondern als eine zielgerichtete verstanden. Vor allem Phänomene wie Körper und Sexualität unterliegen einer Ökonomie der Kausalität, einer Logik des Geistes und eines Endzwecks. Dieses Konzept schlug sich im Bildungsroman und in der beginnenden romanhaften Autobiographie mit Goethe und Rousseau nieder.

Fast 200 Jahre nach Blankenburgs Versuch erscheint 1973 Roland Barthes' grundlegender Essay *Le plaisir du texte* (*Die Lust am Text*), der in diesem Zusammenhang als ein Art Gegentext gelesen werden kann. Als grundlegend für Barthes' Text können die Begriffe *plaisir* (Lust) und *jouissance* (Wollust) bezeichnet werden. Mit leichter Hand unternimmt Barthes in seinem Text eine Kanonisierung von *textes de plaisir*, zu denen Barthes affirmative, sich klassischer Erzählmodi bedienende Texte zählt, und *textes de jouissance*, die verunsichern, Skandale hervorrufen, das Augenmerk nicht mehr auf eine ganzheitliche Idee, sondern auf die Sprache lenken und deren Vertreter in der Moderne und Postmoderne zu finden sind. Die gängige Praxis der Texte der klassischen Moderne beschreibt Barthes als »Klassiker, Kultur ... Intelligenz. Ironie. Raffinesse. Euphorie. Meisterschaft. Sicherheit ... Haus, Provinz, nahe Mahlzeit, Lampe, Familie, wo sie hingehört ...«. Als Gegenentwurf schlägt er ein Ausschöpfen des kritischen Potentials vor, das den Text gegenüber anderen sprachlichen Erscheinungsformen auszeichnet: Er hat die Möglichkeit, die Einheit der so genannten Moral zu zerbrechen, seine eigene diskursive Kategorie zu unterminieren und ist im Gegensatz zum Stereotyp und dem hierarchisch strukturierten Satz *a-topisch*. Voraussetzung für ein sich gegen zentrierendes Denken und Argumentieren richtendes, entfesseltes *plaisir du texte*, sozusagen eine *jouissance*, ist Barthes' Zusammendenken von Text und Körper. Er schlägt vor, den Text als Körper wahrzunehmen, als dessen Anagramm zu lesen, und plädiert für eine sinnliche Wahrnehmungsweise, welche die Möglichkeit der *jouissance* einräume, durch deren Einbezug ein »sowohl erotischer als auch kritischer Wert der Textpraxis« sich entfalten könne. Fluchtpunkt der Gedanken Barthes' scheint der Vorschlag zum Entwurf einer konsequenten Ästhetik des *plaisir* zu sein, die herkömmliche Ästhetiken ablösen soll. Er stellt neben die von ihm als solche bezeichnete *Atopie* des Texts die Utopie eines »lauten Schreibens«, die er als zum Körper gehörende, zugleich aber den Text verkörpernde Stimme denkt und welche die intendierte Fusion von Eros und Logos verwirklichen soll. Als ein »lautes Schreiben«, als eine

Verbindung von Text und Sinnlichkeit können Muḥammad Shukrīs autobiographische Romane in jedem Fall gelesen werden.

Das literarische Werk Shukrīs oder eine identitätsfreie Logik der Intensitäten

In seinem pikaresken autobiographischen Roman *Das nackte Brot* schildert Shukrī in poetischer, brutaler und obszöner Sprache seinen Lebensweg zwischen 1935 und 1956. Er beschreibt, wie der Hunger die Berberfamilie aus dem Rifgebirge in die Stadt Tanger treibt. Als der Vater wegen Schiebereien ins Gefängnis kommt, muss die Mutter für das Überleben der Familie sorgen. Doch das Elend steigert sich nach der Rückkehr des brutalen und tyrannischen Vaters. Der Sohn flüchtet und schlägt sich mit Gelegenheitsarbeiten und als Schuhputzer durch. Er erlebt Freundschaft und Feindschaft Gleichaltriger sowie das Mitleid und den Hass der Erwachsenen, die er bestiehlt. Seine erste Liebesnacht verbringt er mit der berühmten Prostituierten Lalla Harrouda aus Tanger, die auch Tahar Ben Jelloun in seinem 1973 publizierten Roman *Harrouda* beschreibt. Arabisch und Spanisch sprechen lernt er auf den Straßen und in den Bordellen der Stadt; mit der Familie spricht er einen Berberdialekt. Auf einer Farm soll er bei Verwandten zur Feldarbeit angelernt werden, wird dort von der Dame des Hauses zum Hausboy erkoren und verführt aus Frust einen schönen Nachbarsjungen, weshalb er zu seiner Mutter nach Tanger zurückgeschickt wird. Von da an streunt der Erzähler und Protagonist ziellos durch die Stadt, stets auf der Suche nach einem Stück Brot, einem Kif, einem Schluck Wein und einem Dach über dem Kopf. Er lebt zwischen Obdachlosen, Prostituierten und Schmugglern, die mit ihm ihr Letztes teilen oder ihn bestehlen. Am sichersten fühlt er sich auf dem Friedhof.

Am 30. März 1952, dem Tag, an dem die ersten Kämpfe um die Unabhängigkeit Marokkos ausbrechen, beobachtet er aus einem Versteck, wie ein Junge von Polizisten erschossen wird. Aus ähnlich enger Sicht erlebt er ein weiteres wichtiges Ereignis der marokkanischen Zeitgeschichte: Auf einem Schiff mit jüdischen Auswanderern verkauft er Uhren und Schals zu überhöhten Preisen. Warum die Emigranten Marokko verlassen und nach Palästina auswandern, darüber will der Junge sich ausdrücklich keine Gedanken machen. Nur das schnelle Geschäft interessiert ihn. Im Gefängnis aber hat der Erzähler ein großes Umkehrerlebnis: Um die wundervollen Verse des tunesischen Dichters Abū al-Qāsim al-Shābbī, die ein Zellengenosse an die Wand schreibt, selbst lesen zu können, will er das arabische Alphabet lernen. Indem der tunesische Dichter vom »Willen zum Leben« spricht, erweckt er in dem jungen Mann den Willen zum Schreiben.

Umkehrungen, Wendepunkte im Leben eines Autors sind vielleicht die wichtigsten Sujets im autobiographischen Text, die in der Regel an eine teleologische Narration gebunden sind. Als Paradebeispiele können hier die klassischen Texte der Gattung von Augustinus über Goethe bis hin zu Elias Canetti gelten. Muḥammad Shukrīs autobiographischer Text ist aber keineswegs telelogisch zu deuten. Er verfolgt kein bestimmtes Ziel, vielmehr regiert der Zufall. Die Umkehrerfahrung im Gefängnis beschreibt Shukrī ebenso beiläufig wie das Glück, wieder einmal zu Geld gekommen zu sein. Sein literarischer Stil ist viel zu sehr an die Gegenwärtigkeit des Körpers, des Lebens, an das Überleben an sich gebunden, um auch nur andeutungsweise vorausahnen zu lassen, worauf das Leben zielt. In *Das nackte Brot* schreibt Shukrī:

> Was ist der Mensch, wenn er danach stirbt? Es werden Gräber gepflegt, und ich schlafe darin. Liegt darin der Sinn? Mein Sexualorgan verkauft sich für 50 Peseten. Was bedeutet das? Das sind viele Fragen. Doch ich begreife ihre Bedeutung nicht mit Klarheit. Ich weiß nur eines – dass das Leben es liebt, Leben zu zeugen.

Shukrīs Texte generieren keine reflexiven Bedeutungen, vielmehr werden sie durch eine Einfachheit und Intensität gelenkt, die jeglichen Überbau, mag er moralisch oder ideell sein, konterkariert. Eine Kette von Intensitäten, die jedwede Form von Identitätszuschreibungen ausblendet. So wirkt es kaum verwirrend, wenn der Erzähler auf nur zwei Seiten sein sexuelles Begehren gegenüber einem jungen Knaben und seiner Herrin auf der Farm ohne jede Umschweife, kurz und schlagartig schildert:

> Er sagte: ›Ich mag dieses Streicheln nicht.‹ Mit den Augen sagte ich ihm: ›Ich flehe dich an. Ich liebe es, dich zu liebkosen.‹ Er wollte aufstehen. Ich hielt ihn fest. Mein Körper bebte. In meinem Kopf drehte sich alles. Er entriss mir seine Hand und sprang auf. Er wollte fliehen. Ich packte seine Beine und riss ihn um, unter mich … Ich habe dich, Knabe! … Er zerkratzt mich. Ich beiße ihn ins Genick. Er unterdrückt sein Schreien und Zittern. Meine Hitze und seine Hitze werden zu einer einzigen. Ich mache von Hand mit seinem Glied Liebe. Sein Glied richtet sich auf in meiner Hand. Er kommt auf den Geschmack. Ich küsse sein Genick, sein Haar, sein Gesicht, seinen Mund …

Etwa eine Seite weiter möchte die Hausherrin ihm nach dem Vorfall mit dem Jungen Urlaub gewähren, damit er seine Familie wieder sehen kann. Daraufhin entgegnet der Protagonist seiner Herrin, die er körperlich ebenso anziehend findet: »Ich sagte bei mir, gib mir deine Schenkel, und ich gebe dir meine ganze Familie!«

Da Shukrī diese beiden schlagartig aufeinander folgenden Episoden in keinen Kausalzusammenhang setzt, erscheint ihre Verknüpfung wie eine Kette, in der ein intensives Erlebnis ins andere übergeht, ohne dass eine

Spur von dem, was zuvor war, mitgenommen wird. Neben der offensichtlichen Transgression moralischer Vorstellungen bezüglich (Homo-)Sexualität und der heiligen Institution Familie überschreitet Shukrī in seinem Text auch jede kohärente Form von Identitätsbildung, in diesem Fall die einer sexuellen Identität. Es geht ihm nicht um die Idee eines Ichs, sondern um die Ideen seines Körpers, die eine andere Logik implizieren als die einer Genese und Darstellung eines souveränen Subjekts, das seinen Körper und sein Umfeld beherrscht. Die Technik der Intensitäten taucht nicht nur im Zusammenhang mit der Sexualität auf. Auch sein immerwährender Kampf ums Überleben, der Hunger und das Verlangen nach Alkohol und Haschisch, um der Härte des Straßenlebens für kurze Zeit zu entkommen, werden ähnlich beschrieben.

> Ich spüre einen grimmigen Schmerz im Magen. Der Taumel des Hungers und die glühende Sonne machen, dass mir die Dinge vor den Augen verschwimmen. Ich nehme einen kleinen zertretenen Fisch auf. Ich schnuppere daran. Sein Geruch ist zum Erbrechen. Ich ziehe ihm die Haut ab. Ich kaue ihn voller Abscheu. Sein Geschmack ist der Gegenstand von Verwesung. Ich kaue ihn und bringe es doch nicht fertig, ihn zu schlucken. Die spitzen Steine schmerzen mich in den Fußsohlen. Ich kaue den Fisch wie einen Kaugummi. Ich spucke ihn aus. Sein Geschmack bleibt mir im Mund. Ich kaue den Hohlraum in meinem Mund und aus der Nase. Ich atme tief ein. Mein Herz schlägt heftig. Eine einzige Zwiebel, und dieses Karussell käme zum Stillstand. Der Schweiß rinnt mir übers Gesicht, rinnt und rinnt.

Die Logik der Intensitäten, die sich um die Erfahrungen des Körpers bündeln, sprengt kausale Motivationszusammenhänge und Zielsetzungen. Shukrī schöpft Literatur aus der Wirklichkeit der Ereignisse, die ihm widerfahren. Seine Prosa zeichnet sich durch Sachlichkeit und Tempo aus – Schlag auf Schlag folgen die Erinnerungen an Kindheit und Adoleszenz aufeinander. Sie lässt keine Zeit zur Deutung, zur innehaltenden Reflexion. Sein Text funktioniert wie ein Körper, der durch Entbehrung und Mangel stets auf sinnliche Befriedigungen aus ist, um seinen Hunger, seinen Geschlechtstrieb und sein Verlangen nach Vergessen – etwa durch Haschisch oder Alkohol – zu besänftigen. Sein autobiographischer Roman ist kein Text der Sammlung und Etablierung eines souveränen Subjekts, das sein Leben aus einer gesicherten Beobachterposition beschreibt. Vielmehr ist sein Text im barthesschen Sinne ein postmoderner, da er klassische Erzählmodi wie die bereits erwähnten – Reflexion, Ironie, Meisterschaft, Sicherheit, Haus, nahe Mahlzeit und Familie – durch die entblößte Logik seines Körpers und der Reduktion auf ihn dekonstruiert. »Die Zersetzung des Geistes durch den Körper bleibt mein krankhafter, siegesgewohnter Wahn«, schreibt Shukrī in *Zeit der Fehler*.

Was bleibt, ist ein Wille zum Leben, der sich im zweiten, 1992 publizierten Teil seiner Autobiographie *Zeit der Fehler* in einen Willen zur Lektüre und zum Schreiben transformiert. In diesem Teil, den er 20 Jahre nach dem ersten verfasst, treffen wir auf einen 20-jährigen Ich-Erzähler, dessen Welt weiterhin die der Trinker, Schlägertypen, Kleindiebe und Prostituierten ist. Nur: Er hat sich entschlossen, lesen und schreiben zu lernen – eine mächtige Zäsur im Leben eines Getriebenen. Was sich am Anfang der Lektüre wie die Bezähmung eines wilden Drangs zum Leben durch die Schrift liest und vielleicht sogar an einen autobiographischen Entwicklungsroman wie Ṭāhā Ḥusains *al-Ayyām* (*Die Tage*) von 1929, einen Klassiker der arabischen Moderne, denken lässt, stellt sich bei weiterer Lektüre anders dar. Denn Lesen und Schreiben entwickeln sich beim Ich-Erzähler zu einer verrückten Manie.

> Ich lese alles Geschriebene: ein geliehenes oder geklautes Buch, bekritzelte Papiere vom Boden, meistens in Spanisch. Ich bin ganz versessen darauf, die Aufschriften an Läden und Cafés zu lesen und sie manchmal sogar auf ein Stück Papier oder in eine Kladde zu schreiben. (…) Wie hart die Bedingungen auch sind, ich lerne wie im Wahnsinn immer und überall. Rimbaud hatte recht, als er sagte: »Es ist nicht gut, sich die Hosen auf Schulbänken durchzuwetzen.« Lesen und Schreiben ist beim Träumen und Wachsein zur verrückten Manie geworden. Manchmal komme ich mir wie ein Buchstabe oder ein Stift vor.

Mit der Schrift erschließt er sich eine neue Welt. Sie ermöglicht Poesie, Vergessen der ungenügenden Gegenwart und der schmerzlichen Vergangenheit. Ein Selbstporträt in *Zeit der Fehler* zeigt den Mittellosen, wie er in einem Hauseingang schläft, den Kopf auf zwei Bücher gebettet. Wie bereits erwähnt, scheint der chronologische Faden von Shukrīs Erwachsenenleben nur anfangs deutlich durch. Je stärker das Ich in die Schrift, in die Welt der Zeichen, eindringt, desto mehr zersetzt sich dieser Faden, dieses Ich. Das Buch endet gar mit einem abgründigen Hymnus an Tanger:

> Wie aber weggehen … da du mein Irrgarten bist?
> Ich bin nicht vom Leib Ariadnes, auch nicht dem der Penelope.
> Die Wellen haben mich an deine Küste gespült,
> bis an die Grenze der Koralleninseln,
> und als mein Blick sich auf dich richtete,
> verwickelte sich mir der hilfreiche Faden der Suche.

Shukrī selbst führt diesen Selbstverlust auf seine Gelüste zurück und erinnert dabei an Roland Barthes' Essay.

> Meine Gelüste sind das Geheimnis, mit dem ich lebe. Möglicherweise sind sie ein Verbrechen, für das mich niemand bestrafen wird. Ich kann die Begierde nicht aus dem Körper vertreiben. Ein Versprechen ist ein fälschliches Pfand. Ich werde nicht darauf warten, dass mich jemand belohnt. Der Reis: Mäßigkeit. Das Brot: Geduld. Die Liebe: das Salz – aber immer der Wahnsinn der Natur, nicht der des Tempels.

So kennzeichnet eine strikte, schlagartige Form der Immanenz das Schreiben Shukrīs, die das autobiographische Subjekt immerwährend zersetzt und den Körper, gebunden an die Sexualität, seine eigenen Wege gehen lässt. Die unentwegte Entblößung des Lebens, des Körpers zum Leben hin ohne eine moralische, religiöse und metaphysische Referenz ist die zentrale Bewegung im Werk Shukrīs, die damit gesellschaftlich und literarisch subversiv ist.

Werke (Auswahl)

Paul Bowles wa-l-ʿuzla fī Ṭandja (*Paul Bowles und die Einsamkeit in Tanger*), Tanger: Selbstverlag 1972.
Madjnūn al-ward (*Der Rosennarr*), Tanger: Selbstverlag 1978.
al-Khubz al-ḥāfī. Sīra dhātiyya riwāʾiyya 1935–1956 (*Das nackte Brot*), Tanger: Selbstverlag 1983.
as-Sūq ad-dākhilī (*Zoco Chico*), Tanger: Selbstverlag 1985.
al-Khaima (*Das Zelt*), Tanger: Selbstverlag 1987.
Zaman al-akhṭāʾ. Sīra dhātiyya riwāʾiyya (*Zeit der Fehler*), London: Dār al-Sāqī 1992.
Jean Genet fī Ṭandja (*Jean Genet in Tanger*), Köln: al-Kamel 1998.
Tennessee Williams fī Ṭandja (*Tennessee Williams in Tanger*), Köln: al-Kamel 1998.

Übersetzungen ins Deutsche

Mohamed Choukri: *Das nackte Brot*, übers. v. Georg Brunewald u. Viktor Kocher, Frankfurt/M.: Eichborn 1986 (TB München: Piper 1992).
Mohamed Choukri: *Zeit der Fehler*, übers. v. Doris Kilias, Frankfurt/M.: Eichborn 1990.
Mohamed Choukri: *Jean Genet und Tennessee Williams in Tanger*, übers. v. Doris Kilias, Hamburg: Kellner 1995.
Mohamed Choukri: *Zoco Chico*, übers. v. Mona Naggar, Berlin: Das Arabische Buch 1998.

In deutscher Übersetzung erschienen außerdem einzelne Erzählungen aus den Erzählbänden *Madjnūn al-ward* (*Der Rosennarr*) und *al-Khaima* (*Das Zelt*) in *Das nackte Brot*.

Übersetzungen ins Französische (Auswahl)

Mohamed Choukri: *Le fou des roses*, übers. v. Mohamed El Ghoulabzouri, Paris: La Découverte 1992.
Mohamed Choukri: *Paul Bowles – Le reclus de Tanger*, übers. v. Mohamed El Ghoulabzouri, Paris: Quai Voltaire – La Table Ronde 1997.

Weiterführende Literatur

Salah Natij: *Comparatisme et réception interlittéraire. Présence du roman arabe en France. Le cas de Mohamed Choukri et de Tayeb Salah*, Montpellier 1990.

Muḥammad Shukrī: »Being and Place« [Interview], in: *The View from Within. Writers and Critics on Contemporary Arabic Literature*, hg. v. Ferial J. Ghazoul u. Barbara Harlow, Kairo: The American University in Cairo Press 1994, S. 220–227.

Hartmut Fähndrich: »Fathers and Husbands: Tyrants and Victims in some Autobiographical and Semi-Autobiographical Works from the Arab World«, in: *Love and Sexuality in Modern Arabic Literature*, hg. v. Roger Allen, Hilary Kilpatrick u. Ed de Moor, London: Saqi Books 1995, S. 106–115.

Barbara Sigge: *Entbehrung und Lebenskampf. Die Autobiographie des marokkanischen Autors Mohamed Choukri*, Berlin: Schwarz 1997.

Florian Vetsch: *Sein Girlitz heisst Mozart – Eine Begegnung mit Mohamed Choukri*, St. Gallen: Sabon 1998.

Stefan Wild: »A Tale of two Redemptions – A comparative Analysis of Ṭāhā Ḥusayn's *The Days* and Muḥammad Shukrī's *For Bread Alone*«, in: *Myths, Historical Archetypes and Symbolic Figures in Arabic Literature. Towards a New Hermeneutic Approach*, hg. v. Angelika Neuwirth u. a., Beirut, Stuttgart: Steiner 1999, S. 349–361.

Monika Moster-Eichberger

Ein neuer Krieg um Troja?

Vénus Khoury-Ghata über Sexualität und Krieg

Derzeit wird weltweit in den Kinos mit dem Kassenschlager *Troya* die Sieg- und Wehrhaftigkeit der starken Männer um Brad Pitt, ihre Kriegslist und Waffengewalt gefeiert. Auch in den Romanen von Vénus Khoury-Ghata, die den libanesischen Bürgerkrieg thematisieren, geht es um Kriege, die durch Frauen ausgelöst wurden. Anders als im Kino werden hier nicht die kämpfenden Männer, sondern die umkämpften Frauen gefeiert. Die Frauen nutzen das Chaos des Kriegs, um sich selbst aus traditionellen Rollen zu befreien. Die Männer sind dagegen armselige Kreaturen, die hilflos daneben stehen. Khoury-Ghatas Protagonistinnen sind starke Frauen, die sich das nehmen, was sie wollen, ohne Rücksicht auf Verluste. In Umkehrung der gängigen klischeehaften Vorstellung werden hier die Frauen und weniger die Männer als sexgierige Monster dargestellt. Die Männer sind meist willenlose Spielzeuge der Frauen, lächerlich und ›unmännlich‹, entweder von den Frauen abhängig, armselige Liebhaber, die der Frau keine Befriedigung verschaffen können, oder dem Wahnsinn verfallen. Auf bemerkenswerte Weise werden Krieg, Gewalt und Sexualität miteinander verflochten, die für die Autorin anscheinend untrennbar zusammen gehören. Sexualität wird als gewaltsamer Akt zur Triebbefriedigung dargestellt, die Gewalt des Kriegs sexualisiert und mit Bildern aus der Sexualität belegt. Die Frauen leben in einer Gesellschaft, die durch den von Männern geführten Krieg aus den moralischen Angeln gehoben wurde. Durch das hemmungslose Ausleben von Sexualität suchen die Frauen sich aus ihrer traditionellen Rolle zu befreien. Sie tragen ihren (Geschlechter-)Krieg nun sexuell aus und entledigen sich so der Opferrolle.

Vénus Khoury-Ghata, die 1937 im Libanon geboren wurde und seit 30 Jahren in Paris lebt, gehört zu den bekanntesten libanesischen Autoren französischer Sprache. Sowohl in Frankreich, wo alle ihre zahlreichen Werke publiziert wurden, als auch im Libanon hat sie sich als Schriftstellerin fest etablieren können, was die vielen Literaturpreise belegen, mit denen ihre Werke ausgezeichnet wurden. Mit dem *Prix Apollinaire* erhielt sie 1980 ihren ersten französischen Literaturpreis, dem noch zahlreiche folgen sollten. 1995 erhielt sie auf der Frankfurter Buchmesse den *LiBeraturpreis*, was ihre Anerkennung auch außerhalb von Frankreich und dem Libanon demonstriert. Sie ist Mitglied in zahlreichen Literaturpreis-Jurys in Frankreich und im Libanon sowie Mitherausgeberin der Literaturzeitschrift *Europe*. Dennoch ist sie nicht unumstritten als eine Autorin, die sich weder thematisch noch stilistisch festlegen lässt, sowohl Lyrik als auch Prosa verfasst und dazu hemmungslos Tabus bricht. Das Spektrum ihres Schreibens reicht vom historischen Roman bis zu surreal-experimentellen Texten.

Wahnsinn

Ihre Romane *Vacarme pour une lune morte* (*Lärm um einen toten Mond*, 1983) und *Les Morts n'ont pas d'ombre* (*Die Toten haben keinen Schatten*, 1984), die eine thematische Einheit bilden, sind zutiefst provokant. Sie schildern die Geschichte der italienischen Jüdin Sarah, die in das sowohl reale wie auch fiktive Land ihrer angeheirateten Familie Alpha zurück kehrt, das durch die dort herrschenden Kriegswirren zerstört und zerrissen ist: »la Nabilie«, Anagramm von »Liban«. In allegorischer und zugleich phantastischer Weise wird hier der Bürgerkrieg im Libanon und seine Auswirkungen auf Gesellschaft und Individuum thematisiert und gezeigt, wie mit dem Bürgerkrieg die Gewalt in alle Lebensbereiche, auch die privatesten, Einzug gehalten hat.

Die Romane drücken das Chaos des Kriegs, die Umkehrung aller Normen auf mehreren Ebenen aus. Es ist nicht nur die Thematik und die Ausgestaltung der Figuren, die das Durcheinander einer Gesellschaft im Krieg spiegeln. Eine kohärente Handlungsstruktur, die eine Geschichte transportieren könnte, wird zugunsten einer Aneinanderreihung surrealer und phantastischer Bilder aufgehoben – eine Technik, die später unter anderem der ebenfalls frankophone Autor aus dem Libanon Ghassan Fawaz in seinem Roman *Les moi volatils des guerres perdues* (*Die Schwirrenden Ichs der verlorenen Kriege*, 1996) anwendet. Nur noch scheinbar wird eine Familiensaga in Handlungs- und Bildfetzen erzählt. Tatsächlich geht es um das Bloßlegen einer kranken Gesellschaft. So wie die Bilder der Kubisten auf den ersten Blick nur eine Ansammlung von Einzelteilen, Fragmenten, zu sein scheinen, die kein Gesamtbild ergeben wollen, so fügen sich die Erzähl-Elemente Vénus Khoury-Ghatas erst bei näherem Hinschauen zu einem Ganzen. Es ist der Wahnsinn des destruktiven Kriegs, der nichts und niemanden verschont.

Khoury-Ghata zeichnet in ihren Romanen eine Stadt, in der im doppelten Wortsinn alles ›verrückt‹ ist. Traum und Wirklichkeit sind ebenso schwer voneinander zu trennen wie Wahrheit und Lüge, Leben und Tod. Gefühle verkommen zu Instinkten, die vor Gewalt nicht Halt machen. Statt Liebe regieren Hass, gierige Lust und Gewalt. Die Perversion ist zur Normalität geworden. Kein Wunder also, dass Menschen in dieser Atmosphäre wahnsinnig werden, wie zum Beispiel Sarahs Mann in *Lärm um einen toten Mond*. Ist es zunächst noch das Verhältnis, das seine Frau vor seinen Augen mit dem ungarischen Geiger Max auslebt, das ihn schier verrückt macht, verstärken später die Bomben seinen Irrsinn.

In *Die Toten haben keinen Schatten* nimmt der Wahnsinn epidemieartige Züge an. Der labile Staatspräsident, das Nervensystem durch die zehn Kriegsjahre stark angegriffen, wird geisteskrank und mit ihm allmählich das ganze Volk. Selbst der mächtige Chef der Christenmiliz, Sarahs Schwager Chérubin, kann nicht immer Wahn und Wirklichkeit voneinander trennen.

Krieg und Normenverlust

Nicht nur die Menschen, auch die Werte, Normen und Geschlechterrollen sind im Krieg ›ver-rückt‹. Frauen werden aus ihrer Passivität innerhalb des patriarchalen Systems herausgerissen, um nun ihrerseits aktiv zu werden. Sei es als neues Familienoberhaupt in Abwesenheit des Manns, sei es als freiwillige Helferinnen, etwa im Sanitätsdienst, in wenigen Einzelfällen gar als Kämpferinnen in Milizen. In jedem Fall verändert sich ihr Sexualleben, über das sie im Chaos des Kriegs selbst bestimmen können.

Keine der Romanfiguren fügt sich in die Raster der Norm; alle sind sie aufgrund ihrer Geschichte und ihrer Umgebung ›abnorm‹. Sarah etwa stellt sich dem konventionellen Frauenbild in eklatanter Weise entgegen: Sie ist es, die sich immer wieder Männer sucht, mit denen sie Sex haben will, auch wenn sie eigentlich vergebens nach wirklicher Liebe sucht. Sie ist es, die Anfang und Ende einer Beziehung bestimmt; sie stellt die Spielregeln auf, nicht die Männer. Der Krieg wirft alle Konventionen durcheinander, eröffnet neue Wege und Möglichkeiten, auch in sexueller Hinsicht. Erst der Krieg scheint für Frauen wie Sarah die Möglichkeit zu bieten, die vorgegebenen Geschlechtergrenzen zu überschreiten.

Die Geschlechterbeziehungen, insbesondere die sexuellen Beziehungen, die ausschließlich der obsessiven Triebbefriedigung dienen, spiegeln die gewaltsame Situation in der vom Bürgerkrieg geschüttelten Gesellschaft. Jegliche Moralvorstellung, jeglicher Ehrenkodex ist außer Kraft gesetzt. Treue ist ein ungültig gewordener Wert.

Ein neuer Trojanischer Krieg?

Im Gegensatz zu den beiden oben genannten Romanen, die nur aus einzelnen Versatzstücken um die Protagonistin Sarah bestehen, wird in *La Maîtresse du Notable* (*Die Geliebte des Notablen*, 1992) eine Geschichte im klassischen Sinne erzählt. Es ist die Geschichte der aus Polen stammenden Christin Flora, die unmittelbar nach der Geburt ihres letzten Kindes Mann und Kinder verlässt, um zu ihrem Geliebten, einem muslimischen Notablen, jenseits der

Grünen Linie zu ziehen. Obwohl der Roman nach Beendigung des Bürgerkriegs spielt, ist der Frieden so instabil, dass sich um diese Frau ein neuerlicher Krieg zwischen Christen und Muslimen entzündet. Es entsteht ein Gezerre auf beiden Seiten. Die einen wollen Flora unbedingt behalten, die anderen sie zurück gewinnen. Alles andere gerät für sie aus dem Blick. Der Kampf um diese Frau wird zur Obsession. Es ist eine perverse Situation, weil zu keinem Zeitpunkt das Gespräch mit Flora gesucht wird. Es wird mobil gemacht zur Wiedergewinnung beziehungsweise Verteidigung einer Frau, weil beide Seiten besessen sind von dem Glauben, über Flora oder die Frau allgemein, schlechterdings das Andere überhaupt verfügen zu können. Flora indes lässt nicht über sich verfügen, fühlt sich zu nichts verpflichtet.

Ebenso wie sich hier ein neuer Trojanischer Krieg um Flora entzündet, wird Sarah in den beiden zuvor genannten Romanen zur umkämpften Helena. Allerdings spaltet Sarah hier nicht zwei Lager, vielmehr handelt es sich um einen Krieg, in dem jeder gegen jeden kämpft, ganz so wie der libanesische Bürgerkrieg selbst mit seinen oftmals unklaren und immer wieder wechselnden Konfliktlinien. Als Sarahs Ehemann nach langer Abstinenz endlich wieder mit ihr das Bett teilen darf, beschließt dessen jüngerer Bruder, der Geliebte Sarahs, gegen ihn ins Feld zu ziehen. Er schämt sich nicht, mit einem Militärjeep, auf dem er ein Bildnis seiner Geliebten angebracht hat, quasi als Kriegserklärung, durch die Straßen der Stadt zu fahren. Immerhin besteht sein Erfolg darin, dass sein Konkurrent vor Schreck seiner Manneskraft beraubt wird.

Aus Rache an den beiden nimmt Sarah den erstbesten Mann, den sie finden kann, um sich für diesen Tag schließlich doch noch sexuelle Befriedigung zu verschaffen. Gleich einer rolligen Katze, verlässt sie, »die heiße Jüdin«, Nacht um Nacht das Haus, um auf der Straße Befriedigung zu finden und versetzt damit die gesamte Bevölkerung in helle Aufruhr. Jeder will nun wenigstens einmal im Leben mit der Nymphomanin geschlafen haben. Zu diesem Zweck wird fortan tagsüber geschlafen, damit man sich nachts auf die Jagd nach Sarah begeben kann. Dabei ist es gar nicht ungefährlich, mit Sarah zu schlafen, denn sie hinterlässt außer einem Stempelabdruck, um sicherzugehen, nicht zweimal mit dem gleichen Mann zu schlafen, ernste Brand- und Kratzwunden im Intimbereich ihrer ›Liebhaber‹: einer kann eine Verbrennung zweiten Grades auf seinem Penis vorweisen, ein anderer ist völlig zerkratzt von Sarahs Fingernägeln. Als die Zahl der Opfer die Hundert überschreitet, versucht man sie wie einen Vampir oder den Teufel selbst mit ganzen Tanklastzügen von Weihwasser zu bekämpfen. Sarah befreit sich aus der Rolle der umkämpften, passiven Helena und wird selbst zum Jagdtier. Sie verfügt nun ihrerseits über die Männer, behandelt sie wie Vieh, verletzt und verstümmelt ihre Genitalien – es ist nur ein kleiner Schritt zur Kastration. In obsessiver Weise kehrt sie die bestialische Männerwelt um, indem sie ihr an Grausamkeit in nichts nachsteht.

Sexualität und Krieg

Khoury-Ghata steht in der Tradition erotischer arabischer Literatur, wie sie etwa aus den *Erzählungen aus Tausendundeiner Nacht* bekannt ist. Sie geht jedoch gleichzeitig weit darüber hinaus. Ihre Darstellung von Sexualität ist nicht spielerisch, sie ist brutal, abstoßend, teilweise lächerlich und absurd, provokativ. Die Brutalität der Sexualität korrespondiert mit der Brutalität des Kriegs und stellt damit auch ein Mittel zur krasseren Darstellung der unvorstellbaren Gewalt des alle Normen über Bord werfenden Bürgerkriegs im Libanon dar. Bürgerkrieg und Geschlechterkampf ist für sie eins. Der bewaffnete Konflikt wird zum Sinnbild für die inneren Konflikte jedes Einzelnen und die bislang verdeckten Konflikte zwischen den Geschlechtern.

Immer wieder bekommen die Kriegsereignisse in den Romanen von Vénus Khoury-Ghata eine sexuelle Konnotation. Bis ins Vokabular hinein fallen beide Themenkomplexe zusammen, werden Krieg und Sexualität gleichgesetzt. Das Vordringen etwa der »hethitischen« Kämpfer – die romaneigene Bezeichnung für syrische Truppen – wird als »Penetration im Süden« verkündet. Der Zweifel über eine mögliche sexuelle Konnotation wird direkt ausgeräumt, wenn Mme Alpha, Sarahs Schwiegermutter, sich vor Lachen kaum halten kann, weil auch sie in dieser »Kriegsterminologie ein sexuelles Mitschwingen« empfindet. Und das Klatschweib Edmée, das sich zeitweilig als Spionageagentin für die »Hebräer« – gleichbedeutend mit Israel – versucht, schildert die Ereignisse in Nabilien rund um das Wort »ficken«. Es ist unerheblich geworden, welche Worte zur Beschreibung gewählt werden. Krieg ist Sex und Sex ist Krieg – warum sollte man nicht auch die Sprache vereinfachen und auf ein gemeinsames Verb zur Darstellung von beidem reduzieren?

Aber es bleibt nicht beim Vokabular. Tatsächlich bricht mit dem Krieg eine wahre Sexwelle über das Land herein:

> In Folge der Bombardierungen fegte ein orgiastischer Sturm über die Stadt hinweg. (…) Sex wurde zur Währung (…). Eine sexuelle Raserei lag über allen Stadtteilen (…). Überall schlief man miteinander, außer in den Häusern, die ein unbewegliches Ziel darstellten. Auf allen Vieren in Gräben, rittlings auf den Panzern, das Geschlecht in Verlängerung der Kanone, oder gebückt hinter den Barrikaden.

Die Obsession von Machtausübung, Selbst- und Fremdzerstörung, die sich im Kriegführen wie im tabulosen Ausleben von Sexualität zeigt, ist nicht in den Individuen, sondern in der Gesamtgesellschaft verankert. Nicht einzelne sind betroffen, sondern alle.

Wie für Kriegsliteratur durchaus üblich, wird der phallische Charakter von Kriegswerkzeug betont, wird der Penis bisweilen gänzlich durch das Gewehr ersetzt. Weil der Friede auch in Zeiten des Waffenstillstands nicht sicher ist, schlafen die Männer nicht ein, ohne ihr Gewehr zwischen den Beinen liegen zu haben. Ihre Frauen ängstigt dies so sehr, dass die Geburtenrate stark sinkt. Selbst Werkzeuge werden zum Phallussymbol: »Die starken und gleichmäßigen Schläge seines Hammers erinnerten an die Stöße eines männlichen Geschlechts, um sich den Weg in das Fleisch der Frau zu bahnen.« Waffe, Werkzeug und Penis werden gleichgesetzt, werden zum seelenlosen Ding im Dienste der Macht- und Gewaltausübung des Manns. Sexualität wird von der Liebe vollkommen abgekoppelt; der Körper wird zum Schlachtfeld.

Chérubin trägt auf und in Sarahs Körper einen regelrechten Kampf aus: »Er umzingelte sie mit seiner Zärtlichkeit, attackierte sie mit seinen Küssen, eroberte ihr Fleisch, das er schreiend, wie eine Trophäe am Ende seines siegreichen Geschlechts schwenkte.« Er reduziert sie und ihren Körper auf ein Sexualobjekt. Rasend vor Eifersucht und aus Angst, von ihr verlassen zu werden, macht er sie zum Krüppel, schläft mit ihr, beziehungsweise vergewaltigt sie eher, solange bis sie sich nicht mehr rühren kann: Chérubin Alpha »schloss seine Geliebte in seinem Bett ein und schlief so lange mit ihr bis ihre Beine es ihr versagten, von einem Zimmer ins andere zu gehen.« Dennoch wird Sarah keinesfalls als Opfer männlicher Gewalt dargestellt, denn sie will ja gerade diese brutale Sexualität und scheint sie zu brauchen.

Eros und Thanatos

Die körperliche Attraktivität von Todesboten wie Heckenschützen oder Milizionären stellt einen Topos der Bürgerkriegsliteratur dar – wohl deshalb, weil sich hier in besonderer Weise Gewalt und Sexualität paaren. Meist werden diese Männer sehr ambivalent dargestellt. Auf der einen Seite sind sie es, die in unerbittlicher Weise den Tod bringen, andererseits sind sie auch von rührender Güte, können Wärme und Zärtlichkeit schenken, wie es die Beziehung zwischen der Ich-Erzählerin und einem Heckenschützen in *Die Geliebte des Notablen* zeigt. Zwischen dem Mädchen und Michel entwickelt sich mehr als ein sexuelles Abhängigkeitsverhältnis, so etwas wie Liebe, entstanden aus anfänglich purer Lust. Michel ist es, der ihr den ersten Orgasmus verschafft und als einzige Person aus der Beschreibung heraustritt und zum ›du‹, zum direkten Ansprechpartner, wird. Er erzählt ihr von seiner unglücklichen Liebe zu einem muslimischen Mädchen, das seinetwegen vom eigenen Bruder umgebracht wurde. Um diesen Mord zu rächen, ist er Scharfschütze geworden, mit dem Ziel, alle Muslime zu töten. Die Ich-Erzählerin erlebt den Heckenschützen weniger als Mörder, sondern vielmehr als einen sensiblen jungen Mann: »Man kann sagen, was man will, ein Scharfschütze ist so empfindlich und leicht zerstörbar wie die Leben, denen er ein Ende setzt.« Khoury-Ghata geht mit der Darstellung des Heckenschützen in der Gender-Problematik über einen klassischen Feminismus, der die Frauen als Opfer der Männer sieht, hinaus. Auch die Männer sind Opfer von Fremd- wie auch von Selbstbildern und Erwartungshaltungen.

In einer Umgebung, die geprägt ist von Hass und Gewalt, stellt das Verhältnis zwischen Michel und dem Mädchen eine Insel des Glücks dar – in sehr ähnlicher Weise erscheint diese Thematik bereits bei Ḥanān al-Shaikh in ihrem 1980 publizierten Roman *Ḥikāyat Zahra* (*Sahras Geschichte*). Dennoch wird hier wie dort immer wieder auf ein Vokabular der Gewalt zurückgegriffen, wenn es um die Darstellung der Sexualität zwischen Scharfschütze und Ich-Erzählerin geht. Trotz der Zuneigung, welche die Erzählerin für den Heckenschützen empfindet, bricht ihre Angst immer wieder hervor: »Du versteckst dich hinter deinem Gewehr, dessen Lauf du auf den Himmel richtest. Du schießt auf alles, was ihm in die Quere kommt. Jeder Vogel, der herabfällt, wird mit einem Freudengeheul begrüßt. Ich habe plötzlich Angst vor dir und diesem Gebrüll eines Wilden.« Die Ambivalenz ihrer Beziehung zwischen gefühlvoller Nähe und Grausamkeit ist nur scheinbar ein Widerspruch. In einer vom Krieg gezeichneten Gesellschaft kann es keine dauerhafte Harmonie und Zärtlichkeit geben – zu tief sind die Wunden, welche die jahrelange Angst ums Überleben bei jedem Einzelnen gerissen hat.

Vorherrschend wird die Gewalt zu dem Zeitpunkt, als das Mädchen, überzeugt schwanger zu sein, den Heckenschützen auffordert, es zu heiraten. Er gerät darüber völlig außer sich, richtet sein Gewehr auf ihren vermeintlich schwangeren Bauch. Erst im letzten Augenblick reißt er den Gewehrkolben nach oben und schießt in die Luft. Als sie ihn daraufhin hysterisch anschreit, alle hätten vor ihm Angst, stürzt er sich auf sie und würgt sie. Doch dann kippt diese Gewaltszene plötzlich: Um das Mädchen zum Schweigen zu bringen, küsst er sie, erstickt so ihre Schreie bis sie zum lustvollen Stöhnen werden. Sie fleht ihn an, in sie einzudringen; aber er straft sie mit Missachtung, wird zynisch und grausam zu ihr: »Hau jetzt ab oder ich werde dich durchbohren, deine Schale knacken und dich wie ein Ei ausschlürfen.« Ihr wird langsam klar, dass er sie nicht wirklich liebt. Und doch kann auch er nicht ohne sie leben. Unablässig ruft er verzweifelt den Namen seiner Geliebten, schafft es aber nicht, seine Stellung auf dem Dach eines Wohnhauses zu verlassen, um zu ihr zu gehen. Er bleibt seinem klischeehaften Männerbild verhaftet, das es ihm nicht erlaubt, Schwäche einzugestehen und auf die Frau zuzugehen. Das Mädchen ist weniger Opfer als der in seinem Rollenverständnis gefangene Heckenschütze, da es selbstbestimmt den Krieg und die Beziehung zu Michel zur sexuellen Initiation, Befriedigung und Befreiung nutzt.

Auch die naive Ex-Nonne Lucia, die zuvor in einer lesbischen Beziehung mit ihrer ehemaligen Mitschwester Anunciad lebte, nutzt den Krieg und seine Todesboten zur (hetero-)sexuellen Initiation. Sie macht erste Erfahrungen mit Männern und treibt sich mit den Kämpfern der Miliz auf der Straße herum. Sie wird von fünf Milizionären gleichzeitig vergewaltigt und empfindet dennoch, oder vielleicht gerade deshalb, Lust. Die Beschreibung dieser Vergewaltigung zeigt die ganze Ambivalenz des Erlebnisses. Einerseits wird die rohe Gewalt der Männer beschrieben, andererseits die Lustschreie Lucias: »Sie hat ihnen nicht den geringsten Widerstand entgegengesetzt. Die fünf sind so schnell wie ein Zug auf Schienen über sie hingegangen. Die Idiotin gluckste vor Vergnügen. (…) Sie bog sich weit vornüber, um ihren Vergewaltigern die Aufgabe zu erleichtern.«

Blutrausch

Auch Sarah sucht in *Lärm um einen toten Mond* den körperlichen Kontakt zu Milizionären. Sie ist beeindruckt von der Autorität und der Aggressivität des Milizenchefs Sabbab und lebt mit ihm eine außergewöhnliche erotische Beziehung: 28 Tage, eine ganze Mondphase, verbringen sie ausschließlich im Bett. Im Umkreis von einem Kilometer müssen alle Menschen evakuiert werden, einerseits weil »ihr Geschrei beim Orgasmus alle muslimischen Viertel im Westen aufweckte« und andererseits deshalb, weil es Sabbab so angeordnet hat, um »überall zu ejakulieren.« Ihre Affäre endet jäh mit der Menstruation Sarahs. Sabbab, der im Krieg tausendfaches Blutvergießen angerichtet hat, kann und will das Menstruationsblut nicht sehen: »Schon wieder Blut, schrie er außer sich vor Wut. Wird man diese rote Scheiße denn nie los.« Er wird zu einem rasenden Tier, verliert regelrecht den Verstand: »Sabbab zerbiss die Matratzen, zerfetzte den Lattenrost, zerschnitt die Fenster mit seinen Goldzähnen, verbog die Kronleuchter mit seinen Händen und pisste schließlich vom Balkon seines Zimmers im siebenundzwanzigsten Stockwerk des Palastes aus auf die Köpfe seiner Wachposten.« Als er sich wieder beruhigt hat, funktioniert Sabbab sein Miliz-Hauptquartier wieder zum Hotel um, das jedoch fortan nur noch Mädchen vor ihrer ersten Periode und Frauen in der Menopause betreten dürfen.

Nicht immer sind jedoch das Stillen des Sexualtriebs und die Erfüllung der Pflichten als Milizsoldat ohne Weiteres miteinander vereinbar. Sabbab hat an seiner Straßensperre so viel zu tun, dass er nicht mehr weiß, wie er die Ausweiskontrolle der Passanten und die »Verpflichtung«, jedes Mädchen zu befriedigen, organisieren soll, denn »die Ankunft von Mädchen, die es zu befriedigen gilt, könnte mit der von zu erschießenden Männern zusammenfallen.« So muss er denn auch dann und wann ein Mädchen unverrichteter Dinge gehen lassen, um mit heruntergelassener Hose seiner zweiten Verpflichtung als Milizionär nachzukommen. Gereizt ob dieser »Doppelbelastung« brüllt er: »Kann man denn nicht mehr in Ruhe ficken? (...) Ist der Krieg Grund genug, um alles schleifen zu lassen?«

Unterdessen kehrt Sarah zu Max, dem ungarischen Geiger, zurück, den sie einst so geliebt hat. Seine Sensibilität, sein Einfühlungsvermögen, die ihr ehedem so viel Lust bereitet hatten, befriedigen sie nun aber nicht mehr. Sie verlangt von ihm, ein Abbild Sabbabs zu werden, verlangt, dass er nur noch in Stiefeln mit ihr schläft und dass er sich seine Schneidezähne durch blitzende Goldzähne ersetzen lässt. Um sie nicht zu verlieren, erfüllt er all ihre Wünsche. Sein Gehorsam macht ihn jedoch »zum Neurotiker, Psychopathen und Hypochonder«. Der sensible Geiger ist zugleich Karikatur und Klischee eines gefühlvollen Manns. Er wirkt ebenso lächerlich wie Sabbab, darüber hinaus ist der Sex mit ihm aber auch noch unbefriedigend. Es ist ein Abgesang auf den liebenden, gewaltfreien Mann, der zum psychischen Wrack verkommen ist.

Gewalt- und Sexsucht der Frauen

Die von Vénus Khoury-Ghata beschriebene Sexualität gleicht eher Vergewaltigungsszenen, hat mit Liebe und sinnlicher Lust wenig zu tun, wobei die Autorin in ihren Romanen auch die Frauen selbst gewaltsame Sexualität ausleben lässt und sie aus der klischeehaften Opferrolle befreit.

Flora wird von den Hausbewohnern für alles Übel verantwortlich gemacht, wird gleichgesetzt mit moralischem Verfall, Zerstörung, Krankheit, Krieg und Tod: »Sie hat alle zerstört« und »sie bringt Unglück, das steht in ihren farblosen, von Tränen ausgewaschenen Augen.« »Schlechte Ehefrau, schlechte Mutter, schlechte Geliebte«, sagen sie, und so war es nicht die Liebe, die sie zu dem Notablen trieb – dies erklärt die abstoßende Beschreibung des Geschlechtsverkehrs mit ihm: Regungslos liegt sie unter dem Gewicht des Geliebten, der sie »besteigt« wie eine Stute, sie stundenlang »bearbeitet« mit dem utopischen Ziel, sie zum Orgasmus zu bringen, und dabei schreit: »Lass deine Kraft, lass deinen Saft in meine Hand.« Ihre Verweigerung der Lust ist eine Revolte gegen den Mann, eine Art Kastration mit anderen Mitteln.

Auch Sarah wird diabolisiert, ist der Inbegriff von Derbheit. Sie will Sex und äußert dieses Verlangen ohne Umschweife. Vénus Khoury-Ghata lässt Sarah eine bewusst provokativ derbe Sprache gebrauchen, wenn sie beispielsweise in *Die Toten haben keinen Schatten* brüllt: »Ich habe es satt, mich zu rechtfertigen (…). Jeder Typ, der mich bespringen will, fordert den Lebenslauf meines Arschs und den Stundenplan meiner Schenkel. Und wenn ich einfach nur frei herum huren will ohne Rechenschaft darüber abzulegen, wie mein Unterleib funktioniert?« Auch in Sarahs früheren Beziehungen spielte Liebe nie eine Rolle. Ihr geht es um das pure Ausleben sexueller Begierde. Liebesbekundungen kennt sie nicht. Sie verbringt die Nächte damit, »ihren Körper neben dem ihres Liebhabers zu justieren ohne dass auch nur einmal die Worte ›Ich liebe dich‹ gefallen wären.« Sex ist für Sarah eine Möglichkeit, die eigenen Ziele zu erreichen. So lautet denn auch ihr Motto: »Sex ist der kürzeste Weg zwischen einem Punkt und dem anderen.« Um einen einflussreichen Mann zu bekämpfen, gibt es für sie nur eine »kindliche Lösung: sich in das Bett eines Mannes einschleichen, dreißig mal in Folge mit ihm schlafen, was sein Herz in dreißig Teile zerspringen lässt.« Für Sarah ist Sex Antwort auf alles und *das* Mittel zur Problemlösung, das im Krieg sogar die Ärzte als Allheilmittel gegen den grassierenden Wahnsinn in der Stadt anpreisen.

Sex mit der Jüdin Sarah wird zur Bedrohung des eigenen Lebens, wie ein Wirt Max bedeutet: »Auschwitz, das sie nicht erlebt hat, trägt sie in sich. (…) Es ist nicht aus Lasterhaftigkeit, dass sie so oft den Liebhaber wechselt, sondern aus Misstrauen. (…) Ich warne Sie, sie ist eine Abenteurerin. (…) Teuflisch.« Hierauf schaltet sich der Tischnachbar in das Gespräch ein mit der Bemerkung, sie sei schlimmer als teuflisch, sie sei zerstörerisch. Der Wirt setzt Sarah gar mit Hitler gleich. Tatsächlich scheint Sarah eine Vorliebe für Blut zu haben. Ihre Gewohnheit, jeden Abend eine Bloody Mary zu bestellen, die sie dann aber nicht trinkt, erklärt sie so: »Es ist wegen des blumigen Namens. Er ist blutig.« Sie treibt ihre Liebhaber in den Selbstmord oder spielt zumindest mit ihnen und macht sie lächerlich. Mit einem Bankier schläft sie nur nach einem bestimmten »Drehbuch«, demzufolge beide auf einem Piratenschiff auf den Meereswogen fahren und sie ihm den Verlauf durch Kommandorufe wie »Segel hissen«, »nach Backbord wenden«, »Anker setzen« und schließlich »den Mast erklimmen« – dem Aufruf zur Penetration – diktiert. Sie reduziert diesen ihr hörigen Mann auf ein Spielzeug ihrer Lust und macht ihn und den ganzen Geschlechtsakt damit lächerlich.

Zweifelsohne will Khoury-Ghata mit diesem unerhörten NS-Vergleich, der Gleichsetzung Sarahs sowohl mit den Opfern des Holocausts als auch mit Hitler erneut provozieren. Antisemitismus kann man der Autorin wohl nicht vorwerfen – mit Flora wird auch eine Christin diabolisiert. Vielmehr führt sie damit wiederum die Absurdität des Ganzen vor Augen und betont, dass es in allen Religionen Zerstörungswut gibt und dass es sich bei ihren Figuren nicht um alltägliche Personen handelt, sondern um Figuren, die allegorisch zu verstehen sind.

Starke Frauen – schwache Männer

Khoury-Ghatas Protagonistinnen suchen nach Veränderungen in ihrem eigenen Leben, in ihren Beziehungen zu Männern und in ihren Familien. Sie sind auf der Suche nach Selbstverwirklichung, Identitätsfindung und sexueller Befriedigung. Und sie sind Grenzgängerinnen, indem sie nicht nur wie Flora die Demarkationslinie im durch den Bürgerkrieg geteilten Beirut überschreiten, sondern auch die Grenzen der gesellschaftlichen Geschlechterrollen, des Anstands, der Moral und des guten Geschmacks übertreten.

Ganz mit sich selbst beschäftigt, hat Flora andere Möglichkeiten der Grenzüberschreitung als die übrigen Hausbewohner, die hier stellvertretend für die gesellschaftlichen Gruppen des Libanon stehen. Sie weiß nicht, was draußen vor sich geht. Ungeachtet aller religiösen und gesellschaftlichen Zwänge folgt sie einfach ihren Bedürfnissen. Das Überschreiten der Demarkationslinie – wie wir es auch bei Sarah finden – hat in den Romanen Khoury-Ghatas eine weit tiefere Bedeutung als das pure Überqueren einer Straßensperre. Auf der Suche nach Liebe und Selbstbestimmung wagen sich die Romanfiguren aus ihrer vertrauten Welt vor in eine fremde und ihnen feindlich gesinnte Umgebung.

Das Klischee vom starken Mann wird in unerbittlicher Weise widerlegt. Es sind die Frauen, die sich in andere Territorien vorwagen und das vermeintliche Terrain der Männer erobern. Die Männer sind armselig und hilflos, in Umkehrung des Allmachtsgefühls des Machismo. Sie sind der Angst, die im Krieg regiert, nicht gewachsen. So versucht Floras Sohn Frédéric in *Die Geliebte des Notablen* die Angst in Gedichten zu verarbeiten oder im Drogenrausch zu betäuben. Einzig Flora, die in Warschau bereits den Zweiten Weltkrieg erlebt hat, scheint keine Angst zu haben. Stets war sie die letzte, die bei Bombenangriffen in den Keller kam, weil sie es vorzog, sich in ihrer Wohnung in aller Ruhe im Spiegel zu betrachten. Nach ihrem Fortgang flüchtet sich ihr Mann in eine Traumwelt, in der er sich ihre Rückkehr zu ihm und den Kindern ausmalt. An anderer Stelle imaginiert er einen Dialog mit ihr vor dem Haus ihres Geliebten. Realität und Traum verschwimmen für ihn untrennbar – ein Zustand, den der Leser durchaus mit ihm teilt.

Die einzige Rettung vor dem Einfluss der starken Frauen scheint in der Homosexualität zu liegen. Vénus Khoury-Ghata thematisiert Homosexualität, und zwar sowohl zwischen Frauen als auch zwischen Männern, als einen weiteren Bestandteil der Geschlechtertransgression und bricht damit erneut ein Tabu arabischer Gesellschaften. Schutzbedürftig erhofft sich Frédéric in Mädchengestalt mehr Schutz und Geborgenheit. Er will nicht als Mann diesen Krieg durchstehen. Nach einer ersten Freundschaft mit einem Mädchen fühlt er sich bald schon zu dem Milizionär Georges hingezogen, lässt sich die

Haare wachsen und blondiert sie ein wenig. Damit gelingt es ihm auch, sich aus dem überwiegend von Männern geführten Krieg heraus zu halten. In dem Moment, wo er sich nicht als starker, tapferer Mann gibt, ist er für die anderen, kämpfenden Männer uninteressant. Aber auch die gleichgeschlechtliche Liebe wird seelenlos, unmenschlich-mechanistisch dargestellt. Die körperlich gelebte homosexuelle Liebe zwischen Frédéric und Georges wird als schreckliches Schauspiel beschrieben: »Ein Mann erdrückt einen anderen mit seinem Gewicht.« Homosexualität wird nicht als eine frei gewählte Möglichkeit des sexuellen Lebens dargestellt; sie erscheint vielmehr als Flucht vor der Wirklichkeit, aus dem Einflussbereich der Frauen und damit als Ausdruck von Schwäche.

Die Familie als Mikrokosmos einer Gesellschaft im Krieg

Auch in *Le Fils empaillé* (*Der bekloppte Sohn*, 1980) und *Une Maison au bord des larmes* (*Ein Haus am Rande der Tränen*, 1998) wird die Geschichte einer kranken Familie erzählt. Die beiden Werke sind als literarische Aufarbeitung der Kindheit Vénus Khoury-Ghatas zu verstehen. Gleichzeitig sind sie Ausdruck des libanesischen Dramas.

In beiden Romanen wird ein gewaltsam ausgetragener Vater-Sohn-Konflikt thematisiert, der die Familie zerstört. Der Vater wird als hassenswerter, rücksichtsloser und unberechenbarer Mensch isoliert. Gleichzeitig wird in der Darstellung der Familie der Konflikt im Libanon impliziert, indem die dieser Konstellation innnewohnende Brutalität und das Gewaltpotential der Protagonisten als Mikrokosmos die größere Krise des Bürgerkriegs widerspiegeln. Wie im Krieg ist auch in der Familie die Gewalt ein alltägliches Phänomen. Das Schlachtfeld sind hier nicht die Straßen Beiruts, sondern das Wohnzimmer, das zum »Ort der Unterdrückung«, zum »Kriegsschauplatz« wird. Wegen jeder Kleinigkeit, beispielsweise wegen eines selbst verfassten Gedichts oder eines durch Masturbation befleckten Bettlakens, wird der Sohn verprügelt. In blinder Rage schlägt der Vater auf den Sohn ein. Für ihn ist es unerheblich, wenn dabei die Einrichtung zu Bruch geht und der geprügelte Sohn mit seinem Blut den Fußboden der elterlichen Wohnung tränkt. Die Familie lebt mit diesen Blutlachen im eigenen Wohnzimmer wie die libanesische Bevölkerung mit den Blutlachen auf den Straßen. Ebenso wie der libanesische Bürgerkrieg oft als Stellvertreterkrieg gesehen wird, ist auch der Krieg zwischen Vater und Sohn als solcher zu betrachten. Denn die Verachtung, der Hass und die Schläge, die der Vater seinem einzigen Sohn entgegen bringt, richten sich eigentlich gegen ihn selbst. Er ist mit sich und seiner Situation unzufrieden und benötigt einen ›Sündenbock‹, den er in dem aus der Norm fallenden Sohn findet. Dessen durch Masturbation ausgelebte Körperlichkeit und seine Sensibilität, die sich in Gedichten niederschlägt, erregen die Wut des Vaters.

Khoury-Ghata beschreibt die Monstrosität des Vaters, das Leben mit ihm als »tägliches Hinabsteigen in die Hölle«, eine Hölle, die noch schlimmer ist als die des Bürgerkriegs. Der Vater wird als »Henker« erlebt, die anderen Familienmitglieder als Opfer. Diese Realität ist so schrecklich, dass alle Beteiligten sich nichts mehr wünschen als den Tod des Familienoberhaupts. Die Mitglieder der Familie zerstören sich gegenseitig ebenso wie sich das libanesische Volk untereinander vernichtet. Der Tod des Vaters, der mit dem Ende des Bürgerkriegs – dem Ende der Gewalt im ganzen Land – zusammenfällt, bedeutet auch das Ende von Gewalt und Hass in der Familie.

Im Gegensatz zu den Figuren der anderen Romane sind die Frauen hier nicht in der Lage, aktiv zu werden. Sie bleiben passiv, unfähig, sich aus ihrer Situation zu befreien, und erkennen die Kriegssituation nicht als Chance. Für sie bedeutet Krieg Leid und so entschließen sie sich zu leiden. Die Frauen stehen am Rand, als stumme, allenfalls trauernde und weinende Zuschauer. Einen Handlungsspielraum haben sie kaum, weder im Familien- noch im Bürgerkrieg. Der familiäre Krieg ist wie der libanesische Bürgerkrieg einer unter Männern, dem die Frauen machtlos gegenüber stehen. Hier zeigt sich, wie sehr sich die in der Realität angelegten Frauenfiguren Khoury-Ghatas, die Opfer männlicher Gewalt sind, von den zuvor dargestellten, rein fiktiven unterscheiden. Was als Konstante bleibt, ist die Darstellung schwacher, lächerlicher Männer, denn selbst der vermeintlich starke, despotische Vater ist letztlich eine armselige, nicht ernst zu nehmende, würdelose Gestalt.

Der Mensch in Fetzen

Der Krieg hat die Menschen zerbrochen, hat sie von sich selbst entfremdet. Der Mensch ist zum *homme fragmenté*, zum Mensch in Fetzen, geworden, der nicht mehr eins ist mit sich selbst, sondern nur noch eine Zusammensetzung von Gliedmaßen darstellt. So spiegeln sich die äußeren Zerstörungen in der inneren Zerstörtheit der Figuren und Verhältnisse wider. Es fehlt die Seele, die allem einen Sinn, einen Zusammenhalt geben könnte.

In den Romanen von Vénus Khoury-Ghata, die den Bürgerkrieg thematisieren, gibt es ausschließlich tragische Figuren. Auch das Kriegsende vermag es nicht, eine grundlegende Veränderung des Lebensgefühls zu schaffen. Zu tief sind die Wunden, die dieser Krieg, der Hass und die Gewalt, die damit einhergingen, bei jedem Einzelnen geschlagen haben. Sämtliche Romanfiguren Khoury-Ghatas sind auf der Suche nach sich selbst, nach ihrer Identität als Mann, als Frau, als Person. Eine Antwort auf ihr Fragen und Suchen bekommen sie indes nicht.

Werke (Auswahl)

Le Fils empaillé, Paris: Belfond 1980.
Vacarme pour une lune morte, Paris: Flammarion 1983.
Les Morts n'ont pas d'ombre, Paris: Flammarion 1984.
Bayarmine, Paris: Flammarion 1988.
La Maîtresse du Notable, Paris: Seghers 1992.
Les Fiancées du Cap Ténès, Paris: Lattès 1995.
Une Maison au bord des larmes, Paris: Balland 1998.

Übersetzungen ins Deutsche

Vénus Khoury-Ghata: *Bayarmine*, übers. v. Sigrid Köppen, Frankfurt/M.: Fischer 1990.
Vénus Khoury-Ghata: *Die Geliebte des Notablen*, übers. v. Sigrid Köppen, Unkel: Horlemann 1994.
Vénus Khoury-Ghata: *Die Verlobten vom Kap Tenes*, übers. v. Sigrid Köppen, Düsseldorf: Artemis & Winkler 1998 (TB München: Knaur 2000).

Weiterführende Literatur

Vénus Khoury-Ghata: »Le Mentir-vrai«, in: *Bahithat. Bulletin de l'Association des Femmes Libanaises pour la Recherche* II, 1995–96, »Femme et écriture / Women and Writing / al-Mar'a wa-'l-kitāba«, S. 37–49.
Nelda Lateef: »Vénus Khoury-Ghata. Poet and Novelist«, in: dies.: *Women of Lebanon. Interviews with Champions of Peace*, Jefferson: McFarland 1997, S. 37–42.
Bahjat Rizk: »Les multiples vies et visages de Vénus Khoury-Ghata«, in: *La Francophonie au Liban*, hg. v. Edmond Jouve u. a., Paris: ADELF 1997, S. 381–387.
Monika Moster: »Vénus Khoury-Ghata. *Lärm um einen toten Mond. Ein Haus am Rande der Tränen*«, in: *Agonie und Aufbruch. Neue libanesische Prosa*, hg. v. Angelika Neuwirth u. Andreas Pflitsch, Beirut: Dergham 2000, S. 129–133.
Monika Moster: »Chaos im Land, Chaos der Seele, Chaos im Kopf. Zur Darstellung des libanesischen Bürgerkrieges im Romanwerk von Vénus Khoury-Ghata«, in: *Beiruter Blätter* 8–9, 2000–2001, S. 111–115.
Vénus Khoury-Ghata: »Je suis bigame«, in: *Francophonie et Dialogue des cultures dans le monde arabe. Actes du colloque organisé par l'Université libanaise, Faculté des Lettres et Sciences Humaines III (Tripoli) le 29, 30 et 31 mars 2001*, Beirut: Publications de l'Université Libanaise 2001, S. 304–308.
Zahida Darwiche Jabbour: *Parcours en Francophonie(s)*, Beirut: Editions Dar An-Nahar 2002 (bes. S. 67–87).
Carmen Boustani: *Effets du féminin. Variations narratives francophones*, Paris: Karthala 2003 (bes. S. 77–89).
Carmen Boustani: »La parole féminine dans les enjeux de l'arabité et de l'africanité: Vénus Khoury-Ghata et Mariama Bâ«, in: *Phares-Manarat* 1–2, 2003, S. 241–253.

Verena Klemm

Jenseits der Autobiographie

Ein Ich im Zeichen der Destruktion: ʿĀliya Mamdūḥs Roman *Mottenkugeln*

> Umm Sattûri leert Schalen mit heißem Wasser über meinen Kopf. Seifenstücke wandern von einer Tante zur anderen und schrumpfen immer mehr zusammen. Meine Zöpfe werden ausgewrungen. Ich komme noch um in den Händen dieser Frauen. Meine Augen sind halbblind vom Seifenschaum. Tante Nadschîya schnappt sich mein Bein, als packe sie einen Hühnerschenkel. Tante Farîda kniet seufzend nieder, ihre Brüste machen mich ganz benommen. Seife, Dampf und all dieses Getöse ... Wie ein Ei im Ozean schwimme ich von einem Schoß zum anderen und glotze hilflos um mich.

ʿĀliya Mamdūḥ, Autorin aus dem Irak, lässt hier das Mädchen Huda in der Ich-Form aus seinem Leben im Bagdad der fünfziger Jahre erzählen. Mit großer Poesie verfolgt *Ḥabbāt al-naftalīn* (*Mottenkugeln*), so der Titel ihres 1986 erschienenen Romans, das Heranwachsen des Kindes bis ungefähr zum vierzehnten Lebensjahr im Familien- und Nachbarschaftsverband eines traditionellen Wohnviertels im Herzen der Stadt. Viele Szenen zeigen die Tyrannei des Vaters, eines cholerischen und alkoholabhängigen Polizisten. Auf der anderen Seite strotzen kraftvolle Episoden von weiblicher Sinnlichkeit, Leidenschaft und Aggression. Hier erscheinen die Beziehungen zwischen den Frauen, aber auch zwischen den Kindern in Familie und Nachbarschaft intensiv, oft zärtlich und erotisch. Manchmal überschreiten sie die Grenzen hin zum Verbotenen.

Huda berichtet von den Menschen und Räumen ihrer Kindheit, die sie tief im Gedächtnis geborgen hat, als ob sie sie mit *Mottenkugeln* vor Vernichtung und Zersetzung bewahren wollte. Der Titel *Mottenkugeln* benennt so die Funktion des Romans als Medium des Schutzes persönlicher Erinnerung vor dem Vergessen. Zugleich ruft er die Assoziation an einen süßlichen und künstlichen Duft hervor, dessen kleiner, runder Träger ein Produkt der Erdölwirtschaft ist. Damit verweist der Titel auch auf den Irak, der für die Autorin untrennbar mit den intensiven, oftmals sinnlich-emotionalen Erfahrungen ihrer Kindheit in Bagdad verbunden ist. Jedoch ist *Mottenkugeln* keine Autobiographie: Jenseits der biographischen Übereinstimmung ist Huda, die von Liebe, Hass und großem Schmerz erzählt, ein Spiegelbild vieler Mädchen dieser Stadt. Persönliches ist so im Roman mit Kollektivem verschmolzen.

Vielfacher Abschied von Bagdad

ʿĀliya Mamdūḥ wurde 1944 in Bagdad geboren. Wie zahlreiche arabische Schriftstellerinnen und Schriftsteller ihrer Generation ist sie eine »gebrochene Linie«: Ihre Biographie ist durch häufige Aufbrüche, durch Wanderschaft, Verlust der Heimat und durch Exil geprägt. In den sechziger Jahren hatte sie noch voller Idealismus die Werte des literarischen Engagements geteilt, mit dem nach Ende der Kolonialzeit fortschrittlich orientierte arabische Literaten und Intellektuelle ihrer jungen Nation den Weg zur politischen Freiheit, zur Moderne, zu einem pluralistischen und menschlichen Gemeinwesen aufzeigen wollten. Viele von ihnen verloren in der gewaltsamen Wirklichkeit des Nahen Ostens nach und nach jeglichen Idealismus. Auch ʿĀliya Mamdūḥ verließ letztlich resigniert, unter dem Druck von Gewalt, Repression und Zensur den Nahen Osten. Ob sie je wieder zurückkehren kann oder will, weiß sie nicht.

Ihren ersten Abschied von Bagdad nahm sie jedoch nicht aus politischen, sondern aus persönlichen Gründen. Im Alter von 20 Jahren folgte sie ohne Erlaubnis der Familie ihrem Geliebten, einem um viele Jahre älteren, verheirateten Journalisten, nach Beirut. Zu diesem Zeitpunkt hatte sie bereits einen ersten kleinen Roman unter Pseudonym veröffentlicht. Ihr Vater, ein Polizist, war wenige Jahre zuvor gestorben. Selbst sehr belesen und im Besitz einer reichhaltigen Bibliothek, hatte er seine Tochter für die Lektüre östlicher wie westlicher Literaturen begeistert. Auf der anderen Seite versuchte er sie unter Androhung körperlicher Gewalt daran zu hindern, sich selbst literarisch zu betätigen. Von ihrer Mutter war ʿĀliya Mamdūḥ bereits früh in ihrem Leben getrennt worden. Nachdem die an Tuberkulose erkrankte Frau von ihrem Ehemann verstoßen worden war, musste sie ohne ihre beiden Kinder in ihre syrische Heimatstadt Aleppo zurückkehren, wo sie einige Jahre später starb. Nach dem Tod des Vaters gelang es ʿĀliya, ihre konservative Großmutter zu überzeugen, dass sie durch eigene Arbeit ihre Schulbildung selbst weiterfinanzieren könne. Sie wurde Angestellte einer Tageszeitung.

Nachdem sie mit dem Geliebten, einem vom kommunistischen Regime verfolgten Anhänger der panarabisch orientierten Baath-Partei, ein Leben in Beirut begonnen hatte, erlebte sie, dass auch er – wie einst der Vater – versuchte, sie mit offener Gewalt am Schreiben zu hindern. ʿĀliya, die ihn mittlerweile geheiratet hatte und Mutter eines Sohns geworden war, begleitete ihn zurück nach Bagdad, als dort 1968 seine politischen Gesinnungsgenossen mit einem Putsch die Macht ergriffen hatten. Sie arbeitete bei der von ihrem Mann gegründeten Zeitung und absolvierte daneben ein Studium der Psychologie. In jener Zeit heiratete ihr Mann eine dritte, dann eine vierte

Frau. Er ließ ʿĀliya die Freiheit, Anfang der siebziger Jahre mit dem gemeinsamen Sohn nach Beirut zu ziehen. An die Spitze des Baath-Regimes im Irak war kurz zuvor Saddam Hussein getreten.

In der libanesischen Hauptstadt, dem freiheitlichen und vitalen Anziehungspunkt für Publizisten und Intellektuelle aus der ganzen arabischen Welt, konnte die junge Irakerin nun ihre Kreativität entfalten. Sie schrieb für die Feuilletons verschiedener renommierter Zeitungen und Kulturmagazine und veröffentlichte zwei Kurzgeschichtensammlungen. In der ideologisch aufgeheizten Atmosphäre jener Jahre blieb sie parteipolitisch ungebunden. Nach Beginn des Bürgerkriegs im Libanon im Jahr 1975 verließ sie das Land. Sie wurde Chefredakteurin der Zeitschrift *al-Rāṣid* in Bagdad. In dieser Zeit wurde schließlich auch ihre Ehe geschieden.

1982 verließ sie Bagdad erneut – nunmehr vielleicht für immer. Unmittelbarer Anlass ihrer Ausreise war weniger die unangenehme Erfahrung der sie konstant bedrängenden Zensur unter Saddam Hussein. Es ging ihr, wie sie sagt, vor allem darum, ihren Sohn vor einer drohenden Militärübung im Schatten des Iran-Irak-Kriegs zu bewahren. Sie zog es vor, mit dem Jungen im fernen Rabat in Marokko weiterzuleben und dort zu arbeiten. Obwohl sie als Kulturjournalistin bald auch hier angesehen und mit kritischen Intellektuellen und Literaten in der ganzen arabischen Welt vernetzt war, ließ sie sich Anfang der neunziger Jahre fernab der arabischen Welt zunächst in London, dann in Paris nieder. Dort war sie im Rahmen des vom *European Parliament of Writers* getragenen Programms »Cities of Asylum« für verfolgte und exilierte Schriftsteller in den Jahren 2001 und 2002 Gast und Stipendiatin des *Centre George Pompidou*. Bis heute lebt und arbeitet sie in der französischen Hauptstadt, einem der Zentren publizistisch und literarisch aktiver Exilanten aus der ganzen arabischen Welt.

Als Journalistin und Redakteurin wirkte ʿĀliya Mamdūḥ stets kritisch gegenüber jeglicher Ideologie und Autorität. Sie ist bekannt als kluge und schonungslose Beobachterin des arabischen intellektuellen und literarischen Lebens sowie der west-östlichen Beziehungen im kulturellen und politischen Bereich. Seit 1981 hat sie vier Romane verfasst, in denen sie ihre zutiefst macht- und kulturkritische Haltung, die sie mit einem intensiven Appell für menschliche Kreativität und Freiheit verbindet, literarisch verarbeitete.

Huda und ihre Welt

Mottenkugeln ist ʿĀliya Mamdūḥs zweiter, autobiographisch gefärbter Roman, mit dem sie in der arabischen Welt und bald darauf auch in Europa bekannt wurde. Eingeflochten in ein dichtes und dynamisches Beziehungsnetz von Frauen und Kindern, erlebt Huda, die von den Frauen im traditionellen Viertel mal liebevoll, meist aber tadelnd »Satansbraten« genannt wird, wie das übergeordnete System des Patriarchats das Leben im Familien- und Nachbarschaftsverband zu beherrschen sucht. Der erste Repräsentant mächtiger und gewalttätiger männlicher Autorität ist der Vater. Am Ende des Romans erfährt sie, wie der Staat seine destruktive Rolle übernimmt.

Mottenkugeln erzählt und beschreibt das Altstadtviertel mit Hudas Augen, welche sich mit zunehmendem Alter langsam weiten: Ihre erste, kleine Welt ist das mehrstöckige Haus mit dem weiten Innenhof als Mittelpunkt, nur wenige Meter entfernt liegen andere Höfe, das Kaffeehaus, der Metzger, der Bäcker und die Garküche, ein Stückchen weiter die Abû-Hanîfa-Moschee, die Grundschule, der breite Strom des Tigris mit den Promenaden und Parks an seinen Ufern. Die Gassen und kleinen Straßen zwischen den Wohnhäusern und im Suq sind das Revier der Männer, die selbstverständlich ihres Weges gehen, Geschäfte erledigen, Tee trinken und Tricktrack spielen. Frauen bewegen sich dazwischen, manche schnellen Schrittes, manche schwerfällig, in ihre Abayas – Ganzkörperumhänge – gehüllt. Viele jüngere kommen darin chic und bunt daher, viele ältere, offenbar um Züchtigkeit oder gar Unsichtbarkeit bemüht, tragen dunkle, unauffällige Farben und Gesichtsschleier. Jungen und Mädchen sind in Schulkleidung unterwegs, zum Einkaufen geschickt oder in kleinen gemischten Gruppen beim Spielen in den Tigrisgärten.

Die Sphäre der Familie ist das Haus, der Innenhof, die Dachterrasse. Hier leben Huda, ihr jüngerer Bruder Âdil, ihre lungenkranke Mutter, die schöne und auf Heirat hoffende Tante Farîda und Tante Nadschîya, die zwar »sitzen geblieben«, aber eine durchaus starke weibliche Persönlichkeit in den besten Jahren ist. Die Herrin der Familie ist die Großmutter, solange das männliche Oberhaupt, Hudas Vater, abwesend ist. Als seine Mutter ist sie die Einzige, deren Wort er bisweilen respektiert.

> Großmutter war der ruhende Pol. Ich weiß nicht, woher sie ihre Kraft nahm. Wenn sie umherging, waren ihre sanften Schritte kaum zu hören. Wenn sie redete, war ihre Stimme voller Behutsamkeit und Nachsicht, und wenn sie schwieg, fragte sich jeder gespannt, was sie wohl vorhaben mochte. Sie war stark ohne Prahlerei, mächtig ohne Geschrei, schön ohne Flitter. Ihre Schönheit lag in ihrer schlichten Kleidung und ihren silbernen Zöpfen. Sie war mittelgroß und schlank. Um den Kopf hatte sie einen schmalen schwarzen Schal geschlungen, dessen Enden mit den beiden dünnen Zöpfen lose herabhingen. Ganz weiß sah sie aus. Niemals habe ich eine Haut so weiß wie ihre gesehen. Es war ein Farbton zwischen kochender Milch und geronnenem Joghurt. In ihren grauen Augen verschlangen sich Fäden aus dunklem Blau, frischem Grün und klarem Honiggelb. Morgens, wenn wir zur Schule gingen, erschienen sie uns honigfarben. Wenn wir nachmittags heimkamen, waren sie auf einmal blau. In der Nacht aber wurden sie bleigrau.

> Sie war eine besonnene Frau und sie liebte die Wahrheit über alles. Wenn wir nicht dabei waren, tadelte sie meinen Vater und schimpfte mit ihm. Dann ging sie plötzlich auf ihn los und nahm sich ausgiebig Zeit, ihn zu zerschlagen und zu zerpflücken, um ihn danach wieder neu vor uns erstehen zu lassen.

Als karrierebewusster Polizeioffizier im Gefängnis von Kerbala kommt der Vater zunächst noch regelmäßig von der Arbeit zur Familie nach Bagdad zurück. Bald darauf besucht er sie nur noch sporadisch, weil er eine zweite Frau genommen hat und zu ihr und seinem neugeborenen Sohn gezogen ist. Kommt er einmal vorbei, sind ihm alle ausgeliefert. Selbst der Einfluss der Großmutter auf ihn ist begrenzt. Kein Flehen hilft, als der Patriarch seine erste Frau, Hudas Mutter, wegen ihrer zehrenden Krankheit verstößt und sie alleine zurück in ihre Heimat ins ferne Syrien schickt. Dort stirbt sie bald fernab der beiden Kinder.

Noch ist das Altstadtviertel Hudas einzige Welt, ein Leben anderswo ist unvorstellbar. Als heranwachsendes Mädchen ist sie eingeschränkt und kontrolliert von einer streng traditionellen Familie und Konvention. Trotz der autoritären Erziehung ist Huda in den Augen der Menschen ihrer Umgebung ein hässlicher kleiner »Satansbraten«, mit einem ungehörigen Zug zu Trotz und Widerspenstigkeit. Diese Eigenschaften scheinen genährt durch einen noch unbewussten Willen zum Selbsterhalt im vereinnahmenden, kollektiven Verband. In vielerlei Hinsicht aber ist Huda ein Mädchen wie viele andere im damaligen Bagdad: Sie geht zur Schule, schwänzt oft und gerne, ist mit von der Partie bei Spiel und Streit. Aus ihrem Kameraden Machmûd wird schon bald der erste Schwarm. Ihr Vater prügelt sie wütend beim kleinsten Verdacht auf ungehörige Blicke und Kontakte. Manchmal bricht Dramatisches in den Alltag ein, wie die grausame Verstoßung der Mutter, die Nachricht von ihrem Tod während der Hochzeitsfeier von Tante Farîda und die dadurch ausgelöste panische Flucht von Huda in die Abû-Hanîfa-Moschee. Dort will das traumatisierte Kind in der anonymen Menschenmenge verschwinden, die in spirituell gehobener Stimmung die Feier der siebenundzwanzigsten Nacht des Fastenmonats Ramadan begeht, und nie mehr nach Hause zurückkehren. Eine weitere ungewöhnliche Episode ist der Ausflug Hudas und ihres Bruders mit Großmutter und Tanten ins schiitische Pilgerzentrum Kerbala. Während die Frauen inbrünstig weinend, betend und bittend den Schrein des Märtyrers Hussein umkreisen, werden die beiden Kinder ins nahe gelegene Gefängnis geschickt, in dem der mit Orden dekorierte Vater seinen Dienst als leitender Offizier versieht. Dort bitten sie den zunehmend von Alkohol und Selbstmitleid gezeichneten Mann im Namen der Großmutter, ins gemeinsame Haus zurückzukehren. Gegen Ende des Romans bricht der Vater, nachdem seine Ambitionen zur Beförderung gescheitert sind, in einem

Tobsuchtsanfall zusammen. Vor Wut und Frustration verbrennt er seine Uniform und seine Auszeichnungen und wird unmittelbar danach vom Staatsdienst suspendiert.

Ich und Du

Die Erzählstimme in *Mottenkugeln* beschreibt Hudas begrenzte Welt mit sachlich-objektivem Blick. Keine Betroffenheit oder Rührung wird geweckt angesichts des von väterlicher Kaltblütigkeit und Brutalität verursachten unauslöschlichen Schmerzes, keine Nostalgie liegt im Blick auf das untergehende kleine Viertel, dessen Bewohner am Ende des Romans auf Anweisung der Regierung ihre alten Häuser verlassen und in andere Stadtteile umziehen müssen. Zwischen der (inzwischen natürlich älter gewordenen) Erzählerin und dem Mädchen Huda ist durch den ganzen Roman hindurch nur gelegentlich eine Distanz zu verspüren, wie etwa dann, wenn sie vom »ich« zum »du« wechselt, als ob sie ein vertrautes Zwiegespräch mit sich selbst führte:

> Nicht einmal meine Tränen wollten fließen. Sie fanden andere Wege des Ausdrucks und blieben stumm. – Ich hielt mich nicht lange auf. Mögen sie die Koffer wegtragen, die Träume, ja alle Straßen – nichts anderes wird jemals solche Macht über dich gewinnen. Ich schlug die Tür hinter mir zu und ging.

So scheint Huda, die Erzählerin, sich selbst als Kind gegenüberzustehen und im gleichen Zuge aus diesem Kind herauszublicken. Vielleicht verweist sie mit dieser im Grunde widersprüchlichen Erzählsituation auf ihre eigene Beziehung zur Protagonistin: In die im Roman durch intensive Erinnerung gesuchte ursprüngliche Einheit von Ich, Raum und Zeit schiebt sich bisweilen das Bewusstsein von der unüberbrückbaren Lücke, die durch den Fortschritt der Zeit und der Auflösung der Welt ihrer Kindheit zum Heute klafft.

Sinnliches aus ambivalenten weiblichen Räumen

Hudas innere Kraft, all den Widrigkeiten zu trotzen, wird genährt durch unzähmbare emotionale und erotische Bedürfnisse in einem Milieu, das sie sozial und körperlich domestizieren will. Ihr Liebesbedürfnis gegenüber den nächsten Verwandten, insbesondere gegenüber dem kleinen Bruder, spiegelt sich in Szenen voller gegenseitiger Vertrautheit, Zärtlichkeit und Fürsorge. Ihre erwachende Sexualität lässt sie neugierig die genaue Beschaffenheit und das Treiben der kurzfristig befreiten weiblichen Körper im Hammam erleben. Die homoerotischen Szenen zwischen ihren jungen Tanten werden ebenso interessiert und unvoreingenommen beobachtet wie die Raserei von Tante Farîda, die ihren überraschend eintretenden Mann, auf den sie seit dem Hochzeitstag vergeblich gewartet hat, voll aufgestauter Wut und Frustration prügelt, beschimpft und sexuell demütigt, nachdem sie ihm die Hosen vom Leib gerissen hat.

ʿĀliya Mamdūḥ bezeichnete sich selbst einmal als »Literatin des Sinnlichen«. Früher, in der drückenden Enge ihrer Familie, bedeutete der eigene Körper für sie die einzige Zuflucht und die Imagination die alles überwindende Kraft, die zum Verbotenen und Tabuisierten vordringen konnte: »Hier bewahrte ich meine Kraft und meine Zuversicht auf meinem Weg zur Reife«. Für ʿĀliya Mamdūḥ ist das Sinnliche eine »Geheimsprache« innerhalb der arabischen Sprache, denn Sinnlichkeit und Poesie erweitern innere Welten, verbinden Menschen, überwinden ihre Grenzen und Antagonismen. Beim Schreiben in dieser Sprache werden literarische Zwänge und Einschränkungen, welche die oft didaktische Schreibweise des sozialen Realismus der sechziger und siebziger Jahre prägten, überwunden.

In *Mottenkugeln* führt ʿĀliya Mamdūḥs »Geheimsprache« in die Räume der Frauen. Dies sind jedoch nicht die ausschließlich exotischen und erotischen Gefilde aus westlichen Vorstellungswelten. Denn Gewalt und Leid sind darin gegenwärtig. Hudas Erzählung zeigt, dass Frauenräume nur mehr Zwischenräume sind, begrenzt und dominiert von den männlichen Sphären der Macht. Sie haben einen doppelten Charakter: Männer haben darin keinen dauerhaften Platz, denn sie leben nicht mit den Frauen und Kindern zusammen. Jedoch sind sie sporadische Eindringlinge, die nachhaltig ihre Autorität unter Beweis stellen. Auch in der Hierarchie der Frauen sowie der männlichen und weiblichen Kinder spiegelt sich die patriarchalische Ordnung, im Frauenraum repräsentiert durch die Großmutter, die an der Spitze dieser Hierarchie steht. Sie hinterfragt die Autorität ihres Sohns nicht grundsätzlich, womit sie diese letztlich stabilisiert – was bereits ihre oben zitierte Beschreibung durch Huda gezeigt hat. Jedoch ist die Großmutter darüber hinaus auch Trösterin und Beschützerin der Familie gegenüber seinen neurotischen Gewaltausbrüchen. Sie erzählt Geschichten und nährt dabei Hudas und Âdils Phantasie. Und während sie unablässig religiöse Formeln der Vergebung und der Abwehr des Bösen spricht, drückt sie gegenüber den erotischen Spielen und Eskapaden der lustvollen, von keinem Mann befriedigten Tanten ein Auge zu. Frauenräume können als Sphären weiblicher Persönlichkeiten und Körper so auch Orte der Sinnlichkeit, der Sexualität und Subversion sein. Symbolisch und bisweilen real ist die männliche Gewalt in den Frauenräumen dennoch präsent. Ihre Auswirkungen auf die Körper und Seelen der Frauen und Kinder sind verheerend.

ʿĀliya Mamdūḥs »Geheimsprache« des Sinnlichen ist Teil einer vielstimmigen literarischen Strömung, die mit postmodernen und dekonstruktivistischen Schreibweisen die patriarchalischen und nationalistischen Chauvinismen in den arabischen Staaten, Gesellschaften und Familien in ihren Grundfesten erschüttern will. Die Autorinnen und Autoren, die diese Strömung in Gang setzten, gehören zur Generation von ʿĀliya Mamdūḥ. Gleich ihr durchlebten sie die Kriege, die Brüche und sozialen Fragmentierungen in der modernen Geschichte des Nahen Ostens. Nach langen Jahren der postkolonialen Hoffnung und des literarischen Engagements haben sie gelernt, jeglicher Ideologie und offiziellen Rhetorik zu misstrauen. Auch lehnen sie autoritäre, mit offener wie auch versteckter Gewalt beladene arabisch-islamische Traditionen ab. Das Scheitern früherer politischer und menschlicher Hoffnungen und Ziele ist schockierend und schmerzhaft für alle, die in der Aufbruchzeit der jungen arabischen Nationen idealistisch und engagiert waren. Jedoch wird ihre Desillusionierung, ihr abgrundtiefes Misstrauen gegenüber Nation und dominanter Kultur von zahlreichen jüngeren Autoren geteilt, da auch sie aufgrund von politischen und sozialen Umbrüchen Gewalt, Entfremdung und Exil durchleben.

Ein besonderes Kennzeichen postmoderner arabischer Literatur ist dabei ihre humanistische Ausrichtung, weswegen die hier einzuordnenden Literaten auch, in Abgrenzung zu denen der nachkolonialen Phase des sozialen Realismus, »neue arabische Humanisten« genannt werden. Diese Autoren verbinden in der gewaltsamen und autoritären Realität des Nahen Ostens mit ihrer Literatur gesellschafts- und kulturkritische Ansprüche, die sie, nach dem Scheitern ihrer sozialistischen und panarabischen Visionen, jenseits politischer Ideologien zum Ausdruck bringen. Im Mittelpunkt ihrer Werke steht oft der machtlose, vereinzelte Mensch. Gezeigt und analysiert werden die Gründe sowie die destruktiven Auswirkungen autoritärer Kräfte und Strukturen im Subjekt. Einsame Vorreiterin dieser Schreibweise war die – von Simone de Beauvoir faszinierte – libanesische Autorin Lailā Baʿlabakkī, die bereits 1958 in ihrem Roman *Anā aḥyā* (*Ich lebe*) das existentielle Scheitern einer weiblichen Protagonistin im Widerstreit mit familiären und gesellschaftlichen Restriktionen ins Zentrum stellte. Baʿlabakkī und ihre Nachfolgerinnen demaskierten im selben Zuge Väter und andere männliche Helden – wie den in den fünfziger und sechziger Jahren des 20. Jahrhunderts auch in progressiven Kreisen idealisierten und hofierten, linksnationalistisch engagierten Intellektuellen – in ihrer Eigenart als großmäulige, gewaltbereite Schwächlinge und Versager.

Die Ich-Form im arabischen Kontext

Die Dekonstruktion der politisch und gesellschaftlich vorherrschenden Werte geht in der arabischen Literatur oft einher mit dem Gebrauch der Ich-Form. Diese Form, die Autobiographisches mit Fiktionalem vermischt, ist bei kulturkritischen weiblichen und männlichen Autoren zu einer beliebten Erzählform geworden. Denn schon in der Fokussierung auf das Individuum liegt im arabischen und islamischen Kontext eine Aussage, die die zum Ideal erhobene Kollektivität der Religionsgemeinschaft, der modernen Nation, der Familie herausfordert. Eben in diesem Sinne ist die Ich-Form für ʿĀliya Mamdūḥ ein narratives Mittel, »um mich grundsätzlich in Opposition zu begeben angesichts von Ideologien und Gesetzen, die meine Individualität und Existenz bedrohen – vor allem als Frau, die lange versucht hat, ihre Beziehung zum Selbst zu finden und einen Willen, nämlich den Willen zur Auflehnung, zu leben«.

Da sich die Ich-Form auf die inneren Vorgänge und Verletzungen des Individuums konzentriert, verbindet sie das Subjektiv-Persönliche mit einer Analyse offener und versteckter Gewaltpotentiale in Religion, Tradition, Gesellschaft und Politik. So zeigen einige Romane, die während oder nach dem Krieg im Libanon verfasst wurden, die »am eigenen Leib erlebte Geschichte«; zu nennen sind hier besonders Ḥanān al-Shaikh, Elias Khūrī und Rashīd al-Ḍaʿīf. Romane, die wie ʿĀliya Mamdūḥs *Mottenkugeln* die ambivalente Welt der Frauen als zentralen Erzählraum wählen – wie die der jungen Ägypterin Mīrāl al-Ṭaḥāwī –, thematisieren die langsame Bändigung der Körper und Seelen der Frauen seitens struktureller und leibhaftiger patriarchalischer Gewalt bis hin zur Verstümmlung. In al-Ṭaḥāwīs Schreiben stehen die Frauen im Mittelpunkt der Welt. Weitaus radikaler als Mamdūḥ sprengt sie die konventionelle Darstellung des Geschlechterkonflikts seitens der engagiert-idealistischen arabischen ›Frauenliteratur‹ der sechziger und siebziger Jahre. Diese gibt im Streben nach Realismus literarisch die ungleich zweigeteilte Ordnung der äußeren Welt wieder und lässt dabei die Aufdeckung struktureller und symbolischer Zentren der Macht außer Acht. In al-Ṭaḥāwīs Roman *al-Khibāʾ* (*Das Zelt*, 1996), der im Milieu sesshaft gewordener Beduinen spielt, ist die von Männern dominierte Außenwelt durch einen eigenständigen, matriarchal geordneten Kosmos im Frauenraum ergänzt. Wie in *Mottenkugeln* besitzt auch hier die Großmutter im Schatten des meist abwesenden Familienvaters unangefochtene Autorität. al-Ṭaḥāwīs Figur der Großmutter jedoch stößt durch Boshaftigkeit, Neid und Aberglauben ihre Schwiegertochter, die nur »unglücksbringende« Mädchen gebiert, in den sozialen und seelischen Ruin. Gleichzeitig setzt die alte Beduinin für sich persönlich die Rache der Frau an der patriarchalischen Gesellschaft durch, da sie die Alleinherrschaft zumindest über den weiblichen Teil der Familie gewonnen hat und diese gnadenlos ausübt.

Jenseits der Autobiographie

In der Konzentration auf ein verletztes Ich, die einhergeht mit der Aufdeckung verborgener Quellen und Zentren der Macht, bewegen sich die genannten Autorinnen und Autoren weitab vom Genre der Autobiographie, das in der arabischen Welt seit Jahrzehnten eine gern genutzte Form der literarischen Selbstäußerung darstellt.

So fehlt auch in ʿĀliya Mamdūḥs Roman das für eine Autobiographie entscheidende Element der verbürgten, unverwechselbaren Authentizität und Identität. Zweifellos spiegelt sich in ihrer Protagonistin Huda die Heranwachsende, die sie einstmals selbst gewesen ist. Die Gemeinsamkeiten auch der anderen Figuren – wie Großmutter, Vater, Mutter, Bruder – mit den Menschen ihrer Kindheitswelt sind wohl durchaus gegeben. Jedoch scheint es, dass in der literarischen Gestaltung Hudas und all der Menschen ihrer Umgebung das Reale fließend ins Fiktive übergeht, denn Hinweise der Autorin auf die Darstellung realer Persönlichkeiten im Roman gibt es nicht.

Auch beschreibt *Mottenkugeln* keinen kontinuierlichen und letztendlich erfolgreichen Weg zur Ich-Konstitution, wie es eine Autobiographie ʿĀliya Mamdūḥs hätte erwarten lassen. Ob der Wille der Erzählerin zum Selbsterhalt, der sie in Kindheit und Jugend vor der Unterwerfung bewahrt, zum Ziel führt, wird dem Leser nicht mitgeteilt: Als am Ende des Romans der Lastwagen mit dem Hausrat, der Großmutter, den Tanten und Kindern das zum Abriss bestimmte Quartier verlässt, weiß Huda niemanden mehr, dem sie zum Abschied winken kann. Der Verband der Altstadtfamilien, dem sie ausgeliefert, in dessen Frauen- und Kindersphären sie aber auch aufgehoben, geschützt und geliebt war, hat sich für immer aufgelöst. Auf dem Lastwagen zwischen dem alten und dem neuen Viertel vergleicht Huda das Leben der Menschen auf der Ladefläche mit einer Blutspur, die sich unaufhaltsam weiter hinzieht. Diese literarische Metapher legt ein Verständnis der Figuren als Schicksalsgemeinschaft nahe und ersetzt damit einen autobiographisch-historischen Ausblick der Erzählerin auf das, was die Zukunft Huda und ihrer Familie bringen wird.

In Huda entwickelt ʿĀliya Mamdūḥ also eine literarische Figur jenseits autobiographischer Übereinstimmung mit sich selbst. »Das Personalpronomen ›Ich‹«, so sagte die Autorin einmal, »ist für mich kein autobiographisches Bekenntnis. Es ist eine Annäherung des Selbst an den Anderen.« In diesem Sinne birgt Hudas ›Ich‹ kein unverkennbares Individuum in sich, sondern ist vielmehr als Synthese verschiedener, eng verflochtener Lebensgeschichten gestaltet. Damit handelt es sich um ein *verbindendes* literarisches Ich, in dem das Leben und die Geschichten nicht nur eines, sondern auch anderer Menschen aus dem Bagdad der fünfziger Jahre eingefangen sind – »Frauen, die litten wie ich«, wie die Autorin bestätigt. Durch den integrierenden und vereinenden Gebrauch der Ich-Form lässt sich *Mottenkugeln* so als eine »Polybiographie« der Opfer von Gewalt verstehen.

In ʿĀliya Mamdūḥs »Geheimsprache« entfaltet sich so die Vision, ein neues Selbst zu schreiben. Dieses hat die festen Grenzen einer autobiographisch konstruierten Identität überwunden. Dabei lässt sich das Scheitern der Gemeinsamkeit, das die Autorin im Laufe ihres Lebens in den sozialen, politischen und kulturellen Sphären der arabischen Welt leidvoll erlebte, durchaus mit ihrer menschenverbindenden literarischen Suche nach dem Selbst in Beziehung setzen. In ihrem Roman *Mottenkugeln* gestaltet ʿĀliya Mamdūḥ die Gemeinschaft des Einzelnen mit Anderen im Zeichen allgegenwärtiger und mächtiger Kräfte der Destruktion. Das literarisch geschaffene, polybiographische »Ich« der Erzählerin Huda führt das isolierte, exilierte Individuum zurück in eine symbolische Form der Gemeinschaft, die es in der sozialen und politischen Realität des Nahen Ostens verloren hat.

Werke (Auswahl)

Lailā wa-l-dhiʾb (Laila und der Wolf), Bagdad: Dār al-Ḥurriyya 1981.

Ḥabbāt al-naftalīn (Mottenkugeln), Kairo: al-Haiʾa al-Miṣriyya li-l-Kitāb 1986; Beirut: Dār al-Ādāb 2000.

al-Walaʿ (Die Leidenschaft), Beirut: Dār al-Sāqī 1995.

al-Ghulāma (Das Mädchen, das wie ein Junge war), Beirut: Dār al-Sāqī 2000.

Übersetzungen ins Deutsche

Alia Mamduch: *Mottenkugeln*, übers. v. Regina Karachouli, Basel: Lenos 1998.

Alia Mamduch: *Die Leidenschaft*, übers. v. Regina Karachouli, Basel: Lenos 2004.

Weiterführende Literatur

Alia Mamdouh: »These Cities Dying in our Arms«, in: *Autodafe. Publication of the International Parliament of Writers* 2, Herbst 2001, S. 197–207.

»A secret language has formed inside of the Arabic language. Conversation between Alia Mamdouh and Mona Chollet«, in: *Autodafe. Publication of the International Parliament of Writers* 2, Herbst 2001, <http://www.autodafe.org/correspondence/cor_art_02.htm> Juli 2004.

Aliya Mamduh: »Interview«, in: »Remembering for tomorrow«. <http://www.uclm.es/escueladetraductores/pdf/bookingles.pdf> Juli 2004.

Kapitel V Anhang

Personenindex

ʿAbd al-ʿAzīz ibn Saʿūd 100
ʿAbd al-Ṣabūr, Ṣalāḥ 29 ff.
Abdeljaouad, Hédi 205
Abou-Haidar, Elias 251
Abraham 166, 272
Abū Nuwās 51
Aciman, André 252
Adnan, Etel 80, 199, 254–265 *passim*, 319
Adorno, Theodor W. 245, 279
Adūnīs 41, 45–52 *passim*, 68, 138, 198, 262, 278, 281
Afghānī, Djalāladdīn al- 66
Aghacy, Samira 91, 93, 331
Alameddine, Rabih 201, 247 f., 251
Allende, Isabel 304
Amichai, Yehuda 226
Amīn, Aḥmad 365
Anderson, Benedict 197
Andruchowytsch, Juri 13, 198
Antze, Paul 27
Anzaldúa, Gloria 259
Aragon, Louis 137, 205, 238 f.
Arkoun, Mohammed 14
Arnaud, Jacqueline 207
Asad, Hafez al- 180
Aṣlān, Ibrāhīm 17
Assaf, Roger 69
Assmann, Jan 28
Augustinus 360 f., 370
ʿAwwād, Taufīq Yūsuf 43
ʿAẓm, Ṣādiq al- 20, 28 f., 158
Azoulay, Ariella 36

Bach, Johann Sebastian 251
Bachtin, Michail M. 71, 242, 298
Baiḍūn, ʿAbbās 23, 25
Baʿlabakkī, Lailā 43, 297, 396
Barakāt, Hudā 300 f., 317–332 *passim*
Barthes, Roland 67, 251, 306, 368, 372
Bartol, Vladimir 212
Baudelaire, Charles 45, 50 f., 205
Beauvoir, Simone de 396
Beck, Ulrich 191, 193
Beckett, Samuel 195, 218 f., 366
Beethoven, Ludwig van 251
Ben Jelloun, Tahar 24, 300–316 *passim*, 365 f., 369
Benlazhar, Abderrahmane 209
Bhabha, Homi K. 38, 198, 242, 257, 259
Biller, Maxim 53
Bin Laden, Usama 206
Blanchot, Maurice 67
Blankenburg, Christian Friedrich von 367 f.
Böll, Heinrich 16, 239
Bonnefoy, Yves 45
Borchert, Wolfgang 239
Borges, Jorge Luis 22, 53, 307, 310 ff.
Boudjedra, Rachid 301, 333–348 *passim*, 352
Boumedienne, Houari 209
Bouteflika, Abd al-Aziz 344, 346
Bowles, Paul 364, 366 f.
Bradshaw, John 308, 314
Brecht, Bertolt 88
Breton, André 203, 279, 280, 285
Bryar, Gavin 254
Bush, George W. 23
Butler, Judith 5, 298 f., 303 f.

Calvino, Italo 73
Camus, Albert 80
Canetti, Elias 370
Castoriades, Cornélius 308
Celan, Paul 138, 148, 151 ff., 213, 279, 282, 287 ff.
Cézanne, Paul 258 f.
Chanel, Coco 194
Char, René 45
Chedid, Andrée 199
Chopin, Frédéric 366

Cixous, Hélène 5
Cocteau, Jean 333
Crémieux, Francis 239

Ḍaʿīf, Rashīd al- 19, 44, 77–93 *passim*, 250, 319, 322, 397
Darrādj, Faiṣal 153
Darwīsh, Maḥmūd 24, 30, 34 f., 38 ff., 42 f., 68, 89, 136–157 *passim*, 159, 161, 167 ff., 173, 218, 262
Dāwūd, Ḥasan 80
Debord, Guy 279, 283
DeKoven Ezrahi, Sidra 33
Deleuze, Gilles 8 ff.
Demirkan, Renan 195
Derrida, Jacques 5, 7 ff., 55, 58
Descartes, René 185, 188
Dib, Mohammed 202
Diner, Dan 36
Diogenes 364 f.
Djabrā, Djabrā Ibrāhīm 17, 78
Djanābī, ʿAbd al-Qādir al- 278–294 *passim*
Djebar, Assia 297, 302, 304, 333, 349–363 *passim*
Domin, Hilde 213
Dostojewskij, Fjodor 267
Dunqul, Amal 29
Durrell, Lawrence 62, 226 ff.

Eco, Umberto 1
Elias, Norbert 364
Eliot, T. S. 30, 161
Ellis, Bret Easton 11 f.
Enzensberger, Hans Magnus 24
Eugenides, Jeffrey 193, 200
Ezrahi, Yaron 225

Faiz, Faiz Aḥmad 30
Fattal, Simone 256
Faulkner, William 334
Fawaz, Ghassan 83, 376
Federman, Raymond 20
Feldhay Brenner, Rachel 38
Flaubert, Gustave 334, 365
Fo, Dario 218
Forster, Edward Morgan 62
Foucault, Michel 3, 8, 67, 307, 309, 311 f.
Frank, Manfred 5
Freud, Sigmund 313 f.
Frisch, Max 249

Gadhafi, Muammar al- 115
Gagarin, Juri 87
Geary, Patrick J. 197
Genet, Jean 306, 366
Ghīṭānī, Gamāl al- 21 f., 29, 32, 108–121 *passim*, 185
Gibran, Kahlil 45, 68, 92, 254
Glissant, Edouard 71, 259
Goethe, Johann Wolfgang von 54 f., 197, 251, 368, 370
Goetz, Rainald 1, 2
Gosh, Amitav 195
Grass, Günter 334
Greenberg, Clement 262
Grünbein, Durs 24
Grusa, Jiri 252 f.
Guattari, Félix 8 ff.

Habash, George 66, 249
Habermas, Jürgen 5
Ḥabībī, Emīl 19, 39 f., 138, 141, 158–178 *passim*, 218
Ḥādjdj, Unsī al- 278
Hafez, Sabry 182
Ḥakīm, Taufīq al- 99
Halbwachs, Maurice 33
Hammoud, Hani 201, 251
Hanania, Tony 201, 245–253 *passim*, 317
Handke, Peter 16, 56, 198
Ḥarīrī, al- 162
Haruki Murakami *siehe* Murakami, Haruki
Ḥasan II. (Marokko) 365
Ḥasan-e Ṣabbāḥ 210 f.
Ḥaurāniyya, Saʿīd 181
Ḥāwī, Khalīl 78
Hegel, Georg Wilhelm Friedrich 166
Heidegger, Martin 202
Heine, Heinrich 195, 251
Hever, Hanan 225
Hikmet, Nazim 137

Ḥimmīsh, Binsālim 185
Hitler, Adolf 384
Hölderlin, Friedrich 215
Houellebecq, Michel 365
Ḥusain, Ṭāhā 17, 99, 119, 372
Hussein, Saddam 98, 115, 391

Ibn ʿArabī 72, 111
Ibn Iyās 111
Ibn Khaldūn 203, 360 f.
Ibn al-Muqaffaʿ, ʿAbdallāh 186, 288
Ibn Sīnā 254
Ibrāhīm, Ṣunʿallāh 17, 29, 32, 82, 122–135 *passim*
ʿĪd, Yumnā al- 261
Idlibī, Ulfat al- 182
Imalayène, Fatima-Zohra *siehe* Assia Djebar
Isaak 166, 222

Jameson, Frederic 1 f., 9
Jauß, Hans Robert 60
Jehoschua, Abraham B. 226
Jessenin, Sergej 212
Jibril, Ahmad 249
Johnson-Davies, Denys 125
Jong, Erica 194
Joris, Pierre 203, 207, 213, 215
Joseph 220, 326
Joyce, James 83, 158, 195, 214, 312, 334

Kafka, Franz 83
Kanafānī, Ghassān 42, 139
Karasholi, Adel 196
Kateb Yacine 333, 349
Kavafis, Konstantinos 62
Kawabata, Yasunari 78, 85 f., 90 f.
Kerouac, Jack 278
Khāl, Yūsuf al- 41, 262
Kharrāṭ, Edwār al- 22, 32, 53–64 *passim*, 181, 200
Khatibi, Abdelkebir 260
Khayyām, ʿUmar al- 186, 211
Khodr, Georges 66
Khoury-Ghata, Vénus 80, 83, 301, 319, 375–388 *passim*
Khūrī, Elias 19, 22, 44, 65–76 *passim*, 80, 82 f., 89, 262 f., 317, 319, 397
Kleeberg, Michael 23 ff.
Koni, Ibrahim al- 196, 266–277 *passim*
Kotzwinkle, William 82
Kraus, Karl 279
Kristeva, Julia 5, 314
Krochmalnik, Daniel 36
Kundera, Milan 194 f., 253
Kureishi, Hanif 195

Lahiri, Jumpha 195
Lambek, Michael 27
Lautréamont 45, 280
Lejeune, Philippe 60
Lenin 212
Le Va, Britta 112
Levinas, Emmanuel 12
Lionnet, Françoise 259
Lorca, Federico García 137
Lotman, Jurij 306
Lowenfels, Walter 258
Lyotard, Jean-François 4 f., 8

Maalouf, Amin 200, 212
Māghūṭ, Muḥammad al- 40 f.
Maḥfūẓ, Nagīb 19, 41, 65, 94, 97, 99, 112, 119, 367
Mailer, Norman 278
Makdisi, Jean Said 247
Mallarmé, Stéphane 260
Mamdūḥ, ʿĀliya 302, 389–399 *passim*
Mann, Thomas 53, 195
Maqrīzī, Taqiyyaddīn Aḥmad al- 111
Marcuse, Herbert 278
Marx, Karl 162, 166
Meyer, Thomas 249 f.
Michelangelo 126
Mikhael, Sami 171
Miller, Henry 194
Mīna, Ḥannā 41, 181 f.
Mohammed VI. (Marokko) 364
Montesquieu 206
Mouillaud-Fraisse, Geneviève 207
Mozany, Hussain Al- 196 f.
Mozart, Wolfgang Amadeus 251
Mroué, Rabih 69

Mubarak, Hosni 111, 129 f., 132 f.
Muḥammad 174 f., 186, 291 f., 312
Munīf, ʿAbd al-Raḥmān 17, 94–107 *passim*, 268
Murakami, Haruki 58
Mūsā, Salāma 278
Musil, Robert 51
Mutanabbī, al- 187

Nabokov, Vladimir 195
Nagm, Aḥmad Fu'ād 29
Naguib, Nagi 29
Naḥwī, Adīb 146
Nancy, Jean-Luc 89
Napoleon 185
Naṣrallāh, Emily 43, 92, 297
Nasrallah, Yousry 69
Nasser, Gamal Abd al- 27, 57, 109 f., 112 f., 126 f., 130, 241
Nassib, Sélim 44, 83, 192, 231–244 *passim*, 321
Nastase, Illie 251
Natij, Salah 365
Neruda, Pablo 137
Nietzsche, Friedrich 8 f., 45, 47
Niffarī, Muḥammad ibn ʿAbd al-Djabbār 205
Niẓām al-Mulk 211
Nizon, Paul 58
Novalis 213, 215
Nuʿaima, Mīkhāʾīl 43, 81, 92, 366

Obenzinger, Hilton 141
Orwell, George 82
Ortega y Gasset, José 270
Oz, Amos 19 f., 225
Özakin, Aysel 195
Özdamar, Emine Sevgi 194
Özdogan, Selim 195

Pardes, Ilana 150
Pascal, Blaise 299
Picasso, Pablo 259
Platon 299, 327
Portman, John 2
Pound, Ezra 260
Prose, Francine 102
Proust, Marcel 59 f., 334

Qabbānī, Nizār 40
Qāsim, Samīḥ al- 159
Qutb, Sayyid 32

Rāmī, Aḥmad 240 f.
Raz-Krakotzkin, Amnon 39
Revel, Jean-François 334
Ricardou, Jean 334
Rimbaud, Arthur 45, 203, 213, 215, 280, 372
Robbe-Grillet, Alain 17
Rousseau, Jean-Jacques 368
Roy, Arundhati 195
Rūmī, Djalāl al-Dīn 254
Rushdie, Salman 158, 195

Sabbāʿ, Muḥammad al- 366
Sadat, Anwar al- 32, 57, 110 ff., 115, 126, 130, 132
Saʿdāwī, Nawāl al- 297
Sade, Donatien Alphonse François Marquis de 280
Safranski, Rüdiger 23, 192
Saʿīd, ʿAlī Aḥmad *siehe* Adūnīs
Said, Edward 19, 65, 78, 102, 141
Saʿīd, Khālida 68
Saint-John Perse 45
Sartre, Jean Paul 17
Saussure, Ferdinand de 9
Sayyāb, Badr Shākir al- 30, 262
Schiller, Friedrich 55, 251
Schleichert, Hubert 20
Schumann, Robert 251
Seferis, Georges 210
Seigneurie, Ken 91, 318
Shābbī, Abū al-Qāsim al- 369
Shaikh, ʿAbd al-Raḥīm al- 153
Shaikh, Ḥanān al- 80, 327, 381, 397
Shaikh Imām, al- 29
Shaikh Shaʿrāwī 133 f.
Shakespeare, William 177
Shammas, Anton 40, 192, 218–230 *passim*
Shārūnī, Yūsuf al- 181
Shehadeh, Raja 78

Shukrī, Muḥammad, 301, 364–374 *passim*
Simon, Claude 17, 334
Sloterdijk, Peter 15
Stadler, Arnold 191
Stalin 212
Stein, Gertrude 68
Stendhal 102, 204 f.
Strauß, Botho 22, 24

Ṭaḥāwī, Mīrāl al- 397
Tamerlan *siehe* Timur Lenk
Tāmir, Zakariyyā 41, 179–190 *passim*
Tàpies, Antoni 259
Ṭarafa 215
Ṭāriq Ibn Ziyād 186, 203
Tawada, Yoko 194
Taylor, Elizabeth 194
Tengour, Habib 22, 193, 198, 202–217 *passim*
Thomson, William M. 141
Timur Lenk 185, 203
Trakl, Georg 251
Turner, Victor 300
Tuschick, Jamal 196

ʿUdjailī, ʿAbd al-Salām al- 181
Umm Kulthūm 240 f., 251
Updike, John 102

Valk, Thorsten 139
Vergil 50
Vivaldi, Antonio 251
Voltaire 161

Wallace, David Foster 11 f.
Wannūs, Saʿdallāh 40 f.
Wei Hui 194, 200
Williams, Tennessee 366
Wilson, Robert 254
Wilson, Woodrow 197
Wollschläger, Hans 158

Yacine, Kateb *siehe* Kateb Yacine
Yasunari Kawabata *siehe* Kawabata, Yasunari

Zaimoglu, Feridun 195
Zayyād, Taufīq 159
Zetnik, K. 218

Über die Autoren

Susanne Enderwitz, Promotion (1990) und Habilitation (2001) an der FU Berlin. Seit 2002 Professorin für Islamwissenschaft/Arabistik in Heidelberg. Arbeitsgebiete: klassische und moderne arabische Literatur, Religionsgeschichte und Theologie, arabisch-islamische Sozialgeschichte, Ägypten im 19. und 20. Jh., Ethnologie des Vorderen Orients. Publikationen: *Liebe als Beruf. al-ʿAbbas Ibn al-Ahnaf (gest. um 807) und das Ghazal* (Beirut, Stuttgart 1995). *Unsere Situation schuf unsere Erinnerungen. Palästinensische Autobiographien zwischen 1967 und 2000* (Wiesbaden 2003).

Özkan Ezli, Studium der Neueren Deutschen Literaturgeschichte, Soziologie und Islamwissenschaft in Freiburg. 2002–2003 Aufbaustudiengang »Buch- und Medienpraxis« in Frankfurt/M. Seit Februar 2004 Stipendiat der Studienstiftung des deutschen Volkes für ein Promotionsprojekt zur vergleichenden Autobiographieforschung. Publikationen: »Lejeune and Foucault or: A name with no identity« (in: *Autobiographical Themes in Turkish Literature: The Theoretical and Comparative Perspectives*, hg. v. B. Sargaster, Istanbul 2004). »From Nation to Community – The phenomenon of public Religion among Turkish people in Germany since the nineties« (in: *Cultural Changes in the Turkish World since 1990*, hg. v. C. Schoenig, Istanbul 2004).

Hartmut Fähndrich, Studium in Tübingen, Münster, Los Angeles. M. A. (Vergleichende Literaturwissenschaft), Ph. D. (Islamwissenschaft). Dozent für Arabisch und Nahostwissenschaft an der ETH Zürich. Gastdozenturen in Freiburg i. Br., Amsterdam, Neapel und Lyon. Tätigkeit für Presse und Rundfunk. Gründer und Herausgeber der Reihe »Arabische Literatur« beim Lenos-Verlag, Basel. Mehrfach ausgezeichneter Übersetzer zahlreicher Werke der zeitgenössischen arabischen Literatur.

Stephan Guth, Studium der Islamwissenschaft, Neueren Deutschen Literatur und Philosophie an den Universitäten Bonn, Kairo und Tübingen. Promotion (Bonn 1992), Habilitation (Bern 2002). 1992–96 Referent am Orient-Institut der DMG in Istanbul und Beirut. Seit 1996 Dozent am Institut für Islamwissenschaft und Neuere Orientalische Philologie in Bern. Publikationen: *Zeugen einer Endzeit: Fünf Schriftsteller zum Umbruch in der ägyptischen Gesellschaft nach 1970* (Berlin 1992). *Brückenschläge: Eine integrierte ›turko-arabische‹ Romangeschichte* (Wiesbaden 2003).

Andrea Haist, Studium der Islamwissenschaft, Arabistik, Neueren Deutschen Literatur und Linguistik in Tübingen und Bamberg. Promotion (Bamberg 1999). Seit 2000 Lehrbeauftragte für moderne arabische Literatur an der Universität Bonn. Habilitationsprojekt zur modernen Koranexegese in Ägypten. Übersetzerin moderner arabischer Literatur. Publikationen: *Der ägyptische Roman. Rezeption und Wertung. Von den Anfängen bis 1945* (Wiesbaden 2000).

Christian Junge, derzeit Studium der Allgemeinen und Vergleichenden Literaturwissenschaft, Arabistik und Philosophie an der FU Berlin. Studienaufenthalte in Kairo und Paris. Publikationen: »Schizophrénie ou Pluralisme? – Doublement et Dédoublement comme procédé de création littéraire dans ›Arabesques‹ d'Anton Shammas« (im Jahresheft der EHESS, Paris, im Druck).

Ines Kappert, Studium der Allgemeinen und Vergleichenden Literaturwissenschaft in Berlin und Paris. Freie Publizistin, Berlin. Seit 2003 Leitung (mit K. Klingan) des Publikationsprojekts »Umräumen. Kunst, Text und Alltag in Ländern des östlichen Europa« im Rahmen des Osteuropa-Schwerpunkts der Kulturstiftung des Bundes. Promotionsprojekt zu Inszenierungen von Männern in der Krise. Publikationen: *Gender Revisited. Politik- und Subjektbegriffe in Kultur und Medien* (mit M. Schuller u. a., Stuttgart 2002). *figurationen* 1, 2002 (»Krisenfigur Mann – Male Crises«). *»Ein Denken, das zum Sterben führt«. Selbsttötungen: Ein Tabu und seine Brüche* (mit B. Gerisch, Göttingen 2004).

Regina Keil-Sagawe, Studium der Germanistik, Romanistik und Orientalistik in Bonn, Paris und Heidelberg. Dozentin, Publizistin und Übersetzerin maghrebinischer AutorInnen, Heidelberg. Arbeitsgebiete: Kulturspezifik der Übersetzungs- und Rezeptionsproblematik frankophoner Maghrebliteratur. Publikationen: *Hanîn. Prosa aus dem Maghreb* (Heidelberg 1989). *Der zerrissene Schleier. Das Bild der Frau in der algerischen Gegenwartsliteratur* (Iserlohn 1996). *Mohnblumen auf schwarzem Filz. Autorinnen aus vier Kontinenten* (mit Th. Brückner, Zürich 1998).

Verena Klemm, Promotion (Tübingen 1988), Habilitation (Hamburg 1997). Seit 2003 Professorin für Arabistik in Leipzig. Arbeitsgebiete: Moderne arabische Literatur; Literaturtheorie transdisziplinär; religiöse, intellektuelle und literarische Formation der Zwölferschia; Geschichte und Literatur der ismailitischen Schia. Publikationen: *Literarisches Engagement im arabischen Nahen Osten. Konzepte und Debatten* (Würzburg 1998). *Understanding Near Eastern Literatures. A Spectrum of Interdisciplinary Approaches* (mit B. Gruendler, Wiesbaden 2000). *Al-Mu'ayyad fi l-Din al-Shirazi: Memoirs of a Mission* (London 2003).

Sibylla Krainick, Studium der Islamwissenschaft und Romanistik in Tübingen und Freiburg i. Br. Zur Zeit beschäftigt im Kunst- und Kulturbereich in Stuttgart. Publikationen: *Arabischer Surrealismus im Exil. Der irakische Dichter und Publizist ʿAbd al-Qādir al-Ǧanābī* (Wiesbaden 2001).

Sonja Mejcher-Atassi, Studium der Arabistik und Allgemeinen und Vergleichenden Literaturwissenschaft an der FU Berlin und der American University of Beirut. Promotionsprojekt zur Wechselwirkung von zeitgenössischer arabischer Literatur und Bildender Kunst (University of Oxford). Publikationen: *Geschichten über Geschichten. Erinnerung im Romanwerk von Ilyās Ḫūrī* (Wiesbaden 2001).

Monika Moster-Eichberger, Studium der Romanistik, Islamwissenschaft und Vergleichenden Literaturwissenschaft in Bonn und Paris. Promotionsprojekt zur zeitgenössischen libanesischen Literatur französischer Sprache. Publikationen: »Krieg und Literaturproduktion. Die zeitgenössische libanesische Literatur französischer Sprache« (in: *Beiruter Blätter* 10–11, 2002/2003, S. 160–163). »L'invention d'une identité: *L'Occidentaliste* de Hani Hammoud« (in: *Le Sujet en question. Hybridité et écritures autobiographiques francophones*, hg. v. S. Gehrmann und A. Gronemann, Paris, im Druck).

Angelika Neuwirth, Promotion (Göttingen 1972), Habilitation (München1977). Dozenturen in Amman und Kairo. Seit 1991 Professorin für Arabistik an der FU Berlin. 1994–1999 Direktorin des Orient-Instituts der DMG in Beirut und Istanbul. Arbeitsgebiete: Koran und Koranexegese, klassische und moderne arabische Literatur.

Andreas Pflitsch, Studium der Islamwissenschaft, Vergleichenden Religionswissenschaft und Arabischen Literatur in Bonn und Damaskus. 1998–2000 Stipendiat am Orient-Institut der DMG in Beirut. Seit 2001 wissenschaftlicher Mitarbeiter am Seminar für Semitistik und Arabistik an der FU Berlin. Publikationen: *Gegenwelten. Zur Literaturtheorie Idwār al-Ḫarrāṭs* (Wiesbaden 2000). *Agonie und Aufbruch. Neue libanesische Prosa* (mit A. Neuwirth, Beirut 2000). *Mythos Orient. Eine Entdeckungsreise* (Freiburg i. Br. 2003).

Doris Ruhe, Studium der Romanistik, Germanistik und Philosophie in Frankfurt/M., Gießen und Konstanz. Promotion (Konstanz 1968). 1980–1982 DAAD-Lektorin an der Universität von Oran (Algerien). Habilitation (Frankfurt/M. 1993). Seit 1994 Professorin für Romanistik/Mediävistik in Greifswald. Arbeitsgebiete: Historische Anthropologie, religiöse Literatur und Erziehungs- und Sachliteratur des Mittelalters; Autobiographie, *Nouveau roman*, Theater und frankophone Literatur des Maghreb im 20. Jahrhundert; *gender studies*.

Roland Spiller, Studium der Romanistik und Islamwissenschaft in Erlangen, Granada und Buenos Aires. Promotion (1991) und Habilitation (1999) in Erlangen-Nürnberg. Publikationen: *Zwischen Utopie und Aporie. Die erzählerische Ermittlung der Identität in argentinischen Romanen der Gegenwart* (Frankfurt/M. 1993). *Tahar Ben Jelloun. Schreiben zwischen den Kulturen* (Darmstadt 2000). *El poder de la mirada* (Madrid 2004). *Kultbücher* (mit R. Freiburg und M. May, Würzburg 2004).

Ulrike Stehli-Werbeck, Studium der Arabistik/Islamwissenschaft, Semitistik, Alten Geschichte und Literaturwissenschaft in Münster und Damaskus. Promotion (Münster 1986). Dozentin für Arabistik und Islamwissenschaft in Münster. Lehraufträge in Bayreuth. Publikationen: *Die Darstellung des Oktoberkrieges von 1973 in der syrischen Erzählliteratur* (Wiesbaden 1988). »Referenz und Selbstreferenz: Strategien des Erzählens in Ṣunʿallāh Ibrāhīms *Tilka r-rāʾiḥa*« (in: *Understanding Near Eastern Literatures. A Spectrum of Interdisciplinary Approaches*, hg. v. V. Klemm und B. Gruendler, Wiesbaden 2000, S. 201–212).

Christian Szyska, Publikationen: *Encounters of Words and Texts* (mit L. Edzard, Hildesheim u. a. 1997). *Erzählter Raum in Literaturen der islamischen Welt* (mit R. Haag-Higuchi, Wiesbaden 2001). *Crossings and Passages in Genre and Culture* (mit F. Pannewick, Wiesbaden 2003).

Stefan Weidner, Studium der Islamwissenschaft, Germanistik und Philosophie in Göttingen, Damaskus, Berkeley und Bonn. Autor, Übersetzer und Literaturkritiker. Seit 2001 Chefredakteur der Kulturzeitschrift *Fikrun wa Fann / Art & Thought* (hg. v. Goethe-Institut für den Dialog mit der islamischen Welt). Zuletzt erschienen: *Mohammedanische Versuchungen. Ein erzählter Essay über Gott, die Welt, Deutsche und Araber* (Zürich 2004). *Erlesener Orient. Ein Führer durch die Literatur der islamischen Welt* (Wien 2004).

Barbara Winckler, Studium der Islamwissenschaft, Romanistik und Ethnologie in Köln, Berlin, Aix-en-Provence und Damaskus. Seit 2001 wissenschaftliche Mitarbeiterin am Seminar für Semitistik und Arabistik der FU Berlin. Promotionsprojekt »Grenzgänge. Androgynie – Wahnsinn – Utopie im Werk von Hudā Barakāt«. Arbeitsgebiete: Moderne arabische Literatur (vor allem libanesische sowie frankophone Literatur des Maghreb), *gender studies.*